AF561170

William Shakespeare

Die großen Tragödien

William Shakespeare

Die großen Tragödien

Übersetzt von Wolf Graf Baudissin,
August Wilhelm Schlegel
und Dorothea Tieck

Anaconda

Verlagsgruppe Random House FSC® N001967

Die Deutsche Nationalbibliothek verzeichnet diese Publikation in der Deutschen Nationalbibliografie; detaillierte bibliografische Daten sind im Internet unter http://dnb.d-nb.de abrufbar.

Umschlagmotiv: Vintage label / Roverto / adobe stock;
William Nicholson & James Pryde: Plakat Hamlet / The Stapleton Collection / © Desmond Banks / Bridgeman Images
Umschlaggestaltung: www.katjaholst.de
Satz und Layout: InterMedia – Lemke e. K., Heiligenhaus
Druck und Bindung: GGP Media GmbH, Pößneck
Printed in Printed in Germany
ISBN 978-3-7306-1424-2
www.anacondaverlag.de

Inhalt

Romeo und Julia

Personen

ESCALUS, *Prinz von Verona*

GRAF PARIS, *Verwandter des Prinzen*

MONTAGUE } *Häupter zweier Häuser, welche in Zwist*
CAPULET } *miteinander sind*

ROMEO, *Montagues Sohn*

MERCUTIO, *Verwandter des Prinzen und Romeos Freund*

BENVOLIO, *Montagues Neffe und Romeos Freund*

TYBALT, *Neffe der Gräfin Capulet*

Ein ALTER MANN, *Capulets Oheim*

BRUDER LORENZO, *ein Franziskaner*

BRUDER MARKUS, *von demselben Orden*

BALTHASAR, *Romeos Diener*

SIMSON } *Bediente Capulets*
GREGORIO }

ABRAHAM, *Bedienter Montagues*

PETER

Drei MUSIKANTEN

Ein PAGE *des Paris*

Ein OFFIZIER

Ein APOTHEKER

GRÄFIN MONTAGUE

GRÄFIN CAPULET

JULIA, *Capulets Tochter*

JULIAS AMME

BÜRGER von Verona. VERSCHIEDENE MÄNNER und FRAUEN, VERWANDTE beider Häuser. MASKEN, WACHEN und andres GEFOLGE

DER CHOR

Die Szene ist den größten Teil des Stücks hindurch in Verona; zu Anfang des fünften Aufzugs in Mantua.

Prolog

Der CHOR *tritt auf.*

CHOR: Zwei Häuser, beid in Ansehn gleich, im schönen
Verona, unserm Schauplatz, feindlich wecken
Verjährten Hass in stolzgemuten Söhnen,
Die ihre Hand mit Bürgerblut beflecken.
Aus den zwei Feindeshäusern sehn wir sprießen
Ein liebend Paar, das glühend sich erstrebt,
Um sternlos jung sein Leben zu beschließen,
Das seiner Väter Hass mit sich begräbt.
Des jungen Paares Liebesglück und Not,
Der Eltern grimmen Hass und schwere Sühne,
Die nichts versöhnte als der Kinder Tod,
Entrollt nun in zwei Stunden unsre Bühne.
Wollt ihr ein hold geduldig Ohr uns leihn,
Soll, was noch mangelhaft, bald besser sein. *Ab.*

Erster Aufzug

Erste Szene

Ein öffentlicher Platz.

SIMSON *und* GREGORIO, *zwei* BEDIENTE CAPULETS, *treten auf.*

SIMSON: Auf mein Wort, Gregorio, wir wollen nichts in die Tasche stecken.

GREGORIO: Freilich nicht, sonst wären wir Taschenspieler.

SIMSON: Ich meine, ich werde den Koller kriegen und vom Leder ziehn.

GREGORIO: Ne, Freund! deinen ledernen Koller musst du beileibe nicht ausziehen.

SIMSON: Ich schlage geschwind zu, wenn ich aufgebracht bin.

GREGORIO: Aber du wirst nicht geschwind aufgebracht.

SIMSON: Ein Hund aus Montagues Hause bringt mich schon auf.

GREGORIO: Einen aufbringen heißt: Ihn von der Stelle schaffen. Um tapfer zu sein, muss man standhalten. Wenn du dich also aufbringen lässt, so läufst du davon.

SIMSON: Ein Hund aus dem Hause bringt mich zum Standhalten. Ich werde jeden Mann und jede Jungfer der Montagues ins Loch jagen.

GREGORIO: Dann bist du ein schwacher Wicht, denn nur der Schwächste kriecht ins Loch.

SIMSON: Das ist wahr, und deshalb werden Weiber, welche die schwächren Gefäße sind, immer ins Loch gestoßen: Deshalb will ich Montagues Männer aus dem Loch jagen und seine Jungfern ins Loch stoßen.

GREGORIO: Der Streit ist nur zwischen unseren Herrschaften und uns, ihren Bedienten.

SIMSON: Einerlei! Ich will barbarisch zu Werke gehn. Hab ich's mit den Männern erst ausgefochten, so will ich mit den Jungfern grausam umgehen. Ich werde ihnen die Haut ritzen.

GREGORIO: Die Haut der Jungfern?

SIMSON: Ja, die Haut der Jungfern oder ihre Jungfernhaut; das kannst du verstehen, wie du willst.

GREGORIO: Die müssen es verstehen, die es fühlen.

SIMSON: Mich sollen sie fühlen, solange ich die Kraft habe zu stehen, und man weiß, dass ich ein hübsches Stück Fleisch bin.

GREGORIO: Es ist gut, dass du kein Fisch bist, sonst wärst du ein Stockfisch geworden. Zieh nur gleich vom Leder: Da kommen zwei aus dem Hause Montagues.

ABRAHAM *und* BALTHASAR *treten auf.*

SIMSON: Hier! mein Gewehr ist blank. Fang nur Händel an, ich will den Rücken decken.

GREGORIO: Den Rücken? willst du Reißaus nehmen?

SIMSON: Fürchte nichts von mir.

GREGORIO: Ne, wahrhaftig! ich dich fürchten?

SIMSON: Lass uns das Recht auf unsrer Seite behalten, lass sie anfangen.

GREGORIO: Ich will ihnen im Vorbeigehn ein Gesicht ziehen, sie mögen's nehmen, wie sie wollen.

SIMSON: Wie sie dürfen, lieber. Ich will ihnen einen Esel bohren; wenn sie es einstecken, so haben sie den Schimpf.

ABRAHAM: Bohrt Ihr uns einen Esel, mein Herr?

SIMSON: Ich bohre einen Esel, mein Herr.

ABRAHAM: Bohrt Ihr uns einen Esel, mein Herr?

SIMSON *beiseite zu Gregorio*: Ist das Recht auf unsrer Seite, wenn ich ja sage?

GREGORIO: Nein.

SIMSON: Nein, mein Herr! Ich bohre Euch keinen Esel, mein Herr. Aber ich bohre einen Esel, mein Herr.

GREGORIO: Sucht Ihr Händel, mein Herr?

SIMSON: Wenn Ihr sonst Händel sucht, mein Herr: Ich stehe zu Diensten. Ich bediene einen ebenso guten Herrn wie Ihr.

ABRAHAM: Keinen bessern.

SIMSON: Sehr wohl, mein Herr!

BENVOLIO *tritt auf.*

GREGORIO: Sag: einen bessern; hier kommt ein Vetter meiner Herrschaft.

SIMSON: Ja doch, einen bessern, mein Herr.

ABRAHAM: Ihr lügt.

SIMSON: Zieht, wo ihr Kerls seid! Frisch, Gregorio! denk mir an deinen Schwadronierhieb.

Sie fechten.

BENVOLIO: Ihr Narren, fort! steckt eure Schwerter ein; Ihr wisst nicht, was ihr tut. *Schlägt ihre Schwerter nieder.*

TYBALT *tritt auf.*

TYBALT: Was? ziehst du unter den verzagten Knechten?
Hierher, Benvolio! Beut die Stirn dem Tode!

BENVOLIO: Ich stifte Frieden, steck dein Schwert nur ein!
Wo nicht, so führ es, diese hier zu trennen!

TYBALT: Was? Ziehn und Friede rufen? Wie die Hölle
Hass ich das Wort, wie alle Montagues
Und dich! Wehr dich, du Memme!

Sie fechten.

Verschiedene ANHÄNGER *beider Häuser kommen und mischen sich in den Streit; dann* BÜRGER *und* POLIZEIDIENER *mit Knitteln.*

ERSTER POLIZEIDIENER: He! Spieß' und Stangen her! Schlagt auf sie los!
Weg mit den Capulets! Weg mit den Montagues!

CAPULET *im Schlafrock und* GRÄFIN CAPULET.

CAPULET: Was für ein Lärm? – Holla! mein langes Schwert!

GRÄFIN CAPULET: Nein, Krücken! Krücken! Wozu soll ein Schwert!

CAPULET: Mein Schwert, sag ich! Der alte Montague
Kommt dort und schwingt die Klinge mir zum Hohn.

MONTAGUE *und* GRÄFIN MONTAGUE.

MONTAGUE: Du Schurke! Capulet! – Lasst los, lasst mich gewähren!

GRÄFIN MONTAGUE: Du sollst dich keinen Schritt dem Feinde nähern.

Der PRINZ *mit* GEFOLGE.

PRINZ: Aufrührische Vasallen! Friedensfeinde!
Die ihr den Stahl mit Nachbarblut entweiht! –
Wollt ihr nicht hören? – Männer! wilde Tiere!
Die ihr die Flammen eurer schnöden Wut
Im Purpurquell aus euren Adern löscht!
Zu Boden werft, bei Buß an Leib und Leben,
Die missgestählte Wehr aus blut'ger Hand!
Hört eures ungehaltnen Fürsten Spruch!
Drei Bürgerzwiste haben dreimal nun,
Aus einem luft'gen Wort von euch erzeugt,
Du alter Capulet und Montague,
Den Frieden unsrer Straßen schon gebrochen.
Veronas graue Bürger mussten sich
Entladen ihres ehrenfesten Schmucks
Und alte Speer' in alten Händen schwingen,
Woran der Rost des langen Friedens nagte,
Dem Hasse, der euch nagt, zu widerstehn.
Verstört ihr jemals wieder unsre Stadt,
So zahl eur Leben mir den Friedensbruch.
Für jetzt begebt euch, all ihr andern, weg!

Ihr aber, Capulet, sollt mich begleiten.
Ihr, Montague, kommt diesen Nachmittag
Zur alten Burg, dem Richtplatz unsres Banns,
Und hört, was hierin fürder mir beliebt.
Bei Todesstrafe sag ich: Alle fort!
Der Prinz, sein Gefolge, Capulet, Gräfin Capulet, Tybalt, die Bürger und Bedienten gehen ab.

MONTAGUE: Wer bracht aufs Neu den alten Zwist in Gang?
Sagt, Neffe, wart Ihr da, wie er begann?

BENVOLIO: Die Diener Eures Gegners fochten hier
Erhitzt mit Euren schon, eh ich mich nahte;
Ich zog, um sie zu trennen. Plötzlich kam
Der wilde Tybalt mit gezücktem Schwert
Und schwang, indem er schnaubend Kampf mir bot,
Es um sein Haupt und hieb damit die Winde,
Die, unverwundet, zischend ihn verhöhnten.
Derweil wir Hieb' und Stöße wechseln, kamen
Stets mehr und mehr und fochten miteinander;
Dann kam der Fürst und schied sie voneinander.

GRÄFIN MONTAGUE: Ach, wo ist Romeo? Saht Ihr ihn heut?
Wie froh bin ich! Er war nicht bei dem Streit.

BENVOLIO: Schon eine Stunde, Gräfin, eh im Ost
Die heil'ge Sonn aus goldnem Fenster schaute,
Trieb mich ein irrer Sinn ins Feld hinaus.
Dort, in dem Schatten des Kastanienhains,
Der vor der Stadt gen Westen sich verbreitet,
Sah ich, so früh schon wandelnd, Euren Sohn.
Ich wollt ihm nahn, er aber nahm mich wahr
Und stahl sich tiefer in des Waldes Dickicht.
Ich maß sein Innres nach dem meinen ab,
Das in der Einsamkeit am regsten lebt,
Ging meiner Laune nach, ließ seine gehn.
Und gern vermied ich ihn, der gern mich floh.

MONTAGUE: Schon manchen Morgen ward er dort gesehn,
Wie er den frischen Tau durch Tränen mehrte
Und, seufzend Wolken zu den Wolken schickte.

Allein sobald im fernsten Ost die Sonne,
Die allerfreu'nde, von Auroras Bett
Den Schattenvorhang wegzuziehn beginnt,
Stiehlt vor dem Licht mein Sohn sich heim
Und sperrt sich einsam in sein Kämmerlein,
Verschließt dem schönen Tageslicht die Fenster
Und schaffet künstlich Nacht um sich herum.
In schwarzes Missgeschick wird er sich träumen,
Weiß guter Rat den Grund nicht wegzuräumen.

BENVOLIO: Mein edler Oheim, wisset Ihr den Grund?

MONTAGUE: Ich weiß ihn nicht und kann ihn nicht erfahren.

BENVOLIO: Lagt Ihr ihm jemals schon deswegen an?

MONTAGUE: Ich selbst sowohl als mancher andre Freund.
Doch er, der eignen Neigungen Vertrauter,
Ist gegen sich, wie treu will ich nicht sagen,
Doch so geheim und in sich selbst gekehrt,
So unergründlich forschendem Bemühn,
Wie eine Knospe, die ein Wurm zernagt,
Eh sie der Luft ihr zartes Laub entfalten
Und ihren Reiz der Sonne weihen kann.
Erführen wir, woher sein Leid entsteht,
Wir heilten es so gern, wie wir's erspäht.

ROMEO *erscheint in einiger Entfernung.*

BENVOLIO: Da kommt er, seht! Geruht uns zu verlassen.
Galt ich ihm je was, will ich schon ihn fassen.

MONTAGUE: O beichtet' er für dein Verweilen dir
Die Wahrheit doch! – Kommt, Gräfin, gehen wir!

Montague und Gräfin Montague gehen ab.

BENVOLIO: Ha, guten Morgen, Vetter!

ROMEO: Erst so weit?

BENVOLIO: Kaum schlug es neun.

ROMEO: Weh mir! Gram dehnt die Zeit.
War das mein Vater, der so eilig ging?

BENVOLIO: Er war's. Und welcher Gram dehnt Euch die Stunden?

ROMEO: Dass ich entbehren muss, was sie verkürzt.

BENVOLIO: Verliebt?

ROMEO: Fern –
BENVOLIO: – von der Liebe?
ROMEO: Fern von der Gunst des Mädchens, das ich liebe.
BENVOLIO: Ach, dass der Liebesgott, so mild im Scheine,
So grausam in der Prob erfunden wird!
ROMEO: Ach, dass der Liebesgott, trotz seinen Binden,
Zu seinem Ziel stets Pfade weiß zu finden!
Wo speisen wir? – Ach, welch ein Streit war hier?
Doch sagt mir's nicht, ich hört es alles schon.
Hass gibt hier viel zu schaffen, Liebe mehr.
Nun dann: liebreicher Hass! streitsücht'ge Liebe!
Du alles, aus dem Nichts zuerst erschaffen!
Schwermüt'ger Leichtsinn! ernste Tändelei!
Entstelltes Chaos glänzender Gestalten!
Bleischwinge! lichter Rauch und kalte Glut!
Stets wacher Schlaf! dein eignes Widerspiel! –
So fühl ich Lieb und hasse, was ich fühl!
Du lachst nicht?
BENVOLIO: Nein! das Weinen ist mir näher.
ROMEO: Warum, mein Herz?
BENVOLIO: Um deines Herzens Qual.
ROMEO: Das ist der Liebe Unbill nun einmal.
Schon eignes Leid will mir die Brust zerpressen,
Dein Gram um mich wird voll das Maß mir messen.
Die Freundschaft, die du zeigst, mehrt meinen Schmerz,
Zu viel an eignem Gram hat schon mein Herz.
Lieb ist ein Rauch, den Seufzerdämpf erzeugten,
Geschürt, ein Feur, von dem die Augen leuchten,
Gequält, ein Meer, von Tränen angeschwellt;
Was ist sie sonst? Verständ'ge Raserei
Und ekle Gall und süße Spezerei.
Lebt wohl, mein Freund!
BENVOLIO: Sacht! ich will mit Euch gehen;
Ihr tut mir Unglimpf, lasst Ihr so mich stehen.
ROMEO: Ach, ich verlor mich selbst; ich bin nicht Romeo.
Der ist nicht hier: er ist – ich weiß nicht wo.

BENVOLIO: Sagt mir im Ernst, wem Eure Liebe gilt.
ROMEO: Soll ich ernst seufzend reden?
BENVOLIO: Nein, im Ernst
Nur sagen, wer es ist.
ROMEO: Heiß einen Kranken
Im Ernst den letzten Willen zu entwerfen:
Ein übles Wort, das Übel zu verschärfen. –
Hört, Vetter, denn im Ernst: ich lieb ein Weib.
BENVOLIO: Ich traf's doch gut, da ich verliebt Euch glaubte.
ROMEO: Ein wackrer Schütz! – Und, die ich lieb, ist schön.
BENVOLIO: Ein glänzend Ziel kann man am ersten treffen.
ROMEO: Dies Treffen traf dir fehl, mein guter Schütz:
Sie meidet Amors Pfeil, sie hat Dianens Witz.
Umsonst hat ihren Panzer keuscher Sitten
Der Liebe kindisches Geschoss bestritten.
Sie wehrt den Sturm der Liebesbitten ab,
Steht nicht dem Angriff kecker Augen, öffnet
Nicht ihren Schoß dem Gold, das Heil'ge lockt.
Oh, sie ist reich an Schönheit; arm allein,
Weil, wenn sie stirbt, ihr Reichtum hin wird sein.
BENVOLIO: Beschwor sie der Enthaltsamkeit Gesetze?
ROMEO: Sie tat's, und dieser Geiz vergeudet Schätze.
Denn Schönheit, die der Lust sich streng enthält,
Bringt um ihr Erb die ungeborne Welt.
Sie ist zu schön und weis, um Heil zu erben,
Weil sie, mit Weisheit schön, mich zwingt zu sterben.
Sie schwor zu lieben ab, und dies Gelübd
Ist Tod für den, der lebt, nur weil er liebt.
BENVOLIO: Folg meinem Rat, vergiss, an sie zu denken.
ROMEO: So lehre mich, das Denken zu vergessen.
BENVOLIO: Gib deinen Augen Freiheit, lenke sie
Auf andre Reize hin.
ROMEO: Das ist der Weg,
Mir ihren Reiz in vollem Licht zu zeigen.
Die Schwärze jener neidenswerten Larven,
Die schöner Frauen Stirne küssen, bringt

Uns in den Sinn, dass sie das Schöne bergen.
Der, welchen Blindheit schlug, kann nie das Kleinod
Des eingebüßten Augenlichts vergessen.
Zeigt mir ein Weib, unübertroffen schön;
Mir galt ihr Reiz wie eine Weisung nur,
Worin ich lese, wer sie übertrifft.
Leb wohl! Vergessen lehrest du mich nie.
BENVOLIO: Dein Schuldner sterb ich, glückt mir nicht die Müh.
Beide ab.

Zweite Szene

Eine Straße.

CAPULET, PARIS *und ein* BEDIENTER *kommen.*

CAPULET: Und Montague ist mit derselben Buße
Wie ich bedroht? Für Greise, wie wir sind,
Ist Frieden halten, denk ich, nicht so schwer.
PARIS: Ihr geltet beid als ehrenwerte Männer,
Und Jammer ist's um euren langen Zwiespalt.
Doch, edler Graf, wie dünkt Euch mein Gesuch?
CAPULET: Es dünkt mich so, wie ich vorhin gesagt.
Mein Kind ist noch ein Fremdling in der Welt,
Sie hat kaum vierzehn Jahre wechseln sehn.
Lasst noch zwei Sommer prangen und verschwinden,
Eh wir sie reif, um Braut zu werden, finden.
PARIS: Noch jüngre wurden oft beglückte Mütter.
CAPULET: Wer vor der Zeit beginnt, der endigt früh.
All meine Hoffnungen verschlang die Erde;
Mir blieb nur dieses hoffnungsvolle Kind.
Doch werbt nur, lieber Graf! Sucht Euer Heil!
Mein Will ist von dem ihren nur ein Teil.
Wenn sie aus Wahl in Eure Bitten willigt,
So hab ich im Voraus ihr Wort gebilligt.
Ich gebe heut ein Fest, von Alters hergebracht,

Und lud darauf der Gäste viel zu Nacht,
Was meine Freunde sind: Ihr, der dazugehöret,
Sollt hoch willkommen sein, wenn Ihr die Zahl vermehret.
In meinem armen Haus sollt Ihr des Himmels Glanz
Heut nacht verdunkelt sehn durch ird'scher Sterne Tanz.
Wie muntre Jünglinge mit neuem Mut sich freun,
Wenn auf die Fersen nun der Fuß des holden Maien
Dem lahmen Winter tritt: die Lust steht Euch bevor,
Wenn Euch in meinem Haus ein frischer Mädchenflor
Von jeder Seit umgibt. Ihr hört, Ihr seht sie alle,
Dass, die am schönsten prangt, am meisten Euch gefalle.
Dann mögt Ihr in der Zahl auch meine Tochter sehn,
Sie zählt für eine mit, gilt sie schon nicht für schön.
Kommt, geht mit mir! – Du, Bursch, nimm dies Papier mit Namen;
Trab in der Stadt herum, such alle Herrn und Damen,
So hier geschrieben stehn, und sag mit Höflichkeit:
Mein Haus und mein Empfang steh ihrem Dienst bereit.

Capulet und Paris gehen ab.

BEDIENTER: Die Leute soll ich suchen, wovon die Namen hier geschrieben stehn? Es steht geschrieben, der Schuster soll sich um seine Elle kümmern, der Schneider um seinen Leisten, der Fischer um seinen Pinsel, der Maler um seine Netze. Aber mich schicken sie, um die Leute ausfindig zu machen, wovon die Namen hier geschrieben stehn, und ich kann doch gar nicht ausfindig machen, was für Namen der Schreiber hier aufgeschrieben hat. Ich muss zu den Gelehrten. – Das trifft sich gut!

BENVOLIO *und* ROMEO *kommen.*

BENVOLIO: Pah, Freund! Ein Feuer brennt das andre nieder;
Ein Schmerz kann eines andern Qualen mindern.
Dreh dich im Schwindel, hilf durch Drehn dir wieder!
Fühl andres Leid, das wird dein Leiden lindern!
Saug in dein Auge neuen Zaubersaft,
So wird das Gift des alten fortgeschafft.

ROMEO: Ein Blatt vom Wegrich dient dazu vortrefflich …

BENVOLIO: Ei sag, wozu?
ROMEO: Für ein geschundnes Bein.
BENVOLIO: Was, Romeo, bist du toll?
ROMEO: Nicht toll, doch mehr gebunden als ein Toller,
Gesperrt in einen Kerker, ausgehungert, Freund!
Gegeißelt und geplagt, und – *zu dem Bedienten:* guten Abend,
BEDIENTER: Gott grüß Euch, Herr! Ich bitt Euch, könnt Ihr lesen?
ROMEO: Jawohl, in meinem Elend mein Geschick.
BEDIENTER: Vielleicht habt Ihr das auswendig gelernt.
Aber sagt: könnt Ihr alles vom Blatte weg lesen?
ROMEO: Ja, freilich, wenn ich Schrift und Sprache kenne.
BEDIENTER: Ihr redet ehrlich. Gehabt Euch wohl!
ROMEO: Wart! Ich kann lesen, Bursch. *Er liest das Verzeichnis:* »Signor Martino und seine Frau und Tochter; Graf Anselm und seine reizenden Schwestern; die verwitwete Freifrau von Vitruvio; Signor Placentio und seine artigen Nichten; Mercutio und sein Bruder Valentio; mein Oheim Capulet, seine Frau und Töchter; meine schöne Nichte Rosalinde; Livia; Signor Valentio und sein Vetter Tybalt; Lucio und die muntre Helena.«

Gibt das Papier zurück.

Ein schöner Haufe! Wohin lädst du sie?
BEDIENTER: Hinauf.
ROMEO: Wohin?
BEDIENTER: Zum Abendessen in unser Haus.
ROMEO: Wessen Haus?
BEDIENTER: Meines Herrn.
ROMEO: Das hätt ich freilich eher fragen sollen.
BEDIENTER: Nun will ich's Euch ohne Fragen erklären. Meine Herrschaft ist der große, reiche Capulet, und wenn Ihr nicht vom Hause der Montagues seid, so bitt ich Euch, kommt, stecht eine Flasche Wein mit aus. Gehabt Euch wohl! *Geht ab.*
BENVOLIO: Auf diesem hergebrachten Gastgebot
Der Capulets speist deine Rosalinde
Mit allen Schönen, die Verona preist.
Geh hin, vergleich mit unbefangnem Auge

Die andern, die du sehen sollst, mit ihr.
Was gilt's? Dein Schwan dünkt eine Krähe dir.
ROMEO: Höhnt meiner Augen frommer Glaube je
Die Wahrheit so: dann, Tränen, werdet Flammen!
Und ihr, umsonst ertränkt in manchem See,
Mag eure Lüg als Ketzer euch verdammen.
Ein schönres Weib als sie? Seit Welten stehn,
Hat die allsehnde Sonn es nicht gesehn.
BENVOLIO: Ja, ja! du sahst sie schön, doch in Gesellschaft nie;
Du wogst nur mit sich selbst in jedem Auge sie.
Doch leg einmal zugleich in die kristallnen Schalen
Der Jugendreize Bild, wovon auch andre strahlen,
Die ich dir zeigen will bei diesem Fest vereint:
Kaum leidlich scheint dir dann, was jetzt ein Wunder scheint.
ROMEO: Gut, ich begleite dich. Nicht um des Schauspiels Freuden:
An meiner Göttin Glanz will ich allein mich weiden.

Beide ab.

DRITTE SZENE

Ein Zimmer in Capulets Hause.

GRÄFIN CAPULET *und die* WÄRTERIN.

GRÄFIN CAPULET: Ruft meine Tochter her: wo ist sie, Amme?
WÄRTERIN: Bei meiner Jungfernschaft im zwölften Jahr,
Ich rief sie schon. – He, Lämmchen! zartes Täubchen!
Dass Gott! wo ist das Kind? he, Juliette!

JULIA *kommt.*

JULIA: Was ist? Wer ruft mich?
WÄRTERIN: Eure Mutter.
JULIA: Hier bin ich, gnäd'ge Mutter! Was beliebt?
GRÄFIN CAPULET: Die Sach ist diese! – Amme, geh beiseit,
Wir müssen heimlich sprechen. Amme, komm
Nur wieder her, ich habe mich besonnen;

Ich will dich auch in das Geheimnis ziehn.
Du weißt, mein Kind hat schon ein hübsches Alter.
WÄRTERIN: Das zähl ich, meiner Treu, am Finger her.
GRÄFIN CAPULET: Sie ist nicht vierzehn Jahre.
WÄRTERIN: Ich wette vierzehn meiner Zähne drauf –
Zwar hab ich nur vier Zähn, ich arme Frau –,
Sie ist noch nicht vierzehn. Wie lang ist's bis Johannis?
GRÄFIN CAPULET: Ein vierzehn Tag und drüber.
WÄRTERIN: Nu, drüber oder drunter. Just den Tag,
Johannistag zu Abend, wird sie vierzehn.
Suschen und sie – Gott gebe jedem Christen
Das ew'ge Leben! – waren eines Alters.
Nun, Suschen ist bei Gott:
Sie war zu gut für mich. Doch wie ich sagte,
Johannistag zu Abend wird sie vierzehn.
Das wird sie, meiner Treu; ich weiß es recht gut.
Elf Jahr ist's her, seit wir's Erdbeben hatten:
Und ich entwöhnte sie (mein Leben lang
Vergess ich's nicht) just denselben Tag.
Ich hatte Wermut auf die Brust gelegt
Und saß am Taubenschlage in der Sonne;
Die gnäd'ge Herrschaft war zu Mantua.
(Ja, ja! ich habe Grütz im Kopf!) Nun, wie ich sagte:
Als es den Wermut auf der Warze schmeckte
Und fand ihn bitter – närr'sches, kleines Ding –,
Wie's böse ward und zog der Brust ein G'sicht!
Krach! sagt' der Taubenschlag; und ich, fürwahr,
Ich wusste nicht, wie ich mich tummeln sollte.
Und seit der Zeit ist's nun elf Jahre her.
Denn damals stand sie schon allein; mein Treu,
Sie lief und watschelt' Euch schon flink herum.
Denn tags zuvor fiel sie die Stirn entzwei,
Und da hob sie mein Mann – Gott hab ihn selig!
Er war ein lust'ger Mann – vom Boden auf.
»Ei«, sagt' er, »fällst du so auf dein Gesicht?
Wirst rücklings fallen, wenn du klüger bist.

Nicht wahr, mein Kind?« Und, liebe heil'ge Frau!
Das Mädchen schrie nicht mehr und sagte: »Ja.«
Da seh man, wie so 'n Spaß zum Vorschein kommt!
Und lebt ich tausend Jahre lang, ich wette,
Dass ich es nie vergäß. »Nicht wahr, mein Kind?«, sagt' er,
Und 's liebe Närrchen ward still und sagte: »Ja.«

GRÄFIN CAPULET: Genug davon, ich bitte, halt dich ruhig.

WÄRTERIN: Ja, gnäd'ge Frau. Doch lächert's mich noch immer,
Wie's Kind sein Schreien ließ und sagte: »Ja.«
Und saß ihm, meiner Treu, doch eine Beule,
So dick wie 'n Hühnerei, auf seiner Stirn.
Recht g'fährlich dick! und es schrie bitterlich.
Mein Mann, der sagte: »Ei, fällst aufs Gesicht?
Wirst rücklings fallen, wenn du älter bist.
Nicht wahr, mein Kind?« Still ward's und sagte: »Ja.«

JULIA: Ich bitt dich, Amme, sei doch auch nur still.

WÄRTERIN: Gut, ich bin fertig. Gott behüte dich!
Du warst das feinste Püppchen, das ich säugte.
Erleb ich deine Hochzeit noch einmal,
So wünsch ich weiter nichts.

GRÄFIN CAPULET: Die Hochzeit, ja! das ist der Punkt, von dem
Ich sprechen wollte. Sag mir, liebe Tochter,
Wie steht's mit deiner Lust, dich zu vermählen?

JULIA: Ich träumte nie von dieser Ehre noch.

WÄRTERIN: Ein Ehre! Hättst du eine andre Amme
Als mich gehabt, so wollt ich sagen: Kind,
Du habest Weisheit mit der Milch gesogen.

GRÄFIN CAPULET: Gut, denke jetzt dran; jünger noch als du
Sind angesehne Fraun hier in Verona
Schon Mütter worden. Ist mir recht, so war
Ich deine Mutter in demselben Alter,
Wo du noch Mädchen bist. Mit einem Wort:
Der junge Paris wirbt um deine Hand.

WÄRTERIN: Das ist ein Mann, mein Fräulein! Solch ein Mann
Als alle Welt – ein wahrer Zuckermann!

GRÄFIN CAPULET: Die schönste Blume von Veronas Flor.

WÄRTERIN: Ach ja, 'ne Blume! Gelt, 'ne rechte Blume!
GRÄFIN CAPULET: Was sagst du? Wie gefällt dir dieser Mann?
Heut Abend siehst du ihn bei unserm Fest.
Dann lies im Buche seines Angesichts,
In das der Schönheit Griffel Wonne schrieb;
Betrachte seiner Züge Lieblichkeit,
Wie jeglicher dem andern Zierde leiht.
Was dunkel in dem holden Buch geblieben,
Das lies in seinem Aug am Rand geschrieben.
Und dieses Freiers ungebundner Stand,
Dies Buch der Liebe, braucht nur einen Band.
Der Fisch lebt in der See, und doppelt teuer
Wird äußres Schön' als innrer Schönheit Schleier.
Das Buch glänzt allermeist im Aug der Welt,
Das goldne Lehr in goldnen Spangen hält.
So wirst du alles, was er hat, genießen,
Wenn du ihn hast, ohn etwas einzubüßen.
WÄRTERIN: Einbüßen? Nein, zunehmen wird sie eher;
Die Weiber nehmen oft durch Männer zu.
GRÄFIN CAPULET: Sag kurz: fühlst du dem Grafen dich geneigt?
JULIA: Gern will ich sehn, ob Sehen Neigung zeugt.
Doch weiter soll mein Blick den Flug nicht wagen,
Als ihn die Schwingen Eures Beifalls tragen.

Ein BEDIENTER *kommt.*

BEDIENTER: Gnädige Frau, die Gäste sind da, das Abendessen auf dem Tisch, Ihr werdet gerufen, das Fräulein gesucht, die Amme in der Speisekammer zum Henker gewünscht, und alles geht drunter und drüber. Ich muss fort, aufwarten: Ich bitte Euch, kommt unverzüglich.
GRÄFIN CAPULET: Gleich! – Paris wartet. Julia, komm geschwind!
WÄRTERIN: Such frohe Nächt auf frohe Tage, Kind! *Ab.*

Vierte Szene

Eine Straße.

ROMEO, MERCUTIO, BENVOLIO *mit fünf oder sechs* MASKEN, FACKELTRÄGERN *und* ANDEREN.

ROMEO: Soll diese Red uns zur Entschuld'gung dienen?
Wie? oder treten wir nur grad hinein?
BENVOLIO: Umschweife solcher Art sind nicht mehr Sitte.
Wir wollen keinen Amor, mit der Schärpe
Geblendet, der den buntbemalten Bogen
Wie ein Tatar, geschnitzt aus Latten, trägt
Und wie ein Vogelscheu die Frauen schreckt;
Auch keinen hergebeteten Prolog,
Wobei viel zugeblasen wird, zum Eintritt.
Lasst sie uns nur, wofür sie wollen, nehmen,
Wir nehmen ein paar Tänze mit und gehn.
ROMEO: Ich mag nicht springen; gebt mir eine Fackel!
Da ich so finster bin, so will ich leuchten.
MERCUTIO: Nein, du musst tanzen, lieber Romeo.
ROMEO: Ich wahrlich nicht. Ihr seid so leicht von Sinn
Wie leicht beschuht: mich drückt ein Herz von Blei
Zu Boden, dass ich kaum mich regen kann.
MERCUTIO: Ihr seid ein Liebender: borgt Amors Flügel,
Und schwebet frei in ungewohnten Höhn.
ROMEO: Ich bin zu tief von seinem Pfeil durchbohrt,
Auf seinen leichten Schwingen hoch zu schweben.
Gewohnte Fesseln lassen mich nicht frei;
Ich sinke unter schwerer Liebeslast.
MERCUTIO: Und wolltet Ihr denn in die Liebe sinken?
Ihr seid zu schwer für ein so zartes Ding.
ROMEO: Ist Lieb ein zartes Ding? Sie ist zu rau,
Zu wild, zu tobend; und sie sticht wie Dorn.
MERCUTIO: Begegnet Lieb Euch rau, so tut desgleichen!
Stecht Liebe, wenn sie sticht: das schlägt sie nieder.
Zu einem andern aus dem Gefolge:

Gebt ein Gehäuse für mein Antlitz mir:
'ne Larve für 'ne Larve! *Bindet die Maske vor.*
Nun erspähe
Die Neugier Missgestalt: was kümmert's mich?
Erröten wird für mich dies Wachsgesicht.

BENVOLIO: Fort! Klopft, und dann hinein! Und sind wir drinnen,
So rühre gleich ein jeder flink die Beine!

ROMEO: Mir eine Fackel! Leichtgeherzte Buben,
Die lasst den Estrich mit den Sohlen kitzeln.
Ich habe mich verbrämt mit einem alten
Großvaterspruch: Wer's Licht hält, schauet zu!
Nie war das Spiel so schön; doch ich bin matt.

MERCUTIO: Jawohl, zu matt, dich aus dem Schlamme – nein,
Der Liebe wollt ich sagen – dich zu ziehn,
Worin du leider steckst bis an die Ohren.
Macht fort! wir leuchten ja dem Tage hier.

ROMEO: Das tun wir nicht.

MERCUTIO: Ich meine, wir verscherzen,
Wie Licht bei Tag, durch Zögern unsre Kerzen.
Nehmt meine Meinung nach dem guten Sinn,
Und sucht nicht Spiele des Verstandes drin.

ROMEO: Wir meinen's gut, da wir zum Balle gehen,
Doch es ist Unverstand.

MERCUTIO: Wie? lasst doch sehen!

ROMEO: Ich hatte diese Nacht 'nen Traum

MERCUTIO: Auch ich

ROMEO: Was war der Eure?

MERCUTIO: Dass auf Träume sich
Nichts bauen lässt, dass Träume öfters lügen.

ROMEO: Sie träumen Wahres, weil sie schlafend liegen.

MERCUTIO: Nun seh ich wohl, Frau Mab hat Euch besucht.
Sie ist der Feenwelt Entbinderin.
Sie kommt, nicht größer als der Edelstein
Am Zeigefinger eines Aldermanns,
Und fährt mit einem Spann von Sonnenstäubchen
Den Schlafenden quer auf der Nase hin.

Die Speichen sind gemacht aus Spinnenbeinen,
Des Wagens Deck aus eines Heupferds Flügeln,
Aus feinem Spinngewebe das Geschirr,
Die Zügel aus des Mondes feuchtem Strahl;
Aus Heimchenknochen ist der Peitsche Griff,
Die Schnur aus Fasern; eine kleine Mücke
Im grauen Mantel sitzt als Fuhrmann vorn,
Nicht halb so groß als wie ein kleines Würmchen,
Das in des Mädchens müß'gen Fingern nistet.
Die Kutsch ist eine hohle Haselnuss,
Vom Tischler Eichhorn oder Meister Wurm
Zurechtgemacht, die seit uralten Zeiten
Der Feen Wagner sind. In diesem Staat
Trabt sie dann Nacht für Nacht; befährt das Hirn
Verliebter, und sie träumen dann von Liebe;
Des Schranzen Knie, der schnell von Reverenzen,
Des Anwalts Finger, der von Sporteln gleich,
Der Schönen Lippen, die von Küssen träumen
(Oft plagt die böse Mab mit Bläschen diese,
Weil ihren Odem Näscherei verdarb).
Bald trabt sie über eines Hofmanns Nase,
Dann wittert er im Traum sich Ämter aus.
Bald kitzelt sie mit eines Zinshahns Federn
Des Pfarrers Nase, wenn er schlafend liegt:
Von einer bessern Pfründe träumt er dann.
Bald fährt sie über des Soldaten Nacken:
Der träumt sofort vom Niedersäbeln, träumt
Von Breschen, Hinterhalten, Damaszenern,
Von manchem klaftertiefen Ehrentrunk;
Nun trommelt's ihm ins Ohr; da fährt er auf
Und flucht in seinem Schreck ein paar Gebete
Und schläft von neuem. Ebendiese Mab
Verwirrt der Pferde Mähnen in der Nacht
Und flicht in strupp'ges Haar die Weichselzöpfe,
Die, wiederum entwirrt, auf Unglück deuten.
Dies ist die Hexe, welche Mädchen drückt,

Die auf dem Rücken ruhn, und ihnen lehrt,
Als Weiber einst die Männer zu ertragen.
Dies ist sie –

ROMEO: Still, o still, Mercutio!
Du sprichst von einem Nichts.

MERCUTIO: Wohl wahr, ich rede
Von Träumen, Kindern eines müß'gen Hirns,
Von nichts als eitler Fantasie erzeugt,
Die aus so dünnem Stoff wie Luft besteht,
Und flücht'ger wechselt als der Wind, der bald
Um die erfrorne Brust des Nordens buhlt
Und, schnell erzürnt, hinweg von dannen schnaubend,
Die Stirn zum taubeträuften Süden kehrt.

BENVOLIO: Der Wind, von dem Ihr sprecht, entführt uns selbst.
Man hat gespeist; wir kamen schon zu spät.

ROMEO: Zu früh, befürcht ich; denn mein Herz erbangt
Und ahnet ein Verhängnis, welches, noch
Verborgen in den Sternen, heute Nacht
Bei dieser Lustbarkeit den furchtbarn Zeitlauf
Beginnen und das Ziel des läst'gen Lebens,
Das meine Brust verschließt, mir kürzen wird
Durch irgendeinen Frevel frühen Todes.
Doch er, der mir zur Fahrt das Steuer lenkt,
Richt auch mein Segel! – Auf, ihr lust'gen Freunde!

BENVOLIO: Rührt Trommeln!

Gehen ab.

FÜNFTE SZENE

Ein Saal in Capulets Hause.

MUSIKANTEN. BEDIENTE *kommen.*

ERSTER BEDIENTER: Wo ist Schmorpfanne, dass er nicht abräumen hilft? Ja, der mit seinem Tellerwechseln, seinem Tellerlecken!

ZWEITER BEDIENTER: Wenn die gute Lebensart in eines oder zweier Menschen Händen sein soll, die noch obendrein ungewaschen sind, 's ist ein unsaubrer Handel.

ERSTER BEDIENTER: Die Lehnstühle fort! Rückt den Schenktisch beiseit! Seht nach dem Silberzeuge! Kamerad, heb mir ein Stück Marzipan auf, und wo du mich lieb hast, sag dem Pförtner, dass er Suse Mühlstein und Lene hereinlässt. Anton! Schmorpfanne!

Andre BEDIENTE *kommen.*

BEDIENTE: Hier, Bursch, wir sind parat.

ERSTER BEDIENTER: Im großen Saale verlangt man euch, vermisst man euch, sucht man euch.

BEDIENTE: Wir können nicht zugleich hier und dort sein. – Lustig, Kerle! haltet euch brav; wer am längsten lebt, kriegt den ganzen Bettel.

Sie ziehen sich in den Hintergrund zurück.

CAPULET *usw. mit den* GÄSTEN *und* MASKEN.

CAPULET: Willkommen, meine Herrn! Es warten euer
Hier Damen, deren Fuß kein Leichdorn plagt.
He, he, ihr schönen Fraun! wer von euch allen
Schlägt's nun wohl ab zu tanzen? Ziert sich eine, die,
Ich wette, die hat Hühneraugen. Nun,
Hab ich's euch nahgelegt? Ihr Herrn, willkommen!
Ich weiß die Zeit, da ich 'ne Larve trug
Und einer Schönen eine Weis ins Ohr
Zu flüstern wusste, die ihr wohlgefiel.
Das ist vorbei, vorbei! Willkommen, Herren!
Kommt, Musikanten, spielt! Macht Platz da, Platz!
Ihr Mädchen, frisch gesprungen!

Musik und Tanz.

Zu den Bedienten:
Mehr Licht, ihr Schurken, und beiseit die Tische!
Das Feuer weg! Das Zimmer ist zu heiß. –
Ha, recht gelegen kommt der unverhoffte Spaß.
Na, setzt Euch, setzt Euch, Vetter Capulet!
Wir beide sind ja übers Tanzen hin.

Wie lang ist's jetzo, seit wir uns zuletzt
In Larven steckten?
ZWEITER CAPULET: Dreißig Jahr, mein Seel.
CAPULET: Wie, Schatz? So lang noch nicht, so lang noch nicht.
Denn seit der Hochzeit des Lucentio
Ist's etwa fünfundzwanzig Jahr, sobald
Wir Pfingsten haben; und da tanzten wir.
ZWEITER CAPULET: 's ist mehr, 's ist mehr! Sein Sohn ist älter, Herr.
Sein Sohn ist dreißig.
CAPULET: Sagt mir das doch nicht!
Sein Sohn war noch nicht mündig vor zwei Jahren.
ROMEO *zu einem Bedienten aus seinem Gefolge*:
Wer ist das Fräulein, welche dort den Ritter
Mit ihrer Hand beehrt?
BEDIENTER: Ich weiß nicht, Herr.
ROMEO: Oh, sie nur lehrt die Kerzen, hell zu glühn!
Wie in dem Ohr des Mohren ein Rubin,
So hängt der Holden Schönheit an den Wangen
Der Nacht; zu hoch, zu himmlisch dem Verlangen.
Sie stellt sich unter den Gespielen dar
Als weiße Taub in einer Krähenschar.
Schließt sich der Tanz, so nah ich ihr: ein Drücken
Der zarten Hand soll meine Hand beglücken.
Liebt ich wohl je? Nein, schwör es ab, Gesicht!
Du sahst bis jetzt noch wahre Schönheit nicht.
TYBALT: Nach seiner Stimm ist dies ein Montague.
Zu einem Bedienten:
Hol meinen Degen, Bursch. – Was? wagt der Schurk,
Vermummt in eine Fratze herzukommen,
Zu Hohn und Schimpfe gegen unser Fest?
Fürwahr, bei meines Stammes Ruhm und Adel!
Wer tot ihn schlüg, verdiente keinen Tadel.
CAPULET: Was habt Ihr, Vetter? Welch ein Sturm? Wozu?
TYBALT: Seht, Oheim! der da ist ein Montague.
Der Schurke drängt sich unter Eure Gäste
Und macht sich einen Spott an diesem Feste.

CAPULET: Ist es der junge Romeo?
TYBALT: Der Schurke Romeo.
CAPULET: Seid ruhig, Herzensvetter! Lasst ihn gehn!
Er hält sich wie ein wackrer Edelmann:
Und in der Tat, Verona preiset ihn
Als einen sitt'gen, tugendsamen Jüngling.
Ich möchte nicht für alles Gut der Stadt
In meinem Haus ihm einen Unglimpf tun.
Drum seid geduldig; merket nicht auf ihn.
Das ist mein Will, und wenn du diesen ehrst,
So zeig dich freundlich, streif die Runzeln weg,
Die übel sich bei einem Feste ziemen.
TYBALT: Kommt solch ein Schurk als Gast, so stehn sie wohl.
Ich leid ihn nicht.
CAPULET: Er soll gelitten werden,
Er soll! – Herr Junge, hört er das? Nur zu!
Wer ist hier Herr? Er oder ich? Nur zu!
So? will er ihn nicht leiden? – Helf mir Gott! –
Will Hader unter meinen Gästen stiften?
Den Hahn im Korbe spielen? Seht mir doch!
TYBALT: Ist's nicht 'ne Schande, Oheim?
CAPULET: Zu! Nur zu!
Ihr seid ein kecker Bursch. Ei, seht mir doch!
Der Streich mag Euch gereun: ich weiß schon was.
Ihr macht mir's bunt! Traun, das kam eben recht! –
Brav, Herzenskinder! – Geht, Ihr seid ein Frechdachs!
Seid ruhig, sonst – mehr Licht, mehr Licht, zum Kuckuck! –
Will ich zur Ruh Euch bringen! – Lustig, Kinder!
TYBALT: Mir kämpft Geduld aus Zwang mit will'ger Wut
Im Innern und empört mein siedend Blut.
Ich gehe: doch so frech sich aufzudringen,
Was Lust ihm macht, soll bittern Lohn ihm bringen.

Geht ab.

ROMEO *tritt zu Julia*: Entweihet meine Hand verwegen dich,
O Heil'genbild, so will ich's lieblich büßen.

Zwei Pilger, neigen meine Lippen sich,
Den herben Druck im Kusse zu versüßen.
JULIA: Nein, Pilger, lege nichts der Hand zuschulden
Für ihren sittsam-andachtsvollen Gruß.
Der Heil'gen Rechte darf Berührung dulden,
Und Hand in Hand ist frommer Waller Kuss.
ROMEO: Hat nicht der Heil'ge Lippen wie der Waller?
JULIA: Ja, doch Gebet ist die Bestimmung aller.
ROMEO: Oh, so vergönne, teure Heil'ge, nun,
Dass auch die Lippen wie die Hände tun.
Voll Inbrunst beten sie zu dir: erhöre,
Dass Glaube nicht sich in Verzweiflung kehre.
JULIA: Du weißt, ein Heil'ger pflegt sich nicht zu regen,
Auch wenn er eine Bitte zugesteht.
ROMEO: So reg dich, Holde, nicht, wie Heil'ge pflegen,
Derweil mein Mund dir nimmt, was er erfleht. *Er küßt sie.*
Nun hat dein Mund ihn aller Sünd entbunden.
JULIA: So hat mein Mund zum Lohn sie für die Gunst?
ROMEO: Zum Lohn die Sünd? O Vorwurf, süß erfunden!
Gebt sie zurück. *Küßt sie wieder.*
JULIA: Ihr küßt recht nach der Kunst.
WÄRTERIN: Mama will Euch ein Wörtchen sagen, Fräulein.
ROMEO: Wer ist des Fräuleins Mutter?
WÄRTERIN: Ei nun, Junker,
Das ist die gnäd'ge Frau vom Hause hier,
Gar eine wackre Frau und klug und ehrsam.
Die Tochter, die Ihr spracht, hab ich gesäugt.
Ich sag Euch, wer sie habhaft werden kann,
Ist wohl gebettet.
ROMEO: Sie eine Capulet? O teurer Preis! mein Leben
Ist meinem Feind als Schuld dahingegeben.
BENVOLIO: Fort! lasst uns gehn; die Lust ist bald dahin.
ROMEO: Ach, leider wohl! Das ängstet meinen Sinn.
CAPULET: Nein, liebe Herrn, denkt noch ans Weggehn nicht!
Ein kleines, schlechtes Mahl ist schon bereitet. –
Muss es denn sein? – Nun wohl, ich dank euch allen;

Ich dank euch, edle Herren! Gute Nacht!
Mehr Fackeln her! – Kommt nun, bringt mich zu Bett.

Alle ab, außer JULIA *und der* WÄRTERIN.

JULIA: Komm zu mir, Amme: wer ist dort der Herr?
WÄRTERIN: Tiberios, des alten, Sohn und Erbe.
JULIA: Wer ist's, der eben aus der Türe geht?
WÄRTERIN: Das, denk ich, ist der junge Marcellin.
JULIA: Wer folgt ihm da, der gar nicht tanzen wollte?
WÄRTERIN: Ich weiß nicht.
JULIA: Geh, frage, wie er heißt. – Ist er vermählt,
So ist das Grab zum Brautbett mir erwählt.
WÄRTERIN *kommt zurück*: Sein Nam ist Romeo, ein Montague,
Und Eures großen Feindes einz'ger Sohn.
JULIA: So ein'ge Lieb aus großem Hass entbrannt!
Ich sah zu früh, den ich zu spät erkannt.
O Wunderwerk! ich fühle mich getrieben,
Den ärgsten Feind aufs Zärtlichste zu lieben.
WÄRTERIN: Wieso? wieso?
JULIA: Es ist ein Reim, den ich von einem Tänzer
Soeben lernte.

Man ruft drinnen: Julia!

WÄRTERIN: Gleich! wir kommen ja.
Kommt, lasst uns gehn; kein Fremder ist mehr da. *Ab.*

[*Der* CHOR *tritt auf.*

CHOR: Nun auf dem Todbett liegen ältre Triebe –
Und junge Neigung glüht, sie zu beerben;
Nach Julia scheint ihm nicht mehr schön die Liebe,
Für die er vordem seufzend wollte sterben.
Wo gleich bezaubert nun die Herzen schlagen,
Wird Romeo geliebt und liebt voll Glut;
Doch der vermeinten Feindin muss er klagen,
Die süße Frucht stiehlt, wo Gefahr nicht ruht.
Im Haus des Feindes ist nicht freie Bahn

Für ihn, durch seine ihre Glut zu nähren;
Noch wen'ger hat sie Mittel, ihm zu nahn,
Der eignen Liebe Trost ihm zu gewähren.
Doch Leidenschaft gibt Macht; die Gunst der Zeit
Stimmt sanft Verzweiflung um in Seligkeit. *Ab.*]

Zweiter Aufzug

Erste Szene

Ein offner Platz, der an Capulets Garten stößt.

ROMEO *tritt auf.*

ROMEO: Kann ich von hinnen, da mein Herz hier bleibt?
Geh, frost'ge Erde, suche deine Sonne!
Er ersteigt die Mauer und springt hinunter.
BENVOLIO *und* MERCUTIO *treten auf.*
BENVOLIO: He, Romeo! he, Vetter!
MERCUTIO: Er ist klug
Und hat, mein Seel, sich heim ins Bett gestohlen.
BENVOLIO: Er lief hierher und sprang die Gartenmauer
Hinüber. Ruf ihn, Freund Mercutio.
MERCUTIO: Ja, auch beschwören will ich. Romeo!
Was? Grillen! Toller! Leidenschaft! Verliebter!
Erscheine du, gestaltet wie ein Seufzer;
Sprich nur ein Reimchen, so genügt mir's schon;
Ein Ach nur jammre, paare Lieb und Triebe;
Gib der Gevattrin Venus ein gut Wort,
Schimpf eins auf ihren blinden Sohn und Erben,
Held Amor, der so flink gezielt, als König
Kophetua das Bettlermädchen liebte.
Er höret nicht, er regt sich nicht, er rührt sich nicht.
Der Aff ist tot; ich muss ihn wohl beschwören.
Nun wohl: Bei Rosalindens hellem Auge,
Bei ihrer Purpurlipp und hohen Stirn,
Bei ihrem zarten Fuß, dem schlanken Bein,
Den üpp'gen Hüften und der Region,
Die ihnen nahe liegt, beschwör ich dich,
Dass du in eigner Bildung uns erscheinest.
BENVOLIO: Wenn er dich hört, so wird er zornig werden.
MERCUTIO: Hierüber kann er's nicht; er hätte Grund,
Bannt ich hinauf in seiner Dame Kreis

Ihm einen Geist von seltsam eigner Art
Und ließe den da stehn, bis sie den Trotz
Gezähmt und nieder ihn beschworen hätte.
Das wär Beschimpfung! Meine Anrufung
Ist gut und ehrlich; mit der Liebsten Namen
Beschwör ich ihn, bloß um ihn aufzurichten.

BENVOLIO: Kommt! Er verbarg sich unter jenen Bäumen
Und pflegt des Umgangs mit der feuchten Nacht.
Die Lieb ist blind, das Dunkel ist ihr recht.

MERCUTIO: Ist Liebe blind, so zielt sie freilich schlecht.
Nun sitzt er wohl an einen Baum gelehnt
Und wünscht, sein Liebchen wär die reife Frucht
Und fiel' ihm in den Schoß. Doch, gute Nacht,
Freund Romeo! Ich will ins Federbett,
Das Feldbett ist zum Schlafen mir zu kalt.
Kommt, gehn wir!

BENVOLIO: Ja, es ist vergeblich, ihn
Zu suchen, der nicht will gefunden sein.

Alle ab.

Zweite Szene

Capulets Garten.

ROMEO *kommt.*

ROMEO: Der Narben lacht, wer Wunden nie gefühlt.

JULIA *erscheint oben an einem Fenster.*

Doch still, was schimmert durch das Fenster dort?
Es ist der Ost, und Julia die Sonne! –
Geh auf, du holde Sonn! ertöte Lunen,
Die neidisch ist und schon vor Grame bleich,
Dass du viel schöner bist, obwohl ihr dienend.
Oh, da sie neidisch ist, so dien ihr nicht.
Nur Toren gehn in ihrer blassen, kranken
Vestalentracht einher: wirf du sie ab!

Sie ist es, meine Göttin! meine Liebe!
O wüsste sie, dass sie es ist! –
Sie spricht, doch sagt sie nichts: was schadet das?
Ihr Auge redt, ich will ihm Antwort geben. –
Ich bin zu kühn, es redet nicht zu mir.
Ein Paar der schönsten Stern am ganzen Himmel
Wird ausgesandt und bittet Juliens Augen,
In ihren Kreisen unterdes zu funkeln.
Doch wären ihre Augen dort, die Sterne
In ihrem Antlitz? Würde nicht der Glanz
Von ihren Wangen jene so beschämen,
Wie Sonnenlicht die Lampe? Würd ihr Aug
Aus luft'gen Höhn sich nicht so hell ergießen,
Dass Vögel sängen, froh den Tag zu grüßen?
O wie sie auf die Hand die Wange lehnt!
Wär ich der Handschuh doch auf dieser Hand
Und küsste diese Wange!

JULIA: Weh mir!

ROMEO: Horch!
Sie spricht. O sprich noch einmal, holder Engel!
Denn über meinem Haupt erscheinest du
Der Nacht so glorreich wie ein Flügelbote
Des Himmels dem erstaunten, über sich
Gekehrten Aug der Menschensöhne, die
Sich rückwärts beugen, um nach ihm zu schaun,
Wenn er dahinfährt auf den trägen Wolken
Und auf der Luft gewölbtem Busen schwebt.

JULIA: O Romeo! warum denn Romeo?
Verleugne deinen Vater, deinen Namen!
Willst du das nicht, schwör dich zu meinem Liebsten,
Und ich bin länger keine Capulet!

ROMEO *für sich*: Hör ich noch länger, oder soll ich reden?

JULIA: Dein Nam ist nur mein Feind. Du bliebst du selbst,
Und wärst du auch kein Montague. Was ist
Denn Montague? Es ist nicht Hand, nicht Fuß,
Nicht Arm noch Antlitz noch ein andrer Teil

Von einem Mann. Oh, ändre deinen Namen!
Was ist ein Name? Was uns Rose heißt,
Wie es auch hieße, würde lieblich duften;
So Romeo, wenn er auch anders hieße,
Er würde doch den köstlichen Gehalt
Bewahren, welcher sein ist ohne Titel.
O Romeo, leg deinen Namen ab,
Und für den Namen, der dein Selbst nicht ist,
Nimm meines ganz!

ROMEO *indem er näher hinzutritt*: Ich nehme dich beim Wort.
Nenn Liebster mich, so bin ich neu getauft
Und will hinfort nicht Romeo mehr sein.

JULIA: Wer bist du, der du, von der Nacht beschirmt,
Dich drängst in meines Herzens Rat?

ROMEO: Mit Namen
Weiß ich dir nicht zu sagen, wer ich bin.
Mein eigner Name, teure Heil'ge, wird,
Weil er dein Feind ist, von mir selbst gehasst.
Hätt ich ihn schriftlich, so zerriss ich ihn.

JULIA: Mein Ohr trank keine hundert Worte noch
Von diesen Lippen, doch es kennt den Ton.
Bist du nicht Romeo, ein Montague?

ROMEO: Nein, Holde; keines, wenn dir eins missfällt.

JULIA: Wie kamst du her? o sag mir, und warum?
Die Gartenmaur ist hoch, schwer zu erklimmen;
Die Stätt ist Tod, bedenk nur, wer du bist,
Wenn einer meiner Vettern dich hier findet.

ROMEO: Der Liebe leichte Schwingen trugen mich;
Kein steinern Bollwerk kann der Liebe wehren;
Und Liebe wagt, was irgend Liebe kann:
Drum hielten deine Vettern mich nicht auf.

JULIA: Wenn sie dich sehn, sie werden dich ermorden.

ROMEO: Ach, deine Augen drohn mir mehr Gefahr
Als zwanzig ihrer Schwerter; blick du freundlich,
So bin ich gegen ihren Hass gestählt.

JULIA: Ich wollt um alles nicht, dass sie dich sähn.
ROMEO: Vor ihnen hüllt mich Nacht in ihren Mantel.
Liebst du mich nicht, so lass sie nur mich finden,
Durch ihren Hass zu sterben wär mir besser
Als ohne deine Liebe Lebensfrist.
JULIA: Wer zeigte dir den Weg zu diesem Ort?
ROMEO: Die Liebe, die zuerst mich forschen hieß.
Sie lieh mir Rat, ich lieh ihr meine Augen.
Ich bin kein Steuermann, doch wärst du fern
Wie Ufer, von dem fernsten Meer bespült,
Ich wagte mich nach solchem Kleinod hin.
JULIA: Du weißt, die Nacht verschleiert mein Gesicht,
Sonst färbte Mädchenröte meine Wangen
Um das, was du vorhin mich sagen hörtest.
Gern hielt ich streng auf Sitte, möchte gern
Verleugnen, was ich sprach: doch weg mit Förmlichkeit!
Sag, liebst du mich? Ich weiß, du wirst's bejahn,
Und will dem Worte traun; doch wenn du schwörst,
So kannst du treulos werden; wie sie sagen,
Lacht Jupiter des Meineids der Verliebten.
O holder Romeo! wenn du mich liebst:
Sag's ohne Falsch! Doch dächtest du, ich sei
Zu schnell besiegt, so will ich finster blicken,
Will widerspenstig sein und nein dir sagen,
So du dann werben willst: sonst nicht um alles.
Gewiss, mein Montague, ich bin zu herzlich;
Du könntest denken, ich sei leichten Sinns.
Doch glaube, Mann, ich werde treuer sein
Als sie, die fremd zu tun geschickter sind.
Auch ich, bekenn ich, hätte fremd getan,
Wär ich von dir, eh ich's gewahrte, nicht
Belauscht in Liebesklagen. Drum vergib!
Schilt diese Hingebung nicht Flatterliebe,
Die so die stille Nacht verraten hat.
ROMEO: Ich schwöre, Fräulein, bei dem heil'gen Mond,
Der silbern dieser Bäume Wipfel säumt …

JULIA: O schwöre nicht beim Mond, dem wandelbaren,
Der immerfort in seiner Scheibe wechselt,
Damit nicht wandelbar dein Lieben sei!
ROMEO: Wobei denn soll ich schwören?
JULIA: Lass es ganz.
Doch willst du, schwör bei deinem edlen Selbst,
Dem Götterbilde meiner Anbetung!
So will ich glauben.
ROMEO: Wenn die Herzensliebe …
JULIA: Gut, schwöre nicht. Obwohl ich dein mich freue,
Freu ich mich nicht des Bundes dieser Nacht.
Er ist zu rasch, zu unbedacht, zu plötzlich;
Gleicht allzu sehr dem Blitz, der nicht mehr ist,
Noch eh man sagen kann: es blitzt. – Schlaf süß!
Des Sommers warmer Hauch kann diese Knospe
Der Liebe wohl zur schönen Blum entfalten,
Bis wir das nächste Mal uns wiedersehn.
Nun gute Nacht! So süße Ruh und Frieden,
Wie mir im Busen wohnt, sei dir beschieden.
ROMEO: Ach, du verlässest mich so unbefriedigt?
JULIA: Was für Befriedigung begehrst du noch?
ROMEO: Gib deinen treuen Liebesschwur für meinen.
JULIA: Ich gab ihn dir, eh du darum gefleht;
Und doch, ich wollt, er stünde noch zu geben.
ROMEO: Wolltst du ihn mir entziehn? Wozu das, Liebe?
JULIA: Um unverstellt ihn dir zurückzugeben.
Allein ich wünsche, was ich habe, nur.
So grenzenlos ist meine Huld, die Liebe
So tief ja wie das Meer. Je mehr ich gebe,
Je mehr auch hab ich: beides ist unendlich.
Ich hör im Haus Geräusch; leb wohl, Geliebter!
Die WÄRTERIN *ruft hinter der Szene.*
Gleich, Amme! Holder Montague, sei treu!
Wart einen Augenblick: ich komme wieder. *Sie geht zurück.*
ROMEO: O sel'ge, sel'ge Nacht! Nur fürcht ich, weil
Mich Nacht umgibt, dies alles sei nur Traum,

Zu schmeichelnd süß, um wirklich zu bestehn.

JULIA *erscheint wieder am Fenster.*

JULIA: Drei Worte, Romeo; dann gute Nacht!
Wenn deine Liebe tugendsam gesinnt,
Vermählung wünscht, so lass mich morgen wissen
Durch jemand, den ich zu dir senden will,
Wo du und wann die Trauung willst vollziehn.
Dann leg ich dir mein ganzes Glück zu Füßen
Und folge durch die Welt dir als Gebieter. –

Die Wärterin hinter der Szene: Fräulein!

Ich komme; gleich! – Doch meinst du es nicht gut,
So bitt ich dich …

Die Wärterin hinter der Szene: Fräulein!

Im Augenblick: ich komme! –
… Hör auf zu werben, lass mich meinem Gram!
Ich sende morgen früh –

ROMEO: Beim ew'gen Heil –

JULIA: Nun tausend gute Nacht! *Geht zurück.*

ROMEO: Raubst du dein Licht ihr, wird sie bang durchwacht.
Wie Knaben aus der Schul, eilt Liebe hin zum Lieben,
Wie Knaben an ihr Buch, wird sie hinweggetrieben.

Er entfernt sich langsam.

JULIA *erscheint wieder am Fenster.*

JULIA: St! Romeo, st! O eines Jägers Stimme,
Den edlen Falken wieder herzulocken!
Abhängigkeit ist heiser, wagt nicht laut
Zu reden, sonst zersprengt ich Echos Kluft
Und machte heisrer ihre luft'ge Kehle
Als meine mit dem Namen Romeo.

ROMEO *umkehrend*: Mein Leben ist's, das meinen Namen ruft.
Wie silbersüß tönt bei der Nacht die Stimme
Der Liebenden, gleich lieblicher Musik
Dem Ohr des Lauschers!

JULIA: Romeo!

ROMEO: Mein Fräulein?

JULIA: Um welche Stunde soll ich morgen schicken?

ROMEO: Um neun.
JULIA: Ich will nicht säumen; zwanzig Jahre
Sind's bis dahin. Doch ich vergaß, warum
Ich dich zurückgerufen.
ROMEO: Lass hier mich stehn, derweil du dich bedenkst.
JULIA: Auf dass du stets hier weilst, werd ich vergessen,
Bedenkend, wie mir deine Näh so lieb.
ROMEO: Auf dass du stets vergessest, werd ich weilen,
Vergessend, dass ich irgend sonst daheim.
JULIA: Es tagt beinah, ich wollte nun, du gingst;
Doch weiter nicht, als wie ein tändelnd Mädchen
Ihr Vögelchen der Hand entschlüpfen lässt,
Gleich einem Armen in der Banden Druck,
Und dann zurück ihn zieht am seidnen Faden;
So liebevoll missgönnt sie ihm die Freiheit.
ROMEO: Wär ich dein Vögelchen!
JULIA: Ach wärst du's, Lieber!
Doch hegt und pflegt ich dich gewiss zu Tod.
Nun gute Nacht! So süß ist Trennungswehe,
Ich rief wohl gute Nacht, bis ich den Morgen sähe.
Sie geht zurück.
ROMEO: Schlaf wohn auf deinem Aug, Fried in der Brust!
O wär ich Fried und Schlaf und ruht in solcher Lust!
Ich will zur Zell des frommen Vaters gehen,
Mein Glück ihm sagen und um Hilf ihn flehen. *Ab.*

DRITTE SZENE

Ein Klostergarten.

BRUDER LORENZO *mit einem Körbchen.*

LORENZO: Der Morgen lächelt froh der Nacht ins Angesicht
Und säumet das Gewölk im Ost mit Streifen Licht.
Die matte Finsternis flieht wankend, wie betrunken,
Von Titans Pfad, besprüht von seiner Rosse Funken.

Eh höher nun die Sonn ihr glühend Aug erhebt,
Den Tau der Nacht verzehrt und neu die Welt belebt,
Muss ich dies Körbchen hier voll Kraut und Blumen lesen;
Voll Pflanzen gift'ger Art und diensam zum Genesen.
Die Mutter der Natur, die Erd, ist auch ihr Grab,
Und was ihr Schoß gebar, sinkt tot in ihn hinab.
Und Kinder mannigfalt, so all ihr Schoß empfangen,
Sehn wir, gesäugt von ihr, an ihren Brüsten hangen;
An vielen Tugenden sind viele drunter reich,
Ganz ohne Wert nicht eins, doch keins dem andern gleich.
Oh, große Kräfte sind's, weiß man sie recht zu pflegen,
Die Pflanzen, Kräuter, Stein' in ihrem Innern hegen.
Was nur auf Erden lebt, da ist auch nichts so schlecht,
Dass es der Erde nicht besondern Nutzen brächt.
Doch ist auch nichts so gut, das, diesem Ziel entwendet,
Abtrünnig seiner Art, sich nicht durch Missbrauch schändet.
In Laster wandelt sich selbst Tugend, falsch geübt,
Wie Ausführung auch wohl dem Laster Würde gibt.
Die kleine Blume hier beherbergt gift'ge Säfte
In ihrer zarten Hüll und milde Heilungskräfte!
Sie labet den Geruch und dadurch jeden Sinn;
Gekostet, dringt sie gleich zum Herzen tötend hin.
Zwei Feinde lagern so im menschlichen Gemüte
Sich immerdar im Kampf: verderbter Will und Güte;
Und wo das Schlechtre herrscht mit siegender Gewalt,
Dergleichen Pflanze frisst des Todes Wurm gar bald.

ROMEO *tritt auf.*

ROMEO: Mein Vater, guten Morgen!
LORENZO: Sei der Herr gesegnet!
Wes ist der frühe Gruß, der freundlich mir begegnet?
Mein junger Sohn, es zeigt, dass wildes Blut dich plagt,
Dass du dem Bett so früh schon Lebewohl gesagt.
Die wache Sorge lauscht im Auge jedes Alten,
Und Schlummer bettet nie sich da, wo Sorgen walten.
Doch da wohnt goldner Schlaf, wo mit gesundem Blut
Und grillenfreiem Hirn die frische Jugend ruht.

Drum lässt mich sicherlich dein frühes Kommen wissen,
Dass innre Unordnung vom Lager dich gerissen.
Wie? oder hätte gar mein Romeo die Nacht
(Nun rat ich's besser) nicht im Bette hingebracht?
ROMEO: So ist's, ich wusste mir viel süßre Ruh zu finden.
LORENZO: Verzeih die Sünde Gott! Warst du bei Rosalinden?
ROMEO: Bei Rosalinden, ich? Ehrwürd'ger Vater, nein!
Vergessen ist der Nam und dieses Namens Pein.
LORENZO: Das ist mein wackrer Sohn! Allein wo warst du? sage!
ROMEO: So hör; ich spare gern dir eine zweite Frage.
Ich war bei meinem Feind auf einem Freudenmahl,
Und da verwundete mich jemand auf einmal.
Desgleichen tat ich ihm, und für die beiden Wunden
Wird heil'ge Arzenei bei deinem Amt gefunden.
Ich hege keinen Groll, mein frommer, alter Freund:
Denn sieh! zustatten kommt die Bitt auch meinem Feind.
LORENZO: Einfältig, lieber Sohn! Nicht Silben fein gestochen!
Wer Rätsel beichtet, wird in Rätseln losgesprochen.
ROMEO: So wiss einfältiglich: ich wandte Seel und Sinn
In Lieb auf Capulets holdsel'ge Tochter hin.
Sie gab ihr ganzes Herz zurück mir für das meine,
Und uns Vereinten fehlt zum innigsten Vereine
Die heil'ge Trauung nur: doch wie und wo und wann
Wir uns gesehn, erklärt und Schwur um Schwur getan,
Das alles will ich dir auf unserm Weg erzählen;
Nur bitt ich, will'ge drein, noch heut uns zu vermählen.
LORENZO: O heiliger Sankt Franz! Was für ein Unbestand!
Ist Rosalinde schon aus deiner Brust verbannt,
Die du so heiß geliebt? Liegt junger Männer Liebe
Denn in den Augen nur, nicht in des Herzens Triebe?
O heiliger Sankt Franz! wie wusch ein salzig Nass
Um Rosalinden dir so oft die Wange blass!
Und löschen konnten doch so viele Tränenfluten
Die Liebe nimmer dir: sie schürten ihre Gluten.
Noch schwebt der Sonn ein Dunst von deinen Seufzern vor
Dein altes Stöhnen summt mir noch im alten Ohr.

Sieh, auf der Wange hier ist noch die Spur zu sehen
Von einer alten Trän, die noch nicht will vergehen.
Und warst du je du selbst, und diese Schmerzen dein,
So war der Schmerz und du für Rosalind allein.
Und so verwandelt nun? Dann leide, dass ich spreche:
Ein Weib darf fallen, wohnt in Männern solche Schwäche.

ROMEO: Oft schmältest du mit mir um Rosalinden schon.

LORENZO: Weil sie dein Abgott war; nicht, weil du liebtest, Sohn.

ROMEO: Und mahntest oft mich an, die Liebe zu besiegen.

LORENZO: Nicht um in deinem Sieg der zweiten zu erliegen.

ROMEO: Ich bitt dich, schmäl nicht! Sie, der jetzt mein Herz gehört,
Hat Lieb um Liebe mir und Gunst um Gunst gewährt.
Das tat die andre nie.

LORENZO: Sie wusste wohl, dein Lieben
Sei zwar ein köstlich Wort, doch nur in Sand geschrieben.
Komm, junger Flattergeist! Komm nur, wir wollen gehn;
Ich bin aus einem Grund geneigt, dir beizustehn:
Vielleicht dass dieser Bund zu großem Glück sich wendet
Und eurer Häuser Groll durch ihn in Freundschaft endet.

ROMEO: O lass uns fort von hier! Ich bin in großer Eil.

LORENZO: Wer hastig läuft, der fällt; drum eile nur mit Weil.

Beide ab.

Vierte Szene

Eine Straße.

BENVOLIO *und* MERCUTIO *kommen.*

MERCUTIO: Wo Teufel kann der Romeo stecken? Kam er heute Nacht nicht nach Hause?

BENVOLIO: Nach seines Vaters Hause nicht; ich sprach seinen Bedienten.

MERCUTIO: Ja, dies hartherz'ge Frauenbild, die Rosalinde,
Sie quält ihn so, er wird gewiss verrückt.

BENVOLIO: Tybalt, des alten Capulet Verwandter,
Hat dort ins Haus ihm einen Brief geschickt.

MERCUTIO: Eine Herausforderung, so wahr ich lebe.

BENVOLIO: Romeo wird ihm die Antwort nicht schuldig bleiben.

MERCUTIO: Auf einen Brief kann ein jeder antworten, wenn er schreiben kann.

BENVOLIO: Nein, ich meine, er wird dem Briefsteller zeigen, dass er Mut hat, wenn man ihm so was zumutet.

MERCUTIO: Ach, der arme Romeo! Er ist ja schon tot! durchbohrt von einer weißen Dirne schwarzem Auge; durchs Ohr geschossen mit einem Liebesliedchen; seine Herzensscheibe durch den Pfeil des kleinen blinden Schützen mitten entzweigespalten. Ist er der Mann danach, es mit dem Tybalt aufzunehmen?

BENVOLIO: Nun, was ist Tybalt denn Großes?

MERCUTIO: Kein papierner Held, das kann ich dir sagen. Oh, er ist ein beherzter Zermonienmeister der Ehre. Er ficht, wie ihr ein Liedlein singt; hält Takt und Maß und Ton. Er beobachtet seine Pausen: eins – zwei – drei: Dann sitzt euch der Stoß in der Brust. Er bringt euch einen seidnen Knopf unfehlbar ums Leben. Ein Raufer! ein Raufer! Ein Ritter vom ersten Range, der euch alle Gründe eines Ehrenstreits an den Fingern herzuzählen weiß. Ach, die göttliche Passade! die doppelte Finte! Der!

BENVOLIO: Der – was?

MERCUTIO: Der Henker hole diese fantastischen, gezierten lispelnden Eisenfresser! Was sie für neue Töne anstimmen! – »Eine sehr gute Klinge!« – »Ein sehr wohlgewachsner Mann!« – »Eine sehr gute Hure!« – Ist das nicht ein Elend, Urältervater! dass wir mit diesen ausländischen Schmetterlingen heimgesucht werden, mit diesen Modenarren, diesen Pardonnez-moi, die so stark auf neue Weise halten, ohne jemals weise zu werden?

ROMEO *tritt auf.*

BENVOLIO: Da kommt Romeo, da kommt er!

MERCUTIO: Ohne seinen Rogen, wie ein gedörrter Hering. O Fleisch! Fleisch! wie bist du verfischt worden? Nun liebt er die Melodien, in denen sich Petrarca ergoss; gegen sein Fräulein ist Laura nur eine Küchenmagd – Pah! sie hatte nur einen bessern Liebhaber, um sie zu bereimen; Dido, eine Trutschel; Kleopatra, eine Zigeunerin; Helena und Hero, Metzen und lose Dirnen; Thisbe, ein artiges Blauauge oder sonst so was, will aber nichts vorstellen. Signor Romeo, bon jour! Da habt Ihr einen französischen Gruß für Eure französischen Pumphosen! Ihr spieltet uns diese Nacht einen schönen Streich.

ROMEO: Guten Morgen, meine Freunde! Was für einen Streich?

MERCUTIO: Einen Diebesstreich. Ihr stahlt Euch unversehens davon.

ROMEO: Verzeihung, guter Mercutio. Ich hatte etwas Wichtiges vor, und in einem solchen Falle tut man wohl einmal der Höflichkeit Gewalt an.

[Lücke von etwa 25 Zeilen: unübersetzbare Wortspiele.]

MERCUTIO: Wie nun? Du sprichst ja ganz menschlich. Wie kommt es, dass du auf einmal deine aufgeweckte Zunge und deine muntern Augen wiedergefunden hast? So hab ich dich gern. Ist das nicht besser als das ewige Liebesgekrächze?

[Kleinere Lücke.]

ROMEO: Seht den prächtigen Aufzug!

Die WÄRTERIN *und* PETER *hinter ihr.*

MERCUTIO: Was kommt da angesegelt?

BENVOLIO: Zwei Segel: ein Mannshemd und ein Weiberrock.

WÄRTERIN: Peter!

PETER: Was beliebt?

WÄRTERIN: Meinen Fächer, Peter!

MERCUTIO: Gib ihn ihr, guter Peter, um ihr Gesicht zu verstecken. Ihr Fächer ist viel hübscher als ihr Gesicht.

WÄRTERIN: Schönen guten Morgen, ihr Herren!

MERCUTIO: Schönen guten Abend, schöne Dame!

WÄRTERIN: Warum guten Abend?

MERCUTIO: Allerdings, versichre ich Euch; denn der kupplerische Zeiger der Sonnenuhr hat Mittag schon überschritten.

WÄRTERIN: Pfui, was ist das für ein Mensch?

ROMEO: Einer, gute Frau, den Gott dazu geschaffen hat, sich selbst zu verderben.

WÄRTERIN: Schön gesagt, bei meiner Seele! »Sich selbst zu verderben!« Ganz recht! Aber, ihr Herren, kann mir keiner von euch sagen, wo ich den jungen Romeo finde?

ROMEO: Ich kann's Euch sagen; aber der junge Romeo wird älter sein, wenn Ihr ihn gefunden habt, als er war, da Ihr ihn suchtet. Ich bin der Jüngste, der den Namen führt, weil kein schlechterer da war.

WÄRTERIN: Gut gegeben.

MERCUTIO: So? ist das Schlechteste gut gegeben? nun wahrhaftig: gut begriffen! sehr vernünftig!

WÄRTERIN: Wenn Ihr Romeo seid, mein Herr, so wünsche ich Euch insgeheim zu sprechen.

BENVOLIO: Sie wird ihn irgendwohin auf den Abend bitten.

MERCUTIO: Eine Kupplerin! eine Kupplerin! Ho, ho!

ROMEO: Was witterst du?

MERCUTIO: Keinen Hasen, Freund; höchstens einen Hasen in einer Fastenpastete, die schon etwas abgestanden und schimmelig ist, ehe sie aufgetischt wird.

Singt: Ein Hase alt und grau
Und ein Hase alt und grau
Ist gutes Fleisch zur Fastenzeit.
Doch ein Has, von Schimmel gräulich,
Das ist ganz abscheulich,
Schimmelt er, eh er so weit.

Romeo, kommt zu Eures Vaters Hause, wir wollen zu Mittag da essen.

ROMEO: Ich komme euch nach.

MERCUTIO: Lebt wohl, alte Schöne! Lebt wohl, o Schöne! – Schöne! – Schöne!

Benvolio und Mercutio gehen ab.

WÄRTERIN: Sagt mir doch, was war das für ein unverschämter Gesell, der nichts als Schelmstücke im Kopfe hatte?

ROMEO: Jemand, der sich selbst gern reden hört, meine gute Frau, und der in einer Minute mehr spricht, als er in einem Monate verantworten kann.

WÄRTERIN: Ja, und wenn er auf mich was zu sagen hat, so will ich ihn bei den Ohren kriegen, und wäre er auch noch vierschrötiger, als er ist, und zwanzig solcher Hasenfüße obendrein; und kann ich's nicht, so können's andre. So 'n Lausekerl! Ich bin keine von seinen Kreaturen, ich bin keine von seinen Karnuten. *Zu Peter:* Und du musst auch dabeistehen und leiden, dass jeder Schuft sich nach Belieben über mich hermacht!

PETER: Ich habe nicht gesehn, dass sich jemand über Euch hergemacht hätte; sonst hätte ich geschwind vom Leder gezogen, das könnt Ihr glauben. Ich kann so gut ausziehen wie ein andrer, wo es einen ehrlichen Zank gibt und das Recht auf meiner Seite ist.

WÄRTERIN: Nu, weiß Gott, ich habe mich so geärgert, dass ich am ganzen Leibe zittre. So 'n Lausekerl! – Seid so gütig, mein Herr, auf ein Wort! Und was ich Euch sagte: Mein junges Fräulein befahl mir, Euch zu suchen. Was sie mir befahl, Euch zu sagen, das will ich für mich behalten; aber erst lasst mich Euch sagen, wenn Ihr sie wolltet bei der Nase herumführen, sozusagen, das wäre eine unartige Aufführung, sozusagen. Denn seht! das Fräulein ist jung; und also, wenn Ihr falsch gegen sie zu Werke gingt, das würde sich gar nicht gegen ein Fräulein schicken und wäre ein recht nichtsnutziger Handel.

ROMEO: Empfiehl mich deinem Fräulein. Ich beteure dir –

WÄRTERIN: Du meine Zeit! Gewiss und wahrhaftig, das will ich ihr wiedersagen. O Jemine! sie wird sich vor Freude nicht zu lassen wissen.

ROMEO: Was willst du ihr sagen, gute Frau? Du gibst nicht Achtung.

WÄRTERIN: Ich will ihr sagen, dass Ihr beteuert, und ich meine, das ist recht wie ein Kavalier gesprochen.

ROMEO: Sag ihr, sie mög ein Mittel doch ersinnen,
Zur Beichte diesen Nachmittag zu gehn.
Dort in Lorenzos Zelle soll alsdann,
Wenn sie gebeichtet, unsre Trauung sein.
Hier ist für deine Müh.

WÄRTERIN: Nein, wahrhaftig, Herr! keinen Pfennig.

ROMEO: Nimm, sag ich dir; du musst.

WÄRTERIN: Heut Nachmittag? Nun gut, sie wird Euch treffen.

ROMEO: Du, gute Frau, wart hinter der Abtei;
Mein Diener soll dir diese Stunde noch,
Geknüpft aus Seilen, eine Leiter bringen,
Die zu dem Gipfel meiner Freuden ich
Hinan will klimmen in geheimer Nacht.
Leb wohl! Sei treu, so lohn ich deine Müh,
Leb wohl, empfiehl mich deinem Fräulein.

WÄRTERIN: Nun, Gott der Herr gesegn es! – Hört, noch eins!

ROMEO: Was willst du, gute Frau!

WÄRTERIN: Schweigt Euer Diener? Habt Ihr nie vernommen: Wo zwei zu Rate gehn, lasst keinen Dritten kommen?

ROMEO: Verlass dich drauf, der Mensch ist treu wie Gold.

WÄRTERIN: Nun gut, Herr! Meine Herrschaft ist ein allerliebstes Fräulein. O Jemine! als sie noch so ein kleines Dingelchen war – Oh, da ist ein Edelmann in der Stadt, einer, der Paris heißt, der gern einhaken möchte; aber das gute Herz mag ebenso gern eine Kröte sehn, eine rechte Kröte, wie ihn. Ich ärgre sie zuweilen und sag ihr: Paris wär doch der Hübscheste; aber Ihr könnt mir's glauben, wenn ich das sage, so wird sie so blass wie ein Tischtuch. Fängt nicht Rosmarin und Romeo mit demselben Buchstaben an?

ROMEO: Ja, gute Frau; beide mit einem R.

WÄRTERIN: Ach, Spaßvogel, warum nicht gar? Das schnurrt ja wie 'n Spinnrad. Nein, ich weiß wohl, es fängt mit einem andern Buchstaben an, und sie hat die prächtigsten Reime und Sprichwörter darauf, dass Euch das Herz im Leibe lachen tät, wenn Ihr's hörtet.

ROMEO: Empfiehl mich deinem Fräulein. *Ab.*

WÄRTERIN: Jawohl, viel tausendmal! – Peter!

PETER: Was beliebt?

WÄRTERIN: Peter, nimm meinen Fächer, und geh vorauf.

Beide ab.

Fünfte Szene

Capulets Garten.

JULIA *tritt auf.*

JULIA: Neun schlug die Glock, als ich die Amme sandte.
In einer halben Stunde wollte sie
Schon wieder hier sein. Kann sie ihn vielleicht
Nicht treffen? Nein, das nicht. O sie ist lahm!
Zu Liebesboten taugen nur Gedanken,
Die zehnmal schneller fliehn als Sonnenstrahlen,
Wenn sie die Nacht von finstern Hügeln scheuchen.
Deswegen ziehn ja leichtbeschwingte Tauben
Der Liebe Wagen, und Cupido hat
Windschnelle Flügel. Auf der steilsten Höh
Der Tagereise steht die Sonne jetzt;
Von neun bis zwölf, drei lange Stunden sind's;
Und dennoch bleibt sie aus. O hätte sie
Ein Herz und warmes jugendliches Blut,
Sie würde wie ein Ball behende fliegen,
Es schnellte sie mein Wort dem Trauten zu,
Und seines mir.
Doch Alte tun, als lebten sie nicht mehr,
Träg, unbehilflich und wie Blei so schwer.

Die WÄRTERIN *und* PETER *kommen.*

O Gott, sie kommt! Was bringst du, goldne Amme?
Trafst du ihn an? Schick deinen Diener weg.
WÄRTERIN: Wart vor der Türe, Peter.
JULIA: Nun, Mütterchen? Gott, warum blickst du traurig?
Ist dein Bericht schon traurig, gib ihn fröhlich;
Und klingt er gut, verdirb die Weise nicht,
Indem du sie mit saurer Miene spielst.
WÄRTERIN: Ich bin ermattet; lasst ein Weilchen mich!
Das war 'ne Jagd! das reißt in Gliedern mir!
JULIA: Ich wollt, ich hätte deine Neuigkeit,
Du meine Glieder. Nun, so sprich geschwind!
Ich bitt dich, liebe Amme, sprich!

WÄRTERIN: Was für 'ne Hast! Könnt Ihr kein Weilchen warten?
Seht Ihr nicht, dass ich außer Atem bin?

JULIA: Wie außer Atem, wenn du Atem hast,
Um mir zu sagen, dass du keinen hast?
Der Vorwand deines Zögerns währt ja länger
Als der Bericht, den du dadurch verzögerst.
Gib Antwort, bringst du Gutes oder Böses?
Nur das, so wart ich auf das Nähre gern.
Beruh'ge mich! Ist's Gutes oder Böses?

WÄRTERIN: Ei, Ihr habt mir eine recht einfältige Wahl getroffen; Ihr versteht auch einen Mann auszulesen! Romeo – ja, das ist der Rechte! – Er hat zwar ein hübscher Gesicht wie andre Leute; aber seine Beine gehn über alle Beine, und Hand und Fuß und die ganze Positur: Es lässt sich eben nicht viel davon sagen, aber man kann sie mit nichts vergleichen. Er ist kein Ausbund von feinen Manieren, doch wett ich drauf, wie ein Lamm so sanft. – Treib's nur so fort, Kind, und fürchte Gott! – Habt ihr im Hause schon zu Mittag gegessen?

JULIA: Nein, nein! Doch all dies wusst ich schon zuvor.
Was sagt' er von der Trauung? Hurtig: was?

WÄRTERIN: Oje, wie schmerzt der Kopf mir! Welch ein Kopf!
Er schlägt, als wollt er gleich in Stücke springen.
Da hier mein Rücken, o mein armer Rücken!
Gott sei Euch gnädig, dass Ihr hin und her
So viel mich schickt, mich bald zu Tode hetzt.

JULIA: Im Ernst, dass du nicht wohl bist, tut mir Leid.
Doch, beste, beste Amme, sage mir:
Was macht mein Liebster?

WÄRTERIN: Eur Liebster sagt, so wie ein wackrer Herr – und ein artiger und ein freundlicher und ein hübscher Herr und, auf mein Wort, ein tugendsamer Herr. – Wo ist denn Eure Mutter?

JULIA: Wo meine Mutter ist? Nun, sie ist drinnen;
Wo wär sie sonst? Wie seltsam du erwiderst:
»Eur Liebster sagt, so wie ein wackrer Herr –
Wo ist denn Eure Mutter?«

WÄRTERIN: Jemine!
Seid Ihr so hitzig? Seht doch! kommt mir nur!
Ist das die Bähung für mein Gliederweh?
Geht künftig selbst, wenn Ihr 'ne Botschaft habt.
JULIA: Das ist 'ne Not! Was sagt' er? Bitte, sprich!
WÄRTERIN: Habt Ihr Erlaubnis, heut zu beichten?
JULIA: Ja.
WÄRTERIN: So macht Euch auf zu Pater Lorenz' Zelle,
Da harrt ein Mann, um Euch zur Frau zu machen.
Nun steigt das lose Blut Euch in die Wangen;
Gleich sind sie Scharlach, wenn's was Neues gibt.
Eilt Ihr zur Kirche: ich muss sonstwohin,
Die Leiter holen, die der Liebste bald
Zum Nest hinan, wenn's Nacht wird, klimmen soll.
Ich bin das Lasttier, muss für Euch mich plagen,
Doch Ihr sollt Eure Last zu Nacht schon tragen.
Ich will zur Mahlzeit erst; eilt Ihr zur Zelle hin.
JULIA: Zu hohem Glücke, treue Pflegerin!
Beide ab.

Sechste Szene

Bruder Lorenzos Zelle.

LORENZO *und* ROMEO.

LORENZO: Der Himmel lächle so dem heil'gen Bund,
Dass künft'ge Tag' uns nicht durch Kummer schelten.
ROMEO: Amen! So sei's! Doch lass den Kummer kommen.
So sehr er mag: wiegt er die Freuden auf,
Die mir in ihrem Anblick eine flücht'ge
Minute gibt? Füg unsre Hände nur
Durch deinen Segensspruch in eins, dann tue
Sein Äußerstes der Liebeswürger Tod:
Genug, dass ich nur mein sie nennen darf.

LORENZO: So wilde Freude nimmt ein wildes Ende
Und stirbt im höchsten Sieg, wie Feur und Pulver
Im Kusse sich verzehrt. Die Süßigkeit
Des Honigs widert durch ihr Übermaß,
Und im Geschmack erstickt sie unsre Lust.
Drum liebe mäßig; solche Lieb ist stet:
Zu hastig und zu träge kommt gleich spät.

JULIA *tritt auf.*

Hier kommt das Fräulein. Oh, solch leichter Fuß
Lässt keine Spur dem Stein, den er betritt;
Ein Liebender kann auf den Fäden gehn,
Die flattern in des üppigen Sommers Luft,
Und fällt doch nicht: so leicht ist Schwärmerei.
JULIA: Ehrwürd'ger Herr! ich sag Euch guten Abend.
LORENZO: Für mich und sich dankt Romeo, mein Kind.
JULIA: Es gilt ihm mit, sonst wär sein Dank zu viel.
ROMEO: Ach, Julia! Ist deiner Freude Maß
Gehäuft wie meins und weißt du mehr die Kunst,
Ihr Schmuck zu leihn, so würze rings die Luft
Durch deinen Hauch; lass die Musik der Zunge
Die Seligkeit verkünden, die wir beide
Bei dieser teuren Näh im andern finden.
JULIA: Gefühl, an Inhalt reicher als an Worten,
Ist stolz auf seinen Wert und nicht auf Schmuck.
Nur Bettler wissen ihres Guts Betrag.
Doch meine treue Liebe stieg so hoch,
Dass keine Schätzung ihre Schätz erreicht.
LORENZO: Kommt, kommt mit mir! wir schreiten gleich zur Sache.
Ich leide nicht, dass ihr allein mir bleibt,
Bis euch die Kirch einander einverleibt.

Alle ab.

Dritter Aufzug

Erste Szene

Ein öffentlicher Platz.

MERCUTIO, BENVOLIO, PAGE *und* BEDIENTE.

BENVOLIO: Ich bitt dich, Freund, lass uns nach Hause gehn!
Der Tag ist heiß, die Capulets sind draußen,
Und treffen wir, so gibt es sicher Zank:
Denn bei der Hitze tobt das tolle Blut.

MERCUTIO: Du bist mir so ein Zeisig, der, sobald er die Schwelle eines Wirtshauses betritt, mit dem Degen auf den Tisch schlägt und ausruft: »Gebe Gott, dass ich dich nicht nötig habe!« und wenn ihm das zweite Glas im Kopfe spukt, so zieht er gegen den Kellner, wo er es freilich nicht nötig hätte.

BENVOLIO: Bin ich so ein Zeisig?

MERCUTIO: Ja, ja! Du bist in deinem Zorn ein so hitziger Bursch als einer in ganz Italien; ebenso ungestüm in deinem Zorn und ebenso zornig in deinem Ungestüm.

BENVOLIO: Nun, was weiter?

MERCUTIO: Ei, wenn es euer zwei gäbe, so hätten wir bald gar keinen, sie brächten sich untereinander um. Du! Wahrhaftig, du zankst mit einem, weil er ein Haar mehr oder weniger im Barte hat als du. Du zankst mit einem, der Nüsse knackt, aus keinem andern Grunde, als weil du nussbraune Augen hast. Welches andere Auge könnte solche Händel ausspähen? Dein Kopf ist so voll Zänkereien wie ein Ei voll Dotter, und doch ist dir der Kopf für dein Zanken schon dotterweich geschlagen. Du hast mit einem angebunden, der auf der Straße hustete, weil er deinen Hund aufgeweckt, der in der Sonne schlief. Hast du nicht mit einem Schneider Händel gehabt, weil er sein neues Wams vor Ostern trug? Mit einem andern, weil er neue Schuhe mit einem alten Bande zuschnürte? Und doch willst du mich über Zänkereien hofmeistern!

BENVOLIO: Ja, wenn ich so leicht zankte wie du, so würde niemand eine Leibrente auf meinen Kopf nur für anderthalb Stunden kaufen wollen.

MERCUTIO: Auf deinen Kopf? O Tropf!

TYBALT *und* ANDRE *kommen.*

BENVOLIO: Bei meinem Kopf! Da kommen die Capulets.

MERCUTIO: Bei meiner Sohle! Mich kümmert's nicht.

TYBALT *zu seinen Leuten*: Schließt euch mir an, ich will mit ihnen reden. – Guten Tag, ihr Herren! Ein Wort mit euer einem!

MERCUTIO: Nur ein Wort mit einem von uns? Gebt noch was zu: Lasst es ein Wort und einen Schlag sein.

TYBALT: Dazu werdet ihr mich bereit genug finden, wenn ihr mir Anlass gebt.

MERCUTIO: Könntet Ihr ihn nicht nehmen, ohne dass wir ihn gäben?

TYBALT: Mercutio, du harmonierst mit Romeo.

MERCUTIO: Harmonierst? Was? Machst du uns zu Musikanten? Wenn du uns zu Musikanten machen willst, so sollst du auch nichts als Dissonanzen zu hören kriegen. Hier ist mein Fiedelbogen; wart! der soll Euch tanzen lehren. Alle Wetter! Über das Harmonieren!

BENVOLIO: Wir reden hier auf öffentlichem Markt.
Entweder sucht euch einen stillern Ort,
Wo nicht, besprecht euch kühl von eurem Zwist.
Sonst geht! Hier gafft ein jedes Aug auf uns.

MERCUTIO: Zum Gaffen hat das Volk die Augen: lasst sie!
Ich weich und wank um keines willen, ich!

ROMEO *tritt auf.*

TYBALT: Herr, zieht in Frieden! Hier kommt mein Gesell.

MERCUTIO: Ich will gehängt sein, Herr, wenn Ihr sein Meister seid.
Doch stellt Euch vor, er wird sich zu Euch halten;
In dem Sinn mögen Eure Gnaden wohl
Gesell ihn nennen.

TYBALT: Hör, Romeo! Der Hass, den ich dir schwur,
Gönnt diesen Gruß dir nur: du bist ein Schurke!

ROMEO: Tybalt, die Ursach, die ich habe, dich
Zu lieben, mildert sehr die Wut, die sonst
Auf diesen Gruß sich ziemt'. Ich bin kein Schurke,
Drum lebe wohl! Ich seh, du kennst mich nicht.
TYBALT: Dies, Knabe, kann die Unbill nicht entschuldigen,
Die du mir zugefügt; kehr um und zieh!
ROMEO: Beim Himmel, niemals hab ich dich beleidigt;
Ich liebe mehr dich, als du denken kannst,
Bis du die Ursach meiner Liebe kennst.
Drum, guter Capulet, des Name mir
So teuer wie mein eigner, sei zufrieden.
MERCUTIO: O zahme, schimpfliche, verhasste Demut!
Die Kunst des Raufers trägt den Sieg davon. *Er zieht.*
Tybalt, du Rattenfänger! willst du dran?
TYBALT: Was willst du denn von mir?
MERCUTIO: Nichts, guter Katzenprinz, als eines von deinen neun Leben, um mich damit ein wenig lustig zu machen und, wenn wir uns künftig begegnen, auch die acht Übrigen abzuwalken. Wollt Ihr bald Euren Degen bei den Ohren aus der Scheide ziehn? Macht zu, sonst habt Ihr meinen um die Ohren, eh er heraus ist.
TYBALT: Ich steh zu Dienst. *Er zieht.*
ROMEO: Lieber Mercutio, steck den Degen ein.
MERCUTIO: Kommt, Herr! Laßt Eure Finten sehn.

Sie fechten.

ROMEO: Zieh, Benvolio!
Schlag zwischen ihre Degen! Schämt euch doch,
Und haltet ein mit Wüten! Tybalt! Mercutio!
Der Prinz verbot ausdrücklich solchen Aufruhr
In Veronas Gassen. Halt, Tybalt! Freund Mercutio!

TYBALT *entfernt sich mit seinen Anhängern.*

MERCUTIO: Ich bin verwundet. –
Zum Teufel beider Sippschaft! Ich bin hin.
Und ist er fort? und hat nichts abgekriegt?
BENVOLIO: Bist du verwundet? wie?

MERCUTIO: Ja, ja! geritzt! geritzt! – Wetter, 's ist genug. –
Wo ist mein Bursch? – Geh, Schurk! hol einen Wundarzt.

Der Page geht ab.

ROMEO: Sei guten Muts, Freund! Die Wunde kann nicht beträchtlich sein.

MERCUTIO: Nein, nicht so tief wie ein Brunnen noch so weit wie eine Kirchtüre; aber es reicht eben hin. Fragt morgen nach mir, und Ihr werdet einen stillen Mann an mir finden. Für diese Welt, glaubt's nur, ist mir der Spaß versalzen. – Hol der Henker eure beiden Häuser! – Was? von einem Hunde, einer Maus, einer Ratze, einer Katze zu Tode gekratzt zu werden! Von so einem Prahler, einem Schuft, der nach dem Rechenbuche ficht! – Warum, Teufel, kamt Ihr zwischen uns? Unter Eurem Arm wurde ich verwundet.

ROMEO: Ich dacht es gut zu machen.

MERCUTIO: O hilf mir in ein Haus hinein, Benvolio,
Sonst sink ich hin. – Zum Teufel eure Häuser!
Sie haben Würmerspeis aus mir gemacht.
Ich hab es tüchtig weg; verdammte Sippschaft!

Mercutio und Benvolio ab.

ROMEO: Um meinetwillen wurde dieser Ritter,
Dem Prinzen nah verwandt, mein eigner Freund,
Verwundet auf den Tod; mein Ruf befleckt
Durch Tybalts Lästerungen, Tybalts, der
Seit einer Stunde mir verschwägert ist.
O süße Julia! deine Schönheit hat
So weibisch mich gemacht; sie hat den Stahl
Der Tapferkeit in meiner Brust erweicht.

BENVOLIO *kommt zurück.*

BENVOLIO: O Romeo! der wackre Freund ist tot.
Sein edler Geist schwang in die Wolken sich,
Der allzu früh der Erde Staub verschmäht.

ROMEO: Nichts kann den Unstern dieses Tages wenden;
Er hebt das Weh an, andre müssen's enden.

TYBALT *kommt zurück.*

BENVOLIO: Da kommt der grimm'ge Tybalt wieder her.

ROMEO: Am Leben! siegreich! und mein Freund erschlagen!
Nun flieh gen Himmel, schonungsreiche Milde!
Entflammte Wut, sei meine Führerin!
Nun, Tybalt, nimm den Schurken wieder, den du
Mir eben gabst! Der Geist Mercutios
Schwebt nah noch über unsern Häuptern hin
Und harrt, dass deiner sich ihm zugeselle.
Du oder ich! sonst folgen wir ihm beide.
TYBALT: Elendes Kind! hier hieltest du's mit ihm
Und sollst mit ihm von hinnen.
ROMEO: Dies entscheide.

Sie fechten, Tybalt fällt.

BENVOLIO: Flieh, Romeo! die Bürger sind in Wehr,
Und Tybalt tot. Steh so versteinert nicht!
Flieh, flieh! der Prinz verdammt zu Tode dich,
Wenn sie dich greifen. Fort! hinweg mit dir!
ROMEO: Weh mir, ich Narr des Glücks!
BENVOLIO: Was weilst du noch?

Romeo ab. BÜRGER *usw. treten auf.*

EIN BÜRGER: Wo lief er hin, der den Mercutio totschlug?
Der Mörder Tybalt? – hat ihn wer gesehn?
BENVOLIO: Da liegt der Tybalt.
EIN BÜRGER: Herr, gleich müsst Ihr mit mir gehn.
Gehorcht! Ich mahn Euch von des Fürsten wegen.

Der PRINZ *mit* GEFOLGE, MONTAGUE, CAPULET, *ihre* GEMAHLINNEN *und* ANDRE.

PRINZ: Wer durfte freventlich hier Streit erregen?
BENVOLIO: O edler Fürst, ich kann verkünden, recht
Nach seinem Hergang, dies unselige Gefecht.
Der deinen wackern Freund Mercutio
Erschlagen, liegt hier tot, entleibt vom Romeo.
GRÄFIN CAPULET: Mein Vetter! Tybalt! Meines Bruders Kind! –
O Fürst! O mein Gemahl! O seht, noch rinnt
Das teure Blut! – Mein Fürst, bei Ehr und Huld,
Im Blut der Montagues tilg ihre Schuld! –
O Vetter, Vetter!

PRINZ: Benvolio, sprich! wer hat den Streit erregt? –
BENVOLIO: Der tot hier liegt, vom Romeo erlegt.
Viel gute Worte gab ihm Romeo,
Hieß ihn bedenken, wie gering der Anlass,
Wie sehr zu fürchten Euer höchster Zorn.
Dies alles, vorgebracht mit sanftem Ton,
Gelassnem Blick, bescheidner Stellung konnte
Nicht Tybalts ungezähmte Wut entwaffnen.
Dem Frieden taub, berennt mit scharfem Stahl
Er die entschlossne Brust Mercutios;
Der kehrt gleich rasch ihm Spitze gegen Spitze
Und wehrt mit Kämpfertrotz mit einer Hand
Den kalten Tod ab, schickt ihn mit der andern
Dem Gegner wieder, des Behändigkeit
Zurück ihn schleudert. Romeo ruft laut:
»Halt, Freunde! auseinander!« Und geschwinder
Als seine Zunge schlägt sein rüst'ger Arm,
Dazwischen stürzend, beider Mordstahl nieder.
Recht unter diesem Arm traf des Mercutio Leben
Ein falscher Stoß vom Tybalt. Der entfloh,
Kam aber gleich zum Romeo zurück,
Der eben erst der Rache Raum gegeben.
Nun fallen sie mit Blitzeseil sich an;
Denn eh ich ziehen konnt, um sie zu trennen,
War der beherzte Tybalt umgebracht.
Er fiel, und Romeo, bestürzt, entwich.
Ich rede wahr, sonst führt zum Tode mich.
GRÄFIN CAPULET: Er ist verwandt mit Montagues Geschlecht;
Aus Freundschaft spricht er falsch, verletzt das Recht.
Die Fehd erhoben sie zu ganzen Horden,
Und alle konnten nur ein Leben morden.
Ich fleh um Recht; Fürst, weise mich nicht ab:
Gib Romeo, was er dem Tybalt gab.
PRINZ: Er hat Mercutio, ihn Romeo erschlagen:
Wer soll die Schuld des teuren Blutes tragen?

GRÄFIN MONTAGUE: Fürst, nicht mein Sohn, der Freund Mercutios;
Was dem Gesetz doch heimfiel, nahm er bloß,
Das Leben Tybalts.
PRINZ: Weil er das verbrochen,
Sei über ihn sofort der Bann gesprochen.
Mich selber trifft der Ausbruch eurer Wut,
Um euren Zwiespalt fließt mein eignes Blut;
Allein ich will dafür so streng euch büßen,
Dass mein Verlust euch ewig soll verdrießen.
Taub bin ich jeglicher Beschönigung;
Kein Flehn, kein Weinen kauft Begnadigung;
Drum spart sie: Romeo flieh schnell von hinnen!
Greift man ihn, soll er nicht dem Tod entrinnen.
Tragt diese Leiche weg. Vernehmt mein Wort!
Wenn Gnade Mörder schont, verübt sie Mord!
Alle ab.

ZWEITE SZENE

Ein Zimmer in Capulets Hause.

JULIA *tritt auf.*

JULIA: Hinab, du flammenhufiges Gespann,
Zu Phöbus' Wohnung! Solch ein Wagenlenker
Wie Phaeton jagt' euch gen Westen wohl
Und brächte schnell die wolk'ge Nacht herauf. –
Verbreite deinen dichten Vorhang, Nacht,
Du Liebespflegerin, damit das Auge
Der Neubegier sich schließ und Romeo
Mir unbelauscht in diese Arme schlüpfe. –
Verliebten gnügt zu der geheimen Weihe
Das Licht der eignen Schönheit; oder wenn
Die Liebe blind ist, stimmt sie wohl zur Nacht. –
Komm, ernste Nacht, du züchtig stille Frau,
Ganz angetan mit Schwarz, und lehre mich

Ein Spiel, wo jedes reiner Jugend Blüte
Zum Pfande setzt, gewinnend zu verlieren!
Verhülle mit dem schwarzen Mantel mir
Das wilde Blut, das in den Wangen flattert,
Bis scheue Liebe kühner wird und nichts
Als Unschuld sieht in inn'ger liebe Tun.
Komm, Nacht! – Komm, Romeo, du Tag in Nacht!
Denn du wirst ruhn auf Fittichen der Nacht,
Wie frischer Schnee auf eines Raben Rücken. –
Komm, milde, liebevolle Nacht! Komm, gib
Mir meinen Romeo! Und stirbt er einst,
Nimm ihn, zerteil in kleine Sterne ihn:
Er wird des Himmels Antlitz so verschönen,
Dass alle Welt sich in die Nacht verliebt
Und niemand mehr der eiteln Sonne huldigt. –
Ich kaufte einen Sitz der Liebe mir,
Doch ach! besaß ihn nicht; ich bin verkauft,
Doch noch nicht übergeben. Dieser Tag
Währt so verdrießlich lang mir wie die Nacht
Vor einem Fest dem ungeduld'gen Kinde,
Das noch sein neues Kleid nicht tragen durfte.

Die WÄRTERIN *mit einer Strickleiter.*

Da kommt die Amme ja: die bringt Bericht;
Und jede Zunge, die nur Romeo
Beim Namen nennt, spricht so beredt wie Engel.
Nun, Amme? Sag, was gibt's, was hast du da?
Die Stricke, die dich Romeo hieß holen?

WÄRTERIN: Ja, ja, die Stricke! *Sie wirft sie auf die Erde.*

JULIA: Weh mir! Was gibt's? was ringst du so die Hände?

WÄRTERIN: Dass Gott erbarm! Er ist tot, er ist tot, er ist tot!
Wir sind verloren, Fräulein, sind verloren!
O weh uns! Er ist hin! ermordet! tot!

JULIA: So neidisch kann der Himmel sein?

WÄRTERIN: Ja, das kann Romeo; der Himmel nicht.
O Romeo, wer hätt es je gedacht?
O Romeo! Romeo!

JULIA: Wer bist du, Teufel, der du so mich folterst?
Die grause Hölle nur brüllt solche Qual.
Hat Romeo sich selbst ermordet? Sprich!
Ist er entleibt: sag ja! wo nicht: sag nein!
Ein kurzer Laut entscheidet Wonn und Pein.
WÄRTERIN: Ich sah die Wunde, meine Augen sahn sie –
Gott helf ihm! – hier auf seiner tapfern Brust;
Die blut'ge Leiche, jämmerlich und blutig,
Bleich, bleich wie Asche, ganz mit Blut besudelt –
Ganz starres Blut – weg schwiemt ich, da ich's sah.
JULIA: O brich, mein Herz! verarmt auf einmal, brich!
Ihr Augen, ins Gefängnis! Blicket nie
Zur Freiheit wieder auf! Elende Erde, kehre
Zur Erde wieder! Pulsschlag, hemme dich!
Ein Sarg empfange Romeo und mich!
WÄRTERIN: O Tybalt, Tybalt! O mein bester Freund!
Leutsel'ger Tybalt! wohlgesinnter Herr!
So musst ich leben, um dich tot zu sehn?
JULIA: Was für ein Sturm tobt so von jeder Seite?
Ist Romeo erschlagen? Tybalt tot?
Mein teurer Vetter? teuerster Gemahl? –
Dann töne nur des Weltgerichts Posaune!
Wer lebt noch, wenn dahin die beiden sind?
WÄRTERIN: Dahin ist Tybalt, Romeo verbannt;
Verbannt ist Romeo, der ihn erschlug.
JULIA: Gott! seine Hand, vergoss sie Tybalts Blut?
WÄRTERIN: Sie tat's! sie tat's! O weh uns, weh! Sie tat's!
JULIA: O Schlangenherz, von Blumen überdeckt!
Wohnt' in so schöner Höhl ein Drache je?
Holdsel'ger Wütrich! engelgleicher Unhold!
Ergrimmte Taube! Lamm mit Wolfesgier!
Verworfne Art in göttlicher Gestalt!
Das rechte Gegenteil des, was mit Recht
Du scheinest: ein verdammter Heiliger!
Ein ehrenwerter Schurke! – O Natur!
Was hattest du zu schaffen in der Hölle,

Als du des holden Leibes Paradies
Zum Lustsitz einem Teufel übergabst?
War je ein Buch, so arger Dinge voll,
So schön gebunden? O dass Falschheit doch
Solch herrlichen Palast bewohnen kann!

WÄRTERIN: Kein Glaube, keine Treu noch Redlichkeit
Ist unter Männern mehr. Sie sind meineidig;
Falsch sind sie, lauter Schelme, lauter Heuchler! –
Wo ist mein Diener? Gebt mir Aquavit! –
Die Not, die Angst, der Jammer macht mich alt.
Zuschanden werde Romeo!

JULIA: Die Zunge
Erkranke dir für einen solchen Wunsch!
Er war zur Schande nicht geboren; Schande
Weilt mit Beschämung nur auf seiner Stirn.
Sie ist ein Thron, wo man die Ehre mag
Als Allbeherrscherin der Erde krönen.
O wie unmenschlich war ich, ihn zu schelten!

WÄRTERIN: Von Eures Vetters Mörder sprecht Ihr Gutes?

JULIA: Soll ich von meinem Gatten Übles reden?
Ach, armer Gatte! Welche Zunge wird
Wohl deinem Namen Liebes tun, wenn ich,
Dein Weib von wenig Stunden, ihn zerrissen?
Doch, Arger, was erschlugst du meinen Vetter? –
Der Arge wollte den Gemahl erschlagen.
Zurück zu eurem Quell, verkehrte Tränen!
Dem Schmerz gebühret eurer Tropfen Zoll,
Ihr bringt aus Irrtum ihn der Freude dar.
Mein Gatte lebt, den Tybalt fast getötet,
Und tot ist Tybalt, der ihn töten wollte.
Dies alles ist ja Trost: was wein ich denn?
Ich hört ein schlimmres Wort als Tybalts Tod,
Das mich erwürgte; ich vergäß es gern;
Doch ach! es drückt auf mein Gedächtnis schwer,
Wie Freveltaten auf des Sünders Seele.
›Tybalt ist tot und Romeo verbannt!‹

O dies ›verbannt‹, dies eine Wort ›verbannt‹
Erschlug zehntausend Tybalts. Tybalts Tod
War gnug des Wehes, hätt es da geendet!
Und liebt das Leid Gefährten, reiht durchaus
An andre Leiden sich; warum denn folgte
Auf ihre Botschaft: ›tot ist Tybalt‹, nicht:
Dein Vater, deine Mutter, oder beide?
Das hätte sanftre Klage wohl erregt.
Allein dies Wort: ›verbannt ist Romeo‹,
Das im Gefolge kommt von Tybalts Tod,
Bringt Vater, Mutter, Tybalt, Romeo
Und Julien um! ›Verbannt ist Romeo!‹
Nicht Maß noch Ziel kennt dieses Wortes Tod,
Und keine Zung erschöpfet meine Not. –
Wo mag mein Vater, meine Mutter sein?
WÄRTERIN: Bei Tybalts Leiche heulen sie und schrein.
Wollt Ihr zu ihnen gehn? Ich bring Euch hin.
JULIA: So waschen sie die Wunden ihm mit Tränen?
Ich spare meine für ein bängres Sehnen.
Nimm diese Seile auf. – Ach, armer Strick,
Getäuscht wie ich! wer bringt ihn uns zurück?
Zum Steg der Liebe knüpft' er deine Bande,
Ich aber sterb als Braut im Witwenstande.
Komm, Amme, komm! Ich will ins Brautbett! fort!
Nicht Romeo, den Tod umarm ich dort.
WÄRTERIN: Geht nur ins Schlafgemach! Zum Troste find ich
Euch Romeo: ich weiß wohl, wo er steckt.
Hört! Romeo soll Euch zu Nacht erfreuen;
Ich geh zu ihm: beim Pater wartet er.
JULIA: O such ihn auf! Gib diesen Ring dem Treuen;
Bescheid aufs letzte Lebewohl ihn her.

Beide ab.

Dritte Szene

Bruder Lorenzos Zelle.

LORENZO *und* ROMEO *kommen.*

LORENO: Komm, Romeo! Hervor, du Mann der Furcht!
Bekümmernis hängt sich mit Lieb an dich,
Und mit dem Missgeschick bist du vermählt.
ROMEO: Vater, was gibt's? Wie heißt des Prinzen Spruch?
Wie heißt der Kummer, der sich zu mir drängt
Und noch mir fremd ist?
LORENO: Zu vertraut, mein Sohn,
Bist du mit solchen widrigen Gefährten.
Ich bring dir Nachricht von des Prinzen Spruch.
ROMEO: Und hat sein Spruch mir nicht den Stab gebrochen?
LORENO: Ein mildres Urteil floss von seinen Lippen:
Nicht Leibes Tod, nur leibliche Verbannung.
ROMEO: Verbannung? Sei barmherzig! Sage: Tod!
Verbannung trägt der Schrecken mehr im Blick,
Weit mehr als Tod! – O sage nicht Verbannung!
LORENO: Hier aus Verona bist du nur verbannt:
Sei ruhig, denn die Welt ist groß und weit.
ROMEO: Die Welt ist nirgends außer diesen Mauern;
Nur Fegefeuer, Qual, die Hölle selbst.
Von hier verbannt ist aus der Welt verbannt,
Und solcher Bann ist Tod: Drum gibst du ihm
Den falschen Namen. – Nennst du Tod Verbannung,
Enthauptest du mit goldnem Beile mich
Und lächelst zu dem Streich, der mich ermordet.
LORENO: O schwere Sünd! o undankbarer Trotz!
Dein Fehltritt heißt nach unsrer Satzung Tod;
Doch dir zulieb hat sie der güt'ge Fürst
Beiseit gestoßen und Verbannung nur
Statt jenes schwarzen Wortes ausgesprochen.
Und diese teure Gnad erkennst du nicht?

ROMEO: Nein, Folter – Gnade nicht. Hier ist der Himmel,
Wo Julia lebt, und jeder Hund und Katze
Und kleine Maus, das schlechteste Geschöpf,
Lebt hier im Himmel, darf ihr Antlitz sehn;
Doch Romeo darf nicht. Mehr Würdigkeit,
Mehr Ansehn, mehr gefäll'ge Sitte lebt
In Fliegen als in Romeo. Sie dürfen
Das Wunderwerk der weißen Hand berühren
Und Himmelswonne rauben ihren Lippen,
Die sittsam, in Vestalenunschuld, stets
Erröten, gleich als wäre Sünd ihr Kuss.
Nur Romeo darf es nicht, er ist verbannt.
Dies dürfen Fliegen tun, ich muss entfliehn;
Sie sind ein freies Volk, ich bin verbannt.
Und sagst du noch, Verbannung sei nicht Tod?
So hattest du kein Gift gemischt, kein Messer
Geschärft, kein schmählich Mittel schnellen Todes
Als dies ›verbannt‹, zu töten mich? ›Verbannt!‹
O Mönch! Verdammte sprechen in der Hölle
Dies Wort mit Heulen aus: hast du das Herz,
Da du ein heil'ger Mann, ein Beicht'ger bist,
Ein Sündenlöser, mein erklärter Freund,
Mich zu zermalmen mit dem Wort Verbannung?
LORENO: Du kindisch blöder Mann, hör doch ein Wort!
ROMEO: Oh, du willst wieder von Verbannung sprechen!
LORENO: Ich will dir eine Wehr dagegen leihn,
Der Trübsal süße Milch, Philosophie,
Um dich zu trösten, bist du gleich verbannt.
ROMEO: Und noch verbannt? Hängt die Philosophie!
Kann sie nicht schaffen eine Julia,
Aufheben eines Fürsten Urteilsspruch,
Verpflanzen eine Stadt: so hilft sie nicht,
So taugt sie nicht; so rede länger nicht!
LORENO: Nun seh ich wohl, Wahnsinnige sind taub.
ROMEO: Wär's anders möglich? Sind doch Weise blind.
LORENO: Lass über deinen Fall mit dir mich rechten.

ROMEO: Du kannst von dem, was du nicht fühlst, nicht reden.
Wärst du so jung wie ich und Julia dein,
Vermählt seit einer Stund, erschlagen Tybalt,
Wie ich von Lieb entglüht, wie ich verbannt:
Dann möchtest du nur reden, möchtest nur
Das Haar dir raufen, dich zu Boden werfen
Wie ich und so dein künft'ges Grab dir messen.

Er wirft sich an den Boden.

Man klopft draußen.

LORENO: Steh auf, man klopft; verbirg dich, lieber Freund.
ROMEO: O nein, wo nicht des bangen Stöhnens Hauch,
Gleich Nebeln, mich vor Späheraugen schirmt.

Man klopft.

LORENO: Horch, wie man klopft! – Wer da? – Fort, Romeo!
Man wird dich fangen. – Wartet doch ein Weilchen! –
Steh auf und rett ins Lesezimmer dich! –

Man klopft.

Ja, ja! im Augenblick! – Gerechter Gott,
Was für ein starrer Sinn! – Ich komm, ich komme:
Wer klopft so stark? Wo kommt Ihr her? was wollt Ihr?
WÄRTERIN *draußen*:
Lasst mich hinein, so sag ich Euch die Botschaft.
Das Fräulein Julia schickt mich.
LORENO: Seid willkommen.

Die WÄRTERIN *tritt herein.*

WÄRTERIN: O heil'ger Herr! o sagt mir, heil'ger Herr:
Des Fräuleins Liebster, Romeo, wo ist er?
LORENO: Am Boden dort, von eignen Tränen trunken.
WÄRTERIN: Oh, es ergeht wie meiner Herrschaft ihm,
Ganz so wie ihr!
LORENO: Sympathie des Wehs!
Bedrängtes Schicksal!
WÄRTERIN: Geradeso liegt sie,
Winselnd und wehklagend, wehklagend und winselnd.
Steht auf! steht auf! Wenn Ihr ein Mann seid, steht!

Um Juliens willen, ihr zulieb, steht auf!
Wer wollte so sich niederwerfen lassen?
ROMEO: Gute Frau!
WÄRTERIN: Ach Herr! Herr! Mit dem Tod ist alles aus.
ROMEO: Sprachst du von Julien? Wie steht's mit ihr?
Hält sie mich nicht für einen alten Mörder,
Da ich mit Blut, dem ihrigen so nah,
Die Kindheit unsrer Wonne schon befleckt?
Wo ist sie? und was macht sie? und was sagt
Von dem zerstörten Bund die kaum Verbundne?
WÄRTERIN: Ach Herr! sie sagt kein Wort, sie weint und weint.
Bald fällt sie auf ihr Bett; dann fährt sie auf,
Ruft: »Tybalt!« aus, schreit dann nach Romeo
Und fällt dann wieder hin.
ROMEO: Als ob der Name,
Aus tödlichem Geschütz auf sie gefeuert,
Sie mordete, wie sein unsel'ger Arm
Den Vetter ihr gemordet. Sag mir, Mönch,
O sage mir: in welchem schnöden Teil
Beherbergt dies Gerippe meinen Namen?
Sag, dass ich den verhassten Sitz verwüste.
Er zieht den Degen.
LORENO: Halt ein die tolle Hand! Bist du ein Mann?
Dein Äußres ruft, du seist es; deine Tränen
Sind weibisch, deine wilden Taten zeugen
Von eines Tieres unvernünft'ger Wut.
Entartet Weib in äußrer Mannesart!
Entstelltes Tier, in beide nur verstellt!
Ich staun ob dir: bei meinem heil'gen Orden!
Ich glaubte, dein Gemüt sei bessern Stoffs.
Erschlugst du Tybalt? Willst dich selbst erschlagen?
Auch deine Gattin, die in dir nur lebt,
Durch so verruchten Hass, an dir verübt?
Was schiltst du auf Geburt, auf Erd und Himmel?
In dir begegnen sie sich alle drei,
Die du auf einmal von dir schleudern willst.

Du schändest deine Bildung, deine Liebe
Und deinen Witz. O pfui! Gleich einem Wuchrer
Hast du an allem Überfluss und brauchst
Doch nichts davon zu seinem echten Zweck,
Der Bildung, Liebe, Witz erst zieren sollte.
Ein Wachsgepräg ist deine edle Bildung,
Wenn sie der Kraft des Manns abtrünnig wird;
Dein teurer Liebesschwur ein hohler Meineid,
Wenn du die tötest, der du Treu gelobt;
Dein Witz, die Zier der Bildung und der Liebe,
Doch zum Gebrauche beider missgeartet,
Fängt Feuer durch dein eignes Ungeschick,
Wie Pulver in nachläss'ger Krieger Flasche;
Und was dich schirmen soll, zerstückt dich selbst.
Auf, sei ein Mann! denn deine Julia lebt,
Sie, der zulieb du eben tot hier lagst:
Das ist ein Glück. Dich wollte Tybalt töten,
Doch du erschlugst ihn: das ist wieder Glück.
Dein Freund wird das Gesetz, das Tod dir drohte,
Und mildert ihn in Bann: auch das ist Glück.
Auf deine Schultern lässt sich eine Last
Von Segen nieder, und es wirbt um dich
Glückseligkeit in ihrem besten Schmuck;
Doch wie ein ungezognes, laun'sches Mädchen
Schmollst du mit deinem Glück und deiner Liebe;
O hüte dich! denn solche sterben elend.
Geh hin zur Liebsten, wie's beschlossen war;
Ersteig ihr Schlafgemach: fort! tröste sie!
Nur weile nicht, bis man die Wachen stellt,
Sonst kommst du nicht mehr durch nach Mantua.
Dort lebst du dann, bis wir die Zeit ersehn,
Die Freunde zu versöhnen, euren Bund
Zu offenbaren, von dem Fürsten Gnade
Für dich zu flehn und dich zurückzurufen
Mit zwanzig hunderttausendmal mehr Freude,
Als du mit Jammer jetzt von hinnen ziehst.

Geh, Wärterin, voraus, grüß mir dein Fräulein;
Heiß sie das ganze Haus zu Bette treiben,
Wohin der schwere Gram von selbst sie treibt:
Denn Romeo soll kommen.
WÄRTERIN: Oje! ich blieb' hier gern die ganze Nacht
Und hörte gute Lehr. Da sieht man doch,
Was die Gelehrtheit ist! Nun, gnäd'ger Herr,
Ich will dem Fräulein sagen, dass Ihr kommt.
ROMEO: Tu das, und sag der Holden, dass sie sich
Bereite, mich zu schelten.
WÄRTERIN: Gnäd'ger Herr,
Hier ist ein Ring, den sie für Euch mir gab.
Eilt Euch, macht fort! sonst wird es gar zu spät. *Ab.*
ROMEO: Wie ist mein Mut nun wieder neu belebt!
LORENO: Geh! gute Nacht! Und hieran hängt dein Los:
Entweder geh, bevor man Wachen stellt,
Wo nicht, verkleidet in der Frühe fort.
Verweil in Mantua; ich forsch indessen
Nach deinem Diener, und er meldet dir
Von Zeit zu Zeit ein jedes gute Glück,
Das hier begegnet. – Gib mir deine Hand!
Es ist schon spät: fahr wohl denn! gute Nacht!
ROMEO: Mich rufen Freuden über alle Freuden,
Sonst wär's ein Leid, von dir so schnell zu scheiden.
Leb wohl!

Beide ab.

VIERTE SZENE

Ein Zimmer in Capulets Hause.

CAPULET, GRÄFIN CAPULET, PARIS.

CAPULET: Es ist so schlimm ergangen, Graf, dass wir
Nicht Zeit gehabt, die Tochter anzumahnen.
Denn seht, sie liebte herzlich ihren Vetter;

Das tat ich auch: nun, einmal stirbt man doch. –
Es ist schon spät, sie kommt nicht mehr herunter.
Ich sag Euch, wär's nicht der Gesellschaft wegen,
Seit einer Stunde läg ich schon im Bett.

PARIS: So trübe Zeit gewährt nicht Zeit zum Frein;
Gräfin, schlaft wohl, empfehlt mich Eurer Tochter.

GRÄFIN CAPULET: Ich tu's und forsche morgen früh sie aus:
Heut nacht verschloss sie sich mit ihrem Gram.

CAPULET: Graf Paris, ich vermesse mich zu stehn
Für meines Kindes Lieb; ich denke wohl,
Sie wird von mir in allen Stücken sich
Bedeuten lassen, ja ich zweifle nicht.
Frau, geh noch zu ihr, eh du schlafen gehst,
Tu meines Sohnes Paris Lieb ihr kund
Und sag ihr, merk es wohl: auf nächsten Mittwoch –
Still, was ist heute?

PARIS: Montag, edler Herr.

CAPULET: Montag? Soso! Gut, Mittwoch ist zu früh.
Sei's Donnerstag! – Sag ihr: am Donnerstag
Wird sie vermählt mit diesem edlen Grafen.
Wollt Ihr bereit sein? Liebt Ihr diese Eil?
Wir tun's im Stillen ab; nur ein paar Freunde.
Denn seht, weil Tybalt erst erschlagen ist,
So dächte man, er läg uns nicht am Herzen
Als unser Blutsfreund, schwärmten wir zu viel.
Drum lasst uns ein halb Dutzend Freunde laden,
Und damit gut. Wie dünkt Euch Donnerstag?

PARIS: Mein Graf, ich wollte, Donnerstag war morgen.

CAPULET: Gut, geht nur heim! Sei's denn am Donnerstag.
Geh, Frau, zu Julien, eh du schlafen gehst,
Bereite sie auf diesen Hochzeitstag.
Lebt wohl, mein Graf! – He! Licht auf meine Kammer!
Gott steh mir bei! Es ist so spät, dass wir
Bald früh es nennen können. Gute Nacht!

Alle ab.

Fünfte Szene

Julias Zimmer.

ROMEO *und* JULIA.

JULIA: Willst du schon gehn? Der Tag ist ja noch fern.
Es war die Nachtigall und nicht die Lerche,
Die eben jetzt dein banges Ohr durchdrang;
Sie singt des Nachts auf dem Granatbaum dort.
Glaub, Lieber, mir: es war die Nachtigall.
ROMEO: Die Lerche war's, die Tagverkünderin,
Nicht Philomele; sieh den neid'schen Streif,
Der dort im Ost der Frühe Wolken säumt.
Die Nacht hat ihre Kerzen ausgebrannt,
Der muntre Tag erklimmt die dunst'gen Höhn;
Nur Eile rettet mich, Verzug ist Tod.
JULIA: Trau mir, das Licht ist nicht des Tages Licht,
Die Sonne hauchte dieses Luftbild aus,
Dein Fackelträger diese Nacht zu sein,
Dir auf dem Weg nach Mantua zu leuchten;
Drum bleibe noch: zu gehn ist noch nicht not.
ROMEO: Lass sie mich greifen, ja, lass sie mich töten!
Ich gebe gern mich drein, wenn du es willst.
Nein, jenes Grau ist nicht des Morgens Auge,
Der bleiche Abglanz nur von Cynthias Stirn.
Das ist auch nicht die Lerche, deren Schlag
Hoch über uns des Himmels Wölbung trifft.
Ich bleibe gern; zum Gehn bin ich verdrossen. –
Willkommen, Tod! hat Julia dich, beschlossen. –
Nun, Herz? Noch tagt es nicht, noch plaudern wir.
JULIA: Es tagt, es tagt! Auf! eile! fort von hier!
Es ist die Lerche, die so heiser singt
Und falsche Weisen, rauen Misston gurgelt.
Man sagt, der Lerche Harmonie sei süß;
Nicht diese: sie zerreißt die unsre ja.
Die Lerche, sagt man, wechselt mit der Kröte

Die Augen: möchte sie doch auch die Stimme!
Die Stimm ist's ja, die Arm aus Arm uns schreckt,
Dich von mir jagt, da sie den Tag erweckt.
Stets hell und heller wird's: wir müssen scheiden.

ROMEO: Hell? Dunkler stets und dunkler unsre Leiden!

Die WÄRTERIN *kommt herein.*

WÄRTERIN: Fräulein!

JULIA: Amme?

WÄRTERIN: Die gnäd'ge Gräfin kommt in Eure Kammer;
Seid auf der Hut; schon regt man sich im Haus. *Ab.*

JULIA *das Fenster öffnend*:
Tag, schein herein! und, Leben, flieh hinaus!

ROMEO: Ich steig hinab: lass dich noch einmal küssen.

Er steigt aus dem Fenster.

JULIA *aus dem Fenster ihm nachsehend*:
Freund! Gatte! Trauter! bist du mir entrissen?
Gib Nachricht jeden Tag zu jeder Stunde;
Schon die Minut enthält der Tage viel.
Ach, so zu rechnen, bin ich hoch in Jahren,
Eh meinen Romeo ich wiederseh.

ROMEO *draußen*: Leb wohl! Kein Mittel lass ich aus den Händen,
Um dir, du Liebe, meinen Gruß zu senden.

JULIA: O denkst du, dass wir je uns wiedersehn?

ROMEO: Ich zweifle nicht, und all dies Leiden dient
In Zukunft uns zu süßerem Geschwätz.

JULIA: O Gott! ich hab ein Unglück ahnend Herz.
Mir deucht, ich sah dich, da du unten bist,
Als lägst du tot in eines Grabes Tiefe.
Mein Auge trügt mich, oder du bist bleich.

ROMEO: So, Liebe, scheinst du meinen Augen auch.
Der Schmerz trinkt unser Blut. Leb wohl! leb wohl! *Ab.*

JULIA: O Glück! ein jeder nennt dich unbeständig;
Wenn du es bist: was tust du mit dem Treuen?
Sei unbeständig, Glück! Dann hältst du ihn
Nicht lange, hoff ich, sendest ihn zurück.

GRÄFIN CAPULET *hinter der Szene*: He, Tochter, bist du auf?

JULIA: Wer ruft mich? Ist es meine gnäd'ge Mutter?
Wacht sie so spät noch oder schon so früh?
Welch ungewohnter Anlass bringt sie her?

Die GRÄFIN CAPULET *kommt herein.*

GRÄFIN CAPULET: Nun, Julia, wie geht's?
JULIA: Mir ist nicht wohl.
GRÄFIN CAPULET: Noch immer weinend um des Vetters Tod?
Willst du mit Tränen aus der Gruft ihn waschen?
Und könntest du's, das rief ihn nicht ins Leben:
Drum lass das; trauern zeugt von vieler Liebe,
Doch zu viel trauern zeugt von wenig Witz.
JULIA: Um einen Schlag, der so empfindlich traf,
Erlaubt zu weinen mir.
GRÄFIN CAPULET: So trifft er dich;
Der Freund empfindet nichts, den du beweinst.
JULIA: Doch ich empfind und muss den Freund beweinen.
GRÄFIN CAPULET: Mein Kind, nicht seinen Tod so sehr beweinst du,
Als dass der Schurke lebt, der ihn erschlug.
JULIA: Was für ein Schurke?
GRÄFIN CAPULET: Nun, der Romeo.
JULIA *beiseite*: Er und ein Schurk sind himmelweit entfernt. –
Laut: Vergeh ihm Gott! Ich tu's von ganzem Herzen;
Und dennoch kränkt kein Mann wie er mein Herz.
GRÄFIN CAPULET: Ja freilich, weil der Meuchelmörder lebt.
JULIA: Ja, wo ihn diese Hände nicht erreichen! –
O rächte niemand doch als ich den Vetter!
GRÄFIN CAPULET: Wir wollen Rache nehmen, sorge nicht:
Drum weine du nicht mehr. Ich send an jemand
Zu Mantua, wo der Verlaufne lebt;
Der soll ein kräftig Tränkchen ihm bereiten,
Das bald ihn zum Gefährten Tybalts macht.
Dann wirst du hoffentlich zufrieden sein.
JULIA: Fürwahr, ich werde nie mit Romeo
Zufrieden sein, erblick ich ihn nicht – tot –
Ist, ach, mein Herz, so trauernd um den Teuren.

Ach, fändet Ihr nur jemand, der ein Gift
Ihm reichte, gnäd'ge Frau: ich wollt es mischen,
Dass Romeo, wenn er's genommen, bald
In Ruhe schliefe. – Wie mein Herz es hasst,
Ihn nennen hören – und nicht zu ihm können –
Die Liebe, die ich zu dem Vetter trug,
An dem, der ihn erschlagen hat, zu büßen!

GRÄFIN CAPULET: Findst du das Mittel, find ich wohl den Mann.
Doch bring ich jetzt dir frohe Kunde, Mädchen.

JULIA: In so bedrängter Zeit kommt Freude recht.
Wie lautet sie? Ich bitt Euch, gnäd'ge Mutter.

GRÄFIN CAPULET: Nun, Kind, du hast 'nen aufmerksamen Vater;
Um dich von deinem Trübsinn abzubringen,
Ersann er dir ein plötzlich Freudenfest,
Des ich so wenig mich versah wie du.

JULIA: Ei, wie erwünscht! Was wär das, gnäd'ge Mutter?

GRÄFIN CAPULET: Ja, denk dir, Kind! Am Donnerstag früh morgens
Soll der hochedle, wackre junge Herr,
Graf Paris, in Sankt-Peters-Kirche dich
Als frohe Braut an den Altar geleiten.

JULIA: Nun, bei Sankt-Peters-Kirch und Petrus selbst!
Er soll mich nicht als frohe Braut geleiten.
Mich wundert diese Eil, dass ich vermählt
Muss werden, eh mein Freier kommt zu werben.
Ich bitt Euch, gnäd'ge Frau, sagt meinem Vater
Und Herrn, ich wolle noch mich nicht vermählen;
Und wenn ich's tue, schwör ich: Romeo,
Von dem Ihr wisst, ich hass ihn, soll es lieber
Als Paris sein. – Fürwahr, das ist wohl Kunde!

GRÄFIN CAPULET: Da kommt dein Vater, sag du selbst ihm das;
Sieh, wie er sich's von dir gefallen lässt.

CAPULET *und die* WÄRTERIN *kommen.*

CAPULET: Die Luft sprüht Tau beim Sonnenuntergang,
Doch bei dem Untergange meines Neffen,
Da gießt der Regen recht.

Was? Eine Traufe, Mädchen? Stets in Tränen?
Stets Regenschauer? In so kleinem Körper
Spielst du auf einmal See und Wind und Kahn,
Denn deine Augen ebben stets und fluten
Von Tränen wie die See; dein Körper ist der Kahn,
Der diese salz'ge Flut befährt; die Seufzer
Sind Winde, die, mit deinen Tränen tobend,
Wie die mit ihnen, wenn nicht Stille plötzlich
Erfolgt, den hin und her geworfnen Körper
Zertrümmern werden. – Nun, wie steht es, Frau?
Hast du ihr unsern Ratschluss hinterbracht?
GRÄFIN CAPULET: Ja, doch sie will es nicht, sie dankt Euch sehr.
Wär doch die Törin ihrem Grab vermählt!
CAPULET: Sacht, rede deutlich, rede deutlich, Frau.
Was? Will sie nicht? Weiß sie uns keinen Dank?
Ist sie nicht stolz? Schätzt sie sich nicht beglückt,
Dass wir solch einen würd'gen Herrn vermocht,
Trotz ihrem Unwert ihr Gemahl zu sein?
JULIA: Nicht stolz darauf noch dankbar, dass ihr's tatet.
Stolz kann ich nie auf das sein, was ich hasse;
Doch dankbar selbst für Hass, gemeint wie Liebe.
CAPULET: Ei, seht mir! seht mir! Kramst du Weisheit aus?
Stolz – und ich dank euch – und ich dank euch nicht –
Und doch nicht stolz. – Hör, Fräulein Zierlich du,
Nichts da gedankt von Dank, stolziert von Stolz!
Rück nur auf Donnerstag dein zart Gestell zurecht,
Mit Paris zur Sankt-Peters-Kirch zu gehn,
Sonst schlepp ich dich auf einer Schleife hin.
Pfui, du bleichsücht'ges Ding! du lose Dirne!
Du Talggesicht!
GRÄFIN CAPULET: O pfui! seid Ihr von Sinnen?
JULIA: Ich fleh Euch auf den Knien, mein guter Vater:
Hört mit Geduld ein einzig Wort nur an.
CAPULET: Geh mir zum Henker, widerspenst'ge Dirne!
Ich sage dir's: zur Kirch auf Donnerstag,
Sonst komm mir niemals wieder vors Gesicht.

Sprich nicht! erwidre nicht! gib keine Antwort!
Die Finger jucken mir. O Weib! wir glaubten
Uns kaum genug gesegnet, weil uns Gott
Dies eine Kind nur sandte; doch nun seh ich,
Dies eine war um eines schon zu viel,
Und nur ein Fluch ward uns in ihr beschert.
Du Hexe!

WÄRTERIN: Gott im Himmel segne sie!
Eur Gnaden tun nicht wohl, sie so zu schelten.

CAPULET: Warum, Frau Weisheit? Haltet Euren Mund,
Prophetin! schnattert mit Gevatterinnen!

WÄRTERIN: Ich sage keine Schelmstück.

CAPULET: Geht mit Gott!

WÄRTERIN: Darf man nicht sprechen?

CAPULET: Still doch, altes Waschmaul,
Spart Eure Predigt zum Gevatterschmaus:
Hier brauchen wir sie nicht.

GRÄFIN CAPULET: Ihr seid zu hitzig.

CAPULET: Gotts Sakrament! es macht mich toll. Bei Tag,
Bei Nacht, spät, früh, allein und in Gesellschaft,
Zu Hause, draußen, wachend und im Schlaf,
War meine Sorge stets, sie zu vermählen.
Nun, da ich einen Herrn ihr ausgemittelt,
Von fürstlicher Verwandtschaft, schönen Gütern,
Jung, edel auferzogen, ausstaffiert,
Wie man wohl sagt, mit ritterlichen Gaben,
Kurz, einen Mann, wie man ihn wünschen möchte;
Und dann ein albern, winselndes Geschöpf,
Ein weinerliches Püppchen da zu haben,
Die, wenn ihr Glück erscheint, zur Antwort gibt:
»Heiraten will ich nicht, ich kann nicht lieben,
Ich bin zu jung – ich bitt, entschuldigt mich.« –
Gut, wollt Ihr nicht, Ihr sollt entschuldigt sein:
Grast, wo Ihr wollt, Ihr sollt bei mir nicht hausen.
Seht zu! bedenkt! ich pflege nicht zu spaßen.
Der Donnerstag ist nah: die Hand aufs Herz!

Und bist du mein, so soll mein Freund dich haben;
Wo nicht: geh, bettle, hungre, stirb am Wege!
Denn nie, bei meiner Seel, erkenn ich dich,
Und nichts, was mein, soll dir zugute kommen.
Bedenk dich! glaub, ich halte, was ich schwur. *Ab.*

JULIA: Und wohnt kein Mitleid droben in den Wolken,
Das in die Tiefe meines Jammers schaut?
O süße Mutter, stoß mich doch nicht weg!
Nur einen Monat, eine Woche Frist!
Wo nicht, bereite mir das Hochzeitsbette
In jener düstern Gruft, wo Tybalt liegt.

GRÄFIN CAPULET: Sprich nicht zu mir, ich sage nicht ein Wort.
Tu, was du willst, du gehst mich nichts mehr an. *Ab.*

JULIA: O Gott! wie ist dem vorzubeugen, Amme?
Mein Gatt auf Erden, meine Treu im Himmel –
Wie soll die Treu zur Erde wiederkehren,
Wenn sie der Gatte nicht, der Erd entweichend,
Vom Himmel sendet? – Tröste! rate! hilf!
Weh, weh mir, dass der Himmel solche Tücken
An einem sanften Wesen übt wie ich!
Was sagst du? hast du kein erfreuend Wort,
Kein Wort des Trostes?

WÄRTERIN: Meiner Seel, hier ist's.
Er ist verbannt, und tausend gegen eins,
Dass er sich nimmer wieder hergetraut,
Euch anzusprechen; oder tät er es,
So müsst es schlechterdings verstohlen sein.
Nun, weil denn so die Sachen stehn, so denk ich,
Das Beste war, dass Ihr den Grafen nähmt.
Ach, er ist solch ein allerliebster Herr!
Ein Lump ist Romeo nur gegen ihn.
Ein Adlersauge, Fräulein, ist so grell,
So schön, so feurig nicht, wie Paris seins.
Ich will verwünscht sein, ist die zweite Heirat
Nicht wahres Glück für Euch; weit vorzuziehn
Ist sie der ersten. Oder wär sie's nicht?

Der erste Mann ist tot, so gut wie tot;
Denn lebt er schon, habt Ihr doch nichts von ihm.
JULIA: Sprichst du von Herzen?
WÄRTERIN: Und von ganzer Seele,
Sonst möge Gott mich strafen!
JULIA: Amen.
WÄRTERIN: Was?
JULIA: Nun ja, du hast mich wunderbar getröstet.
Geh, sag der Mutter, weil ich meinen Vater
Erzürnt, so woll ich nach Lorenzos Zelle,
Zu beichten und Vergebung zu empfahn.
WÄRTERIN: Gewiss, das will ich. Ihr tut weislich dran. *Ab.*
JULIA: O alter Erzfeind! höllischer Versucher!
Ist's ärgre Sünde, so zum Meineid mich
Verleiten, oder meinen Gatten schmähn
Mit ebendieser Zunge, die zuvor
Vieltausendmal ihn ohne Maß und Ziel
Gepriesen hat? – Hinweg, Ratgeberin!
Du und mein Busen sind sich künftig fremd. –
Ich will zum Mönch, ob er nicht Hilfe schafft;
Schlägt alles fehl, hab ich zum Sterben Kraft. *Ab.*

Vierter Aufzug

Erste Szene

Bruder Lorenzos Zelle.

LORENZO *und* PARIS.

LORENZO: Auf Donnerstag? die Frist ist kurz, mein Graf.
PARIS: Mein Vater Capulet verlangt es so,
Und meine Säumnis soll die Eil nicht hemmen.
LORENZO: Ihr sagt, Ihr kennt noch nicht des Fräuleins Sinn:
Das ist nicht grade Bahn; so lieb ich's nicht.
PARIS: Unmäßig weint sie über Tybalts Tod,
Und darum sprach ich wenig noch von Liebe:
Im Haus der Tränen lächelt Venus nicht.
Nun hält's ihr Vater, würd'ger Herr, gefährlich,
Dass sie dem Grame so viel Herrschaft gibt,
Und treibt in weiser Vorsicht auf die Heirat,
Um ihrer Tränen Ströme zu vertrocknen;
Gesellschaft nimmt vielleicht den Schmerz von ihr,
In den sie sich allein zu sehr vertieft.
Jetzt wisst Ihr um die Ursach dieser Eil.
LORENZO *beiseite*: Wüsst ich nur nicht, was ihr im Wege steht.

JULIA *tritt auf.*

PARIS: Ha, schön getroffen, meine liebe Braut!
JULIA: Das werd ich dann erst sein, wenn man uns traut.
PARIS: Man wird, man soll uns Donnerstag vermählen.
JULIA: Was sein soll, wird geschehn.
LORENZO: Das kann nicht fehlen.
PARIS: Kommt Ihr, die Beicht dem Vater abzulegen?
JULIA: Gäb ich Euch Antwort, legt ich Euch sie ab.
PARIS: Verleugnet es ihm nicht, dass Ihr mich liebt.
JULIA: Bekennen will ich Euch, ich liebe ihn.
PARIS: Gewiss bekennt Ihr auch, Ihr liebet mich.
JULIA: Tu ich's, so hat es, hinter Eurem Rücken
Gesprochen, höhern Wert als ins Gesicht.

PARIS: Du Arme! dein Gesicht litt sehr von Tränen.
JULIA: Die Tränen dürfen sich des Siegs nicht rühmen:
Es taugte wenig, eh sie's angefochten.
PARIS: Dies Wort geht mehr als Tränen ihm zu nah.
JULIA: Doch kann die Wahrheit nicht Verleumdung sein.
Was ich gesagt, sagt ich mir ins Gesicht.
PARIS: Doch mein ist das Gesicht, das du verleumdest.
JULIA: Das mag wohl sein, denn es ist nicht mein eigen. –
Ehrwürd'ger Vater, habt Ihr Muße jetzt?
Wie, oder soll ich um die Vesper kommen?
LORENZO: Jetzt hab ich Muße, meine ernste Tochter.
Vergönnt Ihr uns, allein zu bleiben, Graf?
PARIS: Verhüte Gott, dass ich die Andacht störe.
Früh donnerstags will ich Euch wecken, Fräulein,
So lang lebt wohl! Nehmt diesen heil'gen Kuss. *Ab.*
JULIA: O schließ die Tür, und wenn du das getan,
Komm, wein mit mir; Trost, Hoffnung, Hilf ist hin.
LORENZO: Ach, Julia! ich kenne schon dein Leid,
Wie ich dir helfe, übersteigt mein Sinnen;
Du musst, und nichts, so hör ich, kann's verzögern,
Am Donnerstag dem Grafen dich vermählen.
JULIA: Sag mir nicht, Vater, dass du das gehört,
Wofern du nicht auch sagst, wie ich's verhindre.
Kann deine Weisheit keine Hilfe leihn,
So nenne weise meinen Vorsatz nur,
Und dieses Messer hilft mir auf der Stelle.
Gott fügt' in eins mein Herz und Romeos,
Die Hände du; und ehe diese Hand,
Die du dem Romeo versiegelt, dient
Zur Urkund eines andern Bundes oder
Mein treues Herz von ihm zu einem andern
Verrätrisch abfällt, soll dies beide töten.
Drum gib aus der Erfahrung deines Alters
Mir augenblicklich Rat; wo nicht, so sieh,
Wie dieses blut'ge Messer zwischen mir
Und meiner Drangsal richtet, das entscheidend,

Was deiner Jahr' und deiner Kunst Gewicht
Zum Ausgang nicht mit Ehren bringen konnte.
O zaudre nicht so lang! Den Tod verlang ich,
Wenn deine Antwort nicht von Hilfe spricht.
LORENZO: Halt, Tochter! ich erspähe was wie Hoffnung;
Allein es auszuführen heischt Entschluss,
Verzweifelt, wie das Übel, das wir fliehn.
Hast du die Willensstärke, dich zu töten,
Eh du dem Grafen Paris dich vermählst,
Dann zweifl ich nicht, du unternimmst auch wohl
Ein Ding wie Tod, die Schmach hinwegzutreiben,
Der zu entgehn, du selbst den Tod umarmst;
Und wenn du's wagst, so biet ich Hilfe dir.
JULIA: Oh, lieber als dem Grafen mich vermählen,
Heiß von der Zinne jenes Turms mich springen,
Da gehn, wo Räuber streifen, Schlangen lauern,
Und kette mich an wilde Bären fest;
Birg bei der Nacht mich in ein Totenhaus
Voll rasselnder Gerippe, Moderknochen
Und gelber Schädel mit entzahnten Kiefern;
Heiß in ein frisch gemachtes Grab mich gehn
Und in das Leichentuch des Toten hüllen.
Sprach man sonst solche Dinge, bebt ich schon;
Doch tu ich ohne Furcht und Zweifel sie,
Des süßen Gatten reines Weib zu bleiben.
LORENZO: Wohl denn! Geh heim, sei fröhlich, will'ge drein,
Dich zu vermählen: morgen ist es Mittwoch;
Sieh, wie du morgen Nacht allein magst ruhn;
Lass nicht die Amm in deiner Kammer schlafen.
Nimm dieses Fläschchen dann mit dir zu Bett,
Und trink den Kräutergeist, den es verwahrt.
Dann rinnt alsbald ein kalter matter Schauer
Durch deine Adern und bemeistert sich
Der Lebensgeister; den gewohnten Gang
Hemmt jeder Puls und hört zu schlagen auf.
Kein Odem, keine Wärme zeugt von Leben;

Der Lippen und der Wangen Rosen schwinden
Zu bleicher Asche; deiner Augen Vorhang
Fällt, wie wenn Tod des Lebens Tag verschließt.
Ein jedes Glied, gelenker Kraft beraubt,
Soll steif und starr und kalt wie Tod erscheinen.
Als solch ein Ebenbild des dürren Todes
Sollst du verharren zweiundvierzig Stunden
Und dann erwachen wie von süßem Schlaf.
Wenn nun der Bräutigam am Morgen kommt
Und dich vom Lager ruft, da liegst du tot;
Dann (wie die Sitte unsres Landes ist)
Trägt man auf einer Bahr in Feierkleidern
Dich unbedeckt in die gewölbte Gruft,
Wo alle Capulets von Alters ruhn.
Zur selben Zeit, wenn du erwachen wirst,
Soll Romeo aus meinen Briefen wissen,
Was wir erdacht, und sich hierher begeben.
Wir wollen beid auf dein Erwachen harren;
Und in derselben Nacht soll Romeo
Dich fort von hier nach Mantua geleiten.
Das rettet dich vor dieser drohnden Schmach,
Wenn schwacher Unbestand und weib'sche Furcht
Dir in der Ausführung den Mut nicht dämpft.

JULIA: Gib mir, o gib mir! rede nicht von Furcht!

LORENZO: Nimm, geh mit Gott, halt fest an dem Entschluss.
Ich send indes mit Briefen einen Bruder
In Eil nach Mantua zu deinem Treuen.

JULIA: Gib, Liebe, Kraft mir! Kraft wird Hilfe leihen.
Lebt wohl, mein teurer Vater!

Beide ab.

Zweite Szene

Ein Zimmer in Capulets Hause.

CAPULET, GRÄFIN CAPULET, WÄRTERIN, BEDIENTE.

CAPULET: So viele Gäste lad, wie hier geschrieben.
Ein Bedienter ab.
Du Bursch, geh, miet mir zwanzig tücht'ge Köche.

BEDIENTER: Ihr sollt gewiss keine schlechten kriegen, gnäd'ger Herr; denn ich will erst zusehn, ob sie sich die Finger ablecken können.

CAPULET: Was soll das für eine Probe sein?

BEDIENTER: Ei, gnädiger Herr, das wäre ein schlechter Koch, der seinen eignen Finger nicht ablecken könnte. Drum, wer das nicht kann, der passt nicht zu mir.

CAPULET: Geh, mach fort. –
Bedienter ab.
Die Zeit ist kurz, es wird an manchem fehlen. –
Wie ist's? ging meine Tochter hin zum Pater?

WÄRTERIN: Ja, wahrhaftig.

CAPULET: Wohl! Gutes stiftet er vielleicht bei ihr;
Sie ist ein albern, eigensinnig Ding.
JULIA *tritt auf.*

WÄRTERIN: Seht, wie sie fröhlich aus der Beichte kommt.

CAPULET: Nun, Starrkopf? Sag, wo bist herumgeschwärmt?

JULIA: Wo ich gelernt, die Sünde zu bereun
Hartnäck'gen Ungehorsams gegen Euch
Und Eur Gebot, und wo der heil'ge Mann
Mir auferlegt, vor Euch mich hinzuwerfen,
Vergebung zu erflehn. – Vergebt, ich bitt Euch;
Von nun an will ich stets Euch folgsam sein.

CAPULET: Schickt nach dem Grafen, geht und sagt ihm dies.
Gleich morgen früh will ich dies Band geknüpft sehn.

JULIA: Ich traf den jungen Grafen bei Lorenzo,
Und alle Huld und Lieb erwies ich ihm,
So das Gesetz der Zucht nicht übertritt.

CAPULET: Nun wohl! das freut mich, das ist gut. – Steh auf!
So ist es recht. – Lasst mich den Grafen sehn.
Potztausend! geht, sag ich, und holt ihn her. –
So wahr Gott lebt, der würd'ge fromme Pater,
Von unsrer ganzen Stadt verdient er Dank.
JULIA: Kommt, Amme! wollt Ihr mit mir auf mein Zimmer?
Mir helfen Putz erlesen, wie Ihr glaubt,
Dass mir geziemt, ihn morgen anzulegen?
GRÄFIN CAPULET: Nein, nicht vor Donnerstag; es hat noch Zeit.
CAPULET: Geh mit ihr, Amme! morgen geht's zur Kirche.
Julia und die Wärterin ab.
GRÄFIN CAPULET: Die Zeit wird kurz zu unsrer Anstalt fallen:
Es ist fast Nacht.
CAPULET: Blitz! ich will frisch mich rühren,
Und alles soll schon gehn, Frau, dafür steh ich.
Geh du zu Julien, hilf an ihrem Putz.
Ich gehe nicht zu Bett: lasst mich gewähren.
Ich will die Hausfrau diesmal machen. – Heda! –
Kein Mensch zur Hand? – Gut, ich will selber gehn
Zum Grafen Paris, um ihn anzutreiben
Auf morgen früh: mein Herz ist mächtig leicht,
Seit dies verkehrte Mädchen sich besonnen.
CAPULET *und die* GRÄFIN *ab.*

DRITTE SZENE

Julias Kammer.

JULIA *und die* WÄRTERIN.

JULIA: Ja, dieser Anzug ist der beste. – Doch
Ich bitt dich, liebe Amme, lass mich nun
Für diese Nacht allein; denn viel Gebete
Tun not mir, um den Himmel zu bewegen,
Dass er auf meinen Zustand gnädig lächle,
Der, wie du weißt, verderbt und sündlich ist.
GRÄFIN CAPULET *kommt.*

GRÄFIN CAPULET: Seid ihr geschäftig? Braucht ihr meine Hilfe?
JULIA: Nein, gnäd'ge Mutter, wir erwählten schon
Zur Tracht für morgen alles Zubehör.
Gefällt es Euch, so lasst mich jetzt allein,
Und lasst zu Nacht die Amme mit Euch wachen;
Denn sicher habt Ihr alle Hände voll
Bei dieser eil'gen Anstalt.
GRÄFIN CAPULET: Gute Nacht!
Geh nun zu Bett und ruh; du hast es nötig.

Gräfin Capulet und die Wärterin ab.

JULIA: Lebt wohl! – Gott weiß, wann wir uns wiedersehn.
Kalt rieselt matter Schaur durch meine Adern,
Der fast die Lebenswärm erstarren macht.
Ich will zurück sie rufen mir zum Trost. –
Amme! – Doch was soll sie hier? –
Mein düstres Spiel muss ich allein vollenden.
Komm du, mein Kelch! –
Doch wie? wenn dieser Trank nun gar nichts wirkte,
Würd ich dem Grafen morgen dann vermählt?
Nein, nein! dies soll's verwehren. – Lieg du hier. –

Sie legt einen Dolch neben sich.

Wie? war es Gift, das mir mit schlauer Kunst
Der Mönch bereitet, mir den Tod zu bringen,
Auf dass ihn diese Heirat nicht entehre,
Weil er zuvor mich Romeo vermählt?
So, fürcht ich, ist's; doch dünkt mich, kann's nicht sein,
Denn er ward stets ein frommer Mann erfunden.
Ich will nicht Raum so bösem Argwohn geben. –
Wie aber? wenn ich, in die Gruft gelegt,
Erwache vor der Zeit, da Romeo
Mich zu erlösen kommt? Furchtbarer Fall!
Werd ich dann nicht in dem Gewölb ersticken,
Des gift'ger Mund nie reine Lüfte einhaucht,
Und so erwürgt daliegen, wenn er kommt?
Und leb ich auch, könnt es nicht leicht geschehn,
Dass mich das grause Bild von Tod und Nacht,

Zusammen mit den Schrecken jenes Ortes,
Dort im Gewölb in alter Katakombe,
Wo die Gebeine aller meiner Ahnen
Seit vielen hundert Jahren aufgehäuft,
Wo frisch beerdigt erst der blut'ge Tybalt
Im Leichentuch verwest; wo, wie man sagt,
In mitternächt'ger Stunde Geister hausen –
Weh, weh! könnt es nicht leicht geschehn, dass ich,
Zu früh erwachend – und nun ekler Dunst,
Gekreisch wie von Alraunen, die man aufwühlt,
Das Sterbliche, die's hören, sinnlos macht –
O wach ich auf, werd ich nicht rasend werden,
Umringt von all den gräuelvollen Schrecken,
Und toll mit meiner Väter Gliedern spielen?
Und Tybalt aus dem Leichentuche zerren?
Und in der Wut mit eines großen Ahnherrn
Gebein zerschlagen mein zerrüttet Hirn?
O seht! mich dünkt, ich sehe Tybalts Geist!
Er späht nach Romeo, der seinen Leib
Auf einen Degen spießte. – Halt, halt, Tybalt! –
Ich komme, Romeo! Dies trink ich dir.

Sie wirft sich auf das Bett.

Vierte Szene

Ein Saal in Capulets Hause.

GRÄFIN CAPULET *und die* WÄRTERIN.

GRÄFIN CAPULET: Da, nehmt die Schlüssel, holt noch mehr Gewürz.

WÄRTERIN: Sie wollen Quitten und Orangen haben
In der Konditorei.

CAPULET *kommt.*

CAPULET: Kommt, rührt euch! frisch! schon kräht der zweite Hahn,
Die Morgenglocke läutet; 's ist drei Uhr.

Sieh nach dem Backwerk, Frau Angelica,
Spar nichts daran.

WÄRTERIN: Topfgucker! geht nur, geht!
Macht Euch zu Bett! – Gelt, Ihr seid morgen krank,
Wenn Ihr die ganze Nacht nicht schlaft.

CAPULET: Kein bisschen! Was? ich hab um Kleinres wohl
Die Nächte durchgewacht und war nie krank.

GRÄFIN CAPULET: Ja, ja! Ihr wart ein feiner Vogelsteller
Zu Eurer Zeit! Nun aber will ich Euch
Vor solchem Wachen schon bewachen.

Gräfin und Wärterin ab.

CAPULET: O Ehestand! o Wehestand! Nun, Kerl',
Was bringt ihr da?

BEDIENTE *mit Bratspießen, Scheiten und Körben gehn über die Bühne.*

ERSTER BEDIENTER: 's ist für den Koch, Herr; was, das weiß ich nicht.

CAPULET: Macht zu, macht zu!

Bedienter ab.

Hol trockne Klötze, Bursch!
Ruf Peter, denn der weiß es, wo sie sind.

ZWEITER BEDIENTER: Braucht Ihr 'nen Klotz, Herr, bin ich selber da
Und hab nicht nötig, Peter anzugehn.

CAPULET: Blitz! gut gesagt! Ein lust'ger Teufel! ha,
Du sollst das Haupt der Klötze sein. – Wahrhaftig,
's ist der Tag; der Graf wird mit Musik gleich kommen.
Das wollt er, sagt' er ja: ich hör ihn schon.

Musik hinter der Szene.

Frau! Wärterin! He, sag ich, Wärterin!

Die WÄRTERIN *kommt.*

Weckt Julien auf! Geht, putzt mir sie heraus;
Ich geh indes und plaudre mit dem Grafen.
Eilt euch, macht fort! Der Bräut'gam ist schon da.
Fort! sag ich euch. *Ab.*

Fünfte Szene

Julias Kammer.

JULIA *auf dem Bett. Die* WÄRTERIN *kommt.*

WÄRTERIN: Fräulein! Nun, Fräulein! – Julia! – Nun, das schläft!
He, Lamm! he, Fräulein! – Pfui, Langschläferin! –
Mein Schätzchen, sag ich! Süßes Herz! Mein Bräutchen! –
Was? nicht ein Laut? – Ihr nehmt Eur Teil voraus,
Schlaft für 'ne Woche, denn ich steh dafür,
Auf nächste Nacht hat seine Ruh Graf Paris
Darangesetzt, dass Ihr nicht ruhen sollt. –
Behüt der Herr sie! Wie gesund sie schläft!
Ich muss sie aber wecken. – Fräulein! Fräulein!
Lasst Euch den Grafen nur im Bett ertappen,
Der wird Euch schon ermuntern: meint Ihr nicht? –
Was? schon in vollen Kleidern? und so wieder
Sich hingelegt? Ich muss durchaus Euch wecken.
He, Fräulein! Fräulein! Fräulein! –
Dass Gott! dass Gott! Zu Hilfe! sie ist tot!
Ach, liebe Zeit! musst ich den Jammer sehn! –
Holt Spiritus! He, gnäd'ger Herr! Frau Gräfin!

GRÄFIN CAPULET *kommt.*

GRÄFIN CAPULET: Was ist das für ein Lärm?
WÄRTERIN: O Unglückstag!
GRÄFIN CAPULET: Was gibt's?
WÄRTERIN: Seht, seht nur! O betrübter Tag!
GRÄFIN CAPULET: O weh! o weh! Mein Kind! mein einzig Leben!
Erwach! leb auf! Ich sterbe sonst mit dir.
O Hilfe! Hilfe! ruft doch Hilfe!

CAPULET *kommt.*

CAPULET: Schämt Euch! bringt Julien her! Der Graf ist da.
WÄRTERIN: Ach, sie ist tot! verblichen! tot! o Wehe!
GRÄFIN CAPULET: O Wehe! Wehe! sie ist tot, tot, tot!
CAPULET: Lasst mich sie sehn! – Gott helf uns! Sie ist kalt,
Ihr Blut steht still, die Glieder sind ihr starr;

Von diesen Lippen schied das Leben längst,
Der Tod liegt auf ihr, wie ein Maienfrost
Auf des Gefildes schönster Blume liegt.
WÄRTERIN: O Unglückstag!
GRÄFIN CAPULET: O jammervolle Stunde!
CAPULET: Der Tod, der mir sie nahm, mir Klagen auszupressen,
Er bindet meine Zung und macht sie stumm.

BRUDER LORENZO, GRAF PARIS *und* MUSIKANTEN *treten auf.*

LORENZO: Kommt! Ist die Braut bereit, zur Kirch zu gehn?
CAPULET: Bereit zu gehn, um nie zurückzukehren.
O Sohn! die Nacht vor deiner Hochzeit buhlte
Der Tod mit deiner Braut. Sieh, wie sie liegt,
Die Blume, die in seinem Arm verblühte.
Mein Eidam ist der Tod, der Tod mein Erbe;
Er freite meine Tochter. Ich will sterben,
Mein Leben, Hab und Gut gehört dem Tode.
PARIS: Hab ich nach dieses Morgens Licht geschmachtet,
Und bietet es mir solchen Anblick dar?
GRÄFIN CAPULET: Unseliger, verhasster, schwarzer Tag!
Der Stunden jammervollste, so die Zeit
Seit ihrer langen Pilgerschaft gesehn.
Nur eins, ein einzig armes, liebes Kind,
Ein Wesen nur, mich dran zu freun, zu laben;
Und grausam riss es mir der Tod hinweg.
WÄRTERIN: O weh! O Jammer – Jammer – Jammertag!
Höchst unglücksel'ger Tag! betrübter Tag,
Wie ich noch nimmer, nimmer einen sah!
O Tag! O Tag! O Tag! Verhasster Tag!
Solch schwarzen Tag wie diesen gab es nie.
O Jammertag! o Jammertag!
PARIS: Berückt! geschieden! schwer gekränkt! erschlagen!
Fluchwürd'ger, arger Tod, durch dich berückt!
Durch dich so grausam, grausam hingestürzt!
O Lieb! o Leben! nein, nur Lieb im Tode!
CAPULET: Verhöhnt! bedrängt! gehasst! zermalmt! getötet! –
Trostlose Zeit! weswegen kamst du jetzt,

Zu morden, morden unser Freudenfest? –
O Kind! Kind! – meine Seel und nicht mein Kind! –
Tot bist du? – Wehe mir! mein Kind ist tot,
Und mit dem Kinde starben meine Freuden.

LORENZO: Still! hegt doch Scham! solch Stürmen stillet nicht
Des Leidens Sturm. Ihr teiltet mit dem Himmel
Dies schöne Mädchen, nun hat er sie ganz,
Und umso besser ist es für das Mädchen.
Ihr konntet euer Teil nicht vor dem Tod
Bewahren; seins bewahrt im ew'gen Leben
Der Himmel. Sie erhöhn war euer Ziel;
Eur Himmel war's, wenn sie erhoben würde:
Und weint ihr nun, erhoben sie zu sehn
Hoch über Wolken, wie der Himmel hoch?
Oh, wie verkehrt doch euer Lieben ist!
Verzweifelt ihr, weil ihr sie glücklich wisst?
Die lang vermählt lebt, ist nicht wohl vermählet;
Wohl ist vermählt, die früh der Himmel wählet.
Hemmt eure Tränen, streuet Rosmarin
Auf diese schöne Leich, und nach der Sitte
Tragt sie zur Kirch in ihrem besten Staat.
Denn heischt gleich die Natur ein schmerzlich Sehnen,
So lacht doch die Vernunft bei ihren Tränen.

CAPULET: Was wir nun irgend festlich angestellt,
Kehrt sich von seinem Dienst zu schwarzer Trauer.
Das Spiel der Saiten wird zum Grabgeläut,
Die Hochzeitslust zum ernsten Leichenmahl,
Aus Feierliedern werden Totenmessen,
Der Brautkranz muss nun eine Leiche schmücken,
Und alles wandelt sich ins Gegenteil.

LORENZO: Verlasst sie, Herr; geht mit ihm, gnäd'ge Frau;
Auch Ihr, Graf Paris: macht euch alle fertig,
Der schönen Leiche hin zur Gruft zu folgen.
Der Himmel zürnt mit euch um sünd'ge Tat;
Reizt ihn nicht mehr, gehorcht dem hohen Rat.

Capulet, Gräfin Capulet, Paris und Lorenzo ab.

ERSTER MUSIKANT: Mein Seel! wir können unsre Pfeifen auch nur einstecken und uns packen.

WÄRTERIN: Ihr guten Leute, ja, steckt ein! steckt ein!
Die Sachen hier sehn gar erbärmlich aus. *Ab.*

ZWEITER MUSIKANT *zeigt auf sein Instrument*: Ja, meiner Treu, die Sachen hier könnten wohl besser aussehen, aber sie klingen doch gut.

PETER: O Musikanten! Musikanten! spielt:
»Frisch auf, mein Herz! frisch auf, mein Herz, und singe!«
O spielt, wenn euch mein Leben lieb ist, spielt:
»Frisch auf, mein Herz!«

ERSTER MUSIKANT: Warum: »Frisch auf,mein Herz!«?

PETER: O Musikanten, weil mein Herz selber spielt: »Mein Herz voll Angst und Nöten.« O spielt mir eine lustige Litanei, um mich aufzurichten.

ZWEITER MUSIKANT: Nichts da von Litanei! Es ist jetzt nicht Spielens Zeit.

PETER: Ihr wollt es also nicht?

MUSIKANTEN: Nein.

PETER: Nun, so will ich es euch schon geben.

ERSTER MUSIKANT: Was wollt Ihr uns geben?

PETER: Kein Geld, meiner Seel, aber einen Titel: ich will euch Bänkelsänger nennen.

ERSTER MUSIKANT: Dann werd ich Euch Dienstgeschöpf nennen.

PETER: Dann soll euer Schädel den Dolch des Dienstgeschöpfs fühlen. Der singt nicht nach Noten. Ich will euch befa-sol-laen. Das notiert euch.

ERSTER MUSIKANT: Wenn Ihr uns befa-sol-laet, so notiert Ihr uns.

ZWEITER MUSIKANT: Bitte, packt Euren Dolch ein und Euren Witz aus.

PETER: So nehmt euch in acht vor meinem Witz. Ich werde euch mit einem eisernen Witz schlagen und meinen eisernen Dolch beistecken. Antwortet verständlich:

Wenn in der Leiden hartem Drang
Das bange Herze will erliegen,
Musik mit ihrem Silberklang –

Warum »Silberklang«? Warum »Musik mit ihrem Silberklang«? Was sagt Ihr, Hans Kolophonium?

ERSTER MUSIKANT: Ei nun, Musje, weil Silber einen feinen Klang hat.

PETER: Recht artig! Was sagt Ihr, Michel Hackebrett?

ZWEITER MUSIKANT: Ich sage »Silberklang«, weil Musik nur für Silber klingt.

PETER: Auch recht artig! Was sagt Ihr, Jakob Gellohr?

DRITTER MUSIKANT: Mein Seel, ich weiß nicht, was ich sagen soll.

PETER: Oh, ich bitte Euch um Vergebung! Ihr seid der Sänger, Ihr singt nur; so will ich es denn für Euch sagen. Es heißt »Musik mit ihrem Silberklang«, weil solche Kerle wie ihr kein Gold fürs Spielen kriegen.

Musik mit ihrem Silberklang
Weiß hilfreich ihnen obzusiegen.

Geht singend ab.

ERSTER MUSIKANT: Was für ein Schalksnarr ist der Kerl!

ZWEITER MUSIKANT: Hol ihn der Henker! Kommt, wir wollen hier hineingehn, auf die Trauerleute warten und sehen, ob es nichts zu essen gibt.

Alle ab.

Fünfter Aufzug

Erste Szene

Mantua. Eine Straße.

ROMEO *tritt auf.*

ROMEO: Darf ich dem Schmeichelbild des Schlafes traun,
So deuten meine Träum ein nahes Glück.
Leicht auf dem Thron sitzt meiner Brust Gebieter;
Mich hebt ein ungewohnter Geist mit frohen
Gedanken diesen Tag empor.
Mein Mädchen, träumt ich, kam und fand mich tot
(Seltsamer Traum, der Tote denken lässt!)
Und hauchte mir solch Leben ein mit Küssen,
Dass ich vom Tod erstand und Kaiser war.
Ach Herz! wie süß ist's, Liebe, selbst besitzen,
Da schon so reich an Freud ihr Schatten ist.

BALTHASAR *tritt auf.*

Ha, Neues von Verona! Sag, wie steht's?
Bringst du vom Pater keine Briefe mit?
Was macht mein teures Weib? Wie lebt mein Vater?
Ist meine Julia wohl? das frag ich wieder;
Denn nichts kann übel stehn, geht's ihr nur wohl.

BALTHASAR: Nun, ihr geht's wohl, und nichts kann übel stehn.
Ihr Körper schläft in Capulets Begräbnis,
Und ihr unsterblich Teil lebt bei den Engeln.
Ich sah sie senken in der Väter Gruft
Und ritt in Eil hierher, es Euch zu melden.
O Herr, verzeiht die schlimme Botschaft mir,
Weil Ihr dazu den Auftrag selbst mir gabt.

ROMEO: Ist es denn so? Ich biet euch Trotz, ihr Sterne! –
Du kennst mein Haus: hol mir Papier und Tinte
Und miete Pferde; ich will fort zu Nacht.

BALTHASAR: Ich fleh Euch an, Herr, fasst Euch in Geduld.

Ihr seht so blass und wild, und Eure Blicke
Weissagen Unglück.

ROMEO: Nicht doch, du betrügst dich.
Lass mich, und tu, was ich dich heiße tun.
Hast du für mich vom Pater keine Briefe?

BALTHASAR: Nein, bester Herr.

ROMEO: Es tut nichts; mach dich auf
Und miete Pferd', ich komme gleich nach Haus.

Balthasar ab.

Wohl, Julia! heute Nacht ruh ich bei dir.
Ich muss auf Mittel sinnen. – O wie schnell
Drängt Unheil sich in der Verzweiflung Rat!
Mir fällt ein Apotheker ein; er wohnt
Hier irgendwo herum. – Ich sah ihn neulich,
Zerlumpt, die Augenbrauen überhangend;
Er suchte Kräuter aus; hohl war sein Blick,
Ihn hatte herbes Elend ausgemergelt;
Ein Schildpatt hing in seinem dürft'gen Laden,
Ein ausgestopftes Krokodil und Häute
Von missgestalten Fischen: auf dem Sims
Ein bettelhafter Prunk von leeren Büchsen
Und grüne Töpfe, Blasen, muff'ger Samen,
Bindfadenendchen, alte Rosenkuchen,
Das alles dünn verteilt, zur Schau zu dienen.
Betrachtend diesen Mangel, sagt ich mir:
Bedürfte jemand Gift hier, des Verkauf
In Mantua sogleich zum Tode führt,
Da lebt ein armer Schelm, der's ihm verkaufte.
Oh, der Gedanke zielt' auf mein Bedürfnis,
Und dieser dürft'ge Mann muss mir's verkaufen.
So viel ich mich entsinn, ist dies das Haus:
Weil's Festtag ist, schloss seinen Kram der Bettler.
He! holla! Apotheker!

Der APOTHEKER *kommt heraus.*

APOTHEKER: Wer ruft so laut?

ROMEO: Mann, komm hierher! – Ich sehe, du bist arm.
Nimm, hier sind vierzig Stück Dukaten: gib
Mir eine Dose Gift; solch scharfen Stoff,
Der schnell durch alle Adern sich verteilt,
Dass tot der lebensmüde Trinker hinfällt
Und dass die Brust den Odem von sich stößt
So ungestüm, wie schnell entzündet Pulver
Aus der Kanone furchtbarm Schlunde blitzt.
APOTHEKER: So tödliche Arzneien hab ich wohl,
Doch Mantuas Gesetz ist Tod für jeden,
Der feil sie gibt.
ROMEO: Bist du so nackt und bloß,
Von Plagen so bedrückt, und scheust den Tod?
Der Hunger sitzt in deinen hohlen Backen,
Not und Bedrängnis darbt in deinem Blick,
Auf deinem Rücken hängt zerlumptes Elend,
Die Welt ist nicht dein Freund noch ihr Gesetz;
Die Welt hat kein Gesetz, dich reich zu machen:
Drum sei nicht arm, brich das Gesetz und nimm.
APOTHEKER: Nur meine Armut, nicht mein Wille weicht.
ROMEO: Nicht deinem Willen, deiner Armut zahl ich.
APOTHEKER: Tut dies, in welche Flüssigkeit Ihr wollt,
Und trinkt es aus; und hättet Ihr die Stärke
Von Zwanzigen, es hülf Euch gleich davon.
ROMEO: Da ist dein Gold, ein schlimmres Gift den Seelen
Der Menschen, das in dieser eklen Welt
Mehr Mord verübt als diese armen Tränkchen,
Die zu verkaufen dir verboten ist.
Ich gebe Gift dir; du verkaufst mir keins.
Leb wohl, kauf Speis und füttre dich heraus! –
Komm, Stärkungstrank, nicht Gift! Begleite mich
Zu Juliens Grab, denn da bedarf ich dich. *Ab.*

Zweite Szene

Lorenzos Zelle.

BRUDER MARKUS *kommt.*

MARKUS: Ehrwürd'ger Bruder Franziskaner! he!

BRUDER LORENZO *kommt.*

LORENZO: Das ist ja wohl des Bruders Markus Stimme –
Willkommen mir von Mantua! Was sagt
Denn Romeo? fasst' er es schriftlich ab,
So gib den Brief.

MARKUS: Ich ging, um einen Bruder
Barfüßer unsers Ordens, der den Kranken
In dieser Stadt hier zuspricht, zum Geleit
Mir aufzusuchen; und da ich ihn fand,
Argwöhnten die dazu bestellten Späher,
Wir wären beid in einem Haus, in welchem
Die böse Seuche herrschte, siegelten
Die Türen zu und ließen uns nicht gehn.
Dies hielt mich ab, nach Mantua zu eilen.

LORENZO: Wer trug denn meinen Brief zum Romeo?

MARKUS: Da hast du ihn, ich konnt ihn nicht bestellen:
Ihn dir zu bringen, fand kein Bote sich,
So bange waren sie vor Ansteckung.

LORENZO: Unsel'ges Missgeschick! Bei meinem Orden,
Nicht eitel war der Brief: sein Inhalt war
Von teuren Dingen, und die Säumnis kann
Gefährlich werden. Bruder Markus, geh,
Hol ein Brecheisen mir, und bring's sogleich
In meine Zell.

MARKUS: Ich geh und bring's dir, Bruder. *Ab.*

LORENZO: Ich muss allein zur Gruft nun. Innerhalb
Drei Stunden wird das schöne Kind erwachen;
Verwünschen wird sie mich, weil Romeo
Vom ganzen Vorgang nichts erfahren hat.
Doch schreib ich gleich aufs Neu nach Mantua

Und berge sie so lang in meiner Zell,
Bis ihr Geliebter kommt. Die arme Seele!
Lebend'ge Leich in dumpfer Grabeshöhle! *Ab.*

Dritte Szene

Ein Kirchhof; auf demselben das Familienbegräbnis der Capulets.

PARIS *und sein* PAGE, *mit Blumen und einer Fackel, treten auf.*

PARIS: Gib mir die Fackel, Knab, und halt dich fern. –
Nein, lösch sie aus; man soll mich hier nicht sehn.
Dort unter jenen Ulmen streck dich hin,
Und leg dein Ohr dicht an den hohlen Grund:
So kann kein Fuß auf diesen Kirchhof treten,
Der locker aufgewühlt von vielen Gräbern,
Dass du's nicht hörest; pfeife dann mir zu,
Zum Zeichen, dass du etwas nahen hörst.
Gib mir die Blumen, tu, wie ich dir sagte.
PAGE: Fast grauet mir, so auf dem Kirchhof hier
Allein zu bleiben, doch ich will es wagen. *Entfernt sich.*
PARIS: Dir streu ich Blumen, Blume du der Fraun.
Weh! Stein und Moder ist dein Brautgemach,
Das ich mit süßem Wasser will betaun,
Wo nicht, mit Tränen, leidentquollnen, ach!
Allnächtlich will ich meinen Schmerz erneun
Und um dich weinen und dir Blumen streun.
Der Knabe pfeift.
Der Bube gibt ein Zeichen; jemand naht.
Welch ein verdammter Fuß kommt dieses Wegs
Und stört die Leichenfeier frommer Liebe?
Mit einer Fackel? wie? Verhülle, Nacht,
Ein Weilchen mich. *Er tritt beiseite.*
ROMEO *und* BALTHASAR *mit einer Fackel, Haue usw.*

ROMEO: Gib mir das Eisen und die Haue her.
Nimm diesen Brief: frühmorgens siehe zu,
Dass du ihn meinem Vater überreichst.
Gib mir das Licht! aufs Leben bind ich's dir,
Was du auch hörst und siehst, bleib in der Ferne,
Und unterbrich mich nicht in meinem Tun.
Ich steig in dieses Todesbett hinab,
Teils, meiner Gattin Angesicht zu sehn,
Vornehmlich aber, einen kostbarn Ring
Von ihrem toten Finger abzuziehn,
Den ich zu einem wicht'gen Werk bedarf.
Drum auf, und geh! Und kehrest du zurück,
Vorwitzig meiner Absicht nachzuspähn,
Bei Gott! so reiß ich dich in Stücke, säe
Auf diesen gier'gen Boden deine Glieder.
Die Zeit und mein Gemüt sind wütend-wild.
Viel grimmer und viel unerbittlicher
Als durst'ge Tiger und die wüste See.
BALTHASAR: So will ich weggehn, Herr, und Euch nicht stören.
ROMEO: Dann tust du als mein Freund. Nimm, guter Mensch,
Leb und sei glücklich, und gehab dich wohl.
BALTHASAR *für sich*: Trotz allem dem will ich mich hier verstecken;
Ich trau ihm nicht, sein Blick erregt mir Schrecken.
Entfernt sich.
ROMEO: O du verhasster Schlund! du Bauch des Todes!
Der du der Erde Köstlichstes verschlangst,
So brech ich deine morschen Kiefer auf
Und will, zum Trotz, noch mehr dich überfüllen.
Er bricht die Türe des Gewölbes auf.
PARIS: Ha! der verbannte, stolze Montague,
Der Juliens Vetter mordete; man glaubt,
An diesem Grame starb das holde Wesen.
Hier kommt er nun, um niederträcht'gen Schimpf
Den Leichen anzutun: ich will ihn greifen. *Tritt hervor.*
Lass dein verruchtes Werk, du Montague!
Wird Rache übern Tod hinaus verfolgt?

Verbannter Frevler! ich verhafte dich;
Gehorch und folge mir, denn du musst sterben.
ROMEO: Fürwahr, das muss ich: darum kam ich her.
Versuch nicht, guter Jüngling, den Verzweifelnden!
Entflieh, und lass mich; denke dieser Toten!
Lass sie dich schrecken! – Ich beschwör dich, Jüngling,
Lad auf mein Haupt nicht eine neue Sünde,
Wenn du zur Wut mich reizest; geh, o geh,
Bei Gott, ich liebe mehr dich als mich selbst,
Denn gegen mich gewaffnet komm ich her.
Fort! eile! leb und nenn barmherzig ihn,
Den Rasenden, der dir gebot zu fliehn!
PARIS: Ich kümmre mich um dein Beschwören nicht
Und greife dich als Missetäter hier.
ROMEO: Willst du mich zwingen? Knabe, sieh dich vor!
Sie fechten.
PAGE: Sie fechten! Gott! ich will die Wache rufen.
PARIS: O ich bin hin! *Fällt.* Hast du Erbarmen, öffne
Die Gruft, und lege mich zu Julien. *Er stirbt.*
ROMEO: Auf Ehr, ich will's. – Lasst sein Gesicht mich schaun.
Mercutios edler Vetter ist's, Graf Paris.
Was sagte doch mein Diener, weil wir ritten,
Als die bestürmte Seel es nicht vernahm? –
Ich glaube: Julia habe sich mit Paris
Vermählen sollen; sagt' er mir nicht so?
Wie, oder träumt ich's? oder bild ich's mir
Im Wahnsinn ein, weil er von Julien sprach?
O gib mir deine Hand, du, so wie ich
Ins Buch des herben Unglücks eingezeichnet!
Ein siegeprangend Grab soll dich empfangen.
Ein Grab? Nein, eine Leucht, erschlagner Jüngling!
Denn hier liegt Julia: ihre Schönheit macht
Zur lichten Feierhalle dies Gewölb.
Da lieg begraben, Tod, von einem Toten! –
Er legt den Paris in das Begräbnis.
Wie oft sind Menschen, schon des Todes Raub,

Noch fröhlich worden! Ihre Wärter nennen's
Den letzten Lebensblitz. Wohl mag dann dies
Ein Blitz mir heißen. – O mein Herz! mein Weib!
Der Tod, der deines Odems Balsam sog,
Hat über deine Schönheit nichts vermocht.
Noch bist du nicht besiegt: der Schönheit Fahne
Weht purpurn noch auf Lipp und Wange dir;
Hier pflanzte nicht der Tod sein bleiches Banner. –
Liegst du da, Tybalt, in dem blut'gen Tuch?
Oh, welchen größern Dienst kann ich dir tun.
Als mit der Hand, die deine Jugend fällte,
Des Jugend, der dein Feind war, zu zerreißen?
Vergib mir, Vetter! – Liebe Julia,
Warum bist du so schön noch? Soll ich glauben,
Der körperlose Tod entbrenn in Liebe
Und der verhasste, hagre Unhold halte
Als seine Buhle hier im Dunkel dich?
Aus Furcht davor will ich dich nie verlassen
Und will aus diesem Palast dichter Nacht
Nie wieder weichen. Hier, hier will ich bleiben
Mit Würmern, so dir Dienerinnen sind.
Oh, hier bau ich die ew'ge Ruhstatt mir
Und schüttle von dem lebensmüden Leibe
Das Joch feindseliger Gestirne. – Augen,
Blickt euer Letztes! Arme, nehmt die letzte
Umarmung! und, o Lippen, ihr, die Tore
Des Odems, siegelt mit rechtmäß'gem Kusse
Den ewigen Vertrag dem Wuchrer Tod.
Komm, bittrer Führer! widriger Gefährt!
Verzweifelter Pilot! Nun treib auf einmal
Dein sturmerkranktes Schiff in Felsenbrandung!
Dies auf dein Wohl, wo du auch stranden magst!
Dies meiner Lieben! – *Er trinkt.* O wackrer
Apotheker!
Dein Trank wirkt schnell. – Und so im Kusse sterb ich.

Er stirbt.

BRUDER LORENZO *kommt am Ende des Kirchhofes mit Laterne, Brecheisen und Spaten.*

LORENZO: Helf mir Sankt Franz! Wie oft sind über Gräber
Nicht meine alten Füße schon gestolpert.
Wer ist da?

BALTHASAR: Ein Freund, und einer, dem Ihr wohl bekannt.

LORENZO: Gott segne dich! Sag mir, mein guter Freund,
Welch eine Fackel ist's, die dort ihr Licht
Umsonst den Würmern leiht und blinden Schädeln?
Mir scheint, sie brennt in Capulets Begräbnis.

BALTHASAR: Ja, würd'ger Pater, und mein Herr ist dort,
Ein Freund von Euch.

LORENZO: Wer ist es?

BALTHASAR: Romeo.

LORENZO: Wie lange schon?

BALTHASAR: Voll eine halbe Stunde.

LORENZO: Geh mit mir zu der Gruft.

BALTHASAR: Ich darf nicht, Herr.
Mein Herr weiß anders nicht, als ich sei fort,
Und drohte furchtbarlich den Tod mir an,
Blieb ich, um seinen Vorsatz auszuspähn.

LORENZO: So bleib, ich geh allein. – Ein Graun befällt mich;
Oh, ich befürchte sehr ein schlimmes Unglück!

BALTHASAR: Derweil ich unter dieser Ulme schlief,
Träumt ich, mein Herr und noch ein andrer föchten
Und er erschlüge jenen.

LORENZO: Romeo? *Er geht weiter nach vorn.*
O wehe, weh mir! Was für Blut befleckt
Die Steine hier an dieses Grabmals Schwelle?
Was wollen diese herrenlosen Schwerter,
Dass sie verfärbt hier liegen an der Stätte
Des Friedens? *Er geht in das Begräbnis.*
Romeo? – Ach, bleich! Wer sonst?
Wie? Paris auch? und in sein Blut getaucht? –
O welche unmitleid'ge Stund ist schuld
An dieser kläglichen Begebenheit? –
Das Fräulein regt sich.

JULIA *erwachend*: O Trostesbringer! wo ist mein Gemahl?
Ich weiß recht gut noch, wo ich sollte sein,
Da bin ich auch. – Wo ist mein Romeo?
Geräusch von Kommenden.

LORENZO: Ich höre Lärm. – Kommt, Fräulein, flieht die Grube
Des Tods, der Seuchen, des erzwungnen Schlafs;
Denn eine Macht, zu hoch dem Widerspruch,
Hat unsern Rat vereitelt. Komm, o komm!
Dein Gatte liegt an deinem Busen tot,
Und Paris auch; komm, ich versorge dich
Bei einer Schwesterschaft von heil'gen Nonnen.
Verweil mit Fragen nicht; die Wache kommt.
Geh, gutes Kind!
Geräusch hinter der Szene.
Ich darf nicht länger bleiben. *Ab.*

JULIA: Geh nur, entweich! denn ich will nicht von hinnen. –
Was ist das hier? Ein Becher, festgeklemmt
In meines Trauten Hand? – Gift, seh ich, war
Sein Ende vor der Zeit. – O Böser! alles
Zu trinken, keinen güt'gen Tropfen mir
Zu gönnen, der mich zu dir brächt? – Ich will
Dir deine Lippen küssen. Ach, vielleicht
Hängt noch ein wenig Gift daran und lässt mich
An einer Labung sterben. *Sie küsst ihn.* Deine Lippen
Sind warm. –

WÄCHTER *hinter der Szene*:
Wo ist es, Knabe? Führ uns.

JULIA: Wie? Lärm? – dann schnell nur.
Sie ergreift Romeos Dolch.
O willkommner Dolch!
Dies werde deine Scheide. *Ersticht sich.* Roste da,
Und lass mich sterben. *Sie fällt auf Romeos Leiche und stirbt.*

WACHE *mit dem* PAGEN *des Paris.*

PAGE: Dies ist der Ort; da, wo die Fackel brennt.

ERSTER WÄCHTER: Der Boden ist voll Blut: sucht auf dem Kirchhof,

Ein paar von euch; geht, greifet, wen ihr trefft.
Einige von der Wache ab.
Betrübt zu sehn! Hier liegt der Graf erschlagen,
Und Julia blutend, warm und kaum verschieden,
Die schon zwei Tage hier begraben lag. –
Geht, sagt's dem Fürsten! weckt die Capulets!
Lauft zu den Montagues! Ihr andern, sucht!
Andre Wächter ab.
Wir sehn den Grund, der diesen Jammer trägt;
Allein den wahren Grund des bittern Jammers
Erfahren wir durch nähre Kundschaft nur.
Einige von der WACHE *kommen mit* BALTHASAR.

ZWEITER WÄCHTER: Hier ist der Diener Romeos; wir fanden ihn auf dem Kirchhof.

ERSTER WÄCHTER: Bewahrt ihn sicher, bis der Fürst erscheint.
Ein andrer WÄCHTER *mit* LORENZO.

DRITTER WÄCHTER: Hier ist ein Mönch, der zittert, weint und ächzt;
Wir nahmen ihm den Spaten und die Haue,
Als er von jener Seit des Kirchhofs kam.

ERSTER WÄCHTER: Verdächt'ges Zeichen! Haltet auch den Mönch.
Der PRINZ *und* GEFOLGE.

PRINZ: Was für ein Unglück ist so früh schon wach,
Das uns aus unsrer Morgenruhe stört?
CAPULET, GRÄFIN CAPULET *und* ANDRE *kommen.*

CAPULET: Was gibt es hier, dass man so schreit und lärmt?

GRÄFIN CAPULET: Das Volk ruft auf den Straßen: »Romeo«
Und »Julia« und »Paris«; alles rennt
Mit lautem Ausruf unserm Grabmal zu.

PRINZ: Welch Schrecken ist's, der unser Ohr betäubt?

ERSTER WÄCHTER: Durchlaucht'ger Herr, entleibt liegt hier Graf Paris;
Tot Romeo; und Julia, tot zuvor,
Noch warm und erst getötet.

PRINZ: Sucht, späht, erforscht die Täter dieser Gräuel.
ERSTER WÄCHTER: Hier ist ein Mönch und Romeos Bedienter.
Man fand Gerät bei ihnen, das die Gräber
Der Toten aufzubrechen dient.
CAPULET: O Himmel!
O Weib! sieh hier, wie unsre Tochter blutet.
Der Dolch hat sich verirrt; sieh, seine Scheide
Liegt ledig auf dem Rücken Montagues,
Er selbst steckt fehl in unsrer Tochter Busen.
GRÄFIN CAPULET: O weh mir! Dieser Todesanblick mahnt
Wie Grabgeläut mein Alter an die Grube.

MONTAGUE *und* ANDRE *kommen.*

PRINZ: Komm, Montague! Früh hast du dich erhoben,
Um früh gefallen deinen Sohn zu sehn.
MONTAGUE: Ach, gnäd'ger Fürst, mein Weib starb diese Nacht;
Gram um des Sohnes Bann entseelte sie.
Welch neues Leid bricht auf mein Alter ein?
PRINZ: Schau hin, und du wirst sehn.
MONTAGUE: O Ungeratner! was ist das für Sitte,
Vor deinem Vater dich ins Grab zu drängen?
PRINZ: Versiegelt noch den Mund des Ungestüms,
Bis wir die Dunkelheiten aufgehellt
Und ihren Quell und wahren Ursprung wissen.
Dann will ich eurer Leiden Hauptmann sein
Und selbst zum Tod euch führen. – Still indes!
Das Missgeschick sei Sklave der Geduld. –
Führt die verdächtigen Personen vor.
LORENZO: Mich trifft, obschon den unvermögendsten,
Am meisten der Verdacht des grausen Mordes,
Weil Zeit und Ort sich gegen mich erklärt.
Hier steh ich, mich verdammend und verteid'gend,
Der Kläger und der Anwalt meiner selbst.
PRINZ: So sag ohn Umschweif, was du hiervon weißt.
LORENZO: Kurz will ich sein, denn kurze Frist des Odems
Versagt gedehnte Reden. Romeo,

Der tot hier liegt, war dieser Julia Gatte,
Und sie, die tot hier liegt, sein treues Weib.
Ich traute heimlich sie, ihr Hochzeitstag
War Tybalts letzter, des unzeit'ger Tod
Den jungen Gatten aus der Stadt verbannte;
Und Julia weint' um ihn, nicht um den Vetter.
Ihr, um den Gram aus ihrer Brust zu treiben,
Verspracht und wolltet sie dem Grafen Paris
Vermählen mit Gewalt. – Da kommt sie zu mir
Mit wildem Blick, heißt mich auf Mittel sinnen,
Um dieser zweiten Heirat zu entgehn,
Sonst wollt in meiner Zelle sie sich töten.
Da gab ich, so belehrt durch meine Kunst,
Ihr einen Schlaftrunk; er bewies sich wirksam
Nach meiner Absicht, denn er goss den Schein
Des Todes über sie. Indessen schrieb ich
An Romeo, dass er sich herbegäbe
Und hülf aus dem erborgten Grab sie holen
In dieser Schreckensnacht, als um die Zeit,
Wo jenes Trankes Kraft erlösche. Doch
Den Träger meines Briefs, den Bruder Markus,
Hielt Zufall auf, und gestern Abend bracht er
Ihn mir zurück. Nun ging ich ganz allein
Um die bestimmte Stunde des Erwachens,
Sie zu befrein aus ihrer Ahnen Gruft,
Und dacht in meiner Zelle sie zu bergen,
Bis ich es Romeo berichten könnte.
Doch wie ich kam, Minuten früher nur,
Eh sie erwacht, fand ich hier tot zu früh
Den treuen Romeo, den edlen Paris.
Jetzt wacht' sie auf; ich bat sie, fortzugehn
Und mit Geduld des Himmels Hand zu tragen,
Doch da verscheucht' ein Lärm mich aus der Gruft.
Sie, in Verzweiflung, wollte mir nicht folgen
Und tat, so scheint's, sich selbst ein Leides an.
Dies weiß ich nur; und ihre Heirat war

Der Wärterin vertraut. Ist etwas hier
Durch mich verschuldet, lasst mein altes Leben,
Nur wenig Stunden vor der Zeit, der Härte
Des strengsten Richterspruchs geopfert werden.
PRINZ: Wir kennen dich als einen heil'gen Mann. –
Wo ist der Diener Romeos? Was sagt er?
BALTHASAR: Ich brachte meinem Herrn von Juliens Tod
Die Zeitung, und er ritt von Mantua
In Eil zu diesem Platz, zu diesem Grabmal.
Den Brief hier gab er mir für seinen Vater
Und drohte Tod mir, gehend in die Gruft,
Wo ich mich nicht entfernt' und dort ihn ließe.
PRINZ: Gib mir den Brief; ich will ihn überlesen. –
Wo ist der Bub des Grafen, der die Wache
Geholt? – Sag, Bursch, was machte hier dein Herr?
PAGE: Er kam, um Blumen seiner Braut aufs Grab
Zu streun, und hieß mich fern stehn, und das tat ich.
Drauf naht' sich wer mit Licht, das Grab zu öffnen,
Und gleich zog gegen ihn mein Herr den Degen;
Und da lief ich davon und holte Wache.
PRINZ: Hier dieser Brief bewährt das Wort des Mönchs,
Den Liebesbund, die Zeitung ihres Todes;
Auch schreibt er, dass ein armer Apotheker
Ihm Gift verkauft, womit er gehen wolle
Zu Juliens Gruft, um neben ihr zu sterben. –
Wo sind sie, diese Feinde? – Capulet! Montague!
Seht, welch ein Fluch auf eurem Hasse ruht,
Dass eure Freuden Liebe töten muss!
Auch ich, weil ich dem Zwiespalt nachgesehn,
Verlor ein paar Verwandte. – Alle büßen.
CAPULET: O Bruder Montague, gib mir die Hand:
Das ist das Leibgedinge meiner Tochter,
Denn mehr kann ich nicht fordern.
MONTAGUE: Aber ich
Vermag dir mehr zu geben; denn ich will
Aus klarem Gold ihr Bildnis fert'gen lassen.

Solang Verona seinen Namen trägt,
Komm nie ein Bild an Wert dem Bilde nah
Der treuen, liebevollen Julia.
CAPULET: So reich will ich es Romeo bereiten:
Die armen Opfer unsrer Zwistigkeiten!
PRINZ: Nur düstern Frieden bringt uns dieser Morgen;
Die Sonne scheint, verhüllt vor Weh, zu weilen.
Kommt, offenbart mir ferner, was verborgen:
Ich will dann strafen oder Gnad erteilen;
Denn niemals gab es ein so herbes Los
Wie Juliens und ihres Romeos.

Alle ab.

Julius Cäsar

Personen

JULIUS CÄSAR	
OCTAVIUS CÄSAR MARCUS ANTONIUS M. ÄMILIUS LEPIDUS	*Triumvirn nach dem Tode des Julius Cäsar*
CICERO PUBLIUS POPILIUS LENA	*Senatoren*
MARCUS BRUTUS CASSIUS CASCA TREBONIUS LIGARIUS DECIUS BRUTUS METELLUS CIMBER CINNA	*Verschworene gegen Julius Cäsar*
FLAVIUS MARULLUS	*Tribunen*
ARTEMIDORUS, *ein Sophist von Knidos*	
Ein WAHRSAGER	
CINNA, *ein Poet*	
Ein andrer POET	
LUCILIUS TITINIUS MESSALA Der junge CATO VOLUMNIUS	*Freunde des Brutus und Cassius*
VARRO CLITUS CLAUDIUS STRATO LUCIUS DARDANIUS	*Diener des Brutus*

PINDARUS, *Diener des Cassius*
CALPURNIA, *Gemahlin des Cäsar*
PORTIA, *Gemahlin des Brutus*
SENATOREN, BÜRGER, WACHE, GEFOLGE USW.

Die Szene ist einen großen Teil des Stücks hindurch Rom, nachher zu Sardes und bei Philippi.

Erster Aufzug

Erste Szene

Rom. Eine Straße.

FLAVIUS, MARULLUS *und ein Haufe von* BÜRGERN.

FLAVIUS: Packt euch nach Haus, ihr Tagediebe! fort!
Ist dies ein Feiertag? Was? wisst ihr nicht,
Dass ihr als Handwerksleut an Werkeltagen
Nicht ohn ein Zeichen der Hantierung dürft
Umhergehn? – Welch Gewerbe treibst du? sprich!

ERSTER BÜRGER: Nun, Herr, ich bin ein Zimmermann.

MARULLUS: Wo ist dein ledern Schurzfell und dein Maß?
Was machst du hier in deinen Sonntagskleidern? –
Ihr, Freund, was treibt Ihr?

ZWEITER BÜRGER: Die Wahrheit zu gestehn, Herr, gegen einen feinen Arbeiter gehalten, mache ich nur, sozusagen, Flickwerk.

MARULLUS: Doch welch Gewerb? Antworte gradezu.

ZWEITER BÜRGER: Ein Gewerbe, Herr, das ich mit gutem Gewissen treiben kann, wie ich hoffe. Es besteht darin, einen schlechten Wandel zu verbessern.

MARULLUS: Welch ein Gewerb, du Schuft? welch ein Gewerb?

ZWEITER BÜRGER: Nein, ich bitte Euch, Herr, lasst Euch die Geduld nicht reißen. Wenn aber ja was reißt, so gebt Euch nur in meine Hand.

MARULLUS: Was meinst du damit? Mich in deine Hand geben, du naseweiser Bursch?

ZWEITER BÜRGER: Nun ja, Herr, damit ich Euch flicken kann.

FLAVIUS: Du bist ein Schuhflicker, nicht wahr?

ZWEITER BÜRGER: [Die Wahrheit zu sagen, Herr, ich ernähre mich von Ahlen. Ich menge mich nicht in Handwerkssachen, sondern bloß in Fußwerkssachen.] Im Ernst, Herr, ich bin ein Wundarzt für alte Schuhe: Wenn's gefährlich mit ihnen steht, so mache ich sie wieder heil. So hübsche Leute, wie jemals auf Rindsleder getreten, sind auf meiner Hände Werk einhergegangen.

FLAVIUS: Doch warum bist du in der Werkstatt nicht?
Was führst du diese Leute durch die Gassen?

ZWEITER BÜRGER: Meiner Treu, Herr, um ihre Schuhe abzunutzen, damit ich wieder Arbeit kriege. Doch im Ernst, Herr, wir machen Feiertag, um den Cäsar zu sehen und uns über seinen Triumph zu freuen.

MARULLUS: Warum euch freun? Was hat er wohl erobert?
Was für Besiegte führt er heim nach Rom
Und fesselt sie zur Zier an seinen Wagen?
Ihr Block! ihr Steine! schlimmer als gefühllos!
O harte Herzen! arge Männer Roms!
Habt ihr Pompejus nicht gekannt? Wie oft
Stiegt ihr hinauf auf Mauern und auf Zinnen,
Auf Türme, Fenster, ja auf Feueressen,
Die Kinder auf dem Arm, und saßet da
Den lieben langen Tag, geduldig wartend,
Bis durch die Straßen Roms Pompejus zöge?
Und saht ihr seinen Wagen nur von fern,
Erhobt ihr nicht ein allgemeines Jauchzen,
Sodass der Tiber bebt' in seinem Bett,
Wenn er des Lärmes Widerhall vernahm
An seinen hohlen Ufern?
Und legt ihr nun die Feierkleider an?
Und spart ihr nun euch einen Festtag aus?
Und streut ihr nun ihm Blumen auf den Weg,
Der siegprangt über des Pompejus Blut?
Hinweg!
In eure Häuser lauft, fallt auf die Knie
Und fleht die Götter an, die Not zu wenden,
Die über diesen Undank kommen muss!

FLAVIUS: Geht, geht, ihr guten Bürger! und versammelt
Für dies Vergehen eure armen Brüder;
Führt sie zum Tiber, weinet eure Tränen
Ins Flussbett, bis ihr Strom, wo er am flachsten,

Die höchsten seiner Uferhöhen küsst.
Die Bürger ab.
Sieh, wie die Schlacken ihres Innern schmelzen!
Sie schwinden weg, verstummt in ihrer Schuld.
Geht ihr den Weg, hinab zum Kapitol;
Hierhin will ich. Entkleidet dort die Bilder,
Seht ihr mit Ehrenzeichen sie geschmückt.
MARULLUS: Ist das erlaubt?
Ihr wisst, es ist das Luperkalienfest.
FLAVIUS: Es tut nichts: lasst mit den Trophäen Cäsars
Kein Bild behängt sein. Ich will nun umher
Und will den Pöbel von den Gassen treiben.
Das tut auch ihr, wo ihr gedrängt sie seht.
Dies wachsende Gefieder, ausgerupft
Der Schwinge Cäsars, wird den Flug ihm hemmen,
Der, über Menschenblicke hoch hinaus,
Uns alle sonst in knecht'scher Furcht erhielte.
Beide ab.

Zweite Szene

Ein öffentlicher Platz.

In einem feierlichen Aufzuge mit Musik kommen CÄSAR; ANTONIUS, *zum Wettlauf gerüstet;* CALPURNIA, PORTIA, DECIUS, CICERO, BRUTUS, CASSIUS *und* CASCA; *hinter ihnen ein großes Gedränge, darunter ein* WAHRSAGER.

CÄSAR: Calpurnia!
CASCA: Still da! Cäsar spricht.
Die Musik hält inne.
CÄSAR: Calpurnia!
CALPURNIA: Hier, mein Gemahl.
CÄSAR: Stellt dem Antonius grad Euch in den Weg,
Wenn er zur Wette läuft. – Antonius!
ANTONIUS: Erlauchter Cäsar?

CÄSAR: Vergesst, Antonius, nicht, in Eurer Eil,
Calpurnia zu berühren; denn es ist
Ein alter Glaube, unfruchtbare Weiber,
Berührt bei diesem heil'gen Wettlauf,
Entladen sich des Fluchs.
ANTONIUS: Ich werd es merken.
Wenn Cäsar sagt: tu das, so ist's vollbracht.
CÄSAR: Beginnt; lasst nichts von den Gebräuchen aus.
Musik.
WAHRSAGER: Cäsar!
CÄSAR: He, wer ruft?
CASCA: Es schweige jeder Lärm: noch einmal still!
Die Musik hält inne.
CÄSAR: Wer ist es im Gedräng, der mich begehrt?
Durch die Musik dringt gellend eine Stimme,
Die: Cäsar! ruft. Sprich! Cäsar neigt sein Ohr.
WAHRSAGER: Nimm vor des Märzen Idus dich in acht.
CÄSAR: Wer ist der Mann?
BRUTUS: Ein Wahrsager; er warnt Euch vor des Märzen Idus.
CÄSAR: Führt ihn mir vor, lasst sein Gesicht mich sehn.
CASCA: Komm aus dem Haufen, Mensch; tritt vor den Cäsar.
CÄSAR: Was sagst du nun zu mir? Sprich noch einmal.
WAHRSAGER: Nimm vor des Märzen Idus dich in acht.
CÄSAR: Er ist ein Träumer; lasst ihn gehn und kommt.
Ein Marsch. Alle bis auf Brutus und Cassius gehen ab.
CASSIUS: Wollt Ihr den Hergang bei dem Wettlauf sehn?
BRUTUS: Ich nicht.
CASSIUS: Ich bitt Euch, tut's.
BRUTUS: Ich hab am Spiel nicht Lust, mir fehlt ein Teil
Vom muntern Geiste des Antonius:
Doch muss ich Euch in Eurem Wunsch nicht hindern.
Ich lass Euch, Cassius.
CASSIUS: Brutus, seit Kurzem geb ich acht auf Euch.
Ich find in Eurem Blick die Freundlichkeit,
Die Liebe nicht, an die Ihr mich gewöhnt.

Zu störrisch und zu fremd begegnet Ihr
Dem Freunde, der Euch liebt.

BRUTUS: Mein Cassius,
Betrügt Euch nicht. Hab ich den Blick verschleiert,
So kehrt die Unruh meiner Mienen sich
Nur gegen mich allein. Seit Kurzem quälen
Mich Regungen von streitender Natur,
Gedanken, einzig für mich selbst geschickt,
Die Schatten wohl auf mein Betragen werfen.
Doch lasst dies meine Freunde nicht betrüben
(Wovon Ihr einer sein müsst, Cassius),
Noch mein achtloses Wesen anders deuten,
Als dass, mit sich im Krieg, der arme Brutus
Den andern Liebe kundzutun vergisst.

CASSIUS: Dann, Brutus, missverstand ich Euren Unmut.
Deshalb begrub hier diese Brust Entwürfe
Von großem Werte, würdige Gedanken.
Sagt, Brutus, könnt Ihr Euer Antlitz sehn?

BRUTUS: Nein, Cassius, denn das Auge sieht sich nicht
Als nur im Widerschein, durch andre Dinge.

CASSIUS: So ist's;
Und man beklagt sich sehr darüber, Brutus,
Dass Ihr nicht solche Spiegel habt, die Euren
Verborgnen Wert Euch in die Augen rückten,
Auf dass Ihr Euren Schatten säht. Ich hörte,
Wie viele von den ersten Männern Roms
– Nur Cäsar nehm ich aus –, von Brutus redend
Und seufzend unter dieser Zeiten Joch,
Zum Sehn dem edlen Brutus Augen wünschten.

BRUTUS: Auf welche Wege, Cassius, lockt Ihr mich,
Dass Ihr mich heißt in meinem Innern suchen,
Was doch nicht in mir ist?

CASSIUS: Drum, lieber Brutus, schickt Euch an zu hören.
Und weil Ihr wisst, Ihr könnt Euch selbst so gut
Nicht sehn wie durch den Widerschein, so will
Ich, Euer Spiegel, Euch bescheidentlich

Von Euch entdecken, was Ihr noch nicht wisst.
Und denkt von mir kein Arges, werter Brutus.
Wär ich ein Lacher aus der Menge; pflegt ich
Mein Herz durch Alltagsschwüre jedem neuen
Beteurer auszubieten; wenn Ihr wisst,
Dass ich die Menschen streichle, fest sie herze
Und dann sie lästre; oder wenn Ihr wisst,
Dass ich beim Schmaus mich mit der ganzen Schar
Verbrüdern mag, dann hütet Euch vor mir.

Trompeten und Freudengeschrei.

BRUTUS: Was heißt dies Jauchzen? Wie ich fürchte, wählt
Das Volk zum König Cäsar.

CASSIUS: Fürchtet Ihr's?
Das hieße ja, Ihr möchtet es nicht gern.

BRUTUS: Nein, Cassius, nicht gern; doch lieb ich ihn.
Doch warum haltet Ihr mich hier so lange?
Was ist es, das Ihr mir vertrauen möchtet?
Ist's etwas, dienlich zum gemeinen Wohl,
Stellt Ehre vor ein Auge, Tod vors andre,
Und beide seh ich gleichen Mutes an.
Die Götter sei'n mir günstig, wie ich mehr
Die Ehre lieb als vor dem Tod mich scheue.

CASSIUS: Ich weiß, dass diese Tugend in Euch wohnt,
So gut ich Euer äußres Ansehn kenne.
Wohl! Ehre ist der Inhalt meiner Rede.
Ich weiß es nicht, wie Ihr und andre Menschen
Von diesem Leben denkt; mir, für mich selbst,
Wär es so lieb, nicht da sein, als zu leben
In Furcht vor einem Wesen wie ich selbst.
Ich kam wie Cäsar frei zur Welt, so Ihr;
Wir nährten uns so gut, wir können beide
So gut wie er des Winters Frost ertragen.
Denn einst, an einem rauen, stürm'schen Tage,
Als wild der Tiber an sein Ufer tobte,
Sprach Cäsar zu mir: »Wagst du, Cassius, nun
Mit mir zu springen in die zorn'ge Flut

Und bis dorthin zu schwimmen?« – Auf dies Wort,
Bekleidet, wie ich war, stürzt ich hinein
Und hieß ihn folgen; wirklich tat er's auch.
Der Strom brüllt' auf uns ein; wir schlugen ihn
Mit wackern Sehnen, warfen ihn beiseit
Und hemmten ihn mit einer Brust des Trotzes.
Doch eh wir das gewählte Ziel erreicht,
Rief Cäsar: »Hilf mir, Cassius! ich sinke.«
Ich, wie Äneas, unser großer Ahn,
Aus Trojas Flammen einst auf seinen Schultern
Den alten Vater trug, so aus den Wellen
Zog ich den müden Cäsar. – Und *der* Mann
Ist nun zum Gott erhöht, und Cassius ist
Ein arm Geschöpf und muss den Rücken beugen,
Nickt Cäsar nur nachlässig gegen ihn.
Als er in Spanien war, hatt er ein Fieber,
Und wenn der Schaur ihn ankam, merkt ich wohl
Sein Beben: ja, er bebte, dieser Gott!
Das feige Blut der Lippen nahm die Flucht,
Sein Auge, dessen Blick die Welt bedräut,
Verlor den Glanz, und ächzen hört ich ihn.
Ja, dieser Mund, der horchen hieß die Römer
Und in ihr Buch einzeichnen seine Reden,
Ach, rief: »Titinius! gib mir zu trinken!«
Wie 'n krankes Mädchen. Götter! ich erstaune,
Wie nur ein Mann so schwächlicher Natur
Der stolzen Welt den Vorsprung abgewann
Und nahm die Palm allein.

Jubelgeschrei. Trompeten.

BRUTUS: Ein neues Jauchzen!
Ich glaube, dieser Beifall gilt den Ehren,
Die man auf Cäsars Haupt von Neuem häuft.

CASSIUS: Ja, er beschreitet, Freund, die enge Welt
Wie ein Colossus, und wir kleinen Leute,
Wir wandeln unter seinen Riesenbeinen
Und schaun umher nach einem schnöden Grab.

Der Mensch ist manchmal seines Schicksals Meister:
Nicht durch die Schuld der Sterne, lieber Brutus,
Durch eigne Schuld nur sind wir Schwächlinge.
Brutus und Cäsar – was steckt doch in dem »Cäsar«,
Dass man den Namen mehr als Euren spräche?
Schreibt sie zusammen: ganz so schön ist Eurer;
Sprecht sie: er steht den Lippen ganz so wohl;
Wägt sie: er ist so schwer; beschwört mit ihnen:
»Brutus« ruft Geister auf so schnell wie »Cäsar«.

Jubelgeschrei.

[Nun denn, bei allen Göttern insgesamt,
Von welcher Kost nährt unser Cäsar sich,
Dass er so groß ward? Zeit, du bist entehrt!
Rom, du verlorst die Kraft des Heldenstamms!
Wann seit der großen Flut gab's eine Zeit,
Die nicht geglänzt durch mehr als *einen* Mann?
Wer sagte jemals, wenn er sprach von Rom,
Es fass sein weiter Kreis nur *einen* Mann?)
Nun ist in Rom fürwahr des Raums genug:
Findt man darin nur einen einz'gen Mann.
Oh, beide hörten wir von unsern Vätern,
Einst gab es einen Brutus, der so gern
Des alten Teufels Hof wie einen König
Geduldet hätt in Rom.

BRUTUS: Dass Ihr mich liebt, bezweifl ich keineswegs;
Worauf Ihr bei mir dringt, das ahn ich wohl;
Was ich davon gedacht und von den Zeiten,
Erklär ich Euch in Zukunft. Doch für jetzt
Möcht ich, wenn ich Euch freundlich bitten darf,
Nicht mehr getrieben sein. Was Ihr gesagt,
Will ich erwägen; was Ihr habt zu sagen,
Mit Ruhe hören und gelegne Zeit,
So hohe Dinge zu besprechen, finden.
Bis dahin, edler Freund, beherzigt dies:
Brutus war lieber eines Dorfs Bewohner,
Als sich zu zählen zu den Söhnen Roms

In solchem harten Stand, wie diese Zeit
Uns aufzulegen droht.
CASSIUS: Ich bin erfreut, dass meine schwachen Worte
Dem Brutus so viel Funken nur entlockt.
BRUTUS: Das Spiel ist aus, und Cäsar kehrt zurück.
CASSIUS: Wenn sie uns nahn, zupft Casca nur am Ärmel,
Er wird nach seiner herben Art Euch sagen,
Was von Belang sich heut ereignet hat.

CÄSAR *und sein* ZUG *kommen zurück.*

BRUTUS: Ich will es tun. Doch seht nur, Cassius,
Auf Cäsars Stirne glüht der zorn'ge Fleck,
Die andern sehn gescholtnen Dienern gleich.
Calpurnias Wang ist blass, und Cicero
Blickt mit so feurigen und roten Augen,
Wie wir ihn wohl im Kapitol gesehn,
Wenn Senatoren ihn im Rat bestritten.
CASSIUS: Casca wird uns berichten, was es gibt.
CÄSAR: Antonius!
ANTONIUS: Cäsar?
CÄSAR: Lasst wohlbeleibte Männer um mich sein,
Mit glatten Köpfen, und die nachts gut schlafen.
Der Cassius dort hat einen hohlen Blick;
Er denkt zu viel: die Leute sind gefährlich.
ANTONIUS: O fürchtet den nicht: er ist nicht gefährlich.
Er ist ein edler Mann und wohlgesinnt.
CÄSAR: Wär er nur fetter! – Zwar ich fürcht ihn nicht,
Doch wäre Furcht nicht meinem Namen fremd,
Ich kenne niemand, den ich eher miede
Als diesen hagern Cassius. Er liest viel;
Er ist ein großer Prüfer und durchschaut
Das Tun der Menschen ganz; er liebt kein Spiel,
Wie du, Antonius; hört nicht Musik;
Er lächelt selten und auf solche Weise,
Als spott er sein, verachte seinen Geist,
Den irgendwas zum Lächeln bringen konnte.
Und solche Männer haben nimmer Ruh,

Solang sie jemand größer sehn als sich.
Das ist es, was sie so gefährlich macht.
Ich sag dir eher, was zu fürchten stände,
Als was ich fürchte: ich bin stets doch Cäsar.
Komm mir zur Rechten, denn dies Ohr ist taub,
Und sag mir wahrhaft, was du von ihm denkst.

Trompetenstoß. Cäsar und sein Gefolge ab. Casca bleibt zurück.

CASCA: Ihr zogt am Mantel mich: wollt Ihr mich sprechen?

BRUTUS: Ja, Casca, sag uns, was sich heut begeben,
Dass Cäsar finster dreinblickt.

CASCA: Ihr wart ja bei ihm: wart Ihr nicht?

BRUTUS: Dann fragt ich Casca nicht, was sich begeben.

CASCA: Nun, man bot ihm eine Krone an, und als man sie ihm anbot, schob er sie mit dem Rücken der Hand zurück: so –; und da erhob das Volk ein Jauchzen.

BRUTUS: Worüber jauchzten sie zum andernmal?

CASCA: Nun, auch darüber.

CASSIUS: Sie jauchzten dreimal ja: warum zuletzt?

CASCA: Nun, auch darüber.

BRUTUS: Wurd ihm die Krone dreimal angeboten?

CASCA: Ei meiner Treu wurde sie's, und er schob sie dreimal zurück, jedes Mal sachter als das vorige Mal, und bei jedem Zurückschieben jauchzten meine ehrlichen alten Freunde.

CASSIUS: Wer bot ihm die Krone an?

CASCA: Je nun, Antonius.

BRUTUS: Sagt uns die Art und Weise, lieber Casca.

CASCA: Ich kann mich ebenso gut hängen lassen wie Euch die Art und Weise erzählen: Es waren nichts als Possen, ich gab nicht acht darauf. Ich sah den Mark Anton ihm eine Krone anbieten – doch eigentlich war's keine rechte Krone, es war so 'ne Art von Stirnband –, und wie ich Euch sagte, er schob sie einmal beiseite; aber bei allem dem hätte er sie nach meinem Bedünken gern gehabt. Dann bot er sie ihm nochmals an, und dann schob er sie nochmals zurück; aber nach meinem Bedünken kam es ihn hart an, die Finger wieder davon zu tun. Und dann bot er sie ihm zum dritten Male an; er schob sie zum dritten Male zurück, und jedes Mal, wenn er sie ausschlug, kreischte das Gesindel und klatschte in die rauen Fäuste und warf die schweißigen Nachtmützen in die Höhe und gab eine solche Last stinkenden Atems von sich, weil Cäsar die Krone ausschlug, dass Cäsar fast daran erstickt wäre; denn er ward ohnmächtig und fiel nieder, und ich für mein Teil wagte nicht zu lachen aus Furcht, ich möchte den Mund auftun und die böse Luft einatmen.

CASSIUS: Still doch! ich bitt Euch. Wie? er fiel in Ohnmacht?

CASCA: Er fiel auf dem Marktplatz nieder, hatte Schaum vor dem Mund und war sprachlos.

BRUTUS: Das mag wohl sein: er hat die fallende Sucht.

CASSIUS: Nein, Cäsar hat sie nicht. Doch Ihr und ich
Und unsrer wackrer Casca: wir haben sie.

CASCA: Ich weiß nicht, was Ihr damit meint; aber ich bin gewiss, Cäsar fiel nieder. Wenn das Lumpenvolk ihn nicht beklatschte und auszischte, je nachdem er ihnen gefiel oder missfiel, wie sie es mit den Komödianten auf dem Theater machen, so bin ich kein ehrlicher Kerl.

BRUTUS: Was sagt' er, als er wieder zu sich kam?

CASCA: Ei nun, eh er hinfiel, als er merkte, dass der gemeine Haufen sich freute, dass er die Krone ausschlug, so riss er euch sein Wams auf und bot ihnen seinen Hals zum Abschneiden – triebe ich irgend 'ne Hantierung, so will ich mit den Schuften zur Hölle fahren, wo ich ihn nicht beim Wort genommen hätte –, und damit fiel er hin. Als er wieder zu sich selbst kam, sagte er, wenn er irgendwas Unrechtes getan oder gesagt hätte, so bäte er Ihre Edeln, es seinem Übel beizumessen. Drei oder vier Weibsbilder, die bei mir standen, riefen: »Ach, die gute Seele!« und vergaben ihm von ganzem Herzen. Doch das gilt freilich nicht viel; wenn er ihre Mütter totgeschlagen hätte, sie hätten's ebenso gut getan.

BRUTUS: Und darauf ging er so verdrießlich weg?

CASCA: Ja.

CASSIUS: Hat Cicero etwas gesagt?

CASCA: Ja, er sprach griechisch.

CASSIUS: Was wollt er denn?

CASCA: Ja, wenn ich Euch das sage, so will ich Euch niemals wieder vor die Augen kommen. Aber die ihn verstanden, lächelten einander zu und schüttelten die Köpfe. Doch was mich anlangt, mir war es Griechisch. Ich kann Euch noch erzählen: Dem Marullus und Flavius ist das Maul gestopft, weil sie Binden von Cäsars Bildsäulen gerissen haben. Lebt wohl! Es gab noch mehr Possen, wenn ich mich nur darauf besinnen könnte.

CASSIUS: Wollt Ihr heute Abend bei mir speisen, Casca?

CASCA: Nein, ich bin schon versagt.

CASSIUS: Wollt Ihr morgen bei mir zu Mittag speisen?

CASCA: Ja, wenn ich lebe und Ihr bei Eurem Sinn bleibt und Eure Mahlzeit das Essen verlohnt.

CASSIUS: Gut, ich erwart Euch.

CASCA: Tut das: lebt beide wohl. *Ab.*

BRUTUS: Was für ein plumper Bursch ist dies geworden?
Er war voll Feuer als mein Schulgenoss.

CASSIUS: Das ist er jetzt noch bei der Ausführung
Von jedem kühnen, edlen Unternehmen,
Stellt er sich schon so unbeholfen an.
Dies raue Wesen dient gesundem Witz
Bei ihm zur Brüh: es stärkt der Leute Magen,
Esslustig seine Reden zu verdaun.

BRUTUS: So ist es auch. Für jetzt verlass ich Euch,
Und morgen, wenn Ihr wünscht, mit mir zu sprechen,
Komm ich zu Euch ins Haus; doch wenn Ihr wollt,
So kommt zu mir, und ich will Euch erwarten.

CASSIUS: Das will ich: bis dahin gedenkt der Welt.

Brutus ab.

Gut, Brutus, du bist edel; doch ich sehe,
Dein löbliches Gemüt kann seiner Art
Entwendet werden. Darum ziemt es sich,
Dass Edle sich zu Edlen immer halten.
Wer ist so fest, den nichts verführen kann?
Cäsar ist feind mir, und er liebt den Brutus.

Doch wär ich Brutus nun, er Cassius,
Er sollte mich nicht lenken. Diese Nacht
Werf ich ihm Zettel von verschiednen Händen,
Als ob sie von verschiednen Bürgern kämen,
Durchs Fenster, alle voll der großen Meinung,
Die Rom von seinem Namen hegt, wo dunkel
Auf Cäsars Ehrsucht soll gedeutet sein.
Dann denke Cäsar seines nahen Falles,
Wir stürzen bald ihn oder dulden alles. *Ab.*

DRITTE SZENE

Eine Straße. Donner und Blitz.

CASCA, *mit gezogenem Schwert, und* CICERO *kommen von verschiednen Seiten.*

CICERO: Guten Abend, Casca! Kommt Ihr her von Cäsar?
Warum so atemlos und so verstört?
CASCA: Bewegt's Euch nicht, wenn dieses Erdballs Feste
Wankt wie ein schwaches Rohr? O Cicero!
Ich sah wohl Stürme, wo der Winde Schelten
Den knot'gen Stamm gespaltet, und ich sah
Das stolze Meer anschwellen, wüten, schäumen,
Als wollt es an die drohnden Wolken reichen.
Doch nie bis heute Nacht, noch nie bis jetzt
Ging ich durch einen Feuerregen hin.
Entweder ist im Himmel innrer Krieg,
Wo nicht, so reizt die Welt durch Übermut
Die Götter, uns Zerstörung herzusenden.
CICERO: Ja, saht Ihr denn noch wundersamre Dinge?
CASCA: Ein Sklave, den Ihr wohl von Ansehn kennt,
Hob seine linke Hand empor; sie flammte
Wie zwanzig Fackeln auf einmal, und doch,
Die Glut nicht fühlend, blieb sie unversengt.
Auch kam – seitdem steckt ich mein Schwert nicht ein –

Beim Kapitol ein Löwe mir entgegen.
Er starrte wild mich an, ging mürrisch weiter
Und tat mir nichts. Auf einen Haufen hatten
Wohl hundert bleiche Weiber sich gedrängt,
Entstellt von Furcht; die schwuren, dass sie Männer
Mit feur'gen Leibern wandern auf und ab
Die Straßen sahn. Und gestern saß der Vogel
Der Nacht sogar am Mittag auf dem Markte
Und kreischt' und schrie. Wenn dieser Wunderzeichen
So viel zusammentreffen, sage niemand:
»Dies ist der Grund davon, sie sind natürlich.«
Denn Dinge schlimmer Deutung, glaub ich, sind's
Dem Himmelsstrich, auf welchen sie sich richten.

CICERO: Gewiss, die Zeit ist wunderlich gelaunt.
Doch Menschen deuten oft nach ihrer Weise
Die Dinge, weit entfernt vom wahren Sinn.
Kommt Cäsar morgen auf das Kapitol?

CASCA: Ja, denn er trug es dem Antonius auf,
Euch kundzutun, er werde morgen kommen.

CICERO: Schlaft wohl denn, Casca! Dieser Aufruhr lässt
Nicht draußen weilen.

CASCA: Cicero, lebt wohl!

Cicero ab.

CASSIUS *tritt auf.*

CASSIUS: Wer da?

CASCA: Ein Römer.

CASSIUS: Casca, nach der Stimme.

CASCA: Eur Ohr ist gut. Cassius, welch eine Nacht!

CASSIUS: Die angenehmste Nacht für wackre Männer.

CASCA: Wer sah den Himmel je so zornig dröhn?

CASSIUS: Die, welche so voll Schuld die Erde sahn.
Ich für mein Teil bin durch die Stadt gewandert,
Mich unterwerfend dieser grausen Nacht,
Und so entgürtet, Casca, wie Ihr seht,
Hab ich die Brust dem Donnerkeil entblößt.
Und wenn des Blitzes schlängelnd Blau zu öffnen

Des Himmels Busen schien, bot ich mich selbst
Dem Strahl des Wetters recht zum Ziele dar.
CASCA: Warum versuchtet Ihr den Himmel so?
Es steht den Menschen Furcht und Zittern an,
Wenn die gewalt'gen Götter solche Boten
Furchtbarer Warnung, uns zu schrecken, senden.
CASSIUS: O Casca! Ihr seid stumpf: der Lebensfunke,
Der glühen sollt in Römern, fehlt Euch, oder
Ihr braucht ihn nicht. Ihr sehet bleich und starrt,
Von Furcht ergriffen und versenkt in Staunen,
Des Himmels ungewohnten Grimm zu schauen.
Doch wolltet Ihr den wahren Grund erwägen,
Warum die Feur, die irren Geister alle,
Was Tier' und Vögel macht vom Stamm entarten
Und Greise faseln, Kinder prophezein;
Warum all diese Dinge ihr Gesetz,
Natur und angeschaffne Gaben wandeln
In Missbeschaffenheit: nun, so erkennt Ihr,
Der Himmel hauchte diesen Geist in sie,
Dass sie der Furcht und Warnung Werkzeug würden
Für irgendeinen missbeschaffnen Zustand.
Nun könnt ich, Casca, einen Mann dir nennen,
Ganz ähnlich dieser schreckenvollen Nacht,
Der donnert, blitzt, die Gräber öffnet, brüllt
So wie der Löwe dort im Kapitol;
Ein Mann, nicht mächtiger als ich und du
An Leibeskraft, doch drohend angewachsen
Und furchtbar wie der Ausbruch dieser Gärung.
CASCA: 's ist Cäsar, den Ihr meint. Nicht, Cassius?
CASSIUS: Es sei auch, wer es sei: die Römer haben
Jetzt Mark und Bein, wie ihre Ahnen hatten.
Doch weh uns! unsrer Väter Geist ist tot,
Und das Gemüt der Mütter lenket uns,
Denn unser Joch und Dulden zeigt uns weibisch.
CASCA: Ja freilich heißt's, gewillt sei der Senat,
Zum König morgen Cäsar einzusetzen;

Er soll zur See, zu Land die Krone tragen,
An jedem Ort, nur in Italien nicht.
CASSIUS: Ich weiß, wohin ich diesen Dolch dann kehre,
Denn Cassius soll von Knechtschaft Cassius lösen.
Darin, ihr Götter, macht ihr Schwache stark,
Darin, ihr Götter, bändigt ihr Tyrannen:
Nicht felsenfeste Burg noch ehrne Mauern
Noch dumpfe Kerker noch der Ketten Last
Sind Hindernisse für des Geistes Stärke.
Das Leben, dieser Erdenschranken satt,
Hat stets die Macht, sich selber zu entlassen.
Und weiß ich dies, so wiss auch alle Welt:
Den Teil der Tyrannei, der auf mir liegt,
Werf ich nach Willkür ab.
CASCA: Das kann auch ich.
So trägt ein jeder Sklav in eigner Hand
Gewalt, zu brechen die Gefangenschaft.
CASSIUS: Warum denn wäre Cäsar ein Tyrann?
Der arme Mann! Ich weiß, er wär kein Wolf,
Wenn er nicht säh, die Römer sind nur Schafe.
Er wär kein Leu, wenn sie nicht Rehe wären.
Wer eilig will ein mächtig Feuer machen,
Nimmt schwaches Stroh zuerst: was für Gestrüpp
Ist Rom und was für Plunder, wenn es dient
Zum schlechten Stoff, der einem schnöden Dinge
Wie Cäsar Licht verleiht? Doch o mein Gram!
Wo führtest du mich hin? Ich spreche dies
Vielleicht vor einem will'gen Knecht: dann weiß ich,
Dass ich muss Rede stehn; doch führ ich Waffen,
Und mich bekümmern die Gefahren nicht.
CASCA: Ihr sprecht mit Casca, einem Mann, der nie
Ein Ohrenbläser war. Hier meine Hand!
Werbt nur Partei zur Abstellung der Übel,
Und dieser Fuß soll Schritt mit jedem halten,
Der noch so weit geht.

CASSIUS: Ein geschlossner Handel!
Nun, Casca, wisst: ich habe manche schon
Der Edelmütigsten von Rom beredet,
Mit mir ein Unternehmen zu bestehn
Von ehrenvoll-gefährlichem Erfolg.
Ich weiß, sie warten in Pompejus' Halle
Jetzt eben mein: denn in der furchtbarn Nacht
Kann niemand unter freiem Himmel dauern.
Des Elementes Antlitz und Gestalt
Sind wie das Werk beschaffen, das wir treiben,
Höchst blutig, feurig und höchst fürchterlich.

CINNA *tritt auf.*

CASCA: Seid still ein Weilchen, jemand kommt in Eil.
CASSIUS: Ich hör am Gange, dass es Cinna ist;
Er ist ein Freund. – Cinna, wohin so eilig?
CINNA: Euch sucht ich. Wer ist das? Metellus Cimber?
CASSIUS: Nein, es ist Casca, ein Verbündeter
Zu unsrer Tat. Werd ich erwartet, Cinna?
CINNA: Das ist mir lieb. Welch eine grause Nacht!
Ein paar von uns sahn seltsame Gesichte.
CASSIUS: Werd ich erwartet, sagt mir?
CINNA: Ja,
Ihr werdet es. O Cassius! könntet Ihr
In unsern Bund den edlen Brutus ziehn –
CASSIUS: Seid ruhig. Guter Cinna, diesen Zettel,
Seht, wie Ihr in des Prätors Stuhl ihn legt,
Dass Brutus nur ihn finde; diesen werft
Ihm in das Fenster; diesen klebt mit Wachs
Ans Bild des alten Brutus. Dies getan,
Kommt zu Pompejus' Hall und trefft uns dort.
Sind Decius Brutus und Trebonius da?
CINNA: Ja, alle bis auf Cimber, und der sucht
In Eurem Haus Euch auf. Gut, ich will eilen,
Die Zettel anzubringen, wie Ihr wünscht.
CASSIUS: Dann stellt Euch ein bei des Pompejus Bühne.

Cinna ab.

Kommt, Casca, lasst uns beide noch vor Tag
In seinem Hause Brutus sehn. Drei Viertel
Von ihm sind unser schon; der ganze Mann
Ergibt sich bei dem nächsten Angriff uns.
CASCA: Oh, er sitzt hoch in alles Volkes Herzen,
Und was in uns als Frevel nur erschiene,
Sein Ansehn wird es, wie der Stein der Weisen,
In Tugend wandeln und in Würdigkeit.
CASSIUS: Ihn, seinen Wert, wie sehr wir ihn bedürfen,
Habt Ihr recht wohl getroffen. Lasst uns gehn,
Es ist nach Mitternacht: wir wollen ihn
Vor Tage wecken und uns sein versichern.
Beide ab.

Zweiter Aufzug

Erste Szene

Rom. Der Garten des Brutus.

BRUTUS *tritt auf.*

BRUTUS: He, Lucius! auf! –
Ich kann nicht aus der Höh der Sterne raten,
Wie nah der Tag ist. – Lucius, hörst du nicht? –
Ich wollt, es war mein Fehler, so zu schlafen. –
Nun, Lucius, nun! Ich sag: erwach! Auf, Lucius!

LUCIUS *kommt.*

LUCIUS: Herr, riefet Ihr?
BRUTUS: Bring eine Kerze mir ins Lesezimmer,
Und wenn sie brennt, so komm und ruf mich hier.
LUCIUS: Ich will es tun, Herr. *Ab.*
BRUTUS: Es muss durch seinen Tod geschehn. Ich habe
Für *mein* Teil keinen Grund, ihm Gram zu sein,
Als für den Staat. Er wünscht, gekrönt zu sein:
Wie seinen Sinn das ändern möchte, fragt sich.
Der warme Tag, der lockt hervor die Natter;
Das heischt mit Vorsicht gehn. Ihn krönen? – Ja –
Und dann ist's wahr, wir leihn ihm einen Stachel,
Womit er kann nach Willkür Schaden tun.
Der Größe Missbrauch ist, wenn von der Macht
Sie das Gewissen trennt: und um von Cäsar
Die Wahrheit zu gestehn, ich sah noch nie,
Dass ihn die Leidenschaften mehr beherrscht
Als die Vernunft. Doch oft bestätigt sich's,
Die Demut ist der jungen Ehrsucht Leiter;
Wer sie hinanklimmt, kehrt den Blick ihr zu,
Doch hat er erst die höchste Spross erreicht,
Dann kehret er der Leiter seinen Rücken,
Schaut himmelan, verschmäht die niedern Tritte,
Die ihn hinaufgebracht. Das kann auch Cäsar:

Drum, eh er kann, beugt vor. Und weil der Streit
Nicht Schein gewinnt durch das, was Cäsar ist,
Legt so ihn aus: das, was er ist, vergrößert,
Kann dies und jenes Übermaß erreichen.
Drum achtet ihn gleich einem Schlangenei,
Das, ausgebrütet, giftig würde werden
Wie sein Geschlecht, und würgt ihn in der Schale.

LUCIUS *kommt zurück.*

LUCIUS: Die Kerze brennt in Eurem Zimmer, Herr.
Als ich nach Feuerstein im Fenster suchte,
Fand ich dies Blatt, versiegelt; und ich weiß,
Es war nicht da, als ich zu Bette ging.

Gibt Brutus einen Brief.

BRUTUS: Geh wieder in dein Bett: es ist noch Nacht.
Ist morgen nicht des Märzen Idus, Knabe?
LUCILIUS: Ich weiß nicht, Herr.
BRUTUS: Such im Kalender denn, und sag es mir.
LUCIUS: Das will ich, Herr. *Ab.*
BRUTUS: Die Meteore, schwirrend in der Luft,
Gewähren Licht genug, dabei zu lesen.

Er öffnet den Brief und liest:

»Brutus, du schläfst. Erwach und sieh dich selbst!
Soll Rom –? Sprich, schlage, stelle her!
Brutus, du schläfst. Erwachet«
Oft hat man schon dergleichen Angebote
Mir in den Weg gestreut.
»Soll Rom –?« So muss ich es ergänzen:
Soll Rom vor *einem* Manne beben? Wie?
Mein Ahnherr trieb einst von den Straßen Roms
Tarquin hinweg, als er ein König hieß.
»Sprich, schlage, stelle her!« Werd ich zu sprechen,
Zu schlagen angemahnt? O Rom, ich schwöre,
Wenn nur die Herstellung erfolgt, empfängst du
Dein ganz Begehren von der Hand des Brutus!

LUCIUS *kommt zurück.*

LUCIUS: Herr, vierzehn Tage sind vom März verstrichen.

Man klopft draußen.

BRUTUS: 's ist gut. Geh an die Pforte: jemand klopft.

Lucius ab.

Seit Cassius mich spornte gegen Cäsar,
Schlief ich nicht mehr.
Bis zur Vollführung einer furchtbarn Tat
Vom ersten Antrieb ist die Zwischenzeit
Wie ein Phantom, ein grauenvoller Traum.
Der Genius und die sterblichen Organe
Sind dann im Rat vereint; und die Verfassung
Des Menschen, wie ein kleines Königreich,
Erleidet dann den Zustand der Empörung.

LUCIUS *kommt zurück.*

LUCIUS: Herr, Euer Bruder Cassius wartet draußen;
Er wünschet Euch zu sehn.

BRUTUS: Ist er allein?

LUCIUS: Nein, es sind mehr noch bei ihm.

BRUTUS: Kennst du sie?

LUCIUS: Nein, Herr, sie tragen eingedrückt die Hüte
Und das Gesicht im Mantel halb begraben,
Dass ich durchaus sie nicht erkennen kann
An irgendeinem Zuge.

BRUTUS: Lass sie ein.

Lucius ab.

Es sind die Bundesbrüder. O Verschwörung!
Du schämst dich, die verdächt'ge Stirn bei Nacht
Zu zeigen, wenn das Bös am freisten ist?
O denn, bei Tag, wo willst du eine Höhle
Entdecken, dunkel gnug, es zu verlarven,
Dein schnödes Antlitz? – Verschwörung, suche keine!
In Lächeln hüll es und in Freundlichkeit!
Denn trätst du auf in angeborner Bildung,
So wär der Erebus nicht finster gnug,
Vor Argwohn dich zu schützen.

CASSIUS, CASCA, DECIUS, METELLUS CIMBER, CINNA *und* TREBONIUS *treten auf.*

CASSIUS: Sind wir gelegen? Guten Morgen, Brutus!
Ich fürchte, dass wir Eure Ruhe stören.
BRUTUS: Längst war ich auf und wach die ganze Nacht.
Kenn ich die Männer, welche mit Euch kommen?
CASSIUS: Ja, jeden aus der Zahl; und keiner hier,
Der Euch nicht hochhält, und ein jeder wünscht,
Ihr hättet nur die Meinung von Euch selbst,
Die jeder edle Römer von Euch hegt.
Dies ist Trebonius.
BRUTUS: Er ist willkommen.
CASSIUS: Dies Decius Brutus.
BRUTUS: Er ist auch willkommen.
CASSIUS: Dies Casca, dies Cinna, und dies Metellus Cimber.
BRUTUS: Willkommen alle!
Was stellen sich für wache Sorgen zwischen
Die Nacht und eure Augen?
CASSIUS: Auf ein Wort,
Wenn's Euch beliebt.

Sie reden leise miteinander.

DECIUS: Hier liegt der Ost; bricht da der Tag nicht an?
CASCA: Nein.
CINNA: Doch, um Verzeihung! und die grauen Streifen,
Die das Gewölk durchziehn, sind Tagesboten.
CASCA: Ihr sollt gestehn, dass ihr euch beide täuscht.
Die Sonn erscheint hier, wo mein Degen hinweist;
Das ist ein gut Teil weiter hin nach Süden,
Wenn ihr die junge Jahreszeit erwägt.
Zwei Monde noch, und höher gegen Norden
Steigt ihre Flamm empor, und grade hier
Steht hinterm Kapitol der hohe Ost.
BRUTUS: Gebt eure Hand mir, einer nach dem andern.
CASSIUS: Und lasset uns beschwören den Entschluss.
BRUTUS: Nein, keinen Eid! Wenn nicht der Menschen Antlitz,
Das innre Seelenleid, der Zeit Verfall –

Sind diese Gründe schwach, so brecht nur auf,
Und jeder fort zu seinem trägen Bett!
Lasst frechgesinnte Tyrannei dann schalten,
Bis jeder nach dem Lose fällt. Doch tragen
Sie Feuer gnug in sich, wie offenbar,
Um Feige zu entflammen und mit Mut
Des Weibes schmelzendes Gemüt zu stählen:
O denn, Mitbürger! welchen andern Sporn
Als unsre Sache braucht es, uns zu stacheln
Zur Herstellung? Was für Gewähr als diese:
Verschwiegne Römer, die das Wort gesprochen
Und nicht zurückziehn? Welchen andern Eid
Als Redlichkeit mit Redlichkeit im Bund,
Dass dies gescheh, wo nicht, dafür zu sterben?
Lasst Priester, Memmen wohlbedächtig schwören,
Verdorrte Greis' und solche Jammerseelen,
Die für das Unrecht danken; schwören lasst
Bei bösen Händeln Volk, dem man nicht traut.
Entehrt nicht so den Gleichmut unsrer Handlung
Und unsern unbezwinglich festen Sinn,
Zu denken, unsre Sache, unsre Tat
Brauch einen Eid; da jeder Tropfen Bluts,
Der edel fließt in jedes Römers Adern,
Sich seines echten Stamms verlustig macht,
Wenn er das kleinste Teilchen nur verletzt
Von irgendeinem Worte, das er gab.

CASSIUS: Doch wie mit Cicero? Forscht man ihn aus?
Ich denk, er wird sehr eifrig für uns sein.

CASCA: Lasst uns ihn nicht vorübergehn.

CINNA: Nein, ja nicht.

METELLUS: Gewinnt ihn ja für uns. Sein Silberhaar
Wird eine gute Meinung uns erkaufen
Und Stimmen werben, unser Werk zu preisen.
Sein Urteil habe unsre Hand gelenkt,
So wird es heißen; unsre Hastigkeit

Und Jugend wird im Mindsten nicht erscheinen,
Von seinem würd'gen Ansehn ganz bedeckt.
BRUTUS: O nennt ihn nicht! Lasst uns ihm nichts eröffnen,
Denn niemals tritt er einer Sache bei,
Wenn andre sie erdacht.
CASSIUS: So lasst ihn weg.
CASCA: 's ist wahr, er passt auch nicht.
DECIUS: Wird niemand sonst als Cäsar angetastet?
CASSIUS: Ja, gut bedacht! Mich dünkt, dass Mark Anton,
Der so beliebt bei Cäsar ist, den Cäsar
Nicht überleben darf. Er wird sich uns
Gewandt in Ränken zeigen, und ihr wisst,
Dass seine Macht, wenn er sie nutzt, wohl hinreicht,
Uns allen Not zu schaffen. Dem zu wehren,
Fall Cäsar und Antonius zugleich.
BRUTUS: Zu blut'ge Weise, Cajus Cassius, wär's,
Das Haupt abschlagen und zerhaun die Glieder,
Wie Grimm beim Tod und Tücke hinterher.
Antonius ist ja nur ein Glied des Cäsar.
Lasst Opferer uns sein, nicht Schlächter, Cajus.
Wir alle stehen gegen Cäsars Geist,
Und in dem Geist des Menschen ist kein Blut.
O könnten wir denn Cäsars Geist erreichen
Und Cäsarn nicht zerstücken! Aber ach!
Cäsar muss für ihn bluten. Edle Freunde,
Lasst kühnlich uns ihn töten, doch nicht zornig;
Zerlegen lasst uns ihn, ein Mahl für Götter,
Nicht ihn zerhauen wie ein Aas für Hunde.
Lasst unsre Herzen, schlauen Herren gleich,
Zu rascher Tat aufwiegeln ihre Diener
Und dann zum Scheine schmälen. Dadurch wird
Notwendig unser Werk und nicht gehässig;
Und wenn es so dem Aug des Volks erscheint,
Wird man uns Reiniger, nicht Mörder nennen.
Was Mark Anton betrifft, denkt nicht an ihn,

Denn er vermag nicht mehr als Cäsars Arm,
Wenn Cäsars Haupt erst fiel.
CASSIUS: Doch fürcht ich ihn,
Denn seine Liebe hängt so fest an Cäsar –
BRUTUS: Ach, guter Cassius, denket nicht an ihn!
Liebt er den Cäsar, so vermag er nichts
Als gegen sich: sich härmen, für ihn sterben.
Und das wär viel von ihm, weil er der Lust,
Der Wüstheit, den Gelagen sich ergibt.
TREBONIUS: Es ist kein Arg in ihm: er sterbe nicht,
Denn er wird leben und dies einst belachen.
Die Glocke schlägt.
BRUTUS: Still! zählt die Glocke.
CASSIUS: Sie hat drei geschlagen.
TREBONIUS: Es ist zum Scheiden Zeit.
CASSIUS: Doch zweifl ich noch,
Ob Cäsar heute wird erscheinen wollen.
Denn kürzlich ist er abergläubisch worden,
Ganz dem entgegen, wie er sonst gedacht
Von Träumen, Einbildung und heil'gen Bräuchen.
Vielleicht dass diese großen Wunderdinge,
Der ungewohnte Schrecken dieser Nacht
Und seiner Augurn Überredung ihn
Entfernt vom Kapitol für heute hält.
DECIUS: Das fürchtet nimmer: wenn er das beschloss,
So übermeistr ich ihn. Er hört es gern,
Das Einhorn lasse sich mit Bäumen fangen,
Der Löw im Netz, der Elefant in Gruben,
Der Bär mit Spiegeln und der Mensch durch Schmeichler.
Doch sag ich ihm, dass er die Schmeichler hasst,
Bejaht er es, am meisten dann geschmeichelt.
Lasst mich gewähren,
Denn ich verstehe sein Gemüt zu lenken
Und will ihn bringen auf das Kapitol.
CASSIUS: Ja, lasst uns alle gehn, um ihn zu holen.
BRUTUS: Zur achten Stund aufs Späteste, nicht wahr?

CINNA: Das sei das Spätste, und dann bleibt nicht aus.
METELLUS: Cajus Ligarius ist dem Cäsar feind,
Der's ihm verwies, dass er Pompejus lobte.
Es wundert mich, dass niemand sein gedacht.
BRUTUS: Wohl, guter Cimber, geht nur vor bei ihm;
Er liebt mich herzlich, und ich gab ihm Grund.
Schickt ihn hierher, so will ich schon ihn stimmen.
CASSIUS: Der Morgen übereilt uns: wir gehn, Brutus.
Zerstreut euch, Freunde, doch bedenket alle,
Was ihr gesagt, und zeigt euch echte Römer.
BRUTUS: Seht, werte Männer, frisch und fröhlich aus;
Tragt euren Vorsatz nicht auf eurer Stirn.
Nein, führt es durch wie Helden unsrer Bühne,
Mit munterm Geist und äußrer Festigkeit.
Und somit insgesamt euch guten Morgen!

Alle ab außer Brutus.

BRUTUS: He, Lucius! – Fest im Schlaf? Es schadet nichts.
Genieß den honigschweren Tau des Schlummers.
Du siehst Gestalten nicht noch Fantasien,
Womit geschäft'ge Sorg ein Hirn erfüllt,
Drum schläfst du so gesund.

PORTIA *tritt auf.*

PORTIA: Mein Gatte! Brutus!
BRUTUS: Was wollt Ihr, Portia? warum steht Ihr auf?
Es dient Euch nicht, die zärtliche Natur
Dem rauen, kalten Morgen zu vertraun.
PORTIA: Euch gleichfalls nicht. Unfreundlich stahlt Ihr, Brutus,
Von meinem Bett Euch; und beim Nachtmahl gestern
Erhobt Ihr plötzlich Euch und gingt umher,
Sinnend und seufzend mit verschränkten Armen.
Und wenn ich Euch befragte, was es sei,
So starrtet Ihr mich an mit finstern Blicken.
Ich drang in Euch, da riebt Ihr Euch die Stirn
Und stampftet ungeduldig mit dem Fuß;
Doch hielt ich an, doch gabt Ihr keine Rede
Und winktet mit der Hand unwillig ab,

Damit ich Euch verließ. Ich tat es auch,
Besorgt, die Ungeduld noch zu verstärken,
Die schon zu sehr entflammt schien, und zugleich
Mir schmeichelnd, nur von Laune rühr es her,
Die ihre Stunden hat bei jedem Mann.
Nicht essen, reden, schlafen lässt es Euch,
Und könnt es Eure Bildung so entstellen,
Wie es sich Eurer Fassung hat bemeistert,
So kennt ich Euch nicht mehr. Mein teurer Gatte,
Teilt mir die Ursach Eures Kummers mit.
BRUTUS: Ich bin nicht recht gesund, und das ist alles.
PORTIA: Brutus ist weise: wär er nicht gesund,
Er nahm die Mittel wahr, um es zu werden.
BRUTUS: Das tu ich – gute Portia, geh zu Bett.
PORTIA: Ist Brutus krank? und ist es heilsam, so
Entblößt umherzugehn und einzusaugen
Den Dunst des Morgens? Wie, ist Brutus krank
Und schleicht er vom gesunden Bett sich weg,
Der schnöden Ansteckung der Nacht zu trotzen?
Und reizet er die böse Fieberluft,
Sein Übel noch zu mehren? Nein, mein Brutus,
Ihr tragt ein krankes Übel im Gemüt,
Wovon nach meiner Stelle Recht und Würde
Ich wissen sollte; und auf meinen Knien
Fleh ich bei meiner einst gepriesnen Schönheit,
Bei allen Euren Liebesschwüren, ja
Bei jenem großen Schwur, durch welchen wir
Einander einverleibt und eins nur sind:
Enthüllt mir, Eurer Hälfte, Eurem Selbst,
Was Euch bekümmert, was heut Nacht für Männer
Euch zugesprochen; denn es waren hier
Sechs oder sieben, die ihr Antlitz selbst
Der Finsternis verbargen.
BRUTUS: O kniet nicht, liebe Portia.
PORTIA: Ich braucht es nicht, wärt Ihr mein lieber Brutus.
Ist's im Vertrag der Ehe, sagt mir, Brutus,

Bedungen, kein Geheimnis sollt ich wissen,
Das Euch gehört? Und bin ich Euer Selbst
Nur gleichsam, mit gewissen Einschränkungen?
Beim Mahl um Euch zu sein, Eur Bett zu teilen,
Auch wohl mit Euch zu sprechen? Wohn ich denn
Nur in der Vorstadt Eurer Zuneigung?
Ist es nur das, so ist ja Portia
Des Brutus Buhle nur und nicht sein Weib.
BRUTUS: Ihr seid mein echtes, ehrenwertes Weib,
So teuer mir als wie die Purpurtropfen,
Die um mein trauernd Herz sich drängen.
PORTIA: Wenn dem so wär, so wüsst ich dies Geheimnis.
Ich bin ein Weib, gesteh ich, aber doch
Ein Weib, das Brutus zur Gemahlin nahm.
Ich bin ein Weib, gesteh ich, aber doch
Ein Weib von gutem Rufe, Catos Tochter.
Denkt Ihr, ich sei so schwach wie mein Geschlecht,
Aus solchem Stamm erzeugt und so vermählt?
Sagt mir, was Ihr beschlosst: ich will's bewahren.
Ich habe meine Stärke hart erprüft,
Freiwillig eine Wunde mir versetzend
Am Schenkel hier: ertrüg ich das geduldig
Und das Geheimnis meines Gatten nicht?
BRUTUS: Ihr Götter, macht mich wert des edlen Weibes!

Man klopft draußen.

Horch! horch! man klopft; geh eine Weil hinein,
Und unverzüglich soll dein Busen teilen,
Was noch mein Herz verschließt.
Mein ganzes Bündnis will ich dir enthüllen
Und meiner finstern Stirne Zeichenschrift.
Verlass mich schnell.

Portia ab. LUCIUS *und* LIGARIUS *kommen.*

BRUTUS: Wer klopft denn, Lucius?
LUCIUS: Hier ist ein Kranker, der Euch sprechen will.
BRUTUS: Ligarius ist's, von dem Metellus sprach.
Du, tritt beiseit. – Cajus Ligarius, wie?

LIGARIUS: Nehmt einen Morgengruß von matter Zunge.
BRUTUS: O welche Zeit erwählt Ihr, wackrer Cajus,
Ein Tuch zu tragen! Wärt Ihr doch nicht krank!
LIGARIUS: Ich bin nicht krank, hat irgendeine Tat,
Des Namens Ehre würdig, Brutus vor.
BRUTUS: Solch eine Tat, Ligarius, hab ich vor,
War Euer Ohr gesund, davon zu hören.
LIGARIUS: Bei jedem Gott, vor dem sich Römer beugen!
Hier sag ich ab der Krankheit. Seele Roms!
Du wackrer Sohn, aus edlem Blut entsprossen!
Wie ein Beschwörer riefst du auf in mir
Den abgestorbnen Geist. Nun heiß mich laufen,
So will ich an Unmögliches mich wagen,
Ja Herr darüber werden. Was zu tun?
BRUTUS: Ein Wagestück, das Kranke heilen wird.
LIGARIUS: Doch gibt's nicht auch Gesunde krank zu machen?
BRUTUS: Die gibt es freilich. Was es ist, mein Cajus,
Eröffn ich dir auf unserm Weg zu ihm,
An dem es muss geschehn.
LIGARIUS: Macht Euch nur auf;
Mit neu entflammtem Herzen folg ich Euch,
Zu tun, was ich nicht weiß. Doch es genügt,
Dass Brutus mir vorangeht.
BRUTUS: Folgt mir denn.

Beide ab.

ZWEITE SZENE

Ein Zimmer in Cäsars Palaste.

Donner und Blitz. CÄSAR *in seinem Nachtkleide.*

CÄSAR: Heut Nacht hat Erd und Himmel Krieg geführt.
Calpurnia rief im Schlafe dreimal laut:
»O helft! Sie morden Cäsar.« – Niemand da?

Ein DIENER *kommt.*

DIENER: Herr?
CÄSAR: Geh, heiß die Priester gleich zum Opfer schreiten
Und bring mir ihre Meinung vom Erfolg.
DIENER: Es soll geschehn. *Ab.*

CALPURNIA *tritt auf.*

CALPURNIA: Was meint Ihr, Cäsar? Denkt Ihr auszugehn?
Ihr dürft heut keinen Schritt vom Hause weichen.
CÄSAR: Cäsar geht aus. Mir haben stets Gefahren
Im Rücken nur gedroht; wenn sie die Stirn
Des Cäsar werden sehn, sind sie verschwunden.
CALPURNIA: Cäsar, ich hielt auf Wunderzeichen nie,
Doch schrecken sie mich nun. Im Haus ist jemand,
Der außer dem, was wir gesehn, gehört,
Von Gräueln meldet, so die Wach erblickt.
Es warf auf offner Gasse eine Löwin,
Und Grüft erlösten gähnend ihre Toten.
Wildglühnde Krieger fochten auf den Wolken
In Reihn, Geschwadern und nach Kriegsgebrauch,
Wovon es Blut gesprüht aufs Kapitol.
Das Schlachtgetöse klirrte in der Luft;
Da wiehern Rosse, Männer röcheln sterbend,
Und Geister wimmerten die Straßen durch.
O Cäsar! unerhört sind diese Dinge:
Ich fürchte sie.
CÄSAR: Was kann vermieden werden,
Das sich zum Ziel die mächt'gen Götter setzten?
Ich gehe dennoch aus, denn diese Zeichen,
So gut wie Cäsar gelten sie der Welt.
CALPURNIA: Kometen sieht man nicht, wenn Bettler sterben
Der Himmel selbst flammt Fürstentod herab.
CÄSAR: Der Feige stirbt schon vielmal, eh er stirbt,
Die Tapfern kosten einmal nur den Tod.
Von allen Wundern, die ich je gehört,
Scheint mir das größte, dass sich Menschen fürchten,
Da sie doch sehn, der Tod, das Schicksal aller,

Kommt, wann er kommen soll.

Der DIENER *kommt zurück.*

Was dünkt den Augurn?

DIENER: Sie raten Euch, für heut nicht auszugehn.
Da sie dem Opfertier das Eingeweide
Ausnahmen, fanden sie kein Herz darin.

CÄSAR: Die Götter tun der Feigheit dies zur Schmach.
Ein Tier ja wäre Cäsar ohne Herz,
Wenn er aus Furcht sich heut zu Hause hielte.
Das wird er nicht: gar wohl weiß die Gefahr,
Cäsar sei noch gefährlicher als sie.
Wir sind zwei Leun, an *einem* Tag geworfen,
Und ich der ältre und der schrecklichste:
Und Cäsar wird doch ausgehn.

CALPURNIA: Ach, mein Gatte!
In Zuversicht geht Eure Weisheit unter.
Geht heute doch nicht aus; nennt's meine Furcht,
Die Euch zu Hause hält, nicht Eure eigne.
Wir senden Mark Anton in den Senat,
Zu sagen, dass Ihr unwohl heute seid.
Lasst mich auf meinen Knien dies erbitten.

CÄSAR: Ja, Mark Anton soll sagen, ich sei unwohl,
Und dir zulieb will ich zu Hause bleiben.

DECIUS *tritt auf.*

Sieh, Decius Brutus kommt; der soll's bestellen.

DECIUS: Heil, Cäsar! guten Morgen, würd'ger Cäsar!
Ich komm, Euch abzuholen zum Senat.

CÄSAR: Und seid gekommen zur gelegnen Zeit,
Den Senatoren meinen Gruß zu bringen.
Sagt ihnen, dass ich heut nicht kommen will;
Nicht kann, ist falsch; dass ich's nicht wage, falscher.
Ich will nicht kommen heut, sagt ihnen das.

CALPURNIA: Sagt, er sei krank.

CÄSAR: Hilft Cäsar sich mit Lügen?
Streckt ich so weit erobernd meinen Arm,

Graubärten scheu die Wahrheit zu verkleiden?
Geht, Decius! sagt nur: Cäsar will nicht kommen.
DECIUS: Lasst einen Grund mich wissen, großer Cäsar,
Dass man mich nicht verlacht, wenn ich es sage.
CÄSAR: Der Grund ist nur mein Will; ich will nicht kommen,
Das gnügt zu des Senats Befriedigung.
Doch um Euch insbesondere gnugzutun,
Weil ich Euch liebe, will ich's Euch eröffnen.
Calpurnia hier, mein Weib, hält mich zu Haus.
Sie träumte diese Nacht, sie säh mein Bildnis,
Das wie ein Springbrunn klares Blut vergoss
Aus hundert Röhren; rüst'ge Römer kamen
Und tauchten lächelnd ihre Hände drein.
Dies legt sie aus als Warnungen und Zeichen
Und Unglück, das uns droht, und hat mich kniend
Gebeten, heute doch nicht auszugehn.
DECIUS: Ihr habt den Traum ganz irrig ausgelegt,
Es war ein schönes, glückliches Gesicht.
Eur Bildnis, Blut aus vielen Röhren spritzend,
Worein so viele Römer lächelnd tauchten,
Bedeutet, saugen werd aus Euch das große Rom
Belebend Blut; und große Männer werden
Nach Heiligtümern und nach Ehrenpfändern
Sich drängen. Das bedeutet dieser Traum.
CÄSAR: Auf diese Art habt Ihr ihn wohl erklärt.
DECIUS: Ja, wenn Ihr erst gehört, was ich Euch melde.
Wisst denn: an diesem Tag will der Senat
Dem großen Cäsar eine Krone geben.
Wenn Ihr nun sagen lasst, Ihr wollt nicht kommen,
So kann es sie gereun. Auch ließ' es leicht
Zum Spott sich wenden; jemand spräche wohl:
»Verschiebt die Sitzung bis auf andre Zeit,
Wenn Cäsars Gattin bessre Träume hat.«
Wenn Cäsar sich versteckt, wird man nicht flüstern:
»Seht, Cäsar fürchtet sich!«?
Verzeiht mir, Cäsar, meine Herzensliebe

Heißt dieses mich zu Eurem Vorteil sagen,
Und Schicklichkeit steht meiner Liebe nach.
CÄSAR: Wie töricht scheint nun Eure Angst, Calpurnia!
Ich schäme mich, dass ich ihr nachgegeben.
Reicht mein Gewand mir her, denn ich will gehn.

PUBLIUS, BRUTUS, LIGARIUS, METELLUS, CASCA, TREBONIUS *und* CINNA *treten auf.*

Da kommt auch Publius, um mich zu holen.
PUBLIUS: Guten Morgen, Cäsar!
CÄSAR: Publius, willkommen! –
Wie, Brutus? seid Ihr auch so früh schon auf! –
Guten Morgen, Casca! – Cajus Ligarius,
So sehr war Cäsar niemals Euer Feind
Wie dieses Fieber, das Euch abgezehrt. –
Was ist die Uhr?
BRUTUS: Es hat schon acht geschlagen.
CÄSAR: Habt Dank für eure Müh und Höflichkeit.

ANTONIUS *tritt auf.*

Seht! Mark Anton, der lange schwärmt des Nachts,
Ist doch schon auf. Antonius, seid gegrüßt!
ANTONIUS: Auch Ihr, erlauchter Cäsar.
CÄSAR: Befehlt, dass man im Hause fertig sei.
Es ist nicht recht, so auf sich warten lassen.
Ei, Cinna! Ei, Metellus! Wie, Trebonius?
Ich hab mit Euch ein Stündchen zu verplaudern.
Gedenkt daran, dass Ihr mich heut besucht,
Und bleibt mir nah, damit ich Euer denke.
TREBONIUS: Das will ich, Cäsar – *beiseite:* will so nah Euch sein,
Dass Eure besten Freunde wünschen sollen,
Ich wär entfernt gewesen.
CÄSAR: Liebe Freunde,
Kommt mit herein und trinkt ein wenig Wein,
Dann gehen wir gleich Freunden miteinander.
BRUTUS *beiseite*: Dass gleich nicht stets dasselbe ist, o Cäsar!
Das Herz des Brutus blutet, es zu denken.

Alle ab.

Dritte Szene

Eine Straße nahe beim Kapitol.

ARTEMIDORUS *tritt auf und liest einen Zettel.*

ARTEMIDORUS: »Cäsar, hüte Dich vor Brutus, sei wachsam gegen Cassius, halte Dich weit von Casca, habe ein Auge auf Cinna, misstraue dem Trebonius, beobachte den Metellus Cimber, Decius Brutus liebt Dich nicht, beleidigt hast Du den Cajus Ligarius. Nur ein Sinn lebt in allen diesen Männern, und er ist gegen Cäsar gerichtet. Wo Du nicht unsterblich bist, schau um Dich. Sorglosigkeit gibt der Verschwörung Raum. Mögen Dich die großen Götter schützen.

Der Deinige
Artemidorus.«

Hier will ich stehn, bis er vorübergeht,
Und will ihm dies als Bittschrift überreichen.
Mein Herz bejammert, dass die Tugend nicht
Frei von dem Zahn des Neides leben kann.
O Cäsar, lies! so bist du nicht verloren:
Sonst ist das Schicksal mit Verrat verschworen. *Ab.*

Vierte Szene

Ein andrer Teil derselben Straße, vor dem Hause des Brutus.

PORTIA und LUCIUS kommen.

PORTIA: Ich bitt dich, Knabe, lauf in den Senat.
Halt dich mit keiner Antwort auf und geh.
Was wartest du?
LUCILIUS: Zu hören, was ich soll.
PORTIA: Ich möchte dort und wieder hier dich haben,
Eh ich dir sagen kann, was du da sollst.

O Festigkeit, steh unverrückt mir bei,
Stell einen Fels mir zwischen Herz und Zunge!
Ich habe Mannessinn, doch Weibeskraft.
Wie fällt doch ein Geheimnis Weibern schwer! –
Bist du noch hier?

LUCILIUS: Was sollt ich, gnäd'ge Frau?
Nur hin zum Kapitol und weiter nichts,
Und so zurück zu Euch und weiter nichts?

PORTIA: Nein, ob dein Herr wohl aussieht, melde mir,
Denn er ging unwohl fort, und merk dir recht,
Was Cäsar macht, wer mit Gesuch ihm naht.
Still, Knabe! Welch Geräusch?

LUCILIUS: Ich höre keins.

PORTIA: Ich bitt dich, horch genau.
Ich hörte wilden Lärm, als föchte man,
Und der Wind bringt vom Kapitol ihn her.

LUCILIUS: Gewisslich, gnäd'ge Frau, ich höre nichts.

Ein WAHRSAGER *kommt.*

PORTIA: Komm näher, Mann! Wo führt dein Weg dich her?

WAHRSAGER: Von meinem Hause, liebe gnäd'ge Frau.

PORTIA: Was ist die Uhr?

WAHRSAGER: Die neunte Stund etwa.

PORTIA: Ist Cäsar schon aufs Kapitol gegangen?

WAHRSAGER: Nein, gnäd'ge Frau; ich geh, mir Platz zu suchen,
Wo er vorbeizieht auf das Kapitol.

PORTIA: Du hast an Cäsar ein Gesuch: nicht wahr?

WAHRSAGER: Das hab ich, gnäd'ge Frau. Beliebt es Cäsar,
Aus Güte gegen Cäsar mich zu hören,
So bitt ich ihn, es gut mit sich zu meinen.

PORTIA: Wie? weißt du, dass man ihm ein Leid will antun?

WAHRSAGER: Keins seh ich klar vorher, viel, fürcht ich, kann geschehn.
Doch guten Tag! Hier ist die Straße eng:
Die Schar, die Cäsar auf der Ferse folgt,
Von Senatoren, Prätorn, Supplikanten,
Wird einen schwachen Mann beinah erdrücken.

Ich will an einen freiem Platz und da
Den großen Cäsar sprechen, wenn er kommt. *Ab.*
PORTIA: Ich muss ins Haus. Ach, welch ein schwaches Ding
Das Herz des Weibes ist! O Brutus!
Der Himmel helfe deinem Unternehmen. –
Gewiss, der Knabe hört' es. – Brutus wirbt um etwas,
Das Cäsar weigert. – Oh, es wird mir schlimm!
Lauf, Lucius, empfiehl mich meinem Gatten,
Sag, ich sei fröhlich, komm zu mir zurück
Und melde mir, was er dir aufgetragen.
Beide ab.

Dritter Aufzug

Erste Szene

Das Kapitol. Sitzung des Senats.

Ein Haufen VOLKS *in der Straße, die zum Kapitol führt, darunter* ARTEMIDORUS *und der* WAHRSAGER. *Trompetenstoß.* CÄSAR, BRUTUS, CASSIUS, CASCA, DECIUS, METELLUS, TREBONIUS, CINNA, ANTONIUS, LEPIDUS, POPILIUS, PUBLIUS *und* ANDRE *kommen.*

CÄSAR *zum Wahrsager*: Des Märzen Idus ist nun da.
WAHRSAGER: Ja, Cäsar,
Doch nicht vorbei.
ARTEMIDORUS: Heil, Cäsar! Lies den Zettel hier.
DECIUS: Trebonius bittet Euch, bei guter Weile
Dies untertänige Gesuch zu lesen.
ARTEMIDORUS: Lies meines erst, o Cäsar! Mein Gesuch
Betrifft den Cäsar näher: lies, großer Cäsar!
CÄSAR: Was uns betrifft, werd auf zuletzt verspart.
ARTEMIDORUS: Verschieb nicht, Cäsar, lies im Augenblick!
CÄSAR: Wie? ist der Mensch verrückt?
PUBLIUS: Mach Platz, Gesell!
CASSIUS: Was? drängt ihr auf der Straße mit Gesuchen?
Kommt in das Kapitol.

Cäsar geht in das Kapitol, die Übrigen folgen ihm. Alle Senatoren stehen auf.

POPILIUS: Mög euer Unternehmen heut gelingen!
CASSIUS: Welch Unternehmen, Lena?
POPILIUS: Geh's Euch wohl.

Nähert sich Cäsar.

BRUTUS: Was sprach Popilius Lena da?
CASSIUS: Er wünschte,
Dass unser Unternehmen heut gelänge.
Ich fürchte, unser Anschlag ist entdeckt.
BRUTUS: Seht, wie er Cäsar naht! Gebt acht auf ihn.

CASSIUS: Sei schleunig, Casca, dass man nicht zuvorkommt.
Was ist zu tun hier, Brutus? Wenn es auskommt,
Kehrt Cassius oder Cäsar nimmer heim,
Denn ich entleibe mich.
BRUTUS: Sei standhaft, Cassius.
Popilius spricht von unserm Anschlag nicht.
Er lächelt, sieh, und Cäsar bleibt in Ruh.
CASSIUS: Trebonius nimmt die Zeit wahr, Brutus; sieh,
Er zieht geschickt den Mark Anton beiseite.
Antonius und Trebonius ab. Cäsar und die Senatoren nehmen ihre Sitze ein.
DECIUS: Wo ist Metellus Cimber? Lasst ihn gehn
Und sein Gesuch sogleich dem Cäsar reichen.
BRUTUS: Er ist bereit, drängt an und steht ihm bei.
CINNA: Casca, Ihr müsst zuerst den Arm erheben.
CÄSAR: Sind alle da? Was für Beschwerden gibt's,
Die Cäsar heben muss und sein Senat?
METELLUS *niederkniend*: Glorreicher, mächtigster, erhabner Cäsar!
Metellus Cimber wirft vor deinen Sitz
Ein Herz voll Demut nieder.
CÄSAR: Cimber, hör,
Ich muss zuvor dir kommen. Dieses Kriechen,
Dies knechtische Verbeugen könnte wohl
Gemeiner Menschen Blut in Feuer setzen
Und vorbestimmte Wahl, gefassten Schluss
Zum Kinderwillen machen. Sei nicht töricht
Und denk, so leicht empört sei Cäsars Blut,
Um aufzutaun von seiner echten Kraft
Durch das, was Narrn erweicht: durch süße Worte,
Gekrümmtes Bücken, hündisches Geschmeichel.
Dein Bruder ist verbannt durch einen Spruch;
Wenn du für ihn dich bückst und flehst und schmeichelst,
So stoß ich dich wie einen Hund hinweg.
Wiss! Cäsar tut kein Unrecht; ohne Gründe
Befriedigt man ihn nicht.
METELLUS: Gibt's keine Stimme, würdiger als meine,

Die süßer tön im Ohr des großen Cäsar
Für des verbannten Bruders Wiederkehr?

BRUTUS: Ich küsse deine Hand, doch nicht als Schmeichler,
Und bitte, Cäsar, dass dem Publius Cimber
Die Rückberufung gleich bewilligt werde.

CÄSAR: Wie? Brutus!

CASSIUS: Gnade, Cäsar! Cäsar, Gnade!
Auch Cassius fällt tief zu Füßen dir,
Begnadigung für Cimber zu erbitten.

CÄSAR: Ich ließe wohl mich rühren, glich' ich euch:
Mich rührten Bitten, bät ich, um zu rühren.
Doch ich bin standhaft wie des Nordens Stern,
Des unverrückte, ewig stete Art
Nicht ihresgleichen hat am Firmament.
Der Himmel prangt mit Funken ohne Zahl,
Und Feuer sind sie all, und jeder leuchtet,
Doch einer nur behauptet seinen Stand.
So in der Welt auch: sie ist voll von Menschen,
Und Menschen sind empfindlich, Fleisch und Blut;
Doch in der Menge weiß ich einen nur,
Der unbesiegbar seinen Platz bewahrt,
Vom Andrang unbewegt; dass ich der bin,
Auch hierin lasst es mich ein wenig zeigen,
Dass ich auf Cimbers Banne fest bestand
Und drauf besteh, dass er im Banne bleibe.

CINNA: O Cäsar –

CÄSAR: Fort, sag ich! Willst du den Olymp versetzen?

DECIUS: Erhabner Cäsar –

CÄSAR: Kniet nicht Brutus auch umsonst?

CASCA: Dann, Hände, sprecht für mich!

Casca sticht Cäsar mit dem Dolch in den Nacken. Cäsar fällt ihm in den Arm. Er wird alsdann von verschiednen andern Verschwornen und zuletzt von Marcus Brutus mit Dolchen durchstochen.

CÄSAR: Brutus, auch du? – So falle, Cäsar!

Er stirbt. Die Senatoren und das Volk fliehen bestürzt.

CINNA: Befreiung! Freiheit! Die Tyrannei ist tot!
Lauft fort! verkündigt! ruft es durch die Gassen!
CASSIUS: Hin zu der Rednerbühne! Rufet aus:
Befreiung! Freiheit! Wiederherstellung!
BRUTUS: Seid nicht erschrocken, Volk und Senatoren!
Flieht nicht! steht still! Die Ehrsucht hat gebüßt.
CASCA: Geht auf die Rednerbühne, Brutus.
DECIUS: Ihr, Cassius, auch.
BRUTUS: Wo ist Publius?
CINNA: Hier, ganz betroffen über diesen Aufruhr.
METELLUS: Steht dicht beisammen, wenn ein Freund des Cäsar
Etwa –
BRUTUS: Sprecht nicht von stehen! – Publius, getrost!
Wir haben nicht im Sinn, Euch Leid zu tun,
Auch keinem Römer sonst: sagt ihnen das.
CASSIUS: Und geht nur, Publius, damit das Volk,
Das uns bestürmt, nicht Euer Alter kränke.
BRUTUS: Tut das; und niemand steh für diese Tat
Als wir, die Täter.

TREBONIUS *kommt zurück.*

CASSIUS: Wo ist Mark Anton?
TREBONIUS: Er floh bestürzt nach Haus, und Männer, Weiber
Und Kinder blicken starr und schrein und laufen,
Als wär der Jüngste Tag.
BRUTUS: Schicksal! wir wollen sehn, was dir beliebt.
Wir wissen, dass wir sterben werden; Frist
Und Zeitgewinn nur ist der Menschen Trachten.
CASSIUS: Ja, wer dem Leben zwanzig Jahre raubt,
Der raubt der Todesfurcht so viele Jahre.
BRUTUS: Gesteht das ein, und Wohltat ist der Tod.
So sind wir Cäsars Freunde, die wir ihm
Die Todesfurcht verkürzten. Bückt euch, Römer!
Lasst unsre Händ in Cäsars Blut uns baden
Bis an die Ellenbogen! Färbt die Schwerter!
So treten wir hinaus bis auf den Markt,

Und überm Haupt die roten Waffen schwingend,
Ruft alle dann: Erlösung! Friede! Freiheit!
CASSIUS: Bückt euch und taucht! In wie entfernter Zeit
Wird man dies hohe Schauspiel wiederholen,
In ungebornen Staaten, fremden Zungen.
BRUTUS: Wie oft wird Cäsar noch zum Spiele bluten,
Der jetzt am Fußgestell Pompejus' liegt,
Dem Staube gleich geachtet!
CASSIUS: So oft, wie das geschieht,
Wird man auch unsern Bund, die Männer nennen,
Die Freiheit Wiedergaben ihrem Land.
DECIUS: Nun sollen wir hinaus?
CASSIUS: Ja, alle fort,
Brutus voran, und seine Tritte zieren
Wir mit den kühnsten, besten Herzen Roms.

Ein DIENER *kommt.*

BRUTUS:
Doch still! wer kommt? Ein Freund des Mark Anton.
DIENER: So, Brutus, hieß mich mein Gebieter knien,
So hieß Antonius mich niederfallen,
Und tief im Staube hieß er so mich reden:
Brutus ist edel, tapfer, weis und redlich,
Cäsar war groß, kühn, königlich und gütig.
Sprich: Brutus lieb ich, und ich ehr ihn auch.
Sprich: Cäsar fürchtet ich, ehrt ihn und liebt ihn.
Will Brutus nur gewähren, dass Anton
Ihm sicher nahen und erforschen dürfe,
Wie Cäsar solche Todesart verdient,
So soll dem Mark Anton der tote Cäsar
So teuer nicht wie Brutus lebend sein;
Er will vielmehr dem Los und der Partei
Des edlen Brutus unter den Gefahren
Der wankenden Verfassung treulich folgen.
Dies sagte mein Gebieter, Mark Anton.
BRUTUS: Und dein Gebieter ist ein wackrer Römer,
So achtet ich ihn stets.

Sag, wenn es ihm beliebt hierherzukommen,
So steh ich Red ihm und, bei meiner Ehre,
Entlass ihn ungekränkt.

DIENER: Ich hol ihn gleich. *Ab.*

BRUTUS: Ich weiß, wir werden ihn zum Freunde haben.

CASSIUS: Ich wünsch es, doch es wohnt ein Sinn in mir,
Der sehr ihn fürchtet; und mein Unglückahnen
Trifft immer ein aufs Haar.

ANTONIUS *kommt zurück.*

BRUTUS: Hier kommt Antonius ja. – Willkommen, Mark Anton!

ANTONIUS: O großer Cäsar! liegst du so im Staube?
Sind alle deine Siege, Herrlichkeiten,
Triumphe, Beuten, eingesunken nun
In diesen kleinen Raum? – Gehab dich wohl! –
Ich weiß nicht, edle Herrn, was ihr gedenkt,
Wer sonst noch bluten muss, wer reif zum Fall.
Wofern ich selbst, kann keine Stunde besser
Als Cäsars Todesstunde, halb so kostbar
Kein Werkzeug sein wie diese eure Schwerter,
Geschmückt mit Blut, dem edelsten der Welt.
Ich bitt euch, wenn ihr's feindlich mit mir meint,
Jetzt da noch eure Purpurhände dampfen,
Büßt eure Lust. Und lebt ich tausend Jahre,
Nie werd ich so bereit zum Tod mich fühlen;
Kein Ort gefällt mir so, kein Weg zum Tode,
Wie hier bei Cäsar fallen, und durch euch,
Die ersten Heldengeister unsrer Zeit.

BRUTUS: O Mark Anton! begehrt nicht Euren Tod.
Wir müssen blutig zwar und grausam scheinen,
Wie unsre Händ und die geschehne Tat
Uns zeigen: doch Ihr seht die Hände nur
Und dieses blut'ge Werk, das sie vollbracht;
Nicht unsre Herzen: sie sind mitleidsvoll,
Und Mitleid gegen Roms gesamte Not
(Wie Feuer Feuer löscht, so Mitleid Mitleid)
Verübt' an Cäsar dies. Was Euch betrifft,

Für Euch sind unsre Schwerter stumpf, Anton.
Seht, unsre Arme, wohlbewehrt zum Streit,
Und unsre Herzen, brüderlich gesinnt,
Empfangen Euch mit aller Innigkeit,
Mit redlichen Gedanken und mit Achtung.
CASSIUS: Und Eure Stimme soll so viel wie jede
Bei der Verteilung neuer Würden gelten.
BRUTUS: Seid nur geduldig, bis wir erst das Volk
Beruhigt, das vor Furcht sich selbst nicht kennt.
Dann legen wir den Grund Euch dar, weswegen
Ich, der den Cäsar liebt, als ich ihn schlug,
Also verfahren.
ANTONIUS: Ich bau auf Eure Weisheit.
Mir reiche jeder seine blut'ge Hand.
Erst, Marcus Brutus, schütteln wir sie uns;
Dann, Cajus Cassius, fass ich Eure Hand;
Nun Eure, Decius Brutus; Eure, Cinna;
Metellus, Eure nun; mein tapfrer Casca,
Die Eure; reicht, Trebonius, Eure mir,
Zuletzt, doch nicht der letzte meinem Herzen.
Ach, all ihr edlen Herrn! was soll ich sagen?
Mein Ansehn steht jetzt auf so glattem Boden,
Dass ich euch eines von zwei schlimmen Dingen,
Ein Feiger oder Schmeichler scheinen muss.
Dass ich dich liebte, Cäsar, oh, es ist wahr!
Wofern dein Geist jetzt niederblickt auf uns,
Wird's dich nicht kränken, bittrer als dein Tod,
Zu sehn, wie dein Antonius Frieden macht
Und deiner Feinde blut'ge Hände drückt,
Du Edelster, in deines Leichnams Nähe?
Hätt ich so manches Aug wie Wunden du,
Und jedes strömte Tränen, wie sie Blut,
Das ziemte besser mir, als einen Bund
Der Freundschaft einzugehn mit deinen Feinden.
Verzeih mir, Julius! Du edler Hirsch,
Hier wurdest du erjagt, hier fielest du;

Hier stehen deine Jäger, mit den Zeichen
Des Mordes und von deinem Blut bepurpurt.
O Welt! du warst der Wald für diesen Hirsch,
Und er, o Welt! war seines Waldes Stolz.
Wie ähnlich einem Wild, von vielen Fürsten
Geschossen, liegst du hier!
CASSIUS: Antonius –
ANTONIUS: Verzeiht mir, Cajus Cassius;
Dies werden selbst die Feinde Cäsars sagen,
An einem Freund ist's kalte Mäßigung.
CASSIUS: Ich tadl Euch nicht, dass Ihr den Cäsar preist;
Allein, wie denkt Ihr Euch mit uns zu stellen?
Seid Ihr von unsern Freunden? oder sollen
Wir vorwärts dringen, ohn auf Euch zu baun?
ANTONIUS: Deswegen fasst ich eure Hände, nur
Vergaß ich mich, als ich auf Cäsar blickte.
Ich bin euch allen Freund und lieb euch alle,
In Hoffnung, eure Gründe zu vernehmen,
Wie und warum gefährlich Cäsar war.
BRUTUS: Jawohl, sonst wär dies ein unmenschlich Schauspiel.
Und unsre Gründe sind so wohlbedacht,
Wärt Ihr der Sohn des Cäsar, Mark Anton,
Sie gnügten Euch.
ANTONIUS: Das such ich einzig ja.
Auch halt ich an um die Vergünstigung,
Den Leichnam auszustellen auf dem Markt
Und auf der Bühne, wie's dem Freunde ziemt,
Zu reden bei der Feier der Bestattung.
BRUTUS: Das mögt Ihr, Mark Anton.
CASSIUS: Brutus, ein Wort mit Euch!
Beiseite: Ihr wisst nicht, was Ihr tut: gestattet nicht,
Dass ihm Antonius die Rede halte.
Wisst Ihr, wie sehr das Volk durch seinen Vortrag
Sich kann erschüttern lassen?
BRUTUS: Nein, verzeiht.
Ich selbst betrete erst die Bühn und lege

Von unsers Cäsars Tod die Gründe dar.
Was dann Antonius sagen wird, erklär ich,
Gescheh erlaubt und mit Bewilligung;
Es sei uns recht, dass Cäsar jeder Ehre
Teilhaftig werde, so die Sitte heiligt.
Dies wird uns mehr Gewinn als Schaden bringen.

CASSIUS: Wer weiß, was vorfällt? Ich bin nicht dafür.

BRUTUS: Hier, Mark Anton, nehmt Ihr die Leiche Cäsars.
Ihr sollt uns nicht in Eurer Rede tadeln,
Doch sprecht von Cäsar Gutes nach Vermögen
Und sagt, dass Ihr's mit unserm Willen tut.
Sonst sollt Ihr gar mit dem Begängnis nichts
Zu schaffen haben. Auf derselben Bühne,
Zu der ich jetzo gehe, sollt Ihr reden,
Wenn ich zu reden aufgehört.

ANTONIUS: So sei's.
Ich wünsche weiter nichts.

BRUTUS: Bereitet denn die Leich und folget uns.

Alle bis auf Antonius ab.

ANTONIUS: O du, verzeih mir, blutend Stückchen Erde!
Dass ich mit diesen Schlächtern freundlich tat.
Du bist der Rest des edelsten der Männer,
Der jemals lebt' im Wechsellauf der Zeit.
Weh! weh der Hand, die dieses Blut vergoss!
Jetzt prophezei ich über deinen Wunden,
Die ihre Purpurlippen öffnen, stumm
Von meiner Zunge Stimm und Wort erflehend:
Ein Fluch wird fallen auf der Menschen Glieder,
Und innre Wut und wilder Bürgerzwist
Wird ängst'gen alle Teil' Italiens;
Verheerung, Mord wird so zur Sitte werden
Und so gemein das Furchtbarste, dass Mütter
Nur lächeln, wenn sie ihre zarten Kinder
Geviertelt von des Kriegers Händen sehn.
Die Fertigkeit in Gräueln würgt das Mitleid;
Und Cäsars Geist, nach Rache jagend, wird,

Zur Seit ihm Ate, heiß der Höll entstiegen,
In diesen Grenzen mit des Herrschers Ton
»Mord!«, rufen und des Krieges Hund' entfesseln,
Dass diese Schandtat auf der Erde stinke
Von Menschenaas, das um Bestattung ächzt.

Ein DIENER *kommt.*

Ihr dienet dem Octavius Cäsar? nicht?

DIENER: Ja, Mark Anton.

ANTONIUS: Cäsar beschied ihn schriftlich her nach Rom.

DIENER: Die Brief' empfing er und ist unterwegs;
Und mündlich hieß er mich an Euch bestellen –
Er erblickt den Leichnam Cäsars: O Cäsar!

ANTONIUS: Dein Herz ist voll, geh auf die Seit und weine.
Ich sehe, Leid steckt an: denn meine Augen,
Da sie des Grames Perlen sahn in deinen,
Begannen sie zu fließen. – Kommt dein Herr?

DIENER: Er bleibt heut Nacht von Rom nur sieben Meilen.

ANTONIUS: Reit schnell zurück und meld ihm, was geschehn.
Hier ist ein Rom voll Trauer und Gefahr,
Kein sichres Rom noch für Octavius.
Eil hin und sag ihm das! – Nein, warte noch!
Du sollst nicht fort, bevor ich diese Leiche
Getragen auf den Markt und meine Rede
Das Volk geprüft, wie dieser blut'gen Männer
Unmenschliches Beginnen ihm erscheint.
Und demgemäß sollst du dem jungen Cäsar
Berichten, wie allhier die Dinge stehn.
Leih deinen Arm mir.

Beide ab mit Cäsars Leiche.

Zweite Szene

Das Forum.

BRUTUS *und* CASSIUS *kommen mit einem* HAUFEN VOLKES.

DIE BÜRGER: Wir wollen Rechenschaft, legt Rechenschaft uns ab!
BRUTUS: So folget mir und gebt Gehör mir, Freunde. –
Ihr, Cassius, geht in eine andre Straße
Und teilt die Haufen. –
Wer mich will reden hören, bleibe hier;
Wer Cassius folgen will, der geh mit ihm.
Wir wollen dieses Staates Gründ erklären
Für Cäsars Tod.
ERSTER BÜRGER: Ich will den Brutus hören.
ZWEITER BÜRGER: Den Cassius ich: so können wir die Gründe
Vergleichen, wenn wir beide angehört.

Cassius mit einigen Bürgern ab.
Brutus besteigt die Rostra.

DRITTER BÜRGER: Der edle Brutus steht schon oben: still!
BRUTUS: Seid ruhig bis zum Schluss.

Römer! Mitbürger! Freunde! Hört mich meine Sache führen, und seid still, damit ihr hören möget. Glaubt mir um meiner Ehre willen und hegt Achtung vor meiner Ehre, damit ihr glauben mögt. Richtet mich nach eurer Weisheit und weckt eure Sinne, um desto besser urteilen zu können. Ist jemand in dieser Versammlung, irgendein herzlicher Freund Cäsars, dem sage ich: Des Brutus Liebe zu Cäsar war nicht geringer als seine. Wenn dieser Freund dann fragt, warum Brutus gegen Cäsar aufstand, ist dies meine Antwort: Nicht weil ich Cäsar weniger liebte, sondern weil ich Rom mehr liebte. Wolltet ihr lieber, Cäsar lebte und ihr stürbet alle als Sklaven, als dass Cäsar tot ist, damit ihr alle lebet wie freie Männer? Weil Cäsar mich liebte, wein ich um ihn; weil er glücklich war, freue ich mich; weil er tapfer war, ehr ich ihn; aber weil er herrschsüchtig war, erschlug ich ihn. Also Tränen für seine Liebe, Freude für sein Glück, Ehre für seine Tapferkeit und Tod für seine Herrschsucht. Wer ist hier so niedrig gesinnt, dass er ein Knecht sein möchte? Ist es jemand, er rede, denn ihn habe ich beleidigt. Wer ist hier so roh, dass er nicht wünschte, ein Römer zu sein? Ist es jemand, er rede, denn ihn habe ich beleidigt. [Wer ist hier so erbärmlich, dass er sein Vaterland nicht lieben will? Ist es jemand, er rede, denn ich habe ihn beleidigt.] Ich halte inne, um Antwort zu hören.

DIE BÜRGER, *verschiedne Stimmen auf einmal*:
Niemand, Brutus, niemand.

BRUTUS: Dann habe ich niemand beleidigt. Ich tat Cäsar nichts, als was ihr dem Brutus tun würdet. Die Untersuchung über seinen Tod ist im Kapitol aufgezeichnet: Sein Ruhm nicht geschmälert, wo er Verdienste hatte, seine Vergehen nicht übertrieben, für die er den Tod gelitten.

ANTONIUS *und* ANDRE *treten auf mit Cäsars Leiche.*

Hier kommt seine Leiche, von Mark Anton betrauert, der, obschon er keinen Teil an seinem Tode hatte, die Wohltat seines Sterbens, einen Platz im Gemeinwesen, genießen wird. Wer von euch wird es nicht? Hiermit trete ich ab: Wie ich meinen besten Freund für das Wohl Roms erschlug, so habe ich denselben Dolch für mich selbst, wenn es dem Vaterlande gefällt, meinen Tod zu bedürfen.

DIE BÜRGER: Lebe, Brutus! lebe! lebe!

ERSTER BÜRGER: Begleitet mit Triumph ihn in sein Haus.

ZWEITER BÜRGER: Stellt ihm ein Bildnis auf bei seinen Ahnen.

DRITTER BÜRGER: Er werde Cäsar.

VIERTER BÜRGER: In Brutus krönt ihr Cäsars bessre Gaben.

ERSTER BÜRGER: Wir bringen ihn nach Haus mit lautem Jubel.

BRUTUS: Mitbürger!

ZWEITER BÜRGER: Schweigt doch! stille! Brutus spricht.

ERSTER BÜRGER: Still da!

BRUTUS: Ihr guten Bürger, lasst allein mich gehn:
Bleibt mir zuliebe hier bei Mark Anton.
Ehrt Cäsars Leiche, ehret seine Rede,
Die Cäsars Ruhm verherrlicht: dem Antonius
Gab unser Will Erlaubnis, sie zu halten.
Ich bitt euch, keiner gehe fort von hier
Als ich allein, bis Mark Anton gesprochen. *Ab.*

ERSTER BÜRGER: He, bleibt doch! Hören wir den Mark Anton.

DRITTER BÜRGER: Lasst ihn hinaufgehn auf die Rednerbühne.

Ja, hört ihn! Edler Mark Anton, hinauf!
ANTONIUS: Um Brutus' willen bin ich euch verpflichtet.
VIERTER BÜRGER: Was sagt er da von Brutus?
DRITTER BÜRGER: Er sagt, um Brutus willen find er sich
Uns insgesamt verpflichtet.
VIERTER BÜRGER: Er täte wohl,
Dem Brutus hier nichts Übles nachzureden.
ERSTER BÜRGER: Der Cäsar war ein Tyrann.
DRITTER BÜRGER: Ja, das ist sicher.
Es ist ein Glück für uns, dass Rom ihn losward.
VIERTER BÜRGER: Still! Hört doch, was Antonius sagen kann!
ANTONIUS: Ihr edlen Römer –
DIE BÜRGER: Still da! hört ihn doch!
ANTONIUS: Mitbürger! Freunde! Römer! hört mich an:
Begraben will ich Cäsar, nicht ihn preisen.
Was Menschen Übles tun, das überlebt sie,
Das Gute wird mit ihnen oft begraben.
So sei es auch mit Cäsar! Der edle Brutus
Hat euch gesagt, dass er voll Herrschsucht war;
Und war er das, so war's ein schwer Vergehen,
Und schwer hat Cäsar auch dafür gebüßt.
Hier, mit des Brutus Willen und der andern
– Denn Brutus ist ein ehrenwerter Mann,
Das sind sie alle, alle ehrenwert –,
Komm ich, bei Cäsars Leichenzug zu reden.
Er war mein Freund, war mir gerecht und treu,
Doch Brutus sagt, dass er voll Herrschsucht war,
Und Brutus ist ein ehrenwerter Mann.
Er brachte viel Gefangne heim nach Rom,
Wofür das Lösegeld den Schatz gefüllt.
Sah das der Herrschsucht wohl an Cäsar gleich?
Wenn Arme zu ihm schrien, so weinte Cäsar:
Die Herrschsucht sollt aus härterm Stoff bestehn.
Doch Brutus sagt, dass er voll Herrschsucht war,
Und Brutus ist ein ehrenwerter Mann.
Ihr alle saht, wie am Lupercus-Fest

Ich dreimal ihm die Königskrone bot,
Die dreimal er geweigert. War das Herrschsucht?
Doch Brutus sagt, dass er voll Herrschsucht war,
Und ist gewiss ein ehrenwerter Mann.
Ich will, was Brutus sprach, nicht widerlegen,
Ich spreche hier von dem nur, was ich weiß.
Ihr liebtet all ihn einst nicht ohne Grund:
Was für ein Grund wehrt euch, um ihn zu trauern?
O Urteil, du entflohst zum blöden Vieh,
Der Mensch ward unvernünftig! – Habt Geduld!
Mein Herz ist in dem Sarge hier beim Cäsar,
Und ich muss schweigen, bis es mir zurückkommt.
ERSTER BÜRGER: Mich dünkt, in seinen Reden ist viel Grund.
ZWEITER BÜRGER: Wenn man die Sache recht erwägt, ist Cäsar
Groß Unrecht widerfahren.
DRITTER BÜRGER: Meint ihr, Bürger?
Ich fürcht, ein Schlimmrer kommt an seine Stelle.
VIERTER BÜRGER: Habt ihr gehört? Er nahm die Krone nicht,
Da sieht man, dass er nicht herrschsüchtig war.
ERSTER BÜRGER: Wenn dem so ist, so wird es manchem teuer
Zu stehen kommen.
ZWEITER BÜRGER: Ach, der arme Mann!
Die Augen sind ihm feuerrot vom Weinen.
DRITTER BÜRGER: Antonius ist der bravste Mann in Rom.
VIERTER BÜRGER: Gebt acht, er fängt von Neuem an zu reden.
ANTONIUS: Noch gestern hätt umsonst dem Worte Cäsars
Die Welt sich widersetzt: nun liegt er da,
Und der Geringste neigt sich nicht vor ihm.
O Bürger! strebt ich, Herz und Mut in euch
Zur Wut und zur Empörung zu entflammen,
So tat ich Cassius und Brutus Unrecht,
Die ihr als ehrenwerte Männer kennt.
Ich will nicht ihnen Unrecht tun – will lieber
Dem Toten Unrecht tun, mir selbst und euch –
Als ehrenwerten Männern, wie sie sind.
Doch seht dies Pergament mit Cäsars Siegel;

Ich fand's in seinem Schrank: sein letzter Wille.
Vernähme nur das Volk dies Testament,
Das ich, verzeiht mir, nicht zu lesen denke,
Sie gingen hin und küssten Cäsars Wunden
Und tauchten Tücher in sein heil'ges Blut,
Ja bäten um ein Haar zum Angedenken,
Und sterbend nennten sie's im Testament
Und hinterließen's ihres Leibes Erben
Zum köstlichen Vermächtnis.

VIERTER BÜRGER: Wir wollen's hören: lest das Testament!
Lest, Mark Anton.

DIE BÜRGER: Ja, ja, das Testament!
Lasst Cäsars Testament uns hören.

ANTONIUS: Seid ruhig, liebe Freund'! Ich darf's nicht lesen,
Ihr müsst nicht wissen, wie euch Cäsar liebte.
Ihr seid nicht Holz, nicht Stein, ihr seid ja Menschen;
Drum, wenn ihr Cäsars Testament erführt,
Es setzt' in Flammen euch, es macht' euch rasend.
Ihr dürft nicht wissen, dass ihr ihn beerbt,
Denn wüsstet ihr's, was würde draus entstehn?

DIE BÜRGER: Lest das Testament! Wir wollen's hören, Mark Anton.
Ihr müsst es lesen! Cäsars Testament!

ANTONIUS: Wollt ihr euch wohl gedulden? wollt ihr warten?
Ich übereilte mich, da ich's euch sagte.
Ich fürcht, ich tret den ehrenwerten Männern
Zu nah, von deren Dolchen Cäsar fiel;
Ich fürcht es.

VIERTER BÜRGER: Sie sind Verräter: ehrenwerte Männer!

DIE BÜRGER: Das Testament! Das Testament!

ZWEITER BÜRGER: Sie waren Bösewichter, Mörder! Das Testament!
Lest das Testament!

ANTONIUS: So zwingt ihr mich, das Testament zu lesen?
Schließt einen Kreis um Cäsars Leiche denn,
Ich zeig euch den, der euch zu Erben machte.
Erlaubt ihr mir's? soll ich hinuntersteigen?

DIE BÜRGER: Ja, kommt nur!
ZWEITER BÜRGER: Steigt herab!
Antonius verlässt die Rednerbühne.
DRITTER BÜRGER: Es ist Euch gern erlaubt.
VIERTER BÜRGER Schließt einen Kreis herum.
ERSTER BÜRGER: Zurück vom Sarge! von der Leiche weg!
ZWEITER BÜRGER: Platz für Antonius! für den edlen Antonius!
ANTONIUS: Nein, drängt nicht so heran! Steht weiter weg!
DIE BÜRGER: Zurück! Platz da! zurück!
ANTONIUS: Wofern ihr Tränen habt, bereitet euch,
Sie jetzo zu vergießen. Diesen Mantel,
Ihr kennt ihn alle; noch erinnr ich mich
Des ersten Males, da ihn Cäsar trug,
In seinem Zelt, an einem Sommerabend –
Er überwand den Tag die Nervier.
Hier, schauet! fuhr des Cassius Dolch herein;
Seht, welchen Riss der tück'sche Casca machte!
Hier stieß der viel geliebte Brutus durch.
Und als er den verfluchten Stahl hinwegriss,
Schaut her, wie ihm das Blut des Cäsar folgte,
Als stürzt' es vor die Tür, um zu erfahren,
Ob wirklich Brutus so unfreundlich klopfte.
Denn Brutus, wie ihr wisst, war Cäsars Engel.
Ihr Götter, urteilt, wie ihn Cäsar liebte!
Kein Stich von allen schmerzte so wie der.
Denn als der edle Cäsar Brutus sah,
Warf Undank, stärker als Verräterwaffen,
Ganz nieder ihn: da brach sein großes Herz,
Und in dem Mantel sein Gesicht verhüllend,
Grad am Gestell der Säule des Pompejus,
Von der das Blut rann, fiel der große Cäsar.
O meine Bürger, welch ein Fall war das!
Da fielet ihr und ich; wir alle fielen,
Und über uns frohlockte blut'ge Tücke.
O ja! nun weint ihr, und ich merk, ihr fühlt
Den Drang des Mitleids: dies sind milde Tropfen.

Wie? weint ihr, gute Herzen, seht ihr gleich
Nur unsers Cäsars Kleid verletzt? Schaut her!
Hier ist er selbst, geschändet von Verrätern.

ERSTER BÜRGER: O kläglich Schauspiel!

ZWEITER BÜRGER: O edler Cäsar!

DRITTER BÜRGER: O jammervoller Tag!

VIERTER BÜRGER: O Buben und Verräter!

ERSTER BÜRGER: O blut'ger Anblick!

ZWEITER BÜRGER: Wir wollen Rache, Rache! Auf und sucht!
Sengt! brennt! schlagt! mordet! lasst nicht einen leben!

ANTONIUS: Seid ruhig, meine Bürger!

ERSTER BÜRGER: Still da! Hört den edlen Antonius!

ZWEITER BÜRGER: Wir wollen ihn hören, wir wollen ihm folgen, wir wollen für ihn sterben.

ANTONIUS: Ihr guten lieben Freund', ich darf euch nicht
Hinreißen zu des Aufruhrs wildem Sturm.
Die diese Tat getan, sind ehrenwert.
Was für Beschwerden sie persönlich führen,
Warum sie's taten, ach! das weiß ich nicht.
Doch sind sie weis und ehrenwert und werden
Euch sicherlich mit Gründen Rede stehn.
Nicht euer Herz zu stehlen komm ich, Freunde:
Ich bin kein Redner, wie es Brutus ist,
Nur, wie ihr alle wisst, ein schlichter Mann,
Dem Freund ergeben, und das wussten die
Gar wohl, die mir gestattet hier zu reden.
Denn ich hab weder Witz noch Wort' und Würde,
Noch Kunst des Vortrags oder Macht der Rede,
Der Menschen Blut zu reizen; nein, ich spreche
Nur gradezu und sag euch, was ihr wisst.
Ich zeig euch des geliebten Cäsar Wunden,
Die armen stummen Münder, heiße die
Statt meiner reden. Aber war ich Brutus
Und Brutus Mark Anton, dann gäb es einen,
Der eure Geister schürt' und jeder Wunde

Des Cäsar eine Zunge lieh, die selbst
Die Steine Roms zum Aufstand würd empören.
DRITTER BÜRGER: Empörung!
ERSTER BÜRGER: Steckt des Brutus Haus in Brand!
DRITTER BÜRGER: Hinweg denn! kommt, sucht die Verschwornen auf!
ANTONIUS: Noch hört mich, meine Bürger, hört mich an!
DIE BÜRGER: Still da! Hört Mark Anton! den edlen Mark Anton!
ANTONIUS: Nun, Freunde, wisst ihr selbst auch, was ihr tut?
Wodurch verdiente Cäsar eure Liebe?
Ach nein! ihr wisst nicht. – Hört es denn! Vergessen
Habt ihr das Testament, wovon ich sprach.
DIE BÜRGER: Wohl wahr! Das Testament! Bleibt, hört das Testament!
ANTONIUS: Hier ist das Testament mit Cäsars Siegel.
Darin vermacht er jedem Bürger Roms,
Auf jeden Kopf euch fünfundsiebzig Drachmen.
ZWEITER BÜRGER: O edler Cäsar! – Kommt, rächt seinen Tod!
DRITTER BÜRGER: O königlicher Cäsar!
ANTONIUS: Hört mich mit Geduld!
DIE BÜRGER: Still da!
ANTONIUS: Auch lässt er alle seine Lustgehege,
Verschlossne Lauben, neu gepflanzte Gärten,
Diesseits des Tibers euch und euren Erben
Auf ew'ge Zeit, damit ihr euch ergehn
Und euch gemeinsam dort ergötzen könnt.
Das war ein Cäsar: wann kommt seinesgleichen?
ERSTER BÜRGER: Nimmer! nimmer! – Kommt! hinweg! hinweg!
Verbrennt den Leichnam auf dem heil'gen Platz,
Und mit den Bränden zündet den Verrätern
Die Häuser an. Nehmt denn die Leiche auf!
ZWEITER BÜRGER: Geht! holt Feuer!
DRITTER BÜRGER: Reißt Bänke ein!
VIERTER BÜRGER: Reißt Sitze, Läden, alles ein!
Die Bürger mit Cäsars Leiche ab.

ANTONIUS: Nun wirk es fort. Unheil, du bist im Zuge:
Nimm, welchen Lauf du willst! –

Ein DIENER *kommt.*

Was bringst du, Bursch?

DIENER: Herr, Octavius ist schon nach Rom gekommen.

ANTONIUS: Wo ist er?

DIENER: Er und Lepidus sind in Cäsars Hause.

ANTONIUS: Ich will sofort dahin, ihn zu besuchen,
Er kommt erwünscht. Das Glück ist aufgeräumt
Und wird in dieser Laun uns nichts versagen.

DIENER: Ich hört ihn sagen, Cassius und Brutus
Sei'n durch die Tore Roms wie toll geritten.

ANTONIUS: Vielleicht vernahmen sie vom Volke Kundschaft,
Wie ich es aufgewiegelt. Führ indes
Mich zum Octavius.

Beide ab.

Dritte Szene

Eine Straße.

CINNA, *der Poet, tritt auf.*

CINNA: Mir träumte heut, dass ich mit Cäsar schmauste,
Und Missgeschick füllt meine Fantasie.
Ich bin unlustig, aus dem Haus zu gehn,
Doch treibt es mich heraus.

BÜRGER *kommen.*

ERSTER BÜRGER: Wie ist Euer Name?

ZWEITER BÜRGER: Wo geht Ihr hin?

DRITTER BÜRGER: Wo wohnt Ihr?

VIERTER BÜRGER: Seid Ihr verheiratet oder ein Junggesell?

ZWEITER BÜRGER: Antwortet jedem unverzüglich.

ERSTER BÜRGER: Ja, und bündig.

VIERTER BÜRGER.: Ja, und weislich.

DRITTER BÜRGER: Ja, und ehrlich, das raten wir Euch.

CINNA: Wie ist mein Name? Wohin gehe ich? Wo wohne ich? Bin ich verheiratet oder ein Junggesell? Also um jedem Manne unverzüglich und bündig, weislich und ehrlich zu antworten, sage ich weislich: ich bin ein Junggeselle.

ZWEITER BÜRGER: Das heißt so viel: wer heiratet, ist ein Narr. Dafür denke ich Euch eins zu versetzen. – Weiter, unverzüglich!

CINNA: Unverzüglich gehe ich zu Cäsars Bestattung.

ERSTER BÜRGER: Als Freund oder Feind?

CINNA: Als Freund.

ZWEITER BÜRGER: Das war unverzüglich beantwortet.

VIERTER BÜRGER: Eure Wohnung, bündig!

CINNA: Bündig, ich wohne beim Kapitol.

DRITTER BÜRGER: Euer Name, Herr! ehrlich!

CINNA: Ehrlich, mein Name ist Cinna.

ERSTER BÜRGER: Reißt ihn in Stücke! Er ist ein Verschworner.

CINNA: Ich bin Cinna, der Poet! Ich bin Cinna, der Poet!

VIERTER BÜRGER: Zerreißt ihn für seine schlechten Verse! Zerreißt ihn für seine schlechten Verse!

CINNA: Ich bin nicht Cinna, der Verschworne.

VIERTER BÜRGER: Es tut nichts: Sein Name ist Cinna; reißt ihm den Namen aus dem Herzen und lasst ihn laufen.

DRITTER BÜRGER: Zerreißt ihn! zerreißt ihn! Kommt, Brände! Heda, Feuerbrände! Zum Brutus! zum Cassius! Steckt alles in Brand! Ihr zu des Decius Haus! Ihr zu des Casca! Ihr zu des Ligarius! Fort! kommt!

Alle ab.

Vierter Aufzug

Erste Szene

Rom. Ein Zimmer im Hause des Antonius.

ANTONIUS, OCTAVIUS *und* LEPIDUS, *an einem Tische sitzend.*

ANTONIUS: Die müssen also sterben, deren Namen
Hier angezeichnet stehn.
OCTAVIUS: Auch Euer Bruder
Muss sterben, Lepidus. Ihr willigt drein?
LEPIDUS: Ich will'ge drein.
OCTAVIUS: Zeichn ihn, Antonius.
LEPIDUS: Mit dem Beding, dass Publius nicht lebe,
Der Eurer Schwester Sohn ist, Mark Anton.
ANTONIUS: Er lebe nicht: sieh her, ein Strich verdammt ihn.
Doch, Lepidus, geht Ihr zu Cäsars Haus,
Bringt uns sein Testament: wir wollen sehn,
Was an Vermächtnissen sich kürzen lässt.
LEPIDUS: Wie? soll ich hier Euch finden?
OCTAVIUS: Hier oder auf dem Kapitol.

Lepidus ab.

ANTONIUS: Dies ist ein schwacher, unbrauchbarer Mensch,
Zum Botenlaufen nur geschickt. Verdient er,
Wenn man die dreibenamte Welt verteilt,
Dass er, als dritter Mann, sein Teil empfange?
OCTAVIUS: Ihr glaubtet es und hörtet auf sein Wort,
Wen man im schwarzen Rate unsrer Acht
Zum Tode zeichnen sollte.
ANTONIUS: Octavius, ich sah mehr Tag' als Ihr.
Ob wir auf diesen Mann schon Ehren häufen,
Um manche Last des Leumunds abzuwälzen,
Er trägt sie doch nur wie der Esel Gold,
Der unter dem Geschäfte stöhnt und schwitzt,
Geführt, getrieben, wie den Weg wir weisen;

Und hat er unsern Schatz, wohin wir wollen,
Gebracht, dann nehmen wir die Last ihm ab
Und lassen ihn als led'gen Esel laufen,
Dass er die Ohren schütteln mög und grasen
Auf offner Weide.

OCTAVIUS: Tut, was Euch beliebt;
Doch ist er ein geprüfter, wackrer Krieger.

ANTONIUS: Das ist mein Pferd ja auch, Octavius,
Dafür bestimm ich ihm sein Maß an Futter.
Ist's ein Geschöpf nicht, das ich lehre fechten,
Umwenden, halten, grade vorwärts rennen,
Des körperliches Tun mein Geist regiert?
In manchem Sinn ist Lepidus nichts weiter:
Man muss ihn erst abrichten, lenken, mahnen;
Ein Mensch von dürft'gem Geiste, der sich nährt
Von Gegenständen, Künsten, Nachahmungen,
Die, alt und schon von andern abgenutzt,
Erst seine Mode werden: sprecht nicht anders
Von ihm als einem Werkzeug nur. – Und nun,
Octavius, vernehmet große Dinge.
Brutus und Cassius werben Völker an,
Wir müssen ihnen stracks die Spitze bieten.
Drum lasst die Bundsgenossen uns versammeln,
Die Freunde sichern, alle Macht auf bieten;
Und lasst zu Rat uns sitzen alsobald,
Wie man am besten Heimliches entdeckt
Und offnen Fährlichkeiten sicher trotzt.

OCTAVIUS: Das lasst uns tun; wir stehen wie am Pfahl,
Und viele Feinde bellen um uns her,
Und manche, die da lächeln, fürcht ich, tragen
Im Herzen tausend Unheil.

Beide ab.

Zweite Szene

Vor Brutus' Zelt, im Lager nahe bei Sardes.

Die Trommeln werden gerührt. BRUTUS, LUCILIUS, LUCIUS *und* SOLDATEN *treten auf;* PINDARUS *und* TITINIUS *kommen ihnen entgegen.*

BRUTUS: Halt!
LUCILIUS: He! gebt das Wort und haltet.
BRUTUS: Was gibt's, Lucilius? Ist Cassius nahe?
LUCILIUS: Er ist nicht weit, und hier kommt Pindarus,
Im Namen seines Herrn euch zu begrüßen.
Pindarus überreicht dem Brutus einen Brief.
BRUTUS: Sein Gruß ist freundlich. Wisst, dass Euer Herr,
Von selbst verändert oder schlecht beraten,
Mir gült'gen Grund gegeben, ungeschehn
Geschehenes zu wünschen. Aber ist er
Hier in der Näh, so wird er mir genugtun.
PINDARUS: Ich zweifle nicht, voll Ehr und Würdigkeit
Wird, wie er ist, mein edler Herr erscheinen.
BRUTUS: Wir zweifeln nicht an ihm. – Ein Wort, Lucilius!
Lasst mich erfahren, wie er Euch empfing.
LUCILIUS: Mit Höflichkeit und Ehrbezeugung gnug,
Doch nicht mit so vertrauter Herzlichkeit,
Nicht mit so freiem, freundlichem Gespräch,
Wie er vordem wohl pflegte.
BRUTUS: Du beschreibst,
Wie warme Freund' erkalten. Merke stets,
Lucilius, wenn Lieb erkrankt und schwindet,
Nimmt sie gezwungne Höflichkeiten an.
Einfält'ge schlichte Treu weiß nichts von Künsten;
Doch Gleisner sind wie Pferde, heiß im Anlauf:
Sie prangen schön mit einem Schein von Kraft,
Doch sollen sie den blut'gen Sporn erdulden,
So sinkt ihr Stolz, und falschen Mähren gleich
Erliegen sie der Prüfung. – Naht sein Heer?

LUCILIUS: Sie wollten Nachtquartier in Sardes halten.
Der größte Teil, die ganze Reiterei
Kommt mit dem Cassius.

Ein Marsch hinter der Szene.

BRUTUS: Horch! er ist schon da.
Rückt langsam ihm entgegen.

CASSIUS *tritt auf mit* SOLDATEN.

CASSIUS: Halt!
BRUTUS: Halt! Gebt das Befehlswort weiter.
ERSTER SOLDAT: Halt!
ZWEITER SOLDAT: Halt!
DRITTER SOLDAT: Halt!
CASSIUS: Ihr tatet Unrecht mir, mein edler Brutus.
BRUTUS: Ihr Götter, richtet! Tu ich meinen Feinden
Unrecht, und sollt ich's meinem Bruder tun?
CASSIUS: Es birgt sich Unrecht unter würd'ger Form,
Brutus, bei Euch; und wenn Ihr es begeht –
BRUTUS: Seid ruhig, Cassius! bringet leise vor,
Was für Beschwerd Ihr habt. Ich kenn Euch wohl. –
Im Angesicht der beiden Heere hier,
Die nichts von uns als Liebe sehen sollten,
Lasst uns nicht hadern. Heißt hinweg sie ziehn,
Führt Eure Klagen dann in meinem Zelt;
Ich will Gehör Euch geben.
CASSIUS: Pindarus,
Heißt unsre Obersten ein wenig weiter
Von diesem Platz hinweg die Scharen führen.
BRUTUS: Tut Ihr das auch, Lucilius. Lasst niemand,
Solang die Unterredung dauert, ein.
Lasst Lucius und Titinius Wache stehn.

Alle ab.

Dritte Szene

Im Zelte des Brutus.

LUCIUS *und* TITINIUS *in einiger Entfernung davon.*
BRUTUS *und* CASSIUS *treten auf.*

CASSIUS: Eur Unrecht gegen mich erhellet hieraus:
Ihr habt den Lucius Pella hart verdammt,
Weil er bestochen worden von den Sardern.
Mein Brief, worin ich mich für ihn verwandt,
Weil ich ihn kenne, ward für nichts geachtet.
BRUTUS: Ihr habt gefehlt, in solchem Fall zu schreiben.
CASSIUS: In solcher Zeit wie dieser ziemt es nicht,
Dass jeder kleine Fehl bekrittelt werde.
BRUTUS: Lasst mich Euch sagen, Cassius, dass Ihr selbst
Verschrien seid, weil Ihr hohle Hände macht,
Weil Ihr an Unverdiente Eure Ämter
Verkauft und feilschet.
CASSIUS: Mach ich hohle Hände?
Ihr wisst wohl, Ihr seid Brutus, der dies sagt,
Sonst, bei den Göttern, wär dies Wort Eur letztes.
BRUTUS: Des Cassius Name adelt die Bestechung,
Darum verbirgt die Züchtigung ihr Haupt.
CASSIUS: Die Züchtigung!
BRUTUS: Denkt an den März! denkt an des Märzen Idus!
Hat um das Recht der große Julius nicht
Geblutet? Welcher Bube legt' an ihn
Die Hand wohl, schwang den Stahl, und nicht ums Recht?
Wie? soll nun einer derer, die den ersten
Von allen Männern dieser Welt erschlugen,
Bloß weil er Räuber schützte: sollen wir
Mit schnöden Gaben unsre Hand besudeln?
Und unsrer Würden weiten Kreis verkaufen
Für so viel Plunder, wie man etwa greift?
Ein Hund sein lieber und den Mond anbellen
Als solch ein Römer!

CASSIUS: Brutus, reizt mich nicht,
Ich will's nicht dulden. Ihr vergesst Euch selbst,
Wenn Ihr mich so bedrängt: ich bin ein Krieger,
Erfahrner, älter, fähiger als Ihr,
Bedingungen zu machen.
BRUTUS: Redet nur,
Ihr seid es doch nicht, Cassius.
CASSIUS: Ich bin's.
BRUTUS: Ich sag, Ihr seid es nicht.
CASSIUS: Drängt mich nicht mehr, ich werde mich vergessen;
Gedenkt an Euer Heil, reizt mich nicht länger.
BRUTUS: Geht, leichtgesinnter Mann!
CASSIUS: Ist's möglich?
BRUTUS: Hört mich an, denn ich will reden.
Muss ich mich Eurer jähen Hitze fügen?
Muss ich erschrecken, wenn ein Toller auffährt?
CASSIUS: Ihr Götter! Götter! muss ich all dies dulden?
BRUTUS: All dies? Noch mehr! Ergrimmt, bis es Euch birst,
Das stolze Herz; geht, zeiget Euren Sklaven,
Wie rasch zum Zorn Ihr seid, und macht sie zittern.
Muss ich beiseit mich drücken, muss den Hof
Euch machen? Muss ich dastehn und mich krümmen
Vor Eurer krausen Laune? Bei den Göttern!
Ihr sollt hinunterwürgen Euer Gift,
Und wenn Ihr börstet: denn von heute an
Dient Ihr zum Scherz, ja zum Gelächter mir,
Wenn Ihr Euch so gebärdet.
CASSIUS: Dahin kam's?
BRUTUS: Ihr sagt, dass Ihr ein bessrer Krieger seid:
Beweist es denn, macht Euer Prahlen wahr.
Es soll mir lieb sein, denn was mich betrifft,
Ich werde gern von edlen Männern lernen.
CASSIUS: Ihr tut mir Unrecht, schweres Unrecht, Brutus.
Ich sagt, ein ältrer Krieger, nicht, ein bessrer.
Sagt ich, ein bessrer?
BRUTUS: Und hättet Ihr's gesagt, mir gilt es gleich.

CASSIUS: Mir hätte Cäsar das nicht bieten dürfen.
BRUTUS: O schweigt! Ihr durftet ihn auch so nicht reizen.
CASSIUS: Ich durfte nicht?
BRUTUS: Nein.
CASSIUS: Wie? dürft ihn nicht reizen?
BRUTUS: Ihr durftet es für Euer Leben nicht.
CASSIUS: Wagt nicht zu viel auf meine Liebe hin,
Ich möchte tun, was mich nachher gereute.
BRUTUS: Ihr habt getan, was Euch gereuen sollte.
Eur Drohn hat keine Schrecken, Cassius,
Denn ich bin so bewehrt durch Redlichkeit,
Dass es vorbeizieht wie der leere Wind,
Der nichts mir gilt. Ich sandte hin zu Euch
Um eine Summe Gold, die Ihr mir abschlugt.
Ich kann kein Geld durch schnöde Mittel heben,
Beim Himmel! lieber prägt ich ja mein Herz
Und tröpfelte mein Blut für Drachmen aus,
Als dass ich aus der Bauern harten Händen
Die jämmerliche Habe winden sollte
Durch irgendeinen Schlich. – Ich sandt um Gold zu Euch.
Um meine Legionen zu bezahlen:
Ihr schlugt mir's ab: war das, wie Cassius sollte?
Hätt ich dem Cajus Cassius so erwidert?
Wenn Marcus Brutus je so geizig wird,
Dass er so lump'ge Pfennige den Freunden
Verschließt, dann rüstet eure Donnerkeile,
Zerschmettert ihn, ihr Götter!
CASSIUS: Ich schlug es Euch nicht ab.
BRUTUS: Ihr tatet es.
CASSIUS: Ich tat's nicht: der Euch meine Antwort brachte,
War nur ein Tor. – Brutus zerreißt mein Herz.
Es sollt ein Freund des Freundes Schwächen tragen,
Brutus macht meine größer, als sie sind.
BRUTUS: Das tu ich nicht, bis Ihr damit mich quält.
CASSIUS: Ihr liebt mich nicht.
BRUTUS: Nicht Eure Fehler lieb ich.

CASSIUS: Nie könnt ein Freundesaug dergleichen sehn.
BRUTUS: Des Schmeichlers Auge säh sie nicht, erschienen
Sie auch so riesenhaft wie der Olymp.
CASSIUS: Komm, Mark Anton, und komm, Octavius, nur!
Nehmt Eure Rach allein an Cassius,
Denn Cassius ist des Lebens überdrüssig:
Gehasst von einem, den er liebt; getrotzt
Von seinem Bruder: wie ein Knecht gescholten.
Man späht nach allen meinen Fehlern, zeichnet
Sie in ein Denkbuch, lernt sie aus dem Kopf,
Wirft sie mir in die Zähne. – O ich könnte
Aus meinen Augen meine Seele weinen!
Da ist mein Dolch, hier meine nackte Brust;
Ein Herz drin, reicher als des Plutus Schacht,
Mehr wert als Gold: wo du ein Römer bist,
So nimm's heraus. Ich, der dir Gold versagt,
Ich biete dir mein Herz. Stoß zu wie einst
Auf Cäsar! Denn ich weiß, als du am ärgsten
Ihn hasstest, liebtest du ihn mehr, als je
Du Cassius geliebt.
BRUTUS: Steckt Euren Dolch ein!
Seid zornig, wenn Ihr wollt: es steh Euch frei!
Tut, was Ihr wollt: Schmach soll für Laune gelten.
O Cassius! einem Lamm seid Ihr gesellt,
Das so nur Zorn hegt wie der Kiesel Feuer,
Der, viel geschlagen, flücht'ge Funken zeigt
Und gleich drauf wieder kalt ist.
CASSIUS: Lebt ich dazu,
Ein Scherz nur und Gelächter meinem Brutus
Zu sein, wenn Gram und böses Blut mich plagten?
BRUTUS: Als ich das sprach, hatt ich auch böses Blut.
CASSIUS: Gesteht Ihr so viel ein? Gebt mir die Hand!
BRUTUS: Und auch mein Herz.
CASSIUS: O Brutus!
BRUTUS: Was verlangt Ihr?

CASSIUS: Liebt Ihr mich nicht genug, Geduld zu haben,
Wenn jene rasche Laune, von der Mutter
Mir angeerbt, macht, dass ich mich vergesse?
BRUTUS: Ja, Cassius; künftig, wenn Ihr allzu streng
Mit Eurem Brutus seid, so denket er,
Die Mutter schmäl aus Euch, und lässt Euch gehn.

Lärm hinter der Szene.

EIN POET *hinter der Szene*:
Lasst mich hinein, ich muss die Feldherrn sehn.
Ein Zank ist zwischen ihnen: 's ist nicht gut,
Dass sie allein sind.
LUCILIUS *hinter der Szene*: Ihr sollt nicht hinein.
POET *hinter der Szene*: Der Tod nur hält mich ab.

Der POET *tritt herein, gefolgt von* LUCILIUS, TITINIUS *und* LUCIUS.

CASSIUS: Ei nun, was gibt's?
POET: Schämt ihr euch nicht, ihr Feldherrn? Was beginnt ihr?
Liebt euch, wie sich's für solche Männer schickt;
Fürwahr, ich hab mehr Jahr' als ihr erblickt.
CASSIUS: Haha! wie toll der Zyniker nicht reimt!
BRUTUS: Ihr Schlingel, packt Euch! Fort, verwegner Bursch!
CASSIUS: Ertragt ihn, Brutus! seine Weis ist so.
BRUTUS: Kennt er die Zeit, so kenn ich seine Laune.
Was soll der Krieg mit solchen Schellennarren?
Geh fort, Gesell!
CASSIUS: Fort! fort! geh deines Wegs!

Der Poet ab.

BRUTUS: Lucilius und Titinius, heißt die Obersten
An Nachtquartier für ihre Scharen denken.
CASSIUS: Kommt selber dann und bringt mit euch Messala
Sogleich zu uns herein.

Lucilius und Titinius ab.

BRUTUS: Lucius, eine Schale Wein.

Lucius ab.

CASSIUS: Ich dachte nicht, dass Ihr so zürnen könntet.
BRUTUS: O Cassius, ich bin krank an manchem Gram.

CASSIUS: Ihr wendet die Philosophie nicht an,
Die Ihr bekennt, gebt Ihr zufäll'gen Übeln Raum.
BRUTUS: Kein Mensch trägt Leiden besser. – Portia starb.
CASSIUS: Ha! Portia!
BRUTUS: Sie ist tot.
CASSIUS: Lag das im Sinn Euch, wie entkam ich lebend?
O bittrer, unerträglicher Verlust!
An welcher Krankheit?
BRUTUS: Die Trennung nicht erduldend;
Und Gram, dass mit Octavius Mark Anton
So mächtig worden – denn mit ihrem Tod
Kam der Bericht –, das brachte sie von Sinnen,
Und wie sie sich allein sah, schlang sie Feuer.
CASSIUS: Und starb so?
BRUTUS: Starb so.
CASSIUS: O ihr ew'gen Götter!

LUCIUS *kommt mit Wein und Kerzen.*

BRUTUS: Sprecht nicht mehr von ihr. – Gebt eine Schale Wein!
Hierin begrab ich allen Unglimpf, Cassius. *Trinkt.*
CASSIUS: Mein Herz ist durstig, Euch Bescheid zu tun.
Füll, Lucius, bis der Wein den Becher kränzt,
Von Brutus' Liebe trink ich nie zu viel. *Trinkt.*

Lucius ab. TITINIUS *und* MESSALA *kommen.*

BRUTUS: Herein, Titinius! Seid gegrüßt, Messala!
Nun lasst uns dicht um diese Kerze sitzen
Und, was uns frommt, in Überlegung ziehn.
CASSIUS: O Portia, bist du hin?
BRUTUS: Nicht mehr, ich bitt Euch.
Messala, seht, ich habe Brief' empfangen,
Dass Mark Anton, mit ihm Octavius,
Heranziehn gegen uns mit starker Macht
Und ihren Heerzug nach Philippi lenken.
MESSALA: Ich habe Briefe von demselben Inhalt.
BRUTUS: Mit welchem Zusatz?
MESSALA: Dass durch Proskription und Achtserklärung
Octavius, Mark Anton und Lepidus
An hundert Senatoren umgebracht.

BRUTUS: Darüber weichen unsre Briefe ab.
Der meine spricht von siebzig Senatoren,
Die durch die Ächtung fielen; Cicero
Sei einer aus der Zahl.
CASSIUS: Auch Cicero?
MESSALA: Ja, er ist tot, und durch den Achtsbefehl.
Kam Euer Brief von Eurer Gattin, Herr?
BRUTUS: Nein, Messala.
MESSALA: Und meldet Euer Brief von ihr Euch nichts?
BRUTUS: Gar nichts, Messala.
MESSALA: Das bedünkt micht seltsam.
BRUTUS: Warum? wisst Ihr aus Eurem Brief von ihr?
MESSALA: Nein, Herr.
BRUTUS: Wenn Ihr ein Römer seid, sagt mir die Wahrheit.
MESSALA: Tragt denn die Wahrheit, die ich sag, als Römer.
Sie starb, und zwar auf wunderbare Weise.
BRUTUS: Leb wohl denn, Portia! – Wir müssen sterben,
Messala; dadurch, dass ich oft bedacht,
Sie müss einst sterben, hab ich die Geduld,
Es jetzt zu tragen.
MESSALA: So trägt ein großer Mann ein großes Unglück.
CASSIUS: Durch Kunst hab ich so viel hiervon wie Ihr.
Doch die Natur ertrüg's in mir nicht so.
BRUTUS: Wohlan, zu unserm lebenden Geschäft!
Was denkt Ihr? ziehn wir nach Philippi gleich?
CASSIUS: Mir scheint's nicht ratsam.
BRUTUS: Euer Grund.
CASSIUS: Hier ist er:
Weit besser ist es, wenn der Feind uns sucht,
So wird er, sich zum Schaden, seine Mittel
Erschöpfen, seine Krieger müde machen.
Wir liegen still indes, bewahren uns
In Ruh, wehrhaftem Stand und Munterkeit.
BRUTUS: Den bessern Gründen müssen gute weichen.
Das Land von hier bis nach Philippi hin
Beweist uns nur aus Zwang Ergebenheit,
Denn murrend hat es Lasten uns gezahlt.

Der Feind, indem er durch dasselbe zieht,
Wird seine Zahl daraus ergänzen können
Und uns erfrischt, vermehrt, ermutigt nahn.
Von diesem Vorteil schneiden wir ihn ab,
Wenn zu Philippi wir die Stirn ihm bieten,
Dies Volk im Rücken.

CASSIUS: Hört mich, lieber Bruder!

BRUTUS: Erlaubt mir gütig! – Ferner müsst Ihr merken,
Dass wir von Freunden alles aufgeboten,
Dass unsre Legionen übervoll
Und unsre Sache reif. Der Feind nimmt täglich zu,
Wir, auf dem Gipfel, stehn schon an der Neige.
Gezeiten gibt es auch im Tun der Menschen:
Nimmt man die Flut wahr, führet sie zum Glück;
Versäumt man sie, so muss die ganze Reise
Des Lebens sich durch Not und Klippen winden.
Wir sind nun flott auf solcher hohen See
Und müssen, wenn der Strom uns hebt, ihn nutzen,
Wo nicht, gehn Schiff und Gut verloren.

CASSIUS: So zieht denn, wie Ihr wollt; wir rücken selbst,
Dem Feind entgegen, nach Philippi vor.

BRUTUS: Die tiefe Nacht hat das Gespräch beschlichen,
Und die Natur muss frönen dem Bedürfnis,
Das mit ein wenig Ruh wir täuschen wollen.
Ist mehr zu sagen noch?

CASSIUS: Nein. Gute Nacht!
Früh stehn wir also morgen auf, und fort.

BRUTUS: Lucius!

LUCIUS *tritt auf.*

Mein Schlafgewand!

Lucius ab.

Lebt wohl, Messala!
Gute Nacht, Titinius! Edler, edler Cassius,
Gute Nacht und sanfte Ruh!

CASSIUS: O teurer Bruder!
Das war ein schlimmer Anfang dieser Nacht.

Nie trenne solcher Zwiespalt unsre Herzen,
Nie wieder, Brutus.

BRUTUS: Alles steht ja wohl.

CASSIUS: Nun gute Nacht!

BRUTUS: Gute Nacht, mein guter Bruder!

TITINIUS *und* MESSALA: Mein Feldherr, gute Nacht!

BRUTUS: Lebt alle wohl!

Cassius, Titinius und Messala ab.

LUCIUS *kommt zurück mit dem Nachtkleide.*

BRUTUS: Gib das Gewand! Wo hast du deine Laute?

LUCILIUS: Im Zelte hier.

BRUTUS: Wie? schläfrig? Armer Schelm,
Ich tadle drum dich nicht: du hast dich überwacht.
Ruf Claudius her und andre meiner Leute,
Sie sollen hier im Zelt auf Kissen schlafen.

LUCILIUS: Varro und Claudius!

VARRO *und* CLAUDIUS *kommen.*

VARRO: Ruft mein Gebieter?

BRUTUS: Ich bitt euch, liegt in meinem Zelt und schlaft;
Bald weck ich euch vielleicht, um irgendwas
Bei meinem Bruder Cassius zu bestellen.

VARRO: Wenn's Euch beliebt, wir bleiben auf und warten.

BRUTUS: Das nicht! Nein, legt euch nieder, meine Freunde.

Die beiden Diener legen sich nieder.

Vielleicht verändert noch sich mein Entschluss. –
Sieh, Lucius, hier das Buch, das ich so suchte:
Ich steckt es in die Tasche des Gewandes.

LUCILIUS: Ich wusste wohl, dass mein Gebieter mir
Es nicht gegeben.

BRUTUS: Hab Geduld mit mir,
Mein guter Junge, ich bin sehr vergesslich.
Hältst du noch wohl die müden Augen auf
Und spielst mir ein paar Weisen auf der Laute?

LUCILIUS: Ja, Herr, wenn's Euch beliebt.

BRUTUS: Das tut's, mein Junge.
Ich plage dich zu viel, doch du bist willig.

LUCILIUS: Es ist ja meine Pflicht.
BRUTUS: Ich sollte dich
Zur Pflicht nicht über dein Vermögen treiben;
Ich weiß, dass junges Blut auf Schlafen hält.
LUCILIUS: Ich habe schon geschlafen, mein Gebieter.
BRUTUS: Nun wohl denn, und du sollst auch wieder schlafen.
Ich will nicht lang dich halten: wenn ich lebe,
Will ich dir Gutes tun.

Musik und ein Lied.

Die Weis ist schläfrig. – Mörderischer Schlummer!
Legst du die bleirne Keul auf meinen Knaben,
Der dir Musik macht? – Lieber Schelm, schlaf wohl,
Ich tu dir's nicht zuleid, dass ich dich wecke.
Nickst du, so brichst du deine Laut entzwei;
Ich nehm sie weg, und schlaf nun, guter Knabe. –
Lasst sehn! Ist, wo ich aufgehört zu lesen,
Das Blatt nicht eingelegt? Hier, denk ich, ist's. *Er setzt sich.*

Der GEIST CÄSARS *erscheint.*

Wie dunkel brennt die Kerze! – Ha, wer kommt?
Ich glaub, es ist die Schwäche meiner Augen,
Die diese schreckliche Erscheinung schafft.
Sie kommt mir näher – Bist du irgendwas?
Bist du ein Gott, ein Engel oder Teufel,
Der starren macht mein Blut, das Haar mir sträubt?
Gib Rede, was du bist.
GEIST: Dein böser Engel, Brutus.
BRUTUS: Weswegen kommst du?
GEIST: Um dir zu sagen, dass du zu Philippi
Mich sehn sollst.
BRUTUS: Gut, ich soll dich wiedersehn.
GEIST: Ja, zu Philippi.
BRUTUS: Nun, zu Philippi will ich denn dich sehn.

Der Geist verschwindet.

Nun ich ein Herz gefasst, verschwindest du;
Gern spräch ich mehr mit dir noch, böser Geist. –

Bursch! Lucius! – Varro! Claudius! wacht auf!
Claudius!
LUCILIUS: Die Saiten sind verstimmt.
BRUTUS: Er glaubt, er sei bei seiner Laute noch.
Erwache, Lucius!
LUCILIUS: Herr?
BRUTUS: Hast du geträumt, dass du so schriest, Lucius?
LUCILIUS: Ich weiß nicht, mein Gebieter, dass ich schrie.
BRUTUS: Ja doch, das tatst du; sahst du irgendwas?
LUCILIUS: Nichts auf der Welt.
BRUTUS: Schlaf wieder, Lucius. – Heda, Claudius!
Du, Bursch, wach auf!
VARRO: Herr?
CLAUDIUS: Herr?
BRUTUS: Weswegen schriet ihr so in eurem Schlaf?
VARRO *und* CLAUDIUS: Wir schrien, Herr?
BRUTUS: Ja, saht ihr irgendwas?
VARRO: Ich habe nichts gesehn.
CLAUDIUS: Ich gleichfalls nicht.
BRUTUS: Geht und empfehlt mich meinem Bruder Cassius;
Er lasse früh voraufziehn seine Macht,
Wir wollen folgen.
VARRO *und* CLAUDIUS: Herr, es soll geschehn.
Alle ab.

Fünfter Aufzug

Erste Szene

Die Ebene von Philippi.

OCTAVIUS, ANTONIUS *und ihr* HEER.

OCTAVIUS: Nun, Mark Anton, wird meine Hoffnung wahr.
Ihr sprecht, der Feind werd auf den Höhn sich halten
Und nicht herab in unsre Ebne ziehn.
Es zeigt sich anders: seine Scharen nahn;
Sie wollen zu Philippi hier uns fordern
Und Antwort geben, eh wir sie befragt.
ANTONIUS: Pah, steck ich doch in ihrem Herzen, weiß,
Warum sie's tun. Sie könnten sich begnügen,
Nach andern Plätzen hinzuziehn, und kommen
Mit bangem Trotz, im Wahn, durch diesen Aufzug
Uns vorzuspiegeln, sie besitzen Mut.
Allein dem ist nicht so.

Ein BOTE *tritt auf.*

BOTE: Bereitet euch, ihr Feldherrn.
Der Feind rückt an in wohlgeschlossnen Reihn.
Sein blut'ges Schlachtpanier ist ausgehängt,
Und etwas muss im Augenblick geschehn.
ANTONIUS: Octavius, führet langsam Euer Heer
Zur linken Hand der Ebne weiter vor.
OCTAVIUS: Zur rechten ich, behaupte du die linke.
ANTONIUS: Was kreuzt Ihr mich, da die Entscheidung drängt?
OCTAVIUS: Ich kreuz Euch nicht, doch ich verlang es so.

Marsch.

Die Trommeln werden gerührt. BRUTUS *und* CASSIUS *kommen mit ihrem* HEERE*;* LUCILIUS, TITINIUS, MESSALA *und* ANDRE.

BRUTUS: Sie halten still und wollen ein Gespräch.
CASSIUS: Titinius, steh! Wir treten vor und reden.
OCTAVIUS: Antonius, geben wir zur Schlacht das Zeichen?

ANTONIUS: Nein, Cäsar, lasst uns ihres Angriffs warten.
Kommt, tretet vor! Die Feldherrn wünschen ja
Ein Wort mit uns.
OCTAVIUS: Bleibt stehn bis zum Signal.
BRUTUS: Erst Wort, dann Schlag; nicht wahr, ihr
Landsgenossen?
OCTAVIUS: Nicht dass wir es gleich Euch mit Worten hielten.
BRUTUS: Gut Wort geht über bösen Streich, Octavius.
ANTONIUS: Ihr, Brutus, gebt bei bösem Streich gut Wort.
Des zeuget Cäsars Herz, durchbohrt von Euch,
Indes Ihr rieft: »Lang lebe Cäsar, Heil!«
CASSIUS: Die Führung Eurer Streiche, Mark Anton,
Ist uns noch unbekannt; doch Eure Worte
Begehn an Hyblas Bienen Raub und lassen
Sie ohne Honig.
ANTONIUS: Nicht auch stachellos?
BRUTUS: O ja! auch tonlos, denn Ihr habt ihr Summen
Gestohlen, Mark Anton, und drohet weislich,
Bevor Ihr stecht.
ANTONIUS: Ihr tatet's nicht, Verräter,
Als eure schnöden Dolch' einander stachen
In Cäsars Brust. Ihr zeigtet eure Zähne
Wie Affen, krocht wie Hunde, bücktet tief
Wie Sklaven euch und küsstet Cäsars Füße;
Derweil von hinten der verfluchte Casca
Mit tück'schem Bisse Cäsars Nacken traf.
O Schmeichler!
CASSIUS: Schmeichler! – Dankt Euch selbst nun, Brutus,
Denn diese Zunge würde heut nicht freveln,
Wär Cassius' Rat befolgt.
OCTAVIUS: Zur Sache! kommt! Macht Widerspruch uns schwitzen,
So kostet rötre Tropfen der Erweis.
Seht! auf Verschworne zück ich dieses Schwert:
Wann, denkt ihr, geht es wieder in die Scheide?
Nie, bis des Cäsar dreiundzwanzig Wunden

Gerächt sind oder bis ein andrer Cäsar
Mit Mord gesättigt der Verräter Schwert.
BRUTUS: Cäsar, du kannst nicht durch Verräter sterben,
Du bringest denn sie mit.
OCTAVIUS: Das hoff ich auch:
Von Brutus' Schwert war Tod mir nicht bestimmt.
BRUTUS: O wärst du deines Stammes Edelster,
Du könntest, junger Mann, nicht schöner sterben.
CASSIUS: Ein launisch Bübchen, unwert solchen Ruhms,
Gesellt zu einem Wüstling und 'nem Trinker.
ANTONIUS: Der alte Cassius!
OCTAVIUS: Komm, Antonius! fort!
Trotz in die Zähne schleudr ich euch, Verräter!
Wagt ihr zu fechten heut, so kommt ins Feld,
Wo nicht, wenn's euch gemutet.
Octavius und Antonius mit ihrem Heere ab.
CASSIUS: Nun tobe, Wind! schwill, Woge! schwimme, Nachen!
Der Strom ist wach und alles auf dem Spiel.
BRUTUS: Lucilius, hört! Ich muss ein Wort Euch sagen.
LUCILIUS: Herr?
Brutus und Lucilius reden beiseite miteinander.
CASSIUS: Messala!
MESSALA: Was befiehlt mein Feldherr?
CASSIUS: Messala, dies ist mein Geburtstag; grade
An diesem Tag kam Cassius auf die Welt.
Gib mir die Hand, Messala, sei mein Zeuge,
Dass ich gezwungen wie Pompejus einst
An eine Schlacht all unsre Freiheit wage.
Du weißt, ich hielt am Epikurus fest
Und seiner Lehr; nun ändr ich meinen Sinn
Und glaub an Dinge, die das Künft'ge deuten.
Auf unserm Zug von Sardes stürzten sich
Zwei große Adler auf das vordre Banner;
Da saßen sie und fraßen, gierig schlingend,
Aus unsrer Krieger Hand; sie gaben uns
Hierher bis nach Philippi das Geleit;

Heut morgen sind sie auf- und fortgeflohn.
Statt ihrer fliegen Raben, Geier, Krähn
Uns überm Haupt und schaun herab auf uns
Als einen siechen Raub; ihr Schatten scheint
Ein Trauerhimmel, unter dem das Heer,
Bereit, den Atem auszuhauchen, liegt.

MESSALA: Nein, glaubt das nicht.

CASSIUS: Ich glaub es auch nur halb,
Denn ich bin frischen Mutes und entschlossen,
Zu trotzen standhaft jeglicher Gefahr.

BRUTUS: Tu das, Lucilius.

CASSIUS: Nun, mein edler Brutus,
Sei'n uns die Götter heute hold, auf dass wir
Gesellt in Frieden unserm Alter nahn!
Doch weil das Los der Menschen niemals sicher,
Lasst uns bedacht sein auf den schlimmsten Fall.
Verlieren wir dies Treffen, so ist dies
Das allerletzte Mal, dass wir uns sprechen:
Was habt Ihr dann Euch vorgesetzt zu tun?

BRUTUS: Ganz nach der Vorschrift der Philosophie,
Wonach ich Cato um den Tod getadelt,
Den er sich gab – ich weiß nicht, wie es kommt,
Allein ich find es feig und niederträchtig,
Aus Furcht, was kommen mag, des Lebens Zeit
So zu verkürzen –, will ich mit Geduld
Mich waffnen und den Willen hoher Mächte
Erwarten, die das Irdische regieren.

CASSIUS: Dann, geht die Schlacht verloren, lasst Ihr's Euch
Gefallen, dass man durch die Straßen Roms
Euch im Triumphe führt?

BRUTUS: Nein, Cassius, nein! Glaub mir, du edler Römer,
Brutus wird nie gebunden gehn nach Rom.
Er trägt zu hohen Sinn. Doch dieser Tag
Muss enden, was des Märzen Idus anfing;
Ob wir uns wieder treffen, weiß ich nicht:
Drum lasst ein ewig Lebewohl uns nehmen.

Gehab dich wohl, mein Cassius, für und für!
Sehn wir uns wieder, nun, so lächeln wir;
Wo nicht, so war dies Scheiden wohlgetan.
CASSIUS: Gehab dich wohl, mein Brutus, für und für!
Sehn wir uns wieder, lächeln wir gewiss,
Wo nicht, ist wahrlich wohlgetan dies Scheiden.
BRUTUS: Nun wohl, rückt vor! O wüsste jemand doch
Das Ende dieses Tagwerks, eh es kommt!
Allein es gnüget, enden wird der Tag,
Dann wissen wir sein Ende. – Kommt und fort!
Alle ab.

Zweite Szene

Das Schlachtfeld.

Getümmel. BRUTUS *und* MESSALA *kommen.*

BRUTUS: Reit! reit, Messala! reit! Bring diese Zettel
Den Legionen auf der andern Seite.
Lautes Getümmel.
Lasst sie auf einmal stürmen, denn ich merke,
Octavius' Flügel hält nur schwachen Stand:
Ein schneller Anfall wirft ihn übern Haufen.
Reit! reit, Messala! Lass herab sie kommen!
Beide ab.

Dritte Szene

Ein anderer Teil des Schlachtfeldes.

Getümmel. CASSIUS *und* TITINIUS *kommen.*

CASSIUS: O sieh, Titinius! sieh! Die Schurken fliehn.
Ich selbst ward meiner eignen Leute Feind:

Dies unser Banner wandte sich zur Flucht,
Ich schlug den Feigen und entriss es ihm.
TITINIUS: O Cassius! Brutus gab das Wort zu früh.
Im Vorteil gegen den Octavius, setzt' er
Zu hitzig nach; sein Heer fing an zu plündern,
Indes uns alle Mark Anton umzingelt.

PINDARUS *kommt.*

PINDARUS: Herr, flieht doch weiter! flieht doch weiter weg!
Antonius ist in Euren Zelten, Herr;
Drum, edler Cassius, flieht! Flieht weit hinweg!
CASSIUS: Der Hügel hier ist weit genug. – Schau, schau,
Titinius! Sind das meine Zelte nicht,
Wo ich das Feuer sehe?
TITINIUS: Ja, mein Feldherr.
CASSIUS: Wenn du mich liebst, Titinius, so besteig
Mein Pferd, setz ihm die Sporen in die Seite,
Bis es zu jener Mannschaft dich gebracht
Und wieder her; damit ich sicher wisse,
Ob jene Mannschaft Freund ist oder Feind.
TITINIUS: Wie ein Gedanke bin ich wieder hier. *Ab.*
CASSIUS: Geh, Pindarus, steig höher auf den Hügel,
Denn mein Gesicht ist kurz; acht auf Titinius
Und sag mir, was du auf dem Feld entdeckst.

Pindarus ab.

An diesem Tage atmet ich zuerst;
Die Zeit ist um, und enden soll ich da,
Wo ich begann: mein Leben hat den Kreislauf
Vollbracht. – Du dort, was gibt's?
PINDARUS *oben*: O Herr!
CASSIUS: Was gibt's?
PINDARUS: Titinius ist von Reitern ganz umringt,
Sie jagen auf ihn zu, doch spornt er weiter.
Nun sind sie dicht schon bei ihm – nun, Titinius!
Sie steigen ab – er auch – er ist gefangen,
Und horcht! sie jubeln laut.

Freudengeschrei.

CASSIUS: Steig nur herunter, sieh nicht weiter zu. –
O Memme, die ich bin, so lang zu leben,
Bis ich den besten Freund vor meinen Augen
Gefangen sehen muss!

PINDARUS *kommt zurück.*

Komm, Bursch, hierher!
Ich macht in Parthia dich zum Gefangnen
Und ließ dich schwören, deines Lebens schonend,
Was ich nur immer tun dich hieß', du wollest
Es unternehmen. Komm nun, halt den Schwur!
Sei frei nun, und mit diesem guten Schwert,
Das Cäsars Leib durchbohrt, triff diesen Busen.
Erwidre nichts! Hier fasse du das Heft,
Und ist mein Angesicht verhüllt wie jetzt,
So führ das Schwert. – Cäsar, du bist gerächt,
Und mit demselben Schwert, das dich getötet. *Er stirbt.*

PINDARUS: So bin ich frei, doch wär ich's lieber nicht,
Hätt es auf mir beruht. – O Cassius!
Weit weg flieht Pindarus von diesem Lande,
Dahin, wo nie ein Römer ihn bemerkt. *Ab.*

TITINIUS *und* MESSALA *kommen.*

MESSALA: Es ist nur Tausch, Titinius; denn Octav
Ward von des edlen Brutus Macht geschlagen,
Wie Cassius' Legionen vom Antonius.

TITINIUS: Die Nachricht wird den Cassius sehr erquicken.

MESSALA: Wo ließt Ihr ihn?

TITINIUS: Ganz trostlos, neben ihm
Sein Sklave Pindarus, auf diesem Hügel.

MESSALA: Ist er das nicht, der auf dem Boden liegt?

TITINIUS: Er liegt nicht da wie lebend. – O mein Herz!

MESSALA: Nicht wahr? er ist es?

TITINIUS: Nein, er war's, Messala:
Doch Cassius ist nicht mehr. – O Abendsonne!
Wie du in deinen roten Strahlen sinkst,
So ging in Blut der Tag des Cassius unter.
Die Sonne Roms ging unter; unser Tag

Ist hingeflohn: nun kommen Wolken, Tau,
Gefahren; unsre Taten sind getan.
Misstraun in mein Gelingen bracht ihn um.

MESSALA: Misstraun in guten Ausgang bracht ihn um,
O hassenswerter Wahn! der Schwermut Kind!
Was zeigst du doch den leicht getäuschten Menschen
Das, was nicht ist? O Wahn, so bald empfangen!
Zu glücklicher Geburt gelangst du nie
Und bringst die Mutter um, die dich erzeugt.

TITINIUS: Auf, Pindarus! Wo bist du, Pindarus?

MESSALA: Such ihn, Titinius; ich indessen will
Zum edlen Brutus und sein Ohr durchbohren
Mit dem Bericht. Wohl nenn ich es durchbohren,
Denn scharfer Stahl und gift'ge Pfeile würden
Dem Ohr des Brutus so willkommen sein
Wie Meldung dieses Anblicks.

TITINIUS: Eilt, Messala!
Ich suche Pindarus indessen auf.

Messala ab.

Warum mich ausgesandt, mein wackrer Cassius?
Traf ich nicht deine Freunde? setzten sie
Nicht diesen Siegeskranz auf meine Stirn,
Ihn dir zu bringen? Vernahmst du nicht ihr Jubeln?
Ach, jeden Umstand hast du dir missdeutet!
Doch halt, nimm diesen Kranz um deine Stirn;
Dein Brutus hieß mich dir ihn geben, ich
Vollführe sein Gebot. – Komm schleunig, Brutus,
Und sieh, wie ich den Cajus Cassius ehrte!
Verzeiht, ihr Götter! – Dies ist Römerbrauch:
Komm, Cassius' Schwert! triff den Titinius auch. *Er stirbt.*

Getümmel. MESSALA *kommt zurück mit* BRUTUS, *dem jungen* CATO, STRATO, VOLUMNIUS *und* LUCILIUS.

BRUTUS: Wo? wo, Messala? sag, wo liegt die Leiche?

MESSALA: Seht, dort! Titinius trauert neben ihr.

BRUTUS: Titinius' Antlitz ist emporgewandt.

CATO: Er ist erschlagen.

BRUTUS: O Julius Cäsar! Du bist mächtig noch.
Dein Geist geht um: er ist's, der unsre Schwerter
In unser eignes Eingeweide kehrt.

Lautes Getümmel.

CATO: Mein wackrer Freund Titinius! Seht doch her,
Wie er den toten Cassius bekränzt!

BRUTUS: Und leben noch zwei Römer, diesen gleich?
Du letzter aller Römer, lebe wohl!
Unmöglich ist's, dass Rom je deinesgleichen
Erzeugen sollte. – Diesem Toten, Freunde,
Bin ich mehr Tränen schuldig, als ihr hier
Mich werdet zahlen sehn: aber, Cassius,
Ich finde Zeit dazu, ich finde Zeit.
Drum kommt und schickt nach Thassos seine Leiche,
Er soll im Lager nicht bestattet werden;
Es schlüg uns nieder. – Komm, Lucilius!
Komm, junger Cato! Zu der Walstatt hin!
Ihr, Flavius und Labeo, lasst unsre Scharen rücken!
Es ist drei Uhr, und, Römer, noch vor Nacht
Versuchen wir das Glück in einer zweiten Schlacht.

Alle ab.

VIERTE SZENE

Ein andrer Teil des Schlachtfeldes.

Getümmel. SOLDATEN *von beiden Heeren, fechtend; darauf* BRUTUS, CATO, LUCILIUS *und* ANDRE.

BRUTUS: Noch, Bürger, o noch haltet hoch die Häupter!

CATO: Ein Bastard, der's nicht tut! Wer will mir folgen?
Ich rufe meinen Namen durch das Feld:
Ich bin der Sohn des Marcus Cato, hört!
Feind der Tyrannen, Freund des Vaterlands!
Ich bin der Sohn des Marcus Cato, hört!

BRUTUS: Und ich bin Brutus, Marcus Brutus, ich;
Des Vaterlandes Freund: kennt mich als Brutus!

Ab, indem er auf den Feind eindringt. Cato wird überwältigt und fällt.

LUCILIUS: O junger, edler Cato! bist du hin?
Ja! tapfer wie Titinius stirbst du nun,
Man darf dich ehren als des Cato Sohn.

ERSTER SOLDAT: Ergib dich, oder stirb!

LUCILIUS: Nur um zu sterben,
Ergeb ich mich. Hier ist so viel für dich,

Bietet ihm Geld an.

Dass du sogleich mich töten wirst: nun töte
Den Brutus, und es ehre dich sein Tod.

ERSTER SOLDAT: Wir müssen's nicht. – Ein edler Gefangner.

ZWEITER SOLDAT: Platz da!
Sagt dem Antonius, dass wir Brutus haben.

ERSTER SOLDAT: Ich will es melden. – Sieh, da kommt der Feldherr.

ANTONIUS *tritt auf.*

Wir haben Brutus, Herr! wir haben Brutus!

ANTONIUS: Wo ist er?

LUCILIUS: In Sicherheit; Brutus ist sicher gnug.
Verlass dich drauf, dass nimmermehr ein Feind
Den edlen Brutus lebend fangen wird.
Die Götter schützen ihn vor solcher Schmach!
Wo ihr ihn findet, lebend oder tot,
Er wird wie Brutus, wie er selbst, sich zeigen.

ANTONIUS: Dies ist nicht Brutus, Freund, doch auf mein Wort,
Ein nicht geringrer Fang. Verwahrt ihn wohl,
Erweist nur Gutes ihm: ich habe lieber
Zu Freunden solche Männer als zu Feinden.
Eilt! seht, ob Brutus tot ist oder lebt!
Und bringt Bericht zu des Octavius Zelt,
Wie alles sich begeben.

Alle ab.

Fünfte Szene

Ein andrer Teil des Schlachtfeldes.

BRUTUS, DARDANIUS, CLITUS, STRATO *und* VOLUMNIUS *treten auf.*

BRUTUS: Kommt, armer Überrest von Freunden! ruht
An diesem Felsen.
CLITUS: Herr, Statilius zeigte
Das Fackellicht, doch kommt er nicht zurück.
Er ist gefangen oder gar erschlagen.
BRUTUS: Setz dich zu mir. »Erschlagen« ist das Wort,
Es ist des Tages Sitte. – Höre, Clitus! *Spricht leise mit ihm.*
CLITUS: Wie, gnäd'ger Herr? Ich? Nicht um alle Welt.
BRUTUS: Still denn! kein Wort!
CLITUS: Eh tötet ich mich selbst.
BRUTUS: Dardanius, hör! *Spricht leise mit ihm.*
DARDANIUS: Ich eine solche Tat?
CLITUS: O Dardanius!
DARDANIUS: O Clitus!
CLITUS: Welch einen schlimmen Antrag tat dir Brutus?
DARDANIUS: Ich sollt ihn töten, Clitus: sieh, er sinnt.
CLITUS: Nun ist das herrliche Gefäß voll Gram,
Sodass es durch die Augen überfließt.
BRUTUS: Komm zu mir, Freund Volumnius: ein Wort!
VOLUMNIUS: Was sagt mein Feldherr?
BRUTUS: Dies, Volumnius.
Der Geist des Cäsar ist zu zweien Malen
Mir in der Nacht erschienen; erst zu Sardes
Und vor'ge Nacht hier in Philippis Ebne.
Ich weiß, dass meine Stunde kommen ist.
VOLUMNIUS: Nicht doch, mein Feldherr.
BRUTUS: O ja, es ist gewiss, Volumnius:
Du siehst die Welt, mein Guter, wie sie geht:
Der Feind hat uns zum Abgrund hingetrieben;
Getümmel.

Es ziemt sich mehr, von selbst hineinzuspringen,
Als zu erwarten seinen letzten Stoß.
Volumnius, wir gingen in die Schule
Zusammen, wie du weißt. Ich bitte dich
Um jener unsrer alten Liebe willen:
Halt du mein Schwert, indes ich drein mich stürze.

VOLUMNIUS: Das, Brutus, ist kein Dienst für einen Freund.

Fortdauerndes Getümmel.

CLITUS: Flieht, Herr! o flieht! Hier gilt kein Säumen mehr.

BRUTUS: Lebt wohl denn, Ihr – und Ihr – und Ihr, Volumnius.
Du, Strato, lagst die ganze Zeit im Schlaf:
Leb wohl auch du! – Mitbürger, meinem Herzen
Ist's Wonne, dass ich noch im ganzen Leben
Nicht einen fand, der nicht getreu mir war.
Ich habe Ruhm von diesem Unglückstage,
Mehr, als Octavius und Mark Anton
Durch diesen schnöden Sieg erlangen werden.
So lebt zusammen wohl! Denn Brutus' Zunge
Schließt die Geschichte seines Lebens bald.
Nacht deckt mein Auge, mein Gebein will Ruh,
Es strebte längst nur dieser Stunde nach.
Getümmel. Geschrei hinter der Szene: Flieht! flieht! flieht!

CLITUS: Flieht, Herr! o flieht!

BRUTUS: Nur fort! Ich will euch folgen.

Clitus, Dardanius und Volumnius ab.

Ich bitt dich, Strato, bleib bei deinem Herrn.
Du bist ein Mensch von redlichem Gemüt,
In deinem Leben war ein Funken Ehre.
Halt denn mein Schwert, und wende dich hinweg,
Indes ich drein mich stürze. Willst du, Strato?

STRATO: Gebt erst die Hand mir. Herr, gehabt Euch wohl!

BRUTUS: Leb wohl, mein Freund! – Besänft'ge, Cäsar, dich!
Nicht halb so gern bracht ich dich um wie mich.

Er stürzt sich auf sein Schwert und stirbt.

Getümmel. Rückzug. OCTAVIUS, ANTONIUS *mit ihrem* HEERE, MESSALA *und* LUCILIUS *kommen.*

OCTAVIUS: Wer ist der Mann?
MESSALA: Der Diener meines Herrn.
Strato, wo ist dein Herr?
STRATO: Frei von den Banden, die Ihr tragt, Messala.
Die Sieger können nur zu Asch ihn brennen,
Denn Brutus unterlag allein sich selbst,
Und niemand sonst hat Ruhm von seinem Tode.
LUCILIUS: So mussten wir ihn finden. – Dank dir, Brutus.
Dass du Lucilius' Rede wahr gemacht.
OCTAVIUS: Des Brutus Leute nehm ich all in Dienst.
Willst du in Zukunft bei mir leben, Bursch?
STRATO: Ja, wenn Messala mich Euch überlässt.
OCTAVIUS: Tut mir's zulieb, Messala.
MESSALA: Strato, wie starb mein Herr?
STRATO: Ich hielt das Schwert, so stürzt' er sich hinein.
MESSALA: Octavius, nimm ihn denn, dass er dir folge,
Der meinem Herrn den letzten Dienst erwies.
ANTONIUS: Dies war der beste Römer unter allen:
Denn jeder der Verschwornen, bis auf ihn,
Tat, was er tat, aus Missgunst gegen Cäsar.
Nur er verband aus reinem Biedersinn
Und zum gemeinen Wohl sich mit den andern.
Sanft war sein Leben, und so mischten sich
Die Element' in ihm, dass die Natur
Aufstehen durfte und der Welt verkünden:
Dies war ein Mann!
OCTAVIUS: Nach seiner Tugend lasst uns ihm begegnen
Mit aller Achtung und Bestattungsfeier.
Er lieg in meinem Zelte diese Nacht,
Mit Ehren wie ein Krieger angetan.
Nun ruft das Heer zur Ruh, lasst fort uns eilen
Und dieses frohen Tags Trophäen teilen.

Alle ab.

Hamlet

Personen

CLAUDIUS, *König von Dänemark*
HAMLET, *Sohn des vorigen und Neffe des gegenwärtigen Königs*
POLONIUS, *Oberkämmerer*
LAERTES, *Sohn des Polonius*
HORATIO, *Hamlets Freund*
ROSENKRANZ, GÜLDENSTERN, VOLTIMAND, CORNELIUS – *Hofleute*
OSRICK, *ein Hofmann*
Ein andrer HOFMANN
Ein PRIESTER
MARCELLUS, BERNARDO – *Offiziere*
FRANCISCO, *ein Soldat*
FORTINBRAS, *Prinz von Norwegen*
Der GEIST von Hamlets Vater
REINHOLD, *Diener des Polonius*
SCHAUSPIELER
Zwei TOTENGRÄBER
Ein NORWEGISCHER HAUPTMANN
Ein EDELMANN
Ein PRIESTER
ENGLISCHE GESANDTE
GERTRUD, *Königin von Dänemark, Hamlets Mutter*
OPHELIA, *Tochter des Polonius*
HERREN und DAMEN VOM HOFE, SOLDATEN,
MATROSEN, BOTEN und anderes GEFOLGE

Die Szene ist in Dänemark.

Erster Aufzug

Erste Szene

Helsingör. Eine Terrasse vor dem Schlosse.

FRANCISCO *auf dem Posten.* BERNARDO *tritt auf.*

BERNARDO: Wer da?
FRANCISCO: Nein, *mir* antwortet: steht und gebt Euch kund.
BERNARDO: Lang lebe der König!
FRANCISCO: Bernardo?
BERNARDO: Er selbst.
FRANCISCO: Ihr kommt gewissenhaft auf Eure Stunde.
BERNARDO: Es schlug schon zwölf; mach dich zu Bett, Francisco.
FRANCISCO: Dank für die Ablösung! ’s ist bitter kalt,
Und mir ist schlimm zumut.
BERNARDO: War Eure Wache ruhig?
FRANCISCO: Alles mausestill.
BERNARDO: Nun, gute Nacht!
Wenn Ihr auf meine Wachtgefährten stoßt,
Horatio und Marcellus, heißt sie eilen.

HORATIO *und* MARCELLUS *treten auf.*

FRANCISCO: Ich denk, ich höre sie. – He! Halt! Wer da?
HORATIO: Freund dieses Bodens.
MARCELLUS: Und Vasall des Dänen.
FRANCISCO: Habt gute Nacht.
MARCELLUS: O grüß dich, wackrer Krieger,
Wer hat dich abgelöst?
FRANCISCO: Bernardo hat den Posten.
Habt gute Nacht. *Ab.*
MARCELLUS: Holla, Bernardo!
BERNARDO: Sprecht!
He, ist Horatio da?
HORATIO: Ein Stück von ihm.
BERNARDO: Willkommen Euch! Willkommen, Freund Marcellus.
HORATIO: Nun, ist das Ding heut wiederum erschienen?

BERNARDO: Ich habe nichts gesehn.
MARCELLUS: Horatio sagt, es sei nur Einbildung,
Und will dem Glauben keinen Raum gestatten
An dieses Schreckbild, das wir zweimal sahn.
Deswegen hab ich ihn hierher geladen,
Mit uns die Stunden dieser Nacht zu wachen,
Damit, wenn wieder die Erscheinung kommt,
Er unsern Augen zeug und mit ihr spreche.
HORATIO: Pah, pah! Sie wird nicht kommen.
BERNARDO: Setzt Euch denn,
Und lasst uns nochmals Euer Ohr bestürmen,
Das so verschanzt ist gegen den Bericht,
Was wir zwei Nächte sahn.
HORATIO: Gut, sitzen wir,
Und lasst Bernardo uns hiervon erzählen.
BERNARDO: Die allerletzte Nacht,
Als eben jener Stern vom Pol gen Westen
In seinem Lauf den Teil des Himmels hellte,
Wo jetzt er glüht: da sahn Marcell und ich,
Indem die Glocke eins schlug –
MARCELLUS: O still! Halt ein! Sieh, wie's da wieder kommt!
Der GEIST *kommt.*
BERNARDO: Ganz die Gestalt wie der verstorbne König.
MARCELLUS: Du bist gelehrt, sprich du mit ihm, Horatio.
BERNARDO: Sieht's nicht dem König gleich? Schau's an, Horatio.
HORATIO:
Ganz gleich; es macht mich starr vor Furcht und Staunen.
BERNARDO: Es möchte angeredet sein.
MARCELLUS: Horatio, sprich mit ihm.
HORATIO: Wer bist du, der sich diese Nachtzeit anmaßt
Und diese edle kriegrische Gestalt,
Worin die Hoheit des begrabnen Dänmark
Weiland einherging? Ich beschwöre dich
Beim Himmel, sprich.
MARCELLUS: Es ist beleidigt.
BERNARDO: Seht, es schreitet weg.

HORATIO: Bleib, sprich! Sprich, ich beschwör dich, sprich!
Geist ab.
MARCELLUS: Fort ist's und will nicht reden.
BERNARDO: Wie nun, Horatio? Ihr zittert und seid bleich:
Ist dies nicht etwas mehr als Einbildung?
Was haltet Ihr davon?
HORATIO: Bei meinem Gott, ich dürfte dies nicht glauben,
Hätt ich die sichre fühlbare Gewähr
Der eignen Augen nicht.
MARCELLUS: Sieht's nicht dem König gleich?
HORATIO: Wie du dir selbst.
Genauso war die Rüstung, die er trug,
Als er sich mit dem stolzen Norweg maß;
So dräut er einst, als er in hartem Zweisprach
Aufs Eis warf den beschütteten Polacken.
's ist seltsam.
MARCELLUS: So schritt er grad um diese dumpfe Stunde
Schon zweimal kriegrisch unsre Wacht vorbei.
HORATIO: Wie dies bestimmt zu deuten, weiß ich nicht;
Allein soviel ich insgesamt erachte,
Verkündet's unserm Staat besondre Gärung.
MARCELLUS: Nun setzt euch, Freunde, sagt mir, wer es weiß,
Warum dies aufmerksame strenge Wachen
Den Untertan des Landes nächtlich plagt?
Warum wird Tag für Tag Geschütz gegossen
Und in der Fremde Kriegsgerät gekauft?
Warum gepresst für Werfte, wo das Volk
Den Sonntag nicht vom sauren Werktag trennt?
Was gibt's, dass diese schweißbetriefte Eil
Die Nacht dem Tage zur Gehilfin macht?
Kann jemand mich belehren?
HORATIO: Ja, ich kann's;
Zum mindsten heißt es so. Der letzte König,
[Des Bild erst eben hier vor uns erschienen,]
Ward, wie ihr wisst, durch Fortinbras von Norweg,
Den eifersücht'ger Stolz dazu gespornt,

Zum Kampf gefordert; unser tapfrer Hamlet
(Denn diese Seite der bekannten Welt
Hält ihn dafür) schlug diesen Fortinbras,
Der laut dem untersiegelten Vertrag,
Bekräftiget durch Recht und Rittersitte,
Mit seinem Leben alle Länderein,
Die er besaß, verwirkte an den Sieger;
Wogegen auch ein angemessnes Teil
Von unserm König ward zum Pfand gesetzt,
Das Fortinbras anheimgefallen wäre,
Hätt er gesiegt; wie durch denselben Handel
Und Inhalt der besprochnen Punkte seins
An Hamlet fiel. Der junge Fortinbras
Hat nun, von wildem Feuer heiß und voll,
An Norwegs Ecken hier und da ein Heer
Landloser Abenteurer aufgerafft
Für Brot und Kost zu einem Unternehmen,
Das Herz hat; welches denn kein andres ist
(Wie unser Staat das auch gar wohl erkennt),
Als durch die starke Hand und Zwang der Waffen
Die vorbesagten Land' uns abzunehmen,
Die so sein Vater eingebüßt: und dies
Scheint mir der Antrieb unsrer Zurüstungen,
Die Quelle unsrer Wachen und der Grund
Von diesem Treiben und Gewühl im Lande.

BERNARDO: Nichts anders, denk ich, ist's, als ebendies.
Wohl trifft es zu, dass diese Schreckgestalt
In Waffen unsre Wacht besucht, so ähnlich
Dem König, der der Anlass dieses Kriegs.

HORATIO: Ein Stäubchen ist's, des Geistes Aug zu trüben.
Im höchsten palmenreichsten Stande Roms,
Kurz vor dem Fall des großen Julius, standen
Die Gräber leer, verhüllte Tote schrien
Und wimmerten die röm'schen Gassen durch.
Dann feurgeschweifte Sterne, blut'ger Tau,
Die Sonne fleckig; und der feuchte Stern,

Des Einfluss waltet in Neptunus' Reich,
Krankt' an Verfinstrung wie zum Jüngsten Tag.
Und ebensolche Zeichen grauser Dinge
– Als Boten, die dem Schicksal stets vorangehn,
Und Vorspiel der Entscheidung, die sich naht –
Hat Erd und Himmel insgemein gesandt
An unsern Himmelsstrich und Landsgenossen.

Der GEIST *kommt wieder.*

Doch still! Schaut, wie's da wieder kommt. Ich kreuz es,
Und sollt es mich verderben. – Steh, Phantom!
Hast du Gebrauch der Stimm und einen Laut:
Sprich zu mir!
Ist irgendeine gute Tat zu tun,
Die Ruh dir bringen kann und Ehre mir:
Sprich zu mir!
Bist du vertraut mit deines Landes Schicksal,
Das etwa noch Voraussicht wenden kann:
O sprich!
Und hast du aufgehäuft in deinem Leben
Erpresste Schätze in der Erde Schoß,
Wofür ihr Geister, sagt man, oft im Tode
Umhergeht: Sprich davon! Verweil und sprich!

Der Hahn kräht.

Halt es doch auf, Marcellus!

MARCELLUS: Soll ich nach ihm mit der Hellbarde schlagen?

HORATIO: Tu's, wenn's nicht stehen will.

BERNARDO: 's ist hier.

HORATIO: 's ist hier.

Geist ab.

MARCELLUS: 's ist fort.
Wir tun ihm Schmach, da es so majestätisch,
Wenn wir den Anschein der Gewalt ihm bieten.
Denn es ist unverwundbar wie die Luft,
Und unsre Streiche nur boshafter Hohn.

BERNARDO: Es war am Reden, als der Hahn just krähte.

HORATIO: Und da fuhr's auf gleich einem sünd'gen Wesen
Auf einen Schreckensruf. Ich hab gehört,
Der Hahn, der als Trompete dient dem Morgen,
Erweckt mit schmetternder und heller Kehle
Den Gott des Tages, und auf seine Mahnung,
Sei's in der See, in Feur, Erd oder Luft,
Eilt jeder schweifende und irre Geist
In sein Revier; und von der Wahrheit dessen
Gab dieser Gegenstand uns den Beweis.
MARCELLUS: Es schwand erblassend mit des Hahnes Krähn,
Sie sagen, immer wenn die Jahrszeit naht,
Da man des Heilands Ankunft feiert, singe
Die ganze Nacht durch dieser frühe Vogel.
Dann darf kein Geist umhergehn, sagen sie,
Die Nächte sind gesund, dann trifft kein Stern,
Kein Elfe faht, noch mögen Hexen zaubern:
So gnadenvoll und heilig ist die Zeit.
HORATIO: So hört auch ich und glaube dran zum Teil.
Doch seht, der Morgen, angetan mit Purpur,
Betritt den Tau des hohen Hügels dort:
Lasst uns die Wacht aufbrechen, und ich rate,
Vertraun wir, was wir diese Nacht gesehn,
Dem jungen Hamlet; denn bei meinem Leben,
Der Geist, so stumm für uns, ihm wird er reden.
Ihr willigt drein, dass wir ihm dieses melden,
Wie Lieb uns nötigt und der Pflicht geziemt?
MARCELLUS: Ich bitt Euch, tun wir das; ich weiß, wo wir
Ihn am bequemsten heute finden werden.

Alle ab.

Zweite Szene

Ein Staatszimmer im Schlosse.

Trompetenstoß. Es treten auf der KÖNIG, *die* KÖNIGIN, RÄTE, POLONIUS, LAERTES, VOLTIMAND, CORNELIUS *und zuletzt* HAMLET.

KÖNIG: Wiewohl von Hamlets Tod, des werten Bruders,
Noch das Gedächtnis frisch; und ob es unserm Herzen
Zu trauern ziemte und dem ganzen Reich,
In *eine* Stirn des Grames sich zu falten:
So weit hat Urteil die Natur bekämpft,
Dass wir mit weisem Kummer sein gedenken
Zugleich mit der Erinnerung an uns selbst.
Wir haben also unsre weiland Schwester,
Jetzt unsre Königin, die hohe Witwe
Und Erbin dieses kriegerischen Staats,
Mit unterdrückter Freude, sozusagen
Mit einem heitern, einem nassen Aug,
Mit Leichenjubel und mit Hochzeitsklage,
In gleichen Schalen wägend Leid und Lust,
Zur Eh genommen; haben auch hierin
Nicht eurer bessern Weisheit widerstrebt,
Die frei uns beigestimmt. – Für alles Dank!
Nun, wisst ihr, hat der junge Fortinbras
Aus Minderschätzung unsers Werts und denkend,
Durch unsers teuren sel'gen Bruders Tod
Sei unser Staat verrenkt und aus den Fugen
– Gestützt auf diesen Traum von seinem Vorteil –,
Mit Botschaft uns zu plagen nicht ermangelt
Um Wiedergabe jener Länderein,
Rechtskräftig eingebüßt von seinem Vater
An unsern tapfern Bruder. – Soviel von ihm;
Nun von uns selbst und eurer Herberufung.
So lautet das Geschäft: Wir schreiben hier
An Norweg, Ohm des jungen Fortinbras,

Der, schwach, bettlägrig, kaum von diesem Anschlag
Des Neffen hört, desselben fernem Gang
Hierin zu hemmen; sintemal die Werbung,
Bestand und Zahl der Truppen, alles doch
Aus seinem Volk geschieht; und senden nun
Euch, wackrer Voltimand, und Euch, Cornelius,
Mit diesem Gruß zum alten Norweg hin;
Euch keine weitre Vollmacht übergebend,
Zu handeln mit dem König, als das Maß
Der hier erörterten Artikel zulässt.
Lebt wohl, und Eil empfehle euren Eifer.

CORNELIUS *und* VOLTIMAND:
Hier, wie in allem, wollen wir ihn zeigen.

KÖNIG: Wir zweifeln nicht daran. Lebt herzlich wohl.
Voltimand und Cornelius ab.
Und nun, Laertes, sagt, was bringt Ihr uns?
Ihr nanntet ein Gesuch: was ist's, Laertes?
Ihr könnt nicht von Vernunft dem Dänen reden
Und Euer Wort verlieren. Kannst du bitten,
Was ich nicht gern gewährt, eh du's verlangt?
Der Kopf ist nicht dem Herzen mehr verwandt,
Die Hand dem Munde dienstgefäll'ger nicht,
Als Dänmarks Thron es deinem Vater ist.
Was wünschest du, Laertes?

LAERTES: Hoher Herr,
Vergünstigung, nach Frankreich rückzukehren,
Woher ich zwar nach Dänmark willig kam,
Bei Eurer Krönung meine Pflicht zu leisten;
Doch nun, gesteh ich, da die Pflicht erfüllt,
Strebt mein Gedank und Wunsch nach Frankreich hin
Und neigt sich Eurer gnädigen Erlaubnis.

KÖNIG: Erlaubt's der Vater Euch? Was sagt Polonius?

POLONIUS: Er hat, mein Fürst, die zögernde Erlaubnis
Mir durch beharrlich Bitten abgedrungen,
Dass ich zuletzt auf seinen Wunsch das Siegel

Der schwierigen Bewilligung gedrückt.
Ich bitt Euch, gebt Erlaubnis ihm zu gehn.
KÖNIG: Nimm deine günst'ge Stunde wahr, Laertes,
Nutz deine Zeit nach Lust und besten Kräften! –
Doch nun, mein Vetter Hamlet und mein Sohn –
HAMLET *beiseite*: Mehr als befreundet, weniger als Freund.
KÖNIG: Wie, hängen stets noch Wolken über Euch?
HAMLET: Nicht doch, mein Fürst, ich habe zu viel Sonne.
KÖNIGIN: Wirf, guter Hamlet, ab die nächt'ge Farbe
Und lass dein Aug als Freund auf Dänmark sehn.
Such nicht beständig mit gesenkten Wimpern
Nach deinem edlen Vater in dem Staub.
Du weißt, es ist gemein: was lebt, muss sterben
Und Ew'ges nach der Zeitlichkeit erwerben.
HAMLET: Ja, gnäd'ge Frau, es ist gemein.
KÖNIGIN: Nun wohl,
Weswegen scheint es so besonders dir?
HAMLET: Scheint, gnäd'ge Frau? Nein, ist; mir gilt kein »scheint«.
Nicht bloß mein düstrer Mantel, gute Mutter,
Noch die gewohnte Tracht von ernstem Schwarz
Noch stürmisches Geseufz beklemmten Odems
Noch auch im Auge der ergieb'ge Strom
Noch die gebeugte Haltung des Gesichts
Samt aller Sitte, Art, Gestalt des Grames
Ist das, was wahr mich kundgibt; dies scheint wirklich:
Es sind Gebärden, die man spielen könnte.
Was über allen Schein, trag ich in mir;
All dies ist nur des Kummers Kleid und Zier.
KÖNIG: Es ist gar lieb und Eurem Herzen rühmlich, Hamlet,
Dem Vater diese Trauerpflicht zu leisten.
Doch wisst, auch Eurem Vater starb ein Vater;
Dem seiner, und der Nachgelassne soll
Nach kindlicher Verpflichtung ein'ge Zeit
Die Leichentrauer halten. Doch zu beharren
In eigenwill'gen Klagen ist das Tun
Gottlosen Starrsinns, ist unmännlich Leid,

Zeigt einen Willen, der dem Himmel trotzt,
Ein unverschanztes Herz und wild Gemüt,
Zeigt blöden, ungelehrigen Verstand.
Wovon man weiß, es *muss* sein, was gewöhnlich
Wie das Gemeinste, das die Sinne rührt:
Weswegen das in mürr'schem Widerstande
Zu Herzen nehmen? Pfui! Es ist Vergehn
Am Himmel; ist Vergehen an dem Toten,
Vergehn an der Natur; vor der Vernunft
Höchst töricht, deren allgemeine Predigt
Der Väter Tod ist und die immer rief
Vom ersten Leichnam bis zum heut verstorbnen:
»Dies muss so sein.« Wir bitten, werft zu Boden
Dies unfruchtbare Leid und denkt von uns
Als einem Vater; denn wissen soll die Welt,
Dass Ihr an unserm Thron der Nächste seid,
Und mit nicht minder Überschwang der Liebe,
Als seinem Sohn der liebste Vater widmet,
Bin ich Euch zugetan. Was Eure Rückkehr
Zur hohen Schul in Wittenberg betrifft,
So widerspricht sie höchlich unserm Wunsch,
Und wir ersuchen Euch, beliebt zu bleiben
Hier in dem milden Scheine unsers Augs
Als unser erster Hofmann, Vetter, Sohn.

KÖNIGIN: Lass deine Mutter fehl nicht bitten, Hamlet:
Ich bitte, bleib bei uns, geh nicht nach Wittenberg.

HAMLET: Ich will Euch gern gehorchen, gnäd'ge Frau.

KÖNIG: Wohl, das ist eine liebe, schöne Antwort.
Seid wie wir selbst in Dänmark. – Kommt, Gemahlin!
Dies will'ge, freundliche Nachgeben Hamlets
Tut meinem Herzen wohl; und dem zu Ehren
Soll das Geschütz heut jeden frohen Trunk,
Den Dänmark ausbringt, in die Wolken tragen,
Und wenn der König anklingt, soll der Himmel
Nachdröhnen ird'schem Donner. – Kommt mit mir.

Trompeten. Alle ab außer Hamlet.

HAMLET: O schmölze doch dies allzu feste Fleisch,
Zerging und löst' in einen Tau sich auf!
Oder hätte nicht der Ew'ge sein Gebot
Gerichtet gegen Selbstmord! – O Gott! O Gott!
Wie ekel, schal und flach und unersprießlich
Scheint mir das ganze Treiben dieser Welt!
Pfui! Pfui darüber! 's ist ein wüster Garten,
Der auf in Samen schießt; verworfnes Unkraut
Erfüllt ihn gänzlich. Dazu musst es kommen!
Zwei Mond' erst tot! – Nein, nicht so viel, nicht zwei;
Solch trefflicher Monarch! Der neben diesem
Apoll bei einem Satyr; so meine Mutter liebend,
Dass er des Himmels Winde nicht zu rau
Ihr Antlitz ließ berühren. Himmel und Erde!
Muss ich gedenken? Hing sie doch an ihm,
Als stieg' das Wachstum ihrer Lust mit dem,
Was ihre Kost war. Und doch in einem Mond –
Lasst mich's nicht denken! – Schwachheit, dein Nam ist Weib! –
Ein kurzer Mond; bevor die Schuh verbraucht,
Womit sie meines Vaters Leiche folgte,
Wie Niobe, ganz Tränen – sie, ja sie;
O Himmel! Würd ein Tier, das nicht Vernunft hat,
Doch länger trauern. – Meinem Ohm vermählt,
Dem Bruder meines Vaters, doch ihm ähnlich
Wie ich dem Herkules: in einem Monat!
Bevor das Salz höchst frevelhafter Tränen
Der wunden Augen Röte noch verließ,
War sie vermählt! – O schnöde Hast, so rasch
In ein blutschänderisches Bett zu stürzen!
Es ist nicht, und es wird auch nimmer gut.
Doch brich, mein Herz! Denn schweigen muss mein Mund.

HORATIO, BERNARDO *und* MARCELLUS *treten auf.*

HORATIO: Heil Eurer Hoheit!
HAMLET: Ich bin erfreut, Euch wohl zu sehn.
Horatio – wenn ich nicht mich selbst vergesse?

HORATIO: Ja, Prinz, und Euer armer Diener stets.
HAMLET: Mein guter Freund; vertauscht mir jenen Namen.
Was macht ihr hier von Wittenberg, Horatio?
Marcellus?
MARCELLUS: Gnäd'ger Herr –
HAMLET: Es freut mich, euch zu sehn. Habt guten Abend.
Im Ernst, was führt' euch weg von Wittenberg?
HORATIO: Ein müßiggängerischer Hang, mein Prinz.
HAMLET: Das möcht ich euren Feind nicht sagen hören
Noch sollt ihr meinem Ohr den Zwang antun,
Dass euer eignes Zeugnis gegen euch
Ihm gültig wär. Ich weiß, ihr geht nicht müßig.
Doch was ist eur Geschäft in Helsingör?
Ihr sollt noch trinken lernen, eh ihr reist.
HORATIO: Ich kam zu Eures Vaters Leichenfeier.
HAMLET: Ich bitte, spotte meiner nicht, mein Schulfreund;
Du kamst gewiss zu meiner Mutter Hochzeit.
HORATIO: Fürwahr, mein Prinz, sie folgte schnell darauf.
HAMLET: Wirtschaft, Horatio! Wirtschaft! Das Gebackne
Vom Leichenschmaus gab kalte Hochzeitsschüsseln.
Hätt ich den ärgsten Feind im Himmel lieber
Getroffen als den Tag erlebt, Horatio!
Mein Vater – mich dünkt, ich sehe meinen Vater.
HORATIO: Wo, mein Prinz?
HAMLET: In meines Geistes Aug, Horatio.
HORATIO: Ich sah ihn einst, er war ein wackrer König.
HAMLET: Er war ein Mann, nehmt alles nur in allem,
Ich werde nimmer seinesgleichen sehn.
HORATIO: Mein Prinz, ich denk, ich sah ihn vor'ge Nacht.
HAMLET: Sah? Wen?
HORATIO: Mein Prinz, den König, Euren Vater.
HAMLET: Den König, meinen Vater?
HORATIO: Beruhigt das Erstaunen eine Weil
Durch ein aufmerksam Ohr; bis ich dies Wunder,
Auf die Bekräftigung der Männer hier,
Euch kann berichten.

HAMLET: Um Gottes willen, lasst mich hören.
HORATIO: Zwei Nächte nacheinander war's den beiden,
Marcellus und Bernardo, auf der Wache
In toter Stille tiefer Mitternacht
So widerfahren. Ein Schatten wie Eur Vater,
[Geharnischt, ganz in Wehr von Kopf zu Fuß,]
Erscheint vor ihnen, geht mit ernstem Tritt
Langsam vorbei und stattlich; schreitet dreimal
Vor ihren starren, furchtergriffnen Augen,
Sodass sein Stab sie abreicht; während sie,
Geronnen fast zu Gallert durch die Furcht,
Stumm stehn und reden es nicht an. Dies nun
In banger Heimlichkeit vertraun sie mir.
Ich hielt die dritte Nacht mit ihnen Wache;
Und da, wie sie berichtet, nach der Zeit,
Gestalt des Dings, buchstäblich alles wahr,
Kommt das Gespenst. Ich kannte Euren Vater:
Hier diese Hände gleichen sich nicht mehr.
HAMLET: Wo ging dies aber vor?
MARCELLUS: Auf der Terrasse, wo wir Wache hielten.
HAMLET: Ihr sprachet nicht mit ihm?
HORATIO: Ich tat's, mein Prinz,
Doch Antwort gab es nicht; nur einmal schien's,
Es höb sein Haupt empor und schickte sich
Zu der Bewegung an, als wollt es sprechen.
Doch eben krähte laut der Morgenhahn,
Und bei dem Tone schlüpft' es eilig weg
Und schwand aus unserm Blick.
HAMLET: Sehr sonderbar.
HORATIO: Bei meinem Leben, edler Prinz, 's ist wahr;
Wir hielten's durch die Pflicht uns vorgeschrieben,
Die Sach Euch kundzutun.
HAMLET: Im Ernst, im Ernst, ihr Herrn, dies ängstigt mich.
Habt ihr die Wache heut?
ALLE: Ja, gnäd'ger Herr.
HAMLET: Geharnischt, sagt ihr?

ALLE: Geharnischt, gnäd'ger Herr.
HAMLET: Vom Wirbel bis zur Zeh?
ALLE: Von Kopf zu Fuß.
HAMLET: So saht ihr sein Gesicht nicht?
HORATIO: O ja doch, sein Visier war aufgezogen.
HAMLET: Nun, blickt' es finster?
HORATIO: Eine Miene mehr
Des Leidens als des Zorns.
HAMLET: Blass oder rot?
HORATIO: Nein, äußerst blass.
HAMLET: Sein Aug auf euch geheftet?
HORATIO: Ganz fest.
HAMLET: Ich wollt, ich wär dabei gewesen.
HORATIO: Ihr hättet Euch gewiss entsetzt.
HAMLET: Sehr glaublich,
Sehr glaublich. Blieb es lang?
HORATIO: Derweil mit mäß'ger Eil
Man hundert zählen konnte.
MARCELLUS *und* BERNARDO: Länger, länger.
HORATIO: Nicht, da ich's sah.
HAMLET: Sein Bart war greis, nicht wahr?
HORATIO: Wie ich's an ihm in seinem Leben sah,
Ein schwärzlich Silbergrau.
HAMLET: Ich will heut wachen.
Vielleicht wird's wieder kommen.
HORATIO: Zuverlässig.
HAMLET: Erscheint's in meines edlen Vaters Bildung,
So red ich's an, gähnt' auch die Hölle selbst
Und hieß' mich ruhig sein. Ich bitt euch alle:
Habt ihr bis jetzt verheimlicht dies Gesicht,
So haltet's ferner fest in eurem Schweigen;
Und was sich sonst zur Nacht ereignen mag,
Gebt allem einen Sinn, doch keine Zunge.
Ich will die Lieb euch lohnen; lebt denn wohl!
Auf der Terrasse zwischen elf und zwölf
Besuch ich euch.

ALLE: Eur Gnaden unsre Dienste.
HAMLET: Nein, eure Liebe, so wie meine euch.
Lebt wohl nun.
Horatio, Marcellus und Bernardo ab.
Meines Vaters Geist in Waffen!
Es taugt nicht alles: ich vermute was
Von argen Ränken. War die Nacht erst da!
Bis dahin ruhig, Seele! Schnöde Taten,
Birgt sie die Erd auch, müssen sich verraten. *Ab.*

DRITTE SZENE

Ein Zimmer in Polonius' Hause.

LAERTES *und* OPHELIA *treten auf.*

LAERTES: Mein Reisegut ist eingeschifft. Leb wohl,
Und, Schwester, wenn die Winde günstig sind
Und Schiffsgeleit sich findet, schlaf nicht, lass
Von dir mich hören.
OPHELIA: Zweifelst du daran?
LAERTES: Was Hamlet angeht und sein Liebsgetändel,
So nimm's als Laune, als ein Spiel des Bluts;
Ein Veilchen in der Jugend der Natur,
Frühzeitig, nicht beständig – süß, nicht dauernd,
Nur Duft und Labsal eines Augenblicks:
Nichts weiter.
OPHELIA: Weiter nichts?
LAERTES: Nur dafür halt es.
Denn die Natur, aufstrebend, nimmt nicht bloß
An Größ und Sehnen zu; wie dieser Tempel wächst,
So wird der innre Dienst von Seel und Geist
Auch weit mit ihm. Er liebt Euch jetzt vielleicht;
Kein Arg und kein Betrug befleckt bis jetzt
Die Tugend seines Willens: doch befürchte,
Bei seinem Rang gehört sein Will ihm nicht.

Er selbst ist der Geburt ja Untertan.
Er kann nicht, wie geringe Leute tun,
Für sich auslesen; denn an seiner Wahl
Hängt Sicherheit und Heil des ganzen Staats.
Deshalb muss seine Wahl beschränket sein
Vom Beifall und der Stimme jenes Körpers,
Von welchem er das Haupt. Wenn er nun sagt, er liebt dich,
Geziemt es deiner Klugheit, ihm zu glauben,
So weit er nach besonderm Recht und Stand
Tat geben kann dem Wort; das heißt, nicht weiter,
Als Dänemarks gesamte Stimme geht.
Bedenk, was deine Ehre leiden kann,
Wenn du zu gläubig seinem Liede lauschest,
Dein Herz verlierst und deinen keuschen Schatz
Vor seinem ungestümen Dringen öffnest.
Fürcht es, Ophelia! Fürcht es, liebe Schwester,
Und halte dich im Hintergrund der Neigung,
Fern von dem Schuss und Anfall der Begier.
Das scheuste Mädchen ist verschwendrisch noch,
Wenn sie dem Monde ihren Reiz enthüllt,
Selbst Tugend nicht entgeht Verleumdertücken,
Es nagt der Wurm des Frühlings Kinder an,
Zu oft, noch eh die Knospe sich erschließt,
Und in der Früh und frischem Tau der Jugend
Ist gift'ger Anhauch am gefährlichsten.
Sei denn behutsam! Furcht gibt Sicherheit,
Auch ohne Feind hat Jugend innern Streit.

OPHELIA: Ich will den Sinn so guter Lehr bewahren
Als Wächter meiner Brust; doch, lieber Bruder,
Zeigt nicht, wie heilvergessne Pred'ger tun,
Den steilen Dornenweg zum Himmel andern,
Derweil als frecher, lockrer Wollüstling
Er selbst den Blumenpfad der Lust betritt
Und spottet seines Rats.

POLONIUS *kommt.*

LAERTES: O fürchte nichts!
Zu lange weil ich – doch da kommt mein Vater.
Zwiefacher Segen ist ein zwiefach Heil:
Der Zufall lächelt einem zweiten Abschied.
POLONIUS: Noch hier, Laertes? Ei, ei! An Bord, an Bord!
Der Wind sitzt in dem Nacken Eures Segels,
Und man verlangt Euch. Hier mein Segen mit dir!
Indem er dem Laertes die Hand aufs Haupt legt.
Und diese Regeln präg in dein Gedächtnis.
Gib den Gedanken, die du hegst, nicht Zunge
Noch einem ungebührlichen die Tat.
Leutselig sei, doch keineswegs gemein.
Den Freund, der dein und dessen Wahl erprobt,
Mit ehrnen Reifen klammr ihn an dein Herz.
Doch härte deine Hand nicht durch Begrüßung
Von jedem neu geheckten Bruder. Hüte dich,
In Händel zu geraten; bist du drin,
Führ sie, dass sich dein Feind vor dir mag hüten.
Dein Ohr leih jedem, wen'gen deine Stimme;
Nimm Rat von allen, aber spar dein Urteil.
Die Kleidung kostbar, wie's dein Beutel kann,
Doch nicht ins Grillenhafte; reich, nicht bunt:
Denn es verkündigt oft die Tracht den Mann,
Und die vom ersten Rang und Stand in Frankreich
Sind darin ausgesucht und edler Sitte.
Kein Borger sei und auch Verleiher nicht;
Sich und den Freund verliert das Darlehn oft,
Und borgen stumpft der Wirtschaft Spitze ab.
Dies über alles: sei dir selber treu,
Und daraus folgt so wie die Nacht dem Tage,
Du kannst nicht falsch sein gegen irgendwen.
Leb wohl! Mein Segen fördre dies an dir!
LAERTES: In Ehrerbietung nehm ich Abschied, Herr.
POLONIUS: Euch ruft die Zeit; geht, Eure Diener warten.
LAERTES: Leb wohl, Ophelia, und gedenk an das,
Was ich dir sagte.

OPHELIA: Es ist in mein Gedächtnis fest verschlossen,
Und Ihr sollt selbst dazu den Schlüssel führen.
LAERTES: Lebt wohl. *Ab.*
POLONIUS: Was ist's, Ophelia, das er Euch gesagt?
OPHELIA: Wenn Ihr erlaubt, vom Prinzen Hamlet war's.
POLONIUS: Ha, wohlbedacht!
Ich höre, dass er Euch seit Kurzem oft
Vertraute Zeit geschenkt und dass Ihr selbst
Mit Eurem Zutritt sehr bereit und frei wart.
Wenn dem so ist – und so erzählt man mir's,
Und das als Warnung zwar –, muss ich Euch sagen,
Dass Ihr Euch selber nicht so klar versteht,
Wie meiner Tochter ziemt und Eurer Ehre.
Was gibt es zwischen euch? Sagt mir die Wahrheit.
OPHELIA: Er hat seither Anträge mir getan
Von seiner Zuneigung.
POLONIUS: Pah, Zuneigung! Ihr sprecht wie junges Blut,
In solchen Fährlichkeiten unbewandert.
Und glaubt Ihr den Anträgen, wie Ihr's nennt?
OPHELIA: Ich weiß nicht, Vater, was ich denken soll.
POLONIUS: So hört's denn: denkt, Ihr seid ein dummes Ding,
Dass Ihr für bar Anträge habt genommen,
Die ohn Ertrag sind. Nein, betragt Euch klüger,
Sonst – um das arme Wort nicht totzuhetzen –
Trägt Eure Narrheit noch Euch Schaden ein.
OPHELIA: Er hat mit seiner Lieb in mich gedrungen
In aller Ehr und Sitte.
POLONIUS: Ja, Sitte mögt Ihr's nennen: geht mir, geht!
OPHELIA: Und hat sein Wort beglaubigt, lieber Herr,
Beinah durch jeden heil'gen Schwur des Himmels.
POLONIUS: Ja, Sprenkel für die Drosseln. Weiß ich doch,
Wenn das Blut kocht, wie das Gemüt der Zunge
Freigebig Schwüre leiht. Dies Lodern, Tochter,
Mehr leuchtend als erwärmend und erloschen
Selbst im Versprechen, während es geschieht,
Nehmt keineswegs für Feuer. Kargt von nun an

Mit Eurer jungfräulichen Gegenwart
Ein wenig mehr; schätzt Eure Unterhaltung
Zu hoch, um auf Befehl bereit zu sein.
Und was Prinz Hamlet angeht, traut ihm so:
Er sei noch jung und habe freiem Spielraum,
Als Euch vergönnt mag werden. Kurz, Ophelia,
Traut seinen Schwüren nicht: denn sie sind Kuppler,
Nicht von der Farbe ihrer äußern Tracht,
Fürsprecher sündlicher Gesuche bloß,
Gleichwie scheinheil'ge Buhlerinnen lispelnd,
Um besser zu berücken. Eins für alles:
Ihr sollt mir, gradheraus, von heute an
Die Muße keines Augenblicks so schmähn,
Dass Ihr Gespräche mit Prinz Hamlet pflöget.
Seht zu, ich sag's Euch; geht nun Eures Weges.

OPHELIA: Ich will gehorchen, Herr.

Beide ab.

Vierte Szene

Die Terrasse.

HAMLET, HORATIO *und* MARCELLUS *treten auf.*

HAMLET: Die Luft geht scharf, es ist entsetzlich kalt.
HORATIO: 's ist eine schneidende und strenge Luft.
HAMLET: Was ist die Uhr?
HORATIO: Ich denke, nah an zwölf.
MARCELLUS: Nicht doch, es hat geschlagen.
HORATIO: Wirklich schon?
Ich hört es nicht; so rückt heran die Stunde,
Worin der Geist gewohnt ist umzugehn.

Trompetenstoß und Geschütz abgefeuert hinter der Szene.

Was stellt das vor, mein Prinz?

HAMLET:
Der König wacht die Nacht durch, zecht vollauf,

Hält Schmaus und taumelt den geräusch'gen Hüpfauf;
Und wie er Züge Rheinweins niedergießt,
Verkünden schmetternd Pauken und Trompeten
Den ausgebrachten Trunk.

HORATIO: Ist das Gebrauch?

HAMLET: Nun freilich wohl:
Doch meines Dünkens – bin ich eingeboren
Und drin erzogen schon – ist's ein Gebrauch,
Wovon der Bruch mehr ehrt als die Befolgung.
Dies schwindelköpf'ge Zechen macht verrufen
Bei andern Völkern uns in Ost und West;
Man heißt uns Säufer, hängt an unsre Namen
Ein schmutzig Beiwort; und fürwahr, es nimmt
Von unsern Taten, noch so groß verrichtet,
Den Kern und Ausbund unsers Wertes weg.
So geht es oft mit einzeln Menschen auch,
Dass sie durch ein Naturmal, das sie schändet,
Wie etwa von Geburt – worin sie schuldlos,
Weil die Natur nicht ihren Ursprung wählt –
Ein Übermaß in ihres Blutes Mischung,
Das Dämm und Schanzen der Vernunft oft einbricht,
Auch wohl durch Angewöhnung, die zu sehr
Den Schein gefäll'ger Sitten überrostet –
Dass diese Menschen, sag ich, welche so
Von einem Fehler das Gepräge tragen,
Sei's Farbe der Natur, sei's Fleck des Zufalls,
Und wären ihre Tugenden so rein
Wie Gnade sonst, so zahllos, wie ein Mensch
Sie tragen mag: in dem gemeinen Tadel
Steckt der besondre Fehl sie doch mit an;
Der Gran von Schlechtem zieht des edlen Wertes
Gehalt herab in seine eigne Schmach.

Der GEIST *kommt.*

HORATIO: O seht, mein Prinz, es kommt!

HAMLET: Engel und Boten Gottes, steht uns bei!
Sei du ein Geist des Segens, sei ein Kobold,

Bring Himmelslüfte oder Dampf der Hölle,
Sei dein Beginnen boshaft oder liebreich,
Du kommst in so fragwürdiger Gestalt,
Ich rede doch mit dir; ich nenn dich Hamlet,
Fürst, Vater, Dänenkönig: o gib Antwort!
Lass mich in Blindheit nicht vergehn! Nein, sag:
Warum dein fromm Gebein, verwahrt im Tode,
Die Leinen hat gesprengt? Warum die Gruft,
Worin wir ruhig eingeurnt dich sahn,
Geöffnet ihre schweren Marmorkiefer,
Dich wieder auszuwerfen? Was bedeutet's,
Dass, toter Leichnam, du in vollem Stahl
Aufs Neu des Mondes Dämmerschein besuchst,
Die Nacht entstellend; dass wir Narren der Natur
So furchtbarlich uns schütteln mit Gedanken,
Die unsre Seele nicht erreichen kann?
[Was ist dies? Sag! Warum? Was sollen wir?]

Der Geist winkt Hamlet.

HORATIO: Es winket Euch, mit ihm hinwegzugehn,
Als ob es eine Mitteilung verlangte
An Euch allein.

MARCELLUS: Seht, wie es Euch mit freundlicher Gebärde
Hinweist an einen mehr entlegnen Ort.
Geht aber nicht mit ihm.

HORATIO: Nein, keineswegs.

HAMLET: Es will nicht sprechen: wohl, so folg ich ihm.

HORATIO: Tut's nicht, mein Prinz.

HAMLET: Was wäre da zu fürchten?
Mein Leben acht ich keine Nadel wert;
Und meine Seele, kann es der was tun,
Die ein unsterblich Ding ist wie es selbst?
Es winkt mir wieder fort, ich folg ihm nach.

HORATIO: Wie, wenn es hin zur Flut Euch lockt, mein Prinz,
Vielleicht zum grausen Gipfel jenes Felsens,
Der in die See nickt über seinen Fuß?
Und dort in andre Schreckgestalt sich kleidet,

Die der Vernunft die Herrschaft rauben könnte
Und Euch zum Wahnsinn treiben? O bedenkt!
Der Ort an sich bringt Grillen der Verzweiflung
Auch ohne weitern Grund in jedes Hirn,
Das so viel Klafter niederschaut zur See
Und hört sie unten brüllen.

HAMLET: Immer winkt es:
Geh nur! Ich folge dir.

MARCELLUS: Ihr dürft nicht gehn, mein Prinz.

HAMLET: Die Hände weg!

HORATIO: Hört uns, Ihr dürft nicht gehn.

HAMLET: Mein Schicksal ruft
Und macht die kleinste Ader dieses Leibes
So fest wie Sehnen des Nemeer Löwen.

Der Geist winkt.

Es winkt mir immerfort: Lasst los! Beim Himmel!

Reißt sich los.

Den mach ich zum Gespenst, der mich zurückhält! –
Ich sage, fort! – Voran! Ich folge dir.

Der Geist und Hamlet ab.

HORATIO: Er kommt ganz außer sich vor Einbildung.

MARCELLUS: Ihm nach! Wir dürfen ihm nicht so gehorchen.

HORATIO: Kommt, folgen wir! Welch Ende wird dies nehmen?

MARCELLUS: Etwas ist faul im Staate Dänemarks.

HORATIO: Der Himmel wird es lenken.

MARCELLUS: Lasst uns folgen.

Beide ab.

Fünfte Szene

Ein abgelegener Teil der Terrasse.

Der GEIST *und* HAMLET *kommen.*

HAMLET: Wo führst du hin mich? Red, ich geh nicht weiter.
GEIST: Hör an!
HAMLET: Ich will's.
GEIST: Schon naht sich meine Stunde,
Da ich den schwefligen, qualvollen Flammen
Mich übergeben muss.
HAMLET: Ach, armer Geist!
GEIST: Beklag mich nicht, doch leih dein ernst Gehör
Dem, was ich kund will tun.
HAMLET: Sprich! Mir ist's Pflicht zu hören.
GEIST: Zu rächen auch, sobald du hören wirst.
HAMLET: Was?
GEIST: Ich bin deines Vaters Geist:
Verdammt auf eine Zeitlang, nachts zu wandern.
Und tags gebannt, zu fasten in der Glut,
Bis die Verbrechen meiner Zeitlichkeit
Hinweggeläutert sind. Wär mir's nicht untersagt,
Das Innre meines Kerkers zu enthüllen,
So höb ich eine Kunde an, von der
Das kleinste Wort die Seele dir zermalmte,
Dein junges Blut erstarren, deine Augen
Wie Stern aus ihren Kreisen schießen machte,
Dir die verworrnen, krausen Locken trennte
Und sträubte jedes einzle Haar empor
Wie Nadeln an dem zorn'gen Stacheltier:
Doch diese ew'ge Offenbarung fasst
Kein Ohr von Fleisch und Blut. – Horch, horch! O horch,
Wenn du je deinen teuren Vater liebtest –
HAMLET: O Himmel!
GEIST: Räch seinen schnöden, unerhörten Mord.
HAMLET: Mord?

GEIST: Ja, schnöder Mord, wie er aufs Beste ist,
Doch dieser unerhört und unnatürlich.
HAMLET: Eil, ihn zu melden: dass ich auf Schwingen, rasch
Wie Andacht und des Liebenden Gedanken,
Zur Rache stürmen mag.
GEIST: Du scheinst mir willig:
Auch wärst du träger als das feiste Kraut,
Das ruhig Wurzel treibt an Lethes Bord,
Erwachtest du nicht hier. Nun, Hamlet, höre:
Es heißt, dass, da ich schlief in meinem Garten,
Mich eine Schlange stach; so wird das Ohr des Reichs
Durch den erlognen Hergang meines Todes
Schmählich getäuscht; doch wisse, edler Jüngling,
Die Schlang, die deines Vaters Leben stach,
Trägt seine Krone jetzt.
HAMLET: O mein prophetisches Gemüt! Mein Oheim?
GEIST: Ja, der blutschänderische Ehebrecher,
Durch Witzes Zauber, durch Verrätergaben
(O arger Witz und Gaben, die imstand
So zu verführen sind!), gewann den Willen
Der scheinbar tugendsamen Königin
Zu schnöder Lust. O Hamlet, welch ein Abfall!
Von mir, des Liebe von der Echtheit war,
Dass Hand in Hand sie mit dem Schwüre ging,
Den ich bei der Vermählung tat; erniedrigt
Zu einem Sünder, von Natur durchaus
Armselig gegen mich!
Allein wie Tugend nie sich reizen lässt,
Buhlt Unzucht auch um sie in Himmelsbildung,
So Lust, gepaart mit einem lichten Engel,
Wird dennoch eines Götterbettes satt
Und hascht nach Wegwurf. –
Doch still! Mich dünkt, ich wittre Morgenluft;
Kurz lass mich sein. – Da ich im Garten schlief,
Wie immer meine Sitte nachmittags,
Beschlich dein Oheim meine sichre Stunde

Mit Saft verfluchten Bilsenkrauts im Fläschchen
Und träufelt' in den Eingang meines Ohrs
Das schwärende Getränk; wovon die Wirkung
So mit des Menschen Blut in Feindschaft steht,
Dass es durch die natürlichen Kanäle
Des Körpers hurtig wie Quecksilber läuft
Und wie ein saures Lab, in Milch getropft,
Mit plötzlicher Gewalt gerinnen macht
Das leichte, reine Blut. So tat es meinem,
Und Aussatz schuppte sich mir augenblicklich
Wie einem Lazarus mit ekler Rinde
Ganz um den glatten Leib.
So ward ich schlafend und durch Bruderhand
[Um Leben, Krone, Weib mit eins gebracht,]
In meiner Sünden Blüte hingerafft,
Ohn Nachtmahl, ungebeichtet, ohne Ölung;
Die Rechnung nicht geschlossen, ins Gericht
Mit aller Schuld auf meinem Haupt gesandt.

HAMLET: O schaudervoll! O schaudervoll! Höchst schaudervoll!

GEIST: Hast du Natur in dir, so leid es nicht;
Lass Dänmarks königliches Bett kein Lager
Für Blutschand und verruchte Wollust sein.
Doch wie du immer diese Tat betreibst,
Befleck dein Herz nicht; dein Gemüt ersinne
Nichts gegen deine Mutter; überlass sie
Dem Himmel und den Dornen, die im Busen
Ihr stechend wohnen. Lebe wohl mit eins!
Der Glühwurm zeigt, dass sich die Frühe naht,
Und sein unwirksam Feur beginnt zu blassen.
Ade! Ade! Ade! Gedenke mein. *Ab.*

HAMLET: O Heer des Himmels! Erde! – Was noch sonst?
Nenn ich die Hölle mit? – O pfui! Halt, halt, mein Herz!
Ihr meine Sehnen, altert nicht sogleich,
Tragt fest mich aufrecht! – Dein gedenken? Ja,
Du armer Geist, solang Gedächtnis haust
In dem zerstörten Ball hier. Dein gedenken?

Ja, von der Tafel der Erinnrung will ich
Weglöschen alle törichten Geschichten,
Aus Büchern alle Sprüche, alle Bilder,
Die Spuren des Vergangnen, welche da
Die Jugend einschrieb und Beobachtung;
Und dein Gebot soll leben ganz allein
Im Buche meines Hirnes, unvermischt
Mit minder würd'gen Dingen. – Ja, beim Himmel.
O höchst verderblich Weib!
O Schurke! Lächelnder, verdammter Schurke!
Schreibtafel her! Ich muss mir's niederschreiben,
Dass einer lächeln kann und immer lächeln
Und doch ein Schurke sein; zum wenigsten
Weiß ich gewiss, in Dänmark kann's so sein.
Da steht Ihr, Oheim. Jetzt zu meiner Losung!
Sie heißt: »Ade, ade! Gedenke mein.«
Ich hab's geschworen.

HORATIO *hinter der Szene*: Mein Prinz! Mein Prinz!
MARCELLUS *hinter der Szene*: Prinz Hamlet!
HORATIO *hinter der Szene*: Gott beschütz ihn!
HAMLET: So sei es!
MARCELLUS *hinter der Szene*: Heda! ho! Mein Prinz!
HAMLET: Ha! Heisa, Junge! Komm, Vögelchen, komm!

HORATIO *und* MARCELLUS *kommen.*

MARCELLUS: Wie steht's, mein gnäd'ger Herr?
HORATIO: Was gibt's, mein Prinz?
HAMLET: O wunderbar!
HORATIO: Sagt, bester, gnäd'ger Herr.
HAMLET: Nein, ihr verratet's.
HORATIO: Ich nicht, beim Himmel, Prinz.
MARCELLUS: Ich gleichfalls nicht.
HAMLET: Was sagt ihr? Sollt's 'ne Menschenseele denken?
Doch ihr wollt schweigen?
HORATIO *und* MARCELLUS: Ja, beim Himmel, Prinz.

HAMLET: Es lebt kein Schurk im ganzen Dänemark,
Der nicht ein ausgemachter Bube wär.
HORATIO: Es braucht kein Geist vom Grabe herzukommen,
Um das zu sagen.
HAMLET: Richtig; Ihr habt recht.
Und so, ohn alle weitre Förmlichkeit,
Denk ich, wir schütteln uns die Händ und scheiden;
Ihr tut, was euch Beruf und Neigung heißt –
Denn jeder Mensch hat Neigung und Beruf,
Wie sie denn sind –, ich für mein armes Teil,
Seht ihr, will beten gehn.
HORATIO: Dies sind nur wirblige und irre Worte, Herr.
HAMLET: Es tut mir leid, dass sie euch ärgern, herzlich;
Ja, mein Treu, herzlich.
HORATIO: Kein Ärgernis, mein Prinz.
HAMLET: Doch, bei Sankt Patrick, gibt es eins, Horatio,
Groß Ärgernis. Was die Erscheinung angeht,
Ich sag euch, 's ist ein ehrliches Gespenst.
Die Neugier, was es zwischen uns doch gibt,
Bemeistert, wie ihr könnt. Und nun, ihr Lieben,
Wofern ihr Freunde seid, Mitschüler, Krieger,
Gewährt ein Kleines mir.
HORATIO: Was ist's? Wir sind bereit.
HAMLET: Macht nie bekannt, was ihr die Nacht gesehn.
HORATIO *und* MARCELLUS: Wir wollen's nicht, mein Prinz.
HAMLET: Gut, aber schwört.
HORATIO: Auf Ehre, Prinz, ich nicht.
MARCELLUS: Ich gleichfalls nicht, auf Ehre.
HAMLET: Auf mein Schwert.
MARCELLUS: Wir haben schon geschworen, gnäd'ger Herr.
HAMLET: Im Ernste, auf mein Schwert, im Ernste.
GEIST *unter der Erde*: Schwört!
HAMLET: Haha, Bursch! Sagst du das? Bist du da, Grundehrlich?
Wohlan – ihr hört im Keller den Gesellen –
Bequemet euch, zu schwören.

HORATIO: Sagt den Eid.

HAMLET: Niemals von dem, was ihr gesehn, zu sprechen,
Schwört auf mein Schwert.

GEIST *unter der Erde*: Schwört!

HAMLET: *Hic et ubique?* Wechseln wir die Stelle. –
Hierher, ihr Herren, kommt
Und legt die Hände wieder auf mein Schwert;
Schwört auf mein Schwert,
Niemals von dem, was ihr gehört, zu sprechen.

GEIST *unter der Erde*: Schwört auf sein Schwert!

HAMLET: Brav, alter Maulwurf! Wühlst so hurtig fort?
O trefflicher Minierer! – Nochmals weiter, Freunde.

HORATIO: Beim Sonnenlicht, dies ist erstaunlich fremd.

HAMLET: So heiß als einen Fremden es willkommen.
Es gibt mehr Ding' im Himmel und auf Erden,
Als Eure Schulweisheit sich träumt, Horatio.
Doch kommt!
Hier, wie vorhin, schwört mir, so Gott euch helfe,
Wie fremd und seltsam ich mich nehmen mag,
Da mir's vielleicht in Zukunft dienlich scheint,
Ein wunderliches Wesen anzulegen:
Ihr wollet nie, wenn ihr alsdann mich seht,
Die Arme s o verschlingend noch die Köpfe
So schüttelnd noch durch zweifelhafte Reden,
Wie: »Nun, nun, wir wissen« – oder: »Wir könnten,
Wenn wir wollten« – oder: »Ja, wenn wir reden möchten« –
Oder: »Es gibt ihrer, wenn sie nur dürften« –
Und solch verstohlnes Deuten mehr, verraten,
Dass ihr von mir was wisset: dieses schwört,
So Gott in Nöten und sein Heil euch helfe!

GEIST *unter der Erde*: Schwört!

HAMLET: Ruh, ruh, verstörter Geist! – Nun, liebe Herrn,
Empfehl ich euch mit aller Liebe mich,
Und was ein armer Mann, wie Hamlet ist,
Vermag, euch Lieb und Freundschaft zu bezeigen,

So Gott will, soll nicht fehlen. Lasst uns gehn,
Und, bitt ich, stets den Finger auf den Mund.
Die Zeit ist aus den Fugen: Schmach und Gram,
Dass ich zur Welt, sie einzurichten, kam!
Nun kommt, lasst uns zusammen gehn.

Alle ab.

Zweiter Aufzug

Erste Szene

Ein Zimmer im Hause des Polonius.

POLONIUS *und* REINHOLD *treten auf.*

POLONIUS: Gib ihm dies Geld und die Papiere, Reinhold.
REINHOLD: Ja, gnäd'ger Herr.
POLONIUS: Ihr werdet mächtig klug tun, guter Reinhold,
Euch zu erkund'gen, eh Ihr ihn besucht,
Wie sein Betragen ist.
REINHOLD: Das dacht ich auch zu tun.
POLONIUS: Ei, gut gesagt! Recht gut gesagt! Seht Ihr,
Erst fragt mir, was für Dänen in Paris sind
Und wie, wer, auf was Art und wie sie leben,
Mit wem, was sie verzehren; wenn Ihr dann
Durch diesen Umschweif Eurer Fragen merkt,
Sie kennen meinen Sohn, so kommt Ihr näher,
Als man es mit bestimmten Fragen trifft.
Tut gleichsam wie von fern bekannt; zum Beispiel:
»Ich kenne seinen Vater, seine Freunde
Und auch zum Teil ihn selbst.« – Versteht Ihr, Reinhold?
REINHOLD: Vollkommen, gnäd'ger Herr.
POLONIUS: »Zum Teil auch ihn; doch«, mögt Ihr sagen, »wenig,
Und wenn's der Rechte ist, der ist gar wild,
Treibt dies und das« – dann gebt ihm nach Belieben
Erlogne Dinge schuld; nun, nichts so Arges,
Das Schand ihm brächte; davor hütet Euch.
Nein, solche wilden, ausgelassnen Streiche,
Wie hergebrachtermaßen die Gefährten
Der Jugend und der Freiheit sind.
REINHOLD: Wie spielen.
POLONIUS: Ja, oder trinken, raufen, fluchen, zanken,
Huren – so weit könnt Ihr gehn.
REINHOLD: Das würd ihm Schande bringen, gnäd'ger Herr.

POLONIUS: Mein Treu, nicht, wenn Ihr's nur zu wenden wisst.
Ihr müsst ihn nicht in andern Leumund bringen,
Als übermannt' ihn Unenthaltsamkeit.
Das ist die Meinung nicht; bringt seine Fehler zierlich
Ans Licht, dass sie der Freiheit Flecken scheinen,
Der Ausbruch eines feurigen Gemüts
Und eine Wildheit ungezähmten Bluts,
Die jeden anficht.

REINHOLD: Aber, bester Herr –

POLONIUS: Weswegen Ihr dies tun sollt?

REINHOLD: Ja, das wünscht ich
Zu wissen, Herr.

POLONIUS: Ei nun, mein Plan ist der,
Und wie ich denke, ist's ein Pfiff, der anschlägt:
Werft Ihr auf meinen Sohn so kleine Makel,
Als wär er in der Arbeit was beschmutzt –
Merkt wohl!
Wenn der Mitunterredner, den Ihr aushorcht,
In vorbenannten Lastern jemals schuldig
Den jungen Mann gesehn, so seid gewiss,
Dass selb'ger folgendergestalt Euch beistimmt:
»Lieber Herr«, oder so; oder »Freund« oder »mein Wertester«,
Wie nun die Redensart und die Betitlung
Bei Land und Leuten üblich ist.

REINHOLD: Sehr wohl.

POLONIUS: Und hierauf tut er dies: Er tut – ja was wollte ich doch sagen? Beim Sakrament, ich habe was sagen wollen. Wo brach ich ab?

REINHOLD: Bei: »folgendergestalt Euch beistimmt.«

POLONIUS: Bei: »folgendergestalt Euch beistimmt.« – Ja,
Er stimmt Euch also bei: »Ich kenn ihn wohl, den Herrn,
Ich sah ihn gestern oder neulich mal,
Oder wann es war, mit dem und dem; und wie Ihr sagt,
Da spielt' er hoch; da traf man ihn im Rausch,
Da rauft' er sich beim Ballspiel«; oder auch:
»Ich sah ihn gehn in solch ein saubres Haus«

(Will sagen: ein Bordell), und mehr dergleichen. – Seht nun,
Eur Lügenköder fängt den Wahrheitskarpfen;
So wissen wir, gewitzigt, helles Volk,
Mit Krümmungen und listigem Probieren
Durch einen Umweg auf den Weg zu kommen;
Und so könnt Ihr, wie ich Euch Anweisung
Und Rat erteilet, meinen Sohn erforschen.
Ihr habt's gefasst, nicht wahr?

REINHOLD: Ja, gnäd'ger Herr.

POLONIUS: Nun, Gott mit Euch! Lebt wohl!

REINHOLD: Mein bester Herr –

POLONIUS: Bemerkt mit eignen Augen seinen Wandel.

REINHOLD: Das will ich tun.

POLONIUS: Und dass er die Musik mir fleißig treibt.

REINHOLD: Gut, gnäd'ger Herr. *Ab.*

OPHELIA *kommt.*

POLONIUS: Lebt wohl! – Wie nun, Ophelia, was gibt's?

OPHELIA: O lieber Herr, ich bin so sehr erschreckt!

POLONIUS: Wodurch, ins Himmels Namen?

OPHELIA: Als ich in meinem Zimmer näht, auf einmal
Prinz Hamlet – mit ganz aufgerissnem Wams,
Kein Hut auf seinem Kopf, die Strümpfe schmutzig
Und losgebunden auf den Knöcheln hängend;
Bleich wie sein Hemde, schlotternd mit den Knien;
Mit einem Blick, von Jammer so erfüllt,
Als wär er aus der Hölle losgelassen,
Um Gräuel kundzutun – so tritt er vor mich.

POLONIUS: Verrückt aus Liebe?

OPHELIA: Herr, ich weiß es nicht,
Allein ich fürcht es wahrlich.

POLONIUS: Und was sagt' er?

OPHELIA: Er griff mich bei der Hand und hielt mich fest,
Dann lehnt' er sich zurück, so lang sein Arm;
Und mit der andern Hand so überm Auge
Betrachtet' er so prüfend mein Gesicht,

Als wollt er's zeichnen. Lange stand er so;
Zuletzt ein wenig schüttelnd meine Hand
Und dreimal hin und her den Kopf so wägend,
Holt' er solch einen bangen Seufzer,
Als sollt er seinen ganzen Bau zertrümmern
Und endigen sein Dasein. Dies getan,
Lässt er mich gehn; und über seine Schultern
Den Kopf zurückgedreht, schien er den Weg
Zu finden ohne seine Augen; denn
Er ging zur Tür hinaus ohn ihre Hilfe
Und wandte bis zuletzt ihr Licht auf mich.
POLONIUS: Geht mit mir, kommt, ich will den König suchen.
Dies ist die wahre Schwärmerei der Liebe,
Die, ungestüm von Art, sich selbst zerstört
Und leitet zu verzweifelten Entschlüssen
So oft wie irgendeine Leidenschaft,
Die unterm Mond uns quält. Es tut mir leid –
Sagt, gabt Ihr ihm seit Kurzem harte Worte?
OPHELIA: Nein, bester Herr, nur, wie Ihr mir befahlt,
Wies ich die Briefe ab und weigert ihm
Den Zutritt.
POLONIUS: Das hat ihn verrückt gemacht.
Es tut mir leid, dass ich mit besserm Urteil
Ihn nicht beachtet. Ich sorgt, er tändle nur
Und wolle dich verderben: doch verdammt mein Argwohn!
Uns Alten ist's so eigen, wie es scheint,
Mit unsrer Meinung übers Ziel zu gehn,
Wie häufig bei dem jungen Volk der Mangel
An Vorsicht ist. Gehn wir zum König, komm.
Er muss dies wissen, denn es zu verstecken
Brächt uns mehr Gram, als Hass, die Lieb entdecken.
Komm.

Beide ab.

Zweite Szene

Ein Zimmer im Schlosse.

Trompetenstoß. Der KÖNIG, *die* KÖNIGIN,
ROSENKRANZ, GÜLDENSTERN *und* GEFOLGE.

KÖNIG: Willkommen, Rosenkranz und Güldenstern!
Wir wünschten nicht nur sehnlich, euch zu sehn,
Auch das Bedürfnis eurer Dienste trieb
Uns zu der eil'gen Sendung an. Ihr hörtet
Von der Verwandlung Hamlets schon: so nenn ich's,
Weil nicht der äußre noch der innre Mensch
Dem gleichet, was er war. Was sonst es ist
Als seines Vaters Tod, das ihn so weit
Von dem Verständnis seiner selbst gebracht,
Kann ich nicht raten. Ich ersuch euch beide –
Da ihr von Kindheit auf mit ihm erzogen
Und seiner Laun und Jugend nahe bliebt –,
Ihr wollet hier an unserm Hof verweilen
Auf ein'ge Zeit, um ihn durch euern Umgang
In Lustbarkeit zu ziehn und zu erspähn,
Soweit der Anlass auf die Spur euch bringt,
Ob irgendwas, uns unbekannt, ihn drückt,
Das, offenbart, zu heilen wir vermöchten.
KÖNIGIN: Ihr lieben Herrn, er hat euch oft genannt.
Ich weiß gewiss, es gibt nicht andre zwei,
An denen er so hängt. Wenn's euch beliebt,
Uns so viel guten Willen zu erweisen,
Dass ihr bei uns hier eine Weile zubringt
Zu unsrer Hoffnung Vorschub und Gewinn,
So wollen wir euch den Besuch belohnen,
Wie es sich ziemt für eines Königs Dank.
ROSENKRANZ: Es stände Euren Majestäten zu,
Nach herrschaftlichen Rechten über uns
Mehr zu gebieten nach gestrengem Willen,
Als zu ersuchen.

GÜLDENSTERN: Wir gehorchen beide
Und bieten uns hier an, nach besten Kräften
Zu Euren Füßen unsern Dienst zu legen,
Um frei damit zu schalten.
KÖNIG: Dank, Rosenkranz und lieber Güldenstern!
KÖNIGIN: Dank, Güldenstem und lieber Rosenkranz!
Besucht doch unverzüglich meinen Sohn,
Der nur zu sehr verwandelt. Geh wer mit
Und bring die Herren hin, wo Hamlet ist.
GÜLDENSTERN: Der Himmel mach ihm unsre Gegenwart
Und unser Tun gefällig und ersprießlich!
KÖNIGIN: So sei es, amen!

Rosenkranz, Güldenstern und einige aus dem Gefolge ab.

POLONIUS *kommt.*

POLONIUS: Mein König, die Gesandten sind von Norweg
Froh wieder heimgekehrt.
KÖNIG: Du warest stets der Vater guter Botschaft.
POLONIUS: Nicht wahr? Ja, seid versichert, bester Herr,
Ich weihe meine Pflicht wie meine Seele
Erst meinem Gott, dann meinem gnäd'gen König.
Und jetzo denk ich – oder dies Gehirn
Jagt auf der Klugheit Fährte nicht so sicher,
Wie es wohl pflegte –, dass ich ausgefunden,
Was eigentlich an Hamlets Wahnwitz schuld.
KÖNIG: O davon sprecht: das wünsch ich sehr zu hören.
POLONIUS: Vernehmt erst die Gesandten; meine Nachricht
Soll bei dem großen Schmaus der Nachtisch sein.
KÖNIG: Tut ihnen selber Ehr und führt sie vor.

Polonius ab.

Er sagt mir, liebe Gertrud, dass er jetzt
Den Quell vom Übel Eures Sohns gefunden.
KÖNIGIN: Ich fürcht, es ist nichts anders als das eine,
Des Vaters Tod und unsre hast'ge Heirat.
KÖNIG: Gut, wir erforschen ihn.

POLONIUS *kommt mit* VOLTIMAND *und* CORNELIUS *zurück.*

Willkommen, liebe Freunde! Voltimand,
Sagt, was Ihr bringt von unserm Bruder Norweg.
VOLTIMAND: Erwiderung der schönsten Grüß und Wünsche.
Auf unser erstes sandt er aus und hemmte
Die Werbungen des Neffen, die er hielt
Für Zurüstungen gegen den Polacken;
Doch näher untersucht, fand er, sie gingen
Auf Eure Hoheit wirklich. Drob gekränkt,
Dass seine Krankheit, seines Alters Schwäche
So hintergangen sei, legt' er Verhaft
Auf Fortinbras, worauf sich dieser stellt,
Verweis empfängt von Norweg und zuletzt
Vor seinem Oheim schwört, nie mehr die Waffen
Zu führen gegen Eure Majestät.
Der alte Norweg, hoch erfreut hierüber,
Gibt ihm dreitausend Kronen Jahrgehalt
Und seine Vollmacht, gegen den Polacken
Die so geworbnen Truppen zu gebrauchen;
Nebst dem Gesuch, des weitern hier erklärt,
Überreicht ein Papier.
Ihr wollt geruhn, für dieses Unternehmen
Durch Eur Gebiet den Durchzug zu gestatten,
Mit solcherlei Gewähr und Einräumung,
Wie abgefasst hier steht.
KÖNIG: Es dünkt uns gut,
Wir wollen bei gelegner Zeit es lesen,
Antworten und bedenken dies Geschäft.
Zugleich habt Dank für wohlgenommne Müh;
Geht auszuruhn, wir schmausen heut zusammen.
Willkommen mir zu Haus.
Voltimand und Cornelius ab.
POLONIUS: So wäre dies Geschäft nun wohl vollbracht.
Mein Fürst und gnäd'ge Frau, hier zu erörtern,
Was Majestät ist, was Ergebenheit,
Warum Tag Tag; Nacht Nacht; die Zeit die Zeit:
Das hieße, Nacht und Tag und Zeit verschwenden.

Weil Kürze denn des Witzes Seele ist,
Weitschweifigkeit der Leib und äußre Zierat,
Fass ich mich kurz. Eur edler Sohn ist toll,
Toll nenn ich's: denn worin besteht die Tollheit,
Als dass man gar nichts anders ist als toll?
Doch das mag sein.

KÖNIGIN: Mehr Inhalt, wen'ger Kunst.

POLONIUS: Auf Ehr, ich brauche nicht die mindste Kunst.
Toll ist er, das ist wahr; wahr ist's, 's ist schade;
Und schade, dass es wahr ist. Doch dies ist
'ne törichte Figur: sie fahre wohl,
Denn ich will ohne Kunst zu Werke gehn.
Toll nehmen wir ihn also; nun ist übrig,
Dass wir den Grund erspähn von dem Effekt,
Nein, richtiger, den Grund von dem Defekt;
Denn dieser Defektiv-Effekt hat Grund.
So steht's nun, und der Sache Stand ist dies.
Erwägt!
Ich hab 'ne Tochter; hab sie, weil sie mein;
Die mir aus schuldigem Gehorsam, seht,
Dies hier gegeben; schließt und ratet nun.
»An die himmlische und den Abgott meiner Seele,
die liebreizende Ophelia.«
Das ist eine schlechte Redensart, eine gemeine Redensart; »liebreizend« ist eine gemeine Redensart. Aber hört nur weiter: »An ihren trefflichen zarten Busen diese Zeilen etc.«

KÖNIGIN: Hat Hamlet dies an sie geschickt?

POLONIUS: Geduld nur, gnäd'ge Frau, ich meld Euch alles.
»Zweifle an der Sonne Klarheit,
Zweifle an der Sterne Licht,
Zweifl, ob lügen kann die Wahrheit,
Nur an meiner Liebe nicht.

O liebe Ophelia, es gelingt mir schlecht mit dem Silbenmaße; ich besitze die Kunst nicht, meine Seufzer zu messen, aber dass ich Dich bestens liebe, o Allerbeste, das glaube mir. Leb wohl!

Der Deinige auf ewig, teuerstes Fräulein, solange diese Maschine ihm zugehört,

Hamlet.«

Dies hat mir meine Tochter schuld'germaßen
Gezeigt und überdies sein dringend Werben,
Wie sich's nach Zeit und Weis und Ort begab,
Mir vor das Ohr gebracht.

KÖNIG: Allein wie nahm
Sie seine Liebe auf?

POLONIUS: Was denket Ihr von mir?

KÖNIG: Dass Ihr ein Mann von Treu und Ehre seid.

POLONIUS: Gern möcht ich's zeigen. Doch was dächtet Ihr,
Hätt ich gesehn, wie diese heiße Liebe
Sich anspann – und ich merkt es, müsst Ihr wissen,
Eh meine Tochter mir's gesagt – was dächtet
Ihr oder meine teure Majestät,
Eur königlich Gemahl, hätt ich dabei
Brieftasche oder Schreibepult gespielt,
Hätt ich mein Herz verschlossen, still und stumm,
Und müßig dieser Liebe zugeschaut?
Was dächtet Ihr? Nein, ich ging rundheraus
Und redte so zu meinem jungen Fräulein:
»Prinz Hamlet ist ein Fürst, zu hoch für dich;
Dies darf nicht sein!« und dann schrieb ich ihr vor,
Dass sie vor seinem Umgang sich verschlösse,
Nicht Boten zuließ', Pfänder nicht empfinge;
Drauf machte sie sich meinen Rat zunutz,
Und er, verstoßen – um es kurz zu machen –,
Fiel in 'ne Traurigkeit, dann in ein Fasten,
Drauf in ein Wachen, dann in eine Schwäche,
Dann in Zerstreuung und durch solche Stufen
In die Verrücktheit, die ihn jetzt verwirrt
Und sämtlich uns betrübt.

KÖNIG: Denkt Ihr, dies sei's?

KÖNIGIN: Es kann wohl sein, sehr möglich.

POLONIUS: Habt Ihr's schon je erlebt, das möcht ich wissen,
Dass ich mit Zuversicht gesagt: »So ist's«,
Wenn es sich anders fand?

KÖNIG: Nicht, dass ich wüsste.

POLONIUS *indem er auf seinen Kopf und seine Schulter zeigt*:
Trennt dies von dem, wenn's anders sich verhält.
Wenn eine Spur mich leitet, will ich finden,
Wo Wahrheit steckt, und steckte sie auch recht
Im Mittelpunkt.

KÖNIG: Wie lässt sich's näher prüfen?

POLONIUS: Ihr wisst, er geht wohl Stunden auf und ab
Hier in der Galerie.

KÖNIGIN: Das tut er wirklich.

POLONIUS: Da will ich meine Tochter zu ihm lassen.
Steht Ihr mit mir dann hinter einem Teppich,
Bemerkt den Hergang: wenn er sie nicht liebt
Und dadurch nicht um die Vernunft gekommen,
So lasst mich nicht mehr Staatsbeamter sein.
Lasst mich den Acker baun und Knechte halten.

KÖNIG: Wir wollen sehn.

HAMLET *kommt lesend.*

KÖNIGIN: Seht, wie der Arme traurig kommt und liest.

POLONIUS: Fort, ich ersuch euch, beide fort von hier!
Ich mache gleich mich an ihn. Oh, erlaubt!

König, Königin und Gefolge ab.

Wie geht es meinem besten Prinzen Hamlet?

HAMLET: Gut, dem Himmel sei Dank.

POLONIUS: Kennt Ihr mich, gnäd'ger Herr?

HAMLET: Vollkommen. Ihr seid ein Fischhändler.

POLONIUS: Das nicht, mein Prinz.

HAMLET: So wollt ich, dass Ihr ein so ehrlicher Mann wärt.

POLONIUS: Ehrlich, mein Prinz?

HAMLET: Ja, Herr, ehrlich sein heißt, wie es in dieser Welt hergeht, ein Auserwählter unter Zehntausenden sein.

POLONIUS: Sehr wahr, mein Prinz.

HAMLET: Denn wenn die Sonne Maden in einem toten Hund ausbrütet: Eine Gottheit, die Aas küsst – habt Ihr eine Tochter?

POLONIUS: Ja, mein Prinz.

HAMLET: Lasst sie nicht in der Sonne gehn. Empfangen ist ein Segen: aber da Eure Tochter empfangen könnte – seht Euch vor, Freund.

POLONIUS: Wie meint Ihr das? *Beiseite:* Immer auf meine Tochter angespielt. Und doch kannte er mich zuerst nicht; er sagte, ich wäre ein Fischhändler. Es ist weit mit ihm gekommen, sehr weit! Und wahrlich, in meiner Jugend brachte mich die Liebe auch in große Drangsale, fast so schlimm wie ihn. Ich will ihn wieder anreden. – Was lest Ihr, mein Prinz?

HAMLET: Worte, Worte, Worte.

POLONIUS: Aber wovon handelt es?

HAMLET: Wer handelt?

POLONIUS: Ich meine, was in dem Buche steht, mein Prinz.

HAMLET: Verleumdungen, Herr: Denn der satirische Schuft da sagt, dass alte Männer graue Bärte haben; dass ihre Gesichter runzlig sind; dass ihnen zäher Ambra und Harz aus den Augen trieft; dass sie einen übermäßigen Mangel an Witz und daneben sehr kraftlose Lenden haben. Ob ich nun gleich von allem diesem inniglich und festiglich überzeugt bin, so halte ich es doch nicht für billig, es so zu Papier zu bringen; denn Ihr selbst, Herr, würdet so alt werden wie ich, wenn Ihr wie ein Krebs rückwärts gehen könntet.

POLONIUS *beiseite*: Ist dies schon Tollheit, hat es doch Methode. – Wollt Ihr nicht aus der Luft gehn, Prinz?

HAMLET: In mein Grab?

POLONIUS: Ja, das wäre wirklich aus der Luft. *Beiseite:* Wie treffend manchmal seine Antworten sind! Dies ist ein Glück, dass die Tollheit oft hat, womit es der Vernunft und dem gesunden Sinne nicht so gut gelingen könnte. Ich will ihn verlassen und sogleich daran denken, eine Zusammenkunft zwischen ihm und meiner Tochter zu veranstalten. – Mein gnädigster Herr, ich will ehrerbietigst meinen Abschied von Euch nehmen.

HAMLET: Ihr könnt nichts von mir nehmen, Herr, das ich lieber fahren ließe – bis auf mein Leben, bis auf mein Leben.

POLONIUS: Lebt wohl, mein Prinz.

HAMLET: Die langweiligen alten Narren!

ROSENKRANZ *und* GÜLDENSTERN *kommen.*

POLONIUS: Ihr sucht den Prinzen Hamlet; dort ist er.

ROSENKRANZ *zu Polonius*: Gott mit Euch, Herr.

Polonius ab.

GÜLDENSTERN: Verehrter Prinz –

ROSENKRANZ: Mein teurer Prinz –

HAMLET: Meine trefflichen, guten Freunde! Was machst du, Güldenstern? Ah, Rosenkranz! Gute Burschen, wie geht's euch?

ROSENKRANZ: Wie mittelmäß'gen Söhnen dieser Erde.

GÜLDENSTERN: Glücklich, weil wir nicht überglücklich sind.
Wir sind der Knopf nicht auf Fortunas Mütze.

HAMLET: Noch die Sohlen ihrer Schuhe?

ROSENKRANZ: Auch das nicht, gnäd'ger Herr.

HAMLET: Ihr wohnt also in der Gegend ihres Gürtels, oder im Mittelpunkte ihrer Gunst?

GÜLDENSTERN: Ja wirklich, wir sind mit ihr vertraut.

HAMLET: Im Schoße des Glücks? Oh, sehr wahr! Sie ist eine Metze. Was gibt es Neues?

ROSENKRANZ: Nichts, mein Prinz, außer dass die Welt ehrlich geworden ist.

HAMLET: So steht der Jüngste Tag bevor; aber eure Neuigkeit ist nicht wahr. Lasst mich euch näher befragen: Worin habt ihr, meine guten Freunde, es bei Fortuna versehen, dass sie euch hierher ins Gefängnis schickt?

GÜLDENSTERN: Ins Gefängnis, mein Prinz?

HAMLET: Dänemark ist ein Gefängnis.

ROSENKRANZ: So ist die Welt auch eins.

HAMLET: Ein stattliches, worin es viele Verschläge, Löcher und Kerker gibt. Dänemark ist einer der schlimmsten.

ROSENKRANZ: Wir denken nicht so davon, mein Prinz.

HAMLET: Nun, so ist es keiner für euch, denn an sich ist nichts weder gut noch böse, das Denken macht es erst dazu. Für mich ist es ein Gefängnis.

ROSENKRANZ: Nun, so macht es Euer Ehrgeiz dazu; es ist zu eng für Euren Geist.

HAMLET: O Gott, ich könnte in eine Nussschale eingesperrt sein und mich für einen König von unermesslichem Gebiete halten, wenn nur meine bösen Träume nicht wären.

GÜLDENSTERN: Diese Träume sind in der Tat Ehrgeiz; denn das eigentliche Wesen des Ehrgeizes ist nur der Schatten eines Traumes.

HAMLET: Ein Traum ist selbst nur ein Schatten.

ROSENKRANZ: Freilich, und mir scheint der Ehrgeiz von so luftiger und loser Beschaffenheit, dass er nur der Schatten eines Schattens ist.

HAMLET: So sind also unsre Bettler Körper und unsre Monarchen und gespreizten Helden der Bettler Schatten. Sollen wir an den Hof? Denn mein Seel, ich weiß nicht zu räsonieren.

BEIDE: Wir sind beide zu Euren Diensten.

HAMLET: Nichts dergleichen, ich will euch nicht zu meinen übrigen Dienern rechnen, denn, um wie ein ehrlicher Mann mit euch zu reden: mein Gefolge ist abscheulich. Aber um auf der ebnen Heerstraße der Freundschaft zu bleiben, was macht ihr in Helsingör?

ROSENKRANZ: Wir wollten Euch besuchen, nichts anderes.

HAMLET: Ich Bettler, der ich bin, sogar an Dank bin ich arm. Aber ich danke euch, und gewiss, liebe Freunde, mein Dank ist um einen Heller zu teuer. Hat man nicht nach euch geschickt? Ist es eure eigne Neigung? Ein freiwilliger Besuch? Kommt, kommt, geht ehrlich mit mir um! wohlan! Nun, sagt doch!

GÜLDENSTERN: Was sollen wir sagen, gnädiger Herr?

HAMLET: Was ihr wollt, aber zur Sache. Man hat nach euch geschickt, und es liegt eine Art von Geständnis in euren Blicken, welche zu verstellen eure Bescheidenheit nicht schlau genug ist. Ich weiß, der gute König und die Königin haben nach euch geschickt.

ROSENKRANZ: Zu welchem Zweck, mein Prinz?

HAMLET: Das muss ich von euch erfahren. Aber ich beschwöre euch bei den Rechten unsrer Schulfreundschaft, bei der Eintracht unsrer Jugend, bei der Verbindlichkeit unsrer stets bewahrten Liebe und bei allem noch Teureren, was euch ein besserer Redner ans Herz legen könnte: Geht geradeheraus gegen mich, ob man nach euch geschickt hat oder nicht.

ROSENKRANZ *beiseite zu Güldenstern*: Was sagt Ihr?

HAMLET: So, nun habe ich euch schon weg. Wenn ihr mich liebt, haltet nichts zurück.

GÜLDENSTERN: Gnädiger Herr, man hat nach uns geschickt.

HAMLET: Ich will euch sagen, warum; so wird mein Erraten eurer Entdeckung zuvorkommen, und eure Verschwiegenheit gegen den König und die Königin braucht keinen Zollbreit zu wanken. Ich habe seit Kurzem – ich weiß nicht wodurch – alle meine Munterkeit eingebüßt, meine gewohnten Übungen aufgegeben; und es steht in der Tat so übel um meine Gemütslage, dass die Erde, dieser treffliche Bau, mir nur ein kahles Vorgebirge scheint; seht ihr, dieser herrliche Baldachin, die Luft; dies wackre umwölbende Firmament, dies majestätische Dach, mit goldnem Feuer ausgelegt: Kommt es mir doch nicht anders vor als ein fauler verpesteter Haufen von Dünsten. Welch ein Meisterwerk ist der Mensch! Wie edel durch Vernunft! Wie unbegrenzt an Fähigkeiten! In Gestalt und Bewegung wie ausdrucksvoll und wunderwürdig! Im Handeln wie ähnlich einem Engel! Im Begreifen wie ähnlich einem Gott! Die Zierde der Welt! Das Vorbild der Lebendigen! Und doch, was ist mir diese Quintessenz von Staub? Ich habe keine Lust am Manne – und am Weibe auch nicht, wiewohl ihr das durch euer Lächeln zu sagen scheint.

ROSENKRANZ: Mein Prinz, ich hatte nichts dergleichen im Sinne.

HAMLET: Weswegen lachtet ihr denn, als ich sagte: ich habe keine Lust am Manne?

ROSENKRANZ: Ich dachte, wenn dem so ist, welche Fastenbewirtung die Schauspieler bei Euch finden werden. Wir holten sie unterwegs ein, sie kommen her, um Euch ihre Dienste anzubieten.

HAMLET: Der den König spielt, soll willkommen sein, seine Majestät soll Tribut von mir empfangen; der fahrende Ritter soll seine Klinge und seine Tartsche brauchen; der Liebhaber soll nicht unentgeltlich seufzen; der Launige soll seine Rolle in Frieden endigen; der Narr soll den lachen machen, der ein kitzliges Zwerchfell hat: Und das Fräulein soll ihre Gesinnung frei heraussagen, oder die Verse sollen dafür hinken. – Was für eine Gesellschaft ist es?

ROSENKRANZ: Dieselbe, an der Ihr soviel Vergnügen zu finden pflegtet, die Schauspieler aus der Stadt.

HAMLET: Wie kommt es, dass sie umherziehen? Ein fester Aufenthalt war vorteilhafter sowohl für ihren Ruf als ihre Einnahme.

ROSENKRANZ: Ich glaube, diese Unterbrechung rührt von der kürzlich aufgekommenen Neuerung her.

HAMLET: Genießen sie noch dieselbe Achtung wie damals, da ich in der Stadt war? Besucht man sie ebenso sehr?

ROSENKRANZ: Nein, freilich nicht.

HAMLET: Wie kommt das? werden sie rostig?

ROSENKRANZ: Nein, ihre Bemühungen halten den gewohnten Schritt; aber es hat sich da eine Brut von Kindern angefunden, kleine Nestlinge, die immer über das Gespräch hinausschrein und höchst grausam dafür beklatscht werden. Diese sind jetzt Mode und beschimpfen die gemeinen Theater (so nennen sie's) dergestalt, dass viele, die Degen tragen, sich vor Gänsekielen fürchten und kaum wagen hinzugehn.

HAMLET: Wie, sind es Kinder? Wer unterhält sie? Wie werden sie besoldet? Wollen sie nicht länger bei der Kunst bleiben, als sie den Diskant singen können? Werden sie nicht nachher sagen, wenn sie selbst zu gewöhnlichen Schauspielern heranwachsen – wie sehr zu vermuten ist, wenn sie sich auf nichts Besseres stützen –, dass ihre Komödienschreiber Unrecht tun, sie gegen ihre eigne Zukunft deklamieren zu lassen?

ROSENKRANZ: Wahrhaftig, es hat an beiden Seiten viel zu tun gegeben, und das Volk macht sich kein Gewissen daraus, sie zum Streit aufzuhetzen. Eine Zeitlang war kein Geld mit einem Stück zu gewinnen, wenn Dichter und Schauspieler sich nicht darin mit ihren Gegnern herumzausten.

HAMLET: Ist es möglich?

GÜLDENSTERN: Oh, es wurde viel Hirn dabei vergeudet.

HAMLET: Tragen die Kinder den Sieg davon?

ROSENKRANZ: Allerdings, gnädiger Herr, den Herkules und seine Last obendrein.

HAMLET: Es ist nicht sehr zu verwundern: Denn mein Oheim ist König von Dänemark, und ebendie, welche ihm Gesichter zogen, solange mein Vater lebte, geben zwanzig, vierzig, fünfzig bis hundert Dukaten für sein Porträt in Miniatur. Wetter, es liegt hierin etwas Übernatürliches, wenn die Philosophie es nur ausfindig machen könnte.

Trompetenstoß hinter der Szene.

GÜLDENSTERN: Da sind die Schauspieler.

HAMLET: Liebe Herren, ihr seid willkommen zu Helsingör. Gebt mir eure Hände. Wohlan! Manieren und Komplimente sind das Zubehör der Bewillkommnung. Lasst mich euch auf diese Weise begrüßen, damit nicht mein Benehmen gegen die Schauspieler – das, sag ich euch, sich äußerlich gut ausnehmen muss – einem Empfang ähnlicher sehe als der eurige. Ihr seid willkommen, aber mein Oheim-Vater und meine Tante-Mutter irren sich.

GÜLDENSTERN: Worin, mein teurer Prinz?

HAMLET: Ich bin nur toll bei Nordnordwest; wenn der Wind südlich ist, kann ich einen Kirchturm von einem Laternenpfahl unterscheiden.

POLONIUS *kommt.*

POLONIUS: Es gehe euch wohl, meine Herren.

HAMLET: Hört, Güldenstern! – Und Ihr auch – an jedem Ohr ein Hörer: Der große Säugling, den ihr da seht, ist noch nicht aus den Kinderwindeln.

ROSENKRANZ: Vielleicht ist er zum zweiten Mal hineingekommen, denn man sagt, alte Leute werden wieder Kinder.

HAMLET: Ich prophezeie, dass er kommt, um mir von den Schauspielern zu sagen. Gebt acht! – Ganz richtig, Herr, am Montagmorgen, da war es eben.

POLONIUS: Gnädiger Herr, ich habe Euch Neuigkeiten zu melden.

HAMLET: Gnädiger Herr, ich habe Euch Neuigkeiten zu melden. – Als Roscius ein Schauspieler zu Rom war –

POLONIUS: Die Schauspieler sind hergekommen, gnädiger Herr.

HAMLET: Lirum, larum.

POLONIUS: Auf meine Ehre –

HAMLET: »Auf seinem Eslein jeder kam –«

POLONIUS: Die besten Schauspieler in der Welt, sei es für Tragödie, Komödie, Historie, Pastorale, Pastoral-Komödie, Historiko-Pastorale, Tragiko-Historie, Tragiko-Komiko-Historiko-Pastorale, für Einheit des Ortes oder unbegrenzte Handlung. Seneca kann für sie nicht zu traurig noch Plautus zu lustig sein. Für das Aufgeschriebne und für den Stegreif haben sie ihresgleichen nicht.

HAMLET: »O Jephtha, Richter Israels« –
Welchen Schatz hattest du?

POLONIUS: Welchen Schatz hatte er, gnädiger Herr?

HAMLET: Nun:
»Hätt *ein* schön Töchterlein, nicht mehr,
Die liebt er aus der Maßen sehr.«

POLONIUS *beiseite*: Immer meine Tochter.

HAMLET: Habe ich nicht recht, alter Jephtha?

POLONIUS: Wenn Ihr mich Jephtha nennt, gnädiger Herr, so habe ich eine Tochter, die ich aus der Maßen sehr liebe.

HAMLET: Nein, das folgt nicht.

POLONIUS: Was folgt denn, gnädiger Herr?

HAMLET: Ei,
»Wie das Los fiel,
Nach Gottes Will«,
und dann wisst Ihr:

»Hierauf geschah's,
Wie zu vermuten was« –
Aber Ihr könnt das im ersten Abschnitt des Weihnachtsliedes weiter nachsehn; denn seht, da kommen die Abkürzer meines Gesprächs.

Vier oder fünf SCHAUSPIELER *kommen.*

Seid willkommen, ihr Herren! Willkommen alle! – Ich freue mich, dich wohl zu sehn. – Willkommen, meine guten Freunde! – Ach, alter Freund, wie ist dein Gesicht betroddelt, seit ich dich zuletzt sah! Willst du mir in Dänemark zeigen, dass du Haare auf den Zähnen hast? – Ei, meine schöne junge Dame! Bei unsrer Frauen, Fräulein, Ihr seid dem Himmel um die Höhe eines Absatzes näher gerückt, seit ich Euch zuletzt sah. Gebe Gott, dass Eure Stimme nicht wie ein abgenutztes Goldstück den hellen Klang verloren haben mag. – Willkommen alle, ihr Herrn! Wir wollen frisch daran, wie französische Falkeniere auf alles losfliegen, was uns vorkommt. Gleich etwas vorgestellt! Lasst uns eine Probe eurer Kunst sehen. Wohlan! Eine pathetische Rede.

ERSTER SCHAUSPIELER: Welche Rede, mein wertester Prinz?

HAMLET: Ich hörte dich einmal eine Rede vortragen – aber sie ist niemals aufgeführt, oder, wenn es geschah, nicht mehr als einmal; denn ich erinnre mich, das Stück gefiel dem großen Haufen nicht, es war Kaviar für das Volk. Aber es war, wie ich es nahm, und andre, deren Urteil in solchen Dingen den Rang über dem meinigen behauptete, ein vortreffliches Stück, in seinen Szenen wohlgeordnet und mit ebenso viel Maß wie Verstand abgefasst. Ich erinnre mich, dass jemand sagte, es sei kein Salz und Pfeffer in den Zeilen, um den Sinn zu würzen, und kein Sinn in dem Ausdruck, der an dem Verfasser Ziererei verraten könnte, sondern er nannte es eine schlichte Manier, so gesund wie angenehm und ungleich mehr schön als geschmückt. Eine Rede darin liebte ich vorzüglich: Es war des Äneas Erzählung an Dido; besonders da herum, wo er von der Ermordung Priams spricht. Wenn Ihr sie im Gedächtnisse habt, so fangt bei dieser Zeile an. – Lasst sehn, lasst sehn – »Der raue Pyrrhus, gleich Hyrkaniens Leun« – Nein, ich irre mich; aber es fängt mit Pyrrhus an.

»Der raue Pyrrhus, er, des düstre Waffen,
Schwarz wie sein Vorsatz, glichen jener Nacht,
Wo er sich barg im unglückschwangern Ross,
Hat jetzt die furchtbare Gestalt beschmiert
Mit grauserer Heraldik: rote Farbe
Ist er von Haupt zu Fuß; scheußlich geschmückt
Mit Blut der Väter, Mütter, Töchter, Söhne,
Gedörrt und klebend durch der Straßen Glut,
Die grausames, verfluchtes Licht verleihn
Zu ihres Herrn Mord. Heiß von Zorn und Feuer,
Bestrichen mit verdicktem Blut, mit Augen,
Karfunkeln gleichend, sucht der höllische Pyrrhus
Altvater Priamus« –
Fahrt nun so fort.

POLONIUS: Bei Gott, mein Prinz, wohl vorgetragen: mit gutem Ton und gutem Anstande.

ERSTER SCHAUSPIELER: »Er findt alsbald ihn,
Wie er den Feind verfehlt: sein altes Schwert
Gehorcht nicht seinem Arm; liegt, wo es fällt,
Unachtsam des Befehls. Ungleich gepaart
Stürzt Pyrrhus auf den Priam, holt weit aus:
Doch bloß vom Sausen seines grimmen Schwertes
Fällt der entnervte Vater. Ilium
Schien, leblos, dennoch diesen Streich zu fühlen;
Es bückt sein Flammengipfel sich hinab
Bis auf den Grund und nimmt mit furchtbarm Krachen
Gefangen Pyrrhus' Ohr: denn seht, sein Schwert,
Das schon sich senkt auf des ehrwürd'gen Priam
Milchweißes Haupt, schien in der Luft gehemmt.
So stand er, ein gemalter Wütrich, da,
Und, wie parteilos zwischen Kraft und Willen,
Tat nichts.
Doch wie wir oftmals sehn vor einem Sturm
Ein Schweigen in den Himmeln, still die Wolken,

Die Winde sprachlos und der Erdball drunten
Dumpf wie der Tod – mit eins zerreißt die Luft
Der grause Donner; so nach Pyrrhus' Säumnis
Treibt ihn erweckte Rach aufs Neu zum Werk;
Und niemals trafen der Zyklopen Hämmer
Die Rüstung Mars', gestählt für ew'ge Dauer,
Fühlloser, als des Pyrrhus blut'ges Schwert
Jetzt fällt auf Priamus. –
Pfui, Metze du, Fortuna! All ihr Götter
Im großen Rat, nehmt ihre Macht hinweg;
Brecht alle Speichen, Felgen ihres Rades,
Die runde Nabe rollt vom Himmelsberg
Hinunter bis zur Hölle.«

POLONIUS: Das ist zu lang.

HAMLET: Er soll mit Eurem Bart zum Barbier. – Ich bitte dich, weiter! Er mag gern eine Posse oder eine Zotengeschichte, sonst schläft er. Sprich weiter, komm auf Hekuba.

ERSTER SCHAUSPIELER: »Doch wer, o Jammer!
Die schlotterige Königin gesehn« –

HAMLET: Die schlotterige Königin?

POLONIUS: Das ist gut; »schlotterige Königin« ist gut.

ERSTER SCHAUSPIELER:
»Wie barfuß sie umherlief und den Flammen
Mit Tränengüssen drohte; einen Lappen
Auf diesem Haupte, wo das Diadem
Vor Kurzem stand; und an Gewandes Statt
Um die von Wehn erschöpften magern Weichen
Ein Laken, in des Schreckens Hast ergriffen.
Wer das gesehn, mit gift'gem Schelten hätte
Der an Fortunen Hochverrat verübt.
Doch wenn die Götter selbst sie da gesehn,
Als sie den Pyrrhus argen Hohn sah treiben,
Zerfetzend mit dem Schwert des Gatten Leib:
Der erste Ausbruch ihres Schreies hätte
– Ist ihnen Sterbliches nicht gänzlich fremd –

Des Himmels glühnde Augen taun gemacht
Und Götter Mitleid fühlen.«

POLONIUS: Seht doch, hat er nicht die Farbe verändert und Tränen in den Augen? – Bitte, halt inne!

HAMLET: Es ist gut, du sollst mir das Übrige nächstens hersagen. – Lieber Herr, wollt Ihr für die Bewirtung der Schauspieler sorgen? Hört Ihr, lasst sie gut behandeln, denn sie sind der Spiegel und die abgekürzte Chronik des Zeitalters. Es wäre Euch besser, nach dem Tode eine schlechte Grabschrift zu haben, als üble Nachrede von ihnen, solange Ihr lebt.

POLONIUS: Gnädiger Herr, ich will sie nach ihrem Verdienst behandeln.

HAMLET: Potz Wetter, Mann, viel besser. Behandelt jeden Menschen nach seinem Verdienst, und wer ist vor Schlägen sicher? Behandelt sie nach Eurer eignen Ehre und Würdigkeit: Je weniger sie verdienen, desto mehr Verdienst hat Eure Güte. Nehmt sie mit.

POLONIUS: Kommt, ihr Herren.

HAMLET: Folgt ihm, meine Freunde; morgen soll ein Stück aufgeführt werden.

Polonius und die Schauspieler außer dem ersten ab.

Höre, alter Freund, könnt Ihr die Ermordung Gonzagos spielen?

ERSTER SCHAUSPIELER: Ja, gnädiger Herr.

HAMLET: Gebt uns das morgen Abend. Ihr könntet im Notfall eine Rede von zwölf bis sechzehn Zeilen auswendig lernen, die ich abfassen und einrücken möchte? Nicht wahr?

ERSTER SCHAUSPIELER: Ja, gnädiger Herr.

HAMLET: Sehr wohl. – Folgt dem Herrn, und dass ihr euch nicht über ihn lustig macht.

Erster Schauspieler ab.

Meine guten Freunde, ich beurlaube mich von euch bis abends: ihr seid willkommen zu Helsingör.

ROSENKRANZ: Sehr wohl, gnädiger Herr.

Rosenkranz und Güldenstern ab.

HAMLET: Nun, Gott geleit euch. – Jetzt bin ich allein,
O welch ein Schurk und niedrer Sklav bin ich!
Ist's nicht erstaunlich, dass der Spieler hier
Bei einer bloßen Dichtung, einem Traum
Der Leidenschaft, vermochte seine Seele
Nach eignen Vorstellungen so zu zwingen,
Dass sein Gesicht von ihrer Regung blasste,
Sein Auge nass, Bestürzung in den Mienen,
Gebrochne Stimm und seine ganze Haltung
Gefügt nach seinem Sinn. Und alles das um nichts!
Um Hekuba!
Was ist ihm Hekuba, was ist er ihr,
Dass er um sie soll weinen? Hätte er
Das Stichwort und den Ruf zur Leidenschaft
Wie ich: was würd er tun? Die Bühn in Tränen
Ertränken und das allgemeine Ohr
Mit grauser Red erschüttern; bis zum Wahnwitz
Den Schuld'gen treiben und den Freien schrecken,
Unwissende verwirren, ja betäuben
Die Fassungskraft des Auges und des Ohrs.
Und ich,
Ein blöder schwachgemuter Schurke, schleiche
Wie Hans der Träumer, meiner Sache fremd,
Und kann nichts sagen, nicht für einen König,
An dessen Eigentum und teurem Leben
Verdammter Raub geschah. Bin ich 'ne Memme?
Wer nennt mich Schelm? Bricht mir den Kopf entzwei?
Rauft mir den Bart und bläst ihn mir ins Antlitz?
Zwickt an der Nase mich? und straft mich Lügen
Tief in den Hals hinein? Wer tut mir dies?
Ha! nähm ich's eben doch. – Es ist nicht anders:
Ich hege Taubenmut, mir fehlt's an Galle,
Die bitter macht den Druck, sonst hätt ich längst
Des Himmels Geir gemästet mit dem Aas
Des Sklaven. Blut'ger, kupplerischer Bube!
Fühlloser, falscher, geiler, schnöder Bube! –

Ha, welch ein Esel bin ich! Trefflich brav,
Dass ich, der Sohn von einem teuren Vater,
Der mir ermordet ward, von Höll und Himmel
Zur Rache angespornt, mit Worten nur
Wie eine Hure muss mein Herz entladen
Und mich aufs Fluchen legen wie ein Weibsbild,
Wie eine Küchenmagd!
Pfui drüber! Frisch ans Werk, mein Kopf! Hum, hum!
Ich hab gehört, dass schuldige Geschöpfe,
Bei einem Schauspiel sitzend, durch die Kunst
Der Bühne so getroffen worden sind
Im innersten Gemüt, dass sie sogleich
Zu ihren Missetaten sich bekannt:
Denn Mord, hat er schon keine Zunge, spricht
Mit wundervollen Stimmen. Sie sollen was
Wie die Ermordung meines Vaters spielen
Vor meinem Oheim: ich will seine Blicke
Beachten, will ihn bis ins Leben prüfen:
Stutzt er, so weiß ich meinen Weg. Der Geist,
Den ich gesehen, kann ein Teufel sein;
Der Teufel hat Gewalt, sich zu verkleiden
In lockende Gestalt; ja, und vielleicht,
Bei meiner Schwachheit und Melancholie
– Da er sehr mächtig ist bei solchen Geistern –
Täuscht er mich zum Verderben: ich will Grund,
Der sichrer ist. Das Schauspiel sei die Schlinge,
In die den König sein Gewissen bringe. *Ab.*

Dritter Aufzug

Erste Szene

Ein Zimmer im Schlosse.

Der KÖNIG, *die* KÖNIGIN, POLONIUS, OPHELIA, ROSENKRANZ *und* GÜLDENSTERN.

KÖNIG: Und lockt ihm keine Wendung des Gesprächs
Heraus, warum er die Verwirrung anlegt,
Die seiner Tage Ruh so wild zerreißt
Mit stürmischer, gefährlicher Verrücktheit?
ROSENKRANZ: Er gibt es zu, er fühle sich verstört;
Allein wodurch, will er durchaus nicht sagen.
GÜLDENSTERN: Noch bot er sich der Prüfung willig dar,
Hielt sich vielmehr mit schlauem Wahnwitz fern,
Wenn wir ihn zum Geständnis bringen wollten
Von seinem wahren Zustand.
KÖNIGIN: Und wie empfing er euch?
ROSENKRANZ: Ganz wie ein Weltmann.
GÜLDENSTERN: Doch tat er seiner Fassung viel Gewalt.
ROSENKRANZ: Mit Fragen karg, allein auf unsre Fragen
Freigebig mit der Antwort.
KÖNIGIN: Ludet ihr
Zu irgendeinem Zeitvertreib ihn ein?
ROSENKRANZ: Es traf sich grade, gnäd'ge Frau, dass wir
Schauspieler unterweges eingeholt.
Wir sagten ihm von diesen, und es schien,
Er hörte das mit einer Art von Freude.
Sie halten hier am Hof herum sich auf
Und haben, wie ich glaube, schon Befehl,
Zur Nacht vor ihm zu spielen.
POLONIUS: Ja, so ist's,
Und mich ersucht' er, Eure Majestäten
Zum Hören und zum Sehn des Dings zu laden.

KÖNIG: Von ganzem Herzen, und es freut mich sehr,
Dass er sich dahin neigt.
Ihr lieben Herrn, schärft seine Lust noch ferner
Und treibt ihn zu Ergötzlichkeiten an.
ROSENKRANZ: Wir wollen's, gnäd'ger Herr.
Rosenkranz und Güldenstern ab.
KÖNIG: Verlass uns, liebe Gertrud, ebenfalls.
Wir haben Hamlet heimlich herbestellt,
Damit er hier Ophelia wie durch Zufall
Begegnen mag.
Ihr Vater und ich selbst, befugte Späher,
Wir wollen so uns stellen, dass wir sehend,
Doch ungesehn, von der Zusammenkunft
Gewiss urteilen und erraten können,
Ob's seiner Liebe Kummer ist, ob nicht,
Was so ihn quält.
KÖNIGIN: Ich werde Euch gehorchen.
Was Euch betrifft, Ophelia, wünsch ich nur,
Dass Eure Schönheit der beglückte Grund
Von Hamlets Wildheit sei: dann darf ich hoffen,
Dass Eure Tugenden zurück ihn bringen
Auf den gewohnten Weg, zu beider Ehre.
OPHELIA: Ich wünsch es, gnäd'ge Frau.
Königin ab.
POLONIUS: Geht hier umher, Ophelia. – Gnädigster,
Lasst Platz uns nehmen! –
Zu Ophelia: Lest in diesem Buch,
Dass solcher Übung Schein die Einsamkeit
Bemäntle. – Wir sind oft hierin zu tadeln –
Gar viel erlebt man's –, mit der Andacht Mienen
Und frommem Wesen überzuckern wir
Den Teufel selbst.
KÖNIG *beiseite*: O allzu wahr! Wie trifft
Dies Wort mit scharfer Geißel mein Gewissen!
Der Metze Wange, schön durch falsche Kunst,
Ist hässlicher bei dem nicht, was ihr hilft,

Als meine Tat bei meinem glattsten Wort.
O schwere Tat!

POLONIUS: Ich hör ihn kommen: ziehn wir uns zurück.

König und Polonius ab.

HAMLET *tritt auf.*

HAMLET: Sein oder Nichtsein, das ist hier die Frage:
Ob's edler im Gemüt, die Pfeil' und Schleudern
Des wütenden Geschicks erdulden oder,
Sich waffnend gegen eine See von Plagen,
Durch Widerstand sie enden. Sterben – schlafen –
Nichts weiter! – Und zu wissen, dass ein Schlaf
Das Herzweh und die tausend Stöße endet,
Die unsers Fleisches Erbteil – 's ist ein Ziel,
Aufs innigste zu wünschen. Sterben – schlafen –
Schlafen! Vielleicht auch träumen! – Ja, da liegt's:
Was in dem Schlaf für Träume kommen mögen,
Wenn wir den Drang des Ird'schen abgeschüttelt,
Das zwingt uns, still zu stehn. Das ist die Rücksicht,
Die Elend lässt zu hohen Jahren kommen.
Denn wer ertrüg der Zeiten Spott und Geißel,
Des Mächt'gen Druck, des Stolzen Misshandlungen,
Verschmähter Liebe Pein, des Rechtes Aufschub,
Den Übermut der Ämter und die Schmach,
Die Unwert schweigendem Verdienst erweist,
Wenn er sich selbst in Ruhstand setzen könnte
Mit einer Nadel bloß? Wer trüge Lasten
Und stöhnt' und schwitzte unter Lebensmüh?
Nur dass die Furcht vor etwas nach dem Tod –
Das unentdeckte Land, von des Bezirk
Kein Wandrer wiederkehrt – den Willen irrt,
Dass wir die Übel, die wir haben, lieber
Ertragen als zu unbekannten fliehn.
So macht Bewusstsein Feige aus uns allen;
Der angebornen Farbe der Entschließung
Wird des Gedankens Blässe angekränkelt;
Und Unternehmungen voll Mark und Nachdruck,

Durch diese Rücksicht aus der Bahn gelenkt,
Verlieren so den Namen Handlung. – Still!
Die reizende Ophelia. – Nymphe, schließ
In dein Gebet all meine Sünden ein.

OPHELIA: Mein Prinz, wie geht es Euch seit so viel Tagen?

HAMLET: Ich dank Euch untertänig; wohl.

OPHELIA: Mein Prinz, ich hab von Euch noch Angedenken,
Die ich schon längst begehrt zurückzugeben.
Ich bitt Euch, nehmt sie jetzo.

HAMLET: Nein, ich nicht;
Ich gab Euch niemals was.

OPHELIA: Mein teurer Prinz, Ihr wisst gar wohl, Ihr tatet's,
Und Worte süßen Hauchs dabei, die reicher
Die Dinge machten. Da ihr Duft dahin,
Nehmt dies zurück: dem edleren Gemüte
Verarmt die Gabe mit des Gebers Güte.
Hier, gnäd'ger Herr.

HAMLET: Haha! Seid Ihr tugendhaft?

OPHELIA: Gnädiger Herr?

HAMLET: Seid Ihr schön?

OPHELIA: Was meint Eure Hoheit?

HAMLET: Dass, wenn Ihr tugendhaft und schön seid, Eure Tugend keinen Verkehr mit Eurer Schönheit pflegen sollte.

OPHELIA: Könnte Schönheit, mein Prinz, wohl bessern Umgang haben als mit der Tugend?

HAMLET: Ja freilich: Denn die Macht der Schönheit wird eher die Tugend in eine Kupplerin verwandeln, als die Kraft der Tugend die Schönheit sich ähnlich machen kann. Dies war ehedem paradox, aber nun bestätigt es die Zeit. Ich liebte Euch einst.

OPHELIA: In der Tat, mein Prinz, Ihr machtet mich's glauben.

HAMLET: Ihr hättet mir nicht glauben sollen: Denn Tugend kann sich unserm alten Stamm nicht so einimpfen, dass wir nicht einen Geschmack von ihm behalten sollten. Ich liebte Euch nicht.

OPHELIA: Um so mehr wurde ich betrogen.

HAMLET: Geh in ein Kloster. Warum wolltest du Sünder zur Welt bringen? Ich bin selbst leidlich tugendhaft; dennoch könnt ich mich solcher Dinge anklagen, dass es besser wäre, meine Mutter hätte mich nicht geboren. Ich bin sehr stolz, rachsüchtig, ehrgeizig; mir stehn mehr Vergehungen zu Dienst, als ich Gedanken habe, sie zu hegen, Einbildungskraft, ihnen Gestalt zu geben, oder Zeit, sie auszuführen. Wozu sollen solche Gesellen wie ich zwischen Himmel und Erde herumkriechen? Wir sind ausgemachte Schurken, alle: trau keinem von uns! Geh deines Wegs zum Kloster! Wo ist Euer Vater?

OPHELIA: Zu Hause, gnädiger Herr.

HAMLET: Lasst die Tür hinter ihm abschließen, damit er den Narren nirgendwo anders spielt als in seinem eignen Hause. Leb wohl.

OPHELIA: O hilf ihm, güt'ger Himmel!

HAMLET: Wenn du heiratest, so gebe ich dir diesen Fluch zur Aussteuer: Sei so keusch wie Eis, so rein wie Schnee, du wirst der Verleumdung nicht entgehn. Geh in ein Kloster! Leb wohl! Oder willst du durchaus heiraten, nimm einen Narren; denn gescheite Männer wissen allzu gut, was ihr für Ungeheuer aus ihnen macht. In ein Kloster! Geh! Und das schleunig. Leb wohl.

OPHELIA: Himmlische Mächte, stellt ihn wieder her!

HAMLET: Ich weiß auch mit euren Malereien Bescheid, recht gut. Gott hat euch ein Gesicht gegeben, und ihr macht euch ein andres; ihr tänzelt, ihr trippelt und ihr lispelt und gebt Gottes Kreaturen verhunzte Namen und stellt eure Lüsternheit als Unbefangenheit hin. Geht mir! nichts weiter davon! Es hat mich toll gemacht. Ich sage, wir wollen nichts mehr von Heiraten wissen: Wer schon verheiratet ist, alle außer einem, soll das Leben behalten; die Übrigen sollen bleiben, wie sie sind. In ein Kloster! Geh! *Ab.*

OPHELIA: Oh, welch ein edler Geist ist hier zerstört,
Des Hofmanns Auge, des Gelehrten Zunge,
Des Kriegers Arm, des Staates Blum und Hoffnung,

Der Sitte Spiegel und der Bildung Muster,
Das Merkziel der Betrachter: ganz, ganz hin!
Und ich, der Fraun elendeste und ärmste,
Die seiner Schwüre Honig sog, ich sehe
Die edle, hoch gebietende Vernunft
Misstönend wie verstimmte Glocken jetzt;
Dies hohe Bild, die Züge blühnder Jugend,
Durch Schwärmerei zerrüttet: weh mir, wehe!
Dass ich sah, was ich sah, und sehe, was ich sehe.

Der KÖNIG *und* POLONIUS *treten wieder vor.*

KÖNIG: Aus Liebe? Nein, sein Hang geht dahin nicht,
Und was er sprach, obwohl ein wenig wüst,
War nicht wie Wahnsinn. Ihm ist was im Gemüt,
Worüber seine Schwermut brütend sitzt;
Und wie ich sorge, wird die Ausgeburt
Gefährlich sein. Um dem zuvorzukommen,
Hab ich's mit schleuniger Entschließung so
Mir abgefasst. Er soll in Eil nach England,
Den Rückstand des Tributes einzufordern.
Vielleicht vertreibt die See, die neuen Länder
Samt wandelbaren Gegenständen ihm
Dies Etwas, das in seinem Herzen steckt,
Worauf sein Kopf beständig hinarbeitend
Ihn so sich selbst entzieht. Was dünket Euch?

POLONIUS: Es wird ihm wohltun; aber dennoch glaub ich,
Der Ursprung und Beginn von seinem Gram
Sei unerhörte Liebe. – Nun, Ophelia?
Ihr braucht uns nicht zu melden, was der Prinz
Gesagt: wir hörten alles. – Gnäd'ger Herr,
Tut nach Gefallen; aber dünkt's Euch gut,
So lasst doch seine königliche Mutter
Ihn nach dem Schauspiel ganz allein ersuchen,
Sein Leid ihr kundzutun; sie gehe rund
Mit ihm heraus: ich will, wenn's Euch beliebt,
Mich ins Gehör der Unterredung stellen.
Wenn sie es nicht herausbringt, schickt ihn dann

Nach England oder schließt ihn irgendwo
Nach Eurer Weisheit ein.

KÖNIG: Es soll geschehn:
Wahnsinn bei Großen darf nicht ohne Wache gehn.

Alle ab.

Zweite Szene

Ein Saal im Schlosse.

HAMLET *und drei* SCHAUSPIELER *treten auf.*

HAMLET: Seid so gut und haltet die Rede, wie ich sie Euch vorsagte, leicht von der Zunge weg; aber wenn Ihr den Mund so voll nehmt wie viele unsrer Schauspieler, so möchte ich meine Verse ebenso gern von dem Ausrufer hören. Sägt auch nicht zu viel mit den Händen durch die Luft, so – sondern behandelt alles gelinde. Denn mitten in dem Strom, Sturm und, wie ich sagen mag, Wirbelwind Eurer Leidenschaft müsst Ihr Euch eine Mäßigung zu eigen machen, die ihr Geschmeidigkeit gibt. Oh, es ärgert mich in der Seele, wenn solch ein handfester, haarbuschiger Geselle eine Leidenschaft in Fetzen, in rechte Lumpen zerreißt, um den Gründlingen im Parterre in die Ohren zu donnern, die meistens von nichts wissen als verworrnen stummen Pantomimen und Lärm. Ich möchte solch einen Kerl für sein Bramarbasieren prügeln lassen; es übertyrannt den Tyrannen. Ich bitte Euch, vermeidet das.

ERSTER SCHAUSPIELER: Eure Hoheit kann sich darauf verlassen.

HAMLET: Seid auch nicht allzu zahm, sondern lasst Euer eignes Urteil Euren Meister sein: Passt die Gebärde dem Wort, das Wort der Gebärde an; wobei Ihr sonderlich darauf achten müsst, niemals die Bescheidenheit der Natur zu überschreiten. Denn alles, was so übertrieben wird, ist dem Vorhaben des Schauspieles entgegen, dessen Zweck sowohl anfangs als jetzt war und ist, der Natur gleichsam den Spiegel vorzuhalten: Der Tugend ihre eignen Züge, der Schmach ihr eignes Bild und dem Jahrhundert und Körper der Zeit den Abdruck seiner Gestalt zu zeigen. Wird dies nun übertrieben oder zu schwach vorgestellt, so kann es zwar den Unwissenden zum Lachen bringen, aber den Einsichtsvollen muss es verdrießen; und der Tadel von einem solchen muss in Eurer Schätzung ein ganzes Schauspielhaus voll von andern überwiegen. O es gibt Schauspieler, die ich habe spielen sehn und von andern preisen hören, und das höchlich, die, gelinde zu sprechen, weder den Ton noch den Gang von Christen, Heiden oder Türken hatten und so stolzierten und blökten, dass ich glaubte, irgendein Handlanger der Natur hätte Menschen gemacht, und sie wären ihm nicht geraten; so abscheulich ahmten sie die Menschheit nach.

ERSTER SCHAUSPIELER: Ich hoffe, wir haben das bei uns so ziemlich abgestellt.

HAMLET: Oh, stellt es ganz und gar ab! Und die bei euch den Narren spielen, lasst sie nicht mehr sagen, als in ihrer Rolle steht: Denn es gibt ihrer, die selbst lachen, um einen Haufen alberne Zuschauer zum Lachen zu bringen, wenn auch zu derselben Zeit irgendein notwendiger Punkt des Stückes zu erwägen ist. Das ist schändlich und beweist einen jämmerlichen Ehrgeiz an dem Narren, der es tut. Geht, macht euch fertig. *Schauspieler ab.*

POLONIUS, ROSENKRANZ *und* GÜLDENSTERN *kommen.*

Nun, Herr, will der König dies Stück Arbeit anhören?

POLONIUS: Ja, die Königin auch, und das sogleich.

HAMLET: Heißt die Schauspieler sich eilen.

Polonius ab.

Wollt ihr beide sie treiben helfen?

ROSENKRANZ *und* GÜLDENSTERN: Ja, gnädiger Herr.

Beide ab.

HAMLET: He! Horatio!

HORATIO *kommt.*

HORATIO: Hier, lieber Prinz, zu Eurem Dienst.

HAMLET: Du bist grad ein so wackrer Mann, Horatio,
Wie je mein Umgang einem mich verbrüdert.

HORATIO: Mein bester Prinz –
HAMLET: Nein, glaub nicht, dass ich schmeichle.
Was für Befördrung hofft ich wohl von dir,
Der keine Rent als seinen muntern Geist,
Um sich zu nähren und zu kleiden, hat?
Weswegen doch dem Armen schmeicheln? Nein,
Die Honigzunge lecke dumme Pracht,
Es beuge sich des Knies gelenke Angel,
Wo Kriecherei Gewinn bringt. Hör mich an.
Seit meine teure Seele Herrin war
Von ihrer Wahl und Menschen unterschied,
Hat sie dich auserkoren. Denn du warst,
Als littst du nichts, indem du alles littest;
Ein Mann, der Stöß und Gaben vom Geschick
Mit gleichem Dank genommen: und gesegnet,
Wes Blut und Urteil sich so gut vermischt,
Dass er zur Pfeife nicht Fortuna dient,
Den Ton zu spielen, den ihr Finger greift.
Gebt mir den Mann, den seine Leidenschaft
Nicht macht zum Sklaven, und ich will ihn hegen
Im Herzensgrund, ja in des Herzens Herzen,
Wie ich dich hege. – Schon zu viel hiervon.
Es gibt zu Nacht ein Schauspiel vor dem König;
Ein Auftritt kommt darin dem Umstand nah,
Den ich von meines Vaters Tod dir sagte.
Ich bitt dich, wenn du das im Gange siehst,
So achte mit der ganzen Kraft der Seele
Auf meinen Oheim: wenn die verborgne Schuld
Bei *einer* Rede nicht zum Vorschein kommt,
So ist's ein höll'scher Geist, den wir gesehn,
Und meine Einbildungen sind so schwarz
Wie Schmiedezeug Vulkans. Bemerk ihn recht,
Ich will an sein Gesicht mein Auge klammern,
Und wir vereinen unser Urteil dann
Zur Prüfung seines Aussehns.

HORATIO: Gut, mein Prinz;
Wenn er was stiehlt, indes das Stück gespielt wird,
Und schlüpfet durch, so zahl ich für den Diebstahl.

Pauken und Trompeten. Ein dänischer Marsch.

HAMLET: Man kommt zum Stück, ich muss den Narren spielen.
Wählt einen Platz.

Der KÖNIG, *die* KÖNIGIN, POLONIUS, OPHELIA, ROSENKRANZ, GÜLDENSTERN *und* ANDRE *treten auf.*

KÖNIG: Wie lebt unser Vetter Hamlet?

HAMLET: Vortrefflich, mein Treu: von dem Chamäleonsgericht. Ich esse Luft, ich werde mit Versprechungen gestopft: Kapaunen kann man so nicht mästen.

KÖNIG: Ich habe nichts mit dieser Antwort zu schaffen, Hamlet; dies sind meine Worte nicht.

HAMLET: Meine auch nicht mehr. – *Zu Polonius:* Ihr spieltet einmal auf der Universität, Herr? Sagtet Ihr nicht so?

POLONIUS: Das tat ich, gnädiger Herr, und wurde für einen guten Schauspieler gehalten.

HAMLET: Und was stelltet Ihr vor?

POLONIUS: Ich stellte den Julius Cäsar vor: Ich wurde auf dem Kapitol umgebracht; Brutus brachte mich um.

HAMLET: Es war brutal von ihm, ein so kapitales Kalb umzubringen. – Sind die Schauspieler fertig?

ROSENKRANZ: Ja, gnädiger Herr, sie erwarten Euren Befehl.

KÖNIGIN: Komm hierher, lieber Hamlet, setz dich zu mir.

HAMLET: Nein, gute Mutter, hier ist ein stärkerer Magnet.

POLONIUS *zum König*: Oho, hört Ihr das wohl?

HAMLET: Fräulein, soll ich in Eurem Schoße liegen? *Setzt sich zu Ophelias Füßen.*

OPHELIA: Nein, mein Prinz.

HAMLET: Ich meine, den Kopf auf Euren Schoß gelehnt.

OPHELIA: Ja, mein Prinz.

HAMLET: Denkt Ihr, ich hätte erbauliche Dinge im Sinne?

OPHELIA: Ich denke nichts.

HAMLET: Ein schöner Gedanke, zwischen den Beinen eines Mädchens zu liegen.

OPHELIA: Was ist, mein Prinz?

HAMLET: Nichts.

OPHELIA: Ihr seid aufgeräumt.

HAMLET: Wer? ich?

OPHELIA: Ja, mein Prinz.

HAMLET: O ich reiße Possen wie kein andrer. Was kann ein Mensch Besseres tun als lustig sein? Denn seht nur, wie fröhlich meine Mutter aussieht, und doch starb mein Vater vor noch nicht zwei Stunden.

OPHELIA: Nein, vor zweimal zwei Monaten, mein Prinz.

HAMLET: So lange schon? Ei, so mag der Teufel schwarz gehn: Ich will einen Zobelpelz tragen. O Himmel! Vor zwei Monaten gestorben und noch nicht vergessen! So ist Hoffnung da, dass das Andenken eines großen Mannes sein Leben ein halbes Jahr überleben kann. Aber bei unsrer lieben Frauen! Kirchen muss er stiften, sonst denkt man nicht an ihn, es geht ihm wie dem Steckenpferde, dessen Grabschrift ist:

»Denn oh! denn oh!
Vergessen ist das Steckenpferd.«

Trompeten, hierauf die Pantomime.

Ein König und eine Königin treten auf, sehr zärtlich; die Königin umarmt ihn und er sie. Sie kniet und macht gegen ihn die Gebärden der Beteuerung. Er hebt sie auf und lehnt den Kopf an ihre Brust; er legt sich auf ein Blumenbett nieder, sie verlässt ihn, da sie ihn eingeschlafen sieht. Gleich darauf kommt ein Kerl herein, nimmt ihm die Krone ab, küsst sie, gießt Gift in die Ohren des Königs und geht ab. Die Königin kommt zurück, findet den König tot und macht leidenschaftliche Gebärden. Der Vergifter kommt mit zwei oder drei Stummen zurück und scheint mit ihr zu wehklagen. Die Leiche wird weggebracht. Der Vergifter wirbt mit Geschenken um die Königin; sie scheint anfangs unwillig und abgeneigt, nimmt aber zuletzt seine Liebe an. Sie gehen ab.

OPHELIA: Was bedeutet dies, mein Prinz?

HAMLET: Ei, es ist spitzbübische Munkelei; es bedeutet Unheil.

OPHELIA: Vielleicht, dass diese Vorstellung den Inhalt des Stücks anzeigt.

Der PROLOG *tritt auf.*

HAMLET: Wir werden es von diesem Gesellen erfahren: Die Schauspieler können nichts geheim halten, sie werden alles ausplaudern.

OPHELIA: Wird er uns sagen, was diese Vorstellung bedeutet?

HAMLET: Ja, oder irgendeine Vorstellung, die Ihr ihm vorstellen wollt. Schämt Euch nur nicht, ihm vorzustellen, so wird er sich nicht schämen, Euch zu sagen, was es bedeutet.

OPHELIA: Ihr seid schlimm, Ihr seid schlimm; ich will das Stück anhören.

PROLOG: Für uns und unsre Vorstellung
Mit untertän'ger Huldigung
Ersuchen wir Genehmigung. *Ab.*

HAMLET: Ist dies ein Prolog oder ein Denkspruch auf einem Ring?

OPHELIA: Es ist kurz, mein Prinz.

HAMLET: Wie Frauenliebe.

Ein KÖNIG *und eine* KÖNIGIN *treten auf.*

KÖNIG *im Schauspiel*:
Schon dreißigmal hat den Apoll sein Wagen
Um Nereus' Flut und Tellus' Rund getragen,
Und zwölfmal dreißig Mond' in fremdem Glanz
Vollbrachten um den Erdball ihren Tanz,
Seit unsre Herzen Liebe treu durchdrungen
Und Hymens Bande Hand in Hand geschlungen.

KÖNIGIN *im Schauspiel*:
Mag Sonn und Mond so manche Reise doch,
Eh Liebe stirbt, uns zählen lassen noch.
Doch leider seid Ihr jetzt so matt von Herzen,
So fern von vor'ger Munterkeit und Scherzen,
Dass Ihr mich ängstet: aber zag ich gleich,
Doch, mein Gemahl, nicht ängsten darf es Euch.
Denn Weiberfurcht hält Schritt mit ihrem Lieben;
In beiden gar nichts oder übertrieben.
Wie meine Lieb ist, hab ich Euch gezeigt:
Ihr seht, dass meine Furcht der Liebe gleicht.
Das Kleinste schon muss große Lieb erschrecken

Und ihre Größ in kleiner Sorg entdecken.

KÖNIG *im Schauspiel*: Ja, Lieb, ich muss dich lassen, und das bald:
Mich drückt des Alters schwächende Gewalt.
Du wirst in dieser schönen Welt noch leben,
Geehrt, geliebt; vielleicht wird, gleich ergeben,
Ein zweiter Gatte –

KÖNIGIN *im Schauspiel*: O halt ein! Halt ein!
Verrat nur könnte solche Liebe sein.
Beim zweiten Gatten würd ich selbst mir fluchen;
Die einen totschlug, mag den zweiten suchen.

HAMLET: Das ist Wermut, Wermut.

KÖNIGIN *im Schauspiel*:
Das, was die Bande zweiter Ehe flicht,
Ist schnöde Sucht nach Vorteil, Liebe nicht.
Es tötet noch einmal den toten Gatten,
Dem zweiten die Umarmung zu gestatten.

KÖNIG *im Schauspiel*:
Ich glaub, Ihr denket jetzt, was Ihr gesprochen,
Doch ein Entschluss wird oft von uns gebrochen.
Der Vorsatz ist ja der Erinnrung Knecht,
Stark von Geburt, doch bald durch Zeit geschwächt:
Wie herbe Früchte fest am Baume hangen,
Doch leicht sich lösen, wenn sie Reif erlangen.
Notwendig ist's, dass jeder leicht vergisst
Zu zahlen, was er selbst sich schuldig ist.
Wo Leidenschaft den Vorsatz hingewendet,
Entgeht das Ziel uns, wann sie selber endet.
Das Ungestüm sowohl von Freud als Leid
Zerstört mit sich die eigne Wirksamkeit.
Laut klagt das Leid, wo laut die Freude schwärmet,
Leid freut sich leicht, wenn Freude leicht sich härmet.
Die Welt vergeht: es ist nicht wunderbar,
Dass mit dem Glück selbst Liebe wandelbar.
Denn eine Frag ist's, die zu lösen bliebe,
Ob Lieb das Glück führt oder Glück die Liebe.
Der Große stürzt: seht seinen Günstling fliehn.

Der Arme steigt, und Feinde lieben ihn.
So weit scheint Liebe nach dem Glück zu wählen:
Wer ihn nicht braucht, dem wird ein Freund nicht fehlen,
Und wer in Not versucht den falschen Freund,
Verwandelt ihn sogleich in einen Feind.
Doch um zu enden, wo ich ausgegangen,
Will und Geschick sind stets in Streit befangen.
Was wir ersinnen, ist des Zufalls Spiel,
Nur der Gedank ist unser, nicht das Ziel.
So denk, dich soll kein zweiter Gatt erwerben,
Doch mag dies Denken mit dem ersten sterben.

KÖNIGIN *im Schauspiel*: Versag mir Nahrung, Erde! Himmel, Licht!
Gönnt, Tag und Nacht, mir Lust und Ruhe nicht!
Verzweiflung werd aus meinem Trost und Hoffen,
Nur Klausnerbuß im Kerker steh mir offen!
Mag alles, was der Freude Antlitz trübt,
Zerstören, was mein Wunsch am meisten liebt,
Und hier und dort verfolge mich Beschwerde,
Wenn, einmal Witwe, jemals Weib ich werde!

HAMLET: Wenn sie es nun brechen sollte –

KÖNIGIN *im Schauspiel*:
’s ist fest geschworen. Lass mich, Liebe, nun!
Ich werde müd und möcht ein wenig ruhn,
Die Zeit zu täuschen. *Schläft ein.*

KÖNIG *im Schauspiel*: Wiege dich der Schlummer,
Und nimmer komme zwischen uns ein Kummer! *Ab.*

HAMLET: Gnädige Frau, wie gefällt Euch das Stück?

KÖNIGIN: Die Dame, wie mich dünkt, gelobt zu viel.

HAMLET: Oh, aber sie wird ihr Wort halten!

KÖNIG: Habt Ihr den Inhalt gehört? Wird es kein Ärgernis geben?

HAMLET: Nein, nein; sie spaßen nur, vergiften im Spaß, kein Ärgernis in der Welt.

KÖNIG: Wie nennt Ihr das Stück?

HAMLET: Die Mausefalle. Und wie das? Metaphorisch. Das Stück ist die Vorstellung eines in Vienna geschehnen Mordes. Gonzago ist der Name des Herzogs, seine Gemahlin Baptista; Ihr werdet gleich sehen, es ist ein spitzbübischer Handel. Aber was tut's? Eure Majestät und uns, die wir ein freies Gewissen haben, trifft es nicht. Der Aussätzige mag sich jucken, unsre Haut ist gesund.

LUCIANUS *tritt auf.*

Dies ist ein gewisser Lucianus, ein Neffe des Königs.

OPHELIA: Ihr übernehmt das Amt eines Chorus, gnädiger Herr.

HAMLET: O ich wollte zwischen Euch und Eurem Liebsten Dolmetscher sein, wenn ich die Marionetten nur tanzen sähe.

OPHELIA: Ihr seid spitz, gnädiger Herr, Ihr seid spitz.

HAMLET: Ihr würdet zu stöhnen haben, ehe Ihr meine Spitze abstumpftet.

OPHELIA: Immer noch besser und schlimmer.

HAMLET: So wählt ihr eure Männer. – Fang an, Mörder! Lass deine vermaledeiten Gesichter und fang an! Wohlauf: Es brüllt um Rache das Gekrächz des Raben –

LUCIANUS: Gedanken schwarz, Gift wirksam, Hände fertig,
Gelegne Zeit, kein Wesen gegenwärtig.
Du schnöder Trank aus mitternächt'gem Kraut,
Dreimal vom Fluche Hekates betaut!
Dass sich dein Zauber, deine grause Schärfe
Sogleich auf dies gesunde Leben werfe!

Gießt das Gift in das Ohr des Schlafenden.

HAMLET: Er vergiftet ihn im Garten um sein Reich. Sein Name ist Gonzago: Die Geschichte ist vorhanden und in auserlesenem Italienisch geschrieben. Ihr werdet gleich sehn, wie der Mörder die Liebe von Gonzagos Gemahlin gewinnt.

OPHELIA: Der König steht auf.

HAMLET: Wie? Durch falschen Feuerlärm geschreckt?

KÖNIGIN: Wie geht es meinem Gemahl?

POLONIUS: Macht dem Schauspiel ein Ende.

KÖNIG: Leuchtet mir! Fort!

POLONIUS: Licht! Licht! Licht!

Alle ab, außer Hamlet und Horatio.

HAMLET: Ei, der Gesunde hüpft und lacht,
Dem Wunden ist's vergällt;
Der eine schläft, der andre wacht,
Das ist der Lauf der Welt.

Sollte nicht dies und ein Wald von Federbüschen – wenn meine sonstige Anwartschaft in die Pilze geht – nebst ein paar gepufften Rosen auf meinen geschlitzten Schuhen mir zu einem Platz in einer Schauspielergesellschaft verhelfen?

HORATIO: O ja, einen halben Anteil.

HAMLET: Nein, einen ganzen.

Denn dir, mein Damon, ist bekannt,
Dem Reiche ging zugrund
Ein Jupiter: nun herrschet hier
Ein rechter, rechter – Affe.

HORATIO: Ihr hättet reimen können.

HAMLET: O lieber Horatio, ich wette Tausende auf das Wort des Geistes. Merktest du?

HORATIO: Sehr gut, mein Prinz.

HAMLET: Bei der Rede vom Vergiften?

HORATIO: Ich habe ihn genau betrachtet.

HAMLET: Haha! – Kommt, Musik! Kommt, die Flöten! –
Denn wenn der König von dem Stück nichts hält,
Ei nun! Vielleicht – dass es ihm nicht gefällt.

ROSENKRANZ *und* GÜLDENSTERN *kommen.*

Kommt, Musik!

GÜLDENSTERN: Bester gnädiger Herr, vergönnt mir ein Wort mit Euch.

HAMLET: Eine ganze Geschichte, Herr.

GÜLDENSTERN: Der König –

HAMLET: Nun, was gibt's mit ihm?

GÜLDENSTERN: Er hat sich auf sein Zimmer begeben und ist sehr übel.

HAMLET: Vom Trinken, Herr?

GÜLDENSTERN: Nein, gnädiger Herr, von Galle.

HAMLET: Ihr solltet doch mehr gesunden Verstand beweisen und dies dem Arzte melden, denn wenn ich ihm eine Reinigung zumutete, das würde ihm vielleicht noch mehr Galle machen.

GÜLDENSTERN: Bester Herr, bringt einige Ordnung in Eure Reden und springt nicht so wild von meinem Auftrage ab.

HAMLET: Ich bin zahm, Herr, sprecht!

GÜLDENSTERN: Die Königin, Eure Mutter, hat mich in der tiefsten Bekümmernis ihres Herzens zu Euch geschickt.

HAMLET: Ihr seid willkommen.

GÜLDENSTERN: Nein, bester Herr, diese Höflichkeit ist nicht von der rechten Art. Beliebt es Euch, mir eine gesunde Antwort zu geben, so will ich den Befehl Eurer Mutter ausrichten; wo nicht, so verzeiht, ich gehe wieder, und damit ist mein Geschäft zu Ende.

HAMLET: Herr, ich kann nicht.

GÜLDENSTERN: Was, gnädiger Herr?

HAMLET: Euch eine gesunde Antwort geben. Mein Verstand ist krank. Aber, Herr, solche Antwort, wie ich geben kann, ist zu Eurem Befehl; oder vielmehr, wie Ihr sagt, zu meiner Mutter Befehl; drum nichts weiter, sondern zur Sache. Meine Mutter, sagt Ihr –

ROSENKRANZ: Sie sagt also Folgendes: Euer Betragen hat sie in Staunen und Verwunderung gesetzt.

HAMLET: O wundervoller Sohn, der seine Mutter so in Erstaunen setzen kann! Kommt kein Nachsatz, der dieser mütterlichen Verwunderung auf dem Fuße folgt? Lasst hören.

ROSENKRANZ: Sie wünscht mit Euch in ihrem Zimmer zu reden, ehe Ihr zu Bett geht.

HAMLET: Wir wollen gehorchen, und wäre sie zehnmal unsre Mutter. Habt Ihr noch sonst was mit mir zu schaffen?

ROSENKRANZ: Gnädiger Herr, Ihr liebtet mich einst –

HAMLET: Das tu ich noch, bei diesen beiden Diebeszangen hier!

ROSENKRANZ: Bester Herr, was ist die Ursache Eures Übels? Gewiss, Ihr tretet Eurer eignen Freiheit in den Weg, wenn Ihr Eurem Freunde Euren Kummer verheimlicht.

HAMLET: Herr, es fehlt mir an Beförderung.

ROSENKRANZ: Wie kann das sein, da Ihr die Stimme des Königs selbst zur Nachfolge im Dänischen Reiche habt?

HAMLET: Ja, Herr, aber »derweil das Gras wächst« – das Sprichwort ist ein wenig rostig.

SCHAUSPIELER *kommen mit Flöten.*

O die Flöten! Lasst mich eine sehn. – Um Euch insbesondre zu sprechen: *(nimmt Güldenstern beiseite)* weswegen geht Ihr um mich herum, um meine Witterung zu bekommen, als wolltet Ihr mich in ein Netz treiben?

GÜLDENSTERN: O gnädiger Herr, wenn meine Ergebenheit allzu kühn ist, so ist meine Liebe ungesittet.

HAMLET: Das versteh ich nicht recht. Wollt Ihr auf dieser Flöte spielen?

GÜLDENSTERN: Gnädiger Herr, ich kann nicht.

HAMLET: Ich bitte Euch.

GÜLDENSTERN: Glaubt mir, ich kann nicht.

HAMLET: Ich ersuche Euch darum.

GÜLDENSTERN: Ich weiß keinen einzigen Griff, gnädiger Herr.

HAMLET: Es ist so leicht wie lügen. Regiert diese Windlöcher mit Euren Fingern und Daumen, gebt der Flöte mit Eurem Munde Atem, und sie wird die beredteste Musik sprechen. Seht Ihr, dies sind die Griffe.

GÜLDENSTERN: Aber die habe ich eben nicht in meiner Gewalt, um irgendeine Harmonie hervorzubringen; ich besitze die Kunst nicht.

HAMLET: Nun, seht Ihr, welch ein nichtswürdiges Ding Ihr aus mir macht? Ihr wollt auf mir spielen; [Ihr wollt tun, als kenntet Ihr meine Griffe;] Ihr wollt in das Herz meines Geheimnisses dringen, Ihr wollt mich von meiner tiefsten Note bis zum Gipfel meiner Stimme hinauf prüfen: Und in dem kleinen Instrument hier ist viel Musik, eine vortreffliche Stimme, dennoch könnt Ihr es nicht zum Sprechen bringen. Wetter! Denkt Ihr, dass ich leichter zu spielen bin als eine Flöte? Nennt mich was für ein Instrument Ihr wollt, Ihr könnt mich zwar verstimmen, aber nicht auf mir spielen.

POLONIUS *kommt.*

Gott grüß Euch, Herr.

POLONIUS: Gnädiger Herr, die Königin wünscht Euch zu sprechen, und das sogleich.

HAMLET: Seht Ihr die Wolke dort, beinah in Gestalt eines Kamels?

POLONIUS: Beim Himmel, sie sieht auch wirklich aus wie ein Kamel.

HAMLET: Mich dünkt, sie sieht aus wie ein Wiesel.

POLONIUS: Sie hat einen Rücken wie ein Wiesel.

HAMLET: Oder wie ein Walfisch?

POLONIUS: Ganz wie ein Walfisch.

HAMLET: Nun, so will ich zu meiner Mutter kommen, im Augenblick. – Sie narren mich, dass mir die Geduld beinah reißt. – Ich komme im Augenblick.

POLONIUS: Das will ich ihr sagen. *Ab.*

HAMLET: »Im Augenblick« ist leicht gesagt. Lasst mich, Freunde.

Rosenkranz, Güldenstern, Horatio und die andern ab.

Nun ist die wahre Spükezeit der Nacht,
Wo Grüfte gähnen und die Hölle selbst
Pest haucht in diese Welt. Nun tränk ich wohl heiß Blut
Und täte Dinge, die der bittre Tag
Mit Schauder sah. Still! Jetzt zu meiner Mutter.
O Herz, vergiss nicht die Natur! Nie dränge
Sich Neros Seel in diesen festen Busen!
Grausam, nicht unnatürlich lass mich sein;
Nur reden will ich Dolche, keine brauchen.
Hierin seid Heuchler, Zung, und du, Gemüt:
Wie hart mit ihr auch meine Rede schmäle,
Nie will'ge drein, sie zu versiegeln, Seele! *Ab.*

Dritte Szene

Ein Zimmer im Schlosse.

Der KÖNIG, ROSENKRANZ *und* GÜLDENSTERN *treten auf.*

KÖNIG: Ich mag ihn nicht, auch steht's um uns nicht sicher,
Wenn frei sein Wahnsinn schwärmt. Drum macht euch fertig:
Ich stelle schleunig eure Vollmacht aus,
Und er soll dann mit euch nach England hin.
Die Pflichten unsrer Würde dulden nicht
Gefahr so nah, wie stündlich uns erwächst
Aus seinen Grillen.
GÜLDENSTERN: Wir wollen uns bereiten.
Es ist gewissenhafte heil'ge Furcht,
Die vielen, vielen Seelen zu erhalten,
Die Eure Majestät belebt und nährt.
ROSENKRANZ: Schon das besondre, einzle Leben muss
Mit aller Kraft und Rüstung des Gemüts
Vor Schaden sich bewahren, doch viel mehr
Der Geist, an dessen Heil das Leben vieler
Beruht und hängt. Der Majestät Verscheiden
Stirbt nicht allein; es zieht gleich einem Strudel
Das Nahe mit. Sie ist ein mächtig Rad,
Befestigt auf des höchsten Berges Gipfel,
An dessen Riesenspeichen tausend Dinge
Gekittet und gefugt sind: wenn es fällt,
So teilt die kleinste Zutat und Umgebung
Den ungeheuren Sturz. Kein König seufzte je
Allein und ohn ein allgemeines Weh.
KÖNIG: Ich bitte, rüstet euch zur schnellen Reise:
Wir müssen diese Furcht in Fesseln legen,
Die auf zu freien Füßen jetzo geht.
ROSENKRANZ: Wir wollen eilen.

Rosenkranz und Güldenstern ab.

POLONIUS *kommt.*

POLONIUS: Mein Fürst, er geht in seiner Mutter Zimmer.
Ich will mich hinter die Tapete stellen,
Den Hergang anzuhören; seid gewiss,
Sie schilt ihn tüchtig aus, und wie Ihr sagtet,
Und weislich war's gesagt, es schickt sich wohl,
Dass noch ein andrer Zeug als eine Mutter,
Die von Natur parteiisch, ihr Gespräch
Im Stillen anhört. Lebet wohl, mein Fürst,
Eh Ihr zu Bett geht, sprech ich vor bei Euch
Und meld Euch, was ich weiß.

KÖNIG: Dank, lieber Herr.

Polonius ab.

Oh, meine Tat ist faul, sie stinkt zum Himmel,
Sie trägt den ersten, ältesten der Flüche,
Mord eines Bruders. – Beten kann ich nicht,
Ist gleich die Neigung dringend wie der Wille:
Die stärkre Schuld besiegt den starken Vorsatz,
Und wie ein Mann, dem zwei Geschäft' obliegen,
Steh ich in Zweifel, was ich erst soll tun,
Und lasse beides. Wie? Wär diese Hand
Auch um und um in Bruderblut getaucht:
Gibt es nicht Regen gnug im milden Himmel,
Sie weiß wie Schnee zu waschen? Wozu dient
Die Gnad, als vor der Sünde Stirn zu treten?
Und hat Gebet nicht die zwiefache Kraft,
Dem Falle vorzubeugen und Verzeihung
Gefallnen auszuwirken? Gut, ich will
Emporschaun: mein Verbrechen ist geschehn.
Doch oh, welch eine Wendung des Gebets
Ziemt meinem Fall? Vergib mir meinen schnöden Mord?
Dies kann nicht sein; mir bleibt ja stets noch alles,
Was mich zum Mord getrieben: meine Krone,
Mein eigner Ehrgeiz, meine Königin.
Wird da verziehn, wo Missetat besteht?
In den verderbten Strömen dieser Welt
Kann die vergoldte Hand der Missetat

Das Recht wegstoßen, und ein schnöder Preis
Erkauft oft das Gesetz. Nicht so dort oben!
Da gilt kein Kunstgriff, da erscheint die Handlung
In ihrer wahren Art, und wir sind selbst
Genötigt, unsern Fehlern in die Zähne
Ein Zeugnis abzulegen. Nun? Was bleibt?
Sehn, was die Reue kann. Was kann sie nicht?
Doch wenn man nicht bereuen kann, was kann sie?
O Jammerstand! O Busen, schwarz wie Tod!
O Seele, die, sich frei zu machen ringend,
Noch mehr verstrickt wird. – Engel, helft! Versucht!
Beugt euch, ihr starren Knie! Gestähltes Herz,
Sei weich wie Sehnen neugeborner Kinder!
Vielleicht wird alles gut. *Entfernt sich und kniet nieder.*

HAMLET *kommt.*

HAMLET: Jetzt könnt ich's tun, bequem; er ist im Beten,
Jetzt will ich's tun – und so geht er gen Himmel,
Und so bin ich gerächt? Das hieß': ein Bube
Ermordet meinen Vater, und dafür
Send ich, sein einz'ger Sohn, denselben Buben
Gen Himmel.
Ei, das wär Sold und Löhnung, Rache nicht.
Er überfiel in Wüstheit meinen Vater,
Voll Speis, in seiner Sünden Maienblüte.
Wie seine Rechnung steht, weiß nur der Himmel,
Allein nach unsrer Denkart und Vermutung
Ergeht's ihm schlimm: und bin ich dann gerächt,
Wenn ich in seiner Heiligung ihn fasse,
Bereitet und geschickt zum Übergang?
Nein.
Hinein, du Schwert! Sei schrecklicher gezückt!
Wenn er berauscht ist, schlafend, in der Wut,
In seines Betts blutschänderischen Freuden,
Beim Doppeln, Fluchen oder anderm Tun,
Das keine Spur des Heiles an sich hat:

Dann stoß ihn nieder, dass gen Himmel er
Die Fersen bäumen mag und seine Seele
So schwarz und so verdammt sei wie die Hölle,
Wohin er fährt. Die Mutter wartet mein:
Dies soll nur Frist den siechen Tagen sein. *Ab.*

Der König steht auf und tritt vor.

KÖNIG: Die Worte fliegen auf, der Sinn hat keine Schwingen:
Wort ohne Sinn kann nicht zum Himmel dringen. *Ab.*

Vierte Szene

Zimmer der Königin.

Die KÖNIGIN *und* POLONIUS *treten auf.*

POLONIUS: Er kommt sogleich: setzt ihm mit Nachdruck zu,
Sagt ihm, dass er zu wilde Streiche macht,
Um sie zu dulden, und dass Eure Hoheit
Geschirmt und zwischen großer Hitz und ihm
Gestanden hat. Ich will hier still mich bergen.
Ich bitt Euch, schont ihn nicht.

HAMLET *hinter der Szene*:
Mutter, Mutter, Mutter!

KÖNIGIN: Verlasst Euch drauf,
Sorgt meinetwegen nicht. Zieht Euch zurück!
Ich hör ihn kommen.

Polonius verbirgt sich hinter der Tapete.

HAMLET *kommt.*

HAMLET: Nun, Mutter, sagt: was gibt's?
KÖNIGIN: Hamlet, dein Vater ist von dir beleidigt.
HAMLET: Mutter, mein Vater ist von Euch beleidigt.
KÖNIGIN: Kommt, kommt! Ihr sprecht mit einer losen Zunge.
HAMLET: Geht, geht! Ihr fragt mit einer bösen Zunge.
KÖNIGIN: Was soll das, Hamlet?
HAMLET: Nun, was gibt es hier?

KÖNIGIN: Habt Ihr mich ganz vergessen?
HAMLET: Nein, beim Kreuz!
Ihr seid die Königin, Weib Eures Mannes Bruders,
Und – wär es doch nicht so! – seid meine Mutter.
KÖNIGIN: Gut, andre sollen zur Vernunft Euch bringen.
HAMLET: Kommt, setzt Euch nieder; Ihr sollt nicht vom Platz,
Nicht gehn, bis ich Euch einen Spiegel zeige,
Worin Ihr Euer Innerstes erblickt.
KÖNIGIN: Was willst du tun? Du willst mich nicht ermorden?
He, Hilfe! Hilfe!
POLONIUS *hinter der Szene*: Hilfe! He! Herbei!
HAMLET: Wie? Was? Eine Ratte? *Er zieht.* Tot! Ich wett ein Goldstück, tot!
Tut einen Stoß durch die Tapete.
POLONIUS *hinter der Tapete*:
Oh, ich bin umgebracht! *Fällt und stirbt.*
KÖNIGIN: Weh mir! Was tatest du?
HAMLET: Fürwahr, ich weiß es nicht: ist es der König?
Zieht den Polonius hinter der Tapete hervor.
KÖNIGIN: Oh, welche rasche blut'ge Tat ist dies!
HAMLET: Ja, gute Mutter, eine blut'ge Tat,
So schlimm beinah wie einen König töten
Und in die Eh mit seinem Bruder treten.
KÖNIGIN: Wie einen König töten!
HAMLET: Ja, so sagt ich.
Zu Polonius: Du kläglicher, vorwitz'ger Narr, fahr wohl!
Ich nahm dich für 'nen Höhern: nimm dein Los,
Du siehst, zu viel Geschäftigkeit ist misslich. –
Ringt nicht die Hände so! Still! Setzt Euch nieder,
Lasst Euer Herz mich ringen, denn das will ich,
Wenn es durchdringlich ist, wenn nicht so ganz
Verdammte Angewöhnung es gestählt,
Dass es verschanzt ist gegen die Vernunft.
KÖNIGIN: Was tat ich, dass du gegen mich die Zunge
So toben lassen darfst?

HAMLET: Solch eine Tat,
Die alle Huld der Sittsamkeit entstellt,
Die Tugend Heuchler schilt, die Rose wegnimmt
Von unschuldsvoller Liebe schöner Stirn
Und Beulen hinsetzt; Ehgelübde falsch
Wie Spielereide macht; o eine Tat,
Die aus dem Körper des Vertrages ganz
Die innre Seele reißet und die süße
Religion zum Wortgepränge macht.
Des Himmels Antlitz glüht, ja diese Feste,
Dies Weltgebäu, mit trauerndem Gesicht,
Als nahte sich der Jüngste Tag, gedenkt
Trübsinnig dieser Tat.
KÖNIGIN: Weh! welche Tat
Brüllt denn so laut und donnert im Verkünden?
HAMLET: Seht hier auf dies Gemälde und auf dies,
Das nachgeahmte Gleichnis zweier Brüder.
Seht, welche Anmut wohnt auf diesen Brau'n!
Apollos Locken, Jovis hohe Stirn,
Ein Aug wie Mars zum Drohn und zum Gebieten,
Des Götterherolds Stellung, wenn er eben
Sich niederschwingt auf himmelnahe Höhn;
In Wahrheit, ein Verein und eine Bildung,
Auf die sein Siegel jeder Gott gedrückt,
[Der Welt Gewähr für einen Mann zu leisten:]
Dies war Eur Gatte. – Seht nun her, was folgt:
Hier ist Eur Gatte, gleich der brand'gen Ähre
Verderblich seinem Bruder. Habt Ihr Augen?
Die Weide dieses schönen Bergs verlasst Ihr
Und mästet Euch im Sumpf! Ha, habt Ihr Augen?
Nennt es nicht Liebe! Denn in Eurem Alter
Ist der Tumult im Blute zahm; es schleicht
Und wartet auf das Urteil: und welch Urteil
Ging' wohl von dem zu dem? Sinn habt Ihr sicher,
Sonst könnte keine Regung in Euch sein:

Doch sicher ist der Sinn vom Schlag gelähmt,
Denn Wahnwitz würde hier nicht irren; nie
Hat so den Sinn Verrücktheit unterjocht,
Dass nicht ein wenig Wahl ihm blieb, genug
Für solchen Unterschied. Was für ein Teufel
Hat bei der Blindekuh Euch so betört?
Sehn ohne Fühlen, Fühlen ohne Sehn,
Ohr ohne Hand und Aug, Geruch ohn alles,
Ja nur ein Teilchen eines echten Sinns
Tappt nimmermehr so zu.
Scham, wo ist dein Erröten? Wilde Hölle,
Empörst du dich in der Matrone Gliedern,
So sei die Keuschheit der entflammten Jugend
Wie Wachs und schmelz in ihrem Feuer hin:
Ruf keine Schande aus, wenn heißes Blut
Zum Angriff stürmet: da der Frost ja selbst
Nicht minder kräftig brennt und die Vernunft
Den Willen kuppelt.

KÖNIGIN: O Hamlet, sprich nicht mehr!
Du kehrst die Augen recht ins Innre mir,
Da seh ich Flecke, tief und schwarz gefärbt,
Die nicht von Farbe lassen.

HAMLET: Nein, zu leben
Im Schweiß und Brodem eines eklen Betts,
Gebrüht in Fäulnis; buhlend und sich paarend
Über dem garst'gen Nest –

KÖNIGIN: O sprich nicht mehr!
Mir dringen diese Wort' ins Ohr wie Dolche.
Nicht weiter, lieber Hamlet!

HAMLET: Ein Mörder und ein Schalk; ein Knecht, nicht wert
Das Zehntel eines Zwanzigteils von ihm,
Der Eur Gemahl war; ein Hanswurst von König,
Ein Beutelschneider von Gewalt und Reich,
Der weg vom Sims die reiche Krone stahl
Und in die Tasche steckte.

KÖNIGIN: Halt inne!

Der GEIST *kommt.*

HAMLET: Ein geflickter Lumpenkönig! –
Schirmt mich und schwingt die Flügel über mir,
Ihr Himmelsscharen! – Was will dein würdig Bild?

KÖNIGIN: Weh mir! er ist verrückt.

HAMLET: Kommt Ihr nicht, Euren trägen Sohn zu schelten,
Der Zeit und Leidenschaft versäumt zur großen
Vollführung Eures furchtbaren Gebots?
O sagt!

GEIST: Vergiss nicht! Diese Heimsuchung
Soll nur den abgestumpften Vorsatz schärfen.
Doch schau! Entsetzen liegt auf deiner Mutter;
Tritt zwischen sie und ihre Seel im Kampf,
In Schwachen wirkt die Einbildung am stärksten:
Sprich mit ihr, Hamlet!

HAMLET: Wie ist Euch, Mutter?

KÖNIGIN: Ach, wie ist denn Euch,
Dass Ihr die Augen heftet auf das Leere
Und redet mit der körperlosen Luft?
Wild blitzen Eure Geister aus den Augen,
Und wie ein schlafend Heer beim Waffenlärm
Sträubt Euer liegend Haar sich als lebendig
Empor und steht zu Berg. O lieber Sohn,
Spreng auf die Hitz und Flamme deines Übels
Abkühlende Geduld! Wo schaust du hin?

HAMLET: Auf ihn! Auf ihn! Seht Ihr, wie blass er starrt?
Sein Anblick, seine Sache würde Steinen
Vernunft einpredigen. – Sieh nicht auf mich,
Damit nicht deine klägliche Gebärde
Mein strenges Tun erweicht; sonst fehlt ihm dann
Die echte Art: vielleicht statt Blutes Tränen.

KÖNIGIN: Zu wem denn sprecht Ihr dies?

HAMLET: Seht Ihr dort nichts?

KÖNIGIN: Gar nichts; doch seh ich alles, was dort ist.

HAMLET: Und hörtet Ihr auch nichts?
KÖNIGIN: Nein, nichts als uns.
HAMLET: Ha, seht nur hin! Seht, wie es weg sich stiehlt!
Mein Vater in leibhaftiger Gestalt.
Seht, wie er eben zu der Tür hinausgeht!

Geist ab.

KÖNIGIN: Dies ist bloß Eures Hirnes Ausgeburt;
In dieser wesenlosen Schöpfung ist
Verzückung sehr geübt.
HAMLET: Verzückung?
Mein Puls hält ordentlich wie Eurer Takt,
Spielt ebenso gesunde Melodien;
Es ist kein Wahnsinn, was ich vorgebracht.
Bringt mich zur Prüfung, und ich wiederhole
Die Sach Euch Wort für Wort, wovon der Wahnsinn
Abspringen würde. Mutter, um Eur Heil!
Legt nicht die Schmeichelsalb auf Eure Seele,
Dass nur mein Wahnsinn spricht, nicht Eur Vergehn;
Sie wird den bösen Fleck nur leicht verharschen,
Indes Verderbnis, heimlich untergrabend,
Von innen angreift. Beichtet vor dem Himmel,
Bereuet, was geschehn, und meidet Künft'ges,
Düngt nicht das Unkraut, dass es mehr noch wuchre.
Vergebt mir diese meine Tugend; denn
In dieser feisten, engebrüst'gen Zeit
Muss Tugend selbst Verzeihn erflehn vom Laster,
Ja kriechen, dass sie nur ihm wohltun dürfe.
KÖNIGIN: O Hamlet, du zerspaltest mir das Herz.
HAMLET: O werft den schlechtem Teil davon hinweg
Und lebt so reiner mit der andern Hälfte.
Gute Nacht! Doch meidet meines Oheims Bett,
Nehmt eine Tugend an, die Ihr nicht habt.
Der Teufel Angewöhnung, der des Bösen
Gefühl verschlingt, ist hierin Engel doch:
Er gibt der Übung schöner, guter Taten
Nicht minder eine Kleidung oder Tracht,

Die gut sich anlegt. Seid zur Nacht enthaltsam,
Und das wird eine Art von Leichtigkeit
Der folgenden Enthaltung leihn; die nächste
Wird dann noch leichter: denn die Übung kann
Fast das Gepräge der Natur verändern;
Sie zähmt den Teufel oder stößt ihn aus
Mit wunderbarer Macht. Nochmals, schlaft wohl!
Um Euren Segen bitt ich, wenn Ihr selbst
Nach Segen erst verlangt. – Für diesen Herrn
Tut es mir leid: der Himmel hat gewollt,
Um mich durch dies und dies durch mich zu strafen,
Dass ich ihm Diener muss und Geißel sein.
Ich will ihn schon besorgen und den Tod,
Den ich ihm gab, vertreten. Schlaft denn wohl!
Zur Grausamkeit zwingt bloße Liebe mich;
Schlimm fängt es an, und Schlimmres nahet sich.
Ein Wort noch, gute Mutter!

KÖNIGIN: Was soll ich tun?

HAMLET: Durchaus nicht das, was ich Euch heiße tun.
Lasst den gedunsnen König Euch ins Bett
Von neuem locken, in die Wangen Euch
Mutwillig kneifen, Euch sein Mäuschen nennen,
Und für ein paar verbuhlte Küss, ein Spielen
In Eurem Nacken mit verdammten Fingern
Bringt diesen ganzen Handel an den Tag,
Dass ich in keiner wahren Tollheit bin,
Nur toll aus List. Gut wär's, Ihr ließt's ihn wissen.
Denn welche Königin, schön, keusch und klug,
Verhehlte einem Kanker, einem Molch
So teure Dinge wohl? Wer täte das?
Nein, trotz Erkenntnis und Verschwiegenheit
Löst auf dem Dach des Korbes Deckel, lasst
Die Vögel fliegen, und wie jener Affe
Kriecht in den Korb, um Proben anzustellen,
Und brecht Euch selbst den Hals.

KÖNIGIN: Sei du gewiss, wenn Worte Atem sind
Und Atem Leben ist, hab ich kein Leben,
Das auszuatmen, was du mir gesagt.
HAMLET: Ich muss nach England; wisst Ihr's?
KÖNIGIN: Ach, ich vergaß; es ist so ausgemacht.
HAMLET: Man siegelt Briefe; meine Schulgesellen,
Die beiden, denen ich wie Nattern traue,
Sie bringen die Bestellung hin; sie müssen
Den Weg mir bahnen und zur Schurkerei
Herolden gleich mich führen. Sei es drum!
Der Spaß ist, wenn mit seinem eignen Pulver
Der Feuerwerker auffliegt; und mich trügt
Die Rechnung, wenn ich nicht ein Klafter tiefer
Als ihre Minen grab und sprenge sie
Bis an den Mond. O es ist gar zu schön,
Wenn so zwei Listen sich entgegengehn! –
Der Mann packt mir 'ne Last auf.
Ich will den Wanst ins nächste Zimmer schleppen.
Nun, Mutter, gute Nacht! – Der Ratsherr da
Ist jetzt sehr still, geheim und ernst fürwahr,
Der sonst ein schelm'scher alter Schwätzer war.
Kommt, Herr, ich muss mit Euch ein Ende machen. –
Gute Nacht, Mutter!

Sie gehen nach verschiedenen Seiten ab.
Hamlet schleift den Polonius hinaus.

VIERTER AUFZUG

ERSTE SZENE

Ein Zimmer im Schlosse.

Der KÖNIG, *die* KÖNIGIN, ROSENKRANZ *und* GÜLDENSTERN.

KÖNIG: In diesen tiefen Seufzern ist ein Sinn;
Legt sie uns aus, wir müssen sie verstehn.
Wo ist Eur Sohn?
KÖNIGIN zu *Rosenkranz und Güldenstern*:
Räumt diesen Platz uns auf ein Weilchen ein.
Beide ab.
Ah, mein Gemahl! was sah ich diese Nacht!
KÖNIG: Wie, Gertrud? was macht Hamlet?
KÖNIGIN: Er rast wie See und Wind, wenn beide kämpfen,
Wer mächt'ger ist: in seiner wilden Wut,
Da er was hinterm Teppich rauschen hört,
Reißt er die Kling heraus, schreit: eine Ratte!
Und tötet so in seines Wahnes Hitze
Den ungesehnen guten alten Mann.
KÖNIG: O schwere Tat! So wär es uns geschehn,
Wenn wir daselbst gestanden. Seine Freiheit
Droht aller Welt, Euch selbst, uns, jedem andern.
Ach! Wer steht ein für diese blut'ge Tat?
Uns wird zur Last sie fallen, deren Vorsicht
Den tollen jungen Mann eng eingesperrt
Und fern von Menschen hätte halten sollen.
Doch unsre Liebe war so groß, dass wir
Nicht einsehn wollten, was das Beste war.
Und wie der Eigner eines bösen Schadens,
Den er geheim hält, ließen wir ihn zehren
Recht an des Lebens Mark. Wo ist er hin?
KÖNIGIN: Er schafft den Leichnam des Erschlagnen weg,
Wobei sein Wahnsinn, wie ein Körnchen Gold

In einem Erz von schlechteren Metallen,
Sich rein beweist: er weint um das Geschehne.
KÖNIG: O Gertrud, lasst uns gehn!
Sobald die Sonne an die Berge tritt,
Schifft man ihn ein; und diese schnöde Tat
Muss unsre ganze Majestät und Kunst
Vertreten und entschuldigen. – He, Güldenstern!

ROSENKRANZ *und* GÜLDENSTERN *kommen.*

Geht, beide Freunde, nehmt euch wen zu Hilfe.
Hamlet hat den Polonius umgebracht
In seinem tollen Mut und ihn darauf
Aus seiner Mutter Zimmer weggeschleppt.
Geht, sucht ihn, sprecht ihm zu, und bringt den Leichnam
In die Kapell. Ich bitt euch, eilt hierbei.

Rosenkranz und Güldenstern ab.

Kommt, Gertrud, rufen wir von unsern Freunden
Die klügsten auf und machen ihnen kund,
Was wir zu tun gedenken und was leider
Geschehn: so kann der schlangenart'ge Leumund,
Des Zischeln von dem einen Pol zum andern
So sicher wie zum Ziele die Kanone
Den gift'gen Schuss trägt, unsern Namen noch
Verfehlen und die Luft unschädlich treffen.
O komm hinweg mit mir! Entsetzen ist
In meiner Seel und innerlicher Zwist.

Beide ab.

Zweite Szene

Ein andres Zimmer im Schlosse.

HAMLET *kommt.*

HAMLET: Sicher beigepackt.
ROSENKRANZ *und* GÜLDENSTERN *hinter der Szene*:
Hamlet! Prinz Hamlet!

HAMLET: Aber still – was für ein Lärm? Wer ruft den Hamlet?
Oh, da kommen sie.

ROSENKRANZ *und* GÜLDENSTERN *kommen.*

ROSENKRANZ: Was habt Ihr mit dem Leichnam, Prinz, gemacht?
HAMLET: Ihn mit dem Staub gepaart, dem er verwandt.
ROSENKRANZ: Sagt uns den Ort, dass wir ihn weg von da
In die Kapelle tragen.
HAMLET: Glaubt es nicht.
ROSENKRANZ: Was nicht glauben?

HAMLET: Dass ich Euer Geheimnis bewahren kann und meines nicht. Überdies, sich von einem Schwamme fragen zu lassen! Was für eine Antwort soll der Sohn eines Königs darauf geben?

ROSENKRANZ: Nehmt Ihr mich für einen Schwamm, gnädiger Herr?

HAMLET: Ja, Herr, der des Königs Miene, seine Gunstbezeigungen und Befehle einsaugt. Aber solche Beamte tun dem Könige den besten Dienst am Ende. Er hält sie, wie ein Affe den Apfel, im Winkel seines Kinnbackens; zuerst in den Mund gesteckt, um zuletzt verschlungen zu werden. Wenn er braucht, was Ihr aufgesammelt habt, so darf er Euch nur drücken, so seid Ihr, Schwamm, wieder trocken.

ROSENKRANZ: Ich verstehe Euch nicht, gnädiger Herr.

HAMLET: Es ist mir lieb: eine lose Rede schläft in dummen Ohren.

ROSENKRANZ: Gnädiger Herr, Ihr müsst uns sagen, wo die Leiche ist, und mit uns zum Könige gehn.

HAMLET: Die Leiche ist beim König, aber der König ist nicht bei der Leiche. Der König ist ein Ding –

GÜLDENSTERN: Ein Ding, gnädiger Herr?

HAMLET: Das nichts ist: Bringt mich zu ihm. Versteck dich, Fuchs, und alle hinterdrein!

Alle ab.

Dritte Szene

Ein andres Zimmer im Schlosse.

Der KÖNIG *tritt auf mit* GEFOLGE.

KÖNIG: Ich lass ihn holen und den Leichnam suchen.
Oh, wie gefährlich ist's, dass dieser Mensch
So frei umhergeht! Dennoch dürfen wir
Nicht nach dem strengen Recht mit ihm verfahren.
Er ist beliebt bei der verworrnen Menge,
Die mit dem Aug, nicht mit dem Urteil wählt,
Und wo das ist, wägt man des Schuld'gen Plage,
Doch nie die Schuld. Um alles auszugleichen,
Muss diese schnelle Wegsendung ein Schritt
Der Überlegung scheinen: wenn die Krankheit
Verzweifelt ist, kann ein verzweifelt Mittel
Nur helfen oder keins.

ROSENKRANZ *kommt.*

Was ist geschehn?

ROSENKRANZ: Wo er die Leiche hingeschafft, mein Fürst,
Vermögen wir von ihm nicht zu erfahren.

KÖNIG: Wo ist er selber?

ROSENKRANZ: Draußen, gnäd'ger Herr;
Bewacht, um Eur Belieben abzuwarten.

KÖNIG: So bringt ihn vor uns.

ROSENKRANZ: He, Güldenstern! bringt den gnädigen Herrn herein.

HAMLET *und* GÜLDENSTERN *kommen.*

KÖNIG: Nun, Hamlet, wo ist Polonius?

HAMLET: Beim Nachtmahl.

KÖNIG: Beim Nachtmahl?

HAMLET: Nicht, wo er speist, sondern wo er gespeist wird. Eine gewisse Reichsversammlung von politischen Würmern hat sich eben an ihn gemacht. So 'n Wurm ist Euch der einzige Kaiser, was die Tafel betrifft. Wir mästen alle anderen Kreaturen, um uns zu mästen; und uns selbst mästen wir für

Maden. Der fette König und der magre Bettler sind nur verschiedne Gerichte; zwei Schüsseln, aber für eine Tafel: das ist das Ende vom Liede.

KÖNIG: Ach Gott! Ach Gott!

HAMLET: Jemand könnte mit dem Wurm fischen, der von einem König gegessen hat, und von dem Fisch essen, der den Wurm verzehrte.

KÖNIG: Was meinst du damit?

HAMLET: Nichts, als Euch zu zeigen, wie ein König seinen Weg durch die Gedärme eines Bettlers nehmen kann.

KÖNIG: Wo ist Polonius?

HAMLET: Im Himmel. Schickt hin, um nachzusehn. Wenn Euer Bote ihn da nicht findet, so sucht ihn selbst an dem andern Ort. Aber wahrhaftig, wo Ihr ihn nicht binnen dieses Monats findet, so werdet Ihr ihn wittern, wenn Ihr die Treppe zur Galerie hinaufgeht.

KÖNIG *zu einigen aus dem Gefolge*: Geht, sucht ihn dort.

HAMLET: Er wird warten, bis Ihr kommt.

Einige aus dem Gefolge ab.

KÖNIG: Hamlet, für deine eigne Sicherheit,
Die uns so wert ist, wie uns innig kränkt,
Was du begangen hast, muss diese Tat
In feur'ger Eile dich von hinnen senden.
Drum rüste dich: das Schiff liegt schon bereit,
Der Wind ist günstig, die Gefährten warten,
Und alles treibt nach England auf und fort.

HAMLET: Nach England?

KÖNIG: Ja, Hamlet.

HAMLET: Gut.

KÖNIG: So ist es, wenn du unsre Absicht wüsstest.

HAMLET: Ich sehe einen Cherub, der sie sieht. – Aber kommt! Nach England! – Lebt wohl, liebe Mutter.

KÖNIG: Dein liebevoller Vater, Hamlet.

HAMLET: Meine Mutter. Vater und Mutter sind Mann und Weib; Mann und Weib sind ein Fleisch: also meine Mutter. Kommt, nach England! *Ab.*

KÖNIG: Folgt auf dem Fuß ihm, lockt ihn schnell an Bord;
Verzögert nicht: er muss heut Nacht von hinnen.
Fort! Alles ist versiegelt und geschehn,
Was sonst die Sache heischt. Ich bitt euch, eilt.
Alle außer dem König ab.
Und, England! Gilt dir meine Liebe was –
Wie meine Macht sie dich kann schätzen lehren,
Denn noch ist deine Narbe wund und rot
Vom Dänenschwert, und deine Ehrfurcht leistet
Uns willig Lehenspflicht –, so darfst du nicht
Das oberherrliche Geheiß versäumen,
Das durch ein Schreiben solchen Inhalts dringt
Auf Hamlets schnellen Tod. O tu es, England!
Denn wie die Hektik rast er mir im Blut:
Du musst mich heilen. Mag mir alles glücken,
Bis dies geschehn ist, kann mich nichts erquicken. *Ab.*

VIERTE SZENE

Eine Ebene in Dänemark.

FORTINBRAS *und* TRUPPEN, *im Marsch begriffen.*

FORTINBRAS: Geht, Hauptmann, grüßt von mir den Dänenkönig;
Sagt ihm, dass Fortinbras auf sein Gestatten
Für den versprochnen Zug durch sein Gebiet
Geleit begehrt. Ihr wisst, wo wir uns treffen.
Wenn Seine Majestät uns sprechen will,
So wollen wir pflichtmäßig ihn begrüßen;
Das meldet ihm.
HAUPTMANN: Ich will es tun, mein Prinz.
FORTINBRAS: Rückt langsam vor.
Fortinbras und Truppen ab.
HAMLET, ROSENKRANZ, GÜLDENSTERN *und* ANDRE *kommen.*
HAMLET: Wes sind die Truppen, lieber Herr?

HAUPTMANN: Sie sind von Norweg, Herr.
HAMLET: Wozu bestimmt, ich bitt Euch?
HAUPTMANN: Sie rücken gegen Polen.
HAMLET: Wer führt sie an?
HAUPTMANN: Des alten Norwegs Neffe, Fortinbras.
HAMLET: Und geht es auf das ganze Polen oder
Auf einen Grenzort nur?
HAUPTMANN: Um wahr zu reden und mit keinem Zusatz,
Wir gehn, ein kleines Fleckchen zu gewinnen,
Das keinen Vorteil als den Namen bringt.
Für fünf Dukaten, fünf, möcht ich's nicht pachten.
Auch bringt's dem Norweg oder Polen sicher
Nicht mehr, wenn man auf Erbzins es verkauft.
HAMLET: So wird's der Pole nimmermehr verteid'gen.
HAUPTMANN: Doch; es ist schon besetzt.
HAMLET: Zweitausend Seelen, zwanzigtausend Goldstück'
Entscheiden diesen Lumpenzwist noch nicht.
Dies ist des Wohlstands und der Ruh Geschwür,
Das innen aufbricht, während sich von außen
Kein Grund des Todes zeigt. – Ich dank Euch, Herr.
HAUPTMANN: Geleit Euch Gott! *Ab.*
ROSENKRANZ: Beliebt es Euch zu gehn?
HAMLET: Ich komme gleich euch nach. Geht nur voran.
Rosenkranz und die Übrigen ab.
Wie jeder Anlass mich verklagt und spornt
Die träge Rache an! Was ist der Mensch,
Wenn seiner Zeit Gewinn, sein höchstes Gut
Nur Schlaf und Essen ist? Ein Vieh, nichts weiter.
Gewiss, der uns mit solcher Denkkraft schuf,
Voraus zu schaun und rückwärts, gab uns nicht
Die Fähigkeit und göttliche Vernunft,
Um ungebraucht in uns zu schimmeln. Nun,
Sei's viehisches Vergessen, oder sei's
Ein banger Zweifel, welcher zu genau
Bedenkt den Ausgang – ein Gedanke, der,
Zerlegt man ihn, ein Viertel Weisheit nur

Und stets drei Viertel Feigheit hat –, ich weiß nicht,
Weswegen ich noch lebe, um zu sagen:
»Dies muss geschehn«, da ich doch Grund und Willen
Und Kraft und Mittel hab, um es zu tun.
Beispiele, die zu greifen, mahnen mich.
So dieses Heer von solcher Zahl und Stärke,
Von einem zarten Prinzen angeführt,
Des Mut, von hoher Ehrbegier geschwellt,
Die Stirn dem unsichtbaren Ausgang beut
Und gibt sein sterblich und verletzbar Teil
Dem Glück, dem Tode, den Gefahren preis
Für eine Nussschal. Wahrhaft groß sein heißt,
Nicht ohne großen Gegenstand sich regen;
Doch einen Strohhalm selber groß verfechten,
Wenn Ehre auf dem Spiel. Wie steh denn ich,
Den seines Vaters Mord, der Mutter Schande,
Antriebe der Vernunft und des Geblüts,
Den nichts erweckt? Ich seh indes beschämt
Den nahen Tod von zwanzigtausend Mann,
Die für 'ne Grille, ein Phantom des Ruhms,
Zum Grab gehn wie ins Bett: es gilt ein Fleckchen,
Worauf die Zahl den Streit nicht führen kann;
Nicht Gruft genug und Raum, um die Erschlagnen
Nur zu verbergen. Oh, von Stund an trachtet
Nach Blut, Gedanken, oder seid verachtet! *Ab.*

Fünfte Szene

Helsingör. Ein Zimmer im Schlosse.

Die KÖNIGIN *und* HORATIO *treten auf.*

KÖNIGIN: Ich will nicht mit ihr sprechen.
HORATIO: Sie ist sehr dringend; wirklich, außer sich.
Ihr Zustand ist erbarmenswert.
KÖNIGIN: Was will sie?

HORATIO: Sie spricht von ihrem Vater; sagt, sie höre,
Die Welt sei schlimm, und ächzt und schlägt die Brust;
Ein Strohhalm ärgert sie; sie spricht verworren
Mit halbem Sinn nur: ihre Red ist nichts,
Doch leitet ihre ungestalte Art
Die Hörenden auf Schlüsse; man errät,
Man stückt zusammen ihrer Worte Sinn,
Die sie mit Nicken gibt, mit Winken, Mienen,
Sodass man wahrlich denken muss, man könnte
Zwar nichts gewiss, jedoch viel Arges denken.
KÖNIGIN: Man muss doch mit ihr sprechen: sie kann Argwohn
In unheilbrütende Gemüter streun.
Lasst sie nur vor.

Horatio ab.

Der kranken Seele, nach der Art der Sünden,
Scheint jeder Tand ein Unglück zu verkünden.
Von so betörter Furcht ist Schuld erfüllt,
Dass, sich verbergend, sie sich selbst enthüllt.

HORATIO *kommt mit* OPHELIA.

OPHELIA: Wo ist die schöne Majestät von Dänmark?
KÖNIGIN: Wie geht's, Ophelia?
OPHELIA *singt*: Wie erkenn ich dein Treulieb
Vor den andern nun?
An dem Muschelhut und Stab
Und den Sandelschuhn.
KÖNIGIN: Ach, süßes Fräulein, wozu soll dies Lied?
OPHELIA: Was beliebt? Nein, bitte, hört. *Singt:*
Er ist lange tot und hin,
Tot und hin, Fräulein!
Ihm zu Häupten ein Rasen grün,
Ihm zu Fuß ein Stein.
Oh!
KÖNIGIN: Aber sagt, Ophelia –
OPHELIA: Bitt Euch, hört.
Singt: Sein Leichenhemd weiß wie Schnee zu sehn –

Der KÖNIG *tritt auf.*

KÖNIGIN: Ach, mein Gemahl, seht hier!

OPHELIA *singt*:
Geziert mit Blumensegen,
Das unbetränt zum Grab musst gehn
Von Liebesregen.

KÖNIG: Wie geht's Euch, holdes Fräulein?

OPHELIA: Gottes Lohn! Recht gut. Sie sagen, die Eule war eines Bäckers Tochter. Ach Herr! Wir wissen wohl, was wir sind, aber nicht, was wir werden können. Gott segne Euch die Mahlzeit!

KÖNIG: Anspielung auf ihren Vater.

OPHELIA: Bitte, lasst uns darüber nicht sprechen; aber wenn sie Euch fragen, was es bedeutet, so sagt nur:

Singt:
Auf morgen ist Sankt-Valentins-Tag,
Wohl an der Zeit noch früh,
Und ich, 'ne Maid, am Fensterschlag
Will sein Eur Valentin.
Er war bereit, tät an sein Kleid,
Tät auf die Kammertür,
Ließ ein die Maid, die als 'ne Maid
Ging nimmermehr herfür.

KÖNIG: Holde Ophelia!

OPHELIA: Fürwahr, ohne Schwur, ich will ein Ende machen.

Singt:
Bei unsrer Frau und Sankt Kathrin!
O pfui! was soll das sein?
Ein junger Mann tut's, wenn er kann,
Beim Himmel, 's ist nicht fein.
Sie sprach: »Eh Ihr gescherzt mit mir,
Gelobt Ihr mich zu frein.«

Er antwortet:

»Ich bräch's auch nicht, beim Sonnenlicht!
Wärst du nicht kommen herein.«

KÖNIG: Wie lang ist sie schon so?

OPHELIA: Ich hoffe, alles wird gut werden. Wir müssen geduldig sein: Aber ich kann nicht umhin zu weinen, wenn ich denke, dass sie ihn in den kalten Boden gelegt haben. Mein Bruder soll davon wissen, und so dank ich Euch für Euren guten Rat.

Kommt, meine Kutsche! Gute Nacht, Damen! Gute Nacht, süße Damen! Gute Nacht! Gute Nacht! *Ab.*

KÖNIG: Folgt auf dem Fuß ihr doch: bewacht sie recht!

Horatio ab.

O dies ist Gift des tiefen Grams: es quillt
Aus ihres Vaters Tod. Und seht nun an,
O Gertrud! Gertrud! Wenn die Leiden kommen,
So kommen sie wie einzle Späher nicht,
Nein, in Geschwadern. Ihr Vater umgebracht;
Fort Euer Sohn, er selbst der wüste Stifter
Gerechten eignen Banns; das Volk verschlämmt,
Schädlich und trüb im Wähnen und Vermuten
Vom Tod des redlichen Polonius;
Und töricht war's von uns, so unterm Husch
Ihn zu bestatten; dann dies arme Kind,
Getrennt von sich und ihrem edlen Urteil,
Ohn welches wir nur Bilder sind, nur Tiere.
Zuletzt, was mehr als alles in sich schließt:
Ihr Bruder ist von Frankreich insgeheim
Zurückgekehrt, nährt sich mit seinem Staunen,
Hält sich in Wolken und ermangelt nicht
Der Ohrenbläser, um ihn anzustecken
Mit gift'gen Reden von des Vaters Tod;
Wobei Verlegenheit, an Vorwand arm,
Sich nicht entblöden wird, uns zu verklagen
Von Ohr zu Ohr. O liebste Gertrud, dies
Gibt wie ein Traubenschuss an vielen Stellen
Mir überflüß'gen Tod.

Lärm hinter der Szene.

KÖNIGIN: O weh! Was für ein Lärm?

KÖNIG:
Herbei! Wo sind die Schweizer? Lasst die Tür bewachen.

Ein EDELMANN *kommt.*

Was gibt es draußen?

EDELMANN: Rettet Euch, mein Fürst.
Der Ozean, entwachsend seinem Saum,

Verschlingt die Niedrung ungestümer nicht,
Als an der Spitze eines Meuterhaufens
Laertes Eure Diener übermannt.
Der Pöbel nennt ihn Herrn, und gleich als finge
Die Welt erst an, als wär das Altertum
Vergessen und Gewohnheit nicht bekannt,
Die Stützen und Bekräft'ger jedes Worts,
Schrein sie: »Erwählen wir! Laertes werde König!«
Und Mützen, Hände, Zungen tragen's jubelnd
Bis an die Wolken: »König sei Laertes!
Laertes König!«

KÖNIGIN: Sie schlagen lustig an auf falscher Fährte.
Verkehrt gespürt, ihr falschen Dänenhunde!

Lärm hinter der Szene.

KÖNIG: Die Türen sind gesprengt.

LAERTES *kommt bewaffnet.* DÄNEN *hinter ihm.*

LAERTES: Wo ist denn dieser König? – Herrn, bleibt draußen.

DÄNEN: Nein, lasst uns mit herein.

LAERTES: Ich bitt, erlaubt mir.

DÄNEN: Gut, wie Ihr wollt.

Sie ziehen sich hinter die Tür zurück.

LAERTES: Dank euch! Besetzt die Tür! –
Du schnöder König, gib mir meinen Vater!

KÖNIGIN: Guter Laertes, ruhig!

LAERTES: Der Tropfen Bluts, der ruhig ist, erklärt
Für Bastard mich, schilt Hahnrei meinen Vater,
Brandmarkt als Metze meine treue Mutter
Hier zwischen ihren reinen, keuschen Brau'n.

KÖNIG: Was ist der Grund, Laertes, dass dein Aufstand
So riesenmäßig aussieht? – Lasst ihn, Gertrud,
Befürchtet nichts für unsere Person.
Denn solche Göttlichkeit schirmt einen König:
Verrat, der nur erblickt, was er gewollt,
Steht ab von seinem Willen. – Sag, Laertes,
Was bist du so entrüstet? – Gertrud, lasst ihn! –
Sprich, junger Mann.

LAERTES: Wo ist mein Vater?
KÖNIG: Tot.
KÖNIGIN: Doch nicht durch ihn.
KÖNIG: Lasst ihn nur satt sich fragen.
LAERTES: Wie kam er um? Ich lasse mich nicht äffen.
Zur Hölle, Treu! Zum ärgsten Teufel, Erde!
Gewissen, Frömmigkeit, zum tiefsten Schlund!
Ich trotze der Verdammnis; so weit kam's:
Ich schlage beide Welten in die Schanze,
Mag kommen, was da kommt! Nur Rache will ich
Vollauf für meinen Vater.
KÖNIG: Wer wird Euch hindern?
LAERTES: Mein Wille, nicht der ganzen Welt Gebot;
Und meine Mittel will ich so verwalten,
Dass wenig weit soll reichen.
KÖNIG: Hört, Laertes,
Wenn Ihr von Eures teuren Vaters Tod
Das Sichre wissen wollt: ist's Eurer Rache Schluss,
Als Sieger in dem Spiel, so Freund wie Feind,
Gewinner und Verlierer fortzureißen?
LAERTES: Nur seine Feinde.
KÖNIG: Wollt Ihr sie denn kennen?
LAERTES: Den Freunden will ich weit die Arme öffnen
Und wie der Lebensopfrer Pelikan
Mit meinem Blut sie tränken.
KÖNIG: So! Nun sprecht Ihr
Als guter Sohn und echter Edelmann.
Dass ich an Eures Vaters Tod schuldlos
Und am empfindlichsten dadurch gekränkt,
Soll Eurem Urteil offen dar sich legen
Wie Tageslicht dem Aug.
DÄNEN *hinter der Szene*: Lasst sie hinein!
LAERTES: Was gibt's? Was für ein Lärm?
OPHELIA *kommt, fantastisch mit Kräutern und Blumen geschmückt.*
O Hitze, trockne
Mein Hirn auf! Tränen, siebenfach gesalzen,

Brennt meiner Augen Kraft und Tugend aus! –
Bei Gott! Dein Wahnsinn soll bezahlt uns werden
Nach dem Gewicht, bis unsre Waagschal sinkt.
O Maienrose! Süßes Kind! Ophelia!
Geliebte Schwester! – Himmel, kann es sein,
Dass eines jungen Mädchens Geist so sterblich
Wie eines alten Mannes Leben ist?
Natur ist fein im Lieben: wo sie fein ist,
Da sendet sie ein kostbar Pfand von sich
Dem, was sie liebet, nach.

OPHELIA *singt*: Sie trugen ihn auf der Bahre bloß,
Dideldum, dideldei!
Und manche Trän fiel in Grabesschoß –
Fahr wohl, meine Taube!

LAERTES: Hättst du Vernunft und mahntest uns zur Rache,
Es könnte so nicht rühren.

OPHELIA: Ihr müsst singen: »'nunter, hinunter! Und ruft ihr ihn 'nunter.« Oh, wie das Rad dazu klingt! Es ist der falsche Verwalter, der seines Herrn Tochter stahl.

LAERTES: Dies Nichts ist mehr als Etwas.

OPHELIA: Da ist Vergissmeinnicht, das ist zum Andenken: ich bitte Euch, liebes Herz, gedenkt meiner! Und da ist Rosmarin, das ist für die Treue.

LAERTES: Ein Sinnspruch im Wahnsinn: Treue und Andenken gepaart.

OPHELIA: Da ist Fenchel für Euch und Akelei – da ist Raute für Euch, und hier ist welche für mich; [wir können sie Gnadenkraut des Sonntags nennen] – Ihr könnt Eure Raute mit einem Abzeichen tragen. – Da ist Maßlieb – ich wollte Euch ein paar Veilchen geben, aber sie welkten alle, da mein Vater starb. – Sie sagen, er nahm ein gutes Ende. –
Singt: Dem traut lieb Fränzel ist all meine Lust –

LAERTES: Schwermut und Trauer, Leid, die Hölle selbst
Macht sie zur Anmut und zur Artigkeit.

OPHELIA *singt*: Und kommt er nicht mehr zurück?
Und kommt er nicht mehr zurück?

Er ist tot! O weh!
In dein Todesbett geh,
Er kommt ja nimmer zurück.

Sein Bart war so weiß wie Schnee,
Sein Haupt dem Flachse gleich:
Er ist hin, er ist hin,
Und kein Leid bringt Gewinn;
Gott helf ihm ins Himmelreich!
Und allen Christenseelen! Darum bet ich, Gott sei mit euch!

Ab.

LAERTES: Seht Ihr das? O Gott!
KÖNIG: Laertes, ich muss Euren Gram besprechen;
Versagt mir nicht mein Recht. Entfernt Euch nur,
Wählt die Verständigsten von Euren Freunden,
Und lasst sie richten zwischen Euch und mir.
Wenn sie zunächst uns oder mittelbar
Dabei betroffen finden, wollen wir
Reich, Krone, Leben, was nur unser heißt,
Euch zur Vergütung geben; doch wo nicht,
So seid zufrieden, uns Geduld zu leihn;
Wir wollen dann, vereint mit Eurer Seele,
Sie zu befried'gen trachten.
LAERTES: Ja, so sei's.
Die Todesart, die heimliche Bestattung –
Kein Schwert noch Wappen über seiner Gruft,
Kein hoher Brauch noch förmliches Gepräng –,
Sie rufen laut vom Himmel bis zur Erde,
Dass ich's zur Frage ziehn muss.
KÖNIG: Gut, das sollt Ihr,
Und wo die Schuld ist, mag das Strafbeil fallen.
Ich bitt Euch, folget mir.

Alle ab.

Sechste Szene

Ein andres Zimmer im Schlosse.

HORATIO *und ein* DIENER *treten auf.*

HORATIO: Was sind's für Leute, die mich sprechen wollen?
DIENER: Matrosen, Herr; sie haben, wie sie sagen,
Euch Briefe zu bestellen.
HORATIO: Lasst sie vor.
Diener ab.
Ich wüsste nicht, von welchem Teil der Welt
Ein Gruß mir käme als vom Prinzen Hamlet.
MATROSEN *kommen.*
ERSTER MATROSE: Gott segn Euch, Herr!
HORATIO: Dich segn er ebenfalls.

ERSTER MATROSE: Das wird er, Herr, so es ihm gefällt. Hier ist ein Brief für Euch, Herr; er kommt von dem Gesandten, der nach England reisen sollte, wenn Euer Name anders Horatio ist, wie man mich versichert.

HORATIO *liest*: »Horatio, wenn Du dies durchgesehn haben wirst, verschaffe diesen Leuten Zutritt beim Könige, sie haben Briefe für ihn. Wir waren noch nicht zwei Tage auf der See gewesen, als ein stark gerüsteter Korsar Jagd auf uns machte: Da wir uns im Segeln zu langsam fanden, legten wir eine notgedrungne Tapferkeit an, und während des Handgemenges enterte ich; in dem Augenblick machten sie sich von unserm Schiffe los, und so ward ich allein ihr Gefangner. Sie haben mich wie barmherzige Diebe behandelt, aber sie wussten wohl, was sie taten; ich muss einen guten Streich für sie tun. Sorge, dass der König die Briefe bekommt, die ich sende, und begib Dich zu mir in solcher Eile, wie Du den Tod fliehen würdest. Ich habe Dir Worte ins Ohr zu sagen, die Dich stumm machen werden, doch sind sie viel zu leicht für das Gewicht der Sache. Diese guten Leute werden Dich hinbringen, wo ich bin. Rosenkranz und Güldenstern setzen ihre

Reise nach England fort: über sie hab ich Dir viel zu sagen. Lebe wohl.

Ewig der Deinige
Hamlet.«

Kommt, ich will diese eure Briefe fördern,
Und um so schneller, dass ihr hin mich führt
Zu ihm, der sie euch mitgab.

Alle ab.

Siebente Szene

Ein andres Zimmer im Schlosse.

Der KÖNIG *und* LAERTES *treten auf.*

KÖNIG: Nun muss doch Eur Gewissen meine Unschuld
Versiegeln, und Ihr müsst in Euer Herz
Als Freund mich schließen, weil Ihr habt gehört,
Und zwar mit kund'gem Ohr, dass ebender,
Der Euren edlen Vater umgebracht,
Mir nach dem Leben stand.

LAERTES: 's ist klar. Doch sagt mir,
Warum belangtet Ihr nicht diese Taten,
So strafbar und so todeswürd'ger Art,
Wie Eure Größe, Weisheit, Sicherheit,
Wie alles sonst Euch drang?

KÖNIG: Aus zwei besondern Gründen,
Die Euch vielleicht sehr marklos dünken mögen,
Allein für mich doch stark sind. Seine Mutter,
Die Königin, lebt fast von seinem Blick;
Und was mich selbst betrifft – sei's, was es sei,
Entweder meine Tugend oder Qual –,
Sie ist mir so vereint in Seel und Leben,
Wie sich der Stern in seinem Kreis nur regt,
Könnt ich's nicht ohne sie. Der andre Grund,

Warum ich's nicht zur Sprache bringen durfte,
Ist, dass der große Hauf an ihm so hängt:
Sie tauchen seine Fehl' in ihre Liebe,
Die, wie der Quell, der Holz in Stein verwandelt,
Aus Tadel Lob macht, sodass meine Pfeile,
Zu leicht gezimmert für so scharfen Wind,
Zurückgekehrt zu meinem Bogen wären
Und nicht zum Ziel gelangt.
LAERTES: Und so verlor ich einen edlen Vater,
So ward mir eine Schwester hoffnungslos
Zerrüttet, deren Wert, wofern das Lob
Zurückgehn darf, auf unsrer Zeiten Höhe
Auffordernd stand zu gleicher Trefflichkeit.
Doch kommen soll die Rache.
KÖNIG: Schlaft deshalb ruhig nur. Ihr müsst nicht denken,
Wir wären aus so trägem Stoff gemacht,
Dass wir Gefahr am Bart uns raufen ließen
Und hielten es für Kurzweil. Ihr vernehmt
Mit nächstem mehr: ich liebte Euren Vater,
Auch lieben wir uns selbst; das hoff ich, wird
Euch einsehn lehren –

Ein BOTE *kommt.*

Nun? Was gibt es Neues?
BOTE: Herr, Briefe sind's von Hamlet; dieser da
Für Eure Majestät, der für die Königin.
KÖNIG: Von Hamlet? Und wer brachte sie?
BOTE: Matrosen, heißt es, Herr; ich sah sie nicht.
Mir gab sie Claudio, der vom Überbringer
Sie selbst empfing.
KÖNIG: Laertes, Ihr sollt hören. –
Lasst uns.

Bote ab.

Liest: »Großmächtigster! Wisset, dass ich nackt an Euer Reich ausgesetzt bin. Morgen werde ich um Erlaubnis bitten, vor Euer königliches Auge zu treten, und dann werde ich, wenn ich Euch erst um Vergünstigung dazu ersucht, die Veranlassung meiner plötzlichen und wunderbaren Rückkehr berichten.

Hamlet.«

Was heißt dies? Sind sie alle wieder da?
Wie? Oder ist's Betrug und nichts daran?

LAERTES: Kennt Ihr die Hand?

KÖNIG: 's sind Hamlets Züge. »Nackt«,
Und in der Nachschrift hier sagt er: »Allein« –
Könnt Ihr mir raten?

LAERTES: Ich bin ganz irr, mein Fürst. Allein er komme,
Erfrischt es doch mein Herzensübel recht,
Dass ich's ihm in die Zähne rücken kann:
»Das tatest du.«

KÖNIG: Wenn es so ist, Laertes –
Wie kann es nur so sein? Wie anders? –, wollt Ihr
Euch von mir stimmen lassen?

LAERTES: Ja, mein Fürst,
Wenn Ihr mich nicht zum Frieden überstimmt.

KÖNIG: Zu deinem Frieden. Ist er heimgekehrt,
Als stutzig vor der Reis, und denkt nicht mehr,
Sie vorzunehmen, so beweg ich ihn
Zu einem Probstück, reif in meinem Sinn,
Wobei sein Fall gewiss ist; und es soll
Um seinen Tod kein Lüftchen Tadel wehn.
Selbst seine Mutter spreche los die List
Und nenne Zufall sie.

LAERTES: Ich will Euch folgen, Herr,
Und um so mehr, wenn Ihr's zu machen wüsstet,
Dass ich das Werkzeug wär.

KÖNIG: So trifft sich's eben.
Man hat seit Eurer Reis Euch viel gerühmt,
Und das vor Hamlets Ohr, um eine Eigenschaft,
Worin Ihr, sagt man, glänzt; all Eure Gaben
Entlockten ihm gesamt nicht so viel Neid
Wie diese eine, die nach meiner Schätzung
Vom letzten Rang ist.

LAERTES: Und welche Gabe wär das, gnäd'ger Herr?
KÖNIG: Ein bloßes Band nur an dem Hut der Jugend,
Doch nötig auch, denn leichte, lose Tracht
Ziemt minder nicht der Jugend, die sie trägt,
Als dem gesetzten Alter Pelz und Mantel
Gesundheit schafft und Ansehn. – Vor zwei Monden
War hier ein Ritter aus der Normandie.
Ich kenne selbst die Franken aus dem Krieg,
Und sie sind gut zu Pferd; doch dieser Brave
Tat Zauberdinge: er wuchs am Sitze fest
Und lenkt' sein Pferd zu solchen Wunderkünsten,
Als wär er einverleibt und halbgeartet
Mit diesem wackern Tier: es überstieg
So weit die Vorstellung, dass mein Erfinden
Von Wendungen und Sprüngen hinter dem
Zurückbleibt, was er tat.
LAERTES: Ein Normann war's?
KÖNIG: Ein Normann.
LAERTES: Lamord, bei meinem Leben.
KÖNIG: Ja, derselbe.
LAERTES: Ich kenn ihn wohl, er ist auch in der Tat
Das Kleinod und Juwel von seinem Volk.
KÖNIG: Er ließ bei uns sich über Euch vernehmen
Und gab Euch solch ein meisterliches Lob
Für Eure Kunst und Übung in den Waffen,
Insonderheit die Führung des Rapiers:
Es gäb ein rechtes Schauspiel, rief er aus,
Wenn wer darin sich mit Euch messen könnte.
Er schwur, die Fechter seines Landes hätten
Nicht sichre Hut noch Auge noch Geschick,
Wenn Ihr sie angrifft: dieser sein Bericht
Vergiftete den Hamlet so mit Neid,
Dass er nichts tat als wünschen, dass Ihr schleunig
Zurückkämt, um mit Euch sich zu versuchen.
Nun, hieraus –

LAERTES: Was denn hieraus, gnäd'ger Herr?
KÖNIG: Laertes, war Euch Euer Vater wert?
Wie, oder seid Ihr gleich dem Gram im Bilde,
Ein Antlitz ohne Herz?
LAERTES: Wozu die Frage?
KÖNIG: Nicht als ob ich dächte,
Ihr hättet Euren Vater nicht geliebt.
Doch weiß ich, durch die Zeit beginnt die Liebe,
Und seh an Proben der Erfahrung auch,
Dass Zeit derselben Glut und Funken mäßigt.
Im Innersten der Liebesflamme lebt
Eine Art von Docht und Schnuppe, die sie dämpft,
Und nichts beharrt in gleicher Güte stets:
Denn Güte, die vollblütig wird, erstirbt
Im eignen Allzuviel. Was man will tun,
Das soll man, wenn man will; denn dies »will« ändert sich
Und hat so mancherlei Verzug und Schwächung,
Wie es nur Zungen, Hände, Fälle gibt;
Dann ist dies »soll« ein prasserischer Seufzer,
Der lindernd schadet. Doch zum Kern der Sache!
Hamlet kommt her: was wollt Ihr unternehmen,
Um Euch zu zeigen Eures Vaters Sohn
In Taten mehr als Worten?
LAERTES: Ihn in der Kirch erwürgen.
KÖNIG: Mord sollte freilich nirgends Freistatt finden
Und Rache keine Grenzen. Doch, Laertes,
Wollt Ihr dies tun, so haltet Euch zu Haus.
[Hamlet soll Eure Heimkehr gleich erfahren.]
Wir lassen Eure Trefflichkeit ihm preisen
Und doppelt überfirnissen den Ruhm,
Den Euch der Franke gab; kurz, bringen Euch zusammen
Und stellen Wetten an auf Eure Köpfe.
Er, achtlos, edel, frei von allem Arg,
Wird die Rapiere nicht genau besehn;
So könnt Ihr leicht mit ein paar kleinen Griffen
Euch eine nicht gestumpfte Klinge wählen

Und ihn mit einem wohlgeführten Stoß
Für Euren Vater lohnen.
LAERTES: Ich will's tun
Und zu dem Endzweck meinen Degen salben.
Ein Scharlatan verkaufte mir ein Mittel,
So tödlich, taucht man nur ein Messer drein,
Wo's Blut zieht, kann kein noch so köstlich Pflaster
Von allen Kräutern unterm Mond, mit Kraft
Gesegnet, das Geschöpf vom Tode retten,
Das nur damit geritzt ist; mit dem Gift
Will ich die Spitze meines Degens netzen,
Sodass es, streif ich ihn nur obenhin,
Den Tod ihm bringt.
KÖNIG: Bedenken wir dies ferner,
Was für Begünstigung von Zeit und Mitteln
Zu unserm Ziel kann führen. Schlägt dies fehl
Und blickt durch unsre schlechte Ausführung
Die Absicht, so wär's besser nicht versucht,
Drum muss der Plan noch einen Rückhalt haben,
Der Stich hält, wenn er in der Probe birst.
Still, lasst mich sehn! – Wir gehen feierlich
Auf euer beider Stärke Wetten ein –
Ich hab's:
Wenn ihr vom Fechten heiß und durstig seid
– Ihr müsst deshalb die Gänge heft'ger machen –
Und er zu trinken fordert, soll ein Kelch
Bereitstehn, der, wenn er davon nur nippt,
Entging' er etwa Eurem gift'gen Stich,
Noch unsern Anschlag sichert. Aber still!
Was für ein Lärm?

Die KÖNIGIN *kommt.*

Nun, werte Königin?
KÖNIGIN: Ein Leiden tritt dem andern auf die Fersen,
So schleunig folgen sie.
Laertes, Eure Schwester ist ertrunken.
LAERTES: Ertrunken, sagt Ihr? Wo?

KÖNIGIN: Es neigt ein Weidenbaum sich übern Bach
Und zeigt im klaren Strom sein graues Laub,
Mit welchem sie fantastisch Kränze wand
Von Hahnfuß, Nesseln, Maßlieb, Kuckucksblumen,
[Die freche Schäfer gröblicher benennen,
Doch keusche Mädchen heißen's Totenfinger;]
Dort, als sie auf klomm, um ihr Laubgewinde
An den gesenkten Ästen aufzuhängen,
Zerbrach ein falscher Zweig, und niederfielen
Die rankenden Trophäen und sie selbst
Ins weinende Gewässer. Ihre Kleider
Verbreiteten sich weit und trugen sie
Sirenengleich ein Weilchen noch empor,
Indes sie Stellen alter Weisen sang,
Als ob sie nicht die eigne Not begriffe,
Wie ein Geschöpf, geboren und begabt
Für dieses Element. Doch lange währt' es nicht,
Bis ihre Kleider, die sich schwer getrunken,
Das arme Kind von ihren Melodien
Hinunterzogen in den schlamm'gen Tod.
LAERTES: Ach, ist sie denn ertrunken?
KÖNIGIN: Ertrunken, ertrunken.
LAERTES: Zu viel des Wassers hast du, arme Schwester!
Drum halt ich meine Tränen auf. Und doch
Ist's unsre Art; Natur hält ihre Sitte,
Was Scham auch sagen mag: sind die erst fort,
So ist das Weib heraus. – Lebt wohl, mein Fürst.
Ich habe Flammenworte, welche gern
Auflodern möchten, wenn nur diese Torheit
Sie nicht ertränkte. *Ab.*
KÖNIG: Lasst uns folgen, Gertrud.
Wie hatt ich Mühe, seine Wut zu stillen!
Nun, fürcht ich, bricht dies wieder ihre Schranken,
Drum lasst uns folgen.

Beide ab.

Fünfter Aufzug

Erste Szene

Ein Kirchhof.

Zwei TOTENGRÄBER *kommen mit Spaten usw.*

ERSTER TOTENGRÄBER: Soll die ein christlich Begräbnis erhalten, die vorsätzlich ihre eigne Seligkeit sucht?

ZWEITER TOTENGRÄBER: Ich sage dir, sie soll's, mach also flugs ihr Grab. Der Totenbeschauer hat über sie gesessen und christlich Begräbnis erkannt.

ERSTER TOTENGRÄBER: Wie kann das sein, wenn sie sich nicht defensionsweise ertränkt hat?

ZWEITER TOTENGRÄBER: Nun, es ist so befunden.

ERSTER TOTENGRÄBER: Es muss aber *se offendendo* geschehen, es kann nicht anders sein. Denn dies ist der Punkt: Wenn ich mich wissentlich ertränke, so beweist es eine Handlung, und eine Handlung hat drei Stücke; sie besteht in Handeln, Tun und Verrichten. Ergel hat sie sich wissentlich ertränkt.

ZWEITER TOTENGRÄBER: Ei, hört doch, Gevatter Schaufler.

ERSTER TOTENGRÄBER: Erlaubt mir. Hier steht das Wasser: gut; hier steht der Mensch: gut. Wenn der Mensch zu diesem Wasser geht und sich selbst ertränkt, so bleibt's dabei, er mag wollen oder nicht, dass er hingeht. Merkt Euch das! Aber wenn das Wasser zu ihm kommt und ihn ertränkt, so ertränkt er sich nicht selbst. Ergel, wer an seinem eignen Tode nicht schuld ist, verkürzt sein eignes Leben nicht.

ZWEITER TOTENGRÄBER: Ist das rechtens?

ERSTER TOTENGRÄBER: Ei freilich, nach dem Totenbeschauerrecht.

ZWEITER TOTENGRÄBER: Wollt Ihr die Wahrheit wissen? Wenn's kein Fräulein gewesen wäre, so wäre sie auch nicht auf geweihtem Boden begraben.

ERSTER TOTENGRÄBER: Ja, da haben wir's. Und es ist doch ein Jammer, dass die großen Leute in dieser Welt mehr Aufmunterung haben, sich zu hängen und zu ersäufen, als ihre

Christenbrüder. Komm, den Spaten her! Es gibt keine so alten Edelleute wie Gärtner, Grabenmacher und Totengräber: Sie pflanzen Adams Profession fort.

ZWEITER TOTENGRÄBER: War der ein Edelmann?

ERSTER TOTENGRÄBER: Er war der erste, der je armiert war.

ZWEITER TOTENGRÄBER: Ei, was wollt er!

ERSTER TOTENGRÄBER: Was? Bist ein Heide? Wie legst du die Schrift aus? Die Schrift sagt: Adam grub. Konnte er ohne Arme graben? Ich will dir noch eine andere Frage vorlegen: Wenn du mir nicht gehörig antwortest, so bekenne –

ZWEITER TOTENGRÄBER: Nur zu!

ERSTER TOTENGRÄBER: Wer baut fester als der Maurer, der Schiffsbaumeister oder der Zimmermann?

ZWEITER TOTENGRÄBER: Der Galgenmacher, denn sein Gebäude überlebt an die tausend Bewohner.

ERSTER TOTENGRÄBER: Dein Witz gefällt mir, meiner Treu. Der Galgen tut gut: aber wie tut er gut? Er tut gut an denen, die übel tun. Nun tust du übel zu sagen, dass der Galgen stärker gebaut ist als die Kirche, also würde der Galgen an dir gut tun. Noch 'mal dran! Frisch!

ZWEITER TOTENGRÄBER: Wer stärker baut als ein Maurer, ein Schiffsbaumeister oder ein Zimmermann?

ERSTER TOTENGRÄBER: Ja, sag mir das, und du sollst Feierabend haben.

ZWEITER TOTENGRÄBER: Mein Seel, nun kann ich's sagen.

ERSTER TOTENGRÄBER: Frisch!

ZWEITER TOTENGRÄBER: Sapperment, ich kann's doch nicht sagen.

ERSTER TOTENGRÄBER: Zerbrich dir den Kopf nicht weiter darum, der dumme Esel geht doch nicht schneller, wie du ihn auch prügeln magst; und wenn dir jemand das nächste Mal die Frage tut, antworte: der Totengräber. Die Häuser, die er baut, währen bis zum Jüngsten Tage. Geh, mach dich ins Wirtshaus und hole mir einen Schoppen Branntwein.

Zweiter Totengräber ab.

HAMLET *und* HORATIO *treten in einiger Entfernung auf.*

ERSTER TOTENGRÄBER *gräbt und singt*:

In jungen Tagen ich lieben tat,
Das dünkte mir so süß.
Die Zeit zu verbringen, ach früh und spät,
Behagte mir nichts wie dies.

HAMLET: Hat dieser Kerl kein Gefühl von seinem Geschäft? Er gräbt ein Grab und singt dazu.

HORATIO: Die Gewohnheit hat es ihm zu einer leichten Sache gemacht.

HAMLET: So pflegt es zu sein; je weniger eine Hand verrichtet, desto zarter ist ihr Gefühl.

ERSTER TOTENGRÄBER *singt*:

Doch Alter mit dem schleichenden Tritt
Hat mich gepackt mit der Faust
Und hat mich weg aus dem Lande geschifft,
Als hätt ich da nimmer gehaust.

Wirft einen Schädel auf.

HAMLET: Der Schädel hatte einmal eine Zunge und konnte singen: Wie ihn der Schuft auf den Boden schleudert, als wär es der Kinnbacken Kains, der den ersten Mord beging! Dies mochte der Kopf eines Politikers sein, den dieser Esel nun überlistet; eines, der Gott den Herrn hintergehn wollte: nicht wahr?

HORATIO: Es ist möglich.

HAMLET: Oder eines Hofmannes, der sagen konnte: »Guten Morgen, geliebtester Prinz! Wie geht's, bester Prinz?« Dies mochte der gnädige Herr der und der sein, der des gnädigen Herrn des und des Pferd lobte, wenn er es gern zum Geschenk gehabt hätte: nicht wahr?

HORATIO: Ja, mein Prinz.

HAMLET: Jaja, und nun Junker Wurm; eingefallen und mit einem Totengräberspaten um die Kinnbacken geschlagen. Das ist mir eine schöne Verwandlung, wenn wir nur die Kunst besäßen, sie zu sehen. Haben diese Knochen nicht mehr zu unterhalten gekostet, als dass man Kegel mit ihnen spielt? Meine tun mir weh, wenn ich dran denke.

ERSTER TOTENGRÄBER *singt*:

Ein Grabscheit und ein Spaten wohl
Samt einem Kittel aus Lein,
Und oh, eine Grube, gar tief und hohl,
Für solchen Gast muss sein.

Wirft einen zweiten Schädel auf.

HAMLET: Da ist wieder einer: Warum könnte das nicht der Schädel eines Rechtsgelehrten sein? Wo sind nun seine Klauseln, seine Praktiken, seine Fälle und seine Kniffe? Warum leidet er nun, dass dieser grobe Flegel ihn mit einer schmutzigen Schaufel um den Hirnkasten schlägt, und droht nicht, ihn wegen Tätlichkeiten zu belangen? Hum! Dieser Geselle war vielleicht zu seiner Zeit ein großer Käufer von Ländereien, mit seinen Hypotheken, seinen Grundzinsen, seinen Kaufbriefen, seinen Gewährsmännern, seinen gerichtlichen Auflassungen. [Ist dies jetzt der letzte Kauf seiner Käufe und die Erstattung seiner Erstattungen, dass man ihm den stattlichen Hirnkasten mit herrlichem Kot ausstattet?] Werden ihm seine Gewährsmänner nichts mehr von seinen erkauften Gütern gewähren als die Länge und Breite von ein paar Kontrakten? Sogar die Übertragungsurkunden seiner Ländereien können kaum in diesem Kasten liegen: Und soll der Eigentümer selbst nicht mehr Raum haben? He?

HORATIO: Nicht ein Tüttelchen mehr, mein Prinz.

HAMLET: Wird nicht Pergament aus Schafsfellen gemacht?

HORATIO: Ja, mein Prinz, und aus Kalbsfellen auch.

HAMLET: Schafe und Kälber sind es, die darin ihre Sicherheit suchen. Ich will diesen Burschen anreden. – Wessen Grab ist das, heda?

ERSTER TOTENGRÄBER: Meines, Herr.

Singt: Und oh, eine Grube, gar tief und hohl,
Für solchen Gast muss sein.

HAMLET: Ich glaube wahrhaftig, dass es deines ist, denn du liegst darin.

ERSTER TOTENGRÄBER: Ihr liegt draußen, Herr, und also ist's nicht Eures; ich liege nicht darin, und doch ist es meines.

HAMLET: Du lügst darin, weil du darin bist und sagst, dass es deines ist. Es ist aber für die Toten, nicht für die Lebendigen: also lügst du.

ERSTER TOTENGRÄBER: 's ist eine lebendige Lüge, Herr, sie will von mir weg zu Euch zurück.

HAMLET: Für was für einen Mann gräbst du es?

ERSTER TOTENGRÄBER: Für keinen Mann.

HAMLET: Für was für eine Frau denn?

ERSTER TOTENGRÄBER: Auch für keine.

HAMLET: Wer soll denn darin begraben werden?

ERSTER TOTENGRÄBER: Eine gewesene Frau, Herr; aber, Gott hab sie selig! Sie ist tot.

HAMLET: Wie genau der Bursch ist! Wir müssen nach der Schnur sprechen, oder er sticht uns mit Silben zu Tode. Wahrhaftig, Horatio, ich habe seit diesen drei Jahren darauf geachtet: Das Zeitalter wird so spitzfindig, dass der Bauer dem Hofmann auf die Fersen tritt. – Wie lange bist du schon Totengräber?

ERSTER TOTENGRÄBER: Von allen Tagen im Jahre kam ich just den Tag dazu, da unser voriger König Hamlet den Fortinbras überwand.

HAMLET: Wie lange ist das her?

ERSTER TOTENGRÄBER: Wisst Ihr das nicht? Das weiß jeder Narr. Es war denselben Tag, wo der junge Hamlet geboren ward, der nun toll geworden und nach England geschickt ist.

HAMLET: Ei so! Warum haben sie ihn nach England geschickt?

ERSTER TOTENGRÄBER: Nu, weil er toll war. Er soll seinen Verstand da wiederkriegen; und wenn er ihn nicht wiederkriegt, so tut's da nicht viel.

HAMLET: Warum?

ERSTER TOTENGRÄBER: Man wird's ihm da nicht viel anmerken: Die Leute sind da ebenso toll wie er.

HAMLET: Wie wurde er toll?

ERSTER TOTENGRÄBER: Seltsam genug, sagen sie.

HAMLET: Wie, seltsam?

ERSTER TOTENGRÄBER: Mein Seel, just dadurch, dass er den Verstand verlor.

HAMLET: Kennt Ihr den Grund?

ERSTER TOTENGRÄBER: Freilich, dänischer Grund und Boden. Ich bin hier seit dreißig Jahren Totengräber gewesen, in jungen und alten Tagen.

HAMLET: Wie lange liegt wohl einer in der Erde, eh er verfault?

ERSTER TOTENGRÄBER: Mein Treu, wenn er nicht schon vor dem Tode verfault ist – wie wir denn heutzutage viele lustsieche Leichen haben, die kaum bis zum Hineinlegen halten –, so dauert er Euch ein acht bis neun Jahr aus; ein Lohgerber neun Jahre.

HAMLET: Warum der länger als ein andrer?

ERSTER TOTENGRÄBER: Ei, Herr, sein Gewerbe gerbt ihm das Fell so, dass es eine lange Zeit das Wasser abhält, und das Wasser richtet so 'ne Blitzleiche verteufelt zugrunde. Hier ist ein Schädel, der Euch dreiundzwanzig Jahre in der Erde gelegen hat.

HAMLET: Wem gehört er?

ERSTER TOTENGRÄBER: Einem unklugen Blitzkerl. Wer denkt Ihr, dass es war?

HAMLET: Ja, ich weiß nicht.

ERSTER TOTENGRÄBER: Das Wetter über den unklugen Schalk! Er goss mir einmal eine Flasche Rheinwein über den Kopf. Dieser Schädel da war Yoricks Schädel, des Königs Spaßmacher.

HAMLET: Dieser?

ERSTER TOTENGRÄBER: Jaja, ebender.

HAMLET: Lass sehen. *Nimmt den Schädel.* Ach, armer Yorick! – Ich kannte ihn, Horatio, ein Bursche von unendlichem Humor, voll von den herrlichsten Einfällen. Er hat mich tausendmal auf dem Rücken getragen, und jetzt, wie schaudert meiner Einbildungskraft davor! Mir wird ganz übel. Hier hingen diese Lippen, die ich geküsst habe, ich weiß nicht, wie oft. Wo sind nun deine Schwänke? Deine Sprünge? Deine Lieder? Deine Blitze von Lustigkeit, wobei die ganze Tafel in Lachen ausbrach? Ist jetzt keiner da, der sich über dein eignes Grinsen aufhielte? Alles weggeschrumpft? Nun begib dich in die Kammer der gnädigen Frau und sage ihr, wenn sie auch einen Finger dick auflegt: So ’n Gesicht muss sie endlich bekommen; mach sie damit lachen! – Sei so gut, Horatio, sage mir dies eine.

HORATIO: Und was, mein Prinz?

HAMLET: Glaubst du, dass Alexander in der Erde solchergestalt aussah?

HORATIO: Geradeso.

HAMLET: Und so roch! Pah! *Wirft den Schädel hin.*

HORATIO: Geradeso, mein Prinz.

HAMLET: Zu was für schnöden Bestimmungen wir kommen, Horatio! Warum sollte die Einbildungskraft nicht den edlen Staub Alexanders verfolgen können, bis sie ihn findet, wo er ein Spundloch verstopft?

HORATIO: Die Dinge so betrachten hieße sie allzu genau betrachten.

HAMLET: Nein, wahrhaftig, im Geringsten nicht. Man könnte ihm bescheiden genug dahin folgen und sich immer von der Wahrscheinlichkeit führen lassen. Zum Beispiel so: Alexander starb, Alexander ward begraben, Alexander verwandelte sich in Staub; der Staub ist Erde; aus Erde machen wir Lehm: Und warum sollte man nicht mit dem Lehm, worein er verwandelt ward, ein Bierfass stopfen können?

Der große Cäsar, tot und Lehm geworden,
Verstopft ein Loch wohl vor dem rauen Norden.
O dass die Erde, der die Welt gebebt,
Vor Wind und Wetter eine Wand verklebt.

Doch still! Doch still! Beiseit! Hier kommt der König!

PRIESTER *usw. kommen in Prozession mit der* LEICHE DER OPHELIA*; der* KÖNIG, *die* KÖNIGIN, LAERTES *und* LEIDTRAGENDE *folgen.*

Die Königin, der Hof: wem folgen sie?
Und mit so unvollständ’gen Feirlichkeiten?
Ein Zeichen, dass die Leiche, der sie folgen,
Verzweiflungsvolle Hand an sich gelegt.

Sie war von Stande: lauern wir ein Weilchen
Und geben acht. *Zieht sich mit Horatio zurück.*

LAERTES: Was für Gebräuche sonst?

HAMLET: Das ist Laertes,
Ein edler junger Mann. Gebt acht!

LAERTES: Was für Gebräuche sonst?

ERSTER PRIESTER: Wir dehnten ihr Begräbnis aus, so weit
Die Vollmacht reicht: ihr Tod war zweifelhaft,
Und wenn kein Machtgebot die Ordnung hemmte,
So hätte sie in ungeweihtem Grund
Bis zur Gerichtstrompete wohnen müssen.
Statt christlicher Gebete sollten Scherben
Und Kieselstein' auf sie geworfen werden.
Hier gönnt man ihr doch ihren Mädchenkranz
Und das Bestreun mit jungfräulichen Blumen,
Geläut und Grabstätt.

LAERTES: So darf nichts mehr geschehn?

PRIESTER: Nichts mehr geschehn.
Wir würden ja der Toten Dienst entweihn,
Wenn wir ein Requiem und Ruh ihr sängen
Wie fromm verschiednen Seelen.

LAERTES: Legt sie in den Grund,
Und ihrer schönen, unbefleckten Hülle
Entsprießen Veilchen! – Ich sag dir, harter Priester,
Ein Engel am Thron wird meine Schwester sein,
Derweil du heulend liegst.

HAMLET: Was? Die schöne Ophelia?

KÖNIGIN *Blumen streuend*:
Der Süßen Süßes: Lebe wohl! – Ich hoffte,
Du solltest meines Hamlet Gattin sein.
Dein Brautbett dacht ich, süßes Kind, zu schmücken,
Nicht zu bestreun dein Grab.

LAERTES: O dreifach Wehe
Treff zehnmal dreifach das verfluchte Haupt,
Des Untat deiner sinnigen Vernunft
Dich hat beraubt! – Lasst noch die Erde weg,

Bis ich sie nochmals in die Arme fasse. *Springt in das Grab.*
Nun häuft den Staub auf Lebende und Tote,
Bis ihr die Fläche habt zum Berg gemacht,
Hoch über Pelion und das blaue Haupt
Des wolkigen Olympus.

HAMLET *hervortretend*: Wer ist *der*, des Gram
So voll Emphase tönt? Des Spruch des Wehes
Der Sterne Lauf beschwört und macht sie stillstehn
Wie schreckbefangne Hörer? – Dies bin ich,
Hamlet der Däne. *Springt in das Grab.*

LAERTES: Dem Teufel deine Seele!
Ringt mit ihm.

HAMLET: Du betest schlecht.
Ich bitt dich, lass die Hand von meiner Gurgel:
Denn ob ich schon nicht jäh und heftig bin,
So ist doch was Gefährliches in mir,
Das ich zu scheun dir rate. Weg die Hand!

KÖNIG: Reißt sie doch voneinander!

KÖNIGIN: Hamlet! Hamlet!

ALLE: Ihr Herren –

HORATIO: Bester Herr, seid ruhig!
Einige vom Gefolge bringen sie auseinander, und sie kommen aus dem Grab heraus.

HAMLET: Ja, diese Sache fecht ich aus mit ihm,
So lang, bis meine Augenlider sinken.

KÖNIGIN: O mein Sohn! welche Sache?

HAMLET: Ich liebt Ophelia; vierzigtausend Brüder
Mit ihrem ganzen Maß von Liebe hätten
Nicht meine Summ erreicht. – Was willst du für sie tun?

KÖNIG: Er ist verrückt, Laertes.

KÖNIGIN: Um Gottes willen, lasst ihn!

HAMLET: Beim Element, sag, was du tun willst.
Willst weinen? Fechten? Fasten? Dich zerreißen?
Willst Essig trinken? Krokodile essen?
Ich tu's. – Kommst du zu winseln her?
Springst, um mir Trotz zu bieten, in ihr Grab?

Lass dich mit ihr begraben, ich will's auch;
Und schwatzest du von Bergen, lass auf uns
Millionen Hufen werfen, bis der Boden,
Die Scheitel an der glühnden Zone sengend,
Den Ossa macht zur Warze. – Prahlst du groß,
Ich kann's so gut wie du.

KÖNIGIN: Dies ist bloß Wahnsinn;
So tobt der Anfall eine Weil in ihm,
Doch gleich, geduldig wie das Taubenweibchen,
Wenn sie ihr goldnes Paar hat ausgebrütet,
Senkt seine Ruh die Flügel.

HAMLET: Hört doch, Herr!
Was ist der Grund, dass Ihr mir so begegnet?
Ich liebt Euch immer: doch es macht nichts aus;
Lasst Herkuln selber nach Vermögen tun,
Die Katze maut, der Hund will doch nicht ruhn. *Ab.*

KÖNIG: Ich bitte dich, Horatio, geh ihm nach.

Horatio ab.

Zu Laertes: Stärk unser Nachtgespräch Euch in Geduld;
Wir drängen zur Entscheidung. – Gute Gertrud,
Setzt eine Wache über Euren Sohn.
Dies Grab soll ein lebendig Denkmal haben.
Bald werden wir der Ruhe Stunde sehn,
So lang muss alles mit Geduld geschehn.

Alle ab.

Zweite Szene

Ein Saal im Schlosse.

HAMLET *und* HORATIO *treten auf.*

HAMLET: Hiervon genug; nun komm ich auf das andre.
Erinnert Ihr Euch jedes Umstands noch?

HORATIO: Erinnern, gnäd'ger Herr?

HAMLET: In meiner Brust war eine Art von Kampf,
Der mich nicht schlafen ließ; mich dünkt', ich läge
Noch schlimmer als im Stock die Meutrer. Rasch –
Und Dank dem raschen Mute! – Lasst uns einsehn,
Dass Unbesonnenheit uns manchmal dient,
Wenn tiefe Pläne scheitern; und das lehr uns,
Dass eine Gottheit unsre Zwecke formt,
Wie wir sie auch entwerfen.
HORATIO: Sehr gewiss.
HAMLET: Aus meinem Schlafgemach,
Den Schiffermantel umgeworfen, tappt
Im Dunkel ich nach ihnen, fand sie glücklich,
Griff ihr Paket und zog mich schließlich wieder
Zurück in die Kajüte; meine Furcht
Vergaß die Höflichkeit, und dreist erbrach
Ich ihren höchsten Auftrag. Hier, Horatio,
Fand ich ein königliches Bubenstück:
Ein streng Geheiß, gespickt mit vielen Gründen,
Betreffend Dänmarks Heil und Englands auch,
Und, heida! Solch ein Spuk, wenn ich entkäme –
Dass gleich auf Sicht ohn alle Zögerung,
Auch nicht so lang, um nur das Beil zu schärfen,
Das Haupt mir abgeschlagen werden sollte.
HORATIO: Ist's möglich?
HAMLET: Hier ist der Auftrag: lies ihn nur bei Muße.
Doch willst du hören, wie ich nun verfuhr?
HORATIO: Ja, ich ersuch Euch drum.
HAMLET: So rings umstrickt mit Bübereien, fing,
Eh ich noch den Prolog dazu gehalten,
Mein Kopf das Spiel schon an. Ich setzte mich,
Sann einen Auftrag aus, schrieb ihn ins Reine.
Ich hielt es einst wie unsre großen Herrn
Für niedrig, schön zu schreiben, und bemühte
Mich sehr, es zu verlernen; aber jetzt
Tat es mir Ritterdienste. Willst du wissen,
Was meine Schrift enthielt?

HORATIO: Ja, bester Herr.
HAMLET: Die ernstlichste Beschwörung von dem König,
Wofern ihm England treu die Lehnspflicht hielte,
Wofern ihr Bund blühn sollte wie die Palme,
Wofern der Fried in seinem Ährenkranz
Stets beider Freundschaft bindend sollte stehn,
Und manchem wichtigen Wofern der Art –
Wenn er den Inhalt dieser Schrift ersehn,
Möcht er ohn alles fernere Bedenken
Die Überbringer schnell zum Tod befördern,
Selbst ohne Frist zum Beichten.
HORATIO: Wie wurde dies versiegelt?
HAMLET: Auch darin war des Himmels Vorsicht wach.
Ich hatt im Beutel meines Vaters Petschaft,
Das dieses dän'schen Siegels Muster war.
Ich faltete den Brief dem andern gleich,
Dann unterschrieb ich, drückte drauf das Siegel,
Legt ihn an seinen Ort; der Wechselbalg
Ward nicht erkannt. Am nächsten Tage nun
War unser Seegefecht, und was dem folgte,
Das weißt du schon.
HORATIO: Und Güldenstern und Rosenkranz gehn drauf.
HAMLET: Ei, Freund, sie buhlten ja um dies Geschäft,
Sie rühren mein Gewissen nicht: ihr Fall
Entspringt aus ihrer eignen Einmischung,
'S ist misslich, wenn die schlechtere Natur
Sich zwischen die entbrannten Degenspitzen
Von mächt'gen Gegnern stellt.
HORATIO: Was für ein König!
HAMLET: Was dünkt dir, liegt's mir jetzo nah genug?
Der meinen König totschlug, meine Mutter
Zur Hure machte; zwischen die Erwählung
Und meine Hoffnungen sich eingedrängt;
Die Angel warf nach meinem eignen Leben
Mit solcher Hinterlist: ist's nicht vollkommen billig,
Mit diesem Arme dem den Lohn zu geben?

Und ist es nicht Verdammnis, diesen Krebs
An unserm Fleisch noch länger nagen lassen?

HORATIO: Ihm muss von England bald gemeldet werden,
Wie dort der Ausgang des Geschäftes ist.

HAMLET: Bald wird's geschehn: die Zwischenzeit ist mein;
Ein Menschenleben ist, als zählt man »eins«.
Doch ich bin sehr bekümmert, Freund Horatio,
Dass mit Laertes ich mich selbst vergaß:
Denn in dem Bilde seiner Sache seh ich
Der meinen Gegenstück. Ich bitt ihm ab.
Doch wirklich, seines Schmerzes Prahlerei
Empörte mich zu wilder Leidenschaft.

HORATIO: Still doch! Wer kommt?

OSRICK *kommt.*

OSRICK: Willkommen Eurer Hoheit hier in Dänmark.

HAMLET: Ich dank Euch ergebenst, Herr. – *Beiseite zu Horatio:* Kennst du diese Mücke?

HORATIO *beiseite zu Hamlet*: Nein, bester Herr.

HAMLET *beiseite zu Horatio*: Um so besser ist für dein Heil gesorgt, denn es ist ein Laster, ihn zu kennen. Er besitzt viel und fruchtbares Land: Wenn ein Tier Fürst der Tiere ist, so wird seine Krippe neben des Königs Gedeck stehn. Er ist eine Elster, aber, wie ich dir sage, mit weitläufigen Besitzungen von Kot gesegnet.

OSRICK: Geliebtester Prinz, wenn Eure Hoheit Muße hätte, so wünschte ich Euch etwas von Seiner Majestät mitzuteilen.

HAMLET: Ich will es mit aller Aufmerksamkeit empfangen, Herr. Eure Mütze an ihre Stelle: sie ist für den Kopf.

OSRICK: Ich danke Eurer Hoheit, es ist sehr heiß.

HAMLET: Nein, auf mein Wort, es ist sehr kalt; der Wind ist nördlich.

OSRICK: Es ist ziemlich kalt, in der Tat, mein Prinz.

HAMLET: Aber doch dünkt mich, ist es ungemein schwül und heiß für mein Temperament.

OSRICK: Außerordentlich, gnädiger Herr, es ist sehr schwül – auf gewisse Weise – ich kann nicht sagen wie. Gnädiger Herr,

Seine Majestät befahl mir, Euch wissen zu lassen, dass er eine große Wette auf Euren Kopf angestellt hat. Die Sache ist folgende, Herr –

HAMLET: Ich bitte Euch, vergesst nicht!

Hamlet nötigt ihn, den Hut aufzusetzen.

OSRICK: Erlaubt mir, wertester Prinz, zu meiner eignen Bequemlichkeit. Vor Kurzem, Herr, ist Laertes hier an den Hof gekommen: Auf meine Ehre, ein vollkommner Kavalier von den vortrefflichsten Auszeichnungen, von einer sehr gefälligen Unterhaltung und glänzendem Äußern. In der Tat, um mit Sinn von ihm zu sprechen, er ist die Musterkarte der feinen Lebensart, denn Ihr werdet in ihm den Inbegriff aller Gaben finden, die ein Kavalier nur wünschen kann zu sehn.

HAMLET: Seine Schilderung, Herr, leidet keinen Verlust in Eurem Munde, ob ich gleich weiß, dass es die Rechenkunst des Gedächtnisses irremachen würde, ein vollständiges Verzeichnis seiner Eigenschaften aufzustellen; und doch würde es noch schwanken bei dem schnellen Segeln. Aber im heiligsten Ernste der Lobpreisung, ich halte ihn für einen Geist von großem Umfange und seine innere Begabung so köstlich und selten, dass, um uns wahrhaft über ihn auszudrücken, nur sein Spiegel seinesgleichen ist und wer sonst seiner Spur nachgehn will, sein Schatten, nichts weiter.

OSRICK: Eure Hoheit spricht ganz untrüglich von ihm.

HAMLET: Der Betreff, Herr? Warum lassen wir den rauen Atem unsrer Rede über diesen Kavalier gehen?

OSRICK: Prinz?

[HORATIO: Ist es nicht möglich, sich in einer anderen Sprache zu verständigen? Es wird Euch gewiss nicht schwerfallen, Herr.]

HAMLET: Was bedeutet die Nennung dieses Kavaliers?

OSRICK: Des Laertes?

HORATIO *beiseite zu Hamlet*: Sein Beutel ist schon leer: Alle seine goldnen Worte sind ausgegeben.

HAMLET: Ja, des nämlichen.

OSRICK: Ich weiß, Ihr seid nicht ununterrichtet –

HAMLET: Ich wollte, Ihr wüsstet es, Herr, ob es mich gleich, bei meiner Ehre! Noch nicht sehr empfehlen würde. – Nun, Herr?

OSRICK: Ihr seid nicht ununterrichtet, welche Vollkommenheit Laertes besitzt –

HAMLET: Ich darf mich dessen nicht rühmen, um mich nicht mit ihm an Vollkommenheit zu vergleichen: Einen andern Mann aus dem Grunde kennen hieße sich selbst kennen.

OSRICK: Ich meine, Herr, was die Führung der Waffen betrifft; nach der Beimessung, die man ihm erteilt, ist er darin ohnegleichen.

HAMLET: Was ist seine Waffe?

OSRICK: Degen und Stoßklinge.

HAMLET: Das wären denn zweierlei Waffen; doch weiter.

OSRICK: Der König, Herr, hat mit ihm um sechs Berberhengste gewettet, wogegen er, wie ich höre, sechs französische Degen samt Zubehör, wie Gürtel, Gehenke und so weiter, verpfändet hat. Drei von den Gestellen sind in der Tat dem Auge sehr gefällig, den Gefäßen sehr angemessen, unendlich zierliche Gestelle und von sehr geschmackvoller Erfindung.

HAMLET: Was nennt Ihr die Gestelle?

HORATIO *beiseite zu Hamlet*: Ich wusste, Ihr würdet Euch noch an seinen Randglossen erbauen müssen, ehe das Gespräch zu Ende wäre.

OSRICK: Die Gestelle sind die Gehenke.

HAMLET: Der Ausdruck würde schicklicher für die Sache sein, wenn wir eine Kanone an der Seite führen könnten; bis dahin lasst es immer Gehenke bleiben. Aber weiter: Sechs Berberhengste gegen sechs französische Degen, ihr Zubehör, und drei geschmackvoll erfundne Gestelle: Das ist eine französische Wette gegen eine dänische. Weswegen haben sie dies verpfändet, wie Ihr's nennt?

OSRICK: Der König, Herr, hat gewettet, dass Laertes in zwölf Gängen zwischen Euch und ihm nicht über drei vor Euch voraushaben soll; er hat auf zwölf gegen neun gewettet; und es würde sogleich zum Versuch kommen, wenn Eure Hoheit zu der Erwiderung geneigt wäre.

HAMLET: Wenn ich nun erwidre: nein?

OSRICK: Ich meine, gnädiger Herr, die Stellung Eurer Person zu dem Versuche.

HAMLET: Ich will hier im Saale auf und ab gehn; wenn es Seiner Majestät gefällt, es ist jetzt bei mir die Stunde, frische Luft zu schöpfen. Lasst die Rapiere bringen; hat Laertes Lust und bleibt der König bei seinem Vorsatz, so will ich für ihn gewinnen, wenn ich kann; wo nicht, so werde ich nichts als die Schande und die überzähligen Stöße davontragen.

OSRICK: Soll ich Eure Meinung so erklären?

HAMLET: In diesem Sinne, Herr, mit Ausschmückungen nach Eurem Geschmack.

OSRICK: Ich empfehle Eurer Hoheit meine Ergebenheit.

HAMLET: Der Eurige. *Osrick ab.* Er tut wohl daran, sie selbst zu empfehlen: Es möchte ihm sonst kein Mund zu Gebote stehn.

HORATIO: Dieser Kiebitz ist mit der halben Eierschale auf dem Kopfe aus dem Nest gelaufen.

HAMLET: Er machte Umstände mit seiner Mutter Brust, eh er daran sog. Auf diese Art haben er und viele andere von demselben Schlage, in die das schale Zeitalter verliebt ist, nur den Ton der Mode und den äußerlichen Schein der Unterhaltung erhascht: Eine Art von aufbrausender Mischung, die ihnen durchhilft, selbst bei den tiefgründigsten und erlesensten Köpfen; aber man hauche sie nur zur Probe an, und die Blasen platzen.

Ein EDELMANN *kommt.*

EDELMANN: Gnädiger Herr, Seine Majestät hat sich Euch durch den jungen Osrick empfehlen lassen, der ihm meldet, dass Ihr ihn im Saale erwarten wollt. Er schickt mich, um zu fragen, ob Eure Lust, mit Laertes zu fechten, fortdauert oder ob Ihr längern Aufschub dazu verlangt.

HAMLET: Ich bleibe meinen Vorsätzen treu, sie richten sich nach des Königs Wunsche. Wenn es ihm gelegen ist, bin ich bereit, jetzt oder zu jeder andern Zeit; vorausgesetzt, dass ich so gut imstande bin wie jetzt.

EDELMANN: Der König, die Königin und alle sind auf dem Wege hierher.

HAMLET: Zur guten Stunde.

EDELMANN: Die Königin wünscht, Ihr möchtet Laertes freundschaftlich anreden, ehe Ihr anfangt zu fechten.

HAMLET: Ihr Rat ist gut. *Der Edelmann ab.*

HORATIO: Ihr werdet diese Wette verlieren, mein Prinz.

HAMLET: Ich denke nicht: Seit er nach Frankreich ging, bin ich in beständiger Übung geblieben; ich werde bei der ungleichen Wette gewinnen. Aber du kannst dir nicht vorstellen, wie übel es mir hier ums Herz ist. Doch es tut nichts.

HORATIO: Nein, bester Herr –

HAMLET: Es ist nur Torheit; aber es ist eine Art von schlimmer Ahnung, die vielleicht ein Weib ängstigen würde.

HORATIO: Wenn Eurem Gemüt irgendetwas widersteht, so gehorcht ihm: Ich will ihrer Hierherkunft zuvorkommen und sagen, dass Ihr nicht aufgelegt seid.

HAMLET: Nicht im Geringsten. Ich trotze allen Vorbedeutungen: Es waltet eine besondere Vorsehung über den Fall eines Sperlings. Geschieht es jetzt, so geschieht es nicht in Zukunft; geschieht es nicht in Zukunft, so geschieht es jetzt; geschieht es jetzt nicht, so geschieht es doch einmal in Zukunft. In Bereitschaft sein ist alles. Da kein Mensch das wirklich besitzt, was er verlässt, was kommt darauf an, es frühzeitig zu verlassen? Mag's sein.

Es treten auf HOFBEAMTE *mit Kissen,* TROMPETER, TROMMLER, *der* KÖNIG, *die* KÖNIGIN, OSRICK *und der gesamte* HOFSTAAT; *auf einem Tisch werden Rapiere und Dolche bereitgelegt; zuletzt kommt* LAERTES.

KÖNIG: Kommt, Hamlet, kommt! Nehmt diese Hand von mir.

Der König legt die Hand des Laertes in die des Hamlet.

HAMLET: Gewährt Verzeihung, Herr; ich tat Euch Unrecht,
Allein verzeiht um Eurer Ehre willen.
Der Kreis hier weiß, Ihr hörtet's auch gewiss,
Wie ich mit schwerem Trübsinn bin geplagt.
Was ich getan,

Das die Natur in Euch, die Ehr und Sitte,
Hart aufgeregt, erklär ich hier für Wahnsinn.
War's Hamlet, der Laertes kränkte? Nein.
Wenn Hamlet von sich selbst geschieden ist
Und, weil er nicht er selbst, Laertes kränkt,
Dann tut es Hamlet nicht, Hamlet verleugnet's.
Wer tut es denn? Sein Wahnsinn. Ist es so,
So ist er ja auf der gekränkten Seite:
Sein Wahnsinn ist des armen Hamlet Feind.
Vor diesen Zeugen, Herr,
Lasst mein Verleugnen aller schlimmen Absicht
So weit vor Eurer Großmut frei mich sprechen,
Wie ich den Pfeil nur sandte übers Haus
Und meinen Bruder traf.

LAERTES: Mir ist genug geschehn für die Natur,
Die mich in diesem Fall am stärksten sollte
Zur Rache treiben. Doch nach Ehrenrechten
Halt ich mich fern und weiß nichts von Versöhnung,
Bis ältre Meister von geprüfter Ehre
Zum Frieden ihren Rat und Spruch verleihn
Für meines Namens Rettung: bis dahin
Empfang ich Eure dargebotne Liebe
Als Lieb und will ihr nicht zu nahe treten.

HAMLET: Gern tret ich bei und will mit Zuversicht
Um diese brüderliche Wette fechten.
Gebt uns Rapiere, kommt!

LAERTES: Kommt, einen mir.

[HAMLET: Ich werde Eure Folie sein, Laertes;
Ein Stern in finstrer Nacht, wird Eure Kunst
Vorleuchten vor der meinen.

LAERTES: Ihr verhöhnt mich.

HAMLET: Bei meinem Leben, nein.]

KÖNIG: Gebt ihnen die Rapiere, junger Osrick.
Ihr wisst doch, Vetter Hamlet, unsre Wette?

HAMLET: Vollkommen: Eure Hoheit hat den Ausschlag
Des Preises auf die schwächre Hand gelegt.

KÖNIG: Ich fürcht es nicht, ich sah euch beide sonst;
Er lernte zu, drum gibt man uns voraus.
LAERTES: Der ist zu schwer, lasst einen andern sehn.
HAMLET: Der steht mir an: sind alle gleicher Länge?

Sie bereiten sich zum Fechten.

OSRICK: Ja, bester Herr.
KÖNIG: Setzt mir die Flaschen Wein auf diesen Tisch.
Wenn Hamlet trifft zum ersten oder zweiten,
Wenn er beim dritten Tausch den Stoß erwidert,
Lasst das Geschütz von allen Zinnen feuern,
Der König trinkt auf Hamlets Wohlsein dann,
Und eine Perle wirft er in den Kelch,
Mehr wert, als die vier Kön'ge nacheinander
In Dänmarks Krone trugen. Gebt die Kelche!
Lasst die Trompete zu der Pauke sprechen,
Die Pauke zu dem Kanoniere draußen,
Zum Himmel das Geschütz, den Himmel zur Erde:
»Jetzt trinkt der König Hamlet zu.« – Fangt an,
Und ihr, die Richter, habt ein wachsam Aug.
HAMLET: Kommt, Herr.
LAERTES: Wohlan, mein Prinz.

Sie fechten.

HAMLET: Eins.
LAERTES: Nein.
HAMLET: Richterspruch.
OSRICK: Getroffen, offenbar getroffen!
LAERTES: Gut, noch einmal.
KÖNIG: Halt! Wein her! – Hamlet, diese Perl ist dein,
Hier auf dein Wohl!

Trompetenstoß und Kanonenschüsse hinter der Szene.

Gebt ihm den Kelch.
HAMLET: Ich fecht erst diesen Gang, setzt ihn beiseit. Kommt!

Sie fechten.

Wiederum getroffen; was sagt Ihr?
LAERTES: Berührt! Berührt! Ich geb es zu.
KÖNIG: Unser Sohn gewinnt.

KÖNIGIN: Er schwitzt, ist außer Atem. –
Hier, Hamlet, nimm mein Tuch, reib dir die Stirn.
Die Königin trinkt auf dein Glück, mein Hamlet.
HAMLET: Gnädige Mutter –
KÖNIG: Gertrud, trink nicht.
KÖNIGIN: Ich will es, mein Gemahl; ich bitt, erlaubt mir.
KÖNIG *beiseite*: Es ist der gift'ge Kelch; es ist zu spät.
HAMLET: Ich darf jetzt noch nicht trinken, gnäd'ge Frau:
Sogleich.
KÖNIGIN: Komm, lass mich dein Gesicht abtrocknen.
LAERTES: Mein Fürst, jetzt treff ich ihn.
KÖNIG: Ich glaub es nicht.
LAERTES *beiseite*:
Und doch, beinah ist's gegen mein Gewissen.
HAMLET: Laertes, kommt zum dritten nun: Ihr tändelt.
Ich bitt Euch, stoßt mit Eurer ganzen Kraft;
Ich fürchte, dass Ihr mich zum Besten habt.
LAERTES: Meint Ihr? Wohlan!

Sie fechten.

OSRICK: Auf beiden Seiten nichts.
LAERTES: Jetzt seht Euch vor!

Laertes verwundet Hamlet; drauf wechseln sie in der Hitze des Gefechts die Rapiere, und Hamlet verwundet den Laertes.

KÖNIG: Trennt sie, sie sind erhitzt.
HAMLET: Nein, noch einmal!

Die Königin sinkt um.

OSRICK: Seht nach der Königin!
HORATIO: Sie bluten beiderseits. – Wie steht's, mein Prinz?
OSRICK: Wie steht's, Laertes?
LAERTES: Gefangen in der eignen Schlinge, Osrick!
Mich fällt gerechterweise mein Verrat.
HAMLET: Was ist der Königin?
KÖNIG: Sie fällt in Ohnmacht, weil sie bluten sieht.
KÖNIGIN: Nein, nein! Der Trank, der Trank! – O lieber Hamlet!
Der Trank, der Trank! – Ich bin vergiftet. *Sie stirbt.*

HAMLET: O Büberei! – Ha! Lasst die Türen schließen.
Verrat! Sucht, wo er steckt.

Laertes fällt.

LAERTES: Hier, Hamlet. Hamlet, du bist umgebracht.
Kein Mittel in der Welt errettet dich,
In dir ist keine halbe Stunde Leben.
Des Frevels Werkzeug ist in deiner Hand,
Unabgestumpft, vergiftet; meine Arglist
Hat sich auf mich gewendet: Sieh! Hier lieg ich,
Nie wieder aufzustehn – vergiftet deine Mutter –
Ich kann nicht mehr – des Königs Schuld, des Königs!

HAMLET: Die Spitze auch vergiftet?
So tu denn, Gift, dein Werk! *Er ersticht den König.*

ALLE: Verrat! Verrat!

KÖNIG: Noch helft mir, Freunde! Ich bin nur verwundet.

HAMLET: Hier, mördrischer, blutschändrischer, verruchter Däne!
Trink diesen Trank aus! – Ist die Perle hier?
Folg meiner Mutter!

Der König stirbt.

LAERTES: Ihm geschieht sein Recht:
Es ist ein Gift, von seiner Hand gemischt.
Lass uns Vergebung wechseln; edler Hamlet!
Mein Tod und meines Vaters komm nicht über dich,
Noch deiner über mich! *Er stirbt.*

HAMLET: Der Himmel mache
Dich frei davon! Ich folge dir. – Horatio,
Ich sterbe. – Arme Königin, fahr wohl!
Ihr, die erblasst und bebt bei diesem Fall
Und seid nur stumme Hörer dieser Handlung,
Hätt ich nur Zeit – der grause Scherge Tod
Verhaftet schleunig –, o ich könnt euch sagen!
Doch sei es drum. – Horatio, ich bin hin;
Du lebst: erkläre mich und meine Sache
Den Unbefriedigten.

HORATIO: Nein, glaub das nicht,
Ich bin ein alter Römer, nicht ein Däne:
Hier ist noch Trank zurück.

HAMLET: Wo du ein Mann bist,
Gib mir den Kelch! Beim Himmel, lass! ich will ihn!
O Gott! – Welch ein verletzter Name, Freund,
Bleibt alles so verhüllt, wird nach mir leben.
Wenn du mich je in deinem Herzen trugst,
Verbanne noch dich von der Seligkeit
Und atm in dieser herben Welt mit Müh,
Um mein Geschick zu melden. –

Marsch in der Ferne, Schüsse hinter der Szene.

Welch kriegerischer Lärm?

OSRICK: Der junge Fortinbras, der siegreich eben
Zurück von Polen kehrt, gibt den Gesandten
Von England diesen kriegerischen Gruß.

HAMLET: Oh, ich sterbe, Horatio!
Das starke Gift bewältigt meinen Geist;
Ich kann von England nicht die Kunde hören,
Doch prophezei ich: die Erwählung fällt
Auf Fortinbras; er hat mein sterbend Wort;
Das sagt ihm, samt den Fügungen des Zufalls,
Die es dahin gebracht – der Rest ist Schweigen.

Er stirbt.

HORATIO: Da bricht ein edles Herz. – Gute Nacht, mein Fürst!
Und Engelscharen singen dich zur Ruh! –
Weswegen naht die Trommel?

Marsch hinter der Szene.

FORTINBRAS, *die* ENGLISCHEN GESANDTEN *und* ANDRE *kommen.*

FORTINBRAS: Wo ist dies Schauspiel?

HORATIO: Was ist's, das Ihr zu sehn begehrt? Wenn irgend
Weh oder Wunder, lasst vom Suchen ab.

FORTINBRAS: Die Niederlage hier schreit Mord. – O stolzer Tod,
Welch Fest geht vor in deiner ew'gen Zelle,
Dass du auf *einen* Schlag so viele Fürsten
So blutig trafst?

ERSTER GESANDTER: Der Anblick ist entsetzlich,
Und das Geschäft von England kommt zu spät.
Taub sind die Ohren, die Gehör uns sollten

Verleihen, sein Befehl sei ausgeführt
Und Rosenkranz und Güldenstern sei'n tot.
Wo wird uns Dank zuteil?

HORATIO: Aus seinem Munde nicht,
Hätt er dazu die Lebensregung auch.
Er gab zu ihrem Tode nie Befehl.
Doch weil so schnell nach diesem blut'gen Schlag
Ihr von dem Zug nach Polen, Ihr aus England
Hierhergekommen seid, so ordnet an,
Dass diese Leichen hoch auf einer Bühne
Vor aller Augen werden ausgestellt,
Und lasst der Welt, die noch nichts weiß, mich sagen,
Wie alles dies geschah; so sollt ihr hören
Von Taten, fleischlich, blutig, unnatürlich,
Zufälligen Gerichten, blindem Mord;
Von Toden, durch Gewalt und List bewirkt,
Und Plänen, die verfehlt zurückgefallen
Auf der Erfinder Haupt: dies alles kann ich
Mit Wahrheit melden.

FORTINBRAS: Eilen wir zu hören,
Und ruft die Edelsten zu der Versammlung.
Was mich betrifft, mein Glück umfang ich trauernd;
Ich habe alte Recht' an dieses Reich,
Die anzusprechen mich mein Vorteil heißt.

HORATIO: Auch hiervon werd ich Grund zu reden haben,
Und zwar aus dessen Mund, des Stimme mehre
Wird nach sich ziehen; aber lasst uns dies
Sogleich verrichten, weil noch die Gemüter
Der Menschen wild sind, dass kein Unheil mehr
Aus Ränken und Verwirrung mög entstehn.

FORTINBRAS: Lasst vier Hauptleute Hamlet auf die Bühne
Gleich einem Krieger tragen: denn er hätte,
War er hinaufgelangt, unfehlbar sich
Höchst königlich bewährt; und bei dem Zug
Lasst Feldmusik und alle Kriegsgebräuche

Laut für ihn sprechen.
Nehmt auf die Leichen! Solch ein Blick wie der
Ziemt wohl dem Feld, doch hier entstellt er sehr.
Geht, heißt die Truppen feuern!

Ein Totenmarsch. Sie gehen ab, indem sie die Leichen wegtragen; hierauf wird eine Artilleriesalve abgefeuert.

Othello

Personen

HERZOG VON VENEDIG
BRABANTIO, *Senator*
Mehrere SENATOREN
GRATIANO, *Bruder des Brabantio*
LODOVICO, *Vetter des Brabantio*
OTHELLO, *ein vornehmer Mohr in venezianischen Diensten*
CASSIO, *sein Leutnant*
JAGO, *sein Fähnrich*
RODRIGO, *ein junger Venezianer*
MONTANO, *Statthalter von Zypern*
Ein DIENER *des Othello*
DESDEMONA, *Brabantios Tochter*
EMILIA, *Jagos Frau*
BIANCA, *Kurtisane, Cassios Geliebte*
MATROSE, BOTE, HEROLD, GERICHTSDIENER, OFFIZIERE, EDELLEUTE, MUSIKANTEN und GEFOLGE

Szene im ersten Aufzug in Venedig; hernach in Zypern.

Erster Aufzug

Erste Szene

Venedig. Eine Straße.

Es treten auf RODRIGO *und* JAGO.

RODRIGO: Sag mir nur nichts, denn damit kränkst du mich,
Dass Jago – du, der meine Börse führte,
Als wär sie dein – die Sache schon gewusst.
JAGO: Zum Henker! Doch Ihr wollt mich ja nicht hören.
Hab ich mir je davon was träumen lassen,
Verabscheut mich!
RODRIGO: Du hast mir stets gesagt, du hassest ihn!
JAGO: Verachte mich, wenn's nicht so ist.
Drei Mächtige aus dieser Stadt, persönlich
Bemüht, zu seinem Leutnant mich zu machen,
Hofierten ihm – und auf Soldatenwort,
Ich kenne meinen Preis – das kommt mir zu.
Doch er, verliebt in seinen Stolz und Dünkel,
Weicht ihnen aus, mit Schwulst, weit hergeholt,
Den er staffiert mit grausen Kriegssentenzen,
Und kurz und gut,
Schlägt's meinen Gönnern ab; denn »Traun«, so spricht er
»Ernannt schon hab ich meinen Offizier.«
Und wer ist dieser?
Seht mir! ein gar ausbünd'ger Rechenmeister,
Ein Michael Cassio, ein Florentiner,
Ein Wicht, zum schmucken Weibe fast versündigt,
Der niemals eine Schar ins Feld geführt
Noch von der Heeresordnung mehr versteht
Als Jüngferchen; nur Büchertheorie,
Von der in seiner Toga wohl ein Ratsherr
So weislich spricht wie er – all seine Kriegskunst
Geschwätz, nicht Praxis –, der nun wird erwählt;
Und ich, von dem sein Auge Proben sah

Zu Rhodos, Zypern und auf anderm Boden,
Christlich und heidnisch, komm um Wind und Flut
Durch solchen Rechenknecht, solch Einmaleins;
Der, wohl bekomm's ihm, muss sein Leutnant sein
Und ich – bewahre! – Seiner Mohrschaft Fähnrich.
RODRIGO: Bei Gott! sein Henker würd ich lieber sein!
JAGO: Dagegen hilft nichts; 's ist der Fluch des Dienstes.
Beförderung geht Euch nach Empfehl und Gunst,
Nicht nach dem Altersrang, wo jeder zweite
Den Platz des Vormanns erbt. Urteilt nun selbst,
Ob mich wohl irgend Recht und Dank verpflichtet,
Zu lieben diesen Mohren.
RODRIGO: So dient ich ihm auch nicht.
JAGO: Oh, seid ganz ruhig
Ich dien ihm, um mir's einzubringen; ei, wir können
Nicht alle Herrn sein, nicht kann jeder Herr
Getreue Diener haben. Seht Ihr doch
So manchen pflicht'gen, kniegebeugten Schuft,
Der, ganz verliebt in seine Sklavenfessel,
Ausharrt, recht wie die Esel seines Herrn
Ums Heu, und wird im Alter fortgejagt. –
Peitscht mir solch redlich Volk! Dann gibt es andre,
Die, ausstaffiert mit Blick und Form der Demut,
Ein Herz bewahren, das nur sich bedenkt;
Die nur Scheindienste liefern ihren Obern,
Durch sie gedeihn und, wenn ihr Pelz gefüttert,
Sich selbst Gebieter sind. Die Burschen haben Witz,
Und dieser Zunft zu folgen ist mein Stolz.
Denn, Freund,
's ist so gewiss, wie Ihr Rodrigo heißt,
Wär ich der Mohr, nicht möcht ich Jago sein.
Wenn ich ihm diene, dien ich nur mir selbst;
Der Himmel weiß es! nicht aus Lieb und Pflicht,
Nein, nur zum Schein für meinen eignen Zweck.
Denn wenn mein äußres Tun je offenbart
Des Herzens angeborne Art und Neigung

In Haltung und Gebärde, dann alsbald
Will ich mein Herz an meinem Ärmel tragen
Als Fraß für Krähn. Ich bin nicht, was ich bin!

RODRIGO: Welch reiches Glück fällt dem Dickmäul'gen zu
Wenn ihm der Streich gelingt!

JAGO: Ruft auf den Vater,
Hetzt den ihm nach; vergiftet seine Lust,
Schreit's durch die Stadt, macht ihre Vettern wild,
Und ob er unter mildem Himmel wohnt,
Plagt ihn mit Fliegen; ist die Freud ihm Freude,
Versetzt sie dennoch ihm mit so viel Pein,
Dass sie etwas erbleiche.

RODRIGO: Hier ist des Vaters Haus; ich ruf ihn laut.

JAGO: Das tut, mit gleichem Angstruf und Geheul,
Als wenn bei Nacht und Lässigkeit ein Feuer
Erspäht wird in volkreichen Städten.

RODRIGO: Hallo, Brabantio! Signor Brabantio, ho!

JAGO: Erwacht; hallo! Brabantio! Diebe! Diebe! –
Nehmt Euer Haus in acht, Eur Kind, Eur Geld!
He, Diebe! Diebe!

BRABANTIO *oben am Fenster.*

BRABANTIO: Was ist die Ursach dieses wilden Lärms?
Was gibt es hier?

RODRIGO: Ist alles, was Euch angehört, im Hause?

JAGO: Die Türen zu?

BRABANTIO: Nun, warum fragt ihr das?

JAGO: Ihr seid beraubt, zum Teufel! Nehmt den Mantel!
Eur Herz zerbrach, halb Eure Seel ist hin.
Jetzt, eben jetzt, bespringt ein alter schwarzer
Schafbock Eur weißes Lämmchen. – Auf! heraus!
Weckt die schlaftrunknen Bürger mit der Glocke,
Sonst macht der Teufel Euch zum Großpapa.
Auf, sag ich, auf!

BRABANTIO: Was! seid ihr bei Verstand?

RODRIGO: Ehrwürd'ger Herr, kennt Ihr mich an der Stimme?

BRABANTIO: Ich nicht! Wer bist du?

RODRIGO: Rodrigo heiß ich.

BRABANTIO: Mir um so verhasster!
Befohlen hab ich dir, mein Haus zu meiden;
Ganz unverhohlen hörtest du mich sagen,
Mein Kind sei nicht für dich – und nun wie rasend,
Vom Mahle voll und törendem Getränk,
In böslich trotz'gem Übermute kommst du,
Mich in der Ruh zu stören?

RODRIGO: Herr, Herr, Herr!

BRABANTIO: Doch wissen sollst du dies:
Durch meine Kraft und Stellung hab ich Macht,
Dir's zu vergällen.

RODRIGO: Ruhig, werter Herr!

BRABANTIO: Was sprichst du mir von Raub? Dies ist Venedig,
Mein Palast keine Scheune.

RODRIGO: Sehr würd'ger Herr,
In arglos reiner Absicht komm ich her.

JAGO: Wetter, Herr, Ihr seid einer von denen, die Gott nicht dienen wollen, wenn's ihnen der Teufel befiehlt. Weil wir kommen, Euch einen Dienst zu tun, denkt Ihr, wir seien Raufbolde? Ihr wollt einen Berberhengst über Eure Tochter kommen lassen; Ihr wollt Enkel, die Euch anwiehern, wollt Rennpferde zu Vettern und Zelter zu Neffen haben?

BRABANTIO: Wer bist du, frecher Lästrer?

JAGO: Ich bin einer, Herr, der Euch zu melden kommt, dass Eure Tochter und der Mohr jetzt dabei sind, das Tier mit zwei Rücken zu machen.

BRABANTIO: Du bist ein Schurke!

JAGO: Ihr seid – ein Senator.

BRABANTIO: Du sollst dies büßen; ich kenne dich, Rodrigo.

RODRIGO: Ich will für alles einstehn, doch ich bitt Euch,
Ist's Euer Wunsch und wohlbedächt'ge Weisheit
Wie's fast mir scheint –, dass Eure schöne Tochter
In dieser späten Stunde dumpfer Nacht
Wird ausgeliefert – besser nicht noch schlechter
Bewacht als durch 'nen feilen Gondolier –

Den rohen Küssen eines üpp'gen Mohren? –
Wenn Ihr das wisst und einverstanden seid,
So taten wir Euch groben, frechen Schimpf.
Doch wisst Ihr's nicht, dann sagt mir Sitt und Anstand,
Ihr scheltet uns mit Unrecht. Nimmer glaubt,
Dass, allem Sinn für Höflichkeit entfremdet,
Ich so zum Scherz mit Eurer Würde spielte.
Eur Kind, wenn Ihr ihm nicht Erlaubnis gabt –
Ich sag's noch einmal –, hat sich schwer vergangen,
So Schönheit, Geist, Vermögen auszuliefern
Dem heimatlos unsteten Abenteurer
Von hier und überall. Gleich überzeugt Euch, Herr;
Ist sie im Schlafgemach, ja nur zu Hause,
Lasst auf mich los der Republik Gesetze,
Weil ich Euch so betrog.

BRABANTIO: Schlagt Feuer! ho!
Gebt mir 'ne Kerze! – Weckt all meine Leute!
Der Vorfall sieht nicht ungleich einem Traum:
Der Glaube dran droht schon mich zu vernichten.
Licht, sag ich, Licht! *Ab.*

JAGO: Lebt wohl! ich muss Euch lassen,
Es scheint nicht gut noch heilsam meiner Stelle,
Stellt man als Zeugen mich – und bleib ich, so geschieht's –
Dem Mohren vor; denn unser Staat, ich weiß es,
Wenngleich ihn dies etwas verdunkeln wird,
Kann ihn nicht fallen lassen; denn es fordert
So trift'ger Grund ihn für den Zypernkrieg,
Der jetzt bevorsteht, dass um keinen Preis
Ein andrer von der Fähigkeit sich fände
Als Führer dieses Zugs; in welcher Rücksicht,
Obgleich ich ihn wie Höllenqualen hasse,
Weil mich die gegenwärt'ge Lage zwingt,
Ich aufziehn muss der Liebe Flagg und Zeichen,
Freilich als Zeichen nur. Dass Ihr ihn sicher findet,
Führt jene Suchenden zum »Schützen« hin:
Dort werd ich bei ihm sein; und so lebt wohl! *Ab.*

BRABANTIO *tritt auf mit Dienern und Fackeln.*

BRABANTIO: Zu wahr nur ist dies Unglück! Sie ist fort,
Und was mir nachbleibt vom verhassten Leben,
Ist nichts als Bitterkeit. Nun sag, Rodrigo,
Wo hast du sie gesehn? O töricht Kind!
Der Mohr, sagst du? Wer möchte Vater sein?
Wie weißt du, dass sie's war? Oh, unerhört
Betrügt sie mich! Was sprach sie? Holt noch Fackeln!
Ruft alle meine Vettern! Sind sie wohl
Vermählt, was glaubst du?

RODRIGO: Nun, ich glaube, ja.

BRABANTIO: O Gott! Wie kam sie fort? O Blutsverrat!
Väter, hinfort traut euern Töchtern nie
Nach äußerlichem Tun! Gibt's keinen Zauber,
Der Jugend Unschuld und des Mädchentums
Zu tören? Last Ihr nie von solchen Dingen,
Rodrigo?

RODRIGO: Ja, Signor, ich las es wohl.

BRABANTIO: Ruft meinen Bruder. – Wär sie Euer doch! –
Ihr diesen Weg, ihr jenen! – Habt Ihr Kundschaft,
Wo wir sie finden mögen mit dem Mohren?

RODRIGO: Ich hoff ihn auszuspähn, wenn's Euch gefällt,
Mit tüchtiger Bedeckung mir zu folgen.

BRABANTIO: Wohl, führt den Zug. Vor jedem Hause ruf ich
Wenn's gilt, kann ich befehlen. Waffen her!
Und holt ein paar Hauptleute von der Wache;
Voran, Rodrigo! Eure Müh vergeh ich.

Sie gehen ab.

Zweite Szene

Straße.

Es treten auf OTHELLO, JAGO *und* GEFOLGE *mit Fackeln.*

JAGO: Im Kriegeshandwerk schlug ich manchen tot;
Doch halt ich's für Gewissenssach und Sünde,
Mit Absicht morden; traun, mir fehlt's an Bosheit,
Und oft zu meinem Schaden. Wohl zehnmal
Dacht ich, ihm mit 'nem Rippenstoß zu dienen!
OTHELLO: 's ist besser so.
JAGO: Doch schwatzt' er solches Zeug
Und sprach so schnöd und gegen Eure Ehre
So lästerlich,
Dass all mein bisschen Frömmigkeit mich kaum
Im Zügel hielt. Doch sagt mir, werter Herr,
Seid Ihr auch recht vermählt? Denn glaubt mir nur,
Gar sehr beliebt ist der Magnifico
Und hat, was durchzusetzen, kräft'ge Stimme,
Vollwichtig wie der Fürst. Er wird euch scheiden,
Zum mindsten häuft er Hemmung und Verdruss,
Wie nur das Recht, durch seine Macht geschärft,
Ihm Spielraum gibt.
OTHELLO: Er mag sein Ärgstes tun;
Der Dienst, den ich geleistet dem Senat,
Schreit seine Klage nieder. Kund soll werden
Was, wenn mir kund, dass Prahlen Ehre bringt,
Ich offenbaren will –, dass ich entspross
Aus königlichem Stamm, und mein Gestirn
Darf ohne Scheu so stolzes Glück ansprechen
Wie dies, das ich erreicht. Denn wisse, Jago,
Liebt ich die holde Desdemona nicht,
Nie zwängt ich meinen sorglos freien Stand
In Band' und Schranken ein, nicht um die Schätze
Der tiefen See. Doch sieh! Was dort für Lichter?

CASSIO *kommt mit* GEFOLGE.

JAGO: Der zorn'ge Vater ist es mit den Freunden –
Geht doch hinein!

OTHELLO: Ich nicht! man soll mich finden.
Mein Stand und Rang und meine feste Seele,
Laut solln sie für mich zeugen! Sind es jene?

JAGO: Beim Janus, nein!

OTHELLO: Des Herzogs Diener sind es und mein Leutnant. –
Sei euch die Nacht gedeihlich, meine Freunde!
Was gibt's?

CASSIO: Der Herzog grüßt Euch, General,
Und fordert, dass Ihr schnell, blitzschnell erscheint
Im Augenblick.

OTHELLO: Was, meint Ihr, ist im Werk?

CASSIO: Etwas aus Zypern, wenn ich recht vermute;
's ist ein Geschäft von heißer Eil: die Flotte
Verschickt' ein Dutzend Boten nacheinander
Noch diesen Abend, die gedrängt sich folgten.
Viel Herrn vom Rat, geweckt und schon versammelt,
Sind jetzt beim Herzog; eifrig sucht man Euch,
Und da man Euch verfehlt in Eurer Wohnung,
Hat der Senat drei Haufen ausgesandt,
Euch zu erspähn.

OTHELLO: 's ist gut, dass Ihr mich fandet.
Ein Wort nur lass ich hier zurück im Hause
Und folg Euch nach. *Ab.*

CASSIO: Fähnrich, was schafft' er hier?

JAGO: Nun, eine Landgaleere nahm er heut;
Er macht sein Glück, wenn's gute Prise wird.

CASSIO: Wie meint Ihr das?

JAGO: Er ist vermählt.

CASSIO: Mit wem?

OTHELLO *kommt zurück.*

JAGO: Ei nun, mit – – kommt Ihr, mein General?

OTHELLO: Ich bin bereit.

CASSIO: Hier naht ein andrer Trupp, Euch aufzusuchen.

BRABANTIO, RODRIGO *und* BEWAFFNETE *treten auf.*

JAGO: Es ist Brabantio – fasst Euch, General!
Er sinnt auf Böses!
OTHELLO: Holla! Stellt Euch hierher!
RODRIGO: Signor, es ist der Mohr!
BRABANTIO: Dieb! Schlagt ihn nieder!
Von beiden Seiten werden die Schwerter gezogen.
JAGO: Rodrigo, Ihr? Kommt, Herr! Ich bin für Euch.
OTHELLO: Die blanken Schwerter fort! Sie möchten rosten.
Das Alter hilft Euch besser, guter Herr,
Als Euer Degen.
BRABANTIO:
O schnöder Dieb! Was ward aus meiner Tochter?
Du hast, verdammter Frevler, sie bezaubert;
Denn alles, was Vernunft hegt, will ich fragen,
Wenn nicht ein magisch Band sie hält gefangen,
Ob eine Jungfrau, zart und schön und glücklich,
So abhold der Vermählung, dass sie floh
Den reichen Jünglingsadel unsrer Stadt,
Ob sie, ein allgemein Gespött zu werden,
Häuslichem Glück entfloh an solches Unholds
Pechschwarze Brust, die Graun, nicht Lust erregt?
Die Welt soll richten, ob's nicht sonnenklar,
Dass du mit Höllenkunst auf sie gewirkt;
Mit Gift und Trank verlockt ihr zartes Alter,
Den Sinn zu schwächen: untersuchen soll man's;
Denn glaubhaft ist's, handgreiflich dem Gedanken.
Drum nehm ich dich in Haft und zeihe dich
Als einen Volksbetörer, einen Zaubrer,
Der unerlaubte, böse Künste treibt. –
Legt Hand an ihn, und setzt er sich zur Wehr,
Zwingt ihn, und gält's sein Leben.
OTHELLO: Steht zurück,
Ihr, die für mich Partei nehmt, und ihr andern! –
War Fechten meine Rolle, nun, die wusst ich
Auch ohne Stichwort. – Wohin soll ich folgen
Und Eurer Klage stehn?

BRABANTIO: In Haft; bis Zeit und Form
Im Lauf des graden Rechtsverhörs dich ruft
Zur Antwort.
OTHELLO: Wie denn nun, wenn ich gehorchte?
Wie käme das dem Herzog wohl erwünscht,
Des Boten hier an meiner Seite stehn,
Mich wegen dringenden Geschäfts im Staat
Vor ihn zu führen?
GERICHTSDIENER: So ist's, ehrwürd'ger Herr,
Der Herzog sitzt zu Rat, und Euer Gnaden
Ward sicher auch bestellt.
BRABANTIO: Im Rat der Herzog?
Jetzt um die Mitternacht? – Führt ihn dahin;
Nicht schlecht ist mein Gesuch. Der Herzog selbst,
Und jeglicher von meinen Amtsgenossen,
Muss fühlen meine Kränkung wie sein eigen:
Denn lässt man solche Untat straflos schalten,
Wird Heid und Sklav bei uns als Herrscher walten.
Sie gehen ab.

Dritte Szene

Saal im herzoglichen Palast.

Der HERZOG *und die* SENATOREN, *an einer Tafel sitzend.* OFFIZIERE *im Dienst.*

HERZOG: In diesen Briefen fehlt Zusammenhang,
Der sie beglaubigt.
ERSTER SENATOR: Jawohl, sie weichen voneinander ab;
Mein Schreiben nennt mir hundertsechs Galeeren.
HERZOG: Und meines hundertvierzig.
ZWEITER SENATOR: Meins zweihundert.
Doch, stimmt die Zahl auch nicht genau zusammen –
Wie insgemein, wenn sie Gerüchte melden,

Der Inhalt abweicht –, doch erwähnen alle
Die türk'sche Flotte, die gen Zypern segelt.
HERZOG: Gewiss, erwägen wir's, so scheint es glaublich;
Ich will mich nicht im Irrtum sicher schätzen,
Vielmehr den Hauptartikel halt ich wahr,
Und Furcht ergreift mich.
MATROSE *draußen*: Ho! hallo! hallo!
Ein OFFIZIER *tritt auf, dem ein* MATROSE *folgt.*
OFFIZIER: Botschaft von den Galeeren!
HERZOG: Nun? Was gibt's?
MATROSE: Der Türken Kriegsbewegung geht auf Rhodos;
So ward mir Auftrag, dem Senat zu melden,
Vom Signor Angelo.
HERZOG: Wie dünkt der Wechsel euch?
ERSTER SENATOR: So kann's nicht sein,
Nach keinem Grund und Fug; es ist 'ne Maske,
Den Blick uns fehlzuleiten. Denken wir,
Wie wichtig Zypern für den Türken sei
Und wiederum, gestehn wir selber ein,
Dass, wie's dem Türken mehr verlohnt als Rhodos,
Er auch mit leichterm Aufwand sich's erobert,
Dieweil es nicht so kriegsgerüstet steht
Und aller Wehr und Festigkeit entbehrt,
Mit der sich Rhodos schirmt: wer dies erwägt,
Der wird den Türken nicht so töricht achten,
Das Nächstgelegne bis zuletzt zu sparen
Und, leichten Vorteil und Gewinn versäumend,
Nutzlos Gefahr zum Kampfe sich zu wecken.
HERZOG: Ja, seid gewiss, er denkt an Rhodos nicht.
OFFIZIER: Seht! Neue Botschaft!
Ein BOTE *tritt auf.*
BOTE: Die Ottomanen, weise, gnäd'ge Herrn,
In gradem Lauf zur Insel Rhodos steuernd,
Vereinten dort sich mit der Nebenflotte.
ERSTER SENATOR:
Nun ja, so dacht ich mir's. Wie stark an Zahl?

BOTE: An dreißig Segel; und jetzt wenden sie,
Rücklenkend ihren Lauf, und ohne Hehl
Gilt ihre Absicht Zypern. Herr Montano,
Eur sehr getreuer und beherzter Diener,
Entbeut mit seiner Pflicht Euch diese Nachricht
Und hofft, Ihr schenkt ihm Glauben.
HERZOG: Nach Zypern dann gewiss.
Marcus Lucchese, ist er in Venedig?
ERSTER SENATOR: Er reiste nach Florenz.
HERZOG: Schreibt ihm von uns; schnell, windschnell komm er; eilt.
ERSTER SENATOR: Hier kommt Brabantio und der tapfre Mohr.

BRABANTIO, OTHELLO, JAGO, RODRIGO *und* GERICHTSDIENER *treten auf.*

HERZOG: Tapfrer Othello, Ihr müsst gleich ins Feld
Wider den allgemeinen Feind, den Türken.
Zu Brabantio: Ich sah Euch nicht; willkommen, edler Herr!
Uns fehlt' Eur Rat und Beistand diese Nacht.
BRABANTIO: Und Eurer mir, mein güt'ger Fürst, verzeiht mir!
Nicht Amtsberuf noch Nachricht von Geschäften
Trieb mich vom Bett; nicht allgemeine Sorge
Erfüllt mich jetzt, denn mein besondrer Gram
Gleich einer Springflut strömt so wild dahin,
Dass er verschluckt und einschlingt jede Sorge,
Nur seiner sich bewusst.
HERZOG: Nun, was geschah?
BRABANTIO: O Tochter! Tochter!
ERSTER SENATOR: Starb sie?
BRABANTIO: Ja, für mich.
Sie ist beschimpft, entführt mir und verderbt
Durch Hexenkünste und Quacksalbertränke;
Denn dass Natur so widersinnig irre,
Da sie nicht stumpf noch blind noch blöden Sinns,
Geschah nicht ohne Zauberkraft –
HERZOG: Wer es auch sei, der auf so schnödem Wege
So Eure Tochter um sich selbst betrog

Und Euch um sie – das blut'ge Buch des Rechts,
Ihr sollt es selbst in herbster Strenge deuten
Nach eignem Sinn, und wär es unser Sohn,
Den Eure Klage trifft.
BRABANTIO: Ich dank in Demut!
Hier dieser ist's, der Mohr, den jetzt, so scheint's,
Eur dringendes Gebot im Dienst des Staats
Hierherberief.
ALLE: Das tut uns herzlich leid.
HERZOG *zu Othello*: Was Eurerseits vermögt Ihr zu erwidern?
BRABANTIO: Nichts, als dass dies die Wahrheit.
OTHELLO: Ehrwürd'ger, mächt'ger und erlauchter Rat,
Sehr edle, wohlerprobte, gute Herrn –
Dass ich dem alten Mann die Tochter nahm,
Ist völlig wahr; wahr, sie ist mir vermählt.
Der Tatbestand und Umfang meiner Schuld
Reicht so weit, weiter nicht. Ich bin von rauem Wort
Und schlecht begabt mit milder Friedensrede.
Seit siebenjähr'ge Kraft mein Arm gewann,
Bis vor neun Monden etwa, übt er stets
Nur Kriegestat im Felde wie im Lager;
Und wenig lernt ich von dem Lauf der Welt,
Als was zum Streit gehört und Werk der Schlacht;
Drum wenig Schmuck wohl leih ich meiner Sache,
Red ich für mich. Dennoch mit eurer Gunst
Erzähl ich schlicht und ungefärbt den Hergang
Von meiner Liebe; was für Tränk und Künste,
Was für Beschwörung, welches Zaubers Kraft
– Denn solcher Mittel steh ich angeklagt –
Die Jungfrau mir gewann.
BRABANTIO: Ein Mädchen, schüchtern,
Von Geist so still und sanft, dass jede Regung
Errötend schwieg – die sollte trotz Natur
Und Jugend, Vaterland und Stand und allem
Das lieben, was ihr Grauen schuf zu sehn? –
Ein krankes Urteil wär's, ein unvollkommnes,

Das wähnt', es irre so Vollkommenheit,
Ganz der Natur entgegen: schwören muss man,
Dass nur des Teufels Kunst und List dies alles
Zu tun vermocht. Noch einmal denn behaupt ich,
Dass er mit Tränken, ihrem Blut verderblich,
Und Zaubersaft, geweiht zu solchem Bann,
Auf sie gewirkt.

HERZOG: Behauptung, nicht Beweis:
Steht Euch kein klarer Zeugnis zu Gebot,
Als solch unhaltbar Meinen, solch armsel'ger
Scheingrund ihn zu beschuldigen vermag?

ERSTER SENATOR: Doch sagt, Othello:
Habt Ihr durch Nebenweg' und künstlich zwingend
Der Jungfrau Sinn erobert und vergiftet?
Oder durch Antrag und erlaubtes Werben,
Wie Herz an Herz sich wendet?

OTHELLO: Ich ersuch euch,
Zum »Schützen« sendet, ruft die Dame her,
Und vor dem Vater mag sie von mir zeugen.
Und werd ich falsch erfunden durch ihr Wort:
Nicht nur Vertraun und Amt, das ihr mir gabt,
Mögt ihr mir nehmen, ja es treff eur Spruch
Mein Leben selbst.

HERZOG: Holt Desdemona her.

Einige vom Gefolge gehen hinaus.

OTHELLO: Fähnrich, geht mit, Ihr wisst den Ort am besten.

Jago ab.

Und bis sie kommt, so wahr, wie ich dem Himmel
Bekenne meines Blutes sünd'ge Fehle,
So treulich meid ich euerm ernsten Ohr,
Wie ich gewann der schönen Jungfrau Herz
Und sie das meine.

HERZOG: Sprecht, Othello.

OTHELLO: Ihr Vater liebte mich, lud oft mich ein,
Erforschte meines Lebens Lauf von Jahr
Zu Jahr: die Schlachten, Stürme, Schicksals Wechsel,

Die ich bestand.
Ich ging es durch vom Knabenalter her
Bis auf den Augenblick, da er gefragt.
So sprach ich denn von manchem harten Fall,
Von schreckender Gefahr zu See und Land;
Wie ich ums Haar dem drohnden Tod entrann;
Wie mich der stolze Feind gefangen nahm
Und mich als Sklav verkauft'; wie ich erlöst,
Und meiner Reisen wundervolle Fahrt:
Wobei von weiten Höhlen, wüsten Steppen,
Steinbrüchen, Felsen, himmelhohen Bergen
Zu melden war im Fortgang der Geschichte;
Von Kannibalen, die einander schlachten,
Anthropophagen, Völkern, deren Kopf
Wächst unter ihrer Schulter: das zu hören,
War Desdemona eifrig stets geneigt.
Oft aber rief ein Hausgeschäft sie ab;
Und immer, wenn sie eilig dies vollbracht,
Gleich kam sie wieder, und mit durst'gem Ohr
Verschlang sie meine Rede. Dies bemerkend,
Ersah ich einst die günst'ge Stund und gab
Ihr Anlass, dass sie mich recht herzlich bat,
Die ganze Pilgerschaft ihr zu erzählen,
Von der sie stückweis einzelnes gehört,
Doch nicht in strenger Folge. Ich begann,
Und oftmals hatt ich Tränen ihr entlockt,
Wenn ich ein leidvoll Abenteur berichtet
Aus meiner Jugend. Als ich nun geendigt,
Gab sie zum Lohn mir eine Welt von Seufzern:
Sie schwur – in Wahrheit, seltsam! Wunderseltsam!
Und rührend war's! unendlich rührend war's! –
Sie wünschte, dass sie's nicht gehört; doch wünschte sie,
Der Himmel hätte sie als solchen Mann
Geschaffen, und sie dankte mir und bat mich,
Wenn je ein Freund von mir sie lieben sollte,
Ich mög ihn die Geschicht erzählen lehren,

Das würde sie gewinnen. Auf den Wink
Erklärt ich mich.
Sie liebte mich, weil ich Gefahr bestand;
Ich liebte sie um ihres Mitleids willen:
Das ist der ganze Zauber, den ich brauchte;
Hier kommt die Dame, lasst sie dies bezeugen.

DESDEMONA, JAGO *und* GEFOLGE *treten auf.*

HERZOG: Nun, die Geschichte hätt auch meine Tochter
Gewonnen. Würdiger Brabantio,
Nehmt, was versehn ward, von der besten Seite;
Man ficht doch lieber mit zerbrochnem Schwert
Als mit der bloßen Hand.

BRABANTIO: Hört sie, ich bitt euch;
Bekennt sie, dass sie halb ihm kam entgegen,
Fluch auf mein Haupt, wenn meine bittre Klage
Den Mann verunglimpft! – Komm her, junge Dame:
Wen siehst du hier in diesem edlen Kreis,
Dem du zumeist Gehorsam schuldig bist?

DESDEMONA: Mein edler Vater,
Ich sehe hier zwiefach geteilte Pflicht;
Euch muss ich Leben danken und Erziehung,
Und Leben und Erziehung lehren mich
Euch ehren; Ihr seid Herrscher meiner Pflicht
Wie ich Euch Tochter. Doch hier steht mein Gatte,
Und so viel Pflicht, wie meine Mutter Euch
Gezeigt, da sie Euch vorzog ihrem Vater,
So viel muss ich auch meinem Gatten widmen,
Dem Mohren, meinem Herrn.

BRABANTIO: Gott sei mit dir!
Ich bin zu Ende. –
Beliebt's Eur Hoheit, jetzt zu Staatsgeschäften. –
O zeugt ich nie ein Kind und wählt ein fremdes! –
Tritt näher, Mohr!
Hier geb ich dir von ganzem Herzen hin,
Was, hättst du's nicht, ich dir von ganzem Herzen
Verweigerte. – Um deinetwillen, Kleinod,

Erfreut's mich, dass kein zweites Kind mir ward;
Durch deine Flucht war ich tyrannisch worden
Und legt ihr Ketten an. – Ich bin zu Ende.
HERZOG: Ich red an Eurer Statt und fäll ein Urteil,
Das einer Staffel gleich den Liebenden
Behilflich sei zu Eurer Gunst.
Wem nichts mehr hilft, der muss nicht Gram verschwenden,
Und wer das Schlimmste sah, die Hoffnung enden;
Unheil beklagen, das nicht mehr zu bessern,
Heißt um so mehr das Unheil nur vergrößern.
Was nicht zu retten, lass dem falschen Glück,
Und gib Geduld für Kränkung ihm zurück.
Zum Raube lächeln heißt den Dieb bestehlen,
Doch selbst beraubst du dich durch nutzlos Quälen.
BRABANTIO: So mögt ihr Zypern nur den Türken gönnen;
Wir haben's noch, solang wir lächeln können.
Leicht trägt den Spruch, wen andre Last nicht drückt
Und wen der selbst gefundne Trost erquickt;
Doch fühlt er sein Gewicht bei wahren Sorgen,
Wenn's gilt, von der Geduld die Zahlung borgen.
Bitter und süß sind all derlei Sentenzen,
Die, so gebraucht, an Recht und Unrecht grenzen;
Doch Wort bleibt Wort – noch hab ich nie gelesen,
Dass durch das Ohr ein krankes Herz genesen.
– Ich bitt euch inständig, gehn wir an die Staatsgeschäfte.

HERZOG: Der Türke segelt mit gewaltiger Kriegsrüstung gegen Zypern. Othello, Euch ist die Festigkeit des Orts am besten bekannt, und obgleich wir dort einen Statthalter von unbestrittner Fähigkeit besitzen, so hegt doch die öffentliche Meinung, jene unbeschränkte Gebieterin des Erfolgs, eine größere Zuversicht zu Euch. Ihr müsst Euch deshalb gefallen lassen, den Glanz Eures neuen Glücks durch diese raue und stürmische Unternehmung zu verdunkeln.

OTHELLO: Die eiserne Gewohnheit, edle Herrn,
Schuf mir des Krieges Stahl- und Felsenbett

Zum allerweichsten Flaum; ich rühme mich
Natürlicher und rascher Munterkeit
Im schwersten Ungemach und bin bereit
Zum jetz'gen Feldzug mit dem Muselmann.
In Demut drum mich neigend dem Senat,
Verlang ich Sorg und Schutz für mein Gemahl,
Anständ'ge Rücksicht ihrem Rang und Aufwand
Und solche Wohnung, solche Dienerschaft,
Wie ihrem Stand geziemt.

HERZOG: Wenn's Euch genehm,
Bei ihrem Vater.

BRABANTIO: Nimmer geb ich's zu.

OTHELLO: Noch ich.

DESDEMONA: Noch ich; nicht gern verweilt ich dort
Und reizte meines Vaters Ungeduld,
War ich ihm stets vor Augen. – Güt'ger Fürst,
Leiht meinem Vortrag ein geneigtes Ohr
Und lasst mir Eure Gunst als Freibrief gelten,
Mein schüchtern Wort zu kräft'gen.

HERZOG: Was wünscht Ihr, Desdemona?

DESDEMONA: Dass ich den Mohren liebt, um ihm zu leben,
Mag meines Glücks gewaltsam jäher Sturm
Der Welt zurufen: ja, mein Herz ergab sich
Ganz unbedingt dem Wesen meines Herrn.
Mir war Othellos Antlitz sein Gemüt,
Und seinem Ruhm und seinem Heldensinn
Hab ich die Seel und irdisch Glück geweiht.
Drum, würd'ge Herrn, lässt man mich hier zurück
Als Friedensmotte, weil er zieht ins Feld,
So raubt man meiner Liebe teures Recht
Und lässt mir eine schwere Zwischenzeit,
Dem Liebsten fern: drum lasst mich mit ihm ziehn.

OTHELLO: Stimmt bei, ihr Herrn: ich bitt euch drum; gewährt
Ihr freie Willkür.
Der Himmel zeuge mir's, dies bitt ich nicht,
Den Gaum zu reizen meiner Sinnenlust

Noch heißem Blut zuliebe – jungen Trieben
Selbstsücht'ger Lüste, die jetzt schweigen müssen –,
Nur ihrem Wunsch willfährig hold zu sein;
Und Gott verhüt, Eur Edeln möchten wähnen,
Ich werd eur ernst und groß Geschäft versäumen,
Weil sie mir folgt – nein, wenn der leere Tand
Des flücht'gen Amor mir mit üpp'ger Trägheit
Des Geistes und der Tatkraft Schärfe stumpft
Und mich Genuss entnervt und schwächt mein Wirken,
Mach eine Hausfrau meinen Helm zum Kessel,
Und jedes niedre und unwürd'ge Zeugnis
Erstehe wider mich und meinen Ruhm!

HERZOG: Es sei, wie ihr's mitsammen festgesetzt:
Sie folg Euch oder bleibe; das Geschäft
Heischt dringend Eil – heut Nacht noch müsst Ihr fort.

DESDEMONA: Heut Nacht, mein Fürst?

HERZOG: Heut Nacht.

OTHELLO: Von ganzem Herzen.

HERZOG: Um neun Uhr früh versammeln wir uns wieder.
Othello, lasst 'nen Offizier zurück,
Der Eure Vollmacht Euch kann überbringen,
Und was noch sonst Eur Amt und Dienstverhältnis
Betrifft.

OTHELLO: Gefällt's Eur Hoheit, hier mein Fähnrich;
Er ist ein Mann von Ehr und Redlichkeit.
Und seiner Führung lass ich meine Frau
Und was Eur Hoheit sonst für nötig achtet,
Mir nachzusenden.

HERZOG: So mag es sein. – Gut Nacht jetzt insgesamt!
Zu Brabantio: Und, würd'ger Herr,
Wenn man die Tugend muss als schön erkennen,
Dürft Ihr nicht hässlich Euern Eidam nennen.

ERSTER SENATOR: Lebt wohl, Mohr! liebt und ehret Desdemona.

BRABANTIO: Sei wachsam, Mohr! Hast Augen du zu sehn,
Den Vater trog sie, so mag dir's geschehn.

Herzog und Senatoren ab.

OTHELLO: Mein Kopf für ihre Treu. Hör, wackrer Jago,
Ich muss dir meine Desdemona lassen;
Ich bitt dich, gib dein Weib ihr zur Gesellschaft
Und bringe sie mir nach, sobald du kannst. –
Komm, Desdemona, nur ein Stündchen bleibt,
Der Lieb und unserm häuslichen Geschäft
Zu widmen uns: lass uns der Zeit gehorchen.

Othello und Desdemona ab.

RODRIGO: Jago –

JAGO: Was sagst du, edles Herz?

RODRIGO: Was werd ich jetzt tun, meinst du?

JAGO: Nun, zu Bette gehn und schlafen.

RODRIGO: Auf der Stelle ersäufen werd ich mich.

JAGO: Nun, wenn du das tust, so ist's mit meiner Freundschaft auf ewig aus. Ei, du alberner junger Herr.

RODRIGO: Es ist Albernheit zu leben, wenn das Leben eine Qual wird, und wir haben die Vorschrift zu sterben, wenn Tod unser Arzt ist.

JAGO: O über die Erbärmlichkeit! Ich habe der Welt an die viermal sieben Jahre zugesehn, und seit ich einen Unterschied zu finden wusste zwischen Wohltat und Beleidigung, bin ich noch keinem begegnet, der's verstanden hätte, sich selbst zu lieben. Eh ich sagte, ich wollte mich einem Puthühnchen zuliebe ersäufen, eh tauscht ich mein Menschtum mit einem Pavian.

RODRIGO: Was soll ich tun? Ich gestehe, es macht mir Schande, so sehr verliebt zu sein; aber meine Tugend reicht nicht hin, dem abzuhelfen.

JAGO: Tugend! Abgeschmackt! – In uns selber liegt's, ob wir so sind oder anders. Unser Körper ist ein Garten und unser Wille der Gärtner, sodass, ob wir Nesseln drin pflanzen wollen oder Salat bauen, Ysop aufziehn oder Thymian ausjäten, ihn dürftig mit einerlei Kraut besetzen oder mit mancherlei Gewächs aussaugen, ihn müßig verwildern lassen oder fleißig in Zucht halten – ei, das Vermögen dazu und die bessernde Macht liegt durchaus in unserm freien Willen. Hätte der Waagbalken unsres Lebens nicht eine Schale von Vernunft, um eine andre von Sinnlichkeit aufzuwiegen, so würde unser Blut und die Bösartigkeit unsrer Triebe uns zu den ausschweifendsten Verkehrtheiten führen; aber wir haben die Vernunft, um die tobenden Leidenschaften, die fleischlichen Triebe, die zügellosen Lüste zu kühlen, und daraus schließe ich: Was du Liebe nennst, sei ein Pfropfreis, ein Ableger.

RODRIGO: Das kann nicht sein.

JAGO: Es ist nur ein Gelüst des Bluts, eine Nachgiebigkeit des Willens. Auf! sei ein Mann! Dich ersäufen? Ersäufe Katzen und junge Hunde! Ich nenne mich deinen Freund und erkläre mich an dein Verdienst geknüpft mit dem Ankertau der ausdauerndsten Festigkeit; nie konnte ich dir besser beistehn als jetzt. Tu Geld in deinen Beutel, zieh mit in diesen Krieg, verstelle dein Gesicht durch einen falschen Bart; ich sage dir: tu Geld in deinen Beutel. Es ist undenkbar, dass Desdemona den Mohren auf die Dauer lieben sollte – tu Geld in deinen Beutel! – noch der Mohr sie: Es war ein gewaltsames Beginnen, und du wirst sehn, die Katastrophe wird eine ähnliche sein. Tu nur Geld in deinen Beutel: – so ein Mohr ist veränderlich in seinen Neigungen; fülle deinen Beutel mit Geld; – die Speise, die ihm jetzt so würzig schmeckt wie Süßholz, wird ihn bald bittrer dünken als Koloquinten. Sie muss sich einen Jüngeren suchen, und hat sie ihn erst satt, so wird sie den Irrtum ihrer Wahl einsehn. Sie muss Abwechslung haben, das muss sie; darum tu Geld in deinen Beutel. Wenn du durchaus zum Teufel fahren willst, so tu es auf angenehmerem Weg als durch Ersäufen. Schaff dir Geld, so viel du kannst! Wenn des Priesters Segen und ein hohles Gelübde zwischen einem abenteuernden Afrikaner und einer überlistigen Venezianerin für meinen Witz und die ganze Sippschaft der Hölle nicht zu hart sind, so sollst du sie besitzen; darum schaff dir Geld. Zum Henker mit dem Ersäufen! Das liegt weitab von deinem Wege. Denke du lieber dran zu hängen, indem du deine Lust büßt, als dich zu ersäufen und sie fahren zu lassen.

RODRIGO: Soll ich meine Hoffnung auf dich bauen, wenn ich's drauf wage?

JAGO: Auf mich kannst du zählen; geh, schaffe dir Geld. Ich habe dir's oft gesagt und wiederhole es aber und abermals, ich hasse den Mohren; mein Grund kommt von Herzen, der deinige liegt ebenso tief: Lass uns fest in unsrer Rache zusammenhalten. Kannst du ihm Hörner aufsetzen, so machst du dir eine Lust und mir einen Spaß. Es ruht noch manches im Schoß der Zeit, das zur Geburt will. Grade durch! – Fort! Treib dir Geld auf. Wir wollen es morgen weiter verhandeln. Leb wohl!

RODRIGO: Wo treffen wir uns morgen früh?

JAGO: In meiner Wohnung.

RODRIGO: Ich werde zeitig dort sein.

JAGO: Gut, leb wohl! – Höre doch, Rodrigo!

RODRIGO: Was sagst du?

JAGO: Nichts von Ersäufen! Hörst du?

RODRIGO: Ich denke jetzt anders. Ich will alle meine Güter verkaufen.

JAGO: Nur zu; leb wohl! tu nur Geld genug in deinen Beutel.

Rodrigo ab.

So muss mein Narr mir stets zum Säckel werden:
Mein reifes Urteil würd ich ja entweihn,
Vertändelt ich den Tag mit solchem Gimpel
Mit ohne Nutz und Spaß. – Den Mohren hass ich;
Die Rede geht, er hab in meinem Bett
Mein Amt verwaltet – möglich, dass es falsch:
Doch ich, auf bloßen Argwohn in dem Fall,
Will tun, als wär's gewiss. Er hat mich gern,
Um so viel besser wird mein Plan gedeihn.
Der Cassio ist ein hübscher Mann – lasst sehn!
Sein Amt erhaschen, mein Gelüste büßen –
Ein doppelt Schelmstück! Wie nur? Lasst mich sehn –
Nach ein'ger Zeit Othellos Ohr betören,
Er sei mit seinem Weibe zu vertraut –
Der Bursch ist wohlgebaut, von schmeid'ger Art,

Recht für den Argwohn, recht den Fraun gefährlich.
Der Mohr nun hat ein grad und frei Gemüt,
Das ehrlich jeden hält, scheint er nur so,
Und lässt sich sänftlich an der Nase führen,
Wie Esel tun.
Ich hab's, es ist erzeugt; aus Höll und Nacht
Sei diese Untat an das Licht gebracht. *Ab.*

Zweiter Aufzug

Erste Szene

Hauptstadt in Zypern. Platz am Hafen.

MONTANO *und zwei* EDELLEUTE *treten auf.*

MONTANO: Was unterscheidet man vom Damm zur See?
ERSTER EDELMANN:
Nichts, weit und breit – 's ist hochgeschwellte Flut;
Und nirgends zwischen Erd und Himmel kann ich
Ein Schiff entdecken.
MONTANO: Mir scheint, der Wind blies überlaut ans Ufer
Nie traf so voller Sturm die Außenwerke.
Wenn's ebenso rumort hat auf der See,
Welch eichner Kiel, wenn Berge niederfluten,
Bleibt fest gefügt? Was werden wir noch hören?
ZWEITER EDELMANN:
Zerstreuung wohl des türkischen Geschwaders.
Denn, stellt Euch nur an den beschäumten Strand,
Die zorn'ge Woge sprüht bis an die Wolken;
Die sturmgepeitschte Flut will mächt'gen Schwalls
Den Schaum hinwerfen auf den glühnden Bären,
Des ewig festen Poles Wacht zu löschen.
Nie sah ich so verderblichen Tumult
Des zorn'gen Meers.
MONTANO: Wenn nicht die Türkenflotte
Sich barg in Bucht und Hafen, so versank sie;
Es ist unmöglich, dass sie's überstand.

Ein dritter EDELMANN *tritt auf.*

DRITTER EDELMANN: Botschaft, ihr Herrn! Der Krieg ist aus,
Der wüt'ge Sturm nahm so die Türken mit,
Dass ihre Landung hinkt – ein Kriegsschiff von Venedig
War Zeuge grauser Not und Havarie
Des Hauptteils ihrer Flotte.
MONTANO: Wie? Ist das wahr?

DRITTER EDELMANN: Das Schiff hat angelegt,
Ein Veroneser. Michael Cassio,
Leutnant des kriegerischen Mohrn Othello,
Stieg hier ans Land; der Mohr ist auf der See,
Mit höchster Vollmacht unterwegs nach Zypern.
MONTANO: Mich freut's; er ist ein würd'ger Gouverneur.
DRITTER EDELMANN:
Doch dieser Cassio – spricht er gleich so tröstlich
Vom türkischen Verlust – scheint sehr besorgt
Und betet für den Mohren, denn es trennte
Ein grauser, schwerer Sturm sie.
MONTANO: Schütz ihn Gott!
Ich diente unter ihm; der Mann ist ganz
Soldat und Feldherr. Kommt zum Strande, ho!
Sowohl das eingelaufne Schiff zu sehn
Als nach dem tapfern Mohren auszuschaun,
Bis wo die Meerflut und des Äthers Blau
In eins verschmilzt.
DRITTER EDELMANN: Das lasst uns tun;
Denn jeder Augenblick ist jetzt Erwartung
Von neuer Ankunft.

CASSIO *tritt auf.*

CASSIO: Dank allen Tapfern dieses mut'gen Eilands,
Die so den Mohren lieben; möcht ihn doch
Der Himmel schützen vor dem Element,
Denn ich verlor ihn auf der schlimmsten See!
MONTANO: Hat er ein gutes Fahrzeug?
CASSIO: Sein Schiff ist stark gebaut und sein Pilot
Von wohlgeprüfter, kund'ger Meisterschaft;
Drum harrt mein Hoffen, noch nicht tödlich krank,
Kühn auf Genesung.
Mehrere STIMMEN *draußen*:
Ein Schiff! Ein Schiff! Ein Schiff!
CASSIO: Was rufen sie?
ERSTER EDELMANN: Die Stadt ist leer; am Meeresufer steht
Gedrängt das Volk, man ruft: ein Schiff! ein Schiff!

CASSIO: Mein Hoffen wähnt, es sei der Gouverneur.

Man hört Schüsse.

ZWEITER EDELMANN: Mit Freudenschüssen salutieren sie;
Zum mindsten Freunde sind's.

CASSIO: Ich bitt Euch, Herr,
Geht, bringt uns sichre Nachricht, wer gelandet.

ZWEITER EDELMANN: Sogleich. *Ab.*

MONTANO: Sagt, Leutnant, ist der General vermählt?

CASSIO: Ja, äußerst glücklich. Er gewann ein Fräulein,
Das jeden schwärmerischen Preis erreicht,
Kunstreicher Federn Lobspruch überbeut
Und in der Schöpfung reichbegabter Fülle
Die Dichtung selbst ermattet. – Nun, wer war's?

Der EDELMANN *kommt zurück.*

ZWEITER EDELMANN: Des Feldherrn Fähnrich, ein gewisser Jago.

CASSIO: Der hat höchst schnelle, günst'ge Fahrt gehabt.
Die Stürme selbst, die Strömung, wilde Wetter,
Gezackte Klippen, aufgehäufter Sand –
Unschuld'gen Kiel zu fährden leicht verhüllt –,
Als hätten sie für Schönheit Sinn, vergaßen
Ihr tödlich Amt und ließen ungekränkt
Die holde Desdemona durch.

MONTANO: Wer ist sie?

CASSIO: Die ich genannt, die Herrin unsres Herrn,
Der Führung anvertraut des kühnen Jago,
Des Landung unserm Hoffen vorgeeilt
Um eine Woche. – O Herr, beschütz Othello!
Sein Segel schwelle dein allmächt'ger Hauch,
Dass bald sein wackres Schiff den Hafen segne;
Dann eil er liebend an der Gattin Brust,
Entflamme glühend unsern lauen Mut
Und bringe Zypern Tröstung! – Seht, o seht!

DESDEMONA, JAGO, RODRIGO *und* EMILIA *treten auf.*

Des Schiffes Reichtum ist ans Land gekommen! –
Ihr, Zyperns Edle, neigt euch huldigend:
Heil dir, o Herrin! und des Himmels Gnade

Begleite dich auf allen Seiten stets,
Dich rings umschließend.

DESDEMONA: Dank Euch, wackrer Cassio!
Was wisst Ihr mir von meinem Herrn zu sagen?

CASSIO: Noch kam er nicht; noch weiß ich irgendmehr,
Als dass er wohl und bald hier landen muss.

DESDEMONA: Ich fürchte nur – wie habt Ihr ihn verloren?

CASSIO: Der große Kampf des Himmels und des Meers
Trennt' unsern Lauf – doch horch! es naht ein Schiff!

STIMMEN *draußen*: Ein Schiff! Ein Schiff!

Man hört schießen.

ZWEITER EDELMANN: Der Zitadelle bringt es seinen Gruß;
Auch dies sind Freunde.

CASSIO: Geht und schafft uns Nachricht.

Der zweite Edelmann ab.

Willkommen, Fähnrich; werte Frau, willkommen!
Nicht reiz es Euern Unmut, guter Jago,
Dass ich die Freiheit nahm; denn meine Heimat
Erlaubt so kühnen Brauch der Höflichkeit. *Er küsst Emilia.*

JAGO: Herr, gäben ihre Lippen Euch so viel,
Wie sie mir oft beschert mit ihrer Zunge,
Ihr hättet gnug.

DESDEMONA: Die Arme spricht ja kaum!

JAGO: Ei, viel zu viel!
Das merk ich immer, wenn ich schlafen möchte;
Vor Euer Gnaden freilich, glaub ich's wohl,
Legt sie die Zung ein wenig in ihr Herz
Und keift nur in Gedanken.

EMILIA: Wie du schwatzest!

JAGO: Geht, geht! Ihr seid Gemälde außerm Haus,
Schellen im Zimmer, Drachen in der Küche;
Verletzt ihr: Heil'ge; Teufel, kränkt man euch;
Spielt mit dem Haushalt, haltet haus im Bett.

DESDEMONA: O schäme dich, Verleumder!

JAGO: Nein, das ist wahr! nicht irr ich um ein Haarbreit:
Ihr steht zum Spiel auf, geht ins Bett zur Arbeit.

EMILIA: Ihr sollt mein Lob nicht schreiben.
JAGO: Will's auch nicht.
DESDEMONA: Was schriebst du wohl von mir, sollst du mich loben?
JAGO: O gnäd'ge Frau, nicht fordert so mich auf;
Denn ich bin nichts, wenn ich nicht lästern darf.
DESDEMONA: So fang nur an. – Ging einer hin zum Hafen?
JAGO: Ja, edle Frau.
DESDEMONA: Ich bin nicht fröhlich, doch verhüll ich gern
Den innern Zustand durch erborgten Schein. –
Nun sag, wie lobst du mich?
JAGO: Ich sinne schon; doch leider, mein Erfinden
Geht mir vom Kopf wie Vogelleim vom Fries,
Reißt Hirn und alles mit. Doch kreißt die Muse
Und wird also entbunden:
Gelt ich für schön und klug, weiß von Gesicht und witzig,
Die Schönheit nützt den andern, durch Witz die Schönheit nütz ich.
DESDEMONA: Gut gelobt! Wenn sie nun aber braun und witzig ist?
JAGO: Nun: bin ich braun und sonst nur leidlich witzig,
Find ich den weißen Freund, und was mir fehlt, besitz ich.
DESDEMONA: Schlimm und schlimmer!
EMILIA: Wenn aber eine hübsch weiß und rot und dumm ist?
JAGO: Hat sie ein weiß Gesicht, so ist sie dumm mitnichten;
Denn auf ein Kind weiß sich die Dümmste selbst zu richten.
DESDEMONA: Das sind abgeschmackte, alte Reime, um die Narren im Bierhause zum Lachen zu bringen. Was für ein erbärmliches Lob hast du denn für eine, die hässlich und dumm ist?
JAGO: Kein Mädchen ist so dumm und hässlich auch zugleich,
Trotz Hübschen und Gescheiten macht sie 'nen dummen streich.
DESDEMONA: O grober Unverstand! Du preist die Schlechtste am besten. Aber welches Lob bleibt dir für eine wirklich verdienstvolle Frau; für eine, die in dem Adel ihres Werts mit Recht den Ausspruch der Bosheit selbst herausfordern darf?
JAGO: Die immer schön, doch nicht dem Stolz vertraut,
Von Zunge flink, doch niemals sprach zu laut;

Nicht arm an Gold, nie bunten Schmuck sich gönnte,
Den Wunsch erstickt und dennoch weiß: »Ich könnte!«
Die selbst im Zorn, wenn Rache nah zur Hand,
Die Kränkung trägt und ihren Groll verbannt;
Die nie von Überwitz sich lässt berauschen,
Für derben Salm den Gründling einzutauschen;
Sie, die viel denkt, die Neigung doch verschweigt
Und keinen Blick dem Schwarm der Werber zeigt:
Die nennt ich gut – war sie nur aufzutreiben …

DESDEMONA: Nun sag, wozu?

JAGO: Narrn aufzuziehn und Dünnbier anzuschreiben.

DESDEMONA: O über solchen lahmen, hinkenden Schluss! – Lerne nichts von ihm, Emilie, wenn er auch dein Mann ist. – Was meint Ihr, Cassio? Ist er nicht ein recht heilloser, ausgelassner Schwätzer?

CASSIO: Er redet derb, gnäd'ge Frau: Der Soldat wird Euch besser an ihm gefallen als der Gelehrte.

JAGO *beiseite*: Er fasst sie bei der Hand: so recht! flüstert nur! Mit solchem kleinen Gewebe will ich eine so große Fliege umgarnen wie Cassio. – Ja, lächle du sie an! Nur zu! Deine eignen Scharrfüße sollen dir Beinschellen werden. – Ganz recht! In der Tat, so ist's – wenn solche Manieren dich um deine Leutnantschaft bringen, so wär's besser gewesen, du hättest deine drei Finger nicht so oft geküsst, mit denen du jetzt wieder so stattlich den Kavalier spielst. – Sehr gut! Wohl geküsst! Eine herrliche Verbeugung! Ja, ja, so ist's! – Schon wieder die Finger an den Mund? So wollt ich doch, es wären Klistierspritzen um deinetwillen!

Trompetenstoß.

Der Mohr! Ich kenne sein Signal.

CASSIO: Er ist's.

DESDEMONA: Wir wollen ihm entgegen, ihn empfangen.

CASSIO: Da kommt er schon.

OTHELLO *kommt mit* GEFOLGE.

OTHELLO: O meine holde Kriegrin!

DESDEMONA: Mein Othello!

OTHELLO: Ein Wunder dünkt mich's, groß wie meine Freude,
Dich hier zu sehn vor mir. O mein Entzücken!
Wenn jedem Sturm so heitre Stille folgt,
Dann blast, Orkane, bis den Tod ihr weckt!
Dann klimme, Schiff, die Wogenberg' hinan
Hoch wie Olymp und tauch hinunter tief
Zum Grund der Hölle! Galt es, jetzt zu sterben,
Jetzt wär mir's höchste Wonne; denn ich fürchte,
So volles Maß der Freude füllt mein Herz,
Dass nie ein andres Glück mir, diesem gleich,
Im Schoß der Zukunft harrt.

DESDEMONA: Verhüte Gott,
Dass unsre Lieb und Glück nicht sollten wachsen
Wie unsrer Tage Zahl!

OTHELLO: Amen, ihr holden Mächte!
Nicht auszusprechen weiß ich diese Wonne,
Hier stockt es; o es ist zu viel der Freude: *Er küsst sie.*
Und dies und dies, der größte Missklang sei's,
Den unser Herz je tönt.

JAGO *beiseite*: Noch seid ihr wohlgestimmt,
Doch dieses Einklangs Wirbel spann ich ab,
So wahr ich ehrlich bin.

OTHELLO Gehn wir aufs Schloss.
Wisst ihr's? Der Krieg ist aus, der Türk ertrank.
Wie geht's den alten Freunden hier auf Zypern?
Liebchen, dich wird man hoch in Ehren halten,
Ich fand hier große Gunst. O süßes Herz,
Ich schwatze alles durcheinander, schwärme
Im neuen Glück. – Ich bitt dich, guter Jago,
Geh zu der Bucht und schaff ans Land die Kisten;
Bring auch den Schiffsherrn mir zur Zitadelle;
Es ist ein wackrer Seemann, des Verdienst
Ich hoch belohnen muss. Komm, Desdemona,
Nochmals begrüßt in Zypern!

Othello, Desdemona und Gefolge ab.

JAGO *zu einem Diener*: Geh du sogleich zum Hafen und erwarte mich dort. *Zu Rodrigo:* Komm näher. Wenn du ein Mann bist – denn man sagt, dass auch Feige, wenn sie verliebt sind, sich zu höherer Gesinnung erheben, als ihnen angeboren war –, so höre mich an. Der Leutnant hat diese Nacht die Wache auf dem Schlosshof – vorerst aber muss ich dir sagen: Desdemona ist richtig in ihn verliebt.

RODRIGO: In ihn? unmöglich.

JAGO: Leg deinen Finger – so; und lass dich belehren, Freund: Besinne dich nur, wie heftig sie zuerst den Mohren liebte, nur weil er prahlte und ihr unerhörte Lügen auftischte. Wird sie ihn immer für sein Schwatzen lieben? Das kann deine verständige Seele nicht glauben wollen. Ihr Auge verlangt Nahrung, und welches Wohlgefallen kann ihr's gewähren, den Teufel anzusehn? Wenn das Blut durch den Genuss abgekühlt ist, dann bedarf es – um sich aufs Neue zu entflammen und der Sättigung neue Begier zu wecken – Anmut der Gestalt, Übereinstimmung in Jahren, Gesittung und Schönheit; und an dem allen fehlt's dem Mohren. Nun, beim Mangel aller dieser ersehnten Annehmlichkeiten wird ihr feiner Sinn sich getäuscht fühlen; sie wird des Mohren erst satt, dann überdrüssig werden und endlich ihn verabscheuen; die Natur selbst wird sie anleiten und sie zu einer neuen Wahl treiben. Nun, Freund, dieses eingeräumt – wie es denn eine ganz erwiesene und ungezwungne Voraussetzung ist –, wer steht wohl so gewiss auf der Stufe dieses Glücks wie Cassio? Der Bube ist sehr gewandt, gewissenhaft nur so weit, als er die äußere Form eines sittsamen und gebildeten Betragens annimmt, um seine lockern, geheimen, wilden Neigungen um so leichter zu befriedigen. – Nein, keiner, keiner! ein glatter geschmeidiger Bube; ein Gelegenheitshascher, dessen Blick Vorteile prägt und falschmünzt, wenn selbst kein wirklicher Vorteil sich ihm darbietet: ein Teufelsbube! überdem ist der Bube hübsch, jung, und hat alle die Erfordernisse, wonach Torheit und grüner Verstand hinschielen: Ein verdammter, ausgemachter Bube! und sie hat ihn schon ausgefunden.

RODRIGO: Das kann ich von ihr nicht glauben, sie ist von höchst sittsamer Gesinnung.

JAGO: Schöne Sittsamkeit! der Wein, den sie trinkt, ist aus Trauben gepresst; wäre sie so sittsam, dann hätte sie nie den Mohren lieben können: sittsam hin und her! Sahst du nicht, wie sie mit seiner flachen Hand tätschelte? Hast du das nicht bemerkt?

RODRIGO: O ja; aber das war nur Höflichkeit.

JAGO: Verbuhltheit, bei dieser Hand! – Eine Einleitung und dunkler Prologus zum Schauspiel der Lust und der schnöden Gedanken. Sie kamen sich so nah mit ihren Lippen, dass ihr Hauch sich liebkoste. Bübische Gedanken, Rodrigo! Wenn diese Vertraulichkeiten so den Weg bahnen, so kommt gleich hinterdrein der Zweck und die Ausübung, der fleischliche Beschluss. He? – Aber, Freund, lass dir raten – ich habe dich von Venedig hergeführt. Steh heut Nacht mit Wache; ich nehme es auf mich, dir deinen Posten anzuweisen: Cassio kennt dich nicht; ich werde nicht weit sein; finde nur eine Gelegenheit, Cassio zum Zorn zu reizen, sei's durch lautes Reden oder durch Spott über seine Mannszucht, oder welchen andern Anlass du sonst wahrnimmst, den die günstige Zeit dir eben darbietet.

RODRIGO: Gut.

JAGO: Er ist heftig und sehr jähzornig und schlägt vielleicht mit seinem Stabe nach dir; reize ihn nur, dass er's tue, denn das genügt mir schon, um die Zyprioten zum Aufruhr zu bringen, der nicht wieder beschwichtigt werden kann als durch Cassios Absetzung. So findest du einen kürzern Weg zu deinem Ziel durch die Mittel, die ich dann habe, dir Vorschub zu tun, und wir schaffen das Hindernis aus dem Wege, ohne dessen Besiegung kein Erfolg erwartet werden darf.

RODRIGO: Das will ich tun, wenn du mir Gelegenheit gibst.

JAGO: Dafür steh ich dir. Komm nur sogleich auf die Zitadelle, ich muss jetzt sein Gepäck ans Land schaffen. Leb wohl!

RODRIGO: Gott befohlen! *Ab.*

JAGO: Dass Cassio sie liebt, das glaub ich wohl;
Dass sie ihn liebt, ist denkbar und natürlich.
Der Mohr – obschon ich ihm von Herzen gram –
Ist liebevoller, treuer, edler Art
Und wird für Desdemona, denk ich, sicher
Ein wackrer Ehmann. Jetzt lieb ich sie auch;
Nicht zwar aus Lüsternheit – wiewohl vielleicht
Nicht kleinre Sünde mir zuschulden kommt –,
Nein, mehr um meine Rach an ihm zu weiden,
Weil ich vermute, dass der üpp'ge Mohr
Mir ins Gehege kam, und der Gedanke
Nagt wie ein fressend Gift an meinem Innern;
Nichts kann und soll mein Herz beruhigen,
Bis ich ihm wett geworden, Weib um Weib;
Oder, schlägt dies mir fehl, bring ich den Mohren
In Eifersucht so wilder Art, dass nie
Vernunft sie heilen kann. Dies zu vollbringen –
Hält nur mein Köter von Venedig stand,
Den ich mir ködre zu der schnellen Jagd –,
Pack ich den Michael Cassio bei der Hüfte,
Verschwärz ihn dann dem Mohren als gefährlich;
Denn Cassio fürcht ich auch für mein Gespons.
So dankt Othello mir's, liebt mich, belohnt mich,
Dass ich so stattlich ihn zum Esel machte
Und seine Ruh und Freud ihm untergrub
Zum Wahnsinn. – Ja, hier liegt's, noch nicht entfaltet;
Die Bosheit wird durch Tat erst ganz gestaltet. *Ab.*

Zweite Szene

Straße.

Ein HEROLD *tritt auf.*

HEROLD: Es ist Othellos, unsres edlen und tapfern Generals, Wunsch, dass auf die zuverlässige, jetzt eingegangene Nachricht von der gänzlichen Vernichtung der türkischen Flotte jedermann seine Freude kundtue; sei es durch Tanz oder Lustfeuer, oder wie ihn sonst seine Neigung zu Spiel und Kurzweil treibt; denn außer jenem erfreulichen Ereignis feiert er heut seine Hochzeit: Solches wird auf seinen Befehl ausgerufen. Alle Säle des Palastes sind geöffnet, und es herrscht volle Freiheit zu Schmaus und Fest von jetzt fünf Uhr an, bis die elfte Stunde geschlagen. Der Himmel segne die Insel Zypern und unsern edlen General Othello. *Ab.*

Dritte Szene

Schloss.

OTHELLO, DESDEMONA, CASSIO *und* GEFOLGE *treten auf.*

OTHELLO: Mein lieber Michael,
Halt ja genaue Wache diese Nacht.
Wir müssen selbst auf ehrbar Maß bedacht sein,
Dass nicht die Lust unbändig werde.
CASSIO: Jago ward schon befehligt, was zu tun;
Doch außerdem noch soll mein eignes Auge
Auf alles sehn.
OTHELLO: Jago ist treu bewährt.
Gut Nacht! auf morgen mit dem frühesten
Hab ich mit dir zu reden. – Komm, Geliebte:
Den Preis erringt sich, wer den Handel schloss;
Wir teilen ihn, mein holder Mitgenoss.
Gut Nacht!

Othello und Desdemona ab.

JAGO *tritt auf.*

CASSIO: Willkommen, Jago! wir müssen auf die Wache.

JAGO: Jetzt noch nicht, Leutnant, es ist noch nicht zehn Uhr. Unser General schickt uns so früh fort aus Liebe zu seiner Desdemona, und wir dürfen ihn drum nicht tadeln; es ist seine erste glückliche Nacht, und sie ist Jupiters würdig.

CASSIO: Sie ist eine unvergleichliche Frau.

JAGO: Und, dafür steh ich, sie hat Feuer.

CASSIO: Gewiss, sie ist ein blühendes, süßes Geschöpf.

JAGO: Welch ein Auge! Mir scheint es wie ein Aufruf zur Verführung.

CASSIO: Ein einladendes Auge; und doch, wie mir scheint, ein höchst sittsames.

JAGO: Und wenn sie spricht, ist's nicht eine Herausforderung zur Liebe?

CASSIO: Sie ist in der Tat die Vollkommenheit selbst.

JAGO: Nun, Heil ihrem Bette! Komm, Leutnant, ich habe ein Stübchen Wein, und hier draußen sind ein paar muntre Jungen aus Zypern, die gern eine Flasche auf die Gesundheit des schwarzen Othello ausstechen möchten.

CASSIO: Nicht heut Abend, lieber Jago; ich habe einen sehr schwachen, unglücklichen Kopf zum Trinken. Mir wär's lieb, wenn die Höflichkeit eine andre Sitte der Unterhaltung erfände.

JAGO: Oh, es sind gute Freunde; nur einen Becher; ich will für dich trinken.

CASSIO: Ich habe heut Abend nur einen Becher getrunken, der noch dazu vorsichtigerweise mit Wasser gemischt war, und sieh nur, wie es mich verändert hat. Ich habe leider diese Schwachheit und darf meinen Kräften nicht mehr zumuten.

JAGO: Ei, Lieber, es ist ja Fastnacht heut. Die jungen Leute wünschen es.

CASSIO: Wo sind sie?

JAGO: Hier vor der Tür; ich bitte dich, rufe sie herein.

CASSIO: Ich will's tun, aber es geschieht ungern. *Ab.*

JAGO: Wenn ich ihm nur ein Glas aufdrängen kann,
Zu dem, was er an diesem Abend trank,
Wird er so voller Zank und Ärger sein
Wie einer Dame Schoßhund. – Rodrigo nun, mein Gimpel,
Den Liebe wie ’nen Handschuh umgewendet,
Hat Desdemona manchen tiefen Humpen
Heut jubelnd schon geleert und muss zur Wache.
Drei jungen Zyprern, hochgesinnt und rasch,
Im Punkt der Ehre keck und leicht gereizt,
Dem wahren Ausbund hier der mut’gen Jugend,
Hab ich mit vollen Flaschen zugesetzt;
Die wachen auch. – Nun, in der trunknen Schar
Reiz ich Herrn Cassio wohl zu solcher Tat,
Die alles hier empört. – Doch still, sie kommen.
Hat nur Erfolg, was jetzt mein Kopf ersinnt,
Dann fährt mein Schiff mit vollem Strom und Wind.

Es kommen CASSIO, MONTANO *und mehrere* EDELLEUTE.

CASSIO: Auf Ehre, ich habe schon einen Humpen weg.

MONTANO: Ei, der wäre klein! Kaum eine Pinte, so wahr ich ein Soldat bin!

JAGO: Wein her!
Singt: Stoßt an mit dem Gläselein, klingt! klingt!
Stoßt an mit dem Gläselein, klingt!
Der Soldat ist ein Mann,
Das Leben ein’ Spann,
Drum lustig, Soldaten, und trinkt.
Wein her, Burschen!

CASSIO: Auf Ehre, ein allerliebstes Lied.

JAGO: Ich hab’s in England gelernt, wo sie, das muss man sagen, sich gewaltig auf das Bechern verstehn. Euer Däne, Euer Deutscher, Euer dickbäuchiger Holländer – zu trinken, he! – sind alle nichts gegen den Engländer.

CASSIO: Ist denn der Engländer so sehr ausbündig im Trinken?

JAGO: Ei wohl! den Dänen trinkt er Euch mit Gemächlichkeit untern Tisch; es wird ihn wenig angreifen, den Deutschen kaputt zu machen; und den Holländer zwingt er zur Übergabe, eh der nächste Humpen gefüllt werden kann.

CASSIO: Auf unsers Gouverneurs Gesundheit!

MONTANO: Die trink ich mit, Leutnant, und ich will Euch Bescheid tun.

JAGO: O das liebe England!

Singt: König Stephan war ein wackrer Held,
Eine Krone kostet ihm sein Rock:
Das fand er um sechs Grot geprellt
Und schalt den Schneider einen Bock.
Und war ein Fürst von großer Macht,
Und du bist solch geringer Mann:
Stolz hat manch Haus zu Fall gebracht,
Drum zieh den alten Kittel an.

Wein her, sag ich!

CASSIO: Ei, das Lied ist noch viel herrlicher als das erste.

JAGO: Wollt Ihr's nochmals hören?

CASSIO: Nein, denn ich glaube, der ist seiner Stelle unwürdig, der so was tut. – Wie gesagt – der Himmel ist über uns allen; – und es sind Seelen, die müssen selig werden – und andre, die müssen nicht selig werden.

JAGO: Sehr wahr, lieber Leutnant.

CASSIO: Ich meinesteils – ohne dem General oder sonst einer hohen Person vorzugreifen –, ich hoffe, selig zu werden.

JAGO: Und ich auch, Leutnant.

CASSIO: Aber, mit Eurer Erlaubnis, nicht vor mir – der Leutnant muss vor dem Fähnrich selig werden. Nun genug hiervon; wir wollen auf unsre Posten. – Vergib uns unsre Sünden! – Meine Herrn, wir wollen nach unserm Dienst sehn. – Ihr müsst nicht glauben, meine Herrn, dass ich betrunken sei – dies ist mein Fähnrich – dies ist meine rechte Hand – dies meine linke Hand – ich bin also nicht betrunken; ich stehe noch ziemlich gut und spreche noch ziemlich gut.

ALLE: Außerordentlich gut.

CASSIO: Nun, recht gut also; ihr müsst also nicht meinen, dass ich betrunken sei. *Ab.*

MONTANO: Jetzt zur Terrasse; lasst die Wachen stellen.
JAGO: Da seht den jungen Mann, der eben ging!
Ein Krieger, wert, beim Cäsar selbst zu stehn
Und zu befehlen; doch Ihr seht sein Laster:
Es ist das Äquinoktium seiner Tugend,
Eins ganz dem andern gleich, 's ist schad um ihn!
Das Zutraun, fürcht ich, das der Mohr ihm schenkt,
Bringt Zypern Unglück, trifft die Schwachheit ihn
Zu ungelegner Stunde.
MONTANO: Ist er oft so?
JAGO: So ist er immer vor dem Schlafengehn:
Er wacht des Zeigers Umkreis zweimal durch,
Wiegt ihn der Trunk nicht ein.
MONTANO: Dann wär es gut,
Man meldete den Fall dem General,
Vielleicht, dass er's nicht sieht; vielleicht gewahrt
Sein gutes Herz die Tugend nur an Cassio,
Und ihm entgehn die Fehler; ist's nicht so?

RODRIGO *tritt auf.*

JAGO: Was soll's, Rodrigo?
Ich bitt Euch, folgt dem Leutnant nach – so geht!

Rodrigo ab.

MONTANO: Und wahrlich schade, dass der edle Mohr
So wicht'gen Platz als seinem zweiten Selbst
Dem Mann vertraut, in dem die Schwachheit wuchert.
Der tat ein gutes Werk, der dies dem Mohren
Entdeckte.
JAGO: Ich nimmermehr, nicht für ganz Zypern.
Ich liebe Cassio sehr und gäbe viel,
Könnt ich ihn heilen. Horch! Was für ein Lärm?

Man ruft hinter der Szene: Hilfe! Hilfe!

CASSIO *kommt zurück und verfolgt den* RODRIGO.

CASSIO: Du Lump! Du Tölpel!
MONTANO: Nun, was ist Euch, Leutnant?
CASSIO: Der Schurke! Pflicht mich lehren? Wart, in eine Korbflasche prügle ich ihn hinein, den Wicht!

RODRIGO: Mich prügeln?
CASSIO: Muckst du, Kerl?
MONTANO: Still, lieber Leutnant! *Er hält den Cassio zurück.*
Ich bitt Euch, haltet ein!
CASSIO: Herr, lasst mich gehn,
Sonst zeichn ich Eure Fratze –
MONTANO: Geht, Ihr seid trunken!
CASSIO: Trunken?

Sie fechten.

JAGO: Fort, sag ich! *Leise zu Rodrigo:* Eil und rufe Meuterei!

Rodrigo ab.

Still doch, Herr Leutnant! Still doch, liebe Herrn!
He, Hilfe! Leutnant – Herr – Montano – Herr! –
Helft, Nachbarn! – Nun, das ist 'ne saubre Wache!
Wer zieht die Glocke denn? O Diavolo!
Die Stadt wird wach. – Pfui, pfui doch, Leutnant! halt!
Ihr macht Euch ew'ge Schande.

OTHELLO *kommt mit* GEFOLGE.

OTHELLO: Was gibt es hier?
MONTANO: Ich blute! Er traf mich tödlich! Sterben soll er!
OTHELLO: Bei Euerm Leben, halt!
JAGO: Halt, Leutnant! Herr! Montano – liebe Herrn –
Vergaßt ihr allen Sinn für Rang und Pflicht?
Halt! hört den General! O schämt euch! halt!
OTHELLO: Was gibt es hier? Woher entspann sich dies?
Sind wir denn Türken? Tun uns selber das,
Was dem Ungläubigen der Himmel wehrt?
Schämt euch als Christen! Lasst eur heidnisch Raufen;
Wer sich noch rührt und zäumt nicht seine Wut,
Der wagt sein Leben dran; ein Schritt ist Tod.
Still mit dem Sturmgeläut! Es schreckt die Insel
Aus ihrer Fassung. Was geschah, ihr Herrn?
Ehrlicher Jago, du bist bleich vor Gram,
Sprich, wer hub an? Bei deiner Lieb, ich will's.
JAGO: Ich weiß nicht. Freunde jetzt noch, jetzt im Nu,
Liebreich und gut wie Bräutigam und Braut,

Wenn sie zu Bette gehn: und drauf im Nu,
Als ob sie plötzlich ein Planet verwirrt,
Das Schwert heraus und aufeinander stechend
Im blut'gen Widerstreit. Ich kann nicht sagen,
Wie dieser wunderliche Kampf begann,
Und hätt in guter Schlacht die Beine lieber
Verloren, die dazu hierher mich trugen.
OTHELLO: Wie, Cassio, kam's, dass du dich so vergaßest?
CASSIO: Ich bitt Euch, Herr, verzeiht, ich kann nicht reden.
OTHELLO: Würd'ger Montan, Ihr schient mir sonst gesittet;
Die Ruh und edle Haltung Eurer Jugend
Pries alle Welt, und Euer Name prangte
Im Lob der Weisen: sagt mir denn, wie kam's,
Dass Ihr so abgestreift den guten Ruf
Und Eures Leumunds Reichtum für den Namen
Des mächt'gen Raufers hinwerft? gebt mir Antwort!
MONTANO: Würd'ger Othello, ich bin schwer verwundet;
Eur Fähnrich Jago kann Euch Meldung tun –
Mir fällt das Reden schwer, ich spart es gern –
Von allem, was ich weiß – doch wüsst ich nicht,
Worin ich mich in Wort noch Tat versündigt;
Wenn Selbsterhaltung nicht ein Frevel ist
Und unser Leben schützen ein Vergehn,
Wenn uns Gewalt bedrohte.
OTHELLO: Nun, beim Himmel,
Mein Blut beginnt zu meistern die Vernunft;
Und Leidenschaft, mein helles Urteil trübend,
Maßt sich die Führung an; reg ich mich erst,
Erheb ich nur den Arm, dann soll der Beste
Vor meinem Streiche fallen. Tut mir kund,
Wie kam der schnöde Zank? Wer bracht ihn auf?
Wer immer hier verschuldet dies Vergehn –
War er mir blutsverwandt, mein Zwillingsbruder –,
Verliert mich. – Was! In der Festung selbst –
Das Volk, noch ungewiss, von Angst betäubt –

Privatgezänk und Händel anzustiften
Bei Nacht und auf des Schlosses höchster Wache.
's ist ungeheuer. – Jago, wer begann?

MONTANO: Wer hier parteiisch oder dienstbefreundet
Mehr oder minder als die Wahrheit spricht,
Ist kein Soldat.

JAGO: Ha, leg mir's nicht so nah!
Ich büßte ja die Zunge lieber ein,
Als dass sie gegen Michael Cassio zeugte;
Doch glaub ich fest, die Wahrheit reden bringt
Ihm keinen Nachteil. – So geschah's, mein Feldherr:
Ich und Montano waren im Gespräch,
Da kommt ein Mensch, der laut um Hilfe schreit;
Und Cassio folgt ihm mit gezücktem Schwert,
Ihn zu verwunden; drauf trat dieser Herr
Cassio entgegen, bat ihn, still zu sein;
Und ich derweil verfolgte jenen Schreier,
Damit sein Ruf nicht – wie es doch geschah –
Die Stadt erschrecke; jener, leicht zu Fuß,
Entlief mir; und ich kehrte um so schneller,
Weil ich Geklirr und Waffenlärm vernahm
Und Cassios lautes Fluchen, was bis heut
Ich nie von ihm gehört; als ich zurückkam –
Und dies war gleich –, fand ich sie hart zusammen,
Auf Hieb und Stoß: ganz wie das zweite Mal,
Als Ihr sie selber trenntet.
Mehr von dem Vorfall ist mir nicht bekannt.
Doch Mensch ist Mensch, der Beste fehlt einmal;
Und ob ihm Cassio gleich zu nahe trat,
Wie man in Wut den besten Freund ja schlägt –
Doch denk ich, ward von dem, der floh, an Cassio
So große Kränkung wohl verübt, wie kaum
Geduld ertragen mag.

OTHELLO: Ich weiß, Jago,
Aus Lieb und Redlichkeit schmückst du die Sache

Und milderst sie für Cassio. – Cassio, ich liebe dich;
Allein mein Leutnant bist du länger nicht.

DESDEMONA *kommt mit* GEFOLGE.

Seht, ward mein liebes Weib nicht auch geweckt! –
Du sollst ein Beispiel sein.

DESDEMONA: Was ging hier vor, mein Teurer?

OTHELLO: 's ist alles gut schon, Liebchen – komm zu Bett.
Ich selbst will Arzt sein, Herr, für Eure Wunden.
Führt ihn nach Haus.

Montano wird weggeführt.

Du, Jago, sieh mit Sorgfalt auf die Stadt,
Und schwicht'ge, wen der schnöde Lärm geängstigt.
Komm, Desdemona; oft im Kriegerleben
Wird süßer Schlaf der Störung preisgegeben.

Alle ab; es bleiben Jago und Cassio.

JAGO: Seid Ihr verwundet, Leutnant?

CASSIO: O ja! so, dass kein Arzt mir hilft!

JAGO: Ei, das verhüte der Himmel!

CASSIO: Guter Name! Guter Name! Guter Name! Oh, ich habe meinen guten Namen verloren! Ich habe das unsterbliche Teil von mir selbst verloren, und was übrig bleibt, ist tierisch. – Mein guter Name, Jago, mein guter Name!

JAGO: So wahr ich ein ehrlicher Mann bin, ich dachte, du hättest eine körperliche Wunde empfangen, und das bedeutet mehr als mit dem guten Namen. Der gute Name ist eine nichtige und höchst trügliche Einbildung, oft ohne Verdienst erlangt und ohne Schuld verloren. Du hast überhaupt gar keinen guten Namen verloren, wenn du nicht an diesen Verlust glaubst. Mut, Freund! es gibt ja Mittel, den General wieder- zugewinnen: Du bist jetzt nur in seiner Heftigkeit kassiert; er straft mehr aus Klugheit als aus böser Absicht, just als wenn einer seinen harmlosen Hund schlüge, um einen dräuenden Löwen zu schrecken; gib ihm wieder ein gutes Wort, und er ist dein.

CASSIO: Lieber will ich ein gutes Wort einlegen, dass er mich ganz verstoße, als einen so guten Feldherrn noch länger zu hintergehn mit einem so leichtsinnigen, trunkenen und unbesonnenen Offizier. Trunken sein? und wie ein Papagei plappern? und renommieren und toben, fluchen und Bombast schwatzen mit unserm eignen Schatten? O du unsichtbarer Geist des Weins, wenn du noch keinen Namen hast, an dem man dich kennt, so heiße Teufel!

JAGO: Wer war's, den du mit dem Degen verfolgtest? Was hatte er dir getan?

CASSIO: Ich weiß nicht.

JAGO: Ist's möglich?

CASSIO: Ich besinne mich auf einen Haufen Dinge, aber auf nichts deutlich; auf einen Zank, aber nicht weswegen. – O dass wir einen bösen Feind in den Mund nehmen, damit er unser Gehirn stehle! – Dass wir durch Frohlocken, Schwärmen, Vergnügen und Aufregung uns in Vieh verwandeln!

JAGO: Nun, aber du scheinst mir jetzt recht wohl; wie hast du dich so schnell erholt?

CASSIO: Es hat dem Teufel *Trunkenheit* gefallen, dem Teufel *Zorn* Platz zu machen. Eine Schwachheit erzeugt mir die andre, damit ich mich recht von Herzen verachten möge.

JAGO: Geh, du bist ein zu strenger Moralist. Wie Zeit, Art und die Umstände des Lebens beschaffen sind, wünschte ich von Herzen, dies wäre nicht geschehn; da es aber nun einmal so ist, so richte es wieder ein zu deinem Besten.

CASSIO: Ich will wieder um meine Stelle bei ihm nachsuchen; er wird mir antworten, ich sei ein Trunkenbold! hätte ich so viel Mäuler wie die Hydra, solch eine Antwort würde sie alle stopfen. Jetzt ein vernünftiges Wesen sein, bald darauf ein Narr und plötzlich ein Vieh – o furchtbar! – Jedes Glas zu viel ist verflucht, und sein Inhalt ist ein Teufel!

JAGO: Geh, geh; guter Wein ist ein gutes, geselliges Ding, wenn man mit ihm umzugehn weiß. Scheltet mir nicht mehr auf ihn – und, lieber Leutnant, ich denke, du denkst, ich liebe dich.

CASSIO: Ich habe Beweise davon, Freund. – Ich betrunken!

JAGO: Du oder jeder andre Erdensohn kann sich wohl einmal betrinken, Freund. Ich will dir sagen, was du zu tun hast.

Unsers Generals Frau ist jetzt General – das darf ich insofern sagen, als er sich ganz dem Anschauen, der Bewundrung und Auffassung ihrer Reize und Vollkommenheiten hingegeben und geweiht hat. Nun, beichte ihr alles freiheraus; bestürme sie, sie wird dir schon wieder zu deinem Amt verhelfen. Sie ist von so offener, gütiger, fügsamer und holder Gesinnung, dass sie's für einen Flecken in ihrer Güte halten würde, nicht noch mehr zu tun, als um was sie gebeten wird. Dies zerbrochne Glied zwischen dir und ihrem Manne bitte sie zu schienen; und, mein Vermögen gegen irgendetwas, das Namen hat, dieser Freundschaftsbruch wird die Liebe fester machen als zuvor.

CASSIO: Du rätst mir gut.

JAGO: Ich beteure es mit aufrichtiger Liebe und redlichem Wohlwollen.

CASSIO: Das glaube ich zuversichtlich, und gleich morgen früh will ich die tugendhafte Desdemona ersuchen, sich für mich zu verwenden. Ich verzweifle an meinem Glück, wenn's mich hier zurückstößt.

JAGO: Ganz recht. Gute Nacht, Leutnant! ich muss auf die Wache.

CASSIO: Gute Nacht, ehrlicher Jago! *Ab.*

JAGO: Und wer ist nun, der sagt, ich sei ein Schurke?
Da dieser Rat aufrichtig ist und redlich,
Geprüft erscheint und in der Tat der Weg,
Den Mohren umzustimmen? Denn sehr leicht
Wird Desdemonas mildes Herz bewegt
Für eine gute Sache; sie ist spendend
Wie Segen selbst; und ihr wie leicht alsdann,
Den Mohren zu gewinnen – gält's der Taufe
Und der Erlösung Siegel zu entsagen. –
Sein Herz ist so verstrickt von ihrer Liebe,
Dass sie ihn formt, umformt, tut, was sie will,
Wie's ihr gelüsten mag, den Gott zu spielen
Mit seiner Schwachheit. Bin ich denn ein Schurke?
Rat ich dem Cassio solchen Richtweg an

Zu seinem Glück? – Theologie der Hölle!
Wenn Teufel ärgste Sünde fördern wollen,
So locken sie zuerst durch frommen Schein,
Wie ich anjetzt. Derweil der gute Tropf
In Desdemona dringt, ihm beizustehn,
Und sie mit Nachdruck sein Gesuch begünstigt,
Träufl ich den Gifttrank in Othellos Ohr:
Dass sie zu eigner Lust zurück ihn ruft;
Und um so mehr sie strebt, ihm wohlzutun,
Vernichtet sie beim Mohren das Vertraun.
So wandl ich ihre Tugend selbst zum Laster
Und strick ein Netz aus ihrer eignen Güte,
Das alle soll umgarnen. – Nun, Rodrigo?

RODRIGO *kommt.*

RODRIGO: Ich folge hier der Meute, nicht wie ein Hund, der jagt, sondern wie einer, der nur anschlägt. Mein Geld ist fast vertan; ich bin heut Nacht tüchtig durchgeprügelt worden, und ich denke, das Ende wird sein, dass ich für meine Mühe doch etwas Erfahrung gewinne und so ganz ohne Geld und mit etwas mehr Verstand nach Venedig heimkehre.

JAGO: Wie arm sind die, die nicht Geduld besitzen!
Wie heilten Wunden als nur nach und nach?
Du weißt, man wirkt durch Witz und nicht durch Zauber;
Und Witz beruht auf Stund und günst'ger Zeit.
Geht's denn nicht gut? Cassio hat dich geschlagen,
Und du, mit wenig Schmerz, kassierst den Cassio:
Gedeiht auch manches Kraut im Sonnenschein,
Von Früchten reift zuerst, die erst geblüht –
Beruhige dich. – Beim Kreuz! Der Morgen graut,
Vergnügen und Geschäft verkürzt die Zeit.
Entferne dich; geh jetzt in dein Quartier:
Fort, sag ich, du erfährst in Kurzem mehr.
Nein, geh doch nur!

Rodrigo ab.

Zwei Dinge sind zu tun:
Mein Weib muss ihre Frau für Cassio bitten,
Ich stimme sie dazu;
Indes nehm ich den Mohren auf die Seite
Und führ ihn just hinein, wenn Cassio dringend
Sein Weib ersucht. Nun helfe mir der Trug!
So muss es gehn: fort, Lauheit und Verzug!

Ab.

Dritter Aufzug

Erste Szene

Vor dem Schlosse.

CASSIO *tritt auf mit* MUSIKANTEN.

CASSIO: Ihr Herrn, spielt auf, ich zahl euch eure Müh:
Ein kurzes Stück als Morgengruß dem Feldherrn.

Musik. Der NARR *tritt auf.*

NARR: Nun, ihr Herren? Sind eure Pfeifen in Neapel gewesen, dass sie so durch die Nase schnarren?

[ERSTER MUSIKANT: Wie meint Ihr das, Herr?

NARR: Ich bitte, sind dies, was man Blasinstrumente nennt?

ERSTER MUSIKANT: Ja, Herr, das sind sie.

NARR: Oh, daran hängt etwas.

ERSTER MUSIKANT: Woran hängt etwas?

NARR: Nun, an manchem Blasinstrumente, das ich kenne.] Aber hier ist Geld für euch, ihr Herren, und dem General gefällt eure Musik so ausnehmend, dass er euch um alles in der Welt bitten lässt, keinen Lärm mehr damit zu machen.

MUSIKANTEN: 's ist gut, Herr, das wollen wir auch nicht.

NARR: Wenn ihr eine Musik habt, die gar nicht zu hören ist, in Gottes Namen; aber was man sagt, Musik »hören«: Danach fragt der General nicht viel.

MUSIKANTEN: Solche haben wir nicht, Herr.

NARR: Dann steckt eure Pfeifen wieder in den Sack, denn ich will fort. Geht! – verschwindet in die Lüfte! husch!

Die Musikanten gehn ab.

CASSIO: Hörst du, mein ehrliches Gemüt?

NARR: Nein, Eur ehrliches Gemüt hör ich nicht; ich höre Euch.

CASSIO: Ich bitt dich, lass deine Witze. Hier hast du ein kleines Goldstückchen; wenn die Gesellschaftsdame deiner Gebieterin schon munter ist, sag ihr, hier sei ein gewisser Cassio, der sie um die Vergünstigung eines kurzen Gesprächs bitte. Willst du das tun?

NARR: Munter ist sie, Herr; wenn sie sich hierher ermuntern will, so werd ich's ihr insinuieren. *Ab.*

JAGO *tritt auf.*

CASSIO: Dank, lieber Freund! Ei, Jago, grade recht!
JAGO: So gingt Ihr nicht zu Bett?
CASSIO: Ich? Nein, der Morgen graute,
Eh wir uns trennten. Eben jetzt, mein Jago,
Schickt ich zu deiner Frau und ließ sie bitten,
Sie wolle bei der edlen Desdemona
Mir Zutritt schaffen.
JAGO: Ich will gleich sie rufen;
Und auf ein Mittel sinn ich, wie der Mohr
Entfernt wird, dass ihr um so freier euch
Besprechen mögt. *Ab.*
CASSIO: Von Herzen dank ich dir's. – Ich kannte nie
'nen Florentiner, der so brav und freundlich.

EMILIA *tritt auf.*

EMILIA: Guten Morgen, werter Leutnant. Euer Unfall
Betrübt mich sehr, doch wird noch alles gut.
Der General und seine Frau besprechen's,
Und warm vertritt sie Euch; er wendet ein,
Der junge Mann sei hoch geschätzt in Zypern,
Von großem Anhang; und nach bestem Rat
Könn er Euch nicht verteid'gen. Doch er liebt Euch,
Und keiner Fürsprach braucht's als seiner Freundschaft,
[Den ersten günst'gen Anlass zu benutzen,]
Euch wieder einzusetzen.
CASSIO: Dennoch bitt ich –
Wenn Ihr's für ratsam haltet oder tunlich –,
Schafft mir die Wohltat einer Unterredung
Allein mit Desdemona.
EMILIA: Kommt mit mir.
Ich richt es ein, dass Ihr in günst'ger Muße
Euch frei erklären mögt.
CASSIO: Wie dank ich Euch.

Sie gehn ab.

Zweite Szene

Ein Zimmer im Schloss.

OTHELLO, JAGO *und* EDELLEUTE *treten auf.*

OTHELLO: Die Briefe, Jago, gib dem Schiffspatron,
Und meinen Gruß entbiet er dem Senat;
Ich will hernach die Außenwerke sehn,
Dort triffst du mich.

JAGO: Sehr wohl, mein General.

OTHELLO: Beliebt's, ihr Herrn, zur Festung mir zu folgen?

EDELLEUTE: Wir sind bereit, mein gnäd'ger Herr.

Sie gehn ab.

Dritte Szene

Der Schlossgarten.

DESDEMONA, CASSIO *und* EMILIA *treten auf.*

DESDEMONA: Nein, zweifle nicht, mein guter Cassio, alles,
Was mir nur möglich, biet ich für dich auf.

EMILIA: Tut's, edle Frau; ich weiß, mein Mann betrübt sich,
Als wär es seine Sache.

DESDEMONA: Er ist ein ehrlich Herz. Sei ruhig, Cassio,
Ich mache meinen Herrn und dich aufs Neue
Zu Freunden, wie ihr wart.

CASSIO: O güt'ge Frau,
Was auch aus Michael Cassio werden mag,
Auf immer bleibt er Eurem Dienst ergeben.

DESDEMONA: Ich weiß; ich dank Euch. Ihr liebt meinen Herrn,
Ihr kennt ihn lange schon; drum seid gewiss,
Er wendet sich nicht weiter von Euch ab,
Als ihn die Klugheit zwingt.

CASSIO: Doch, gnäd'ge Frau,
Die Klugheit währt vielleicht so lange Zeit,

Lebt von so magrer, wassergleicher Kost,
Erneut vielleicht sich aus dem Zufall so,
Dass, wenn ich fern bin und mein Amt besetzt,
Der Feldherr meiner Lieb und Treu vergisst.
DESDEMONA: Das fürchte nimmer; vor Emilia hier
Verbürg ich dir dein Amt; und sei gewiss,
Versprach ich jemand einen Dienst, den leist ich
Bis auf den letzten Punkt: ich lass ihm keine Ruh;
Ich wach ihn zahm, schwätz ihn aus der Geduld;
Sein Tisch und Bett soll Beicht und Schule sein,
In alles, was er vornimmt, meng ich ihm
Cassios Gesuch: deshalb sei fröhlich, Cassio!
Denn deine Mittlerin wird lieber sterben
Als dich versäumen.
OTHELLO *und* JAGO *treten in einiger Entfernung auf.*
EMILIA: Gnäd'ge Frau, hier kommt
Der General.
CASSIO: Ich nehme meinen Abschied.
DESDEMONA: Ei, bleibt und hört mich reden!
CASSIO: Gnäd'ge Frau,
Jetzt nicht, ich bin nicht unbefangen, wenig
Geschickt für meine Absicht.
DESDEMONA: Meinethalb,
Tut nach Belieben. *Cassio geht.*
OTHELLO: Was sagst du da?
JAGO: Nichts, gnäd'ger Herr; doch wenn – ich weiß nicht, was.
OTHELLO: War das nicht Cassio, der mein Weib verließ?
JAGO: Cassio, Gen'ral? Gewiss, ich dächt es nicht,
Dass er wie schuldbewusst wegschleichen würde,
Da er Euch kommen sieht.
OTHELLO: Ich glaub, er war's.
DESDEMONA: Ei sieh, mein lieber Herr!
Soeben sprach ein Bittender mit mir,
Ein Mann, durch dein Missfallen ganz entmutigt.
OTHELLO: Wer ist es, den du meinst?

DESDEMONA: Nun, deinen Leutnant Cassio.
Teurer Freund,
Hat meine Liebe Kraft, dich zu bewegen,
Dann augenblicks versöhne dich mit ihm –
Ist er nicht einer, der dich wahrhaft liebt,
Aus Übereilung fehlt' und nicht aus Vorsatz,
Versteh ich schlecht mich auf ein ehrlich Auge;
Bitt dich, ruf ihn zurück.
OTHELLO: Ging er jetzt fort?
DESDEMONA: Ja, wahrlich, so gebeugt,
Dass er ein Teil von seinem Gram mir ließ,
Mit ihm zu leiden. Liebster, ruf ihn wieder.
OTHELLO: Jetzt nicht, geliebtes Herz, ein andermal.
DESDEMONA: Doch bald?
OTHELLO: So bald als möglich, deinethalb.
DESDEMONA: Zum Abendessen denn.
OTHELLO: Nein, heute nicht.
DESDEMONA: Dann morgen Mittag?
OTHELLO: Ich speise nicht zu Haus;
Die Offiziere luden mich zur Festung.
DESDEMONA: Nun, morgen Abend? oder Dienstagmorgen,
Zu Mittag oder Abend – Mittwoch früh?
O nenne mir die Zeit, doch lass es höchstens
Drei Tage sein. Gewiss, es reut ihn sehr;
Und sein Vergehn, nach unsrer schlichten Einsicht –
Wiewohl der Krieg ein Beispiel fordert, sagt man,
Am Besten selbst –, ist kaum ein Fehl, geeignet
Für heimlichen Verweis. – Wann darf er kommen?
Sprich doch, Othello; ich begreife nicht,
Was ich dir weigerte, das du verlangtest,
Oder so zaudernd schwieg. Ei, Michael Cassio,
Der für dich warb und manches liebe Mal,
Wenn ich von dir nicht immer günstig sprach,
Dich treu verfocht –, den kostet's so viel Müh
Dir zu versöhnen? Traun, ich täte viel –

OTHELLO: Ich bitt dich, lass – er komme, wann er will;
Ich will dir nichts versagen.
DESDEMONA: Es ist ja nicht für mich:
Es ist, als bät ich dich, Handschuh zu tragen,
Dich warm zu halten, kräft'ge Kost zu nehmen,
Oder als riet ich dir besondre Sorgfalt
Für deine Pflege – nein, hab ich zu bitten,
Was deine Liebe recht in Anspruch nimmt,
Dann muss es schwierig sein und voll Gewicht
Und misslich die Gewährung.
OTHELLO: Ich will dir nichts versagen;
Dagegen bitt ich dich, gewähr mir dies –
Lass mich ein wenig nur mit mir allein.
DESDEMONA: Soll ich's versagen? Nein, leb wohl, mein Gatte!
OTHELLO: Leb wohl, mein Herz! ich folge gleich dir nach.
DESDEMONA: Emilia, komm.
Zu Othello: Tu, wie dich Laune treibt;
Was es auch sei, gehorsam bin ich dir.
Geht ab mit Emilia.
OTHELLO: Holdselig Ding! Verdammnis meiner Seele,
Lieb ich dich nicht! und wenn ich dich nicht liebe,
Dann kehrt das Chaos wieder.
JAGO: Mein edler General –
OTHELLO: Was sagst du, Jago?
JAGO: Hat Cassio, als Ihr warbt um Eure Gattin,
Gewusst um Eure Liebe?
OTHELLO: Vom Anfang bis zum Ende: warum fragst du?
JAGO: Um nichts, als meine Neugier zu befried'gen;
Nichts Arges sonst.
OTHELLO: Warum die Neugier, Jago?
JAGO: Ich glaubte nicht, er habe sie gekannt.
OTHELLO: O ja, er ging von einem oft zum andern.
JAGO: Wirklich?
OTHELLO: Wirklich! ja, wirklich! – Findst du was darin?
Ist er nicht ehrlich?
JAGO: Ehrlich, gnäd'ger Herr?

OTHELLO: Ehrlich, ja ehrlich!
JAGO: Soviel ich weiß, Gen'ral!
OTHELLO: Was denkst du, Jago?
JAGO: Denken, gnäd'ger Herr?
OTHELLO: Hm, denken, gnäd'ger Herr! Bei Gott, mein Echo!
Als läg ein Ungeheur in seinem Sinn,
Zu grässlich, es zu zeigen. – Etwas meinst du;
Jetzt eben riefst du: »Das gefällt mir nicht!«
Als Cassio fortging. Was gefällt dir nicht?
Und als ich sagt, ihm hab ich mich vertraut
Im Fortgang meiner Werbung, riefst du: »Wirklich?«
Und zogst und faltetest die Stirn zusammen,
Als hieltst du einen gräulichen Gedanken
Verschlossen im Gehirn – wenn du mich liebst,
Sprich, was du denkst.
JAGO: Ihr wisst, ich lieb Euch, Herr!
OTHELLO: Das, denk ich, tust du;
Und weil ich weiß, du bist mein Freund und redlich
Und wägst das Wort, eh du ihm Atem leihst,
So ängstigt mich dies Stocken um so mehr,
Denn derlei ist bei falsch treulosen Buben
Alltäglich Spiel, doch bei dem Biedermann
Heimlicher Wink, der aus dem Herzen dringt
Im Zorn des Edelmuts.
JAGO: Nun, Michael Cassio –
Ich darf wohl schwören, ehrlich halt ich ihn.
OTHELLO: Ich auch.
JAGO: Man sollte sein das, was man scheint;
Und die es nicht sind, sollten's auch nicht scheinen.
OTHELLO: Ganz recht, man sollte sein das, was man scheint.
JAGO: Nun wohl, so halt ich Cassio denn für ehrlich.
OTHELLO: Nein, damit meinst du mehr:
Ich bitt dich, sprich mir ganz so, wie du denkst,
Ganz, wie du sinnst; und gib dem schlimmsten Denken
Das schlimmste Wort.

JAGO: Mein General, verzeiht;
Obgleich zu jeder Dienstpflicht Euch verbunden,
Nicht bin ich's da, wo Sklaven frei sich fühlen.
Aussprechen die Gedanken?
Gesetzt, sie wären niedrig und verkehrt –
Wo ist der Palast, wo nicht auch einmal
Schändliches eindringt? Wessen Herz so rein,
Dass der und jener schmutz'ge Zweifel nicht
Einmal zu Rat sitzt und Gerichtstag hält
Mit rechtsgemäßer Forschung?

OTHELLO: Du übst Verrat an deinem Freunde, Jago!
Glaubst du, man kränk ihn, und verhüllst ihm doch,
Was du nur irgend denken magst.

JAGO: Ich bitt Euch,
Wenn auch vielleicht falsch ist, was ich vermute
Wie's, ich bekenn es, stets mein Leben quält,
Fehltritten nachgehn; auch mein Argwohn oft
Aus nichts die Sünde schafft –, dass Eure Weisheit
Auf einen, der so unvollkommen wahrnimmt,
Nicht hören mag, noch Unruh Euch erbaun
Aus seinem ungewiss zerstreuten Eindruck;
Nicht kann's bestehn mit Eurer Ruh und Wohlfahrt
Noch meiner Mannheit, Redlichkeit und Vorsicht,
Sag ich Euch, was ich denke.

OTHELLO: Sprich, was meinst du?

JAGO: Der gute Name ist bei Mann und Frau,
Mein bester Herr,
Das eigentliche Kleinod ihrer Seelen.
Wer meinen Beutel stiehlt, nimmt Tand; 's ist etwas
Und nichts; mein war es, ward das Seine nun
Und ist der Sklav von Tausenden gewesen.
Doch wer den guten Namen mir entwendet,
Der raubt mir das, was ihn nicht reicher macht,
Mich aber bettelarm.

OTHELLO: Beim Himmel! ich will wissen, was du denkst.

JAGO: Ihr könnt's nicht, läg in Eurer Hand mein Herz,
Noch sollt Ihr's, weil es meine Brust verschließt.
OTHELLO: Ha!
JAGO: Oh, bewahrt Euch, Herr, vor Eifersucht,
Dem grün geaugten Scheusal, das besudelt
Die Speise, die es nährt. Heil dem Betrognen,
Der, seiner Schmach bewusst, die Falsche hasst!
Doch welche Qualminuten zählt der Mann,
Der liebt und zweifelt, argwöhnt und vergöttert!
OTHELLO: O Jammer!
JAGO: Arm und vergnügt ist reich und überreich;
Doch Krösus' Reichtum ist so arm wie Winter
Für den, der immer fürchtet, er verarme –
O Himmel, schütz all meiner Freunde Herz
Vor Eifersucht!
OTHELLO: Wie? Was ist das? Denkst du,
Mein Leben soll aus Eifersucht bestehn?
Und wechseln wie der Mond, in ew'gem Schwanken,
Mit neuer Furcht? Nein, einmal Zweifeln macht
Mit eins entschlossen. Vertausch mich mit 'ner Geiß,
Wenn ich das Wirken meiner Seele richte
Auf solch verblasnes, nichtiges Phantom,
Wahn spielend, so wie du. Nicht weckt mir's Eifersucht,
Sagt man, mein Weib ist schön, gedeiht, spricht scherzend,
Sie liebt Gesellschaft, singt, spielt, tanzt mit Reiz –
Wo Tugend ist, macht das noch tugendhafter –
Noch schöpf ich je aus meinen eignen Mängeln
Die kleinste Furcht noch Zweifel ihres Abfalls;
Sie war nicht blind und wählte mich. Nein, Jago,
Eh ich zweifle, will ich sehn; zweifl ich, Beweis:
Und hab ich den, so bleibt nichts anders übrig,
Als fort auf eins mit Lieb und Eifersucht.
JAGO: Das freut mich, denn nun darf ich ohne Scheu
Euch offenbaren meine Lieb und Pflicht
Mit freierm Herzen. Drum als Freundeswort
Hört so viel nur: noch schweig ich von Beweisen.

Beachtet Eure Frau; prüft sie mit Cassio.
Das Auge klar, nicht blind, nicht eifersüchtig;
Wie traurig, würd Eur freies, edles Herz
Gekränkt durch innre Güte: drum gebt acht!
Venedigs Art und Sitte kenn ich wohl:
Dort lassen sie den Himmel Dinge sehn,
Die sie dem Mann verbergen – gut Gewissen
Heißt dort nicht: unterlass! nein: halt geheim!

OTHELLO: Meinst du?

JAGO: Den Vater trog sie, da sie Euch geehlicht –
Als sie vor Euerm Blick zu beben schien,
War sie in Euch verliebt.

OTHELLO: Jawohl!

JAGO: Nun folglich:
Sie, die so jung sich so verstellen konnte,
Dass sie des Vaters Blick mit Nacht umhüllte,
Dass er's für Zauber hielt – doch scheltet mich –
In Demut bitt ich Euch, Ihr wollt verzeihn,
Wenn ich zu sehr Euch liebe.

OTHELLO: Ich bin dir ewig dankbar.

JAGO: Ich seh, dies bracht Euch etwas aus der Fassung.

OTHELLO: O gar nicht! gar nicht!

JAGO: Traun, ich fürcht es doch.
Ich hoff, Ihr wollt bedenken, was ich sprach,
Geschah aus Liebe: – doch Ihr seid bewegt; –
Ich bitt Euch, Herr! dehnt meine Worte nicht
Zu größerm Raum und weitrer Richtung aus
Als auf Vermutung.

OTHELLO: Nein.

JAGO: Denn tätet Ihr's,
So hätten meine Reden schlimmre Folgen,
Als ich jemals gedacht. Sehr lieb ich Cassio –
Ich seh, Ihr seid bewegt. –

OTHELLO: O nein! nicht sehr!
Ich glaube, Desdemona ist mir treu.

JAGO: Lang bleibe sie's! Und lange mögt Ihr's glauben!

OTHELLO: Und dennoch – ob Natur, wenn sie verirrt –
JAGO: Ja, darin liegt's: als – um es dreist zu sagen –
So manchem Heiratsantrag widerstehn,
Von gleicher Heimat, Wohlgestalt und Rang,
Wonach, wir sehn's, Natur doch immer strebt:
Hm, darin spürt man Willen, allzu lüstern,
Maßlosen Sinn, Gedanken unnatürlich.
Jedoch verzeiht: ich hab in diesem Fall
Nicht sie bestimmt gemeint, obschon ich fürchte,
Ihr Trieb mag leicht, abhold dem bessern Urteil,
Mit ihres Landes Söhnen Euch vergleichen,
Und dann vielleicht bereut sie.
OTHELLO: Leb wohl! Leb wohl!
Wenn du mehr wahrnimmst, lass mich mehr erfahren;
Dein Weib geb auf sie acht! – Verlass mich, Jago.
JAGO: Lebt wohl, mein gnäd'ger Herr! *Abgehend.*
OTHELLO: Warum vermählt ich mich? – Der brave Mensch
Sieht und weiß mehr, weit mehr, als er enthüllt!
JAGO *zurückkehrend*:
Mein General, ich möcht Euch herzlich bitten,
Nicht weiter grübelt; überlasst's der Zeit:
Und ist's gleich recht, Cassio im Dienst zu lassen,
Denn allerdings steht er ihm trefflich vor –,
Doch, wenn's Euch gut dünkt, haltet ihn noch hin;
Dadurch verrät er sich und seine Wege.
Habt acht, ob Eure Gattin seine Rückkehr
Mit dringend heft'gem Ungestüm begehrt;
Daraus ergibt sich manches. Unterdes
Denkt nur, ich war zu emsig in der Furcht
Und wirklich muss ich fürchten, dass ich's war –,
Und haltet sie für treu, mein edler Feldherr!
OTHELLO: Sorg nicht um meine Fassung.
JAGO: Noch einmal nehm ich Abschied. *Ab.*
OTHELLO: Das ist ein Mensch von höchster Redlichkeit
Und kennt mit wohlerfahrnem Sinn das Treiben
Des Weltlaufs. Find ich dich verwildert, Falk,

Und sei dein Fußriem mir ums Herz geschlungen,
Los geb ich dich, fleuch hin in alle Lüfte
Auf gutes Glück! – Vielleicht wohl, weil ich schwarz bin
Und mir des leichten Umgangs Gabe fehlt,
Der Stutzer ziert; auch weil sich meine Jahre
Schon abwärts senken; – doch das heißt nicht viel:
Sie ist dahin! – Ich bin getäuscht! – Mein Trost
Sei bittrer Hass. Oh! Fluch des Ehestands,
Dass unser diese zarten Wesen sind
Und nicht ihr Lüsten! Lieber Kröte sein
Und von den Dünsten eines Kerkers leben,
Als dass ein Winkel im geliebten Wesen
Für andre sei. – Das ist der Großen Qual,
Sie haben minder Vorrecht als der Niedre;
'ʼs ist ihr Geschick, unwendbar wie der Tod;
Schon im Entstehn schwebt der gehörnte Fluch
Auf unsrem Scheitel. Siehe da, sie kommt!

DESDEMONA *und* EMILIA *treten auf.*

Ist diese falsch, so spottet sein der Himmel!
Ich will's nicht glauben!

DESDEMONA: Nun, mein teurer Herr?
Dein Gastmahl und die edlen Zyprioten,
Die du geladen, warten schon auf dich.

OTHELLO: Ich bin zu tadeln.

DESDEMONA: Was redest du so matt? Ist dir nicht wohl?

OTHELLO: Ich fühle Schmerz an meiner Stirne hier.

DESDEMONA: Ei ja, das kommt vom Wachen, es vergeht:
Ich will sie fest dir binden, in 'ner Stunde
Ist's wieder gut.

OTHELLO: Dein Schnupftuch ist zu klein.

Sie lässt ihr Schnupftuch fallen.

Lass nur: komm mit, ich geh hinein mit dir.

DESDEMONA: Es quält mich sehr, dass du dich unwohl fühlst.

Desdemona und Othello ab.

EMILIA: Mich freut, dass ich das Tuch hier finde;
Dies war des Mohren erstes Liebespfand.

Mein wunderlicher Mann hieß mich schon zehnmal
Das Tuch entwenden: doch sie liebt's so sehr
Denn er beschwor sie, 's sorglich stets zu hüten
Dass sie's beständig bei sich trägt, es küsst
Und spricht damit. Das Stickwerk zeichn ich nach
Und geb es Jago:
Wozu er's will, der Himmel weiß: gleichviel,
Ich füge mich in seiner Launen Spiel.

JAGO *tritt auf.*

JAGO: Was gibt's? Was machst du hier allein?
EMILIA: Nun zank nur nicht, ich habe was für dich.
JAGO: Hast was für mich? Das ist nun wohl nichts Neues –
EMILIA: Ei! seht mir doch!
JAGO: Ein närrisch Weib zu haben.
EMILIA: So! weiter nichts! – Nun, sprich! was gibst du mir
Für dieses Taschentuch?
JAGO: Welch Taschentuch?
EMILIA: Welch Taschentuch?
Ei nun, des Mohren erstes Brautgeschenk,
Das du so oft mich zu entwenden hießest.
JAGO: Hast du's gestohlen?
EMILIA: Das nicht, sie ließ es fallen aus Versehn;
Und ich zum Glück stand nah und hob es auf.
Sieh da, hier ist's.
JAGO: Ein braves Weib! Gib her!
EMILIA: Was soll dir's nur, dass du so eifrig, drängst,
Ihr's wegzumausen?
JAGO *reißt es ihr weg*: Ei! Was geht's dich an?
EMILIA: Hat's keinen wicht'gen Zweck, so gib mir's wieder:
Die arme Frau! – Sie wird von Sinnen kommen,
Wenn sie's vermisst.
JAGO: Tu du, als weißt du nichts: ich brauch's zu was;
Lass dir nichts merken: gnug, dass ich's bedarf.
Geh, lass mich. *Emilia ab.*
Ich will bei Cassio dieses Tuch verlieren,
Da soll er's finden; Dinge, leicht wie Luft,

Sind für die Eifersucht Beweis, so stark
Wie Bibelsprüche. Dies kann Wirkung tun.
Der Mohr ist schon im Kampf mit meinem Gift:
Gefährliche Gedanken sind gleich Giften,
Die man zuerst kaum wahrnimmt am Geschmack,
Doch die nach kurzer Wirkung auf das Blut
Gleich Schwefelminen glühn. Ich sagt es wohl!

OTHELLO *tritt auf.*

Da kommt er. Mohnsaft nicht noch Mandragora
Noch alle Schlummersäfte der Natur
Verhelfen je dir zu dem süßen Schlaf,
Den du noch gestern hattest.
OTHELLO: Ha! Ha! mir treulos? Mir?
JAGO: Nun, fasst Euch, General! Nichts mehr davon.
OTHELLO: Fort! Heb dich weg! Du warfst mich auf die Folter: –
Ich schwör, 's ist besser, sehr betrogen sein,
Als nur ein wenig wissen.
JAGO: Wie, Gen'ral?
OTHELLO: Was ahnet ich von ihren stillen Lüsten?
Ich sah's nicht, dacht es nicht, war ohne Harm;
Schlief wohl die nächste Nacht, aß gut, war frei und froh;
Ich fand nicht Cassios Küss auf ihren Lippen:
Wenn der Bestohlne nicht vermisst den Raub,
Sagt Ihr's ihm nicht, so ist er nicht bestohlen.
JAGO: Es schmerzt mich, dies zu hören.
OTHELLO: Noch wär ich glücklich, wenn das ganze Lager,
Trossbub und alles, ihren süßen Leib genoss
Und ich erführ es nicht. O nun, auf immer
Fahr wohl, des Herzens Ruh! Fahr wohl, mein Friede!
Fahr wohl, du wallnder Helmbusch, stolzer Krieg,
Der Ehrgeiz macht zur Tugend! Oh, fahr wohl!
Fahr wohl, mein wiehernd Ross und schmetternd Erz,
Mutschwellnde Trommel, muntrer Pfeifenklang,
Du königlich Panier und aller Glanz,
Pracht, Pomp und Rüstung des glorreichen Kriegs!
Und o du Mordgeschoss, des rauer Schlund

Des ew'gen Jovis Donner widerhallt,
Fahr wohl! Othellos Tagwerk ist getan!
JAGO: Ist's möglich? – Gnäd'ger Herr –
OTHELLO: Beweise, Schurk, mir, dass mein Weib verbuhlt,
Tu's ja, schaff mir den sichtlichen Beweis;
Sonst, bei dem Leben meiner ew'gen Seele,
Besser wär dir's, ein Hund geboren sein,
Als meinem Grimm dich stellen.
JAGO: Dahin kam's?
OTHELLO: Sehn will ich oder mindestens Beweis,
An dem kein Häkchen sei, den kleinsten Zweifel
Zu hängen dran, sonst wehe deiner Seele!
JAGO: Mein edler Herr!
OTHELLO: Wenn du sie frech verleumdst und folterst mich,
Dann bet nie mehr; verzicht auf alle Schonung;
Auf höchsten Gräuel häufe neuen Gräuel;
Mach, dass der Himmel weint, die Erde bebt,
Denn nichts zum ew'gen Fluche kannst du fügen,
Das größer sei.
JAGO: O Gnad! o Himmel! schützt mich!
Seid Ihr ein Mann? habt Ihr Vernunft und Sinn?
Fahrt wohl denn! Nehmt mein Amt. – Ich blöder Tor,
Des Lieb und Redlichkeit als Laster gilt! –
O schnöde Welt! merk auf, merk auf, o Welt!
Aufrichtig sein und redlich bringt Gefahr.
Dank für die Warnung; keinen Freund von jetzt
Lieb ich hinfort, da Liebe so verletzt.
OTHELLO: Nein, bleib, du solltest doch wohl ehrlich sein.
JAGO: Klug sollt ich sein, denn Gradheit ist 'ne Törin,
Die das verfehlt, wonach sie strebt.
OTHELLO: Bei Gott!
Ich denk, mein Weib ist treu, und ist es nicht;
Ich denke, du bist brav, und bist es nicht;
Ich will Beweis. Ihr Name, einst so hell
Wie Dianas Antlitz, ist nun wüst und schwarz
Wie mein Gesicht. – Wenn's Messer gibt und Stricke,

Gift, Feuer oder Ströme zum Ersäufen,
Ich duld es nicht. – O wär ich überzeugt!

JAGO: Ich sehe, wie Euch Leidenschaft verzehrt;
Mich reut, dass ich Euch Anlass gab: so möchtet
Ihr überzeugt sein?

OTHELLO: Möchte? Nein, ich will's.

JAGO: Und könnt. Doch wie? Wie überzeugt, o Herr?
Wollt Ihr mit offnem Blick die Frechheit schaun?
Sie sehn gepaart?

OTHELLO: Ha, Tod und Teufel! oh!

JAGO: Ein schwierig Unternehmen, denk ich mir,
Sie so zur Schau zu bringen: 's wär zu toll,
Wenn mehr noch als vier Augen Zutritt fänden
Bei solchem Lustspiel! Was denn also? Wie?
Was soll ich tun? Wo Überzeugung finden?
Unmöglich ist es, dies mit anzusehn,
Und wären sie wie Geiß' und Affen wild,
Hitzig wie brünst'ge Wölfe, plump und sinnlos
Wie trunkne Dummheit. Dennoch sag ich Euch,
Wenn Schuldverdacht und Gründe trift'ger Art,
Die gradhin führen zu der Wahrheit Tor,
Euch Überzeugung schafften, solche hätt ich.

OTHELLO: Gib sprechende Beweise, dass sie falsch.

JAGO: Ich hasse dies Geschäft:
Doch weil ich hierin schon so weit gegangen,
Verlockt durch Lieb und dumme Redlichkeit,
So fahr ich fort. – Ich schlief mit Cassio jüngst,
Und da ein arger Schmerz im Zahn mich quälte,
Konnt ich nicht ruhn.
Nun gibt es Menschen von so schlaffem Geist,
Dass sie im Traum ausschwatzen, was sie tun,
Und Cassio ist der Art.
Im Schlafe seufzt' er: »Süße Desdemona!
Sei achtsam, unsre Liebe halt geheim!« –
Und dann ergriff und drückt' er meine Hand,
Rief: »Süßes Kind!« – und küsste mich mit Inbrunst,

Als wollt er Küsse mit der Wurzel reißen
Aus meinen Lippen, legte dann das Bein
Auf meines, seufzt' und küsste mich und rief:
»Verwünschtes Los, das dich dem Mohren gab!«
OTHELLO: O gräulich! gräulich!
JAGO: Nun, dies war nur Traum.
OTHELLO: Doch er bewies vorhergegangne Tat.
JAGO: Ein schlimm Bedenken ist's, sei's auch nur Traum;
Und dient vielleicht zur Stütze andrer Proben,
Die schwach beweisen.
OTHELLO: In Stücke reiß ich sie!
JAGO: Nein, mäßigt Euch; noch sehn wir nichts getan;
Noch kann sie schuldlos sein. Doch sagt dies eine,
Saht Ihr nie sonst in Eures Weibes Hand
Ein feines Tuch, mit Erdbeern bunt gestickt?
OTHELLO: So eines gab ich ihr, mein erst Geschenk.
JAGO: Das wusst ich nicht. Allein mit solchem Tuch
Gewiss war es das ihre – sah ich heut
Cassio den Bart sich wischen.
OTHELLO: Wär es *das* –
JAGO: Das oder sonst eins, kam's von ihr, so zeugt
Es gegen sie nebst jenen andern Zeichen.
OTHELLO: Oh! dass der Sklav zehntausend Leben hätte!
Eins ist zu arm, zu schwach für meine Rache!
Nun seh ich, es ist wahr. Blick her, o Jago,
So blas ich meine Lieb in alle Winde:
Hin ist sie.
Auf, schwarze Rach, aus deiner tiefen Hölle!
Gib, Liebe, deine Kron und Herzensmacht
Tyrann'schem Hass! Dich sprenge deine Last,
O Busen, angefüllt mit Natterzungen!
JAGO: Ich bitt Euch, ruhig.
OTHELLO: Blut, o Jago, Blut!
JAGO: Geduld, vielleicht noch ändert Ihr den Sinn.
OTHELLO: Nie, Jago, nie! So wie des Pontus Meer,
Des eis'ger Strom und fortgewälzte Flut

Nie rückwärts ebben mag, nein, unaufhaltsam
In den Propontis rollt und Hellespont:
So soll mein blut'ger Sinn in wüt'gem Gang
Nie umschaun noch zur sanften Liebe ebben,
Bis eine vollgenügend weite Rache
Ihn ganz verschlang. *Er kniet nieder.*
Nun, beim kristallnen Äther,
Mit schuld'ger Ehrfurcht vor dem heil'gen Eid
Verpfänd ich hier mein Wort.

JAGO *kniet auch*: Steht noch nicht auf.
Bezeugt's, ihr ewig glühnden Lichter dort!
Ihr Elemente, die ihr uns umschließt!
Bezeugt, dass Jago hier sich weiht mit allem,
Was sein Verstand, was Herz und Hand vermag,
Othellos Schmach zu ahnden! Er gebiete,
Und zu gehorchen sei mir Liebespflicht,
Wie blutig auch die Tat.

OTHELLO: Ich grüße deine Liebe
Mit eitlem Dank nicht, nein, mit freud'gem Ja,
Und augenblicklich führ ich dich ans Werk:
Lass in drei Tagen mich von dir vernehmen,
Dass Cassio nicht mehr lebt.

JAGO: Mein Freund ist tot; Ihr wollt's, es ist geschehn –
Sie aber schont.

OTHELLO: Verdammt, verdammt sei sie, die geile Dirne!
Komm, folge heimlich mir, ich will im Stillen
Ein schnelles Todesmittel mir verschaffen
Für diesen schönen Teufel. – Nun bist du mein Leutnant.

JAGO: Ich bin auf ewig Euer.

Sie gehen ab.

Vierte Szene

Ebendaselbst.

DESDEMONA, EMILIA, *der* NARR.

DESDEMONA: He! Weißt du, in welcher Gegend Leutnant Cassio liegt?

NARR: Ich möchte nicht sagen, dass er irgendwo lüge.

DESDEMONA: Warum?

NARR: Er ist ein Soldat, und wollt ich sagen, dass ein Soldat lüge, das ginge an Hals und Kragen.

DESDEMONA: Nicht doch, wo wohnt er?

NARR: Euch sagen, wo er wohnt, hieße Euch sagen, wo ich lüge.

DESDEMONA: Ist daraus wohl klug zu werden?

NARR: Ich weiß nicht, wo er wohnt, und sollt ich eine Wohnung aus der Luft greifen und sagen, er liegt hier oder liegt da – das hieße in meinen Hals hineinlügen.

DESDEMONA: Kannst du ihn wohl ausfragen und dich nach dem Bescheid mit Vernunft gebärden?

NARR: Ich will die Welt hindurch katechisieren, das heißt, Fragen stellen und sie antworten lassen.

DESDEMONA: Suche ihn auf und schicke ihn her: Sage ihm, ich habe meinen Gemahl für ihn gestimmt, ich hoffe, alles werde noch gut.

NARR: Dies auszurichten reicht nicht über das Vermögen des menschlichen Geistes, und darum will ich das Abenteuer bestehen. *Ab.*

DESDEMONA: Wo hab ich nur das Tuch verlegt, Emilia?

EMILIA: Ich weiß nicht, gnäd'ge Frau.

DESDEMONA: Glaub mir, viel lieber misst ich meine Börse,
Voll von Crusados. Wär mein edler Mohr
Nicht großgesinnt und frei vom niedern Stoff
Der Eifersucht, dies könnt auf schlimme Meinung
Ihn führen.

EMILIA: Weiß er nichts von Eifersucht?

DESDEMONA: Wer? Er? – Die Sonn in seinem Lande, glaub ich,
Sog alle solche Dünst ihm aus.

EMILIA: Da kommt er.
DESDEMONA: Ich will ihn jetzt nicht lassen, bis er Cassio
Zurückberief. Wie geht dir's, mein Othello?

OTHELLO *tritt auf.*

OTHELLO: Wohl, teure Frau! *Beiseite:* O Qual, sich zu verstellen!
Laut: Wie geht dir's, Desdemona?
DESDEMONA: Gut, mein Teurer.
OTHELLO: Gib deine Hand mir. – Diese Hand ist feucht.
DESDEMONA: Sie hat auch Alter nicht noch Gram gefühlt.
OTHELLO: Dies deutet Üppigkeit, freigeb'gen Sinn:
Heiß, heiß und feucht! Solch einer Hand geziemt
Abtötung von der Welt, Gebet und Fasten,
Viel Selbstkasteiung, Andacht, fromm geübt;
Denn jung und brennend wohnt ein Teufel hier,
Der leicht sich auflehnt, 's ist 'ne milde Hand,
Die gern verschenkt.
DESDEMONA: Du kannst sie wohl so nennen,
Denn diese Hand war's, die mein Herz dir gab.
OTHELLO: Eine offne Hand: sonst gab das Herz die Hand;
Die neue Wappenkunst ist Hand, nicht Herz.
DESDEMONA: Davon versteh ich nichts. Nun dein Versprechen.
OTHELLO: Welch ein Versprechen, Kind?
DESDEMONA: Ich ließ den Cassio rufen, dich zu sprechen.
OTHELLO: Mich plagt ein widerwärt'ger, böser Schnupfen,
Leih mir dein Taschentuch.
DESDEMONA: Hier, mein Gemahl.
OTHELLO: Das, welches ich dir gab.
DESDEMONA: Ich hab's nicht bei mir.
OTHELLO: Nicht?
DESDEMONA: Wirklich nicht, mein Teurer.
OTHELLO: Das muss ich tadeln: dieses Tuch
Gab meiner Mutter ein Zigeunerweib;
'ne Zaubrin war's, die in den Herzen las.
Solange sie's bewahre, sprach das Weib,
Werd es ihr Reiz verleihn und meinen Vater

An ihre Liebe fesseln; doch verlöre
Oder verschenkte sie's, satt würde dann
Sein Blick sie scheun, sein lüstern Auge spähn
Nach neuem Reiz: sie, sterbend, gab es mir
Und hieß mich's, wenn mein Schicksal mich vermählte,
Der Gattin geben. Dies geschah: nun hüt es
Mit zarter Liebe gleich dem Augenstern.
Verlörst du's oder gäbst es fort, es wäre
Ein Unheil ohne Maß.

DESDEMONA: Wie, ist es möglich?

OTHELLO: Jawohl; in dem Gewebe steckt Magie;
Eine Sibylle, die den Sonnenlauf
Zweihundertmal die Bahn vollenden sah,
Hat im prophet'schen Wahnsinn es gewebt.
Geweihte Würmer spannen ihre Seide,
Sie färbt's in Mumiensaft, den sie mit Kunst
Aus Jungfraunherzen zog.

DESDEMONA: Wirklich? ist's wahr?

OTHELLO: Höchst zuverlässig; drum bewahr es wohl.

DESDEMONA: Dann wollte Gott, ich hätt es nie gesehn.

OTHELLO: Ha! und weshalb?

DESDEMONA: Was sprichst du so auffahrend und so schnell?

OTHELLO: Ist's fort? verloren? Sprich! Ist's nicht vorhanden?

DESDEMONA: Gott helf mir!

OTHELLO: Nun?

DESDEMONA: 's ist nicht verloren; wenn's nun aber wäre?

OTHELLO: Ha!

DESDEMONA: Ich sag, es ist noch da.

OTHELLO: Dann hol es, zeig mir's.

DESDEMONA: Das könnt ich, Herr, allein ich will es nicht.
Mit solchem Kunstgriff weichst du mir nicht aus –
Ich bitt dich, nimm den Cassio wieder an.

OTHELLO: So hole mir das Tuch, mir ahnet Schlimmes.

DESDEMONA: Sei gut;
Du findst nicht wieder solchen tücht'gen Mann.

OTHELLO: Das Tuch –

DESDEMONA: Er ist ein Mann, der all sein Glück
Von je auf deine Freundschaft hat gebaut,
[Gefahren treu mit dir geteilt.]
OTHELLO: Das Tuch –
DESDEMONA: Fürwahr, du tust nicht recht!
OTHELLO: Hinweg! *Ab.*
EMILIA: Ist der nicht eifersüchtig?
DESDEMONA: So sah ich ihn noch nie!
Gewiss, ein Zauber steckt in jenem Tuch:
Ein wahres Unglück, dass ich es verlor.
EMILIA: Man lernt den Mann nicht aus in einem Jahr;
Sie alle sind nur Magen, wir nur Kost;
Sie schlingen uns hinab, und sind sie satt,
Spein sie uns aus. Seht! Cassio und mein Mann.

JAGO *und* CASSIO *treten auf.*

JAGO: Da ist kein andrer Weg, sie muss es tun;
Und sieh, wie glücklich! geh, bestürme sie.
DESDEMONA: Nun, lieber Cassio! sagt, wie geht es Euch?
CASSIO: Mein alt Gesuch. Ich bitt Euch, gnäd'ge Frau,
Lasst mich durch Eure kräft'ge Fürsprach wieder
Erstehn und teil an seiner Freundschaft finden,
Die ich mit ganzer Liebe meines Herzens
Treulich verehre – nicht verzögre sich's:
Ist mein Vergehn so tödlich schwerer Art,
Dass weder vor'ger Dienst noch jetz'ge Reu
Noch Vorsatz, künftig edlen Dienst zu tun,
Mir seine Neigung wieder kann gewinnen,
So wird mir's Wohltat sein, es nur zu wissen;
Dann borg ich mir erzwungne Freudigkeit
Und such auf einer neuen Lebensbahn
Des Glücks Almosen.
DESDEMONA: Ach, mein edler Cassio,
Diesmal ist meine Anwaltschaft umsonst;
Mein Herr ist nicht mein Herr, ich kennt ihn nicht,
Wär er im Antlitz wie im Geist verwandelt. –

So mag mir jeder fromme Engel helfen,
Wie ich für Euch nach besten Kräften sprach;
Und selbst auf seinen Zorn hab ich's gewagt
Durch dreistes Wort! Ihr müsst Euch noch gedulden:
Was ich vermag, das tu ich; tu noch mehr,
Als ich für mich je wagte, dies genüg Euch.

JAGO: Ist er erzürnt?

EMILIA: Er ging nur eben fort,
Und wirklich ungewöhnlich aufgeregt.

JAGO: Kann er in Zorn sein? Die Kanone sah ich
Ihm seine Schlachtreihn sprengen in die Luft
Und wie ein Teufel ihm den eignen Bruder
Von seiner Seite raffen; – er im Zorn?
Dann muss es Großes sein; ich geh und such ihn:
Gewiss, das hat was auf sich, wenn er zürnt. *Ab.*

DESDEMONA: Ich bitt dich, tu's. – Vielleicht ein Staatsgeschäft –
Sei's von Venedig, sei's geheime Bosheit,
Der er in Zypern auf die Spur geraten –
Trübt seinen heitern Geist; in solchem Fall
Zanken die Männer leicht um kleine Dinge,
Sind größre auch der Grund. So ist es immer;
Denn schmerzt uns nur der Finger, haben auch
Die übrigen gesunden Glieder etwas
Von Wehgefühl. Nein, Männer sind nicht Götter:
Wir müssen nicht des Bräut'gams zarte Rücksicht
Von ihnen fordern. Schilt mich nur, Emilie;
Ich dachte seiner Rauheit schon den Stab
Zu brechen, sieh, so kindisch war mein Kriegsrecht;
Den Zeugen, find ich nun, bestach ich selbst,
Und er ist falsch verklagt.

EMILIA: Gott geb, es sei'n Staatssachen, wie Ihr glaubt,
Und nicht ein Wahn noch eifersücht'ge Grille,
Die Euch betrifft.

DESDEMONA: O liebe Zeit! ich gab ihm niemals Anlass.

EMILIA: Das ist den Eifersücht'gen einerlei,
Sie sind nicht stets aus Anlass eifersüchtig,

Sie eifern, weil sie eifern; 's ist ein Scheusal,
Erzeugt von selbst, geboren aus sich selbst.
DESDEMONA: Gott schütz Othello vor dem Scheusal!
EMILIA: Amen.
DESDEMONA: Ich will ihn suchen; Cassio, bleibt hier nah;
Ist er gestimmt, betreib ich Eure Bitte
Und will es bis zum Äußersten versuchen.
CASSIO: Ich dank in Demut, gnäd'ge Frau!

Desdemona und Emilia ab.

BIANCA *tritt auf.*

BIANCA: Gott grüß dich, Cassio!
CASSIO: Wie kommst du hierher?
Was treibst du, meine allerschönste Bianca?
Just wollt ich zu dir kommen, liebes Herz.
BIANCA: Und ich war eben unterwegs zu dir.
Was? Eine Woche konntst du fern mir bleiben?
Sieben Tag und Nächte? – Achtmal zwanzig Stunden,
Und acht noch? Und einsame Liebesstunden,
Langweil'ger als der Zeiger hundertmal?
O läst'ge Rechnung!
CASSIO: Zürne nicht, mein Kind;
Mich drückte schwere Sorg in all den Tagen;
Doch werd ich dir zu ungestörter Zeit
Die lange Rechnung tilgen. – Liebste Bianca,

Er gibt ihr Desdemonas Tuch.

Zeichne dies Muster ab.
BIANCA: Ei, woher kam dies?
Das ist ein Pfand von einer neuen Freundin.
Dein Wegsein schmerzte, doch der Grund noch mehr:
Kam es so weit? Nun gut, schon gut!
CASSIO: Geh, Mädchen,
Wirf den Verdacht dem Teufel ins Gesicht,
Von dem er kam. Nun, bist du eifersüchtig,
Dies sei von einer Liebsten mir geschenkt?
Nein, glaub mir's, Bianca!
BIANCA: Nun, woher kam's?

CASSIO: Ich weiß nicht, Kind, ich fand's auf meinem Zimmer,
Die Stickerei gefällt mir: eh man's fordert
– Was bald geschehn kann –, wünscht ich's nachgezeichnet:
Da nimm's und tu's, und lass mich jetzt allein.
BIANCA: Allein dich lassen? und warum?
CASSIO: Ich muss hier warten auf den General;
Und nicht empfehlend wär mir's noch erwünscht,
Fänd er mich so begleitet.
BIANCA: Und warum nicht?
CASSIO: Nicht, dass ich dich nicht liebte.
BIANCA: Nur, dass du mich nicht liebst.
Ich bitt dich, bring mich etwas auf den Weg
Und sag mir, kommst du wohl heut Abend zeitig?
CASSIO: Ich kann ein kurzes Stück nur mit dir gehn,
Weil ich hier warte: doch ich seh dich bald.
BIANCA: Schon gut; man muss sich fügen in die Zeit.

Sie gehn ab.

Vierter Aufzug

Erste Szene

Zimmer auf dem Schlosse.

OTHELLO *und* JAGO *treten auf.*

JAGO: Wie dünkt Euch das?
OTHELLO: Was soll mich dünken?
JAGO: Was,
Sich heimlich küssen?
OTHELLO: Ein verbotner Kuss!
JAGO: Oder nackt im Bett mit ihrem Freunde sein
Wohl stundenlang und mehr, in aller Unschuld?
OTHELLO: Im Bette, Jago, und in aller Unschuld?
Das hieße Heuchelei ja mit dem Teufel!
Wer keusch sein will und solches tut, des Tugend
Versucht der Teufel und er selbst den Himmel.
JAGO: Wenn sie nichts taten, war der Fehl nicht groß;
Doch wenn ich meiner Frau ein Tuch verehrt –
OTHELLO: Nun dann?
JAGO: Nun, dann gehört's ihr, gnäd'ger Herr, und folglich
Darf sie's verschenken, mein ich, wem sie will.
OTHELLO: Sie ist Gebieterin auch ihrer Ehre;
Darf sie die auch verschenken?
JAGO: Die Ehr ist nur ein unsichtbares Wesen,
Und oft besitzt sie der, der sie nicht hat:
Allein das Tuch –
OTHELLO: Bei Gott! mit Freuden hätt ich das vergessen:
Du sagtest – oh, es schwebt um mein Gedächtnis,
So wie der Rab um ein verpestet Haus,
Verderben dräund –, er habe jenes Tuch.
JAGO: Nun, was denn?
OTHELLO: Das ist doch nicht gut, gewiss!
JAGO: Sagt ich noch gar, ich sah ihn Euch beschimpfen
Oder hört ihn sagen – wie's denn Schurken gibt,

Die, wenn sie durch ihr ungestümes Werben
Oder durch frei Vergaffen eines Weibes
Sie zwangen oder kirrten, nimmer ruhn,
Bis sie geschwatzt –

OTHELLO: Hat er so was gesagt?

JAGO: Das hat er, gnäd'ger Herr! Doch seid versichert,
Nicht mehr, als er abschwören wird.

OTHELLO: Was sagt' er?

JAGO: Dass er bei ihr – ich weiß nicht, wie er sagte –

OTHELLO: Was? Was?

JAGO: Gelegen –

OTHELLO: Bei ihr?

JAGO: Bei ihr, auf ihr, wie Ihr wollt.

OTHELLO: Bei ihr gelegen! auf ihr! Das Tuch – diese Geständnisse – das Tuch! – Eingestehn und dann für die Mühe gehängt werden; zuerst gehängt, dann eingestehn. – Ich zittre davor! – Natur würde sich nicht in so verfinsternde Qualen verhüllen, wäre es nicht Vorbedeutung. Nicht Wahnbilder, die mich so erschüttern! – Hu! Nasen, Ohren und Lippen: ist es möglich? Eingestehn – Tuch – o Teufel! –

Fällt in Ohnmacht.

JAGO: Sei wirksam, Gift,
Sei wirksam! also fängt man gläub'ge Narren;
Manch wackre, keusche Frau kommt gradeso
Ganz schuldlos ins Geschrei. – Auf, gnäd'ger Herr!
Othello! Gnäd'ger Herr! – Was wollt Ihr, Cassio?

CASSIO *tritt auf.*

CASSIO: Was gibt's?

JAGO: Der Feldherr stürzte jetzt in Krämpfen hin;
Dies ist seit gestern schon sein zweiter Anfall.

CASSIO: So reib ihn um die Schläfe!

JAGO: Nein, lass ab:
Lass ihn in seiner Starrsucht ungestört;
Sonst schäumt er vor dem Mund und rast alsbald
In wilder Tobsucht. Sieh, er rührt sich wieder;
Entferne dich auf einen Augenblick,

Er wird sich schnell erholen; wenn er fort ist,
Hätt ich mit dir ein wichtig Wort zu reden.

Cassio ab.

Wie ist Euch? Habt Ihr nicht den Kopf verletzt?
OTHELLO: Sprichst du mir Hohn?
JAGO: Euch höhnen? Nein, bei Gott!
Ich wollt, Ihr trügt Eur Schicksal wie ein Mann.
OTHELLO: Gehörnter Mann ist nur ein Vieh, ein Untier.
JAGO: So gibt es manches Vieh in großen Städten
Und manch vornehmes Untier.
OTHELLO: Gestand er's ein?
JAGO: Mein Feldherr! seid ein Mann;
Denkt, jeder bärt'ge Mensch, ins Joch gespannt,
Zieht neben Euch. Millionen leben rings,
Die nächtlich ruhn auf preisgegebnem Lager,
Das sie ihr eigen wähnen: Ihr steht besser.
O das ist Satansfest, Erzspaß der Hölle,
Ein üppig Weib im sichern Ehbett küssen
Und keusch sie glauben! Nein, Gewissheit will ich:
Und hab ich die, weiß ich, sie ist verloren.
OTHELLO: Du sprichst verständig! Ja, gewiss!
JAGO: Geht auf die Seite, Herr;
Begebt Euch in die Schranken der Geduld.
Indes Ihr ganz von Eurem Gram vernichtet
Ein Ausbruch, wenig ziemend solchem Mann –,
Kam Cassio her; ich wusst ihn wegzuschaffen
Und Euren Anfall triftig zu entschuld'gen;
Dann lud ich ihn zurück auf ein Gespräch,
Was er verhieß. Nun bergt Euch irgendwo
Und merkt den Hohn, den Spott, die Schadenfreude
In jeder Miene seines Angesichts;
Denn beichten soll er mir aufs neu den Hergang,
Wo, wann, wie oft, wie lange schon und wie
Er Euer Weib geherzt und herzen wird;
Merkt, sag ich, sein Gebärdenspiel. O still doch!

Sonst denk ich, Ihr seid ganz und gar nur Wut
Und nichts von einem Manne.

OTHELLO: Hörst du's, Jago?
Ich will höchst schlau jetzt den Geduld'gen spielen,
Doch, hörst du's? dann den Blut'gen.

JAGO: So ist's recht –
Jedes zu seiner Zeit. – Nun tretet seitwärts.

Othello tritt beiseite.

Jetzt will ich Cassio nach Bianca fragen,
Ein gutes Ding, das, ihre Gunst verkaufend,
Sich Brot und Kleider anschafft: dies Geschöpf
Läuft Cassio nach; und 's ist der Dirnen Fluch,
Nachdem sie zehn getäuscht, täuscht einer sie:
Er, wenn er von ihr hört, erwehrt sich kaum,
Laut aufzulachen. Sieh, da kommt er her.

CASSIO *tritt auf.*

Und wie er lächelt, soll Othello wüten;
Und seine ungelehr'ge Eifersucht
Wird Cassios Lächeln, Scherz und leichtes Wesen
Ganz missverstehn. – Nun, Leutenant, wie geht's?

CASSIO: So schlimmer, weil du mir den Titel gibst,
Dessen Verlust mich tötet.

JAGO: Halt Desdemona fest, so kann's nicht fehlen.
Beiseite: Ja, läge dies Gesuch in Biancas Macht,
Wie schnell wärst du am Ziel!

CASSIO: Das arme Ding!

OTHELLO *beiseite*: Seht nur, wie er schon lacht!

JAGO: Nie hab ich so verliebt ein Weib gesehn.

CASSIO: Das gute Närrchen! Ja, sie liebt mich wirklich.

OTHELLO *beiseite*: Jetzt leugnet er's nur schwach und lacht's hinweg!

JAGO: Hör einmal, Cassio –

OTHELLO *beiseite*: Jetzt bestürmt er ihn,
Es zu gestehn; nur zu – recht gut, recht gut!

JAGO: Sie rühmt sich schon, du nimmst sie bald zur Frau;
Ist das dein Ernst?

CASSIO: Ha, ha, ha, ha!

OTHELLO *beiseite*: Triumphierst du, Römer? triumphierst du?

CASSIO: Ich sie zur Frau nehmen? – Was! Eine Buhlschwester? Ich bitt dich, habe doch etwas Mitleid mit meinem Verstand; halt ihn doch nicht für so ganz ungesund. Ha, ha, ha!

OTHELLO *beiseite*: So, so, so; wer gewinnt, der lacht.

JAGO: Wahrhaftig, die Rede geht, du würdst sie heiraten.

CASSIO: Nein, sag mir die Wahrheit.

JAGO: Ich will ein Schelm sein!

OTHELLO *beiseite*: Ich trage also dein Brandmal? – Gut!

CASSIO: Das hat der Affe selbst unter die Leute gebracht. Aus Eitelkeit hat sie sich's in den Kopf gesetzt, ich würde sie heiraten; nicht, weil ich's versprochen habe.

OTHELLO *beiseite*: Jago winkt mir, nun fängt er die Geschichte an.

CASSIO: Eben war sie hier; sie verfolgt mich überall. Neulich stand ich am Strande und sprach mit einigen Venezianern, da kommt wahrhaftig der Grasaffe hin und, so wahr ich lebe, fällt mir so um den Hals –

OTHELLO *beiseite*: Und ruft: »O lieber Cassio!« oder etwas Ähnliches; denn das bedeutet seine Gebärde.

CASSIO: Und hängt und küsst und weint an mir und zerrt und zupft mich. Ha, ha, ha!

OTHELLO *beiseite*: Jetzt erzählt er, wie sie ihn in meine Kammer zog: Oh, ich sehe deine Nase, aber noch nicht den Hund, dem ich sie vorwerfen will.

CASSIO: In der Tat, ich muss sie aufgeben.

JAGO: Mein Seel! – Sieh, da kommt sie.

BIANCA *tritt auf.*

CASSIO: Das ist eine rechte Bisamkatze! [Man riecht es schon von Weitem.] – Was willst du nur, dass du mir so nachläufst?

BIANCA: Mag der Teufel und seine Großmutter dir nachlaufen! – Was hast du mit dem Taschentuch vor, das du mir jetzt eben gabst? Ich war eine rechte Närrin, dass ich's nahm. Ich soll die ganze Arbeit abzeichnen? Recht wahrscheinlich, dass du's in deinem Zimmer sollst gefunden haben und nicht wissen, wer's da ließ, 's ist das Geschenk irgendeines Schätzchens, und ich soll die Arbeit abzeichnen? Da, gib's deinem Steckenpferde: Woher du's auch hast, ich werde die Stickerei nicht abzeichnen.

CASSIO: Still doch, meine süße Bianca! still doch, still!

OTHELLO *beiseite*: Beim Himmel, ist das nicht mein Taschentuch?

BIANCA: Willst du heut Abend zum Essen kommen, so tu's; willst du nicht, so komm ein andermal, wenn du Lust hast. *Ab.*

JAGO: Geh ihr nach, geh ihr nach!

CASSIO: Das muss ich wohl, sonst zankt sie noch auf der Straße.

JAGO: Willst du zu Abend bei ihr essen?

CASSIO: Ich denke, ja!

JAGO: Vielleicht treff ich dich dort, denn ich hätte in der Tat notwendig mit dir zu reden.

CASSIO: Bitt dich, komm! Willst du?

JAGO: Gut, nichts mehr. *Cassio ab.*

OTHELLO: Wie mord ich ihn? Jago!

JAGO: Bemerktet Ihr's, wie er zu seiner Schandtat lachte?

OTHELLO: Oh, Jago!

JAGO: Und saht Ihr das Tuch?

OTHELLO: War's meines?

JAGO: Eures, bei dieser Hand! Und seht nur, wie er das törichte Weib, Eure Gattin, achtet! Sie schenkte es ihm, und er schenkt es seiner Dirne.

OTHELLO: Oh! dass ich neun Jahre an ihm morden könnte. – Ein hübsches Weib, ein schönes Weib, ein süßes Weib!

JAGO: Das müsst Ihr jetzt vergessen.

OTHELLO: Mag sie verfaulen und verderben und zur Hölle fahren heut Nacht; denn sie soll nicht leben. Nein, mein Herz ist zu Stein geworden; ich schlage daran, und die Hand schmerzt mich. Oh, die Welt besitzt kein süßeres Geschöpf; sie hätte an eines Kaisers Seite ruhen und ihm Sklavendienste gebieten können.

JAGO: Nein, daran müsst Ihr nicht denken.

OTHELLO: Sei sie verdammt! Ich sage nur, was sie ist: So geschickt mit ihrer Nadel! – Eine wunderwürdige Tonkünstlerin! – Oh!

sie würde die Wildheit eines Bären zahm singen! – Von so feinem, herrlichem Witz, so geistreich!

JAGO: Und deshalb um so schlimmer.

OTHELLO: O tausend, tausendmal! – Und dann von so holder Gefälligkeit!

JAGO: Freilich zu gefällig!

OTHELLO: Ja, ganz gewiss: Aber, wie schade dennoch, Jago! – O Jago! wie schade, Jago!

JAGO: Wenn Ihr verliebt in ihre Sünden seid, so gebt ihr einen Freibrief zu freveln; denn wenn's Euch nicht rührt, geht es keinen etwas an.

OTHELLO: Ich will sie in Stücke hacken. Mir Hörner aufsetzen!

JAGO: Oh, es ist schändlich von ihr.

OTHELLO: Mit meinem Leutnant!

JAGO: Das ist noch schändlicher.

OTHELLO: Schaff mir Gift, Jago, diese Nacht! Ich will sie nicht zur Rede stellen, damit ihre Gestalt und Schönheit meinen Zorn nicht wieder entwaffnen. – Diese Nacht, Jago.

JAGO: Tut es nicht mit Gift; erdrosselt sie in ihrem Bett, demselben Bett, das sie entehrt hat.

OTHELLO: Gut! die Gerechtigkeit darin gefällt mir; sehr gut.

JAGO: Und Cassio – diesen übernehm ich selbst,
Um Mitternacht erfahrt Ihr mehr.

Man hört eine Trompete.

JAGO: Nachricht wohl von Venedig; 's ist Lodovico,
Gesandt vom Herzog, mit ihm kommt Eur Weib.

LODOVICO, DESDEMONA *und* GEFOLGE *treten auf.*

LODOVICO: Heil, würd'ger General!

OTHELLO: Willkommen, Herr!

LODOVICO: Euch grüßt Venedigs Herzog und Senat. *Er übergibt ihm einen Brief.*

OTHELLO: Ich küsse seines Willens Dokument.

DESDEMONA: Was bringt Ihr Neues, Vetter Lodovico?

JAGO: Es freut mich höchlich, Euch zu sehn, Signor!
Willkommen hier in Zypern.

LODOVICO: Ich dank Euch. Was macht Leutnant Cassio, Herr?

JAGO: Er lebt, Signor.
DESDEMONA: Mein Vetter, er ist schlimm mit meinem Gatten
Zerfallen; doch Ihr werdet sie versöhnen.
OTHELLO: Seid Ihr des so gewiss?
DESDEMONA: Wie, Herr?
OTHELLO *liest*: »Dies zu vollbringen säumt nicht, wenn Ihr wollt –«
LODOVICO: Er rief dich nicht; der Brief beschäftigt ihn.
Ist eine Feindschaft zwischen deinem Herrn und Cassio?
DESDEMONA: Ja! recht betrübte. Ich gäbe viel darum,
Sie auszusöhnen, denn ich liebe Cassio.
OTHELLO: Feuer und Schwefel!
DESDEMONA: Herr!
OTHELLO: Bist du bei Sinnen?
DESDEMONA: Wie? zürnst du?
LODOVICO: 's ist der Brief, der ihn bewegt;
Denn wie ich glaube, ruft man ihn zurück,
Und Cassio wird statt seiner Gouverneur.
DESDEMONA: Fürwahr! Das freut mich.
OTHELLO: In der Tat?
DESDEMONA: Wie, Herr?
OTHELLO: Mich freut's, dich toll zu sehn.
DESDEMONA: O mein Othello!
OTHELLO: Teufel! *Schlägt sie.*
DESDEMONA: Das hab ich nicht verdient.
LODOVICO: Herr General,
Das würde keiner in Venedig glauben,
Und schwört ich auch, ich sah's. Das geht zu weit.
Bittet ihr's ab, sie weint.
OTHELLO: O, Teufel! könnte
Die Erde sich von Weibertränen schwängern,
Aus jedem Tropfen wüchs ein Krokodil. –
Mir aus den Augen!
DESDEMONA: Ich geh, Euch nicht zu ärgern.
Will abgehn.
LODOVICO: In Wahrheit, ein gehorsam Weib! –
Ich bitt Euch, gnäd'ger Herr, ruft sie zurück.

OTHELLO: Frau –
DESDEMONA: Mein Gemahl?
OTHELLO: Was wollt Ihr mit ihr, Herr?
LODOVICO: Wer? ich, Herr?
OTHELLO: Ihr wünschtet ja, dass sie umkehren möchte:
Umkehren kann sie und doch vorwärts gehn
Und wieder drehn; und weinen kann sie, weinen –
Und ist gehorsam, wie Ihr sagt – gehorsam,
Ja, sehr gehorsam. Immerfort geweint! –
Was dies betrifft – o recht geschickt im Heucheln!
Ich bin zurückberufen. – Geh du fort:
Ich schicke gleich nach dir. – Herr, dem Befehl gehorch ich
Und kehre nach Venedig. – Fort! hinaus!

Desdemona geht ab.

Cassio bekommt mein Amt. Und, Herr, heut Abend
Ersuch ich Euch mit mir zur Nacht zu speisen.
Willkommen hier in Zypern. – Ziegen und Affen! *Ab.*
LODOVICO: Ist dies der edle Mohr, den der Senat
Sein Ein und Alles nennt? Der edle Geist,
Den Leidenschaft nicht regt? des feste Tugend
Kein Pfeil des Zufalls, kein Geschoss des Glücks
Streift und durchbohrt?
JAGO: Er hat sich sehr geändert.
LODOVICO: Ist er nicht wohl? Hat sein Verstand gelitten?
JAGO: Er ist so, wie er ist; ich darf nicht schelten.
Gott geb, er wäre, was er könnte sein;
Jetzt ist er's nicht.
LODOVICO: Was? seine Frau zu schlagen!
JAGO: Gewiss, das war nicht fein; doch wünscht ich, wär
Der Schlag sein ärgstes Tun.
LODOVICO: Ist er oft so?
Sagt, oder hat der Brief sein Blut erhitzt,
Dass er sich heut nur so verging?
JAGO: Ach leider!
Nicht wär's gewissenhaft von mir, erzählt ich,
Was ich erfuhr und sah. Habt acht auf ihn;

Sein eigner Wandel wird ihn so bezeichnen,
Dass Ihr mein Wort entbehren könnt. Bemerkt ihn
Nur mehr, wenn Ihr mit ihm zusammen seid.

LODOVICO: Es schmerzt mich, dass ich mich in ihm getäuscht.

Sie gehn ab.

ZWEITE SZENE

Ein andres Zimmer auf dem Schlosse.

OTHELLO *und* EMILIA *treten auf.*

OTHELLO: So habt Ihr nichts gesehn?

EMILIA: Auch nie gehört noch Argwohn je geschöpft.

OTHELLO: Ja, du sahst Cassio und sie beisammen.

EMILIA: Doch sah ich dann kein Unrecht, und dann hört ich
Jedwede Silbe, die gewechselt ward.

OTHELLO: Was? flüsterten sie nie?

EMILIA: Nein, gnäd'ger Herr!

OTHELLO: Und schickten nie dich fort?

EMILIA: Niemals.

OTHELLO: Um Fächer, Maske, Handschuh ihr zu holen?

EMILIA: Nein, gnäd'ger Herr!

OTHELLO: 's ist seltsam.

EMILIA: Ich wollt auf ihre Tugend meine Seele
Zum Pfande setzen: wenn Ihr anders denkt,
Gebt nicht dem Argwohn Raum, der Euch betört.
Wenn dies ein Schelm Euch in den Kopf gesetzt,
Dem lohn's der Himmel mit dem Fluch der Schlange!
Denn ist nicht diese redlich, keusch und treu,
Ist kein Mann glücklich, ist die reinste Frau
Schwarz wie Verleumdung.

OTHELLO: Lass sie kommen; geh!

Emilia geht.

Sie sagt genug; doch jede Kupplerin
Erzählt dasselbe. Schlau ist diese Metze,

Ein heimlich Schloss und Riegel schnöder Sünden:
Doch kniet und betet sie; ich sah es selbst!

EMILIA *und* DESDEMONA *treten auf.*

DESDEMONA: Was wollt Ihr, mein Gemahl?
OTHELLO: Komm, Täubchen, komm!
DESDEMONA: Was ist Eur Wunsch?
OTHELLO: Lass dir ins Auge sehn;
Schau ins Gesicht mir!
DESDEMONA: Welch fürchterlicher Einfall!
OTHELLO *zu Emilia*: Nun deine Künste, Weibsbild;
Lass Buhlschaft nun allein und schließ die Tür;
Hust oder rufe hem! wenn jemand kommt:
Dein Handwerk, an dein Handwerk! Mach dich fort!

Emilia geht ab.

DESDEMONA: Ich flehe kniend, sag mir, was du meinst!
Dein Wort versteh ich nicht, doch aus dem Wort
Tönt wilde Furie.
OTHELLO: Ha, was bist du?
DESDEMONA: Dein Weib, mein Gatte, dein pflichtgetreues Weib.
OTHELLO: Komm, schwör's, verdamm dich selbst, dass nicht die Teufel,
Geschreckt von deiner Engelbildung, zittern,
Dich zu ergreifen: drum verdamm dich doppelt,
Schwör, du seist treu.
DESDEMONA: Der Himmel weiß, ich bin's.
OTHELLO: Der Himmel weiß, falsch bist du wie die Hölle.
DESDEMONA: Wem, mein Gemahl? mit wem? wie bin ich falsch?
OTHELLO: O Desdemona! Hinweg, hinweg, hinweg!
DESDEMONA: O Tag des Jammers! – Wehe! warum weinst du?
Bin ich, mein Gatte, Ursach dieser Tränen?
Hast du vielleicht den Vater in Verdacht,
Er sei das Werkzeug deiner Heimberufung,
Gib mir die Schuld nicht. Hast du ihn verloren,
Nun, ich verlor ihn auch.
OTHELLO: Gefiel' es Gott,
Durch Trübsal mich zu prüfen, göss er Schmach

Und jede Kränkung auf mein nacktes Haupt,
Versenkt' in Armut mich bis an die Lippen,
Schlüg samt der letzten Hoffnung mich in Fesseln,
Doch fänd ich wohl in einem Herzenswinkel
Ein Tröpfchen von Geduld. Doch mich zu machen
Zum festen Bilde für die Zeit des Hohns,
Mit langsam drehndem Finger drauf zu weisen –
Oh! oh!
Und dies auch könnt ich tragen, sehr, sehr wohl:
Doch da, wo ich mein Herz als Schatz verwahrt –
Wo ich muss leben oder gar nicht leben,
Der Quell, aus dem mein Leben strömen muss,
Sonst ganz versiegen da vertrieben sein
Oder ihn schaun als Sumpf für ekler Kröten
Begehn und Brüten: da verfinstre dich,
Geduld, du junger, rosenwangiger Cherub!
Ja, schau so grimmig wie die Hölle!

DESDEMONA: Ich hoffe, mein Gemahl hält mich für treu.

OTHELLO: O ja, wie Sommerfliegen auf der Fleischbank,
Die im Entstehn schon buhlen. O du Unkraut,
So reizend lieblich und von Duft so süß,
Dass du den Sinn betäubst – o wärst du nie geboren!

DESDEMONA: Welch unbewussten Fehl konnt ich begehen?

OTHELLO: Dies reine Blatt, dies schöne Buch nur dazu,
Um Metze drauf zu schreiben? Was begehn!
Begehn? O du ganz freche Buhlerin!
Schmelzöfen müsst ich machen aus den Wangen
Und meine Sittsamkeit zu Asche brennen,
Nennt ich nur deine Taten. Was begehn?
Dem Himmel ekelt's, und der Mond verbirgt sich:
Der Buhler Wind, der küsst, was ihm begegnet,
Versteckt sich in den Höhlungen der Erde
Und will nichts davon hören: was begehn?
Schamlose Metze!

DESDEMONA: Bei Gott, Ihr tut mir Unrecht!

OTHELLO: Du keine Metze?

DESDEMONA: Nein, so wahr ich Christin:
Wenn meinem Herrn bewahren dies Gefäß
Vor jeder schnöden, sträflichen Berührung
Heißt keine Metze sein, so bin ich keine.
OTHELLO: Du keine Hure?
DESDEMONA: Nein, so helfe Gott mir!
OTHELLO: Ist's möglich?
DESDEMONA: O Himmel, sei mir gnädig!
OTHELLO: Dann verzeiht mir!
Ich nahm Euch für die Dirne von Venedig,
Die den Othello freite.

EMILIA *kommt zurück.*

Und du, Weib,
Die, von Sankt Peter just das Gegenteil,
Der Hölle Pforten sperrt: du, du, ja du! –
Wir sind zu Ende: nimm! Da ist dein Geld!
Nun schließ die Tür, und halte reinen Mund! *Ab.*
EMILIA: O Gott! was hat doch unser Herr im Sinn?
Wie geht's Euch, teure Frau? Wie geht's Euch, Gnäd'ge?
DESDEMONA: Mir ist, als träumt ich.
EMILIA: Sagt, werte Frau! Was fehlt dem gnäd'gen Herrn?
DESDEMONA: Wem?
EMILIA: Meinem gnäd'gen Herrn.
DESDEMONA: Wer ist dein Herr?
EMILIA: Der auch der Eure, liebste, gnäd'ge Frau.
DESDEMONA: Ich habe keinen. Sag mir nichts, Emilia!
Ich kann nicht weinen, hab auch keine Antwort,
Die nicht zu Wasser würde. Bitt dich, diese Nacht
Leg auf mein Bett mein Brauttuch – denke dran
Und ruf mir deinen Mann.
EMILIA: Wie hat sich's hier geändert! *Ab.*
DESDEMONA: 's ist billig, dass mir so begegnet wird! sehr billig!
Wie war ich nur, dass auch sein kleinster Argwohn
Mein mindestes Versehn missdeuten konnte?

JAGO *und* EMILIA *treten auf.*

JAGO: Was wünscht Ihr, gnäd'ge Frau, wie geht es Euch?

DESDEMONA: Ich weiß es nicht. Wer Kinder unterrichtet,
Gibt ihnen freundlich leichte Arbeit auf;
So könnt er mich ja schmälen, denn fürwahr,
Ich bin ein Kind fürs Schmälen.
JAGO: Was ist denn, gnäd'ge Frau?
EMILIA: Ach, Jago! Metze schimpfte sie der Herr.
Wie schändlich und verachtend er sie nannte,
Das trägt kein treues Herz.
DESDEMONA: Jago, bin ich das Wort?
JAGO: Welch Wort, Verehrte?
DESDEMONA: Das, wie sie sagt, mein Herr mir hat gegeben?
EMILIA: Er schalt sie Metze; nein, kein Bettler könnte
Im Rausch solch Wort von seiner Dirne brauchen.
JAGO: Warum denn das?
DESDEMONA: Ich weiß es nicht; gewiss, ich bin es nicht.
JAGO: O weint nicht, weint nur nicht; du liebe Zeit!
EMILIA: Wies sie so manchen edlen Antrag ab,
Verließ den Vater, Freunde, Vaterland,
Dass man sie Metze schimpfe? Ist's nicht zum Weinen?
DESDEMONA: Das ist mein traurig Schicksal.
JAGO: Nun, Gott bessr ihn!
Wie kommt ihm solcher Einfall?
DESDEMONA: Weiß der Himmel!
EMILIA:
Nein, hängt mich, wenn ein Erzverleumder nicht,
Irgendein schmeichelnder, geschäft'ger Schuft,
Ein glatter Schurk, um sich ein Amt zu fischen,
Die Lügen ausgedacht; ja, darauf sterb ich.
JAGO: Pfui, solchen Menschen gibt's nicht; 's ist unmöglich.
DESDEMONA: Und gibt es einen, so vergeb ihm Gott!
EMILIA: Ein Strick vergeb ihm! Nag an ihm die Hölle!
Sie Metze schimpfen! – Wer besucht' sie je?
Wo? Wann? Und wie? – Wo ist auch nur ein Schein?
Ein recht ausbünd'ger Schurk belog den Mohren,
Ein niederträcht'ger Schurk, ein schäb'ger Bube.
O Himmel! Möchtst du solch Gezücht entlarven

Und jeder wackren Hand 'ne Geißel geben,
Den Schurken nackt durch alle Welt zu peitschen
Vom Ost zum fernen West!

JAGO: Schrei doch nicht so!

EMILIA: Pfui über ihn! – Solch ein Geselle war's,
Der ehmals dir auch den Verstand verwirrte,
Mich mit dem Mohren in Verdacht zu haben!

JAGO: Du bist nicht klug, sei still!

DESDEMONA: O guter Jago!
Was soll ich tun, ihn wiederzugewinnen? –
Geh zu ihm, Freund, denn, bei der Sonne Licht,
Ich weiß nicht, wie ich ihn verlor. – Hier knie ich:
Wenn je mein Herz sich seiner Lieb empört
In Worten, in Gedanken oder Tat;
Wenn je mein Aug, mein Ohr und sonst ein Sinn
An andrer Wohlgestalt Gefallen fand;
Wenn ich nicht jetzt ihn lieb, ihn stets geliebt,
Ihn immerdar, auch wenn er mich verstieße
Als Bettlerin, von Herzen lieben werde –
Dann, Trost, verlass mich! – Kaltsinn bringt es weit;
Und rauben kann sein Kaltsinn mir das Leben,
Doch nie die Liebe mindern. Ich kann nicht sagen: Metze,
Mir schaudert schon, da ich das Wort gesprochen;
Doch tun, was die Beschimpfung nach sich zieht –
Nicht um die ganze Eitelkeit der Welt!

JAGO: Ich bitte, fasst Euch, 's ist nur seine Laune.
Die Staatsgeschäfte machten ihm Verdruss;
Da zankt er nun mit Euch.

DESDEMONA: Wär es nur das –

JAGO: Glaubt mir, es ist nichts andres.

Man hört Trompeten.

Horcht, die Trompete ruft zur Abendtafel!
Und die Gesandtschaft von Venedig wartet;
Geht hin und weint nicht, alles wird noch gut.

Desdemona und Emilia ab.

RODRIGO *tritt auf.*

Was gibt's, Rodrigo?

RODRIGO: Ich finde nicht, dass du es redlich mit mir meinst.

JAGO: Und warum das Gegenteil?

RODRIGO: Jeden Tag fertigst du mich mit einer Ausrede ab, Jago, und hältst mich vielmehr, wie mir's vorkommt, von aller guten Gelegenheit fern, als dass du meiner Hoffnung den geringsten Vorteil verschaffst. Ich ertrage das wahrhaftig nicht länger, und du sollst mich nicht dazu bringen, ruhig einzustecken, was ich bisher wie ein Tor mir habe gefallen lassen.

JAGO: Wollt Ihr mich anhören, Rodrigo?

RODRIGO: Auf Ehre, ich habe schon zu viel gehört, denn Euer Versprechen und Tun halten nicht gleichen Schritt miteinander.

JAGO: Ihr beschuldigt mich höchst ungerecht!

RODRIGO: 's ist lautre Wahrheit. Ich habe mein ganzes Vermögen zugesetzt. Die Juwelen, die Ihr von mir empfingt, um sie Desdemona einzuhändigen – die Hälfte hätte eine Nonne verführt. Ihr sagtet mir, sie habe sie angenommen, und gabt mir Hoffnung und Aussicht auf baldige Gunst und Erwiderung, aber dabei bleibt's.

JAGO: Gut, nur weiter, recht gut!

RODRIGO: Recht gut, weiter! Ich kann nicht weiter, Freund, und hier ist nichts recht gut. Bei dieser Hand, ich sage, es ist spitzbübisch; und ich fange an zu merken, dass man mich foppt.

JAGO: Recht gut!

RODRIGO: Ich sage dir, es ist nicht recht gut. Ich will mich Desdemona selbst entdecken; gibt sie mir meine Juwelen wieder zurück, so lass ich ab von meiner Bewerbung und bereue mein unerlaubtes Zumuten; wo nicht, seid gewiss, dass ich Genugtuung von Euch fordern werde.

JAGO: Habt Ihr jetzt gesprochen?

RODRIGO: Ja, und habe nichts gesprochen, als was ich ernstlich zu tun gesonnen bin.

JAGO: Schön! Nun sehe ich doch, dass du Haare auf den Zähnen hast, und seit diesem Moment fasse ich eine bessre Meinung von dir als je zuvor. Gib mir deine Hand, Rodrigo, du hast sehr begründete Einwendungen gegen mich vorgebracht, und dennoch, schwöre ich dir, bin ich in deiner Sache sehr gerade zu Werke gegangen.

RODRIGO: Das hat sich wenig gezeigt.

JAGO: Ich gebe zu, dass sich's nicht gezeigt hat, und dein Argwohn ist nicht ohne Verstand und Scharfsinn. Aber, Rodrigo, wenn das wirklich in dir steckt, was ich dir jetzt mehr zutraue als je – ich meine Willenskraft, Mut und Herz –, so zeig es diese Nacht. Wenn du in der nächsten Nacht nicht zu Desdemonas Besitz gelangst, so schaff mich hinterlistig aus der Welt und stelle meinem Leben Fallstricke.

RODRIGO: Gut, was ist's? Liegt's im Gebiet der Vernunft und der Möglichkeit?

JAGO: Freund, es ist ein ausdrücklicher Befehl von Venedig da, dass Cassio an Othellos Stelle treten soll.

RODRIGO: Ist das wahr? Nun, so gehen Othello und Desdemona nach Venedig zurück.

JAGO: O nein, er geht ins Mohrenland und nimmt die schöne Desdemona mit sich, wenn nicht sein Aufenthalt hier durch einen Zufall verlängert wird, und darin kann nichts so entscheidend sein, als wenn Cassio beiseite geschafft wird.

RODRIGO: Wie meinst du das – ihn beiseite schaffen?

JAGO: Nun, ihn für Othellos Amt untauglich machen, ihm das Gehirn ausschlagen.

RODRIGO: Und das, meinst du, soll ich tun?

JAGO: Ja, wenn du das Herz hast, dir Vorteil und Recht zu verschaffen. Er ist heute zum Abendessen bei einer Dirne, und dort will ich ihn treffen; noch weiß er nichts von seiner ehrenvollen Beförderung. Wenn du nun auf sein Weggehn lauern willst – und ich werde es einrichten, dass dies zwischen zwölf und eins geschehe –, so kannst du nach deiner Bequemlichkeit über ihn herfallen; ich will in der Nähe sein, um deinen Angriff zu unterstützen, und er soll zwischen uns beiden fallen. Komm, steh nicht so verwundert, sondern folge mir; ich will dich so von der Notwendigkeit seines Todes überzeugen, dass du's für Pflicht halten sollst, ihn aus der Welt zu schaffen. Es ist hohe Zeit zum Abendessen, und die Nacht geht hin. Frisch dran.

RODRIGO: Ich muss noch mehr Gründe hören.

JAGO: Das sollst du zur Genüge.

Sie gehn ab.

DRITTE SZENE

Vorsaal im Schlosse.

OTHELLO, LODOVICO, DESDEMONA, EMILIA *und* GEFOLGE *treten auf.*

LODOVICO: Ich bitt Euch, Herr, bemüht Euch nun nicht weiter.

OTHELLO: O nein, erlaubt, das Ausgehn tut mir wohl.

LODOVICO: Schlaft, Gnäd'ge, wohl! ich sag Euch meinen Dank.

DESDEMONA: Ihr wart uns sehr willkommen, Herr!

OTHELLO: Wollen wir gehn, Signor? – O Desdemona!

DESDEMONA: Mein Gemahl?

OTHELLO: Geh sogleich zu Bett, ich werde augenblicklich wieder da sein. Entlass deine Gesellschafterin, tu, wie ich dir sage. *Ab.*

DESDEMONA: Das werd ich, mein Gemahl.

EMILIA: Wie geht's nun? Er scheint milder als zuvor.

DESDEMONA: Er sagt, er werde hier sein ungesäumt;
Er gab mir den Befehl, zu Bett zu gehen,
Und hieß mich, dich entlassen.

EMILIA: Mich entlassen?

DESDEMONA: Er will es also; darum, gutes Kind,
Gib mir mein Nachtgewand und lebe wohl!
Wir dürfen jetzt ihn nicht erzürnen.

EMILIA: Hättet Ihr ihn doch nie gesehn!

DESDEMONA: Das wollt ich nicht, mein Herz hängt so an ihm,
Dass selbst sein Zorn, sein Trotz, sein Eigensinn –
Komm, steck mich los – mir lieb und reizend dünkt.
EMILIA: Die Tücher legt ich auf, wie Ihr's befahlt.
DESDEMONA: 's ist alles eins. – Ach! was wir töricht sind! –
Sterb ich vor dir, so bitt dich, hülle mich
In eins von diesen Tüchern.
EMILIA: Kommt, Ihr schwatzt!
DESDEMONA: Meine Mutter hatt ein Mädchen – Bärbel hieß sie –,
Die war verliebt, und treulos ward ihr Schatz
Und lief davon. Sie hatt ein Lied von »Weide«,
Ein altes Ding, doch passt' es für ihr Leid;
Sie starb, indem sie's sang. Das Lied heut Nacht
Kommt mir nicht aus dem Sinn; ich hab zu schaffen,
Dass ich nicht auch den Kopf so häng und singe
Wie's arme Bärbel. Bitt dich, mach geschwind.
EMILIA: Soll ich Eur Nachtkleid holen?
DESDEMONA: Nein, steck mich hier nur los. –
Der Lodovico ist ein feiner Mann.
EMILIA: Ein recht hübscher Mann.
DESDEMONA: Er spricht gut.
EMILIA: Ich weiß eine Dame in Venedig, die wäre barfuß nach Palästina gegangen um einen Druck von seiner Unterlippe.
DESDEMONA *singt*: Das Mägdlein saß singend am Feigenbaum früh,
Singt Weide, grüne Weide!
Die Hand auf dem Busen, das Haupt auf dem Knie,
Singt Weide, Weide, Weide!
Das Bächlein, es murmelt und stimmet mit ein;
Singt Weide, grüne Weide!
Heiß rollt ihr die Trän und erweicht das Gestein;
Leg dies beiseite –
Singt Weide, Weide, Weide!
Bitt dich, mach schnell, er kommt sogleich –
Von Weiden all flecht ich mir nun den Kranz –
O scheltet ihn nicht, sein Zorn ist mir recht –
Nein, das kommt später – horch! wer klopft da?

EMILIA: Es ist der Wind.
DESDEMONA: Ich nannt ihn du Falscher! was sagt' er dazu?
Singt Weide, grüne Weide!
Seh ich nach den Mädeln, nach den Buben siehst du.
So geh nun fort; gute Nacht! Mein Auge juckt,
Bedeutet das wohl Tränen?
EMILIA: Ei, mitnichten!
DESDEMONA: Ich hört es so. – Die Männer, o die Männer!
Glaubst du, auf dein Gewissen sprich, Emilia,
Dass wirklich Weiber sind, die ihre Männer
So gröblich täuschen?
EMILIA: Solche gibt's, kein Zweifel.
DESDEMONA: Tätst du dergleichen um die ganze Welt?
EMILIA: Nun, tätet Ihr's nicht?
DESDEMONA: Nein, beim Licht des Himmels!
EMILIA: Ich tat es auch nicht bei des Himmels Licht,
Ich könnt es ja im Dunkeln.
DESDEMONA: Tätst du dergleichen um die ganze Welt?
EMILIA: Die Welt ist mächtig weit; der Lohn wär groß,
Klein der Verstoß.
DESDEMONA: Gewiss, du tätst es nicht!

EMILIA: Gewiss, ich täte es und machte es wieder ungetan, wenn ich's getan hätte. Nun freilich täte ich so etwas nicht für einen Fingerring noch für einige Ellen Batist noch für Mäntel, Röcke und Hauben oder solchen armsel'gen Kram; aber für die ganze Welt – ei, wer hätte da nicht Lust, dem Manne Hörner aufzusetzen und ihn zum Weltkaiser zu machen? Dafür wagte ich das Fegefeuer!

DESDEMONA: Ich will des Todes sein, tät ich solch Unrecht
Auch um die ganze Welt.

EMILIA: Ei nun, das Unrecht ist doch nur ein Unrecht in der Welt, und wenn Euch die Welt für Eure Mühe zuteil wird, so ist's ein Unrecht in Eurer eignen Welt. Ihr könnt es geschwind zu Recht machen.

DESDEMONA: Ich glaube doch, es gibt kein solches Weib.

EMILIA: Ei, zehn für eins, und noch so viel in Kauf,
Die Welt, um die sie spielten, gleich zu füllen.
Allein mich dünkt, es ist der Männer Schuld,
Dass Weiber fallen. Wenn sie pflichtvergessen
In fremdem Schoß vergeuden unsern Schatz;
Wenn sie, verkehrt in laun'scher Eifersucht,
Ans Haus uns fesseln; wenn sie gar uns schlagen,
Wenn sie in Leichtsinn unser Gut vertun,
Dann schwillt auch uns die Galle; wir sind fromm,
Doch nicht von Rachsucht frei. Sie sollen's wissen,
Wir haben Sinne auch, wir sehn und riechen
Und haben einen Gaum für süß und herbe
Wie unsre Männer. Was bezwecken sie,
Wenn sie uns andre vorziehn? Ist es Lust?
Ich denke, ja; treibt sie die Leidenschaft?
Ich denke, ja; ist's Schwachheit, die sie tört?
Gewiss; und haben wir nicht Leidenschaft?
Nicht Hang zur Lust? Und Schwachheit gleich den Männern?
Drum, wenn der Mann sich treulos von uns kehrte,
War's seine Bosheit, die uns Böses lehrte.
DESDEMONA: Gut Nacht! – Und lass mich, Herr, in fremden Sünden
Nicht eigne Sünde, lass mich Bessrung finden!

Sie gehn ab.

Fünfter Aufzug

Erste Szene

Straße.

JAGO *und* RODRIGO *treten auf.*

JAGO: Hier steh am Pfeiler, gleich wird Cassio kommen,
Halt deine Klinge blank und führ sie gut.
Frisch, sei getrost; ich steh dir nah zur Hand;
Dies hebt uns oder stürzt uns, daran denke,
Und bleibe fest und standhaft beim Entschluss.
RODRIGO: So steh hier nah, es könnte mir misslingen.
JAGO: Hier neben dir; sei kühn und stell dich hin!
RODRIGO: Ich bin nicht sehr im Eifer für die Tat,
Und doch sind's trift'ge Gründe, die er gab.
Ein Mann – was liegt dran? – Komm, mein Schwert!
Er sterbe! *Tritt beiseite.*
JAGO: Ich rieb die junge Beule, bis sie brennt,
Nun macht er Ernst. Jetzt, ob er Cassio mordet,
Ob Cassio ihn – ob sie sich beide morden,
Mir ist das gleich gelegen. Lebt Rodrigo,
So dringt er auf den völligen Ersatz
Des Gelds und Schmucks, um die ich ihn geprellt
Für Desdemona;
Das darf nicht sein. Wenn Cassio übrig bleibt,
So zeigt sein Leben täglich eine Schönheit,
Die mich verhässlicht; und der Mohr auch möchte
Mich ihm verraten; das wär sehr bedenklich.
Nein, nein, er sterbe! – Still, ich hör ihn kommen.

CASSIO *tritt auf.*

RODRIGO: Es ist sein Gang, er kommt. – So stirb, du Schurk!

Er läuft auf Cassio zu und verwundet ihn.

CASSIO: Der Degenstoß war feindlich mir gemeint,
Doch ist mein Rock stichfester, als du glaubst;
Nun prüf ich deinen.

RODRIGO: Weh! ich bin des Todes.

Sie fechten; Cassio verwundet den Rodrigo, Jago sticht den Cassio von hinten ins Bein und geht ab.

CASSIO: Gelähmt auf immer! Hilfe! Mörder! Mörder!

OTHELLO *zeigt sich oben.*

OTHELLO: 's ist Cassios Stimme; Jago hält sein Wort!
RODRIGO: O ich Verruchter!
OTHELLO: Horch! – Jawohl, so ist's.
CASSIO: O Hilfe! Licht! ein Wundarzt!
OTHELLO: Er ist's! O wackrer Jago, brav und treu!
Der du so edel fühlst des Freundes Schmach!
Du lehrst mich: Püppchen, dein Geliebter fiel,
Und deine Stunde naht. Ich komme, Dirne!
Dein Blick, dein Reiz soll mir im Herzen sterben,
Dein sündig Bett das Blut der Sünde färben! *Ab.*

LODOVICO *und* GRATIANO *treten in einiger Entfernung auf.*

CASSIO: Kein Wächter da? Kommt niemand? Hilfe! Mord!
GRATIANO: Ein Unglück ganz gewiss, der Schrei war furchtbar.
CASSIO: O Hilfe!
LODOVICO: Horch!
RODRIGO: O niederträcht'ger Bube!
LODOVICO: Zwei-, dreimal hört ich ächzen. Grause Nacht!
Das kann Verstellung sein; ich halt's nicht sicher,
Dem Schrei zu folgen, eh uns Beistand wird.
RODRIGO: Kommt niemand, so muss ich zu Tode bluten.

JAGO *kommt mit einem Lichte.*

LODOVICO: Horch!
GRATIANO: Ein Mann hier ohne Wams mit Licht und Degen.
JAGO: Wer da? Was für ein Lärm? Wer rief hier Mord?
LODOVICO: Wir wissen's nicht.
JAGO: Habt ihr nicht schrein gehört?
CASSIO: Hier, hier; um Gottes willen, helft!
JAGO: Was gibt's?
GRATIANO: Das ist Othellos Fähnrich, wie ich glaube.
LODOVICO: Ganz recht, er ist's; ein sehr beherzter Mann.

JAGO: Wer seid Ihr da, der so erbärmlich ruft?
CASSIO: Jago, von Schurken tödlich hier gelähmt –
Ach, schaff mir Hilfe!
JAGO: Um Gott! Sagt, Leutnant, welche Buben taten's?
CASSIO: Der eine, denk ich, liegt hier in der Nähe
Und kann nicht fort.
JAGO: O die arglist'gen Schurken!
Zu Lodovico und Gratiano:
Wer seid ihr da? Kommt doch heran und helft!
RODRIGO: Oh, helft mir hier!
CASSIO: Der war dabei.
JAGO: O Schurk! O Meuchelmörder!
Jago ersticht den Rodrigo.
RODRIGO: Verdammter Jago! Bluthund! Oh! oh! oh!
JAGO: Im Dunkeln morden? Wo sind die blut'gen Diebe?
Wie still sind diese Straßen! Mord! Mord! Mord!
Wer seid denn ihr? Schlimm' oder Gute?
LODOVICO: Rühmt uns, wie Ihr uns findet.
JAGO: Signor Lodovico?
LODOVICO: Ja, Herr!
JAGO: Verzeihung; hier liegt Cassio, schwer verwundet
Von Schurken.
GRATIANO: Cassio?
JAGO: Sag, wie geht dir's, Bruder?
CASSIO: Ich bin durchs Bein gestochen.
JAGO: Gott verhüt es!
Bringt Licht, Herrn! Mit dem Hemd will ich's verbinden.
BIANCA *tritt auf.*
BIANCA: Was ist geschehn? Wer war es, der so schrie?
JAGO: Wer war's, der schrie?
BIANCA: O liebster Cassio! O mein süßer Cassio!
O Cassio! Cassio! Cassio!
JAGO: O du ausbünd'ge Metze! Cassio, wisst Ihr,
Wer jene waren, die Euch so gelähmt?
CASSIO: Nein.
GRATIANO: Mich schmerzt's, Euch so zu sehn, ich sucht Euch eben.

JAGO: Leiht mir ein Strumpfband. So. – Oh, eine Sänfte,
Ihn leise hinzutragen.
BIANCA: Er fällt in Ohnmacht. Cassio! Cassio! Cassio!
JAGO: Ihr Herrn, mir ahnet's, die Verworfne hier
Sei mit verstrickt in diese Gräueltat. –
Geduld ein wenig, lieber Cassio! Kommt,
Ein Licht her – kenn ich den da oder nicht?
Ach Gott! ist das mein Freund und werter Landsmann,
Rodrigo? – Nein; und doch: o Gott! Rodrigo!
GRATIANO: Rodrigo von Venedig?
JAGO: Derselbe; kennt Ihr ihn?
GRATIANO: Ja, allerdings!
JAGO: Signor Gratiano? O Herr, ich bin beschämt;
Der blut'ge Fall entschuld'ge meine Rauheit,
Die Euch misskannt.
GRATIANO: Es freut mich, Euch zu sehn.
JAGO: Cassio, wie geht's? Die Sänfte! He, die Sänfte!
GRATIANO: Rodrigo!
JAGO: Ja, ja, er ist's. – O schön, da kommt die Sänfte.
Tragt ihn mit Sorgfalt heim, ihr guten Leute;
Ich hol Othellos Wundarzt. *Zu Bianca:* Ihr da, Jungfer,
Spart Eure Müh. – Cassio, der hier gelähmt ward,
Ist sehr mein Freund; was hattet ihr für Streit?
CASSIO: Nichts in der Welt, ich kenn ihn nicht einmal.
JAGO *zu Bianca*: Wie, seid Ihr blass? – O tragt ihn aus der Luft.
Cassio und Rodrigo werden weggetragen.
Bleibt, werte Herrn! Ihr, Jungfer, seid so blass? –
Bemerkt ihr, wie verstört ihr Auge starrt?
Nun, starrt Ihr so, erfahren wir wohl mehr:
Betrachtet sie, ich bitt euch, seht sie an;
Nicht wahr, ihr Herrn? ihr schlecht Gewissen spricht,
Wenn auch die Zungen gar nicht reden könnten.
EMILIA *tritt auf.*
EMILIA: Was ist geschehn? Ach, Mann, was ist geschehn?
JAGO: Cassio ward hier im Dunkeln angefallen,
Rodrigo war's und andre, die entflohn;
Er ist halb tot, und Roderigo starb.

EMILIA: Ach Gott, der arme Herr! Ach, guter Cassio!
JAGO: Das ist der Unzucht Strafe. – Hör, Emilia,
Frag doch den Cassio, wo er nachts gespeist.
Zu Bianca: Was? Zittert Ihr davor?
BIANCA: Er aß bei mir. Doch davor zittr ich nicht.
JAGO: Ha, tat er das? Kommt, sag ich, folgt mir nach!
EMILIA: Pfui, schlechtes Weib!
BIANCA: Ich bin kein schlechtes Weib; ich bin so ehrlich
Wie Ihr, die so mich schimpft.
EMILIA: Wie ich? O pfui!
JAGO: Kommt, Herrn, zu sehn, wie Cassio wird verbunden;
Ihr, Jungfer, geht, Euch zeigt man's bald noch anders. –
Emilie, lauf zur Zitadell und melde
Dem Herrn und seiner Frau, was hier geschah.
Ich bitte, geht voran. *Für sich:* Dies ist die Nacht,
Die mich vernichtet oder glücklich macht.
Sie gehn ab.

ZWEITE SZENE

Schlafzimmer.

DESDEMONA *schlafend im Bett. Ein Licht brennt neben ihr.*
OTHELLO *tritt herein.*

OTHELLO: Die Sache will's, die Sache will's, mein Herz!
Lasst sie mich euch nicht nennen, keusche Sterne! –
Die Sache will's. – Doch nicht ihr Blut vergieß ich;
Noch ritz ich diese Haut, so weiß wie Schnee
Und sanft wie eines Denkmals Alabaster. *Legt seinen Degen ab.*
Doch sterben muss sie, sonst betrügt sie andre.
Tu aus das Licht, und dann – Tu aus das Licht; –
Ja, lösch ich dich, du flammenheller Diener –
Kann ich dein vorig Licht dir wiedergeben,
Sollt ich's bereun; doch dein Licht ausgetan,
Du reizend Muster herrlichster Natur,
Nie find ich den Prometheusfunken wieder,

Dein Licht zu zünden. Pflückt ich deine Rose,
Nie kann ich ihr den Lebenswuchs erneun,
Sie muss, muss welken; dufte mir vom Stamm! *Küsst sie.*
O würz'ger Hauch, der selbst Gerechtigkeit
Ihr Schwert zu brechen zwingt! – Noch einen! einen!
Sei, wenn du tot bist, so, dann töt ich dich
Und liebe dich nachher – noch einen und den letzten!
So süß war nie so tödlich. Ich muss weinen.
Doch sind's grausame Tränen; dieser Schmerz
Ist wie des Himmels, strafend, wo er liebt. –
Sie wacht.

DESDEMONA: Wer da? Othello?
OTHELLO: Ja, Desdemona.
DESDEMONA: Wollt Ihr zu Bett gehn, mein Gemahl?
OTHELLO: Hast du zur Nacht gebetet, Desdemona?
DESDEMONA: Ja, mein Gemahl!
OTHELLO: Kannst du dich einer Sünde noch erinnern,
Nicht ausgesöhnt dem Himmel und der Gnade,
So flehe jetzt alsbald.
DESDEMONA: Ach, mein Gemahl! Was willst du damit sagen?
OTHELLO: Wohl, tu es und sei kurz; ich geh beiseite;
Nicht möcht ich deinen Geist in Sünden töten,
Nein, Gott verhüt's! nicht deine Seele töten.
DESDEMONA: Sprichst du vom Töten?
OTHELLO: Ja!
DESDEMONA: Dann, güt'ger Himmel,
Erbarm dich mein!
OTHELLO: Amen von ganzem Herzen!
DESDEMONA: Wenn du so sprichst, dann wirst du mich nicht töten!
OTHELLO: Hm!
DESDEMONA: Und dennoch fürcht ich dich, denn du bist schrecklich,
Wenn so dein Auge rollt.
Warum ich fürchten sollte, weiß ich nicht,
Da ich von Schuld nichts weiß; doch fühl ich, dass ich fürchte.

OTHELLO: Denk deiner Sünde.
DESDEMONA: Das ist zu dir die Herzensliebe.
OTHELLO: Und dafür stirbst du.
DESDEMONA: Grausamer Tod, der nur um Liebe tötet! –
Ach, warum nagst du so die Unterlippe?
Dein ganzer Bau erbebt in blut'ger Wut.
Das sind Vorzeichen; doch ich hoff, ich hoffe,
Sie deuten nicht auf mich.
OTHELLO: Schweig und sei still!
DESDEMONA: Ich schweige; was begehrst du?
OTHELLO: Das Tuch, das ich so werthielt und dir schenkte,
Du gabst es Cassio.
DESDEMONA: Nein, bei Seel und Leben!
Ruf ihn herbei und frag ihn.
OTHELLO: Behüte, Kind, behüte dich vor Meineid,
Du liegst auf deinem Sterbebette.
DESDEMONA: Ja, doch nicht jetzt zu sterben.
OTHELLO: Ja, alsbald.
Darum bekenn aufrichtig deine Sünde;
Denn jeden Punkt mit einem Eid verleugnen,
Nicht wälzt es ab noch beugt's der Überzeugung Last,
Die mich zu Boden drückt. Du bist am Sterben!
DESDEMONA: Dann, Gott, erbarm dich mein!
OTHELLO: Ich sage amen!
DESDEMONA: Auch du erbarm dich mein! Nie hab ich dich
Jemals beleidigt, Cassio nie geliebt
Als mit der Liebe, die der Himmel selbst
Gestattet; niemals gab ich ihm ein Pfand.
OTHELLO: Bei Gott, ich sah mein Tuch in seinen Händen,
Meineidig Weib! Ha! du versteinst mein Herz
Und machst zum Mord, was ich beginnen will,
Was ich als Opfer meinte.
Ich sah das Tuch.
DESDEMONA: So hat er's denn gefunden;
Nie hab ich's ihm gegeben; ruf ihn her,
Dass er bekennt, wie's ist.

OTHELLO: Er hat bekannt.
DESDEMONA: Was, teurer Herr?
OTHELLO: Dass er dein Freund gewesen.
DESDEMONA: Wie? unerlaubt?
OTHELLO: Ja!
DESDEMONA: Das kann er nicht sagen.
OTHELLO: O nein, sein Mund ist stumm;
Der treue Jago hat dafür gesorgt.
DESDEMONA: Oh! meine Furcht erklärt mir's. Wie? Er tot?
OTHELLO: Ob jedes Haar ein Leben war, mein Grimm
Verschlang sie alle.
DESDEMONA: O Gott! Er ist verraten, ich verloren!
OTHELLO: Ha, Metze! Weinst um ihn vor meinen Augen?
DESDEMONA: Verstoße mich! Oh, töte mich nur nicht.
OTHELLO: Nieder mit dir, Metze!
DESDEMONA: Töte mich morgen, lass mich heut noch leben!
OTHELLO: Kein Sträuben!
DESDEMONA: Nur ein Stündchen.
OTHELLO: Ist's getan,
Braucht's keines Zögerns.
DESDEMONA: Nur, bis ich noch gebetet!
OTHELLO: 's ist zu spät. *Er erstickt sie.*
EMILIA *draußen*: Mein gnäd'ger Herr! He! Holla! Gnäd'ger Herr!
OTHELLO: Was für ein Lärm? Nicht tot? Noch nicht ganz tot? –
Ich bin zwar grausam, aber doch barmherzig;
Nicht möcht ich dir verlängern deine Qual.
Ersticht sie mit dem Dolch.
So, so.
EMILIA: He, holla! Gnäd'ger Herr!
OTHELLO: Wer da?
EMILIA: O bester Herr, nur auf ein Wort mit Euch.
OTHELLO: Ja! 's ist Emilia. Gleich! – Jetzt ist sie tot. –
Gewiss, sie kommt und meldet Cassios Tod;
Der Lärm war groß. – Ha! Regst du dich nicht mehr?
Still, wie das Grab. – Darf sie herein? – Wär's gut? –
Mir deucht, sie rührt sich. – Nein. – Was ist das Beste?

Kommt sie, wird sie nach meinem Weibe fragen –
Mein Weib! Mein Weib! – Welch Weib! Ich hab kein Weib.
O unerträglich! O furchtbare Stunde!
Nun, dächt ich, müsst ein groß Verfinstern sein
An Sonn und Mond und die erschreckte Erde
Sich auftun vor Entsetzen.

EMILIA: Ich bitt Euch dringend, gönnt mir nur ein Wort,
O bester Herr!

OTHELLO: Oh! ich vergaß dich. – Komm herein, Emilia!
Sacht – gleich! Sogleich! – Ich zieh den Vorhang zu.
Wo kommst du her? Was hast du mir zu sagen?

Er schließt die Tür auf, EMILIA *tritt herein.*

EMILIA: O lieber Herr! Ein sünd'ger Mord geschah.

OTHELLO: Wie, jetzt?

EMILIA: Jetzt eben, Herr!

OTHELLO: Das hat wahrhaftig nur der Mond verschuldet;
Er kommt der Erde näher, als er pflegt,
Und macht die Menschen rasend.

EMILIA: Cassio, Herr,
Bracht einen jungen Venezianer um,
Genannt Rodrigo.

OTHELLO: Was! Rodrigo tot?
Und Cassio tot?

EMILIA: Nein, Cassio ist nicht tot.

OTHELLO: Cassio nicht tot? Dann klingt der Mord verstimmt
Und rau die süße Rache.

DESDEMONA: O ungerechter Mord!

EMILIA: Gott! Welch ein Schrei war das?

OTHELLO: Das? Was?

EMILIA: O heil'ger Gott! Die Stimme meiner Frau!
Helft, helft, o helft! O Teure, sprecht noch einmal!
O Desdemona! süße Herrin, sprecht!

DESDEMONA: Ich sterbe schuldlos.

EMILIA: Oh! Wer hat die Tat vollbracht?

DESDEMONA: Niemand – ich selbst – leb wohl!
Empfiehl mich meinem güt'gen Herrn – leb wohl!

OTHELLO: Wie wär sie denn ermordet?
EMILIA: Gott! wer weiß es?
OTHELLO: Du hörtst es von ihr selbst, ich tat es nicht.
EMILIA: So sagte sie, so muss ich's treu berichten.
OTHELLO: Sie fuhr als Lügnerin zur Flammenhölle;
Ich war ihr Mörder.
EMILIA: So mehr Engel sie,
Und du so schwärzrer Teufel!
OTHELLO: Sie fiel der Sünd anheim und ward zur Hure.
EMILIA: Nein, du verleumdest sie, du bist ein Teufel.
OTHELLO: Sie war wie Wasser falsch.
EMILIA: Und du bist wild wie Feuer, wenn du sie
Der Falschheit zeihst; oh, sie war himmlisch treu!
OTHELLO: Cassio verführte sie: frag deinen Mann;
Verdammt wär ich zum tiefsten Höllenabgrund,
Wenn ich nicht vorschritt auf gerechtem Grund
Zu diesem Äußersten. – Dein Mann weiß alles.
EMILIA: Mein Mann?
OTHELLO: Dein Mann.
EMILIA: Dass sie die Ehe brach?
OTHELLO: Ja doch, mit Cassio. Wär sie treu gewesen –
Und schüf mir eine zweite Welt der Himmel
Aus einem fehllos reinen Chrysolith,
Ich gäb sie nicht dafür.
EMILIA: Mein Mann!
OTHELLO: Jawohl, er war's, der mich zuerst gewarnt,
Er ist ein Ehrenmann und hasst den Schlamm
Schandbarer Gräueltat.
EMILIA: Mein Mann?
OTHELLO: Wozu die Wiederholung, Weib?
Ich sage dir, dein Mann.
EMILIA: O teure Frau, Bosheit treibt Spott mit Liebe!
Mein Mann sagt, dass sie falsch ist?
OTHELLO: Weib! er sagt's,
Dein Mann, dein Mann, verstehst du?
Mein Freund, dein Mann, der wackre, wackre Jago.

EMILIA: Sagt er's, mag ihm die gift'ge Seele täglich
Verfaulen um 'nen Gran! Er lügt als Schelm;
Sie liebte nur zu sehr ihr kläglich Bündnis.
OTHELLO: Ha!
EMILIA: Tu dein Ärgstes;
So wert ist diese deine Tat des Himmels,
Wie ihrer du.
OTHELLO: Am besten wohl, du schwiegst.
EMILIA: Du hast nicht halb die Kraft, mir weh zu tun,
Wie ich's zu tragen. Dummkopf! blöder Tor!
Hirnlos, wie Kot: die Tat, die du getan –
Was kümmert mich dein Schwert? Ich mach es kund,
Und gält es zwanzig Leben. Helft, helft, helft!
Der Mohr hat meine Frau erwürgt: Mord! Mord!

MONTANO, GRATIANO *und* JAGO *treten auf.*

MONTANO: Was geht hier vor? Was gibt es, General?
EMILIA: Oh, kommst du, Jago? – Ei, du machst es schön,
Dass andre ihre Mordtat auf dich schieben.
GRATIANO: Was geht hier vor?
EMILIA: Straf diesen Böswicht Lügen, wenn du Mann bist.
Er spricht: Du sagtest ihm, sein Weib sei falsch,
Ich weiß, das tatst du nicht, du bist kein Schelm;
Sprich, denn mein Herz ist voll.
JAGO: Ich sagt ihm, was ich dachte; sagt auch nichts,
Als was er selbst glaubwürdig fand und wahr.
EMILIA: So hast du je gesagt, sie sei nicht treu?
JAGO: Ich tat's.
EMILIA: Das war 'ne Lüge; schnöde, höll'sche Lüge:
Bei Gott, 'ne Lüge, recht verdammte Lüge!
Sie falsch mit Cassio? Sagtest du, mit Cassio?
JAGO: Mit Cassio, Weib: still! Bänd'ge deine Zunge.
EMILIA: Die Zunge bänd'gen? Reden will ich laut;
In ihrem Bett liegt meine Frau ermordet.
ALLE: O Gott verhüt es!
EMILIA: Und dein Verhetzen stiftete den Mord.
OTHELLO: Nein, starrt nicht so, ihr Herrn, 's ist wirklich wahr.

GRATIANO: Unsel'ge Wahrheit!
MONTANO: Ungeheure Tat!
EMILIA: O Büberei, verruchte Büberei! –
Ich denke dran – ich denk – ich merk's – o Büberei!
Ich dacht es gleich – vor Gram möcht ich mich töten!
O Büberei!
JAGO: Was, bist du toll? Geh gleich nach Haus, befehl ich.
EMILIA: Ihr edlen Herrn! Vergönnt mir, dass ich rede.
Ihm zu gehorchen ziemt mir, doch nicht jetzt.
Vielleicht geh ich nie mehr nach Hause, Jago.
OTHELLO: Oh, oh, oh, oh! *Wirft sich auf das Bett.*
EMILIA: Ja, wirf dich hin und brülle,
Weil du gemordet hast die holdste Unschuld,
Die je den Blick erhob.
OTHELLO: Oh, sie war schlecht –
Ich sah Euch jetzt erst, Ohm: ja, diese Hand
Hat wirklich Eure Nichte jetzt ermordet.
Ich weiß, die Tat sieht gräulich aus und schwarz.
GRATIANO: Du armes Kind! – Gut, dass dein Vater starb;
Dein Bündnis ward ihm tödlich. Gram allein
Zerschnitt den alten Faden; lebt' er jetzt,
Der Anblick würd ihn in Verzweiflung stürzen,
Dass er den guten Engel von sich fluchte,
Sein Seelenheil gefährdend.
OTHELLO: Ja, es ist jammervoll! Doch Jago weiß,
Dass sie die schnöde Tat mit diesem Cassio
Wohl hundertmal beging: Cassio gestand's,
Und sie vergalt ihm seine Liebesglut
Mit dem Gedächtnispfand und Brautgeschenk,
Das ich ihr gab; ich sah's in seiner Hand;
Es war ein Tuch, ein altes Angedenken,
Das einst mein Vater meiner Mutter gab.
EMILIA: O all ihr Himmelsmächte!
JAGO: Willst du schweigen?
EMILIA: Es muss heraus, heraus! Jetzt schweigen? Nein,
Nein, ich will reden, ungehemmt wie Nordwind.

Lass Himmel, Menschen, Teufel, alle, alle
Schmach rufen über mich, ich rede doch!

JAGO: Sei klug, und geh nach Haus.

EMILIA: Ich will nicht.

Jago macht Miene, sie zu erstechen.

GRATIANO: Pfui!
Den Degen auf ein Weib?

EMILIA: O dummer Mohr! Das Tuch, von dem du sagst,
Fand ich durch Zufall und gab's meinem Manne;
Denn oft mit feierlichem Ernst und Nachdruck,
Mehr, als für solche Kleinigkeit sich ziemte,
Hieß er's mich stehlen.

JAGO: Du verdammte Metze!

EMILIA: Sie gab es Cassio? – Nein, ach nein! Ich fand's
Und gab es meinem Mann.

JAGO: Ausbund! du lügst.

EMILIA: Bei Gott, ich log nicht, nein, ihr edlen Herrn!
Blutdürst'ger Narr! Was sollt auch dieser Tropf
Mit solcher guten Frau?

Jago ersticht seine Frau und läuft fort.

OTHELLO: Gibt's keinen Keil im Himmel
Als nur zum Donner? – Auserlesner Schurke!

GRATIANO: Sie sinkt, wahrhaftig, er erstach sein Weib!

EMILIA: Ja, ja, o legt mich neben meine Herrin!

GRATIANO: Er lief davon, doch seine Frau ist hin.

MONTANO: 's ist ein Erzbösewicht. – Bewahrt dies Schwert,
Das ich jetzt hier dem Mohren weggenommen.
Besetzt die äußre Tür, lasst ihn nicht durch;
Erstecht ihn eh – Ich will dem Buben nach,
Denn der ist ein verdammter Hund.

Montano und Gratiano ab.

OTHELLO: Ich bin auch nicht mehr tapfer:
Nein, jeder winz'ge Knab entführt mein Schwert.
Was soll auch Ehre Tugend überleben? –
Fahr alles hin.

EMILIA: Was deutete dein Lied?
Hörst du mich noch? Ich will dem Schwane gleich
In Wohllaut sterben. Weide, Weide, Weide! –
Mohr, sie war keusch; sie liebte dich, Barbar!
So werde Heil mir, wie ich Wahrheit zeuge;
Und redend, wie ich denke, sterb ich – sterb ich. *Stirbt.*

OTHELLO: Ich hab noch einen Degen hier im Zimmer,
Es ist ein spanisch Schwert, in Eis gehärtet.
Aha, hier ist's! – Oheim, ich muss hinaus.

GRATIANO *draußen*: Wenn du's versuchst, wirst du es teuer büßen,
Du bist wehrlos und musst dich unterwerfen.

OTHELLO: So komm denn hier herein und sprich mit mir,
Sonst mit der nackten Faust fall ich dich an.

GRATIANO *tritt wieder auf.*

GRATIANO: Was willst du mir?

OTHELLO: Sieh her, ich hab ein Schwert!
Ein bessres hat noch nie geschmückt die Hüfte
Eines Soldaten. Wohl war einst der Tag,
Wo mir der kleine Arm, dies gute Schwert
Den Ausgang schaffte durch mehr Hindernis
Als zwanzigmal dein Zwang. Doch eitles Prahlen!
Wer lenkt sein Schicksal? Das ist jetzt vorbei. –
Seid nicht erschreckt, ob Ihr bewehrt mich seht;
Hier ist mein Reiseziel, mein Ankerplatz,
Die fernste Seemark für mein stürmisch Schiff.
Trittst du zurück in Furcht? Du bangst umsonst;
Zück nur ein Schilfrohr auf Othellos Brust,
Er weicht ihm. Wohin sollt Othello gehn? –
Ach, wie siehst du nun aus, o Kind des Jammers,
Bleich, wie dein Tuch! Wenn wir am Thron erscheinen,
Wird dies dein Bild mich fort vom Himmel schleudern,
Wo Furien mich ergreifen. Kalt, mein Mädchen?
Wie deine Keuschheit!
O du verfluchter Sklav! Peitscht mich, ihr Teufel,
Weg von dem Anblick dieser Himmelsschönheit!
Stürmt mich in Wirbeln! Röstet mich in Schwefel,

Wascht mich in tiefen Schlünden flüss'ger Glut!
O Desdemona, Desdemona, tot? –
Oh! oh! oh!

LODOVICO, CASSIO, *der geführt wird,* MONTANO, JAGO *als Gefangener und* OFFIZIERE.

LODOVICO: Wo ist der rasche, höchst unsel'ge Mann?
OTHELLO: Hier steht, der einst Othello war: hier bin ich.
LODOVICO: Wo ist die Natter? Führt den Buben vor!
OTHELLO: Ich seh ihm auf den Fuß; doch das ist Fabel –
Bist du ein Teufel, kann ich dich nicht töten.

Othello verwundet den Jago.

LODOVICO: Nehmt ihm sein Schwert!
JAGO: Ich blute, doch ich lebe.
OTHELLO: Sonst tät es mir auch leid. Du sollst noch leben;
Denn wie ich fühl, ist Tod Glückseligkeit.
LODOVICO: O du, Othello! sonst so groß und gut,
Umgarnt von Schlingen eines Bösewichts!
Was soll man von dir sagen?
OTHELLO: Was man will:
Dass ich ein ehrenvoller Mörder sei;
Denn nichts tat ich aus Hass, für Ehre alles.
LODOVICO: Halb hat der Sklav sein Bubenstück bekannt.
Habt Ihr mit ihm in Cassios Tod gewilligt?
OTHELLO: Ja.
CASSIO: Teurer Herr, ich gab Euch niemals Grund.
OTHELLO: Ich glaub es, und ich bitt um dein Verzeihn.
Wollt ihr von diesem Teufel wohl erfragen,
Warum er Seel und Leib mir so verstrickt?
JAGO: Fragt mich um nichts mehr, was ihr wisst, das wisst ihr.
Von dieser Stund an rede ich kein Wort.
LODOVICO: Was? Nicht zum Beten?
GRATIANO: Folter wird dich's lehren.
OTHELLO: Gut, du tust so am besten.
LODOVICO: Ihr sollt erfahren, Herr, was sich begab,
Noch, glaub ich, wisst Ihr's nicht: hier ist ein Brief,
Der sich in Roderigos Tasche fand,

Und hier ein zweiter. Jener dort enthält,
Wie Roderigo aufgefordert ward
Zu Cassios Tod.

OTHELLO: Nichtswürdiger!

CASSIO: Höchst heidnisch, höchst verrucht!

LODOVICO: Ein andrer Brief, verstimmt und voller Zweifel,
Gefunden auch bei ihm; und diesen, scheint's,
Wollt Roderigo an den Schurken senden,
Doch kam indes wohl Jago selbst zu ihm,
Ihn zu beruhigen.

OTHELLO: Meuchlerischer Hund!
Wie kamst du, Cassio, denn zu jenem Tuch
Von meiner Frau?

CASSIO: Ich fand's auf meinem Zimmer;
Und er gestand in diesem Augenblick,
Dass er's dort fallen ließ aus eigner Absicht,
Zu schlechtem Zweck.

OTHELLO: O Tor! O blöder Tor!

CASSIO: Dann ferner steht in Roderigos Brief
Der Vorwurf, wie ihn Jago aufgehetzt,
Mir auf der Wacht zu trotzen, was bewirkte,
Dass ich entsetzt ward, und noch sagt' er eben,
Erwacht vom Scheintod, dass ihn Jago reizte,
Mich anzufallen, und ihn dann erstach.

LODOVICO: Ihr müsst jetzt mit uns dieses Haus verlassen,
Gewalt und Vollmacht sind Euch abgenommen;
Cassio befiehlt in Zypern. Dieser Bube –
Gibt's irgendeine recht geschärfte Marter,
Die lang ihn hinhält und erfindrisch quält,
Die sei für ihn. Ihr bleibt in strenger Haft,
Bis über Eure Tat berichtet ward
Dem Staat Venedigs. Geht und führt ihn weg.

OTHELLO: Gemach! – Nur noch zwei Worte, eh Ihr geht.
Ich tat Venedig manchen Dienst, man weiß es:
Nichts mehr davon. – In Euren Briefen, bitt ich,
Wenn Ihr von diesem Unheil Kunde gebt,

Sprecht von mir, wie ich bin – verkleinert nichts
Noch setzt in Bosheit zu. Dann müsst Ihr melden
Von einem, der nicht klug, doch zu sehr liebte;
Nicht leicht argwöhnte, doch, einmal erregt,
Unendlich raste; von einem, dessen Hand,
Dem niedern Inder gleich, die Perle wegwarf,
Mehr wert als all sein Volk; des überwundnes Auge,
Sonst nicht gewöhnt zu schmelzen, sich ergießt
In Tränen, wie Arabiens Bäume taun
Von heilungskräft'gem Balsam – schreibt das alles;
Und fügt hinzu: dass in Aleppo, wo
Ein gift'ger Türk in hohem Turban einst
'nen Venezianer schlug und schalt den Staat –
Ich den beschnittnen Hund am Hals ergriff
Und traf ihn – so! *Er ersticht sich.*

LODOVICO: O blut'ges Ende!

GRATIANO: Umsonst nun jedes Wort.

OTHELLO: Ich küsste dich,
Eh ich dir Tod gab – nun sei dies der Schluss:
Mich selber tötend, sterb ich so im Kuss.

CASSIO: Dies fürchtet ich, doch glaubt ihn ohne Waffen;
Denn er war hochgesinnt.

LODOVICO: Spartan'scher Hund,
Verderblicher als Hunger, Pest und Meer!
Schau dort die trag'sche Bürde dieses Betts:
Das ist dein Werk. Das Aug erliegt dem Anblick;
Verhüllt ihn. Ihr, Gratiano, bleibt im Schloss
Und nehmt des Mohren Güter in Beschlag,
Denn Ihr beerbt ihn. *Zu Cassio:* Euch, Herr Gouverneur,
Liegt ob das Urteil dieses höll'schen Buben;
Die Zeit, der Ort, die Marter – o verschärft sie! –
Ich will sogleich an Bord und dem Senat
Mit schwerem Herzen künden schwere Tat.

Alle gehn ab.

King Lear

Personen

LEAR, *König von Britannien*
KÖNIG VON FRANKREICH
HERZOG VON BURGUND
HERZOG VON CORNWALL, *Regans Gemahl*
HERZOG VON ALBANIEN, *Gonerils Gemahl*
GRAF VON KENT
GRAF VON GLOSTER
EDGAR, *Glosters Sohn*
EDMUND, *Glosters Bastard*
CURAN, *ein Höfling*
HAUSHOFMEISTER, *Gonerils Haushofmeister*
Ein ARZT
Der NARR
Ein HAUPTMANN
Ein EDELMANN *im Gefolge der Cordelia*
Ein HEROLD
Ein ALTER MANN, *Glosters Pächter*
BEDIENTE *von Cornwall*
GONERIL, REGAN, CORDELIA – *Lears Töchter*
RITTER im Gefolge des Königs, OFFIZIERE, BOTEN, SOLDATEN und GEFOLGE

Die Szene ist in Britannien.

Erster Aufzug

Erste Szene

König Lears Palast.

KENT, GLOSTER *und* EDMUND.

KENT: Ich dachte, der König sei dem Herzog von Albanien gewogener als dem von Cornwall.

GLOSTER: So schien es uns immer; doch jetzt bei der Teilung des Reichs zeigt sich's nicht, welchen der beiden Herzoge er höher schätzt. Denn so gleichmäßig sind die Teile abgewogen, dass die genaueste Forschung selbst sich für keine der Hälften entscheiden könnte.

KENT: Ist das nicht Euer Sohn, Mylord?

GLOSTER: Seine Erziehung ist mir zur Last gefallen: Ich musste so oft erröten, ihn anzuerkennen, dass ich nun dagegen gestählt bin.

KENT: Ich verstehe Euch nicht.

GLOSTER: Seine Mutter und ich verstanden uns nur zu gut, worauf ihr Leib sich rundete und sie früher einen Sohn für ihre Wiege hatte als einen Mann für ihr Bett. Merkt Ihr was von einem Fehltritt?

KENT: Ich kann den Fehltritt nicht ungeschehen wünschen, da der Erfolg davon so anmutig ist.

GLOSTER: Doch habe ich auch einen rechtmäßigen Sohn, etwa ein Jahr älter als dieser, den ich aber darum nicht höher schätze. Obgleich dieser Schelm etwas vorwitzig in die Welt kam, eh er gerufen ward, so war doch seine Mutter schön, es ging lustig her bei seinem Entstehen, und der Bankert durfte nicht verleugnet werden. Kennst du diesen edlen Herrn, Edmund?

EDMUND: Nein, Mylord.

GLOSTER: Mylord von Kent: Gedenke sein hinfort als meines geehrten Freundes.

EDMUND: Mein Dienst sei Euer Gnaden gewidmet.

KENT: Ich muss Euch lieben und bitte um Eure nähere Bekanntschaft.

EDMUND: Ich werde sie zu verdienen suchen.

GLOSTER: Er war neun Jahre im Auslande und soll wieder fort. Der König kommt!

Man hört Trompeten.

KÖNIG LEAR, CORNWALL, ALBANIEN, GONERIL, REGAN, CORDELIA *und* GEFOLGE *treten auf.*

LEAR: Führt ein die Herrn von Frankreich und Burgund, Gloster!

GLOSTER: Sehr wohl, mein König!

Gloster und Edmund ab.

LEAR: Derweil enthülln wir den verschwiegnen Vorsatz.
Die Karte dort! – Wisst, dass wir unser Reich
Geteilt in drei, 's ist unser fester Schluss,
Von unserm Alter Sorg und Müh zu schütteln,
Sie jüngrer Kraft vertrauend, während wir
Zum Grab entbürdet wanken. Sohn von Cornwall
Und Ihr, gleich sehr geliebter Sohn Albanien,
Wir sind jetzund gewillt, bekannt zu machen
Der Töchter fest beschiedne Mitgift, dass
Wir künft'gem Streite so begegnen. –
Die Fürsten Frankreich und Burgund, erhabne
Mitwerber um der jüngern Tochter Gunst,
Verweilten lange hier in Liebes Werbung
Und harrn auf Antwort. – Sagt mir, meine Töchter
Da wir uns jetzt entäußern der Regierung,
Des Landbesitzes und der Staatsgeschäfte –,
Welche von euch liebt uns nun wohl am meisten?
Dass wir die reichste Gabe spenden, wo
Verdienst sie und Natur heischt. Goneril,
Du Erstgeborne, sprich zuerst!

GONERIL: Mein Vater,
Mehr lieb ich Euch, als Worte je umfassen,
Weit inniger als Licht und Luft und Freiheit,
Weit mehr, als was für reich und selten gilt,
Wie Schmuck des Lebens, Wohlsein, Schönheit, Ehre,

Wie je ein Kind geliebt, ein Vater Liebe fand.
Der Atem dünkt mich arm, die Sprache stumm,
Weit mehr als alles das lieb ich Euch noch.

CORDELIA *beiseite*: Was soll Cordelia tun? Sie liebt und schweigt.

LEAR: All dies Gebiet, von dem zu jenem Strich,
An schatt'gen Forsten und Gefilden reich,
An vollen Strömen und weit grünen Triften,
Beherrsche du: dir und Albaniens Stamm
Sei dies auf ewig. Was sagt unsre zweite Tochter,
Die teure Regan, Cornwalls Gattin? Sprich!

REGAN: Ich bin vom selben Stoff wie meine Schwester
Und schätze mich ihr gleich. Mein treues Herz
Fühlt, all mein Lieben hat sie Euch genannt;
Nur bleibt sie noch zurück: denn ich erkläre
Mich als die Feindin jeder andern Lust,
Die in der Sinne reichstem Umkreis wohnt,
Und fühl in Eurer teuren Hoheit Liebe
Mein einzig Glück.

CORDELIA *beiseite*: Arme Cordelia dann! –
Und doch nicht arm; denn meine Lieb, ich weiß,
Wiegt schwerer als mein Wort.

LEAR: Dir und den Deinen bleib als Erb auf immer
Dies zweite Dritteil unsers schönen Reichs,
An Umfang, Wert und Anmut minder nicht,
Als was ich Gonril gab. Nun unsre Freude,
Du jüngste, nicht geringste, deren Liebe
Die Weine Frankreichs und die Milch Burgunds
Nachstreben; was sagst du, dir zu gewinnen
Ein reichres Dritteil als die Schwestern? Sprich!

CORDELIA: Nichts, gnäd'ger Herr!

LEAR: Nichts?

CORDELIA: Nichts.

LEAR: Aus nichts kann nichts entstehn: sprich noch einmal.

CORDELIA: Ich Unglücksel'ge, ich kann nicht mein Herz
Auf meine Lippen heben; ich lieb Eur Hoheit,
Wie's meiner Pflicht geziemt, nicht mehr, nicht minder.

LEAR: Wie? Wie? Cordelia! Bessre deine Rede,
Sonst schadst du deinem Glück.
CORDELIA: Mein teurer Herr,
Ihr zeugtet, pflegtet, liebtet mich; und ich
Erwidr Euch diese Wohltat, wie ich muss,
Gehorch Euch, lieb Euch und verehr Euch hoch.
Wozu den Schwestern Männer, wenn sie sagen,
Sie lieben Euch nur? Würd ich je vermählt,
So folgt' dem Mann, der meinen Schwur empfing,
Halb meine Treu, halb meine Lieb und Pflicht.
Gewiss, nie werd ich frein wie meine Schwestern,
Den Vater nur allein zu lieben.
LEAR: Und kommt dir das von Herzen?
CORDELIA: Ja, mein Vater!
LEAR: So jung und so unzärtlich?
CORDELIA: So jung, mein Vater, und so wahr.
LEAR: Sei's drum. Nimm deine Wahrheit dann zur Mitgift:
Denn bei der Sonne heil'gem Strahlenkreis,
Bei Hekates Mysterien und der Nacht,
Bei allen Kräften der Planetenbahn,
Durch die wir leben und dem Tod verfallen,
Sag ich mich los hier aller Vaterpflicht,
Aller Gemeinsamkeit und Blutsverwandtschaft,
Und wie ein Fremdling meiner Brust und mir
Sei du von jetzt auf ewig. Der rohe Skythe,
Ja der die eignen Kinder macht zum Fraß,
Zu sätt'gen seine Gier, soll meinem Herzen
So nah stehn, gleichen Trost und Mitleid finden
Wie du, mein weiland Kind.
KENT: O edler König!
LEAR: Schweig, Kent!
Tritt zwischen den Drachen nicht und seinen Grimm;
Sie war mein Liebling, und ich hofft auf Trost
Von ihrer sanften Pflege. Fort! mir aus den Augen! –
Sei Friede so mein Grab, wie ich von ihr
Mein Vaterherz losreiße. – Ruft mir Frankreich!

Wer rührt sich? Ruft Burgund! – Ihr, Cornwall und Albanien,
Zu meiner Töchter Mitgift schlagt dies Dritteil. –
Stolz, den sie Gradheit nennt, vermähle sie!
Euch beide kleid ich hier in meine Macht,
Vorrang der Würd und allerhöchsten Glanz,
Der Majestät umgibt. Wir, nach der Monde Lauf,
Mit Vorbehalt allein von hundert Rittern,
Die ihr erhaltet, wohnen dann bei euch,
Nach Ordnung wechselnd. Wir bewahren nur
Den Namen und des Königs Ehrenrecht; –
Die Macht,
Verwaltung, Rent und alle Staatsgewalt,
Geliebte Söhn, ist euer. Des zum Zeugnis
Teilt diesen goldnen Reif.

KENT: Erhabner Lear,
Den ich als meinen König stets geehrt,
Geliebt als Vater und als Herrn begleitet,
Als höchsten Hort einschloss in mein Gebet –

LEAR: Der Bogen ist gespannt, entflieh dem Pfeil!

KENT: Er falle nur, ob auch die Spitze
Ins Herz mir bohrt. Sei Kent nur ohne Sitte,
Wenn Lear verrückt. Was tust du, alter Mann?
Meinst du, dass Pflicht zu reden scheut, weil Macht
Zum Schmeicheln sinkt? – Die Ehre fordert Gradheit,
Wenn Kön'ge töricht werden. Bleibe Herrscher,
Und mit der besten Überlegung hemme
Die frevle Eil. Mit meinem Leben bürg ich,
Die jüngre Tochter liebt dich minder nicht
Noch ist der ohne Herz, des schwacher Klang
Nicht Hohlheit widertönt.

LEAR: Schweig, Kent, bei deinem Leben.

KENT: Mein Leben galt mir stets nur als ein Pfand,
Zu wagen gegen deinen Feind; gern opfr ich's
Für deine Wohlfahrt.

LEAR: Aus den Augen mir!

KENT: Sieh besser, Lear, und lass mich immer bleiben
Der Zielpunkt deines Auges.
LEAR: Nun, beim Apoll!
KENT: Nun, beim Apollo, König,
Du rufst vergeblich deine Götter an.
LEAR: O Sklav! – Nichtswürd'ger!
Legt die Hand ans Schwert.
ALBANIEN *und* CORNWALL: Teurer Herr, lass ab!
KENT: Tu's, töte deinen Arzt und gib den Lohn
Der schnöden Krankheit. Nimm zurück die Schenkung,
Sonst, bis der Kehle Kraft versagt zu schrein,
Sag ich dir, du tust unrecht.
LEAR: Höre mich!
Rebell, bei deiner Lehnspflicht, höre mich!
Weil du zum Wortbruch uns verleiten wolltest
Den wir noch nie gewagt – und stolz verwegen
Dich drängtest zwischen unsern Spruch und Thron
Was unser Blut und Rang nicht dulden darf –,
Sprech ich als Herrscher jetzt: Nimm deinen Lohn.
Fünf Tage gönnen wir, dich zu versehn
Mit Schirmung vor des Lebens Ungemach:
Am sechsten kehrst du den verhassten Rücken
Dem Königreich, und weilt am zehnten Tag
In unserm Lande dein verbannter Leib,
So ist's dein Tod. Hinweg! Bei Jupiter,
Dies widerruf ich nicht.
KENT: So leb denn wohl, Fürst. Zeigst du so dich, Lear,
Lebt Freiheit auswärts und Verbannung hier.
Zu Cordelia: Dir, Jungfrau, sei'n die Götter mächt'ger Hort,
Die richtig denkt und sprach das rechte Wort.
Zu Goneril und Regan:
Eur breites Reden sei durch Tat bewährt,
Dass Liebeswort willkommne Frucht gebärt.
Fahrt wohl, ihr Fürsten all: Kent muss von hinnen,
Im neuen Land ein Schicksal zu gewinnen. *Ab.*

GLOSTER *kommt zurück mit* FRANKREICH, BURGUND *und* GEFOLGE.

GLOSTER: Hier sind Burgund und Frankreich, hoher Herr!
LEAR: Fürst von Burgund,
Zu Euch erst sprech ich, der mit diesem König
Um unsre Tochter warb. Was als das Mindste
Erwartet Ihr als Mitgift, oder steht
Von Euerm Antrag ab?
BURGUND: Erhabner König,
Mir gnügt, was Ihr freiwillig habt geboten,
Und wen'ger gebt Ihr nicht.
LEAR: Mein würd'ger Herzog,
Als sie uns wert war, schätzten wir sie so;
Nun ist ihr Preis gesunken. Seht, da steht sie:
Wenn etwas an der kleinen, schmucken Larve
Oder sie ganz mit unserm Zorn dazu,
Und weiter nichts, Eur Hoheit noch gefällt,
So nehmt sie, sie ist Eur.
BURGUND: Mir fehlt die Antwort.
LEAR: Herr!
Wollt Ihr mit allen Mängeln, die ihr eigen,
Freundlos und neu verschwistert unserm Hass,
Zur Mitgift Fluch, durch Schwur von uns entfremdet,
Sie nehmen oder lassen?
BURGUND: Herr, verzeiht,
Mit der Bedingung endigt jede Wahl.
LEAR: So lasst sie; bei der Macht, die mich erschuf,
Ich nannt Euch all ihr Gut. *Zu Frankreich:* Ihr, großer König –
Nicht so weit möcht ich Eurer Lieb entwandern,
Euch zu vermählen, wo ich hasse. Lenkt
Zu besserm Ziel, ich bitt Euch, Eure Wünsche
Als auf dies Wesen, das Natur errötet
Anzuerkennen.
FRANKREICH: Wahrlich, dies ist seltsam!
Dass sie, die eben noch Eur Kleinod war,

Der Inhalt Eures Lobs, Balsam des Alters,
Eur Bestes, Teuerstes, in diesem Nu
So Unerhörtes tat, ganz zu zerreißen
Solch reich gewebte Gunst. Traun, ihr Vergehn
Muss unnatürlich, ungeheuer sein,
Oder die Liebe, deren Ihr Euch rühmtet,
Ist tadelnswert. So schlimm von ihr zu denken
Heischt Glauben, wie Vernunft ihn ohne Wunder
Mir nimmer einimpft.

CORDELIA: Dennoch bitt ich, Herr
– Ermangl ich auch der schlüpfrig glatten Kunst,
Zu reden nur zum Schein: denn was ich ernstlich will,
Vollbring ich, eh ich's sage –, dass Ihr zeugt,
Es sei kein schnöder Makel, Mord noch Schmach,
Kein zuchtlos Tun noch ehrvergessner Schritt,
Der mir geraubt hat Eure Gnad und Huld.
Nur weil mir fehlt – wodurch ich reicher bin –
Ein stets begehrend Aug und eine Zunge,
Die ich mit Stolz entbehr, obgleich ihr Mangel
Mir Euern Beifall raubte.

LEAR: Besser wär's,
Du lebtest nicht, als mir zur Kränkung leben!

FRANKREICH: Ist es nur das? Ein Zaudern der Natur,
Das oft die Tat unausgesprochen lässt,
Die es zu tun denkt? – Herzog von Burgund,
Was sagt Ihr zu der Braut? Lieb ist nicht Liebe,
Wenn sie vermengt mit Rücksicht, die seitab
Vom wahren Ziel sich wendet. Wollt Ihr sie?
Sie selbst ist ihre Mitgift.

BURGUND: Hoher Lear,
Gebt mir den Anteil, den Ihr selbst bestimmt,
Und hier nehm ich Cordelia bei der Hand
Als Herzogin Burgunds.

LEAR: Nichts! Ich beschwor's, ich bleibe fest.

BURGUND: Dann tut mir's leid, dass Ihr zugleich den Vater
Verliert und den Gemahl.

CORDELIA: Fahr hin, Burgund!
Da Wunsch nur nach Besitz sein Lieben ist,
Werd ich nie seine Gattin.
FRANKREICH: Schönste Cordelia, du bist arm höchst reich;
Verbannt höchst wert; verachtet höchst geliebt!
Dich nehm ich in Besitz und deinen Wert.
Gesetzlich sei, zu nehmen, was man wegwarf.
Wie seltsam, Götter! Meiner Liebe Glühn
Und Ehrfurcht muss aus kaltem Hohn erblühn.
Sie musste Erb und Glück bei dir verlieren,
Um über uns und Frankreich zu regieren.
Kein Herzog von Burgunds stromreichen Auen
Erkauft von mir die teuerste der Frauen!
Den Harten gib ein mildes Abschiedswort,
Das Hier verlierst du für ein bessres Dort.
LEAR: Du hast sie, Frankreich, sie sei dein; denn nie
Hatt ich solch Kind, und nimmer grüße sie
Mein altes Auge mehr. Folg deinen Wegen
Ohn unsre Lieb und Gunst, ohn unsren Segen.
Kommt, edler Fürst Burgund!
Trompetengetön. Lear, Burgund, Cornwall, Albanien, Gloster und Gefolge gehen ab.
FRANKREICH: Sag deinen Schwestern Lebewohl.
CORDELIA *beiseite*: Des Vaters Edelsteinen! – *Laut:* Nassen Blicks
Verlässt Cordelia euch. *Beiseite:* Ich kenn euch wohl
Und nenn als Schwester eure Fehler nicht
Beim wahren Namen. *Laut:* Liebt denn unsern Vater,
Ich leg ihn euch ans viel beredte Herz.
Beiseite: Doch ach, wär ich ihm lieb noch wie vorzeiten,
Wollt ich ihm einen bessern Platz bereiten.
Laut: So lebt denn beide wohl!
REGAN: Lehr uns nicht unsre Pflichten.
GONERIL: Dem Gemahl
Such zu genügen, der als Glücksalmosen
Dich aufnahm. Du verschmähst der Liebe Band,
Mit Recht entzieht sich dir, was du verkannt.

CORDELIA: Was List verborgen, wird ans Licht gebracht,
Wer Fehler schminkt, wird einst mit Spott verlacht.
Es geh euch wohl!

FRANKREICH: Komm, liebliche Cordelia!

Frankreich und Cordelia gehen ab.

GONERIL: Schwester, ich habe nicht wenig zu sagen, was uns beide sehr nahe angeht. Ich denke, unser Vater will heut Abend fort.

REGAN: Ja, gewiss, und zu dir; nächsten Monat zu uns.

GONERIL: Du siehst, wie launisch sein Alter ist; was wir darüber beobachten konnten, war bedeutend. Er hat immer unsere Schwester am meisten geliebt, und mit wie armseligem Urteil er sie jetzt verstieß, ist zu auffallend.

REGAN: 's ist die Schwäche seines Alters: Doch hat er sich von jeher nur obenhin gekannt.

GONERIL: Schon in seiner besten und kräftigsten Zeit war er zu hastig: Wir müssen also von seinen Jahren nicht nur die Unvollkommenheiten längst eingewurzelter Gewohnheiten erwarten, sondern außerdem noch den störrischen Eigensinn, den gebrechliches und reizbares Alter mit sich bringt.

REGAN: Solch haltungsloses Auffahren wird uns nun auch bevorstehen wie diese Verbannung Kents.

GONERIL: Dergleichen Abschiedskomplimente wird's noch mehr geben wie zwischen Frankreich und ihm: bitt Euch, lasst uns zusammenhalten. Behauptet unser Vater sein Ansehn mit solchen Gesinnungen, so wird jene letzte Übertragung seiner Macht uns nur zur Kränkung.

REGAN: Wir wollen es weiter überlegen.

GONERIL: Es muss etwas geschehen, und in der ersten Hitze.

Sie gehn ab.

Zweite Szene

Schloss des Grafen Gloster.

EDMUND *mit einem Brief.*

EDMUND: Natur, du meine Göttin! Deiner Satzung
Gehorch ich einzig. Weshalb sollt ich dulden
Die Plagen der Gewohnheit und gestatten,
Dass mich der Völker Eigensinn enterbt,
Weil ich ein zwölf, ein vierzehn Mond' erschien
Nach einem Bruder? – Was Bastard? Weshalb unecht?
Wenn meiner Glieder Maß so stark gefügt,
Mein Sinn so kühn, so adlig meine Züge,
Wie einer Ehgemahlin Frucht! Warum
Mit unecht uns brandmarken? Bastard? Unecht?
Uns, die im heißen Diebstahl der Natur
Mehr Stoff empfahn und kräft'gern Feuergeist,
Als in verdumpftem, trägem, schalem Bett
Verwandt wird auf ein ganzes Heer von Tröpfen,
Halb zwischen Schlaf gezeugt und Wachen? Drum,
Echtbürt'ger Edgar! mein wird noch dein Land: –
Des Vaters Liebe hat der Bastard Edmund
Wie der Echtbürt'ge. Schönes Wort: echtbürtig!
Wohl, mein Echtbürt'ger, wenn dies Brieflein wirkt
Und mein Erfinden glückt, stürzt den Echtbürt'gen
Der Bastard Edmund. Ich gedeih, ich wachse!
Nun, Götter, schirmt Bastarde!

GLOSTER *kommt.*

GLOSTER: Kent so verbannt! – Frankreich im Zorn gegangen!
Der König fort zur Nacht! – Der Kron entsagt! –
Beschränkt auf Unterhalt! – Und alles das
Im Nu! – Edmund! Was gibt's? Was hast du Neues?

EDMUND *steckt den Brief ein*: Verzeih Euer Gnaden, nichts.

GLOSTER: Warum steckst du so eilig den Brief ein?

EDMUND: Ich weiß nichts Neues, Mylord.

GLOSTER: Was für ein Blatt lasest du?

EDMUND: Nichts, Mylord.

GLOSTER: Nichts? – Wozu denn die erschreckliche Eil damit in deine Tasche? – Ein eigentliches Nichts bedarf keiner solchen Hast, sich zu verstecken. Lass sehn. Gib! Wenn es nichts ist, brauche ich keine Brille.

EDMUND: Ich bitte, Herr, verzeiht; es ist ein Brief meines Bruders, den ich noch nicht ganz durchgesehen, und soweit ich bis jetzt las, finde ich den Inhalt nicht für Eure Durchsicht geeignet.

GLOSTER: Gib mir den Brief, sag ich.

EDMUND: Ich werde unrecht tun, ich mag ihn geben oder behalten. Der Inhalt, soweit ich ihn verstehe, ist zu tadeln.

GLOSTER: Lass sehn, lass sehn.

EDMUND: Ich hoffe zu meines Bruders Rechtfertigung, er schrieb dies nur als Prüfung und Versuchung meiner Tugend.

GLOSTER *liest*: »Dieses Herkommen, diese Ehrfurcht vor dem Alter verbittert uns die Welt für unsre besten Jahre; entzieht uns unser Vermögen, bis unsre Hinfälligkeit es nicht mehr genießen kann. Ich fange an, eine alberne, törichte Sklaverei in diesem Druck bejahrter Tyrannei zu finden, die da herrscht, nicht weil sie Macht hat, sondern weil man sie duldet. Komm zu mir, dass ich weiter hierüber rede. Wenn unser Vater schlafen wollte, bis ich ihn weckte, solltest du für immer die Hälfte seiner Einkünfte genießen und der Liebling sein deines Bruders Edgar.« – Hum! – Verschwörung! – Schlafen wollte, bis ich ihn weckte – die Hälfte seiner Einkünfte genießen – mein Sohn Edgar! Hatte er eine Hand, dies zu schreiben? Ein Herz und ein Gehirn, dies auszubrüten? Wann bekamst du dies? Wer brachte dir's?

EDMUND: Es ward mir nicht gebracht, Mylord, das ist die Feinheit; ich fand's durch das Fenster meines Zimmers geworfen.

GLOSTER: Du erkennst deines Bruders Handschrift?

EDMUND: Wäre der Inhalt gut, Mylord, so wollte ich darauf schwören; aber wenn ich auf diesen sehe, so möchte ich lieber glauben, sie sei es nicht.

GLOSTER: Es ist seine Hand.

EDMUND: Sie ist's, Mylord, aber ich hoffe, sein Herz ist dem Inhalte fern.

GLOSTER: Hat er dich nie zuvor über diesen Punkt ausgeforscht?

EDMUND: Niemals, Mylord; doch habe ich ihn oft behaupten hören, wenn Söhne in reifen Jahren und die Väter auf der Neige ständen, dann sei von Rechts wegen der Vater des Sohnes Mündel und der Sohn Verwalter des Vermögens.

GLOSTER: O Schurke, Schurke! – Völlig der Sinn seines Briefes! – Verruchter Bube! Unnatürlicher, abscheulicher, viehischer Schurke! Schlimmer als viehisch! – Geh gleich, such ihn auf, ich will ihn festnehmen. – Verworfener Bösewicht! – Wo ist er?

EDMUND: Ich weiß es nicht genau, Mylord. Wenn es Euch gefiele, Euren Unwillen gegen meinen Bruder zurückzuhalten, bis Ihr ihm ein bessres Zeugnis seiner Absichten entlocken könnt, so würdet Ihr sichrer gehen; wollt Ihr aber gewaltsam gegen ihn verfahren und hättet Euch in seiner Absicht geirrt, so würde es Eure Ehre tödlich verwunden und das Herz seines Gehorsams zertrümmern. Ich möchte mein Leben für ihn zum Pfande setzen, dass er dies geschrieben hat, um meine Ergebenheit gegen Euch, Mylord, auf die Probe zu stellen, ohne eine gefährliche Absicht.

GLOSTER: Meinst du?

EDMUND: Wenn's Eur Gnaden genehm ist, stell ich Euch an einen Ort, wo Ihr uns darüber reden hören und Euch durch das Zeugnis Eures eignen Ohrs Gewissheit verschaffen sollt; und das ohne Verzug, noch diesen Abend.

GLOSTER: Er kann nicht solch ein Ungeheuer sein.

EDMUND: Und ist's gewiss nicht.

GLOSTER: Gegen seinen Vater, der ihn so ganz, so zärtlich liebt! Himmel und Erde! Edmund, such ihn auf! – Forsche mir ihn aus, ich bitte dich, führe das Geschäft nach deiner eignen Klugheit: Ich könnte nicht Vater sein, wenn ich hierzu die nötige Entschlossenheit besäße.

EDMUND: Ich will ihn sogleich aufsuchen, Mylord, die Sache fördern, wie ich's vermag, und Euch von allem Nachricht geben.

GLOSTER: Jene letzten Verfinsterungen an Sonne und Mond weissagen uns nichts Gutes. Mag die Wissenschaft der Natur sie so oder anders auslegen, die Natur empfindet ihre Geißel an den Wirkungen, die ihnen folgen: Liebe erkaltet, Freundschaft fällt ab, Brüder entzweien sich; in Städten Meuterei, auf dem Lande Zwietracht, in Palästen Verrat; das Band zwischen Sohn und Vater zerrissen: Dieser mein Bube bestätigt diese Vorzeichen; da ist Sohn gegen Vater. Der König weicht aus dem Gleis der Natur, da ist Vater gegen Kind. Wir haben das Beste unsrer Zeit gesehn: Ränke, Herzlosigkeit, Verrat und alle zerstörenden Umwälzungen folgen uns rastlos bis an unser Grab. Erforsche mir den Buben, Edmund, es soll dein Schade nicht sein; tu's mit allem Eifer. Und der edle, treu geherzte Kent verbannt! Sein Verbrechen Redlichkeit! – Seltsam, seltsam! *Ab.*

EDMUND: Das ist die ausbündige Narrheit dieser Welt, dass, wenn wir an Glück krank sind – oft durch die Übersättigung unsres Wesens –, wir die Schuld unsrer Unfälle auf Sonne, Mond und Sterne schieben, als wenn wir Schurken wären durch Notwendigkeit, Narren durch himmlische Einwirkung, Schelme, Diebe und Verräter durch die Übermacht der Sphären, Trunkenbolde, Lügner und Ehebrecher durch erzwungene Abhängigkeit von planetarischem Einfluss und alles, worin wir schlecht sind, durch göttlichen Anstoß. Eine herrliche Ausflucht für den Liederlichen, seine hitzige Natur den Sternen zur Last zu legen! – Mein Vater ward mit meiner Mutter einig unterm Drachenschwanz, und meine Nativität fiel unter *ursa major*; und so folgt denn, ich müsse rau und verbuhlt sein. Ei was, ich wäre geworden, was ich bin, wenn auch der jungfräulichste Stern am Firmament auf meine Bastardisierung geblinkt hätte. Edgar –

EDGAR *tritt auf.*

Und husch ist er da wie die Katastrophe in der alten Komödie. Mein Stichwort ist »spitzbübische Melancholie« und ein Seufzer wie Tom aus Bedlam. – Oh, diese Verfinsterungen deuten diesen Zwiespalt! Fa, sol, la, mi –

EDGAR: Wie geht's, Bruder Edmund? In was für tiefsinnigen Betrachtungen?

EDMUND: Ich sinne, Bruder, über eine Weissagung, die ich dieser Tage las, was auf diese Verfinsterungen folgen werde!

EDGAR: Gibst du dich mit solchen Dingen ab?

EDMUND: Ich versichre dich, die Wirkungen, von denen er schreibt, treffen leider ein! – Unnatürlichkeit zwischen Vater und Kind – Tod, Teuerung, Auflösung alter Freundschaft, Spaltung im Staat, Drohungen und Verwünschungen gegen König und Adel, grundloses Misstrauen, Verbannung von Freunden, Auflösung des Heers, Trennung der Ehen und was noch alles!

EDGAR: Seit wann gehörst du zur astronomischen Sekte?

EDMUND: Lass das! Wann sahst du meinen Vater zuletzt?

EDGAR: Nun, gestern Abend.

EDMUND: Sprachst du mit ihm?

EDGAR: Ja, zwei volle Stunden.

EDMUND: Schiedet ihr in gutem Einvernehmen? Bemerktest du kein Missfallen an ihm in Worten oder Mienen?

EDGAR: Durchaus nicht.

EDMUND: Besinne dich, womit du ihn beleidigt haben könntest, und ich bitte dich, meide seine Gegenwart, bis eine kurze Zwischenzeit die Hitze seines Zorns abgekühlt hat, der jetzt so in ihm wütet, dass ihn kaum eine Misshandlung an deiner Person besänftigen würde.

EDGAR: Irgendein Schurke hat mich angeschwärzt!

EDMUND: Das fürcht ich auch. Ich bitte dich, weiche ihm sorgfältig aus, bis die Heftigkeit seines Ingrimms nachlässt, und, wie gesagt, verbirg dich bei mir in meinem Zimmer, wo ich's einrichten will, dass du den Grafen reden hören sollst. Ich bitte dich, geh, hier ist mein Schlüssel. Wagst du dich hervor, so geh bewaffnet.

EDGAR: Bewaffnet, Bruder?

EDMUND: Bruder, ich rate dir dein Bestes: geh bewaffnet: ich will nicht ehrlich sein, wenn man Gutes gegen dich im Schilde führt. Ich habe dir nur schwach angedeutet, was ich sah und

hörte; längst noch nicht, wie entsetzlich die Wirklichkeit ist.
Bitte dich, fort!

EDGAR: Werd ich bald von dir hören?

EDMUND: Zähle auf mich in dieser Sache.

Edgar geht ab.

Ein gläub'ger Vater und ein edler Bruder,
So fern von allem Unrecht, dass er nie
Argwohn gekannt, des dumme Ehrlichkeit
Mir leichtes Spiel gewährt! Ich seh den Ausgang:
Wenn nicht Geburt, schafft List mir Land und Leute;
Und was mir nützt, das acht ich gute Beute. *Ab.*

Dritte Szene

Vor dem Palast des Herzogs von Albanien.

GONERIL *und der* HAUSHOFMEISTER.

GONERIL: Schlug mein Vater meinen Diener, weil er seinen Narren schalt?

HAUSHOFMEISTER: Ja, gnäd'ge Frau!

GONERIL: Bei Tag und Nacht, er kränkt mich! – Jede Stunde
Bricht er hervor mit der und jener Untat,
Die uns verstimmt und stört: ich duld es nicht.
Die Ritter werden frech, er selber schilt
Um jeden Tand. Wenn er vom Jagen kommt,
Will ich ihn jetzt nicht sehn; sag, ich sei krank.
Wenn Ihr in Eurem Dienst saumsel'ger werdet,
So tut Ihr recht, die Schuld nehm ich auf mich.

Trompeten.

HAUSHOFMEISTER: Jetzt kommt er, gnäd'ge Frau, ich hör ihn schon.

GONERIL: Zeigt ihm so träge Lässigkeit ihr wollt,
Du und die andern; ich wollt, es käm zur Sprache.
Wenn's ihm missfällt, so zieh er hin zur Schwester,
Die darin, weiß ich, einig ist mit mir

Und sich nicht meistern lässt. Der greise Tor,
Der immer noch die Macht behaupten will,
Die er verschenkt hat! Nun, bei meinem Leben,
Das Alter kehrt zur Kindheit, und es braucht
Der strengen Zucht, wenn Güte ward missbraucht.
Merk dir, was ich gesagt.

HAUSHOFMEISTER: Wohl, gnäd'ge Frau!

GONERIL: Und seinen Rittern gönnt nur kalte Blicke,
Was draus erwächst, gleichviel; sagt das den andern auch.
Ich nehme wohl Gelegenheit hieraus,
Mich zu erklären. Meiner Schwester schreib ich gleich,
Dass sie verfährt wie ich. Besorg das Mahl.

Sie gehn ab.

Vierte Szene

Ebendaselbst.

KENT *tritt auf, verkleidet.*

KENT: Kann ich so gut nur fremde Sprache borgen,
Die meine Red entstellt, so mag vielleicht
Mein guter Will in vollem Maß erstreben
Das Ziel, um das mein Wesen ich verhüllte. –
Nun, du verbannter Kent,
Kannst du dort dienen, wo man dich verdammt
Und geb es Gott –, soll dein geliebter Herr
Dich unermüdlich finden.

Jagdhörner hinter der Szene; LEAR, RITTER *und* GEFOLGE *treten auf.*

LEAR: Lasst mich keinen Augenblick auf das Essen warten; geht, lasst anrichten.

Einer vom Gefolge geht ab.

Nun, wer bist du?

KENT: Ein Mann, Herr!

LEAR: Was ist dein Beruf? Was willst du von uns?

KENT: Mein Beruf ist, nicht weniger zu sein, als ich scheine; dem treu zu dienen, der's mit mir versuchen will; den zu lieben, der ehrlich ist; mit dem zu verkehren, der Verstand hat und wenig spricht; den guten Leumund zu achten, zu fechten, wenn ich's nicht ändern kann, und keine Fische zu essen.

LEAR: Wer bist du?

KENT: Ein recht treuherziger Kerl und so arm wie der König.

LEAR: Wenn du als Untertan so arm bist wie er als König, dann bist du arm genug. Was willst du?

KENT: Dienst.

LEAR: Wem willst du dienen?

KENT: Euch.

LEAR: Kennst du mich, Alter?

KENT: Nein; aber Ihr habt etwas in Euerm Wesen, das ich gern Herr nennen möchte.

LEAR: Was ist das?

KENT: Hoheit.

LEAR: Was für Dienste kannst du tun?

KENT: Ich kann ein erlaubtes Geheimnis verschweigen, reiten, laufen, eine hübsche Geschichte langweilig erzählen und eine deutliche Botschaft schlicht bestellen: Wozu ein gewöhnlicher Mensch brauchbar ist, dafür tauge ich, und das Beste an mir ist Eifer.

LEAR: Wie alt bist du?

KENT: Nicht so jung, Herr, ein Mädchen ihres Gesanges wegen zu lieben, noch so alt, um ohne alle Ursache in sie vergafft zu sein; ich habe achtundvierzig Jahre auf dem Rücken.

LEAR: Folge mir, du sollst mir dienen; wenn du mir nach dem Essen nicht schlechter gefällst, so trennen wir uns nicht so bald. – Das Essen, holla! das Essen! – Wo ist mein Bursch, mein Narr? – Geh einer und ruf mir meinen Narren her!

Der HAUSHOFMEISTER *kommt.*

Ihr da! – He! – Wo ist meine Tochter?

HAUSHOFMEISTER: Verzeiht mir – *Ab.*

LEAR: Was sagt der Schlingel da? Ruft den Tölpel zurück. Wo ist mein Narr, he? – Ich glaube, die Welt liegt im Schlaf. Nun? Wo bleibt der Lümmel?

RITTER: Er sagt, Mylord, Eurer Tochter sei nicht wohl.

LEAR: Warum kam denn der Flegel nicht zurück, als ich ihn rief?

RITTER: Herr, er sagte mir sehr rundheraus, er wolle nicht.

LEAR: Er wolle nicht?

RITTER: Mylord, ich weiß nicht, was vorgeht; aber nach meiner Ansicht begegnet man Eurer Hoheit nicht mehr mit der ehrerbietigen Aufmerksamkeit, wie man pflegte; es zeigt sich ein großes Abnehmen der Höflichkeit sowohl bei der Dienerschaft als auch beim Herzog und Eurer Tochter selbst.

LEAR: Ha! Meinst du?

RITTER: Ich bitte Euch, verzeiht mir, Mylord, wenn ich mich irre, denn mein Diensteifer kann nicht schweigen, wenn ich Eure Hoheit beleidigt glaube.

LEAR: Du erinnerst mich nur an meine eigne Wahrnehmung. Ich bemerkte seit Kurzem eine sehr kalte Vernachlässigung, doch schob ich's mehr auf meine argwöhnische Gemütsart als auf einen wirklichen Vorsatz und absichtliche Unfreundlichkeit. – Ich will genauer darauf achtgeben. Aber wo ist mein Narr? Ich hab ihn in zwei Tagen nicht gesehn.

RITTER: Seit der jungen Fürstin Abreise nach Frankreich, gnädiger Herr, hat sich der Narr ganz abgehärmt.

LEAR: Still davon; ich hab es wohl bemerkt. Geht und sagt meiner Tochter, ich wolle sie sprechen. *Ritter ab.* Und Ihr ruft meinen Narren.

Einer aus dem Gefolge ab.

Der HAUSHOFMEISTER *kommt.*

O mein Freund, komm doch näher. Wer bin ich, Kerl?

HAUSHOFMEISTER: Myladys Vater.

LEAR: Myladys Vater? Mylords Schurk! Du verdammter Hund, du Lump, du Schuft!

HAUSHOFMEISTER: Ich bin nichts von alledem, Mylord, ich bitte mir's aus.

LEAR: Wirfst du mir freche Blicke zu, du Hundsfott? *Er schlägt ihn.*

HAUSHOFMEISTER: Ich lasse mich nicht schlagen, Mylord.

KENT *schlägt ihm ein Bein unter*: Auch kein Bein stellen, du niederträchtiger Fußballspieler?

LEAR: Ich danke dir, Bursch, du dienst mir, und ich will dich lieben.

KENT: Kommt, Freund, steht auf, packt Euch! Ich will Euch Unterschiede lehren; fort fort! – Wollt Ihr Eure Flegelslänge noch einmal messen, so bleibt, sonst packt Euch! Fort! Seid Ihr klug? — so! – *Er stößt den Haushofmeister hinaus.*

LEAR: Nun, mein freundlicher Gesell, ich danke dir, hier ist Handgeld auf deinen Dienst. *Er gibt Kent Geld.*

Der NARR *kommt.*

NARR: Lass mich ihn auch dingen; hier ist meine Kappe. *Reicht Kent seine Kappe.*

LEAR: Nun, mein schmuckes Bürschchen? Was machst du?

NARR: Höre, Freund, du tätst am besten, meine Kappe zu nehmen.

KENT: Warum, Narr?

NARR: Warum? Weil du's mit einem hältst, der in Ungnade gefallen ist. Ja, wenn du nicht lächeln kannst, je nachdem der Wind kommt, so wirst du bald einen Schnupfen weghaben. Da nimm meine Kappe. Sieh, dieser Mensch da hat zwei von seinen Töchtern verbannt und der dritten wider Willen seinen Segen gegeben; wenn du dem folgen willst, musst du notwendig meine Kappe tragen. Nun, wie steht's, Gevatter? Ich wollt, ich hätte zwei Kappen und zwei Töchter!

LEAR: Warum, mein Söhnchen?

NARR: Wenn ich ihnen all meine Habe geschenkt hätte, die Kappen behielte ich für mich; ich habe meine; bettle du dir eine zweite von deinen Töchtern.

LEAR: Nimm dich in acht, du! – Die Peitsche!

NARR: Wahrheit ist ein Hund, der ins Loch muss und hinausgepeitscht wird, während Madame Schoßhündin am Feuer stehen und stinken darf.

LEAR: Eine bittre Pille für mich!

NARR *zu Kent*: Hör, guter Freund, ich will dich einen Reim lehren.

LEAR: Lass hören.

NARR: Gib acht! Gevatter!

Halt, was du verheißt,
Verschweig, was du weißt,
Hab mehr, als du leihst,
Reit immer zumeist,
Sei wachsam im Geist,
Nicht würfle zu dreist,
Lass Dirnen und Wein
Und Tanz und Schalmein,
So findst du den Stein
Der Weisen allein.

LEAR: Das ist nichts, Narr.

NARR: Dann ist's gleich dem Wort eines unbezahlten Advokaten; du gabst mir nichts dafür. Kannst du von nichts keinen Gebrauch machen, Gevatter?

LEAR: Ei nein, Söhnchen, aus nichts wird nichts.

NARR *zu Kent*: Bitt dich, sag ihm doch, gerade so viel trage ihm die Rente seines Landes; er wird's einem Narren nicht glauben.

LEAR: Ein bittrer Narr!

NARR: Weißt du den Unterschied, mein Junge, zwischen einem bittren Narren und einem süßen Narren?

LEAR: Nein, Bursch, lehr ihn mich.

NARR:

Der dir's geraten, Lear,
Dein Land zu geben hin,
Den stell hierher zu mir,
Oder stehe du für ihn.
Der süß und bittre Narr
Zeigt sich dir nun sofort,
Der ein' im scheck'gen Wams,
Den andern siehst du dort.

LEAR: Nennst du mich Narr, Junge?

NARR: Alle deine andern Titel hast du weggeschenkt, mit diesem bist du geboren.

KENT: Darin ist er nicht so ganz Narr, Mylord.

NARR: Nein, mein Seel, Lords und andere große Herren würden's mir auch nicht ganz lassen; hätt ich ein Monopol darauf, sie müssten ihr Teil daran haben, und die Damen ebenso, die würden mir auch den Narren nicht allein lassen; sie würden was abhaben wollen. Gib mir ein Ei, Gevatter, ich will dir zwei Kronen geben.

LEAR: Was für zwei Kronen werden das sein?

NARR: Nun, nachdem ich das Ei durchgeschnitten und das Inwendige herausgegessen habe, die beiden Kronen des Eis. Als du deine Krone mittendurch spaltetest und beide Hälften weggabst, da trugst du deinen Esel auf dem Rücken durch den Dreck; du hattest wenig Witz in deiner kahlen Krone, als du deine goldne wegschenktest. Wenn ich diesmal in meiner eignen Manier rede, so lass den peitschen, der's zuerst so findet.

Nie machten Narren so wenig Glück,
Denn Weise wurden täppisch;
Ihr bisschen Scharfsinn ging zurück,
Und all ihr Tun ward läppisch.

LEAR: Seit wann bist du so reich an Liedern, he?

NARR: Das ward ich, Gevatter, seit du deine Töchter zu deinen Müttern machtest; denn als du ihnen die Rute gabst und dir selbst deine Hosen herunterzogst,

Da weinten sie aus freud'gem Schreck,
Ich sang aus bitterm Gram,
Dass solch ein König spielt' Versteck
Und zu den Narren kam.

Bitt dich, Gevatter, nimm einen Schulmeister an, der deinen Narren lügen lehre; ich möchte gern lügen lernen.

LEAR: Wenn du lügst, Bursche, so werden wir dich peitschen lassen.

NARR: Mich wundert, wie du mit deinen Töchtern verwandt sein magst; sie wollen mich peitschen lassen, wenn ich die Wahrheit sage; du willst mich peitschen lassen, wenn ich lüge, und zuweilen werde ich gepeitscht, weil ich's Maul halte. Lieber wollt ich alles in der Welt sein als ein Narr: Und doch möchte ich nicht du sein, Gevatter. Du hast deinen Witz von beiden Seiten abgestutzt und nichts in der Mitte gelassen. Da kommt so ein Abgestutztes.

GONERIL *tritt auf.*

LEAR: Nun, Tochter? Was bedeutet das Band um deine Stirn? Mich dünkt, du hast sie in der letzten Zeit zu viel gerunzelt.

NARR: Du warst ein hübscher Gesell, als du noch nicht nötig hattest, auf ihre Runzeln zu achten; nun bist du eine Null ohne Ziffern: Ich bin jetzt mehr als du: ich bin ein Narr, du bist nichts. – Ja doch, ich will ja schweigen; das befiehlt mir Euer Gesicht, obgleich Ihr nichts sagt.

Mum, mum,
Wer nicht Kruste hat noch Krum,
Muss vergebens betteln drum.

Er zeigt auf Lear.

Das ist so 'ne leere Erbsenschote!

GONERIL: Nicht dieser freche Narr allein, Mylord,
Auch mancher Eurer zügellosen Ritter
Sucht stündlich Zank und Unfug, schwelgt und rauft
In unerträglich läst'ger Wildheit. Herr,
Ich glaubte, wenn ich dies Euch angezeigt,
Ihr würdet's ändern; doch befürcht ich nun
Nach dem, was Ihr seit Kurzem spracht und tatet,
Ihr schützt dies Treiben selbst und reizt dazu
Durch Euern Beifall: steht es so, dann fehlt
Die Rüge nicht noch schläft die scharfe Zucht,
Die, zwar nur strebend nach wohltät'gem Frieden,
Vielleicht in ihrem Lauf Euch Kränkung bringt,
Was Schmach uns wäre sonst, doch weise Vorsicht,
Wenn es die Not gebeut.

NARR: Denn du weißt, Gevatter,

Grasmücke so lange den Kuckuck speist,
Bis sein Junges ihr endlich den Kopf abreißt.

Und da ging das Licht aus, und wir saßen im Dunkeln.

LEAR: Bist du meine Tochter?
GONERIL: Hört mich:
Ich wollt, Ihr brauchtet den gesunden Sinn,
Der sonst, ich weiß, Euch ziert, und legtet ab
Die Launen, die seit Kurzem Euch verkehrt
Zu einer Sinnsart, die Euch unnatürlich.
NARR: Kann's nicht ein Esel merken, wenn der Karren das Pferd zieht? – Heißa, Hanne, ich liebe dich.
LEAR: Kennt mich hier jemand? – Nein, das ist nicht Lear! –
Geht Lear so? Spricht so? Wo sind seine Augen?
Sein Kopf muss schwach sein oder seine Denkkraft
Im Todesschlaf. Ha, bin ich wach? – Es ist nicht so.
Wer kann mir sagen, wer ich bin?
NARR: Lears Schatten.
LEAR: Ich wüsst es gern; denn nach den Zeichen
Des Königtums, der Einsicht und Vernunft
War's Täuschung, wenn ich glaubt, ich hätte Töchter.
NARR: Die dich zum gehorsamen Vater machen werden.
LEAR: Euer Name, schöne Frau?
GONERIL: O geht, Mylord!
Dieses Erstaunen schmeckt zu sehr nach andern
Von Euern neuen Grillen. Ich ersuch Euch,
Nicht meine wahre Absicht misszudeuten.
So alt und würdig, seid verständig auch;
Ihr haltet hundert Ritter hier und Knappen,
So wildes Volk, so schwelgerisch und frech,
Dass unser Hof, befleckt durch ihre Sitten,
Gemeiner Schenke gleicht. Schwelgen und Lust
Stempelt ihn mehr zum Weinhaus und Bordell
Als fürstlichen Palast. Scham selber heischt
Abhilfe schleunig: Seid deshalb ersucht
Von der, die sonst sich nimmt, um was sie bat,
Ein wenig zu vermindern Euern Schwarm:
Und wählt den Rest, der Euerm Dienst verbleibt,
Aus Männern, wohlanständig Euerm Alter,
Die sich und Euch erkennen.

LEAR: Höll und Teufel!
Sattelt die Pferde, ruft all mein Gefolg;
Entarteter Bastard, ich will dich nicht
Belästigen; noch bleibt mir eine Tochter.

GONERIL:
Ihr schlagt mein Dienstvolk, und Eur frecher Tross
Macht Bessre sich zu Knechten.

ALBANIEN *tritt auf.*

LEAR: Weh, wer zu spät bereut! O Herr, seid Ihr's?
Ist das Eur Wille? Sprecht! – Bringt meine Pferde!
Undankbarkeit, du marmorherz'ger Teufel,
Abscheulicher, wenn du dich zeigst im Kinde
Als Meeresungeheuer!

ALBANIEN: Fasst Euch, Mylord.

LEAR *zu Goneril:* Verruchter Geir, du lügst!
Mein Volk sind ausgewählt' und wackre Männer,
Höchst kundig aller Pflichten ihres Dienstes,
Und die mit strenger Achtsamkeit genau
Auf ihre Ehre halten. O du kleiner Fehl,
Wie schienst du an Cordelien mir so gräulich,
Dass du, wie folternd, mein Naturgefühl
Verrenkt, dem Herzen alle Lieb entrissest,
In Galle sie zu wandeln! O Lear, Lear, Lear!

Schlägt sich an die Stirn.

Schlag an dies Tor, das deine Narrheit einließ,
Hinaus die Urteilskraft! Geht, gute Leute!

ALBANIEN: Herr, ich bin schuldlos, ja ich ahne nicht,
Was Euch bewegt.

LEAR: Es kann wohl sein, Mylord. –
Hör mich, Natur, hör, teure Göttin, hör mich!
Hemm deinen Vorsatz, wenn's dein Wille war,
Ein Kind zu schenken dieser Kreatur!
Unfruchtbarkeit sei ihres Leibes Fluch!
Vertrockn ihr die Organe der Vermehrung;
Aus ihrem entarteten Blut erwachse nie
Ein Säugling, sie zu ehren. Muss sie kreißen,

So schaff ihr Kind aus Zorn, auf dass es lebe
Als widrig quälend Missgeschick für sie!
Es grab ihr Runzeln in die junge Stirn,
Mit unversiegten Tränen ätz es Furchen
In ihre Wangen: alle Muttersorg und Wohltat
Erwidr es ihr mit Spott und Hohngelächter;
Dass sie empfinde, wie es schärfer nage
Als Schlangenzahn, ein undankbares Kind
Zu haben! – Fort, hinweg! *Ab.*

ALBANIEN: Nun, ew'ge Götter, was bedeutet dies?

GONERIL: Nicht kümmert Euch, die Ursach zu erfahren;
Lasst seiner wilden Laune nur das Ziel,
Das Torheit ihr gesteckt.

LEAR *kommt zurück.*

LEAR: Was? Fünfzig meiner Leut' auf einen Schlag?
In vierzehn Tagen?

ALBANIEN: Gnäd'ger Herr, was ist's?

LEAR: Ja, hör mich. *Zu Goneril:* Höll und Tod! ich bin beschämt,
Dass du so meine Mannheit kannst erschüttern:
Dass heiße Tränen, die mir wider Willen
Entstürzen, dir geweint sein müssen. Pest
Und Giftqualm über dich!
Des Vaterfluchs grimmtödliche Verwundung
Durchbohre jeden Nerven deines Wesens!
Ihr alten kind'schen Augen, weint noch einmal
Um dies Beginnen, so reiß ich euch aus
Und werf euch mit den Tränen hin, die ihr vergießt,
Den Staub zu löschen. Ha, so mag's denn sein! –
Ich hab noch eine Tochter,
Die ganz gewiss mir freundlich ist und liebreich.
Wenn sie dies von dir hört, mit ihren Nägeln
Zerfleischt sie dir dein Wolfsgesicht. Dann findst du
Mich in der Bildung wieder, die du denkst,
Ich habe sie auf immer abgeworfen;
Du sollst, das schwör ich dir.

Lear, Kent und Gefolge gehen ab.

GONERIL: Habt Ihr's gehört, Mylord?

ALBANIEN: Bei meiner großen Liebe, Goneril,
Kann ich nicht so parteiisch sein.

GONERIL: Ich bitt Euch, lasst das gut sein. – Oswald, he!
Zum Narren: Ihr da, mehr Schurk als Narr, folgt Eurem Herrn.

NARR: Gevatter Lear, Gevatter Lear, wart und nimm den Narren mit dir.
Ein Fuchs, den man gefangen,
Und solche Rangen,
Die müssten am Baum mir hangen,
Könnt ich 'nen Strick erlangen:
Der Narr kommt nachgegangen. *Ab.*

GONERIL: Der Mann war gut beraten. – Hundert Ritter!
Politisch wär's und sicher, hundert Ritter
Zur Hand ihm lassen: dass bei jedem Traum,
Bei jeder Grill und Laune, Klag und Unlust
Er seine Torheit stützt' auf ihre Macht
Und unser Leben hing' an seinem Wink.
He, Oswald! he!

ALBANIEN: Du fürchtest wohl zu sehr.

GONERIL: Besser, als traut ich ihm zu sehr.
Weg schaff ich, was ich fürchte, um nicht stets
Zu fürchten, dass es mich wegschafft. Ich kenn ihn;
Was er geäußert, schrieb ich meiner Schwester.
Nimmt sie ihn auf mit seinen hundert Rittern,
Da ich den Nachteil ihr gezeigt –

Der HAUSHOFMEISTER *kommt.*

Nun, Oswald,
Hast du an meine Schwester dies geschrieben?

HAUSHOFMEISTER: Ja, gnäd'ge Frau!

GONERIL: Nimm dir Begleitung mit, und schnell zu Pferd;
Belehre sie, was ich besonders fürchte,
Und füge selbst ihr solchen Grund hinzu,

Der dies noch mehr verstärkt. Nun, mach dich auf –
Und kehre bald zurück.

Der Haushofmeister geht ab.

Nein, nein, Mylord,
Dies Eur milchsanftes, allzu güt'ges Wesen,
Ich will's nicht schelten; doch Euch trifft, verzeiht,
Mehr Tadel wegen Mangels an Verstand
Als Lob für tör'chte Sanftmut.

ALBANIEN: Ob du das Rechte triffst, entscheid ich nimmer,
Wer bessern will, macht oft das Gute schlimmer.

GONERIL: Nun also –

ALBANIEN: Gut, gut – der Ausgang.

Sie gehn ab.

Fünfte Szene

Ebendaselbst.

Es treten auf LEAR, KENT *und der* NARR.

LEAR: Geh du voraus nach Gloster mit diesem Brief; sag meiner Tochter von dem, was du weißt, nicht mehr, als was sie nach dem Brief von dir erfragen wird. Wenn du nicht sehr eilst, werde ich noch vor dir dort sein.

KENT: Ich will nicht schlafen, Mylord, bis ich Euern Brief bestellt habe. *Ab.*

NARR: Wenn einem das Hirn in den Fersen säße, wär's da nicht in Gefahr, Schwielen zu bekommen?

LEAR: Ja, Bursch.

NARR: Dann bitt ich dich, sei lustig, dein Verstand wird nie auf Schlappschuhen gehen dürfen.

LEAR: Ha, ha, ha!

NARR: Gib acht, deine andre Tochter wird dir artig begegnen; denn obgleich sie dieser so ähnlich sieht wie der Holzapfel dem Apfel, so weiß ich doch, was ich weiß.

LEAR: Nun, was weißt du denn, mein Junge?

NARR: Sie wird ihr an Geschmack so gleich sein wie ein Holzapfel einem Holzapfel. Das weißt du, warum einem die Nase mitten im Gesicht steht?

LEAR: Nein.

NARR: Ei, um die beiden Augen nach beiden Seiten der Nase hin zu gebrauchen, damit man in das, was man nicht herausriechen kann, ein Einsehen habe.

LEAR: Ich tat ihr Unrecht.

NARR: Kannst du mir sagen, wie die Auster ihre Schale macht?

LEAR: Nein.

NARR: Ich auch nicht; aber ich weiß, warum die Schnecke ein Haus hat.

LEAR: Warum?

NARR: Nun, um ihren Kopf hineinzustecken, nicht um's an ihre Töchter zu verschenken und ihre Hörner ohne Futteral zu lassen.

LEAR: Ich will meine Natur vergessen. Solch güt'ger Vater!
Sind meine Pferde bereit?

NARR: Deine Esel sind nach ihnen gegangen. Der Grund, warum die sieben Sterne nicht mehr sind als sieben, ist ein hübscher Grund.

LEAR: Weil's nicht acht sind.

NARR: Ja, wahrhaftig, du würdest einen guten Narren abgeben.

LEAR: Mit Gewalt muss ich's wiedernehmen. Scheusal, Undankbarkeit!

NARR: Wenn du mein Narr wärst, Gevatter, so bekämst du Schläge, weil du vor der Zeit alt geworden bist.

LEAR: Was soll's?

NARR: Du hättst nicht alt werden sollen, eh du klug geworden wärst.

LEAR: O schützt vor Wahnsinn mich, vor Wahnsinn, Götter!
Schenkt Fassung mir, ungern wär ich wahnsinnig.

Ein RITTER *kommt.*

Nun, sind die Pferde bereit?

RITTER: Bereit, Mylord.
LEAR: Komm, Junge.
NARR: Die jetzt noch Jungfer ist und spottet mein und stichelt,
Die bleibt's nicht lange, wird nicht alles weggesichelt.

Sie gehn ab.

Zweiter Aufzug

Erste Szene

Vor dem Schlosse des Grafen Gloster.

Es treten auf EDMUND *und* CURAN *von verschiedenen Seiten.*

EDMUND: Gott grüß dich, Curan.

CURAN: Und Euch, Herr. Ich bin bei Euerm Vater gewesen und habe ihm die Nachricht gebracht, dass der Herzog von Cornwall und Regan, seine Herzogin, diesen Abend bei ihm eintreffen werden.

EDMUND: Wie kommt das?

CURAN: Nun, ich weiß nicht. Ihr werdet die Neuigkeiten gehört haben: Ich meine, was man sich zuraunt; denn noch ist die Sache nur Ohrengeflüster.

EDMUND: Ich? Nichts! bitt Euch, was sagt man?

CURAN: Habt Ihr nicht gehört, dass es wahrscheinlich bald zwischen den Herzogen von Cornwall und Albanien zum Krieg kommen wird?

EDMUND: Nicht ein Wort.

CURAN: So werdet Ihr's noch hören. Lebt wohl! Herr. *Ab.*

EDMUND: Der Herzog hier heut Nacht! So besser! Trefflich!
Das webt sich mit Gewalt in meinen Plan.
Mein Vater stellte Wachen, meinen Bruder
Zu fangen; und ich hab ein häklig Ding
Noch auszurichten. Helft mir, Glück und Raschheit! –
Bruder, ein Wort! – Komm, Bruder, komm herunter!

EDGAR *tritt auf.*

Mein Vater stellt dir nach – o flieh von hier;
Kundschaft erhielt er, wo du dich versteckt;
Dir wird die Nacht den besten Schutz gewähren.
Sprachst du nicht etwa gegen Herzog Cornwall?
Er kommt hierher, bei Nacht, in größter Eil,
Und Regan mit ihm: hast du nichts gesagt

Von seinem Streite mit Albaniens Herzog?
Besinne dich.

EDGAR: Nein, wahrlich, nicht ein Wort.

EDMUND: Den Vater hör ich kommen – nun verzeih –
Verstellter Weise muss ich mit dir fechten,
Zieh, wehre dich zum Schein! Nun mach dich fort.
Laut: Ergib dich! *Leise:* Komm zuvor ihm! – *Laut:* Licht, he, Licht!
Leise: Flieh, Bruder! *Laut:* Fackeln, Fackeln! *Leise:* So leb wohl!

Edgar geht ab.

Ein wenig Blut an mir zeugt wohl die Meinung
Von ernstrer Gegenwehr. – *Er verwundet sich den Arm.*
Ich sah Betrunkne
Im Scherz mehr tun als dies. – O Vater, Vater!
Halt, haltet ihn! Ist keine Hilfe?

GLOSTER *und* BEDIENTE *mit Fackeln treten auf.*

GLOSTER: Nun,
Edmund, wo ist der Schurke?

EDMUND: Er stand im Dunkeln hier, sein Schwert gezückt,
Den Mond beschwörend mit verruchtem Zauber,
Ihm hilfreich beizustehn.

GLOSTER: Nun, und wo ist er?

EDMUND: Seht, Herr, ich blute.

GLOSTER: Edmund, wo ist der Schurke

EDMUND: Dorthin entflohn. Als er auf keine Weise –

GLOSTER: Verfolgt ihn! – Fort! – Auf keine Weise – was?

Einige Bediente ab.

EDMUND: – mich überreden konnt, Euch zu ermorden,
Und ich ihm sagte, dass die Rachegötter
Auf Vatermord all ihren Donner schleudern
Und wie durch vielfach starkes Band dem Vater
Das Kind vereinigt sei – genug, Mylord,
Gewahrend, wie mit Abscheu ich verwarf
Sein unnatürlich Tun –, in grimmer Kraft
Mit schon gezognem Schwert fällt er gewaltig

Mich Unbewehrten an, trifft mir den Arm;
Doch als er sah, wie mein Gemüt empört,
Kühn durch des Streites Recht ihm widerstand –
Vielleicht erschreckt auch durch mein Schrein um Hilfe –,
Entfloh er plötzlich.

GLOSTER: Flieh er noch so weit,
In diesem Land entgeht er nicht der Haft
Und, trifft man ihn, der Strafe. Unser Herzog,
Mein werter Fürst und Schutzherr, kommt heut Nacht;
Kraft seiner Vollmacht künd ich's aller Welt,
Dass, wer ihn findet, unsern Dank verdient,
Bringt er den feigen Meuchler zum Gericht:
Wer ihn verbirgt, den Tod.

EDMUND: Als ich ihm sein Beginnen widerriet
Und fand ihn so erpicht – da droht ich grimmig,
Ihn anzugeben; er erwiderte:
»Du güterloser Bastard! Kannst du wähnen,
Ständ ich dir gegenüber, dass der Glaube
An irgend Wahrheit, Wert und Treu in dir
Dir Zutraun schaffte? Nein, straft ich dich Lügen –
Und dieses tat ich, ja, und zeigtst du auf
Die eigne Handschrift –, alles stellt ich dar
Als deine Bosheit, Arglist, schnöden Trug.
Du musst 'nen Dummkopf machen aus der Welt,
Soll sie den Vorteil meines Todes nicht
Als starken, höchst gewicht'gen Trieb erkennen,
Ihn anzustiften.«

GLOSTER: O verstockter Bube!
Die Handschrift leugnen? Er ist nicht mein Sohn!

Man hört Trompeten.

Der Herzog! – Was ihn herführt, weiß ich nicht. –
Die Häfen sperr ich all, er soll nicht fliehn.
Mein Fürst muss mir's gewähren; auch sein Bildnis
Versend ich nah und fern; das ganze Reich
Soll Kenntnis von ihm haben; und mein Land,

Du guter, würd'ger Sohn, ich wirk es aus,
Dass du's besitzen darfst.

CORNWALL *und* REGAN *treten auf mit* GEFOLGE.

CORNWALL:
Wie geht's, mein edler Freund? Seit ich hierherkam –
Was kaum geschehn –, vernahm ich arge Dinge.

REGAN: Und sind sie wahr, genügt wohl keine Strafe
So großer Missetat. Wie geht's Euch, Graf?

GLOSTER: Zerrissen ist mein altes Herz, zerrissen!

REGAN: Was? Meines Vaters Pate sucht Eur Leben?
Er, den mein Vater hat benannt? Eur Edgar?

GLOSTER: O Fürstin! Fürstin! Scham verschwieg' es gern.

REGAN: Hatt er nicht Umgang mit den wüsten Rittern
In meines Vaters Dienst?

GLOSTER: Ich weiß nicht, Lady.
Es ist zu schlimm, zu schlimm!

EDMUND: Ja, gnäd'ge Frau, er hielt mit jenem Schwarm.

REGAN: Kein Wunder denn, dass er auf Bosheit sann!
Sie trieben ihn zum Mord des alten Mannes,
Um seine Renten schwelgend zu verprassen.
Erst diesen Abend hat mit meine Schwester
Sie recht geschildert und mit solcher Warnung,
Dass, wenn sie kommen, um bei mir zu wohnen,
Ich nicht daheim sein will.

CORNWALL: Auch ich nicht, Regan.
Edmund, ich hör, Ihr habt dem Vater Euch
Bewährt als treuer Sohn.

EDMUND: Ich tat nach Pflicht.

GLOSTER: Er deckte seine List auf und erhielt
Die Wunde hier, als er ihn greifen wollte.

CORNWALL: Setzt man ihm nach?

GLOSTER: Ja, gnäd'ger Herr.

CORNWALL: Wird er ergriffen, soll sich niemand ferner
Vor seiner Bosheit scheun: all meine Macht
Steht Euch zu Dienst nach eigner Wahl. Ihr, Edmund,
Des Tugend und Gehorsam eben jetzt

Sich so bewährt, Ihr sollt der Unsre sein;
Gemüter solcher Treue tun uns not,
So zähl ich denn auf Euch.

EDMUND: Ich dien Euch treu,
Wie bisher immer.

GLOSTER: Dank für ihn, mein Fürst.

CORNWALL: Ihr wisst nicht, was uns hergeführt zu Euch.

REGAN: So außer Zeit, in Finsternis der Nacht!
Der Anlass, edler Gloster, hat Gewicht;
Und Eures Rates sind wir sehr bedürftig.
Mein Vater schreibt uns, und die Schwester auch,
Von Zwistigkeiten, die ich besser glaubt
Zu schlichten außerm Hause. Beide Boten
Erwarten hier Bescheid. Ihr, alter Freund,
Beruhigt Eur Gemüt und steht uns bei
Mit höchst erwünschtem Rat in dieser Sache,
Die dringend Eile heischt.

GLOSTER: Ich dien Euch gern;
Eur Gnaden sind von Herzen mir willkommen.

Sie gehn ab.

Zweite Szene

Ebendaselbst.

Es treten auf KENT *und der* HAUSHOFMEISTER *von verschiedenen Seiten.*

HAUSHOFMEISTER: Guten Morgen, mein Freund: bist du hier vom Hause?

KENT: Ja.

HAUSHOFMEISTER: Wo können wir die Pferde unterbringen?

KENT: Im Dreck.

HAUSHOFMEISTER: Ich bitte dich, sag mir's, wenn du mich lieb hast.

KENT: Ich habe dich nicht lieb.

HAUSHOFMEISTER: Nun, so frage ich nichts nach dir.

KENT: Hätt ich dich in Lipsburys Pferch, so solltest du schon nach mir fragen.

HAUSHOFMEISTER: Warum behandelst du mich so? ich kenne dich nicht.

KENT: Kerl, ich kenne dich.

HAUSHOFMEISTER: Wer bin ich denn?

KENT: Ein Schurke bist du, ein Halunke, ein Tellerlecker; ein niederträcht'ger, eitler, hohler, bettelhafter, dreiröckiger, hundertpfündiger, schmutziger, grobstrümpfiger Schurke; ein milchlebriger, Ohrfeigen einsteckender Schurke; ein liederlicher, spiegelgaffender, überdienstfertiger, geschniegelter Taugenichts; einer, der aus lauter Diensteifer ein Kuppler sein möchte und nichts ist als ein Gemisch von Schelm, Bettler, Lump, Kuppler und der Sohn und Erbe einer Bastardpetze; einer, den ich in Greinen und Winseln hineinprügeln will, wenn du die kleinste Silbe von diesen deinen Ehrentiteln ableugnest.

HAUSHOFMEISTER: Was für ein Unmensch bist du, Kerl, so auf einen zu schimpfen, den du nicht kennst und der dich nicht kennt?

KENT: Was hast du für eine eiserne Stirn, du Schuft, mir's abzuleugnen, dass du mich kennst? Sind's doch kaum zwei Tage, seit ich dir ein Bein stellte und dich vor dem König prügelte! Zieh, du Schuft, denn obgleich es Nacht ist, scheint der Mond; ich will eine Mondscheinstunke aus dir machen. Zieh, du niederträcht'ger infamer Kamrad von Barbiergesellen, zieh! *Er zieht den Degen.*

HAUSHOFMEISTER: Fort! ich habe nichts mit dir zu schaffen.

KENT: Zieh, Hundsfott! du kommst mit Briefen gegen den König und nimmst der Drahtpuppe Eitelkeit Partei gegen die Majestät ihres Vaters. Zieh, Schuft! oder ich will dir deine Schenkel so zu Mus zerhacken – zieh, Racker! Stell dich!

HAUSHOFMEISTER: Hilfe! He, Mord, Hilfe!

KENT: Wehr dich, Bestie; steh, Schuft, steh; du geputzter Lumpenkerl, wehr dich! *Er schlägt ihn.*

HAUSHOFMEISTER: Hilfe! ho, Mord, Mord!

EDMUND, CORNWALL, REGAN, GLOSTER *und* GEFOLGE *treten auf.*

EDMUND: Was gibt's hier? Was habt ihr vor? Auseinander!

KENT: Nur her, Milchbart, wenn Ihr Lust habt; kommt, ich will Euch kuranzen; nur her, Junker!

GLOSTER: Waffen? Degen? Was geht hier vor?

CORNWALL: Friede, bei euerm Leben!
Der stirbt, wer sich noch rührt; was habt ihr vor?

REGAN: Die Boten unsrer Schwester und des Königs.

CORNWALL: Was ist eur Streit? sagt an!

HAUSHOFMEISTER: Kaum schöpf ich Atem, Herr!

KENT: Ich glaub's, Ihr habt den Mut so angestrengt.
Du feiger Schurk, Natur verleugnet dich,
Ein Schneider machte dich!

CORNWALL: Seltsamer Kauz!
Ein Schneider einen Menschen machen?

KENT: Ja, ein Schneider, Herr; ein Steinmetz oder ein Maler hätte ihn nicht so schlecht geliefert, und wären sie nur zwei Stunden in der Lehre gewesen.

CORNWALL: Doch sprich! Wie kam der Zwist?

HAUSHOFMEISTER: Der alte Raufbold, Herr, des Blut ich schonte,
Um seinen grauen Bart –

KENT: Ei du verzwicktes X, unnützer Buchstab! Mylord, wenn Ihr's vergönnt, stampf ich den ungesichteten Schuft zu Mörtel und bestreiche eines Abtritts Wand mit ihm. – Meinen grauen Bart schonen, du Bachstelze?

CORNWALL: Schweig, Kerl!
Du grober Knecht, weißt du von Ehrfurcht nichts?

KENT: Ja, Herr! Doch hat der Ingrimm einen Freibrief.

CORNWALL: Worüber bist du grimmig?

KENT: Dass solch ein Lump wie der ein Schwert soll tragen,
Der keine Ehre trägt. Solch Gleisnervolk
Nagt oft, gleich Ratten, heil'ge Band' entzwei,
Zu fest verknüpft zum Lösen; schmeichelt jeder Laune,

Die auflebt in dem Busen seines Herrn,
Trägt Öl ins Feur, zum Kaltsinn Schnee; verneint,
Bejaht und dreht den Hals wie Wetterhähne
Nach jedem Wind und Luftzug seiner Obern,
Nichts wissend, Hunden gleich, als nachzulaufen.
Zum Haushofmeister: Die Pest auf deine epilept'sche Fratze! –
Belächelst du mein Wort wie eines Narren?
Gans, hätt ich dich auf Sarums ebner Flur,
Ich trieb dich gackernd heim nach Camelot.

CORNWALL: Wie, Alter? Bist du toll?

GLOSTER: Wie kam der Zank? Das sag!

KENT: Die Antipoden sind sich ferner nicht
Als ich und solch ein Schuft.

CORNWALL: Weshalb nennst du ihn Schuft, was tat er dir?

KENT: Sein Gesicht ist mir unerträglich.

CORNWALL: Vielleicht auch meins wohl oder seins und ihrs?

KENT: Herr! Gradheraus und offen ist mein Brauch:
Ich sah mitunter bessere Gesichter,
Als hier auf irgendeiner Schulter jetzt
Vor meinen Augen stehn.

CORNWALL: Das ist ein Bursch,
Der, einst gelobt um Derbheit, sich befleißt
Vorwitz'ger Rohheit und sein Wesen zwängt
Zu fremdem Schein: der kann nicht schmeicheln, der!
Ein ehrlich, grad Gemüt – spricht nur die Wahrheit!
Geht's durch, nun gut, wenn nicht – so ist er grade.
Ich kenne Schurken, die in solche Gradheit
Mehr Arglist hüllen, mehr verruchten Plan
Als zwanzig fügsam untertän'ge Schranzen,
Die schmeichelnd ihre Pflicht noch überbieten.

KENT: Gewiss, Herr, und wahrhaftig – ganz im Ernst –
Unter Vergünst'gung Eures hocherhabnen
Aspekts, des Einfluss wie der Strahlenkranz
Um Phöbus' Flammenstirn –

CORNWALL: Was soll das heißen?

KENT: Dass ich aus meiner Redeweise fallen will, die Euch so wenig behagt. Ich weiß, Herr, ich bin kein Schmeichler; wer Euch mit geraden Worten betrog, war geradehin ein Schurke, und das will ich meinesteils nicht sein, sollt ich auch Eur Missfallen so weit erringen können, dass Ihr mich dazu auffordertet.

CORNWALL: Was tatst du ihm zuleid?

HAUSHOFMEISTER: Herr! Nicht das Mindste.
Dem König, seinem Herrn, gefiel's vor Kurzem
Aus einem Missverständnis, mich zu schlagen,
Worauf er gleich zur Hand, dem Zorne schmeichelnd,
Rücklings mich hinwarf, als ich lag, mich schimpfte
Und nahm so große Heldenmiene an,
Dass diese Mannestat der König pries,
Weil er zu Leibe ging dem Unbewehrten: –
Und noch verzückt von seinem Ritterwerk,
Zog er aufs Neue hier.

KENT:
Memmen und Schurken! – Tun sie nicht, als wär Ajax ihr Narr.

CORNWALL: Holt mir die Blöcke, he!
Du alter Starrkopf, du weißbärt'ger Prahler,
Dich lehr ich –

KENT: Herr, ich bin zu alt zum Lernen,
Holt nicht den Block für mich. Dem König dien ich;
In seinem Auftrag ward ich abgesandt;
Zu wenig Ehrfurcht zeigt Ihr, zu viel Trotz
Gegen die Gnad und Würde meines Herrn,
Tut Ihr das seinem Boten.

CORNWALL: Holt die Blöcke!
Auf Ehr und Wort, bis Mittag soll er sitzen.

REGAN: Bis Mittag? Bis zur Nacht; die Nacht dazu!

KENT: Nun, Lady, wär ich Eures Vaters Hund,
Ihr solltet so mich nicht behandeln.

REGAN: Da Ihr sein Schurke seid, so will ich's.

Die Fußblöcke werden gebracht.

CORNWALL: Der ist ein Kerl so recht von jener Farbe,
Wie unsre Schwester schreibt. Kommt, bringt die Blöcke.
GLOSTER: Lasst mich Euch bitten, Herr, dies nicht zu tun,
Er ging zu weit; sein Herr, der gute König,
Ahndet's gewiss: doch diese niedre Zücht'gung
Ist solcher Art, wie man verworfnen Tross
Für Mauserei'n und ganz gemeinen Unfug
Bestraft; der König muss es schwer empfinden,
Wird er so schlecht geehrt in seinem Boten,
Dass man ihn also einzwängt.
CORNWALL: Das vertret ich.
REGAN: Viel übler muss es meine Schwester deuten,
Dass einer ihren Dienstmann schmäht und anfällt,
Weil er ihr Wort befolgt. Schließt ihm die Beine!
Kent wird in den Block gelegt.
Kommt, werter Lord!
Alle ab bis auf Gloster und Kent.
GLOSTER: Du tust mir leid, mein Freund; der Herzog will's,
Des heft'ger Sinn bekanntlich keinen Einspruch
Noch Hemmung duldet. Ich will für dich bitten.
KENT: Nein, tut's nicht, Herr: ich wacht und reiste scharf.
Fürs Erste schlaf ich was, dann kann ich pfeifen.
Das Glück 'nes braven Kerls kommt wohl einmal
Ins Stocken. Guten Morgen!
GLOSTER: Der Fürst tut unrecht; übel wird man's deuten. *Ab.*
KENT: Du, guter König, machst das Sprichwort wahr:
Du kommst jetzt aus dem Regen in die Traufe.
Komm näher, Leuchte dieser niedern Welt,
Dass ich bei deinem heitern Strahl den Brief
Durchlesen möge. – Wahrlich, nur das Elend
Erfährt noch Wunder! Ich weiß, Cordelia schickt ihn,
Die schon zum Glück von meinem dunkeln Leben
Nachricht erhielt und sich die Zeit ersieht,
Für diesen Gräuelzustand Heilung suchend
Den Übeln. Ganz erschöpft und überwacht
Genießt den Vorteil, müde Augen, nicht

Zu schaun dies schnöde Lager. Nun, Fortuna,
Gut Nacht! Noch einmal lächl und dreh dein Rad.
Er schläft ein.

Dritte Szene

Heide.

EDGAR *tritt auf.*

EDGAR: Ich hörte mich geächtet,
Und durch die günst'ge Höhlung eines Baums
Entkam ich noch der Jagd. Kein Port ist frei,
Kein Platz, an dem nicht strenge Wacht und Sorgfalt
Mir nachstellt. Retten will ich mich, solang
Ich noch entfliehn kann: und ich bin bedacht,
Den allertiefsten, ärmsten Schein zu borgen,
In dem die Not den Menschen je zum Vieh
Erniedrigt. Mein Gesicht schwärz ich mit Schlamm,
Die Lenden schürz ich, zaus in Knoten all
Mein Haar, und mit entschlossner Nacktheit trotz ich
Dem Sturm und den Verfolgungen der Luft.
Die Gegend beut Vorbild und Muster mir
An Tollhausbettlern, die mit hohler Stimme
In ihre nackten, tauben Arme schlagen
Holzpflöcke, Nägel, Splitter, Rosmarin
Und in so grausem Anblick sich in Mühlen,
Schafhürden, armen Dörfern, Meiereien,
Bald mit mondsücht'gem Fluch, bald mit Gebet
Mitleid erzwingen. Armer Turlygood! Armer Tom!
So bin ich etwas noch – als Edgar nichts! *Ab.*

Vierte Szene

Vor Glosters Schloss.

KENT *im Block. Es treten auf* LEAR, *der* NARR *und ein* RITTER.

LEAR: Seltsam vom Haus so weggehn und den Boten
Mir nicht heimsenden!
RITTER: Wie ich dort erfuhr,
War tags zuvor an diese Reis hierher
Noch kein Gedanke.
KENT: Heil dir, edler Herr!
LEAR: Wie?
Treibst du die Schmach zur Kurzweil?
KENT: Nein, Mylord.
NARR: Ha, ha! Der trägt grobe Kniegürtel! Pferde bindet man an den Köpfen, Hunde und Bären am Halse, Affen an den Lenden und Menschen an den Beinen; wenn ein Mensch zu übermütig mit den Beinen gewesen ist, so muss er hölzerne Strümpfe tragen.
LEAR: Wer war's, der also dich misskannt, hierher
Dich so zu werfen?
KENT: Beide, er und sie,
Eur Sohn und Tochter.
LEAR: Nein.
KENT: Ja.
LEAR: Nein, sag ich.
KENT: Ich sage ja.
[LEAR: Nein, nein, sie taten's nicht.
KENT: Doch, sie taten's wohl.]
LEAR: Bei Jupiter schwör ich, nein.
KENT: Bei Juno schwör ich, ja.
LEAR: Sie durften's nicht;
Sie konnten's, wagten's nicht; 's ist mehr als Mord,
Die Ehrfurcht so gewaltsam zu verletzen –
Erklär mir's in bescheidner Eil, wie hast du

Verdient, wie haben sie verhängt die Schmach,
Da du von uns kamst?

KENT: Als in ihrem Hause
Ich Eurer Hoheit Briefe übergab,
Da, eh ich aufstand von dem Platz, wo ich
Gekniet in Demut, kam halb atemlos
Ein Bote, dampfend heiß, und keucht' hervor
Die Grüße seiner Herrin Goneril;
Gab – war ich gleich der Erste – seinen Brief,
Der flugs gelesen ward. Auf dessen Inhalt
Beriefen sie die Reis'gen, nahmen Pferde,
Hießen mich folgen und gelegentlich
Auf Antwort warten; gaben kalte Blicke;
Und da ich hier den andern Boten traf,
Des Willkomm meinen, wie ich sah, vergiftet
– Derselbe Bube, der so frech sich neulich
Vergangen wider Eure Majestät –,
Mehr Manns als Urteils in mir fühlend, zog ich.
Er weckt' das Haus mit lautem, feigem Schrei;
Eur Sohn und Tochter fanden dies Vergehn
Wert, solche Schmach zu dulden.

NARR: Der Winter ist noch nicht vorbei, wenn die wilden Gänse nach *der* Seite ziehn.

Gehn die Väter nackt,
So werden die Kinder blind;
Kommen sie geldbepackt,
Wie artig scheint das Kind.
Fortuna, die arge Hur,
Tut auf den Reichen nur.

Aber mit alledem werden dir deine lieben Töchter noch so viel aufzählen, dass du für's ganze Jahr genug haben wirst.

LEAR: O wie der Krampf mir auf zum Herzen schwillt!
Hinab, aufsteigend Weh! Dein Element
Ist unten! Wo ist diese Tochter?

KENT: Beim Grafen, Herr, hier drinnen.

LEAR: Folgt mir nicht;
Bleibt hier. *Ab.*

RITTER: Versahst du mehr nicht, als was du erzählt?

KENT: Nein.
Wie kommt der König mit so kleiner Zahl?

NARR: Wärst du für die Frage in den Block gesetzt, so hättst du's wohl verdient.

KENT: Warum, Narr?

NARR: Wir wollen dich zu einer Ameise in die Schule schicken, um dich zu lehren, dass es im Winter keine Arbeit gibt. Alle, die ihrer Nase folgen, werden durch ihre Augen geführt, bis auf die Blinden; und gewiss ist unter zwanzigen nicht eine Nase, die den nicht röche, der stinkt. Lass ja die Hand los, wenn ein großes Rad den Hügel hinabrollt, damit dir's nicht den Hals breche, wenn du ihm folgst; wenn aber das große Rad den Hügel hinaufgeht, dann lass dich's nachziehn. Wenn dir ein Weiser einen besseren Rat gibt, so gib mir meinen zurück; ich möchte nicht, dass andere als Schelme ihm folgten, da ein Narr ihn gibt.

Herr, wer Euch dient für Gut und Geld
Und nur gehorcht zum Schein,
Packt ein, sobald ein Regen fällt,
Lässt Euch im Sturm allein.
Doch ich bin treu; der Narr verweilt,
Lässt fliehn der Weisen Schar:
Der Schelm wird Narr, der falsch enteilt,
Der Narr kein Schelm fürwahr.

KENT: Wo hast du das gelernt, Narr?

NARR: Nicht im Block, Narr.

LEAR *kommt zurück mit* GLOSTER.

LEAR: Verweigern, mich zu sprechen? Sind krank, sind müde?
Die ganze Nacht gereist? – Ausflüchte nur!
Bilder von Abfall und Empörung! Geh,
Schaff mir 'ne bessre Antwort.

GLOSTER: Teurer Herr,
Ihr kennt des Herzogs feurige Gemütsart,

Wie unbeweglich und bestimmt er ist
In seinem Sinn.

LEAR: Pest, Rache, Tod, Vernichtung!
Was feurig? Was Gemüt? – Ha, Gloster, Gloster!
Den Herzog Cornwall will ich sprechen und sein Weib.

GLOSTER: Nun wohl, mein teurer Herr, so sagt ich's auch.

LEAR: So sagtest du's? Verstehst du mich auch, Mann?

GLOSTER: Ja, Herr!

LEAR: Der König will mit Cornwall sprechen,
Der Vater, sieh, mit seiner Tochter sprechen,
Befiehlt Gehorsam: sagtst du ihnen das?
Mein Blut und Leben! – Feurig?
Der feur'ge Herzog? sagt dem heißen Herzog, dass –
Doch nein, noch nicht – kann sein, er ist nicht wohl;
Krankheit verabsäumt jeden Dienst, zu dem
Gesundheit ist verpflichtet; wir sind nicht wir,
Wenn die Natur, im Druck, die Seele zwingt,
Zu leiden mit dem Körper. Ich will warten
Und ging zu weit in meinem raschen Mut,
Dass ich krankhafte, schwache Laune nahm
Für den gesunden Mann. O Höll und Tod!
Warum sitzt dieser hier? – Ha, dies bezeugt,
Des Herzogs Weggehn und das ihre sei
Nur Hinterlist! Gebt mir den Diener los!
Geht: sagt dem Herzog und seinem Weib, ich wollte
Sie sprechen, jetzt, alsbald; heiß sie erscheinen,
Sonst schlag ich an der Kammertür die Trommel,
Bis sie den Schlaf zu Tod geschreckt.

GLOSTER: War alles gut doch zwischen euch! *Ab.*

LEAR: Weh mir, mein Herz! Mein schwellend Herz! –
Hinunter!

NARR: Ruf ihm zu, Gevatter, wie die alberne Köchin den Aalen, als sie sie lebendig in die Pastete tat; sie schlug ihnen mit einem Stecken auf die Köpfe und rief: »Hinunter, ihr Gesindel, hinunter!« Ihr Bruder war's, der aus lauter Güte für sein Pferd ihm das Heu mit Butter bestrich.

CORNWALL, REGAN, GLOSTER *und* GEFOLGE *treten auf.*

LEAR: Guten Morgen euch beiden!

CORNWALL: Heil Euch, gnäd'ger Herr!

Kent wird losgemacht.

REGAN: Ich bin erfreut, Eur Majestät zu sehn.

LEAR: Regan, ich denk, du bist's, und weiß die Ursach,
Warum ich's denke; wärst du nicht erfreut,
Ich schiede mich von deiner Mutter Grab,
Weil's eine Ehebrecherin verschlösse. –
Oh, bist du frei?
Ein andermal davon. – Geliebte Regan,
Deine Schwester taugt nichts! – Oh, sie band mir, Regan,
Scharfzahn'gen Undank, gleich dem Geier hier –

Auf sein Herz zeigend.

Ich kann kaum sprechen – nimmer wirst du's glauben,
Mit wie entartetem Gemüt – o Regan!

REGAN: Ich bitt Euch, habt Geduld, ich hoffe, minder
Wisst Ihr zu schätzen ihren Wert, als sie,
Von ihrer Pflicht zu weichen.

LEAR: Wie war das?

REGAN: Ich kann nicht denken, dass sie nur im Kleinsten
Gefehlt in ihrer Pflicht. Hat sie vielleicht
Gehemmt den Unfug Eures Schwarms, Mylord,
So war's aus solchem Grund und gutem Zweck,
Dass sie kein Tadel trifft.

LEAR: Mein Fluch auf sie!

REGAN: O Mylord, Ihr seid alt,
Natur in Euch steht auf der letzten Neige
Ihres Bezirks; Euch sollt ein kluger Sinn,
Der Euern Zustand besser kennt als Ihr,
Zügeln und lenken: darum bitt ich Euch,
Kehrt heim zu unsrer Schwester; sagt ihr, Herr,
Ihr kränktet sie.

LEAR: Ich ihr Verzeihn erbitten?
Fühlst du denn wohl, wie dies dem Hause ziemt?
»Liebe Tochter, ich bekenn es, ich bin alt; *(er kniet)*

Alter ist unnütz; auf den Knien bitt ich:
Gewähre mir Bekleidung, Kost und Bett.«
REGAN: Lasst ab, Herr! Das sind törichte Gebärden.
Kehrt heim zu meiner Schwester.
LEAR *aufstehend*: Nimmermehr!
Halb mein Gefolge hat sie mir genommen,
Mich finster angeblickt, mit ihrer Zunge
Recht schlangenartig mir ins Herz gestochen.
Des Himmels aufgehäufte Rache fall
Auf ihr undankbar Haupt; du fahnde Luft,
Schlage mit Lähmung ihre jungen Glieder!
CORNWALL: Pfui, pfui, pfui!
LEAR: Du jäher Blitz, flamm in ihr stolzes Auge
Dein blendend Feur! Verpestet ihre Schönheit,
Sumpfnebel, die der Sonne Macht gebrütet,
Welkt und vernichtet ihren Stolz!
REGAN: O Götter!
Das wünscht Ihr einst auch mir, wenn Zorn Euch packt.
LEAR: Nein, Regan, nie empfängst du meinen Fluch.
Dein zart gestimmtes Herz gibt nimmer dich
Der Rauheit hin; ihr Auge sticht, doch deins
Tut wohl und brennt nicht; nimmer könntst du grollen
Bei meiner Freude, mein Gefolg vermindern,
Mit herbem Zank mein Ausgesetztes schmälern
Und endlich gar mit Kett und Riegel mir
Den Eintritt wehren; nein, du lerntest besser
Die Pflichten der Natur, der Kindschaft Band,
Der Ehrfurcht Zoll, die Schuld der Dankbarkeit;
Du hast des Reiches Hälfte nicht vergessen,
Womit ich dich beschenkt.
REGAN: Nun, Herr, zur Sache!
LEAR: Wer setzte meinen Diener in den Stock?
CORNWALL: Was für Trompeten?
Der HAUSHOFMEISTER *tritt auf.*
REGAN: Ich weiß es, meiner Schwester; denn sie schreibt mir
Ihr schleunig Kommen. Ist deine Herrin da?

LEAR: Das ist ein Sklav, des leicht geborgter Stolz
In seiner Herrschaft flücht'ger Gnade wohnt;
Geh, Schuft, mir aus dem Auge!
CORNWALL: Was meint Eur Gnaden?
LEAR: Wer blockte meinen Diener? Regan, ich hoffe,
Du wusstest nicht darum. – Wer kommt da? O ihr Götter!

GONERIL *kommt.*

Wenn ihr die Alten liebt, eur mildes Zepter
Gehorsam heiligt, wenn ihr selber alt seid,
Macht es zu eurem Streit; sprecht, zeugt für mich! –
Zu Goneril: Schämst du dich nicht, auf diesen Bart zu sehn?
O Regan! Kannst du bei der Hand sie fassen?
GONERIL: Warum nicht bei der Hand? Was fehlt ich denn?
Nicht alles ist ja Fehl, was Torheit meint
Und Aberwitz so nennt.
LEAR: Ihr Sehnen seid zu starr,
Noch reißt ihr nicht? – Wie kam der in den Block?
CORNWALL: Ich ließ ihn schließen, Herr; doch seine Unart
Verdiente mindern Glimpf.
LEAR: Ihr? Tatet Ihr's?
REGAN: Hört, Vater, da Ihr schwach seid, scheint es auch.
Wollt bis zum Ablauf Eures Monats Ihr
Zurückgehn; bei der Schwester wohnen; dann,
Halb Euren Zug entlassend, kommt zu mir.
Ich bin jetzt fern vom Haus und nicht versehn,
Wie es sich ziemt, für Euern Unterhalt.
LEAR: Zurück zu ihr? und fünfzig Mann entlassen?
Nein, ehr verschwör ich alles Dach, und lieber
Setz ich mich aus der Tyrannei der Luft
Und will Kamrad mit Wolf und Eule werden:
O scharfer Zahn der Not! – Zurück zu ihr?
Der hitz'ge Frankreich, der mein jüngstes Kind
Ohn Erbgut nahm – so leicht zwäng ich mich wohl,
An seinem Throne kniend, wie ein Knecht,
Ein ärmlich Brot und Jahrgeld zu erbetteln.

Zurück zu ihr? – Verlange lieber noch,
Dass Sklav ich werd und Saumtier diesem Schuft!
Zeigt auf Oswald.
GONERIL: Wie's Euch beliebt.
LEAR: Ich bitt dich, Tochter, mach mich nicht verrückt!
Ich will dir nicht zur Last sein; Kind, leb wohl!
Wir wolln uns nicht mehr treffen, nicht mehr sehn.
Und doch bist du mein Fleisch, mein Blut, mein Kind;
Nein, eine Krankheit ehr in meinem Fleisch,
Die mein ich nennen muss; bist eine Beule,
Ein Pestauswuchs, ein schwellender Karfunkel
In meinem kranken Blut. Doch will ich dich nicht schelten
Scham komme, wenn sie will, ich ruf ihr nicht;
Ich heiße nicht den Donnerträger schleudern
Noch schwatz ich aus von dir vor Jovis Thron.
Geh in dich, ganz nach Muße bessre dich.
Ich hab Geduld, ich kann bei Regan bleiben,
Ich und die hundert Ritter.
REGAN: Nicht so ganz!
Ich zählte nicht auf Euch, bin nicht gerüstet,
Euch zu empfangen; hört die Schwester, Herr!
Denn wer Eur Zürnen mit Vernunft betrachtet,
Muss sich doch sagen: Ihr seid alt und so –
Doch sie weiß, was sie tut.
LEAR: Ist dies nun gut gesprochen?
REGAN: Ich darf's behaupten, Herr. Was, fünfzig Ritter?
Ist's nicht genug? wozu bedürft Ihr mehr?
Wozu selbst diese, da Gefahr und Last
So viele widerrät? Kann so viel Volk
In einem Haus, bei zweierlei Befehl,
In Freundschaft stehn? 's ist schwer, beinah unmöglich.
GONERIL: Was braucht Ihr, Herr, noch andre Dienerschaft
Als meiner Schwester Leute oder meine?
REGAN: Jawohl, Mylord; wenn die nachlässig wären,
Bestraften wir sie dann. Kommt Ihr zu mir
Denn jetzt seh ich Gefahr –, so bitt ich Euch,

Bringt mir nur fünfundzwanzig; denn nicht mehr
Kann ich herbergen oder zugestehn.
LEAR: Ich gab euch alles –
REGAN: Und zur rechten Zeit.
LEAR: Macht euch zu meinen Pflegern und Verwaltern;
Nur diese Anzahl zum Gefolge mir
Behielt ich vor. Was, muss ich zu dir kommen
Mit fünfundzwanzig, Regan? Sagst du so?
REGAN: Und sag es noch einmal, Mylord: nicht mehr.
LEAR: Solch ruchlos Wesen sieht doch hübsch noch aus,
Sind andre noch ruchloser; nicht die Schlimmste
Zu sein ist dann wie Lob. *Zu Goneril:* Ich geh mit dir;
Dein Fünfzig macht doch zweimal fünfundzwanzig,
Und du bist zwiefach ihre Liebe.
GONERIL: Hört mich:
Was braucht Ihr fünfundzwanzig, zehn, ja fünf?
In einem Haus, wo Euch zweimal so viel
Zu Diensten stehn?
REGAN: Was braucht Ihr einen nur?
LEAR: O streite nicht, was nötig sei. Der schlechtste Bettler
Hat bei der größten Not noch Überfluss.
Gib der Natur nur das, was nötig ist,
So gilt des Menschen Leben wie des Tiers.
Du bist 'ne Edelfrau;
Wenn warm gekleidet gehn schon prächtig wäre,
Nun, der Natur tut deine Pracht nicht not,
Die kaum dich warm hält; – doch für wahre Not –
Gebt, Götter, mir Geduld, Geduld tut not! –
Ihr seht mich hier, 'nen armen, alten Mann,
Gebeugt durch Gram und Alter, zwiefach elend!
Seid ihr's, die dieser Töchter Herz empört
Wider den Vater, narrt mich nicht so sehr,
Es zahm zu dulden; weckt mir edeln Zorn!
O lasst nicht Weiberwaffen, Wassertropfen,
Des Mannes Wang entehren! – Nein, ihr Teufel,
Ich will mir nehmen solche Rach an euch,
Dass alle Welt – will solche Dinge tun –

Was, weiß ich selbst noch nicht; doch solln sie werden
Das Graun der Welt. Ihr denkt, ich werde weinen?
Nein, weinen will ich nicht.
Wohl hab ich Grund zu weinen; doch dies Herz
Soll eh in hunderttausend Scherben splittern,
Bevor ich weine. – O Narr, ich werde rasend!

Lear, Gloster, Kent und der Narr gehn ab.

CORNWALL: Gehn wir hinein, es kommt ein Sturm.

Sturm und Gewitter von Weitem.

REGAN: Das Haus ist klein, es fasst den Alten nicht
Und sein Gefolg.

GONERIL: 's ist seine Schuld, er nahm sich selbst die Ruh;
Nun büßt er seine Torheit.

REGAN: Was ihn betrifft, ihn nehm ich gerne auf:
Doch keinen seines Zugs.

GONERIL: So denk ich auch. –
Wo ist Mylord von Gloster?

GLOSTER *kommt zurück.*

CORNWALL: Er ging dem Alten nach – dort kommt er wieder.

GLOSTER: Der König ist in Wut.

CORNWALL: Wo geht er hin?

GLOSTER: Er will zu Pferd, doch weiß ich nicht, wohin.

CORNWALL: Man lasse den, der selbst sich führen will.

GONERIL: Mylord, ersucht ihn ja nicht, hier zu bleiben!

GLOSTER: O Gott, die Nacht bricht ein, der scharfe Wind
Weht schneidend; viele Meilen ringsumher
Ist kaum ein Busch.

REGAN: O Herr, dem Eigensinn
Wird Ungemach, das er sich selber schafft,
Der beste Lehrer. Schließt des Hauses Tor;
Er hat verwegne Diener im Gefolg;
Wozu ihn die anhetzen, da so leicht
Sein Ohr betört wird: das muss Vorsicht scheun.

CORNWALL: Schließt Eure Pforte, Herr; die Nacht ist schlimm,
Und Regan rät uns gut. Kommt aus dem Sturm.

Sie gehn ab.

Dritter Aufzug

Erste Szene

Eine Heide.

Sturm, Donner und Blitz. KENT *und ein* RITTER *treten von verschiedenen Seiten auf.*

KENT: Wer ist da, außer schlechtem Wetter?
RITTER: Ein Mann, gleich diesem Wetter, höchst bewegt.
KENT: Ich kenn Euch; wo ist der König?
RITTER: Im Kampf mit dem erzürnten Element.
Er heißt den Sturm die Erde wehn ins Meer
Oder die krause Flut das Land ertränken,
Dass alles wandle oder untergeh;
Rauft aus sein weißes Haar, das wüt'ge Windsbraut
Mit blindem Grimm erfasst und macht zu nichts.
Er will in seiner kleinen Menschenwelt
Des Sturms und Regens Wettkampf übertrotzen.
In dieser Nacht, wo bei den Jungen gern
Die ausgesogne Bärin bleibt, der Löwe
Und hungergrimm'ge Wolf gern trocken halten
Ihr Fell, rennt er mit unbedecktem Haupt
Und heißt, was immer will, hinnehmen alles.
KENT: Doch wer ist mit ihm?
RITTER: Der Narr allein, der wegzuscherzen strebt
Sein herzerschütternd Leid.
KENT: Ich kenn Euch, Herr,
Und wag es auf die Bürgschaft meiner Kunde,
Euch Wicht'ges zu vertraun. Es trennt ein Zwiespalt
Wiewohl sie noch den Schein davon verhüllen
In gleicher List – Albanien und Cornwall.
Sie haben – so wie jeder, den sein Stern
Erhob und krönte – Diener, treu zum Schein,
Die heimlich Frankreichs Spione sind und Wächter,
Belehrt von unserm Zustand, allen Händeln

Und Zänkerein der Fürsten, von
Dem schweren Joch, das beide auferlegt
Dem alten König, von noch tiefem Dingen,
Wozu vielleicht dies nur ein Vorspiel war;
Doch ist's gewiss, von Frankreich kommt ein Heer
In dies zerrissne Reich, das schon, mit Klugheit
Benutzend unsre Säumnis, heimlich fußt
In unsern besten Häfen und alsbald
Sein Banner frei entfaltet. Nun für Euch:
Wagt Ihr's, so fest zu bauen auf mein Wort,
Dass Ihr nach Dover gleich enteilt, so findet
Ihr jemand, der's Euch dankt, erzählt Ihr treu,
Welch unnatürlich sinnverwirrend Leid
Des Königs Klage weckt.
Ich bin ein Edelmann von altem Blut,
Und weil ich Euch als zuverlässig kenne,
Vertrau ich Euch dies Amt.

RITTER: Ich werd Euch weiter sprechen.

KENT: Nein, das nicht –
Und zur Bestät'gung, ich sei Größres als
Mein äußrer Schein, empfangt die Börs und nehmt,
Was sie enthält. Wenn Ihr Cordelia seht –
Und daran zweifelt nicht –, zeigt ihr den Ring,
Und nennen wird sie Euch den Freund, des Namen
Euch jetzt noch unbekannt. Hu, welch ein Sturm!
Ich will den König suchen.

RITTER: Gebt mir die Hand. Habt Ihr nicht mehr zu sagen?

KENT: Nicht viel, doch in der Tat das Wichtigste:
Dies, wenn den König wir gefunden – Ihr
Geht diesen Weg, ich jenen – wer zuerst
Ihn antrifft, ruf's dem andern zu.

Sie gehn nach verschiedenen Seiten ab.

Zweite Szene

Eine andere Gegend auf der Heide.

Fortdauernd Ungewitter. Es treten auf LEAR *und der* NARR.

LEAR: Blast, Wind', und sprengt die Backen! Wütet! Blast!
Ihr Katarakt' und Wolkenbrüche, speit,
Bis ihr die Türm ersäuft, die Hähn ertränkt!
Ihr schwefligen, gedankenschnellen Blitze,
Vortrab dem Donnerkeil, der Eichen spaltet,
Versengt mein weißes Haupt! Du Donner, schmetternd,
Schlag flach das mächt'ge Rund der Welt; zerbrich
Die Formen der Natur, vernicht auf eins
Den Schöpfungskeim des undankbaren Menschen.

NARR: Ach Gevatter, Hofweihwasser in einem trocknen Hause ist besser als dies Regenwasser draußen. Lieber Gevatter, hinein und bitt um deiner Töchter Segen; das ist 'ne Nacht, die sich weder des Weisen noch des Toren erbarmt.

LEAR: Rassle nach Herzenslust! Spei, Feuer! flute, Regen!
Nicht Regen, Wind, Blitz, Donner sind meine Töchter:
Euch schelt ich grausam nicht, ihr Elemente;
Euch gab ich Kronen nicht, nannt euch nicht Kinder,
Euch bindet kein Gehorsam; darum büßt
Die grause Lust: Hier steh ich, euer Sklav,
Ein alter Mann, arm, elend, siech, verachtet:
Und dennoch knecht'sche Helfer nenn ich euch,
Die ihr im Bund mit zwei verruchten Töchtern
Türmt eure hohen Schlachtreihn auf ein Haupt,
So alt und weiß wie dies. Oh, oh, 's ist schändlich!

NARR: Wer ein Haus hat, seinen Kopf hineinzustecken, der hat einen guten Kopflatz.

Wenn Hosenlatz will hausen,
Eh Kopf ein Dach geschafft,
Wird Kopf und Latz verlausen,
Solch Frein ist bettelhaft.
Und willst du deinen Zeh,

Du Tropf, zum Herzen machen,
Schreist übern Leichdorn weh,
Statt schlafen wirst du wachen.
Denn noch nie gab's ein hübsches Kind, das nicht Gesichter vorm Spiegel schnitt.

KENT *tritt auf.*

LEAR: Nein! Ich will sein ein Muster aller Langmut,
Ich will nichts sagen.

KENT: Wer da?

NARR: Nun, hier ist Gnade und ein Hosenlatz; das heißt: ein Weiser und ein Narr.

KENT: Ach, seid Ihr hier, Mylord? Was sonst die Nacht liebt,
Liebt solche Nacht doch nicht: des Himmels Zorn
Scheucht selbst die Wanderer der Finsternis
In ihre Höhlen. Seit ich ward zum Mann,
Erlebt ich nimmer solchen Feuerguss,
Solch Krachen grausen Donners, solch Geheul
Des brüllnden Regensturms: kein menschlich Wesen
Erträgt solch Leid und Graun.

LEAR: Jetzt, große Götter,
Die ihr so wild ob unsern Häuptern wettert,
Sucht eure Feinde auf: Zittre, du Frevler,
Auf dem verborgne Untat ruht, vom Richter
Noch ungestraft! – Versteck dich, blut'ge Hand;
Meineid'ger Schalk, und du, o Tugendheuchler,
Der in Blutschande lebt! Zerscheitre, Sünder,
Der unterm Mantel frommer Ehrbarkeit
Mord stiftete! Ihr tief verschlossnen Gräul,
Sprengt den verhüllnden Zwinger, fleht um Gnade
Die grausen Mahner. – Ich bin ein Mann, an dem
Man mehr gesündigt, als er sündigte.

KENT: O Gott, mit bloßem Haupt! –
Mein gnäd'ger Herr, nahbei ist eine Hütte,
Die bietet etwas Schutz doch vor dem Sturm;
Ruht dort, indes ich in dies harte Haus –
Weit härter als der Stein, aus dem's erbaut,

Das eben jetzt, als ich nach Euch gefragt,
Mir schloss die Tür – zurückgeh und ertrotze
Ihr karges Mitleid.

LEAR: Mein Geist beginnt zu schwindeln.
Wie geht's, mein Junge? Komm, mein Junge! Friert dich?
Mich selber friert. Wo ist die Streu, Kamrad?
Die Kunst der Not ist wundersam; sie macht
Selbst Schlechtes köstlich. Nun zu deiner Hütte.
Du armer Schelm und Narr, mir blieb ein Stückchen
Vom Herzen noch, und das bedauert dich.

NARR: Wem der Witz nur schwach und gering bestellt,
Hop heisa bei Regen und Wind,
Der füge sich still in den Lauf der Welt,
Denn der Regen, der regnet jeglichen Tag.

LEAR: Wahr, lieber Junge. – Kommt, zeigt uns die Hütte! *Ab.*

NARR: Das ist 'ne hübsche Nacht, um eine Buhlerin abzukühlen.
Ich will eine Prophezeiung sprechen, eh ich gehe:
Wenn Priester Worte, nicht Werke häufen,
Wenn Brauer in Wasser ihr Malz ersäufen,
Wenn der Schneider den Junker Lehrer nennt,
Kein Ketzer mehr, nur der Buhler brennt,
Wenn Richter ohne Falsch und Tadel,
Wenn ohne Schulden Hof und Adel,
Wenn Lästrung nicht auf Zungen wohnt,
Der Gauner des Nächsten Beutel schont,
Wenn die Wuchrer ihr Gold im Felde beschaun
Und Huren und Kuppler Kirchen baun,
Dann kommt das Reich von Albion
In große Verwirrung und Konfusion:
Dann kommt die Zeit, wer's lebt zu sehn,
Dass man mit Füßen pflegt zu gehn.
Diese Prophezeiung wird Merlin machen, denn ich lebe vor seiner Zeit. *Ab.*

Dritte Szene

Glosters Schloss.

Es treten auf GLOSTER *und* EDMUND.

GLOSTER: O Gott! Edmund, diese unnatürliche Begegnung gefällt mir nicht. Als ich sie um Erlaubnis bat, mich seiner erbarmen zu dürfen, da verboten sie mir den Gebrauch meines eignen Hauses, befahlen mir bei Strafe ihrer ewigen Ungnade, weder von ihm zu sprechen, für ihn zu bitten noch ihn auf irgendeine Weise zu unterstützen.

EDMUND: Höchst grausam und unnatürlich!

GLOSTER: Nun, nun, sage nichts. Es ist ein Zwiespalt zwischen den beiden Herzogen, und Schlimmeres als das; ich erhielt diesen Abend einen Brief – es ist gefährlich, davon zu reden; ich verschloss den Brief in meinem Kabinett. Die Kränkungen, die der König jetzt duldet, werden schwer geahndet werden; ein Teil des Heeres ist schon gelandet, und wir müssen es mit dem König halten. Ich will ihn aufsuchen und ihn heimlich unterstützen. Geh du und unterhalte ein Gespräch mit dem Herzog, damit er diese Teilnahme nicht bemerke. Wenn er nach mir fragt, bin ich krank und zu Bett gegangen. Und sollte es mein Tod sein – wie mir denn nichts Geringeres gedroht ist –, dem König, meinem alten Herrn, muss geholfen werden. Es sind seltsame Dinge im Werk; Edmund, ich bitte dich, sei behutsam. *Ab.*

EDMUND: Von diesem dir verbotnen Liebesdienst
Und von dem Brief meid ich sogleich dem Herzog.
Dies scheint ein groß Verdienst und soll mir lohnen
Mit meines Vaters Raub, den Gütern allen:
Die Jungen steigen, wenn die Alten fallen. *Ab.*

Vierte Szene

Heide. Vor einer Hütte.

Es treten auf LEAR, KENT *und der* NARR.

KENT: Hier ist's, Mylord; o geht hinein, Mylord!
Die Tyrannei der offnen rauen Nacht
Hält die Natur nicht aus.
Fortdauernder Sturm.
LEAR: Lass mich zufrieden.
KENT: Ich bitt Euch, kommt.
LEAR: Willst du das Herz mir brechen?
KENT: Mein eignes ehr. O geht hinein, mein König!
LEAR: Dir dünkt es hart, dass dieser wüt'ge Sturm
Uns bis zur Haut durchdringt: so ist es dir;
Doch wo die größre Krankheit Sitz gefasst,
Fühlt man die mindre kaum. Du fliehst den Bären;
Doch führte dich die Flucht zur brüllnden See,
Liefst du dem Bären in den Schlund. Ist frei der Geist,
Dann fühlt der Körper zart. Der Sturm im Geist
Raubt meinen Sinnen jegliches Gefühl,
Nur das bleibt, was hier wühlt – Undank des Kindes!
Als ob der Mund zerfleischte diese Hand,
Weil sie ihm Nahrung bot! Schwer will ich strafen! –
Nicht will ich weinen mehr. In solcher Nacht
Mich auszusperrn! – Gieß fort; ich will's erdulden. –
In solcher Nacht wie der! O Regan, Gon'ril!
Euren alten, guten Vater, des freies Herz
Euch alles gab – o auf dem Weg liegt Wahnsinn!
Nein, dahin darf ich nicht, nichts mehr davon!
KENT: Mein guter König, geht hinein!
LEAR: Bitt dich, geh du hinein, sorg für dich selbst.
Der Sturm erlaubt nicht, Dingen nachzusinnen,
Die mehr mich schmerzen. Doch ich geh hinein.
Zum Narren: Geh, Bursch, voran! – Du Armut ohne Dach –

Nun, geh doch! Ich will beten und dann schlafen.

Der Narr geht in die Hütte.

Ihr armen Nackten, wo ihr immer seid,
Die ihr des tück'schen Wetters Schläge duldet,
Wie soll eur schirmlos Haupt, hungernder Leib,
Der Lumpen offne Bloß euch Schutz verleihn
Vor Stürmen, so wie dem? O daran dacht ich
Zu wenig sonst! – Nimm Arzenei, o Pomp!
Gib preis dich, fühl einmal, was Armut fühlt,
Dass du hinschüttst für sie dein Überflüss'ges
Und rettest die Gerechtigkeit des Himmels!

EDGAR *drinnen*: Anderthalb Klafter! Anderthalb Klafter! Armer Tom!

NARR *indem er aus der Hütte läuft*: Geh nicht hinein, Gevatter! Hier ist ein Geist! Hilfe! Hilfe!

KENT: Gib mir die Hand. – Wer ist da?

NARR: Ein Geist, ein Geist! Er sagt, er heiße armer Tom.

KENT: Wer bist du, der im Stroh hier murmelt? Komm heraus!

EDGAR *tritt auf, als Wahnsinniger verkleidet.*

EDGAR: Hinweg! Der böse Feind verfolgt mich.
Durch scharfen Hagedorn saust der kalte Wind: Hu! –
Geh in dein kaltes Bett und wärme dich!

LEAR: Wie? Gabst du alles deinen beiden Töchtern?
Und kamst du so herunter?

EDGAR: Wer gibt dem armen Tom was? – den der böse Feind durch Feuer und durch Flammen geführt hat, durch Flut und Strudel, über Moor und Sumpf, der ihm Messer unters Kissen gelegt hat und Schlingen unter seinen Stuhl; der ihm Rattengift in die Suppe tat, der ihm Hoffart eingab, auf einem braunen, trabenden Ross über vier Zoll breite Stege zu reiten und seinem eigenen Schatten wie einem Verräter nachzujagen. Gott schütze deine fünf Sinne! Tom friert. *Vor Frost schaudernd:* O de de de de de! – Gott schütze dich vor Wirbelwinden, vor bösen Sternen und Seuchen! Gebt dem armen Tom ein Almosen, den der böse Feind heimsucht: Hier könnt ich ihn jetzt haben, und hier – und da – und hier wieder – und hier.

Immerwährend Ungewitter.

LEAR: Was, brachten ihn die Töchter in solch Elend?
Konntst du nichts retten? Gabst du alles hin?

NARR: Nein, er behielt ein Laken, sonst müssten wir uns alle schämen.

LEAR: Nun, jede Seuche, die die Luft zur Strafe
Der Sünder herbergt, stürz auf deine Töchter!

KENT: Herr! Er hat keine Töchter!

LEAR: Ha, Tod, Rebell! Nichts beugte die Natur
Zu solcher Schmach als undankbare Töchter. –
Ist's Mode jetzt, dass weggejagte Väter
So wüten müssen an dem eignen Fleisch?
Sinnreiche Strafe! Zeugte doch dies Fleisch
Diese Pelikantöchter.

EDGAR: Pillicock saß auf Pillicocks Berg:
Hallo, hallo, hallo!

NARR: Diese kalte Nacht wird uns alle zu Narren und Tollen machen.

EDGAR: Hüte dich vor dem bösen Feind; gehorch deinen Eltern; halte dein Wort; fluche nicht; verführe nicht deines Nächsten angetrautes Weib; stelle deine Sache nicht auf eitle Pracht – Tom friert!

LEAR: Was bist du gewesen?

EDGAR: Ein Verliebter, stolz an Herz und Sinn, der sein Haar kräuselte, Handschuh' an seiner Kappe trug, den Lüsten seiner Gebieterin frönte und das Werk der Finsternis mit ihr trieb. Ich schwur so viel Eide, wie ich Worte redete, und brach sie im holden Angesicht des Himmels; schlief ein in Gedanken der Wollust und erwachte, sie auszuführen; den Wein liebte ich kräftig, die Würfel heftig, und mit den Weibern übertraf ich den Großtürken; falsch von Herz, leicht von Ohr, blutig von Hand; Schwein in Faulheit, Fuchs im Stehlen, Wolf in Gier, Hund in Tollheit, Löwe in Raubsucht. Lass nicht das Knarren der Schuhe noch das Rascheln der Seide dein armes

Herz den Weibern verraten. Halte deinen Fuß fern von Bordellen, deine Hand von Schürzen, deine Feder von Schuldbüchern und trotze dem bösen Feind! Immer noch durch den Hagedorn saust der kalte Wind; ruft summ, mum, heinonino. Dauphin, mein Junge, Hurra! Lass ihn vorbei.

Anhaltendes Ungewitter.

LEAR: Nun, dir wäre besser in deinem Grabe, als so mit unbedecktem Leib dieser Wut der Lüfte zu begegnen. Ist der Mensch nicht mehr als das? – Betracht ihn recht! Du bist dem Wurm keine Seide schuldig, dem Tier kein Fell, dem Schaf keine Wolle, der Katze keinen Bisam. Ha, drei von uns sind überkünstelt: Du bist das Ding selbst; der natürliche Mensch ist nichts mehr als solch ein armes, nacktes, zweizinkiges Tier wie du. Fort, fort, ihr Zutaten! – Kommt, knöpft mich auf! *Er reißt sich die Kleider ab.*

NARR: Ich bitt dich, Gevatter, lass gut sein; das ist eine garstige Nacht zum Schwimmen. Jetzt war ein kleines Feuer auf einer wüsten Heide wie eines alten Buhlers Herz; ein kleiner Funke, und der ganze übrige Körper kalt. Seht, hier kommt ein wandelndes Feuer.

EDGAR: Das ist der böse Feind Flibbertigibbet; er kommt mit der Abendglocke und geht um bis zum ersten Hahnenschrei; er bringt den Star und den Schwind, macht das Auge schielend und schickt Hasenscharten, verschrumpft den weißen Weizen und quält die arme Kreatur auf Erden:
Sankt Withold ins Feld dreimal wollt schreiten:
Kommt die Nachtmähr und ihre neun Füllen von Weitem;
Da dräut er gleich:
Entweich! Entweich!
Und trolle dich, Alp, und troll dich!

KENT: Wie geht's, mein König?

GLOSTER *kommt mit einer Fackel.*

LEAR: Wer ist der?

KENT: Wer da? Wen sucht Ihr?

GLOSTER: Wer seid ihr? Eure Namen?

EDGAR: Der arme Tom, der den schwimmenden Frosch isst, die Kröte, die Unke, den Kellermolch und den Wassermolch; der in der Wut seines Herzens, wenn der böse Feind tobt, Kuhmist für Salat isst, die alte Ratte verschlingt und den toten Hund; den grünen Mantel des stehenden Pfuhls trinkt; gepeitscht wird von Kirchspiel zu Kirchspiel und in die Eisen gesteckt, gestäupt und eingekerkert; der drei Kleider hatte für seinen Rücken, sechs Hemden für seinen Leib, zum Reiten ein Pferd, zum Tragen ein Schwert:

Doch Mäus und Ratten und solch Getier
Aß Tom sieben Jahr lang für und für.

Hütet euch vor meinem Verfolger! Still, Smolkin, still, du böser Feind!

GLOSTER: Wie, gnäd'ger Herr! Nicht bessere Gesellschaft?

EDGAR: Der Fürst der Finsternis ist ein Edelmann, Modo heißt er und Mahu.

GLOSTER: Ach unser Fleisch und Blut, Herr, ward so schlecht,
Dass es die hasst, die es erzeugt.

EDGAR: Tom friert!

GLOSTER: Kommt mit mir, meine Treu erträgt es nicht,
Zu folgen Eurer Töchter hartem Willen;
Befahlen sie mir gleich, die Tür zu schließen,
Euch preiszugeben der tyrann'schen Nacht:
Doch hab ich's drauf gewagt, Euch auszuspähn,
Und führ Euch hin, wo Mahl bereit und Feuer.

LEAR: Erst red ich noch mit diesem Philosophen:
Woher entsteht der Donner?

KENT: Mein teurer Herr! Nehmt seinen Vorschlag an,
Geht in das Haus.

LEAR: Ein Wort mit diesem kundigen Thebaner: –
Was ist dein Studium?

EDGAR: Den Teufel fliehn und Ungeziefer töten.

LEAR: Ein Wort mit Euch noch insgeheim.

KENT: Drängt ihn noch einmal, mitzugehn, Mylord!

Das Ungewitter dauert fort.

Sein Geist beginnt zu schwärmen.

GLOSTER: Kannst du's tadeln?
Die Töchter suchen seinen Tod. Das sagtst du
Voraus, du guter Kent! Du armer Flüchtling!
Du fürchtst, der König wird verrückt; glaub mir,
Fast bin ich's selber auch; ich hatt 'nen Sohn,
Verstoßen jetzt, er stand mir nach dem Leben
Erst neulich, eben jetzt: ich liebt ihn, Freund,
Mehr liebt' kein Vater je; ich sage dir,
Der Gram zerstört den Geist mir. Welche Nacht! –
Ich bitt Eur Hoheit –

LEAR: O verzeiht;
Mein edler Philosoph! begleitet uns.

EDGAR: Tom friert.

GLOSTER: Hinein, Bursch, in die Hütte, halt dich warm!

LEAR: Kommt all hinein.

KENT: Hierher, Mylord!

LEAR: Mit ihm;
Ich bleibe noch mit meinem Philosophen.

KENT: Willfahrt ihm, Herr, gebt ihm den Burschen mit!

GLOSTER: So nehmt ihn mit.

KENT: Du folg uns! Komm mit uns!

LEAR: Komm, mein Athener!

GLOSTER: Nicht viel Worte, still!

EDGAR: Herr Roland kam zum finstern Turm,
Sein Wort war stets: seid auf der Hut,
Ich wittr, ich wittre Britenblut.

Sie gehen alle ab.

Fünfte Szene

Glosters Schloss.

Es treten auf CORNWALL *und* EDMUND.

CORNWALL: Ich will Rache an ihm, eh ich sein Haus verlasse.

EDMUND: Mylord, wie man mich tadeln wird, dass ich so die Natur meinem Diensteifer geopfert – daran denk ich mit Schaudern.

CORNWALL: Ich sehe nun ein, dass Euer Bruder nicht so ganz aus Bösartigkeit seinen Tod suchte; es war vielmehr ein edleres Gefühl, durch die Schlechtigkeit des Alten erregt.

EDMUND: Wie heimtückisch ist mein Schicksal, dass ich bejammern muss, gerecht zu sein! – Hier ist der Brief, von dem er sprach, aus dem hervorgeht, dass er ein geheimer Anhänger der französischen Partei ist. O Himmel! dass dieser Verrat nicht wäre oder ich nicht der Entdecker!

CORNWALL: Kommt mit mir zur Herzogin.

EDMUND: Wenn der Inhalt dieses Briefes wahr ist, so habt Ihr wichtige Dinge zu erledigen.

CORNWALL: Wahr oder falsch, er hat dich zum Grafen von Gloster gemacht. Suche deinen Vater auf, dass er gleich zur Rechenschaft gezogen werde.

EDMUND *beiseite*: Finde ich ihn beschäftigt, dem König beizustehn, so wird das den Argwohn noch verstärken. *Laut:* Ich will in meiner Treue fortfahren, wie schmerzlich auch der Kampf zwischen mir und meinem Herzen ist.

CORNWALL: Du sollst mein Vertrauen besitzen und in meiner Liebe einen bessern Vater finden.

Sie gehen ab.

Sechste Szene

Stube in einem Bauernhaus beim Schloss.

KENT *und* GLOSTER *treten ein.*

GLOSTER: Hier ist's besser als in der freien Luft; nehmt es dankbar an; ich werde zu Eurer Bequemlichkeit hier hinzufügen, was ich vermag; gleich bin ich wieder bei Euch.

KENT: Alle Kraft seines Geistes ist seiner Ungeduld gewichen. Die Götter mögen Euch Eure Freundlichkeit lohnen!

Gloster geht ab.

LEAR, EDGAR *und der* NARR *kommen herein.*

EDGAR: Frateretto ruft mir und sagt, Nero fische im Pfuhl der Finsternis. *Zum Narren:* Bete, du Unschuldiger, und hüte dich vor dem bösen Feind.

NARR: Bitt dich, Gevatter, sag mir, ist ein toller Mann ein Edelmann oder ein Bürgersmann?

LEAR: Ein König, ein König!

NARR: Nein, 's ist ein Bürgersmann, der einen Edelmann zum Sohn hat; denn der ist ein wahnsinniger Bürgersmann, der seinen Sohn früher als sich zum Edelmann werden sieht.

LEAR: Dass ihrer tausend mit rot glühnden Spießen
Laut zischend auf sie stürzten!

EDGAR: Der böse Feind beißt mich im Rücken.

NARR: Der ist toll, der auf die Zahmheit eines Wolfs baut, auf die Gesundheit eines Pferdes, eines Knaben Liebe oder einer Hure Schwur.

LEAR: Es soll geschehn, gleich sprech ich euer Urteil.
Zu Edgar: Komm, setz dich her, du hochgelehrter Richter;
Zum Narren: Du weiser Herr, sitz hier. Nun, ihr Wölfinnen.

EDGAR: Sieh, wie er steht und glotzt. Habt Ihr keine Augen vor Gericht, schöne Dame?
Komm übern Bach, mein Liesel, zu mir.

NARR *singt*: Ihr Kahn ist nicht dicht,
Doch sagt sie dir's nicht,
Warum sie rüber nicht darf zu dir.

EDGAR: Der böse Feind verfolgt den armen Tom mit der Stimme der Nachtigall. Hoptanz schreit in Toms Bauch nach zwei Heringen. Krächze nicht, schwarzer Engel! Ich habe kein Futter für dich.

KENT: Nun, bester Herr? O steht nicht so betäubt!
Wollt Ihr Euch legen, auf den Kissen ruhn?

LEAR: Erst das Verhör. Bringt mir die Zeugen her!
Zu Edgar: Du, Ratsherr im Talar, nimm deinen Platz;
Zum Narren: Und du, sein Amtsgenoss der Richterwürde,

Sitz ihm zur Seite. *Zu Kent:* Ihr seid auch Geschworner,
Setzt Euch gleichfalls.

EDGAR: Lasst uns gerecht verfahren.
Schläfst oder wachst du, artiger Schäfer?
Deine Schäfchen im Korne gehen,
Und flötet nur einmal dein niedlicher Mund,
Deinen Schäfchen kein Leid soll geschehen.
Purr! die Katz ist grau.

LEAR: Sprecht über die zuerst: 's ist Goneril. Ich schwöre hier vor dieser ehrenwerten Versammlung, sie hat den armen König, ihren Vater, mit Füßen getreten.

NARR: Kommt, Lady! Ist Eur Name Goneril?

LEAR: Sie kann's nicht leugnen.

NARR: Verzeiht! ich hielt Euch für 'nen Sessel.

LEAR: Und hier noch eine, deren scheeler Blick
Ihr finstres Herz verrät. O haltet fest!
He! Waffen, Waffen, Feuer, Schwert! – Bestechung!
Du falscher Richter, lässt du sie entfliehn?

EDGAR: Gott erhalte dir deine fünf Sinne!

KENT: O Jammer! – Herr, wo ist nun die Geduld,
Die Ihr so oft Euch rühmtet zu bewahren?

EDGAR *beiseite*: Meine Tränen nehmen so Partei für ihn,
Dass sie mein Spiel verderben.

LEAR: Die kleinen Hunde, seht,
Spitz, Mops, Blandine, alle belln mich an.

EDGAR: Tom wird seinen Kopf nach ihnen werfen. Hinaus mit euch, ihr Kläffer!

Sei dein Maul schwarz oder weiß,
Sei's von gift'gem Geifer heiß,
Windspiel, Bullenbeißer, Jagdhund,
Bracke, Pudel, Dogg und Schlachthund,
Lang- und Stumpfschwanz, all ihr Köter,
Hört ihr Tom, so schreit ihr Zeter,
Denn werf ich so den Kopf nach euch,
Rennt ihr und springt in Graben und Teich.

Du di du di, Sessa! – Kommt auf die Kirmes und den Jahrmarkt! – Armer Tom! Dein Horn ist trocken.

LEAR: Nun lasst sie Regan anatomieren und sehn, was um ihr Herz wuchert. Gibt's irgendeine Ursache in der Natur, die diese harten Herzen hervorbringt? *Zu Edgar:* Euch, Herr, halte ich als einen meiner Hundert; nur gefällt mir der Schnitt Eures Habits nicht. Ihr werdet sagen, es sei persische Tracht; aber lasst ihn ändern.

KENT: Nun, teurer Herr, ruht hier und schlaft ein Weilchen.

LEAR: Macht keinen Lärm, macht keinen Lärm; zieht den Vorhang zu. So, so, so; wir wollen zur Abendtafel morgen früh gehn; so, so, so.

NARR: Und ich will am Mittag zu Bett gehn.

GLOSTER *kommt zurück.*

GLOSTER:
Komm her, Freund, sag, wo ist mein Herr, der König?

KENT: Hier, Herr! Doch stört ihn nicht, er ist von Sinnen.

GLOSTER: Du guter Mann, nimm ihn in deine Arme;
Von einem Anschlag, ihn zu töten, hört ich.
Ich hab 'ne Sänfte, leg ihn da hinein,
Und rasch nach Dover, wo du finden wirst
Schutz und Willkommen. Eil und nimm ihn auf; –
Säumst du 'ne halbe Stunde nur, so ist
Sein Leben, deins und aller, die ihn schützen,
Verloren ohne Rettung: fort denn, fort!
Und folge mir; ich schaffe, dich zu schützen,
Ein schnell Geleit.

KENT: Schläfst du, erschöpfte Kraft?
Ein Balsam wär's für dein zerrissnes Leben,
Das, ist dir solche Lindrung nicht vergönnt,
Wohl schwer gesundet. *Zum Narren:* Komm, hilf deinem Herrn,
Du darfst zurück nicht bleiben.

GLOSTER: Kommt hinweg!

Kent, Gloster und der Narr tragen den König fort. Edgar bleibt allein.

EDGAR: Sehn wir den Großem tragen unsern Schmerz,
Kaum rührt das eigne Leid noch unser Herz.
Wer einsam duldet, fühlt die tiefste Pein,
Fern jeder Lust, trägt er den Schmerz allein:
Doch kann das Herz viel Leiden überwinden,
Wenn sich zur Qual und Not Genossen finden.
Mein Unglück dünkt mir leicht und minder scharf,
Da, was mich beugt, den König niederwarf;
Er kind-, ich vaterlos. Nun, Tom, wohlan,
Merk auf den Sturm der Zeit; erschein erst dann,
Wenn die Verleumdung, deren Schmach dich peinigt,
Beschämt durch Prüfung deinen Namen reinigt.
Komme, was will, zur Nacht: flieht nur der König! –
Gib acht! Gib acht! *Ab.*

SIEBENTE SZENE

Glosters Schloss.

Es treten auf CORNWALL, REGAN, GONERIL, EDMUND *und* BEDIENTE.

CORNWALL *zu Goneril*: Eilt sogleich zu Mylord, Eurem Gemahl; zeigt ihm diesen Brief: Die französische Armee ist gelandet. Geht, sucht den Schurken Gloster.

Einige Bediente gehn ab.

REGAN: Hängt ihn ohne Weiteres.

GONERIL: Reißt ihm die Augen aus.

CORNWALL: Überlasst ihn meinem Unwillen. Edmund, leistet Ihr unsrer Schwester Gesellschaft; die Rache, die wir an Eurem verräterischen Vater zu nehmen gezwungen sind, verträgt Eure Gegenwart nicht wohl. Ermahnt den Herzog, wenn Ihr zu ihm kommt, zur schleunigsten Rüstung; wir werden das Gleiche tun. Unsre Boten sollen schnell sein und das Verständnis zwischen uns erhalten. Lebt wohl, liebe Schwester – lebt wohl, Mylord von Gloster!

Der HAUSHOFMEISTER *tritt auf.*

CORNWALL: Nun? wo ist der König?

HAUSHOFMEISTER: Mylord von Gloster hat ihn fortgeführt.
Fünf- oder sechsunddreißig seiner Ritter,
Ihn eifrig suchend, trafen ihn am Tor
Und ziehn nebst andern von des Lords Vasallen
Mit ihm nach Dover, wo sie rüst'ger Freunde
Sich rühmen.

CORNWALL: Schafft die Pferde Eurer Herrin!

GONERIL: Lebt wohl, Mylord und Schwester!

Goneril und Edmund gehn ab.

CORNWALL: Edmund, leb wohl. – Sucht den Verräter Gloster,
Bindt ihn, gleich wie 'nen Dieb, führt ihn hierher.

Einige Bediente ab.

Obgleich wir ihm nicht wohl ans Leben können
Ohn alle Rechtsform: doch soll unsre Macht
Willfahren unserm Zorn, was man zwar tadeln,
Nicht hindern mag. Wer kommt? Ist's der Verräter?

BEDIENTE *kommen mit* GLOSTER.

REGAN: Der undankbare Fuchs! Er ist's.

CORNWALL: Bindt ihm die welken Arme.

GLOSTER: Was meint Eur Hoheit? Freunde, denkt, ihr seid
Hier meine Gäste; frevelt nicht an mir.

CORNWALL: Bindt ihn!

Gloster wird gebunden.

REGAN: Fest! Fest! O schändlicher Verräter!

GLOSTER: Du unbarmherz'ge Frau, das war ich nie.

CORNWALL: Bindt ihn an diesen Stuhl: Schuft, du sollst sehn –

Regan zupft ihn am Barte.

GLOSTER: Beim güt'gen Himmel, das ist höchst unedel,
Zu raufen meinen Bart!

REGAN: So weiß, und solch ein Schelm!

GLOSTER: Ruchlose Frau,
Dies Haar, das du entreißest meinem Kinn,
Verklagt dich droben einst; ich bin eur Wirt;

Ihr solltet nicht mit Räuberhand misshandeln
Mein gastlich Angesicht. Was wollt ihr tun?
CORNWALL: Sprecht, was für Briefe schrieb man Euch aus
Frankreich?
REGAN: Antwortet schlicht, wir wissen schon die Wahrheit.
CORNWALL: Und welchen Bund habt Ihr mit den Verrätern,
Die jetzt gelandet sind?
REGAN: In wessen Hand gabt Ihr den tollen König?
Sprecht!
GLOSTER: Einen Brief erhielt ich voll Vermutung,
Von jemand, der zu keiner Seite neigt
Und der nicht feindlich ist.
CORNWALL: Ausflucht!
REGAN: Und falsch.
CORNWALL: Wo sandtest du den König hin?
GLOSTER: Nach Dover.
REGAN: Warum nach Dover? Stand nicht dein Leben drauf –
CORNWALL: Warum nach Dover? Erst erklär er das.
GLOSTER: Am Pfahle fest, muss ich die Hatze dulden.
REGAN: Warum nach Dover?
GLOSTER: Weil ich nicht wollte sehn, wie deine Nägel
Ausrissen seine armen, alten Augen;
Noch, wie die unbarmherz'ge Goneril
In sein gesalbtes Fleisch die Hauer schlage.
Die See, in solchem Sturm, wie er ihn barhaupt
In höllenfinstrer Nacht erduldet, hätte
Sich aufgebäumt, verlöscht die ew'gen Lichter:
Doch armes, altes Herz, er half
Dem Himmel regnen. Wenn ein Wolf geheult
In jener grausen Nacht an deinem Tor,
Du hättst gerufen: Pförtner, tu doch auf!
Wer grausam sonst, ward mild. Doch seh ich noch
Beschwingte Rach ereilen solche Kinder.
CORNWALL: Sehn wirst du's nimmer. Halte fest den Stuhl,
Auf deine Augen setz ich meinen Fuß.

GLOSTER: Wer noch das Alter zu erleben hofft,
Der steh mir bei. – O grausam! O ihr Götter!
REGAN: Eins wird das andre höhnen; jenes auch.
CORNWALL: Siehst du nun Rache –
ERSTER DIENER: Haltet ein, Mylord!
Seit meiner Kindheit hab ich Euch gedient,
Doch bessern Dienst erwies ich Euch noch nie,
Als jetzt Euch: Halt! Zurufen.
REGAN: Was, du Hund?
ERSTER DIENER: Wenn Ihr 'nen Bart am Kinn trügt, ich zaust ihn
Bei solchem Streit; was habt Ihr vor?
CORNWALL: Mein Sklav?

Er zieht den Degen.

ERSTER DIENER: Nun, dann nehmt hin, was Wut und Zufall bringen.

Sie fechten; Cornwall wird verwundet.

REGAN *zu einem Bedienten*:
Gib mir dein Schwert: Lehnt sich ein Bauer auf?

Sie durchsticht ihn von hinten.

ERSTER DIENER: Oh, ich bin hin! Mylord, Euch blieb ein Auge,
Die Straf an ihm zu sehn. – Oh! *Er stirbt.*
CORNWALL: Dafür ist Rat: heraus, du schnöder Gallert!
Wo ist dein Glanz nun?
GLOSTER: Alles Nacht und trostlos.
Wo ist mein Sohn Edmund? –
Edmund, schür alle Funken der Natur,
Und räche diesen Gräul.
REGAN: Ha, falscher Bube,
Du rufst den, der dich hasst; er selber war's,
Der deinen Hochverrat entdeckt; er ist
Zu gut, dich zu bedauern.
GLOSTER: O mein Wahnsinn!
Dann tat ich Edgar Unrecht.
Götter, vergebt mir das, und segnet ihn!
REGAN: Fort, werft ihn aus dem Tor, dann mag er riechen
Den Weg nach Dover. Wie ist Euch, Herr? Wie geht's?

Gloster wird weggebracht.

CORNWALL: Er schlug mir eine Wunde. – Folgt mir, Lady!
Hinaus den blinden Schurken! Diesen Hund
Werft auf den Mist. Regan, ich blute stark;
Dies kommt zur Unzeit. Gib mir deinen Arm.

Regan führt Cornwall ab.

ZWEITER DIENER: Ich achte nicht, was ich für Sünde tu,
Wenn's dem noch wohl geht.
DRITTER DIENER: Lebt sie lange noch
Und endigt leichten Tods nach altem Brauch,
So werden alle Weiber Ungeheuer.
ZWEITER DIENER: Ihm nach, dem alten Grafen; schafft den Tollen,
Dass er ihn führen mag; sein Bettlerwahnsinn
Lässt sich zu allem brauchen.
DRITTER DIENER: Geh nur, ich hol ihm Flachs und Eierweiß,
Es auf sein blutiges Gesicht zu legen;
Der Himmel helf ihm!

Sie gehn ab nach verschiednen Seiten.

Vierter Aufzug

Erste Szene

Die Heide.

EDGAR *tritt auf.*

EDGAR: Doch besser so und sich verachtet wissen,
Als stets verachtet und geschmeichelt sein.
Ist man ganz elend,
Das niedrigste, vom Glück geschmähtste Wesen,
Lebt man in Hoffnung noch und nicht in Furcht.
Beweinenswerter Wechsel trifft nur Bestes,
Das Schlimmste kehrt zum Lachen. Drum willkommen,
Du wesenlose Luft, die ich umfasse!
Der Ärmste, den du warfst ins tiefste Elend,
Fragt nichts nach deinen Stürmen. – Doch wer kommt hier?

GLOSTER, *von einem* ALTEN MANNE *geführt.*

Mein Vater, bettlergleich, geführt? Welt, Welt, o Welt!
Lehrt' uns dein seltsam Wechseln dich nicht hassen,
Das Leben beugte nimmer sich dem Alter.

ALTER MANN: O lieber, gnäd'ger Herr, ich war Euer Pächter,
und Eures Vaters Pächter an die achtzig Jahre.

GLOSTER: Geh deines Wegs, verlass mich, guter Alter;
Dein Beistand kann mir doch nicht nützlich sein,
Dir möcht er schaden.

ALTER MANN: Ach, Herr, Ihr könnt ja Euren Weg nicht sehn.

GLOSTER: Ich habe keinen, brauch drum keine Augen;
Ich strauchelt, als ich sah. Das, was wir haben,
Macht uns zu sicher oft; sein Mangel
Wird zum Segen uns. O mein Sohn! mein Edgar,
Den des betrognen Vaters Zorn vernichtet!
Erlebt ich noch, umarmend dich zu sehn,
Dann spräch ich, wieder hab ich Augen!

ALTER MANN: Wer da?

EDGAR *beiseite*:
Gott, wer darf sagen: schlimmer kann's nicht werden?
's ist schlimmer nun als je.
ALTER MANN: Der tolle Tom!
EDGAR *beiseite*:
Und kann noch schlimmer gehn; 's ist nicht das Schlimmste,
Solang man sagen kann: dies ist das Schlimmste.
ALTER MANN: Wo willst du hin, Gesell?
GLOSTER: Ist er ein Bettler?
ALTER MANN: Ein Toller und ein Bettler.
GLOSTER: Er hat Vernunft noch, sonst könnt er nicht betteln;
Im letzten Nachtsturm sah ich solchen Wicht,
Und für 'nen Wurm musst ich den Menschen halten;
Da kam mein Sohn mir ins Gemüt, und doch
War mein Gemüt ihm damals kaum befreundet.
Seitdem erfuhr ich mehr; was Fliegen sind
Den müß'gen Knaben, das sind wir den Göttern;
Sie töten uns zum Spaß.
EDGAR *beiseite*: Ist mir's denn möglich?
Ein schlecht Gewerb, beim Gram den Narren spielen;
Man ärgert sich und andre. *Laut:* Grüß euch Gott!
GLOSTER: Ist das der nackte Bursch?
ALTER MANN: Ja, gnäd'ger Herr.
GLOSTER: Dann geh, mein Freund. Willst du uns wieder treffen.
Ein zwei, drei Meilen weiter auf der Straße
Nach Dover zu, so tu's aus alter Liebe
Und bring 'ne Hülle für die nackte Seele:
Er soll mich führen.
ALTER MANN: Ach! er ist ja toll!
GLOSTER: 's ist Fluch der Zeit, dass Tolle Blinde führen! –
Tu, was ich bat, oder auch, was du willst;
Vor allem geh.
ALTER MANN: Den besten Anzug hol ich, den ich habe,
Entstehe draus, was mag. *Ab.*
GLOSTER: Hör, nackter Bursch!
EDGAR: Der arme Tom friert. *Beiseite:* Ich halte mich nicht länger!

GLOSTER: Komm her, Gesell!

EDGAR *beiseite*: Und doch, ich muss.
Laut: Gott schütz die lieben Augen dir, sie bluten.

GLOSTER: Weißt du den Weg nach Dover?

EDGAR: Steg' und Hecken, Fahrweg und Fußpfad. Der arme Tom ist um seine gesunden Sinne gekommen. Gott schütze dich, du gutes Menschenkind, vorm bösen Feind! Fünf Teufel waren zugleich im armen Tom: Der Geist der Luft, Obidicut; Hoptanz, der Fürst der Stummheit; Mahu, des Stehlens; Modu, des Mords; und Flibbertigibbet, der Grimassenteufel, der seitdem in die Zofen und Stubenmädchen gefahren ist. Gott helfe dir, Herr!

GLOSTER: Hier nimm die Börse, du, den Zorn des Himmels
Zu jedem Fluch gebeugt: dass ich im Elend,
Macht dich beglückter. – So ist's recht, ihr Götter!
Lasst stets den üpp'gen, wollusttrunknen Mann,
Der eurer Satzung trotzt, der nicht will sehen,
Weil er nicht fühlt, schnell eure Macht empfinden:
Verteilung tilgte dann das Übermaß,
Und jeder hätte gnug. Sag, kennst du Dover?

EDGAR: Ja, Herr!

GLOSTER: Dort ist ein Fels, des hohe steile Klippe
Furchtbar hinabschaut in die jähe Tiefe.
Bring mich nur hin an seinen letzten Rand,
Und lindern will ich deines Elends Bürde
Mit einem Kleinod – von dem Ort bedarf
Ich keines Führers mehr.

EDGAR: Gib mir den Arm,
Tom will dich führen.

Sie gehn ab.

Zweite Szene

Schloss des Herzogs von Albanien.

Es treten auf GONERIL *und* EDMUND.

GONERIL: Willkomm, Mylord! mich wundert, dass mein sanfter Mann
Uns nicht entgegenkam.

Der HAUSHOFMEISTER *tritt auf.*

Wo ist dein Herr?
HAUSHOFMEISTER: Drin, gnäd'ge Frau; doch ganz und gar verändert.
Ich sagt ihm von dem Heer, das jüngst gelandet,
Da lächelt' er; ich sagt ihm, dass Ihr kämt;
Er rief: »So schlimmer!« Als ich drauf berichtet
Von Glosters Hochverrat und seines Sohnes
Getreuem Dienst, da schalt er mich 'nen Dummkopf
Und sprach, dass ich verkehrt die Sache nähme;
Was ihm missfallen sollte, scheint ihm lieb,
Was ihm gefallen, leid.
GONERIL *zu Edmund*: Dann geht nicht weiter;
's ist die verzagte Feigheit seines Geists,
Die nichts zu unternehmen wagt: kein Unrecht rührt ihn,
Soll er die Spitze bieten. Unser Wunsch
Von unterwegs kann in Erfüllung gehn;
Eilt denn zurück zu meinem Bruder, Edmund,
Beschleunigt seine Rüstung, führt sein Heer;
Ich muss die Waffen wechseln und die Kunkel
Dem Manne geben. Dieser treue Diener
Soll unser Bote sein; bald hört Ihr wohl,
Wenn Ihr zu Eurem Vorteil wagen wollt,
Was Eure Dame wünscht. Tragt dies; kein Wort; –
Neigt Euer Haupt: der Kuss, dürft er nur reden,
Erhöbe dir den Mut in alle Lüfte; –
Versteh mich und leb wohl.
EDMUND: Dein in den Reihn des Tods. *Ab.*

GONERIL: Mein teurer Gloster!
O welch ein Abstand zwischen Mann und Mann!
Ja, dir gebührt des Weibes Gunst; mein Narr
Besitzt mich wider Recht.
HAUSHOFMEISTER: Der Herzog, gnäd'ge Frau! *Ab.*

ALBANIEN *tritt auf.*

GONERIL: Sonst war ich doch des Pfeifens wert!
ALBANIEN: O Goneril,
Du bist des Staubs nicht wert, den dir der Wind
Ins Antlitz weht. Ich fürchte dein Gemüt:
Ein Wesen, das verachtet seinen Stamm,
Kann nimmer fest begrenzt sein in sich selbst.
Sie, die vom mütterlichen Baum sich löst
Und selber abzweigt, muss durchaus verwelken
Und Todes Werkzeug sein.
GONERIL: Nicht mehr, der Text ist albern.
ALBANIEN: Weisheit und Tugend scheint dem Schlechten schlecht;
Schmutz riecht sich selbst nur gut. Was tatet ihr?
Tiger, nicht Töchter, was habt ihr verübt!
Ein Vater und ein gnadenreicher Greis,
Den wohl der zott'ge Bär in Ehrfurcht leckte –
O Schmach! O Schandtat! fiel durch euch in Wahnsinn!
Und litt mein edler Bruder solche Tat,
Ein Mann, ein Fürst, der ihm so viel verdankt? –
Schickt nicht der Himmel sichtbar seine Geister
Alsbald herab, zu zügeln diese Gräul,
Muss Menschheit an sich selbst zum Raubtier werden
Wie Ungeheur der Tiefe.
GONERIL: Milchherz'ger Mann!
Der Wangen hat für Schläg, ein Haupt für Schimpf,
Dem nicht ein Auge ward, zu unterscheiden,
Was Ehre sei, was Kränkung; der nicht weiß,
Dass Toren nur den Schuft bedauern, der
Bestraft ward, eh er fehlt'. – Was schweigt die Trommel?
Frankreichs Panier weht hier im stillen Land;
Mit stolzem Helmbusch droht dein Mörder schon,

Und du, ein Tugendnarr, bleibst still und stöhnst:
»Ach, warum tut er das?«
ALBANIEN: Schau auf dich, Teufel;
Die eigne Hässlichkeit ist nicht am Satan
So graunvoll wie am Weibe.
GONERIL: Blöder Tor!
ALBANIEN: Schmach dir, entstellt, verwandelt Wesen, mach
Dein Antlitz nicht zum Scheusal! Ziemte mir's,
Dass diese Hand gehorchte meinem Blut,
Sie möchte leicht zerreißen dir und trennen
Fleisch und Gebein! Wie sehr du Teufel bist,
Die Weibsgestalt beschützt dich.
GONERIL: Ei, welche Mannheit nun!

Ein BOTE *tritt auf.*

ALBANIEN: Was bringst du Neues?
BOTE: O gnäd'ger Herr, tot ist der Herzog Cornwall;
Ihn schlug sein Knecht, als er ausreißen wollte
Graf Glosters zweites Auge.
ALBANIEN: Glosters Augen?
BOTE: Ein Knecht, den er erzog, gereizt von Mitleid,
Die Tat zu hindern, zückte seinen Degen
Auf seinen großen Herrn – der, drob ergrimmt,
Ihn rasch mit andrer Hilfe niederstieß –
Doch traf ihn schon der Todesstreich, der jetzt
Ihn nachgeholt.
ALBANIEN: Das zeigt, ihr waltet droben,
Ihr Richter, die so schnell der Erde Freveln
Die Rache senden. Doch, o armer Gloster,
Verlor er beide Augen?
BOTE: Beide, Herr!
Der Brief, Mylady, fordert schnelle Antwort,
Er kommt von Eurer Schwester.
GONERIL *beiseite*: Halb gefällt's mir;
Doch da sie Witwe und bei ihr mein Gloster,
Könnt all der luft'ge Bau zusammenstürzen
Auf mein verhasstes Leben. Andrerseits

Mundet die Nachricht wenig. Ich will lesen
Und Antwort senden. *Ab.*

ALBANIEN: Wo war sein Sohn, als sie ihn blendeten?

BOTE: Er kam mit Eurer Gattin.

ALBANIEN: Er ist nicht hier.

BOTE: Mein gnäd'ger Herr, ich traf ihn auf dem Rückweg.

ALBANIEN: Weiß er die Gräueltat?

BOTE: Ja, gnäd'ger Herr! Er war's, der ihn verriet
Und den Palast vorsätzlich mied, der Strafe
So freiem Lauf zu lassen.

ALBANIEN: Ich lebe, Gloster,
Die Treu, die du dem König zeigst, zu lohnen
Und dein Gesicht zu rächen! – Folg mir, Freund,
Und sag mir, was du sonst noch weißt.
Sie gehn ab.

Dritte Szene

Das französische Lager bei Dover.

Es treten auf KENT *und ein* EDELMANN.

KENT: Warum der König von Frankreich so plötzlich zurückgegangen ist: wisst Ihr die Ursache?

EDELMANN: Es war ein Staatsgeschäft noch nicht vollendet,
Das nach der Landung er bedacht; es drohte
Dem Königreich so viel Gefahr und Schrecken,
Dass eigne Gegenwart höchst dringend schien
Und unvermeidlich.

KENT: Wen ließ er hier zurück als seinen Feldherrn?

EDELMANN: Den Marschall Frankreichs, Monseigneur le Fer.

KENT: Reizten Eure Briefe die Königin nicht zu Äußerungen des Schmerzes?

EDELMANN: Jawohl, sie nahm sie, las in meinem Beisein,
Und dann und wann rollt' eine volle Träne
Die zarte Wang herab; es schien, dass sie

Als Kön'gin ihren Schmerz regierte, der
Rebellisch wollt ihr König sein.
KENT: Oh, dann
Ward sie bewegt.
EDELMANN: Doch nicht zum Zorn. Geduld und Kummer stritten,
Wer ihr den stärksten Ausdruck lieh. Ihr saht
Regen zugleich und Sonnenschein: ihr Lächeln
Und ihre Tränen warn wie Frühlingstau.
Dies sel'ge Lächeln, das die frischen Lippen
Umspielte, schien, als wiss es um die Gäste
Der Augen nicht, die so von diesen schieden,
Wie Perlen von Demanten tropfen. Kurz,
Der Gram würd als ein Schatz gesucht, wenn jeden
Er also schmückte.
KENT: Hat sie nichts gesprochen?
EDELMANN: Ja, mehrmals seufzte sie den Namen Vater
Stöhnend hervor, als presst' er ihr das Herz:
Rief: »Schwestern! Schwestern! Schmach der Frauen! Schwestern!
Kent! Vater! Schwestern! Was, in Sturm und Nacht?
Glaubt an kein Mitleid mehr!« Dann strömten ihr
Die heil'gen Tränen aus den Himmelsaugen
Und netzten ihren Laut; sie stürzte fort,
Allein mit ihrem Gram zu sein.
KENT: Die Sterne,
Die Sterne bilden unsre Sinnesart,
Sonst zeugte nicht so ganz verschiedne Kinder
Ein und dasselbe Paar. – Spracht Ihr sie noch?
EDELMANN: Nein.
KENT: War's vor des Königs Reise?
EDELMANN: Nein, hernach.
KENT: Gut, Herr!
Der arme kranke Lear ist in der Stadt;
Manchmal in bessrer Stimmung wird's ihm klar,
Warum wir hier sind, und auf keine Weise
Will er die Tochter sehn.
EDELMANN: Weshalb nicht, Herr?

KENT: Ihn überwältigt so die Scham – sein harter Sinn,
Der seinen Segen ihr entzog, sie preisgab
Dem fremden Zufall und ihr teures Erbrecht
Den hünd'schen Töchtern lieh – das alles sticht
So giftig ihm das Herz, dass glühnde Scham
Ihn von Cordelia fernhält.

EDELMANN: Armer Herr!

KENT: Wisst Ihr von Cornwalls und Albaniens Macht?

EDELMANN: 's ist, wie gesagt, sie stehn im Feld.

KENT: Ich bring Euch jetzt zu unserm König Lear
Und lass ihn Eurer Pflege. Wicht'ge Gründe
Gebieten, mich verborgen noch zu halten;
Geb ich mich kund, so wird's Euch nicht gereuen,
Dass Ihr mich jetzt gekannt. Ich bitt Euch, kommt,
Begleitet mich.

Sie gehn ab.

Vierte Szene

Ebendaselbst. Ein Zelt.

Trommeln und Fahnen. CORDELIA, *ein* ARZT *und* SOLDATEN *treten auf.*

CORDELIA: O Gott, er ist's; man traf ihn eben noch
In Wut wie das empörte Meer; laut singend,
Bekränzt mit wildem Erdrauch, Windenranken,
Mit Kletten, Schierling, Nesseln, Kuckucksblumen
Und allem müß'gen Unkraut, welches wächst
Im nährnden Weizen. Hundert schickt und mehr;
Durchforscht jedwedes hochbewachsne Feld
Und bringt ihn zu uns.

Ein Offizier ab.

Was vermag die Kunst,
Ihm herzustellen die beraubten Sinne?
Er, der ihn heilt, nehm alle meine Schätze.

ARZT: Es gibt noch Mittel, Fürstin!
Die beste Wärtrin der Natur ist Ruhe,
Die ihm gebricht; und diese ihm zu schenken,
Vermag manch wirksam Heilkraut, dessen Kraft
Des Wahnsinns Augen schließen wird.
CORDELIA: All ihr gesegneten, geheimen Wunder,
All ihr verborgnen Kräfte der Natur,
Sprießt auf durch meine Tränen! Lindert, heilt
Des guten Greises Weh! Sucht, sucht nach ihm,
Eh seine blinde Wut das Leben löst,
Das sich nicht führen kann.

Ein BOTE *tritt auf.*

BOTE: Vernehmt, Mylady,
Die brit'sche Macht ist auf dem Zug hierher.
CORDELIA: Man wusst es schon; und wir sind vorbereitet,
Sie zu empfangen. O mein teurer Vater,
Für deine Wohlfahrt hab ich mich gerüstet,
Drum hat der große Frankreich
Mein Trauern, meiner Tränen Flehn erhört.
Nicht luft'ger Ehrgeiz treibt uns zum Gefecht,
Nur brünst'ge Lieb und unsers Vaters Recht;
Möcht ich doch bald ihn sehn und ihn vernehmen!

Sie gehn ab.

FÜNFTE SZENE

Ein Zimmer in Glosters Schloss.

Es treten auf REGAN *und der* HAUSHOFMEISTER.

REGAN: Doch steht des Bruders Macht im Feld?
HAUSHOFMEISTER: Ja, Fürstin.
REGAN: Er selbst zugegen?
HAUSHOFMEISTER: Ja, mit vieler Not;
Eure Schwester ist der bessere Soldat.
REGAN: Lord Edmund sprach mit deinem Herzog nicht?

HAUSHOFMEISTER: Nein, gnäd'ge Frau!
REGAN: Was mag der Schwester Brief an ihn enthalten?
HAUSHOFMEISTER: Ich weiß nicht, Fürstin.
REGAN: Gewiss, ihn trieb ein ernst Geschäft von hier.
Sehr töricht war's, dem Gloster nach der Blendung
Das Leben lassen; wohin er kommt, bewegt er
Die Herzen wider uns. Edmund, vermut ich,
Aus Mitleid für sein Elend, ging zu enden
Sein nächtlich Dasein und erforscht zugleich
Des Feindes Stärke.
HAUSHOFMEISTER:
Ich muss durchaus ihm nach mit meinem Brief.
REGAN: Das Heer rückt morgen aus; bleibt hier mit uns;
Gefährlich sind die Weg'.
HAUSHOFMEISTER: Ich darf nicht, Fürstin;
Mylady hat mir's dringend eingeschärft.
REGAN: Was brauchte sie zu schreiben? Könntst du nicht
Mündlich bestellen dein Geschäft? – Vielleicht –
Etwas – ich weiß nicht was – ich will dir gut sein,
Lass mich den Brief entsiegeln.
HAUSHOFMEISTER: Lieber möcht ich –
REGAN: Ich weiß, die Herzogin hasst ihren Gatten:
Das ist gewiss; bei ihrem letzten Hiersein
Liebäugte sie mit sehr beredten Blicken
Dem edlen Edmund; du bist ihr Vertrauter.
HAUSHOFMEISTER: Ich, Fürstin?
REGAN: Ich rede mit Bedacht: ich weiß, du bist's.
Drum rat ich dir, nimm diese Weisung an:
Mein Mann ist tot; Edmund und ich sind einig;
Und besser passt er sich für meine Hand
Als deiner Herrin: – schließe weiter selbst.
Wenn du ihn findst, so bitt ich, gib ihm dies;
Und wenn's die Herzogin von dir vernimmt,
Ermahne sie, Vernunft zu Rat zu ziehn.
Und somit lebe wohl!

Triffst du vielleicht den blinden Hochverräter,
Ein reicher Lohn wird dem, der ihn erschlägt.
HAUSHOFMEISTER: Ich wollt, ich fand ihn, Fürstin, dass Ihr säht,
Mit wem ich's halte.
REGAN: So gehab dich wohl!
Sie gehn ab.

Sechste Szene

Gegend bei Dover.

Es treten auf GLOSTER *und* EDGAR *in Bauerntracht.*

GLOSTER: Wann kommen wir zum Gipfel dieses Bergs?
EDGAR: Ihr klimmt hinan, seht nur, wie schwer es geht!
GLOSTER: Mich dünkt, der Grund ist eben.
EDGAR: Furchtbar steil!
Horcht! Hört Ihr nicht die See?
GLOSTER: Nein, wahrlich nicht!
EDGAR: Dann wurden Eure andern Sinne stumpf
Durch Eurer Augen Schmerz.
GLOSTER: Das mag wohl sein.
Mich dünkt, dein Laut ist anders und du sprichst
Mit besserm Sinn und Ausdruck als zuvor.
EDGAR: Ihr täuscht Euch sehr; ich bin in nichts verändert
Als in der Tracht.
GLOSTER: Mich dünkt, du sprächest besser.
EDGAR: Kommt, Herr, hier ist der Ort: steht still! wie graunvoll
Und schwindelnd ist's, so tief hinabzuschaun! –
Die Krähn und Dohlen, die die Mitt umflattern,
Sehn kaum wie Käfer aus – halbwegs hinab
Hängt einer, Fenchel sammelnd – schrecklich Handwerk!
Mich dünkt, er scheint nicht größer als sein Kopf.
Die Fischer, die am Strande gehn entlang,
Sind Mäusen gleich; das hohe Schiff am Anker
Verjüngt zu seinem Boot; das Boot zum Tönnchen,

Beinah zu klein dem Blick; die dumpfe Brandung,
Die murmelnd auf zahllosen Kieseln tobt,
Schallt nicht bis hier. – Ich will nicht mehr hinabsehn,
Dass nicht mein Hirn sich dreht, mein wirrer Blick
Mich taumelnd stürzt hinab.

GLOSTER: Stell mich, wo du stehst.

EDGAR: Gebt mir die Hand: Ihr seid nur einen Fuß
Vom letzten Rand. Für alles unterm Mond
Tat ich hier keinen Sprung.

GLOSTER: Lass mich nun los.
Hier, Freund, ist noch ein Beutel, drin ein Kleinod,
Kostbar genug dem Armen. Feen und Götter
Gesegnen dir's! Geh nun zurück, mein Freund:
Nimm Abschied; lass mich hören, dass du gehst.

EDGAR: Lebt wohl denn, guter Herr!

GLOSTER: Von ganzem Herzen.

EDGAR: So spiel ich nur mit dem Verzweifelnden,
Um ihn zu heilen.

GLOSTER *kniend*: O ihr mächt'gen Götter!
Der Welt entsag ich, und vor eurem Blick
Schüttl ich geduldig ab mein großes Leid.
Könnt ich es länger tragen ohne Hader
Mit euerm unabwendbar ew'gen Rat,
So möchte wohl mein müder Lebensdocht
Von selbst verglimmen. Wenn mein Edgar lebt –
O segnet ihn! – Nun, Freund, gehab dich wohl!

EDGAR: Bin fort schon; lebt denn wohl!

Gloster springt und fällt zur Erde.

Und weiß ich, ob nicht Fantasie den Schatz
Des Lebens rauben kann, wenn Leben selbst
Dem Raub sich preisgibt? Wär er, wo er dachte,
Jetzt dächt er nicht mehr. – Lebend oder tot? –
He, guter Freund! – Herr, hört Ihr? – Sprecht! –
So könnt er wirklich sterben – Nein, er lebt.
Wer seid Ihr, Herr?

GLOSTER: Hinweg, und lass mich sterben.

EDGAR: Warst du nicht Sommerfaden, Federn, Luft,
So viele Klafter tief kopfüber stürzend,
Du wärst zerschellt, gleich einem Ei. Doch atmest du,
Hast Körperschwere, blutst nicht, sprichst, bist ganz.
Zehn Mastbäum aufeinander sind so hoch nicht,
Wie steilrecht du hinabgefallen bist.
Ein Wunder, dass du lebst! Sprich noch einmal.
GLOSTER: Doch fiel ich oder nicht?
EDGAR: Vom furchtbarn Gipfel dieser kreid'gen Klippe.
Sieh nur hinauf, man kann die schrillnde Lerche
So hoch nicht sehn noch hören; sieh hinauf!
GLOSTER: Ach Gott! Ich habe keine Augen.
Ward auch die Wohltat noch versagt dem Elend,
Durch Tod zu endigen? Trost war's doch immer,
Als Jammer des Tyrannen Wut sich konnte
Entziehn und seine stolze Willkür täuschen.
EDGAR: Gebt mir den Arm! –
Auf! – So! Wie geht's? Fühlt Ihr die Beine? Steht?
GLOSTER: Zu gut! zu gut!
EDGAR: Das nenn ich wunderseltsam!
Dort auf der Klippe Rand, welch Ding war das,
Das von Euch wich?
GLOSTER: Ein armer Bettler war's.
EDGAR: Hier unten schienen seine Augen mir
Zwei Monde; tausend Nasen hatt er, Hörner,
Gekrümmt und wellig wie gefurchtes Meer:
Ein Teufel war's. Drum denk, beglückter Alter,
Dass höchste Götter, die zum Ruhm vollführen,
Was uns unmöglich scheint, dich retteten.
GLOSTER: Ja, das erkenn ich jetzt. Ich will hinfort
Mein Elend tragen, bis es ruft von selbst:
Genug, genug, und stirb! Das Ding, wovon
Ihr sprecht, schien mir ein Mensch; oft rief es aus:
Der böse Feind! – Er führte mich dahin.
EDGAR: Seid ruhig und getrost! Doch wer kommt da?

LEAR *tritt auf, fantastisch mit Blumen und Kränzen aufgeschmückt.*

Gesunder Sinn wird nimmer seinen Herrn
So ausstaffieren.

LEAR: Nein, wegen des Geldprägens können sie mir nichts tun; ich bin der König selbst.

EDGAR: O herzzerreißender Anblick!

LEAR: Natur ist hierin mächtiger als die Kunst. – Da ist Euer Handgeld. Der Bursch führt seinen Bogen wie eine Vogelscheuche. Spannt mir eine volle Tuchmacherelle – sieh, sieh, eine Maus – still, still, dies Stück gerösteter Käse wird gut dazu sein. – Da ist mein Panzerhandschuh; gegen einen Riesen verfecht ich's. Die Hellebarden her! – O schön geflogen, Vogel. Ins Schwarze, ins Schwarze! Hui! – Gebt die Parole!

EDGAR: Süßer Majoran.

LEAR: Passiert.

GLOSTER: Die Stimme kenn ich.

LEAR: Ha, Goneril! – Mit 'nem weißen Bart! Sie schmeichelten mir wie einem Hund und erzählten mir, ich hätte weiße Haare im Bart, ehe die schwarzen kamen. – Ja und nein zu sagen zu allem, was ich sagte! – Ja und nein zugleich, das war keine gute Theologie. Als der Regen einst kam, mich zu durchnässen, und der Wind mich schauern machte und der Donner auf mein Geheiß nicht schweigen wollte, da fand ich sie, da spürte ich sie aus. Nichts da, es ist kein Verlass auf sie; sie sagten mir, ich sei *alles*: Das ist eine Lüge, ich bin nicht fieberfest.

GLOSTER: Den Ton von dieser Stimme kenn ich wohl:
Ist's nicht der König?

LEAR: Ja, jeder Zoll ein König –
Blick ich so starr, sieh, bebt der Untertan.
Dem schenk ich's Leben: was war sein Vergehn?
Ehbruch! –
Du sollst nicht sterben. Tod um Ehbruch? Nein!
Der Zeisig tut's, die kleine goldne Fliege,
Vor meinen Augen buhlt sie.

Lasst der Vermehrung Lauf! Denn Glosters Bastard
Liebte den Vater mehr als meine Töchter,
Erzeugt im Ehbett.
Dran, Unzucht! Frisch auf, denn ich brauch Soldaten. –
Sieh dort die ziere Dame,
Ihr Antlitz weissagt Schnee in ihrem Schoß;
Sie spreizt sich tugendlich und dreht sich weg,
Hört sie die Lust nur nennen:
Und doch sind Iltis nicht und hitz'ge Stute
So ungestüm in ihrer Brunst.
Vom Gürtel nieder sind's Zentauren,
Wenn auch von oben Weib; nur bis zum Gürtel
Sind sie den Göttern eigen: jenseits alles
Gehört den Teufeln, dort ist Hölle, Nacht,
Dort ist der Schwefelpfuhl, Brennen, Sieden, Pestgeruch,
Verwesung – pfui, pfui, pfui! – Pah! Pah! –
Gib etwas Bisam, guter Apotheker,
Meine Fantasie zu würzen. Da ist Gold für dich.

GLOSTER: O lass die Hand mich küssen!

LEAR: Lass mich sie erst abwischen; sie riecht nach dem Grabe.

GLOSTER: O du zertrümmert Meisterstück der Schöpfung!
So nutzt das große Weltall einst sich ab
Zu nichts. Kennst du mich wohl?

LEAR: Ich erinnere mich deiner Augen recht gut: Blinzelst du mir zu? – Nein, tu dein Ärgstes, blinder Cupido; ich will nicht lieben. Lies einmal diese Herausforderung; sieh nur die Schriftzüge!

GLOSTER: Wär jede Letter Sonn', ich säh nicht eine.

EDGAR *beiseite*: Nicht glauben wollt ich's dem Gerücht; es ist so,
Und bricht mein Herz.

LEAR: Lies!

GLOSTER: Was, mit den Höhlen der Augen?

LEAR: Oho, stehn wir so miteinander? Keine Augen im Kopf, kein Geld im Beutel? – Höhlten sie dir die Augen und holten dir den Beutel? Doch siehst du, wie die Welt geht!

GLOSTER: Ich seh es fühlend.

LEAR: Was, bist du toll? – Kann man doch sehn, wie es in der Welt hergeht, ohne Augen. Schau mit dem Ohr; sieh, wie jener Richter auf jenen einfältigen Dieb schmält. Horch – unter uns – den Platz gewechselt und die Hand gedreht: wer ist Richter, wer Dieb? Sahst du wohl eines Pächters Hund einen Bettler anbellen?

GLOSTER: Ja, Herr!

LEAR: Und der Wicht lief vor dem Köter: Da konntest du das große Bild der Macht erblicken; dem Hund im Amt gehorcht man.
Du schuft'ger Büttel, weg die blut'ge Hand!
Was geißelst du die Hure? Peitsch dich selbst!
Dich lüstet heiß, mit ihr zu tun, wofür
Dein Arm sie stäupt. Der Wuchrer hängt den Gauner;
Zerlumptes Kleid bringt kleinen Fehl ans Licht,
Talar und Pelz birgt alles. Hüll in Gold die Sünde,
Der starke Speer des Rechts bricht harmlos ab;
In Lumpen – des Pygmäen Halm durchbohrt sie.
Kein Mensch ist sündig; keiner, sag ich, keiner;
Und ich verbürg es, wenn – versteh, mein Freund –
Er nur des Klägers Mund versiegeln kann.
Schaff Augen dir von Glas,
Und wie ein niedriger Betrüger tu,
Als sähst du Dinge, die du doch nicht siehst. –
Nun, nun, nun, nun –
Zieht mir die Stiefel ab! – Stärker, stärker, – so!

EDGAR *beiseite*: O tiefer Sinn und Aberwitz gemischt!
Vernunft in Tollheit!

LEAR: Willst weinen über mich, nimm meine Augen.
Ich kenne dich recht gut, dein Nam ist Gloster –
Gedulde dich, wir kamen weinend an.
Du weißt, wenn wir die erste Luft einatmen,
Schrein wir und winseln. Ich will dir pred'gen: horch!

GLOSTER: O welcher Jammer!

LEAR: Wir Neugebornen weinen, zu betreten
Die große Narrenbühne – ein schöner Hut!

O feine Kriegslist, einen Pferdetrupp
Mit Filz so zu beschuhn: ich will's versuchen,
Und überschleich ich so die Schwiegersöhne,
Dann schlagt sie tot, tot, tot! – Tot, tot!

Ein EDELMANN *mit* BEDIENTEN *tritt auf.*

EDELMANN: O hier, hier ist er. Haltet ihn! Mylord,
Eur liebstes Kind –

LEAR: Wie, kein Entsatz? Gefangen? Bin ich doch
Der wahre Narr des Glücks. Verpflegt mich wohl,
Ich geb euch Lösegeld. Schafft mir 'nen Wundarzt,
Ich bin ins Hirn gehaun.

EDELMANN: Nichts soll Euch fehlen.

LEAR: Kein Beistand – ganz allein?
Da könnte wohl der Mensch in salz'ge Tränen
Vergehn, wie Kannen seine Augen brauchend,
Des Herbstes Staub zu löschen.

EDELMANN: Teurer Herr!

LEAR: Brav will ich sterben wie ein schmucker Bräut'gam; was?
Will lustig sein; kommt, kommt, ich bin ein König,
Ihr Herren, wisst ihr das?

EDELMANN: Ein hoher König, und wir folgen Euch.

LEAR: So ist noch nichts verloren. Kommt! wenn ihr's haschen wollt, so müsst ihr's durch Laufen haschen. Sa, sa, sa, sa!

Er läuft fort.

EDELMANN: Ein Anblick, jammervoll am ärmsten Bettler,
An einem König namenlos. Du hast ein Kind,
Durch das die Welt vom grausen Fluch erlöst wird,
Den zwei auf sie gebracht.

EDGAR: Heil, edler Herr!

EDELMANN: Seid kurz, mein Freund! Was wollt Ihr?

EDGAR: Vernahmt Ihr, Herr, ob's bald ein Treffen gibt?

EDELMANN: Nun, das ist weltbekannt, ein jeder weiß es,
Der Ohren hat zu hören.

EDGAR: Doch erlaubt,
Wie nahe steht der Feind?

EDELMANN:
Nah und in schnellem Anmarsch, stündlich kann
Die Hauptmacht hier sein.

EDGAR: Dank Euch! Das war alles.

EDELMANN: Weilt gleich die Königin aus Gründen hier,
Ist doch das Heer schon vorgerückt.

EDGAR: Ich dank Euch.

Edelmann geht ab.

GLOSTER: Ihr ewig güt'gen Götter, nehmt mein Leben,
Dass nicht mein böser Sinn mich nochmals treibt
Zu sterben, eh es euch gefällt.

EDGAR: So betet
Ihr trefflich, Vater!

GLOSTER: Nun, mein Freund, wer seid Ihr?

EDGAR: Der ärmste Mensch, gezähmt durch Schicksalsschläge,
Der durch die Schule selbstempfundnen Grams
Empfänglich ward für Mitleid. – Gebt die Hand mir,
Ich führ Euch in ein Haus.

GLOSTER: Von Herzen Dank!
Des Himmels Huld und reicher Segen geb
Euch Lohn auf Lohn!

Der HAUSHOFMEISTER *tritt auf.*

HAUSHOFMEISTER: Ein Preis verdient! Willkommen!
Dein augenloser Kopf ward darum Fleisch,
Mein Glück zu gründen. Alter Hochverräter,
Bedenke schnell dein Heil; das Schwert ist bloß,
Das dich vernichten soll.

GLOSTER: So brauch mit Kraft
Die Freundeshand!

Edgar setzt sich zur Wehr.

HAUSHOFMEISTER: Was, frecher Bauer, willst du
Verteid'gen solchen Hochverräter? Fort!
Dass seines Schicksals Pest nicht auch auf dich
Ansteckend falle. Lass den Arm ihm los.

EDGAR: Will nit loslosse, Herr, muss erst anders kumme.

HAUSHOFMEISTER: Lass los, Sklav, oder du stirbst.

EDGAR: Lieber Herr, gehn Eures Wegs und losst arme Leut in Ruh. Wann ich mich sollt mit eim große Maul ums Lebe bringe losse, da hätt ich's schun vor vierzehn Tag loswerde künne. Kummt mer dem alte Mann nit nah; macht Euch furt, rat ich, oder ich will emohl versuche, was stärker is, Eur Hirnkaste oder mei Knippel. Ich sog's Euch grodraus.

HAUSHOFMEISTER: Ei, du Bauernflegel!

EDGAR: Ich ward Euch die Zähne stochern, Herr: was schiern mich Eure Finte!

Sie fechten, und Edgar schlägt ihn zu Boden.

HAUSHOFMEISTER: Sklav, du erschlugst mich. Schuft, nimm meinen Beutel;
Soll's dir je wohl gehn, so begrabe mich,
Und gib die Briefe, die du bei mir findst,
An Edmund, Grafen Gloster. Such ihn auf
In Englands Heer – o Tod zur Unzeit – – Tod! *Er stirbt.*

EDGAR: Ich kenne dich; ein dienstbeflissner Bube,
Den Lastern der Gebietrin so geneigt,
Wie Bosheit wünschen mag.

GLOSTER: Was, ist er tot?

EDGAR: Hier setzt Euch, Vater, ruht!
Beiseite: Lass sehn die Taschen; jene Briefe können
Mir guten Dienst tun. *Laut:* Er ist tot; nur schade,
Dass ich sein Henker musste sein. *Beiseite:* Lasst sehn!
Erlaube, liebes Wachs, und schilt nicht, Sitte:
Man risse ja, des Feindes Sinn zu spähn,
Sein Herz auf; seine Briefe, geht schon eher.

Er liest den Brief.

»Gedenkt unsrer gegenseitigen Schwüre. Ihr habt manche Gelegenheit, ihn aus dem Wege zu räumen; fehlt Euch der Wille nicht, so werden Zeit und Ort Euch vielmal günstig sein. Es ist nichts geschehn, wenn er als Sieger heimkehrt; dann bin ich die Gefangne und sein Bett mein Kerker. Von dessen ekler Wärme befreit mich und nehmt seinen Platz ein für Eure Mühe. Eure (Gattin, so möcht ich sagen) ergebne Dienerin Goneril.«

O grenzenloser Raum des Weiberwillens!
Ein Plan auf ihres biedern Mannes Leben,
Und der Ersatz: mein Bruder! – Hier im Sande
Verscharr ich dich, unsel'ger Bote du,
Mordsücht'ger Buhler; und zur rechten Zeit
Bring ich dies frevle Blatt vors Angesicht
Des todumgarnten Herzogs. Wohl ihm dann,
Dass deinen Tod und Plan ich melden kann.

GLOSTER: Der König rast. Wie starr ist meine Seele,
Dass ich noch aufrecht steh und scharf empfinde
Mein schweres Los! Besser, ich wär verrückt;
Dann wär mein Geist getrennt von meinem Gram,
Und Schmerz in eitlen Fantasien verlöre
Bewusstsein seiner selbst.

Trommelwirbel in der Ferne.

EDGAR: Gebt mir die Hand.
Fernher, so scheint mir, hör ich Trommelschlag;
Kommt, Vater! – Zu 'nem Freunde führ ich Euch.

Sie gehn ab.

Siebente Szene

Ein Zelt im französischen Lager.

Es treten auf CORDELIA, KENT, *ein* ARZT *und ein* EDELMANN.

CORDELIA: O teurer Kent, kann all mein Tun und Leben
Dir je vergüten? Ist mein Leben doch
Zu kurz und jeder Maßstab allzu klein.

KENT: So anerkannt ist überreich bezahlt.
Was ich gesagt, ist alles schlichte Wahrheit,
Nicht mehr noch minder.

CORDELIA: Nimm ein bessres Kleid;
Die Tracht ist Denkmal jener bittern Stunden:
Ich bitt dich, leg sie ab.

KENT: Nein, güt'ge Fürstin;
Jetzt schon erkannt sein, schadet meinem Plan.
Als Gnade bitt ich, kennt mich jetzt noch nicht,
Eh Zeit und ich es heischen.
CORDELIA: Sei's denn so,
Mein werter Lord. *Zum Arzt:* Was macht der König?
ARZT: Er schläft noch, Fürstin!
CORDELIA: Güt'ge Götter, heilt
Den großen Riss des schwer gekränkten Geistes!
Der Sinne rauen Missklang, stimmt ihn rein
Dem Kind gewordnen Vater!
ARZT: Gefällt's Eur Hoheit,
Dass wir den König wecken? er schlief lang.
CORDELIA: Folgt Eurer Einsicht und verfahrt durchaus
Nach eignem Willen. Ist er angekleidet?
DIENER *bringen den schlafenden*
LEAR *in einem Sessel herein.*
EDELMANN: Ja, gnäd'ge Frau, in seinem tiefen Schlaf
Versahn wir ihn mit frischen Kleidern.
ARZT: Bleibt, gnäd'ge Kön'gin, bis wir ihn erwecken;
Ich zweifle nicht an mildrer Stimmung.
CORDELIA: Wohl!
ARZT: Gefällt's Euch, näher! – Lauter die Musik!
CORDELIA: Mein teurer Vater! O Genesung, gib
Heilkräfte meinen Lippen; dieser Kuss
Lindre den grimmen Schmerz, mit dem die Schwestern
Dein Alter kränkten!
KENT: Güt'ge, liebe Fürstin!
CORDELIA: Wärst du ihr Vater nicht – dies Silberhaar
Verlangte Mitleid. O war dies ein Haupt,
Dem Sturm der Elemente preiszugeben?
Dem lauten, furchtbarn Donner? – Standzuhalten
Dem höchst graunvollen, schnell beschwingten Flug
Gekreuzter Blitze? Meines Feindes Hund,
Und hätt er mich gebissen, dürft in jener Nacht
An meinem Feuer stehn – und dir, mein Vater,

Genügte faules, kurzes Stroh bei Schweinen
Und vogelfreiem Volk! Ach Gott! Ach Gott!
Ein Wunder, dass dein Leben nicht zugleich
Mit deinen Sinnen schied. Er wacht: sprecht zu ihm!

ARZT: Tut Ihr's, Mylady; 's ist am besten.

CORDELIA: Was macht mein königlicher Herr? Wie geht's
Eur Majestät?

LEAR: 's ist Unrecht, dass ihr aus dem Grab mich nehmt.
Du bist ein sel'ger Geist, ich bin gebunden
Auf einem Feuerrad, das meine Tränen
Durchglühn wie flüssig Blei.

CORDELIA: Herr! Kennt Ihr mich?

LEAR: Du bist ein Geist, ich weiß es wohl – wann starbst du?

CORDELIA: Noch immer weit, weit weg!

ARZT: Er ist kaum wach, lasst ihn ein Weilchen ruhig.

LEAR: Wo war ich denn? Wo bin ich? – Heller Tag? –
Man täuscht mich arg – ich stürbe wohl vor Mitleid,
Erblickt ich andre so – wie ist mir doch?
Ich will nicht schwören, dies sei meine Hand –
Lass sehn! ich fühle diesen Nadelstich.
Wär ich doch überzeugt von meinem Zustand!

CORDELIA: Oh, seht auf mich, Mylord!
Hebt Eure Hand zum Segen über mich!
Nein, Herr, Ihr dürft nicht knien.

LEAR: Spottet meiner nicht!
Ich bin ein schwacher, kind'scher, alter Mann,
Achtzig und drüber: keine Stunde mehr
Noch weniger, und gradheraus,
Ich fürchte fast, ich bin nicht recht bei Sinnen.
Mich dünkt, ich kenn Euch, kenn auch diesen Mann,
Doch zweifl ich noch, denn ich begreif es nicht,
An welchem Ort ich bin; all mein Verstand
Entsinnt sich dieser Kleider nicht noch weiß ich,
Wo ich die Nacht schlief. Lacht nicht über mich,
Denn so gewiss ich lebe,
Die Dame halt ich für mein Kind Cordelia.

CORDELIA: Das bin ich auch! Ich bin's!
LEAR: Sind deine Tränen nass? Ja, wirklich! Bitte,
O weine nicht!
Wenn du Gift für mich hast, so will ich's trinken,
Ich weiß, du liebst mich nicht; denn deine Schwestern,
Soviel ich mich erinnre, kränkten mich;
Du hattest Grund, sie nicht.
CORDELIA: Kein Grund! Kein Grund!
LEAR: Bin ich in Frankreich?
CORDELIA: In Eurem eignen Königreich, Mylord!
LEAR: Betrügt mich nicht!
ARZT: Seid ruhig, hohe Frau!
Die große Wut ist, wie Ihr seht, geheilt;
Doch wär's gefährlich, die verlorne Zeit
Ihm zu erklären. Führt ihn jetzt hinein!
Und stört ihn nicht, bis er sich mehr erholt.
CORDELIA: Beliebt es Euch, hineinzugehn, mein König?
LEAR: O habt Geduld mit mir! Bitte, vergesst,
Vergebt, denn ich bin alt und kindisch.
Lear, Cordelia, Arzt und Bediente gehen ab.
EDELMANN: Bestätigt sich's,
Dass Herzog Cornwall so erschlagen ward?
KENT: Ja, Herr!
EDELMANN: Wer ist der Führer seines Heers?
KENT: Man sagt, der Bastard Glosters.
EDELMANN: Sein verbannter
Sohn Edgar, heißt's, lebt mit dem Grafen Kent
In Deutschland.
KENT: Das Gerücht ist unverbürgt.
's ist Zeit, sich umzuschaun, das Heer des Reichs
Rückt schleunig vor.
EDELMANN: Nun, die Entscheidung wird sehr blutig sein.
Gehabt Euch wohl. *Ab.*
KENT: Und meine Schale senkt sich oder steigt,
Gut oder schlimm, wie jetzt der Sieg sich neigt. *Ab.*

Fünfter Aufzug

Erste Szene

Das britische Feldlager bei Dover.

Es treten auf mit Trommeln und Fahnen EDMUND, REGAN, EDELLEUTE *und* SOLDATEN.

EDMUND: Den Herzog fragt: ob's bleibt beim letzten Wort,
Oder, seitdem ihn was bewog, den Plan
Zu ändern, denn er ist voll Widerspruch
Und schwankend: meld uns seinen festen Willen.

Hauptmann ab.

REGAN: Der Schwester Boten traf gewiss ein Unfall.
EDMUND: Ich fürcht es, gnäd'ge Frau!
REGAN: Nun, liebster Graf,
Ihr wisst, was ich Euch Gutes zugedacht –
Sagt mir – doch redlich, sagt die lautre Wahrheit –,
Liebt Ihr nicht meine Schwester?
EDMUND: Ganz in Ehren.
REGAN: Doch fandet Ihr nie meines Bruders Weg
Zu der verbotnen Stätte?
EDMUND: Falscher Argwohn!
REGAN: Ich fürcht, Ihr seid mit ihr schon längst vereint
Aufs Innigste, so viel es möglich ist.
EDMUND: Nein, gnäd'ge Frau, auf Ehre.
REGAN: Sie ist mir unerträglich; teurer Lord,
Seid nicht vertraut mit ihr.
EDMUND: Das fürchtet nicht:
Sie und der Herzog, ihr Gemahl! –

ALBANIEN, GONERIL *und* SOLDATEN *treten auf.*

GONERIL *beiseite*: Eh dass mir diese Schwester ihn entfremdet
Möcht ich die Schlacht verlieren.
ALBANIEN: Verehrte Schwester, seid uns sehr willkommen.
Man sagt, der König kam zu seiner Tochter
Mit andern, so die Strenge unsrer Herrschaft

Zur Klage zwang. Ich war noch niemals tapfer,
Wo ich nicht ehrlich konnte sein; wir fechten,
Weil Frankreich unser Land hier überzog,
Nicht, weil's dem König hilft und jenen, welche,
Aus trift'gem Grunde, fürcht ich, mit ihm halten.
EDMUND: Ihr sprecht sehr tugendlich.
REGAN: Wozu dies Klügeln?
GONERIL: Dem Feind entgegen steht vereint zusammen;
Für diesen häuslichen besondern Zwist
Ist jetzt nicht Zeit.
ALBANIEN: So lasst uns denn den Ratschluss
Mit Kriegserfahrnen fassen, was zu tun.
EDMUND: Gleich werd ich bei Euch sein in Eurem Zelt.
REGAN: Ihr geht doch mit uns, Schwester?
GONERIL: Nein.
REGAN: Der Anstand fordert's, bitt Euch, geht mit uns.
GONERIL *beiseite*: Oho, ich weiß das Rätsel. Ich will gehn.
Da sie gehen wollen, kommt EDGAR *verkleidet.*
EDGAR: Sprach Euer Gnaden je so armen Mann,
Gönnt mir ein Wort.
ALBANIEN: Ich will euch folgen; redet!
Edmund, Regan, Goneril und Gefolge gehen ab.
EDGAR: Eh Ihr die Schlacht beginnt, lest diesen Brief.
Wird Euch der Sieg, lasst die Trompete laden
Den, welcher ihn gebracht; so arm ich scheine,
Kann ich 'nen Kämpfer stellen, zu bewähren,
Was hier behauptet wird. Doch wenn Ihr fallt,
Dann hat Eur Tun auf dieser Welt ein Ende,
Und alle Ränke schweigen. Glück mit Euch!
ALBANIEN: Wart noch, bis ich ihn las.
EDGAR: Das darf ich nicht.
Wenn's an der Zeit, lasst nur den Herold rufen,
Und ich erscheine wieder. *Ab.*
ALBANIEN: Nun, fahre wohl, ich will den Brief mir ansehn.
EDMUND *kommt zurück.*

EDMUND: Der Feind ist nah, zieht Eure Macht zusammen,
Hier ist die Schätzung seiner Stärk und Macht
Nach der genausten Kundschaft; doch Eur Eilen
Tut dringend not.
ALBANIEN: Der Augenblick ist da! *Ab.*
EDMUND: Den beiden Schwestern schwur ich meine Liebe,
Und beide hassen sich wie der Gestochne
Die Natter. Welche soll ich nehmen? Beide?
Ein oder keine? – Keiner werd ich froh,
Wenn beide leben. Mir die Witwe nehmen
Bringt Goneril von Sinnen, macht sie rasend,
Und schwerlich komm ich je zu meinem Ziel,
Solang ihr Gatte lebt. Gut, nutzen wir
Sein Ansehn in der Schlacht; ist die vorüber,
Mag sie, die gern ihn los wär, weiter sinnen,
Ihn schnell hinwegzuräumen. Die Begnad'gung,
Die er für Lear im Sinn hat und Cordelia –
Wenn wir gesiegt und sie in unsrer Macht,
Vereitl ich solch Verzeihn. Nicht müß'ger Rat
Ziemt meiner Stellung, nein, entschlossne Tat. *Ab.*

Zweite Szene

Ein Feld zwischen den beiden Lagern.

Feldgeschrei hinter der Bühne. Es kommen mit Trommeln und Fahnen LEAR, CORDELIA *und* SOLDATEN *und ziehen über die Bühne.* EDGAR *und* GLOSTER *treten auf.*

EDGAR: Den kühlen Schatten dieses Baumes nehmt
Als gute Herberg an; fleht hier um Sieg des Rechts.
Wenn ich zu Euch je wiederkehre, Vater,
Bring ich Euch Trost.
GLOSTER: Begleit Euch Segen, Herr!
Edgar geht ab.

Getümmel, Schlachtgeschrei; es wird zum Rückzug geblasen.
EDGAR *kommt zurück.*

EDGAR: Fort, alter Mann, gebt mir die Hand, hinweg!
Lear ist besiegt, gefangen samt der Tochter,
Gebt mir die Hand: nur fort!
GLOSTER: Nicht weiter, Freund! Man kann auch hier verfaulen.
EDGAR: Was? Wieder Schwermut? Dulden muss der Mensch
Sein Scheiden aus der Welt wie seine Ankunft:
Reif sein ist alles. Kommt!
GLOSTER: Wohl ist dies wahr.
Sie gehn ab.

DRITTE SZENE

Das britische Lager bei Dover.

EDMUND *tritt als Sieger auf, mit Trommeln und Fahnen.* LEAR *und* CORDELIA *als Gefangene.* OFFIZIERE, SOLDATEN *und* ANDERE.

EDMUND: Hauptleute, führt sie weg! In strenge Haft,
Bis deren höchster Wille wird verkündet,
Die ihre Richter.
CORDELIA: Ich bin nicht die Erste,
Die, Gutes wollend, dulden muss das Schwerste.
Dein Unglück, Vater, beugt mir ganz den Mut,
Sonst übertrotzt ich wohl des Schicksals Wut.
Sehn wir nicht diese Töchter? Diese Schwestern?
LEAR: Nein, nein, nein, nein! Komm fort! Zum Kerker, fort!
Da lass uns singen wie Vögel in dem Käfig.
Bittst du um meinen Segen, will ich knien
Und dein Verzeihn erflehn; so wolln wir leben,
Beten und singen, Märchen uns erzählen
Und über goldne Schmetterlinge lachen.
Wir hören armes Volk vom Hofe plaudern
Und schwatzen mit; wer da gewinnt, verliert;

Wer in, wer aus der Gunst; und tun so tief
Geheimnisvoll, als wären wir Propheten
Der Gottheit: und so überdauern wir
Im Kerker Ränk und Spaltungen der Großen,
Die ebben mit dem Mond und fluten.

EDMUND: Führt sie fort!

LEAR: Auf solche Opfer, o Cordelia, streun
Die Götter selbst den Weihrauch. Hab ich dich?
Wer uns will trennen, muss mit Himmelsbränden
Uns scheuchen wie die Füchse. Weine nicht!
Die Pest soll sie verzehren, Fleisch und Haut,
Eh sie uns weinen machen – nein, eh sollen sie
Verschmachten! Komm!

Lear und Cordelia werden von der Wache abgeführt.

EDMUND: Tritt näher, Hauptmann, horch!
Nimm dieses Blatt, folg ihnen in den Kerker.
Schon eine Stuf erhöht ich dich, und tust du,
Wie dies verlangt, so bahnst du deinen Weg
Zu hohen Ehren. Merke dir's, der Mensch
Ist wie die Zeit; zartfühlend sein geziemt
Dem Schwerte nicht. Dein wichtiges Geschäft
Erlaubt kein Fragen; sag, du willst es tun,
Sonst such dir andres Glück.

HAUPTMANN: Ich bin bereit.

EDMUND: So tu's, und sei beglückt, wenn du's vollbracht.
Doch – hörst du – auf der Stell, und grade so,
Wie ich dir's niederschrieb.

HAUPTMANN: Ich kann den Karrn nicht ziehn noch Hafer essen,
Ist's menschenmöglich, will ich's tun. *Ab.*

Trompeten. ALBANIEN, GONERIL, REGAN *und* SOLDATEN *treten auf.*

ALBANIEN: Herr, Ihr habt heut viel Tapferkeit bewiesen,
Und hold war Euch das Glück. In Eurer Haft
Sind, die uns feindlich heut entgegenstanden.
Wir fordern sie von Euch und wolln sie halten,
Wie's ihr Verdienst und unsre Sicherheit
Gleichmäßig heischen.

EDMUND: Herr, ich hielt für gut,
Den alten schwachen König in Gewahrsam
Und sichre Hut bewacht hinwegzusenden.
Sein Alter wirkt, sein Rang noch mehr, wie Zauber,
Ihm der Gemeinen Herzen zu gewinnen
Und die geworbnen Lanzen wider uns,
Die Herrn, zu kehren. Mit ihm ward Cordelia
Aus gleichem Grund entfernt; sie sind bereit,
Auf morgen oder später zu erscheinen,
Wo Ihr die Sitzung haltet. Jetzt bedeckt
Uns Schweiß und Blut; der Freund verlor den Freund,
Und in der Hitze flucht dem besten Kampf,
Wer seine Schärfe fühlte. Doch die Frage
Wegen des Königs und Cordelias heischt
Wohl eine bessre Stunde.

ALBANIEN: Herr, erlaubt,
Ich acht Euch nur als Diener dieses Kriegs,
Als Bruder nicht.

REGAN: Das ist, wie's *uns* beliebt.
Mich dünkt, Ihr solltet unsern Wunsch erst fragen,
Eh Ihr dies spracht. Er führte unser Heer,
Vertrat uns selbst und unsre höchste Würde,
Und kraft so hoher Vollmacht darf er aufstehn
Und Euch als Bruder grüßen.

GONERIL: Nicht so hitzig,
Sein eigner Wert hat höher ihn geadelt
Als deine Übertragung.

REGAN: In mein Recht
Durch mich gekleidet, weicht er nicht dem Besten.

ALBANIEN:
Das höchstens nur, wenn er sich Euch vermählte.

REGAN: Aus Spöttern werden oft Propheten.

GONERIL: Holla!
Das Aug, mit dem Ihr das gesehen, schielte.

REGAN: Lady, mir ist nicht wohl, sonst gäb ich dir
Aus vollem Herzen Antwort. General,

Nimm hin mein Heer, Gefangne, Land und Erbteil,
Schalt über sie und mich; du hast nun alles;
Bezeug's die Welt, dass ich dich hier erhebe
Zu meinem Herrn und Ehgemahl.

GONERIL: Wie, hoffst du,
Ihn zu besitzen?

ALBANIEN: Dein guter Wille wird es nicht verhindern.

EDMUND: Noch Eurer, Herr!

ALBANIEN: Halbbürt'ger Bursche, ja!

REGAN *zu Edmund*:
Die Trommeln rührt! – Verficht mein Recht als deins.

ALBANIEN: Halt! Hört ein Wort! Edmund, um Hochverrat
Verhaft ich dich und diese goldne Schlange.
Auf Goneril deutend.
Was Euern Anspruch anlangt, schöne Schwester,
Ich muss ihn hindern namens meiner Frau.
Die Dam ist insgeheim dem Lord verlobt,
Und ich, ihr Mann, vernicht Eur Aufgebot.
Sucht Ihr 'nen Gatten, schenkt Eur Lieben mir,
Mein Weib ist schon versagt.

GONERIL: Ein Zwischenspiel!

ALBANIEN: Du bist in Waffen, Gloster – blast, Trompeten!
Kommt niemand, dich ins Angesicht zu zeihn
Verruchten, offenbaren Hochverrats –
Wirft einen Handschuh hin.
Hier ist mein Pfand, aufs Haupt beweis ich's dir,
Eh Brot mein Mund berührt, du seist das alles,
Wofür ich dich erklärt.

REGAN: Krank! ich bin krank!

GONERIL *beiseite*: Wenn nicht, so trau ich keinem Gift.

EDMUND: Hier ist mein Gegenpfand!
Wirft einen Handschuh hin.
Wer in der Welt
Mich Hochverräter nennt, lügt wie ein Schurke.
Trompeten, blast! Wer zu erscheinen wagt,

An ihm, an Euch, an jedem sonst behaupt ich
Fest meine Ehr und Treu.

ALBANIEN: Ein Herold, ho!
Vertrau allein dem eignen Arm; dein Heer,
Wie ich's auf meinen Namen warb, entließ ich's
In meinem Namen.

REGAN: Diese Krankheit wächst!

ALBANIEN: Ihr ist nicht wohl; geht, führt sie in mein Zelt!

Regan wird weggebracht.
Ein HEROLD *tritt auf.*

Herold, tritt vor! Lass die Trompete blasen!
Und lies dies laut!

Die Trompete wird geblasen.

HEROLD *liest*: »Wenn irgendein Mann von Stand oder Rang im Heer wider Edmund, den angeblichen Grafen von Gloster, behaupten will, er sei ein vielfacher Verräter, der erscheine beim dritten Trompetenstoß; er ist bereit, sich zu verteidigen.«

EDMUND: Blase! *Erste Trompete.*

HEROLD: Noch einmal! *Zweite Trompete.* Noch einmal!

Dritte Trompete.

Eine andre Trompete antwortet hinter der Bühne; darauf tritt EDGAR *bewaffnet auf; ein* TROMPETER *geht ihm voran.*

ALBANIEN: Fragt, was er will, warum er hier erscheint
Auf der Trompete Ladung.

HEROLD: Wer seid Ihr?
Eur Nam, Eur Stand? Warum antwortet Ihr
Auf diese Ladung?

EDGAR: Wisst, mein Nam erlosch,
Zernagt vom gift'gen Zahne des Verrats;
Doch bin ich edel wie mein Widerpart,
Dem Kampf ich biete.

ALBANIEN: Welchem Widerpart?

EDGAR: Wer stellt sich hier für Edmund Grafen Gloster?

EDMUND: Er selbst, was willst du ihm?

EDGAR: So zieh dein Schwert,
Dass, wenn mein Wort ein edles Herz verletzt,

Dein Arm dir Recht verschafft: hier ist das meine. –
Denn also ist das Vorrecht meines Standes,
Des Ritterschwures und Berufs: dich zeih ich
Trotz deiner Stärke, Jugend, Würd und Hoheit,
Trotz deinem Siegerschwert und neuem Glück,
Wie Kraft und Mut dich ziert – du seist Verräter;
Falsch deinen Göttern, deinem Bruder, deinem Vater,
Rebellisch diesem hocherlauchten Fürsten
Und von dem höchsten Wirbel deines Haupts
Zu deiner Sohle tiefstem Staub herab
Ein krötengift'ger Bube. Sagst du *nein!*
Dies Schwert, mein Arm, mein bester Mut sind fertig,
Was ich gezeugt, aufs Haupt dir zu beweisen:
Du lügst!

EDMUND: Nach Vorsicht sollt ich deinen Namen forschen;
Doch weil dein Äußres also schmuck und kriegrisch
Und Ritterschaft aus deiner Rede spricht –
Was ich mit Fug und Vorsicht wohl verweigert,
Nach Recht des Zweikampfs, das will ich verachten.
In deine Zähne schleudr ich den Verrat,
Werf dir ins Herz zurück die Höllenlüge,
Der – denn sie streifte nur und traf mich kaum –
Mein Schwert sogleich die Stätte bahnen wird,
Wo sie auf ewig ruhn soll. Blast, Trompeten!

Getümmel; sie fechten. Edmund fällt.

ALBANIEN: O schone ihn!

GONERIL: Du fielst durch Hinterlist,
Nach Recht des Zweikampfs warst du nicht verpflichtet
Dem unbekannten Gegner; nicht besiegt,
Getäuscht, betrogen bist du.

ALBANIEN: Weib, schweigt still,
Sonst stopft dies Blatt den Mund Euch.
Zu Edmund: Seht hierher!
Zu Goneril: Du Schändlichste! Lies deine Untat hier:
Zerreißt es nicht! Ich seh, Ihr kennt dies Blatt.

Gibt den Brief Edmund.

GONERIL: Und wenn auch, ist das Reich doch mein, nicht dein;
Wer darf mich richten?
ALBANIEN: Scheusal! Also kennst du's?
GONERIL: Frag mich nicht, was ich kenne. *Ab.*
ALBANIEN: Geh, folg ihr; sie ist außer sich: bewacht sie!
Ein Offizier ab.
EDMUND: Wes du mich angeklagt, ich hab's getan,
Und mehr, weit mehr; die Zeit enthüllt es bald –
Sie ist am Schluss und so auch ich. Doch wer bist du,
Der so mir obgesiegt? Bist du ein Edler,
Vergeb ich dir.
EDGAR: Lass uns Erbarmung tauschen.
Ich bin an Blut geringer nicht als du;
Wenn mehr, so mehr auch hast du mich verletzt.
Edgar heiß ich, bin deines Vaters Sohn.
Die Götter sind gerecht: aus unsern Lüsten
Erschaffen sie das Werkzeug, uns zu geißeln.
Der dunkle, sünd'ge Ort, wo er dich zeugte,
Bracht ihn um seine Augen.
EDMUND: Wahr, o wahr!
Ganz schlug das Rad den Kreis, ich unterliege.
ALBANIEN: Mir schien dein Gang schon königlichen Adel
Zu kündigen; ich muss dich hier umarmen.
Gram spalte mir das Herz, hasst ich jemals
Dich oder deinen Vater.
EDGAR: Würd'ger Fürst,
Das weiß ich.
ALBANIEN: Doch, wo wäret Ihr verborgen?
Wie kam Euch Kunde von des Vaters Elend?
EDGAR: Indem ich's pflegte. – Hört ein kurzes Wort;
Und ist's erzählt, o bräche dann mein Herz! –
Der blut'gen Achtserklärung zu entgehn,
Die mir so nah war – o wie süß das Leben!
Dass stündlich wir in Todesqualen sterben
Lieber als Tod mit eins! –, verhüllt ich mich
In eines Tollen Lumpen, nahm ein Ansehn,

Dass Hunde selbst mich scheuten; so entstellt,
Fand ich den Vater mit den blut'gen Ringen,
Beraubt der edlen Steine; ward sein Leiter,
Führt ihn und bettelte für ihn und schützt ihn
Vor Selbstmord; nie, o Gott! gab ich mich kund,
Bis ich vor einer halben Stund in Waffen,
Nicht sicher, doch voll Hoffnung dieses Siegs,
Um seinen Segen fleht und von Beginn
Zum Ende meine Pilgerschaft erzählte;
Doch sein zerspaltnes Herz – ach schon zu schwach,
Den Kampf noch auszuhalten zwischen Schmerz
Und Freud – im Übermaß der Leidenschaft
Brach lächelnd.

EDMUND: Deine Red hat mich gerührt
Und wirkt wohl Gutes; aber sprich nur weiter –
Es scheint, als hättst du mehr zu sagen noch.

ALBANIEN: Ist es noch mehr, mehr leidvoll noch, so schweig,
Denn ich bin nah daran mich aufzulösen,
Dies hörend.

EDGAR: Dies erschien als Höchstes wohl
Dem, der den Gram nicht liebt; jedoch ein andres,
Noch steigernd, was zuviel schon, überragt
Das Alleräußerste.
Als ich laut schrie vor Schmerz, da kam ein Mann,
Der mich gesehn in meinem tiefsten Elend
Und meine schreckliche Gesellschaft floh:
Nun aber, da er hörte, wer es sei,
Der dies ertrug, schlug er die starken Arme
Mir um den Hals und heulte laut
Zum Himmel auf, als wollt er ihn zersprengen;
Warf sich auf meinen Vater hin, erzählte
Von sich und Lear die kläglichste Geschichte,
Die je ein Ohr vernahm; im Sprechen ward
Sein Schmerz so übermenschlich, dass die Stränge
Des Lebens rissen – da zum zweiten Male
Klang die Trompet, ich ließ ihn halb entseelt.

ALBANIEN: Doch wer war dieser?
EDGAR: Kent, der verbannte Kent, der in Verkleidung
Nachfolgte dem ihm feindgesinnten König
Und Dienste tat, die keinem Sklaven ziemten.

Ein EDELMANN *kommt in voller Eile mit einem blutigen Messer.*

EDELMANN: Helft, helft, o helft!
EDGAR: Wem helfen?
ALBANIEN: Sagt uns an!
EDGAR: Was meint der blut'ge Dolch?
EDELMANN: Er raucht, ist heiß;
Er kommt frisch aus dem Herzen – o sie ist tot! –
ALBANIEN: Wer tot? Sprich, Mann!
EDELMANN: Herr, Eure Gattin; ihre Schwester ist
Von ihr vergiftet: sie bekannt es selbst.
EDMUND: Ich war verlobt mit beiden, alle drei
Vermählt jetzt ein Moment.

KENT *tritt auf.*

EDGAR: Hier kommt auch Kent.
ALBANIEN: Bringt sie hierher uns, lebend oder tot.

Ein Edelmann ab.

Dies Strafgericht des Himmels macht uns zittern,
Rührt unser Mitleid nicht.
Oh, ist er das? – Die Zeit verstattet nicht
Empfang, wie ihn die Sitte heischt.
KENT: Ich kam,
Um gute Nacht auf immer meinem König
Und Herrn zu sagen. Ist er nicht hier?
ALBANIEN: So Großes ward vergessen!
Sprich, Edmund, wo ist Lear? Wo ist Cordelia?
Siehst du den Vorgang, Kent?

GONERILS *und* REGANS LEICHEN *werden hereingetragen.*

KENT: Ach, warum so?
EDMUND: Edmund ward doch geliebt!
Die eine gab um mich der andern Gift
Und dann sich selbst den Tod.

ALBANIEN: So ist's. – Verhüll ihr Antlitz!
EDMUND: Nach Leben ring ich. Gutes möcht ich tun,
Trotz meiner eignen Art. Schickt ungesäumt –
O eilt Euch! – auf das Schloss: denn mein Befehl
Geht auf des Königs und Cordelias Leben.
Ich sag Euch, zögert nicht!
ALBANIEN: Lauft, lauft, o lauft!
EDGAR: Zu wem, Mylord? Wer hat den Auftrag? Schickt
Ein Pfand des Widerrufs!
EDMUND: Sehr wohl bedacht: hier nimm mein Schwert,
Und gib's dem Hauptmann.
ALBANIEN: Eilt Euch, um Euer Leben!

Edgar ab.

EDMUND: Er hat Befehl von deinem Weib und mir,
Cordelia im Gefängnis aufzuhängen
Und der Verzweiflung dann die Schuld zu geben,
Dass sie sich selbst entleibt.
ALBANIEN: Die Götter schützen sie! Tragt ihn hinweg!

Edmund wird weggetragen.

LEAR *kommt, seine Tochter* CORDELIA *tot in den Armen tragend.* EDGAR, HAUPTMANN *und* ANDRE.

LEAR:
Heult, heult, heult, heult! Oh, ihr seid all von Stein!
Hätt ich eur Aug und Zunge nur, mein Jammer
Sprengte des Himmels Wölbung! – Hin auf immer!
Ich weiß, wenn einer tot und wenn er lebt:
Tot wie die Erde. Gebt 'nen Spiegel her;
Und wenn ihr Hauch die Fläche trübt und streift,
Dann lebt sie.
KENT: Ist dies das verheißne Ende?
EDGAR: Sind's Bilder jenes Grams?
ALBANIEN: Brich, Welt, vergeh!
LEAR: Die Feder regte sich, sie lebt! O lebt sie,
So ist's ein Glück, das allen Kummer tilgt,
Den ich jemals gefühlt.
KENT *kniend*: O teurer Herr!

LEAR: Fort, sag ich dir!
EDGAR: ’s ist Kent, Eur edler Freund.
LEAR: Fluch über euch, Verräter, Mörder all! –
Ich könnt sie retten; nun dahin auf immer!
Cordelia, Cordelia! Wart ein wenig, ha!
Was sprachst du? – Ihre Stimme war stets sanft,
Zärtlich und mild; ein köstlich Ding an Fraun –
Ich schlug den Sklaven tot, der dich gehängt.
KENT: ’s ist wahr, Mylords, er tat’s.
LEAR: Tat ich’s nicht, Bursch?
Einst war die Zeit, wo sie mein gutes Schwert
Wohl hätte springen machen. Nun bin ich alt,
Und all dies Leid bringt mich herab. – Wer bist du?
Mein Aug ist nicht das beste; ich weiß es gleich.
KENT: Rühmt sich Fortuna zweier, die sie liebte
Und hasste – einen sehn wir hier.
LEAR: Das Bild ist trüb – bist du nicht Kent?
KENT: Ich bin dein Diener Kent; doch wo ist Cajus?
LEAR: Das ist ein wackrer, treuer Bursch, das glaubt mir;
Der schlägt und säumt nicht. – Er ist tot und fault.
KENT: Nein, teurer Fürst; ich selber bin der Mann.
LEAR: Das will ich sehn –
KENT: Der gleich seit Eurem Abweg und Verfall
Folgt Eurer finstern Bahn.
LEAR: Willkommen hier!
KENT: Nein, keiner wohl! – trüb alles, tot und trostlos! –
Eure ältern Töchter legten Hand an sich
Und starben in Verzweiflung.
LEAR: Ja, das denk ich.
ALBANIEN: Er weiß nicht, was er sagt; es ist vergeblich,
Dass wir uns ihm verständ’gen.
EDGAR: Ganz umsonst.

Ein HAUPTMANN *kommt.*

HAUPTMANN: Edmund ist tot, Mylord!
ALBANIEN: Das ist hier Nebensache.
Ihr Freund’ und edlen Lords, hört unsern Willen:

Was Trost verleihn kann so gewalt'gen Trümmern,
Das sei versucht. Wir selbst entsagen hier
Zugunsten dieser greisen Majestät
Der Herrschermacht.
Zu Edgar und Kent: Ihr tretet in eur Recht
Mit Ehr und Zuwachs, wie es eure Treu
Mehr als verdient hat. Alle Freunde sollen
Den Lohn der Tugend kosten, alle Feinde
Den Kelch der Missetat. O seht, o seht!

LEAR: Und tot mein armes Närrchen? – Nein! Kein Leben!
Ein Hund, ein Pferd, 'ne Maus soll Leben haben,
Und du nicht einen Hauch? – Oh, du kehrst nimmer wieder,
Niemals, niemals, niemals, niemals, niemals!
Ich bitt Euch, knöpft hier auf! – Ich dank Euch, Herr!
Seht Ihr dies? Seht sie an! – Seht ihre Lippen,
Seht hier – seht hier! – *Er stirbt.*

EDGAR: Ihm schwindelt – o mein König!

KENT: Brich, Herz, ich bitt dich, brich!

EDGAR: Blick auf, mein König!

KENT: Quält seinen Geist nicht! Lasst ihn ziehn! Der hasst ihn,
Der auf die Folter dieser zähen Welt
Ihn länger spannen will.

EDGAR: O wirklich tot!

KENT: Das Wunder ist, dass er's ertrug so lang:
Sein Leben war nur angemaßt.

ALBANIEN: Tragt sie hinweg! Was uns zunächst erfüllt,
Ist allgemeine Trauer.
Zu Kent und Edgar: Herrscht ihr beiden,
Geliebte Freunde; heilt des Staates Leiden.

KENT: Ich muss zur Reise bald gerüstet sein;
Mein Meister ruft, ich darf nicht sagen: nein!

ALBANIEN: Lasst uns, der trüben Zeit gehorchend, klagen,
Nicht, was sich ziemt, nur, was wir fühlen, sagen.
Dem Ältsten war das schwerste Los gegeben,
Wir Jüngern werden nie so viel erleben.

Sie gehen mit einem Totenmarsch ab.

Timon von Athen

Personen

TIMON, *ein edler Athener*

LUCIUS LUCULLUS SEMPRONIUS VENTIDIUS	*seine Freunde*

APEMANTUS, *Philosoph*

ALCIBIADES, *Feldherr*

FLAVIUS, *Timons Haushofmeister*

FLAMINIUS LUCILIUS SERVILIUS	*Timons Diener*
CAPHIS PHILOTUS TITUS LUCIUS HORTENSIUS	*Diener von Timons Gläubigern*

Zwei DIENER *des Varro*

Ein DIENER *des Isidor*

CUPIDO *und andre Masken*

Drei FREMDE

Ein DICHTER, ein MALER, ein KAUFMANN und ein JUWELIER

Ein alter ATHENER, ein PAGE, ein NARR

PHRYNIA TIMANDRA	*Kurtisanen des Alcibiades*

SENATOREN, HAUPTLEUTE, KRIEGER, DIEBE, GEFOLGE

Die Szene ist in Athen und dem nahen Walde.

Erster Aufzug

Erste Szene

Athen. Vorsaal in Timons Hause.

Der DICHTER *und der* MALER *treten auf.*

DICHTER: Guten Tag!
MALER: Mich freut's, Euch wohl zu sehn.
DICHTER: Ich sah Euch lange nicht. Wie geht die Welt?
MALER: Sie nutzt sich ab im Lauf.
DICHTER: Das ist bekannt.
Doch welch besonders Seltnes, Fremdes, das
Vielfach Erzählen noch nicht kennt? – Doch seht –

Der KAUFMANN, *der* JUWELIER *und mehrere* ANDRE *treten auf.*

Magie des Reichtums! Diese Geister alle
Beschwor dein Zauber her zum Dienst. Ich kenne
Den Kaufmann.
MALER: Ich beide; jener ist ein Juwelier.
KAUFMANN: Höchst würdig ist der Lord.
JUWELIER: Jenseits des Zweifels.
KAUFMANN: Ein Mann, höchst unvergleichbar; sozusagen
Geschult zu unermüdlich steter Güte:
Ein Musterbild.
JUWELIER: Hier hab ich ein Juwel.
KAUFMANN: O bitte, zeigt: für den Lord Timon wohl?
JUWELIER:
Wenn ihn der Preis nicht schreckt. Doch freilich, das –
DICHTER *rezitierend*:
Wenn wir um Lohn den Schändlichen gepriesen,
Dämpft es den Glanz des wohlgelungnen Reimes,
Des Kunst den Edeln singt.
KAUFMANN *den Stein betrachtend*: Ha! schön geschnitten.
JUWELIER: Und reich; das ist ein Wasser, seht nur selbst.

MALER: Ihr seid verzückt. Ein Werk, wohl eine Huld'gung
Dem großen Lord?
DICHTER: Ein Ding, mir leicht entschlüpft.
Wie Harz ist unsre Poesie und quillt,
Wo sie genährt wird; das Feur im Stein
Glänzt nur, schlägt man's heraus; von selbst erregt
Sich unsre edle Flamm, flieht, gleich dem Strom
Zurück vor jeder Hemmung. – Was ist das?
MALER: Ein Bild, Herr. Wann kommt Euer Buch heraus?
DICHTER: Es folgt der Überreichung auf dem Fuß.
Zeigt mir das Stück.
MALER: Es ist ein gutes Stück.
DICHTER: Gewiss, dies hebt sich trefflich, herrlich ab.
MALER: So ziemlich.
DICHTER: Unvergleichlich! Wie die Grazie
Sich durch sich selbst ausspricht! wie geist'ge Kraft
Aus diesem Auge blitzt! wie Fantasie
Sich auf der Lippe regt! stumme Gebärdung,
Die jeder möcht in Worten deuten.
MALER: Wohl leidlich hübsch das Leben nachgeäfft;
Hier ist ein Zug, der spricht!
DICHTER: Ich möchte sagen,
Er meistert die Natur: kunstreiches Streben
Lebt in der Farb lebend'ger als das Leben.

Einige SENATOREN *treten ein und gehen in die innern Gemächer.*

MALER: Wie viele Freunde hat der Edle!
DICHTER: Athen'sche Senatoren! – Die Beglückten!
MALER: Schaut, mehr noch!
DICHTER: Seht den Zusammenfluss, den Schwall der Freunde!
In diesem rohen Werk zeichn ich 'nen Mann,
Den diese ird'sche Welt umfängt und hegt
Mit reichster Gunst; mein freier Zug wird nirgends
Gehemmt durch Einzelnes, nein, segelt fort
In weiter, klarer See: Kein boshaft Zielen
Vergiftet eine Silbe meiner Fahrt;

Sie fliegt den Adlerflug, kühn, stets gradaus,
Lässt keine Spur zurück.

MALER: Wie soll ich Euch verstehn?

DICHTER: Ich will es Euch entriegeln.
Ihr seht, wie alle Ständ und alle Menschen,
Sowohl von leicht geschmeid'gem Sinn als auch
Von strenger, ernster Art, dem Timon weihn
In Demut ihren Dienst. Sein großer Reichtum.
Umkleidend seinen adlig güt'gen Sinn,
Bezwingt und kauft für seine Lieb und Herrschaft
Ein jeglich Herz. Ja von des Schmeichlers Spiegelantlitz,
Zu Apemantus selbst, der nichts so liebt,
Wie er sich selber hasst: Auch er beugt ihm
Sein Knie und kehrt in Frieden heim, bereichert
Vom Nicken Timons.

MALER: Ich sah's, er sprach mit ihm.

DICHTER: Ich stelle dar auf lieblich grünem Hügel
Fortuna thronend; an dem Fuß des Berges
Gedrängte Reihn von jedem Stand und Wesen,
Die auf der Wölbung dieser Sphäre streben,
Ihr Glück zu steigern; unter allen diesen,
Die auf die Königin den Blick geheftet,
Stell ich den einen dar in Timons Bildung,
Den zu sich winkt Fortunas elfne Hand;
Und rasch macht ihre Gunst aus Nebenbuhlern
Sklaven und Diener.

MALER: Herrlich ausgedacht!
Fortuna und der Thron der Hügel, dünkt mich,
Der ein', heraufgewinkt von allen unten,
Sein Haupt geneigt zum steilen Berg hinan,
Sein Glück erklimmend, wär ein schöner Vorwurf
Für unsre Kunst.

DICHTER: Nein, hört nur weiter, Freund:
All jene, die noch eben ihm Kamraden,
Ja, manch' ihm vorzuziehn, von dem Moment
Folgend nur seinem Pfad; Vorplatz und Hof

Mit Dienst belagernd;
Vergötternd Flüstern gießend in sein Ohr,
Selbst seinen Bügel heil'gend, trinken sie
Die freie Luft durch ihn.

MALER: Nun, und was weiter?

DICHTER: Wenn nun Fortun', in Laun und Wankelmut,
Herabstößt ihren Günstling: All sein Tross,
Der hinter ihm den Berg hinauf sich mühte,
Auf Knien und Händen selbst, lässt hin ihn stürzen,
Nicht einer, der ihm folgt in seinem Fall.

MALER: Das ist üblich.
Ich kann der Art Euch tausend Bilder weisen,
Die auch des Glückes schnellen Wandel malen,
Lebend'ger als das Wort. Doch tut Ihr wohl,
Zeigt Ihr Lord Timon, dass geringe Augen
Den Fuß schon höher als das Haupt gesehn.

TIMON *tritt auf mit* BEGLEITUNG, *ein* DIENER *des Ventidius spricht mit ihm.*

TIMON: Verhaftet ist er, sagst du?

DIENER: Ja, Herr, und fünf Talent ist seine Schuld,
Klein sein Vermögen; seine Gläub'ger hart;
Eur edles Fürwort spricht er an, bei denen,
Die ihn gefangensetzten; fehlt ihm dies,
So stirbt sein Trost.

TIMON: Edler Ventidius! Gut!
Nicht meine Weis ist's, abzuschütteln Freunde,
Wenn meiner sie bedürfen. Weiß ich doch,
Sein edler Sinn ist solcher Hilfe wert,
Die wird ihm: Denn ich zahl, und er sei frei.

DIENER: Euer Gnaden wird auf ewig ihn verbinden.

TIMON: Empfiehl mich ihm! gleich send ich seine Lösung;
Nachdem er frei, bitt ihn, zu mir zu kommen –
Denn nicht genug, dem Schwachen aufzuhelfen,
Auch stützen muss man ihn – so fahre wohl!

DIENER: Sei alles Glück mit meinem gnäd'gen Herrn! *Ab.*

Ein alter ATHENER *tritt auf.*

ATHENER: Lord Timon, hör mich an.
TIMON: Sprich, guter Alter.
ATHENER: Du hast 'nen Diener, der Lucilius heißt?
TIMON: So ist's: Was soll er?
ATHENER: Höchst edler Timon, lass ihn vor dich kommen.
TIMON: Ist er hier im Gefolge? – He, Lucilius!
LUCILIUS *vortretend*: Hier, zu Euer Gnaden Dienst!
ATHENER: Der Mensch hier, edler Timon, er, dein Knecht,
Kommt abends oft zu mir. Ich bin ein Mann,
Der von früh auf was vor sich bringen wollte,
Und etwas höher sucht mein Gut den Erben,
Als der mit Tellern läuft.
TIMON: Nun gut, was weiter?
ATHENER: Ich hab nur eine Tochter, nichts Verwandtes,
Und ihr will ich mein ganzes Gut vermachen.
Schön ist das Kind, kaum alt genug zur Braut,
Und ihr Erziehen hat mich viel gekostet,
Kein Lehrer war zu teuer. Er, dein Diener,
Geht ihr in Liebe nach: Nun, edler Lord,
Weis ihn mit mir aus meinem Hause fort;
Was ich sprach, war umsonst.
TIMON: Der Mann ist redlich.
ATHENER: So wird er's hier beweisen, würd'ger Timon;
Es wird sein redlich Tun sich selbst belohnen,
Es muss nicht meine Tochter just gewinnen.
TIMON: Und liebt sie ihn?
ATHENER: Jung ist sie, recht gewandt;
Uns lehrt der Irrtum unsrer eignen Jugend,
Wie unbedacht sie sei.
TIMON *zu Lucilius*: Liebst du das Mädchen?
LUCILIUS: Ja, teurer Herr, und mir ward Gegenliebe.
ATHENER: Fehlt meine Zustimmung bei dieser Ehe,
Die Götter sei'n mir Zeugen, so erwähl ich
Mir aus den Straßenbettlern einen Erben
Und nehm ihr alles.

TIMON: Was bestimmst du ihr,
Wird sie vermählt dem Gatten gleichen Standes?
ATHENER: Nun, drei Talente jetzt; in Zukunft alles.
TIMON: Der gut erzogne Jüngling dient mir lange;
Sein Glück zu baun, tu ich ein Übriges,
Denn das ist Menschenpflicht. Schenk ihm dein Kind;
Was du ihr gibst, soll er von mir erhalten
Und so nicht leichter wiegen.
ATHENER: Edler Lord,
Zum Pfande deine Ehr, und sie ist sein.
TIMON: Schlag ein, ich halte Wort, bei meiner Ehre!
LUCILIUS: In Demut dank ich Euch, mein gnäd'ger Lord;
Und nimmer mög ich Glück und Gut genießen,
Das Euch nicht angehört!

Lucilius und der alte Athener gehn ab.

DICHTER:
Nehmt huldreich auf dies Werk: lebt lang und glücklich!
TIMON: Ich dank Euch sehr; bald sollt Ihr von mir hören:
Entfernt Euch nicht. – Was habt Ihr da, mein Freund?
MALER: Ein kleines Bild: Geruht, mein Gnäd'ger, nicht
Es zu verschmähn.
TIMON: Erfreulich ist ein Bild.
Das Bildwerk ist beinah der wahre Mensch;
Denn seit Ehrlosigkeit und Menschheit schachert,
Ist er nur Außenseite: Diese Färbung
Ist, was sie vorgibt. Mir gefällt dies Werk;
Und du erfährst, wie mir's gefällt; komm wieder
Zur Aufwartung, und du wirst von mir hören.
MALER: Der Himmel schütz Euch!
TIMON: Lebt wohl, mein werter Herr! gebt mir die Hand,
Wir speisen heut zusammen. – Euer Stein
Litt unter seiner Schätzung.
JUWELIER: Wie, Herr, so wär er
unterschätzt?
TIMON: Nein, Überfülle allerhöchsten Lobes.
Bezahlt ich ihn so, wie er angepriesen,
Würd es mich ganz entblößen.

JUWELIER: Seine Schätzung
Ist, wie Verkäufer zahlen würden: Doch
Ein Ding, von gleichem Wert, den Eigner tauschend,
Wird, wie Ihr wisst, nach seinem Herrn geschätzt:
Dass Ihr ihn tragt, erhöht den Wert des Steins.

TIMON: Ein guter Spott.

KAUFMANN: Nein, edler Herr, er spricht gemeine Rede,
Die jeder spricht gleich ihm.

TIMON: Seht, wer hier kommt. Wollt Ihr Euch schelten lassen?

APEMANTUS *tritt auf.*

JUWELIER: Wir teilen mit Eur Gnaden.

KAUFMANN: Er schont keinen.

TIMON: Sei mir willkommen, edler Apemantus.

APEMANTUS: Spar, bis ich edel werde, deinen Willkomm,
Dann bist du Timons Hund, die Schuft' hier ehrlich.

TIMON: Was nennst du Schufte sie, du kennst sie nicht.

APEMANTUS: Sind sie keine Athener?

TIMON: Ja.

APEMANTUS: So widerruf ich nicht.

JUWELIER: Ihr kennt mich, Apemantus.

APEMANTUS: Du weißt, ich tu's; ich nannte dich beim Namen.

TIMON: Du bist stolz, Apemantus.

APEMANTUS: Auf nichts so sehr, als dass ich nicht wie Timon bin.

TIMON: Wohin gehst du?

APEMANTUS: Einem ehrlichen Athener das Gehirn auszuschlagen.

TIMON: Das ist eine Tat, für die du sterben musst.

APEMANTUS: Ja, wenn Nichtstun den Tod durch das Gesetz verdient.

TIMON: Wie gefällt dir dies Gemälde, Apemantus?

APEMANTUS: Gut, weil es nichts Böses tut.

TIMON: Richtete der nicht viel aus, der es malte?

APEMANTUS: Der noch mehr, der den Maler hervorbrachte; und doch ist der selbst nur ein schmutziges Stück.

MALER: Du bist ein Hund.

APEMANTUS: Deine Mutter ist von meinem Stamm; was ist sie, wenn ich ein Hund bin?

TIMON: Willst du mit mir zu Mittag speisen, Apemantus?

APEMANTUS: Nein, ich esse keine große Herren.

TIMON: Tätest du das, so würdest du die Frauen erzürnen.

APEMANTUS: Oh, die essen große Herren, und dadurch nehmen sie zu.

TIMON: Das ist eine unanständige Andeutung.

APEMANTUS: Wenn du sie deutest, nimm sie für deine Mühe.

TIMON: Wie gefällt dir dieser Edelstein, Apemantus?

APEMANTUS: Nicht so gut wie Aufrichtigkeit, die doch keinen Menschen einen Heller kostet.

TIMON: Wie viel denkst du, dass er wert sei?

APEMANTUS: Nicht meines Denkens wert. – Wie steht's, Poet?

DICHTER: Wie steht's, Philosoph?

APEMANTUS: Du lügst.

DICHTER: Bist du keiner?

APEMANTUS: Ja.

DICHTER: So lüg ich nicht.

APEMANTUS: Bist du nicht ein Poet?

DICHTER: Ja.

APEMANTUS: So lügst du; sieh nur in dein neuestes Werk, wo du ersinnst, er sei ein würd'ger Mensch.

DICHTER: Das ist nicht ersonnen, er ist es wirklich.

APEMANTUS: Ja, er ist deiner wert, um dich für deine Arbeit zu bezahlen: Wer die Schmeichelei liebt, ist des Schmeichlers würdig. Himmel, wäre ich doch ein Lord!

TIMON: Was wolltest du dann tun, Apemantus?

APEMANTUS: Dasselbe, was Apemantus jetzt tut, einen Lord von Herzen hassen.

TIMON: Wie, dich selbst?

APEMANTUS: Ja.

TIMON: Weshalb.

APEMANTUS: Dass mir aller grimmige Witz fehlte, um Lord zu bleiben. – Bist du nicht ein Kaufmann?

KAUFMANN: Ja, Apemantus.

APEMANTUS: Der Handel richte dich zugrunde, wenn es die Götter nicht tun!

KAUFMANN: Wenn es der Handel tut, so tun es die Götter.
APEMANTUS: Der Handel ist dein Gott, und dein Gott richte dich zugrunde!

Trompeten. Es tritt ein DIENER *auf.*

TIMON: Was für Trompeten?
DIENER: Alcibiades
Mit zwanzig Rittern, seinen Kriegsgefährten.
TIMON: Geht, führt sie ein, geleitet sie zu uns.

Einige aus dem Gefolge gehn ab.

Ihr müsst heut mit mir speisen. Geht nicht fort,
Bis ich euch dankte; nach der Mahlzeit dann
Zeigt uns das Bild. – Erfreut, euch hier zu sehn.

ALCIBIADES *und seine* GEFÄHRTEN *treten auf.*

Willkommen, Freund!

Sie begrüßen sich.

APEMANTUS: So, so, nun geht es los!
Gicht lähm und dörr euch die geschmeid'gen Glieder!
Von Liebe nichts in all den süßen Schuften,
Und lauter Höflichkeit! Die Menschenbrut
Renkt sich in Aff und Pavian noch hinein.
ALCIBIADES: Ihr stilltet meine Sehnsucht, und ich schwelge
In Gier an Eurem Anblick.
TIMON: Sehr willkommen!
Und eh wir scheiden, eint uns manche Stunde
In Freud und Lust. Ich bitte, tretet ein.

Alle gehn ab, außer Apemantus.
Zwei LORDS *treten auf.*

ERSTER LORD: Was ist die Zeit am Tage, Apemantus?
APEMANTUS: Zeit, dass man ehrlich ist.
ERSTER LORD: Die Zeit ist immer.
APEMANTUS: Umso verruchter du, sie nie zu nutzen.
ZWEITER LORD: Gehst zu Lord Timons Fest?
APEMANTUS: Ja, um zu sehn, wie Schurken Speise nährt
Und Narren Wein erhitzt.
ZWEITER LORD: Leb wohl, leb wohl!
APEMANTUS: Du bist ein Narr, dass du mir's zweimal sagst.

ZWEITER LORD: Warum, Apemantus?

APEMANTUS: Du hättest das eine für dich behalten sollen, denn ich denke dir keines zu geben.

ERSTER LORD: Geh, häng dich auf.

APEMANTUS: Nein, ich tue nichts auf deinen Befehl: Bring deine Gesuche bei deinem Freunde an.

ZWEITER LORD: Fort, du zänkischer Hund, oder ich stoße dich mit dem Fuß hinaus.

APEMANTUS: Ich will, wie der Hund, die Hufe des Esels fliehen.

Ab.

ERSTER LORD: Er ist ein Widerspiel der Menschheit. Kommt hinein,
Lasst Timons Güt uns kosten, sie ist reicher
Als selbst das Herz der Milde.

ZWEITER LORD: Er strömt sie aus; Plutus, der Gott des Goldes,
Ist sein Verwalter nur: wer ihn beschenkt,
Wird siebenfach belohnt; und keine Gabe,
Die nicht Vergeltung ihrem Geber bringt,
Weit über alles Maß.

ERSTER LORD: Das edelste
Gemüt hat er, das je im Menschen herrschte.

ZWEITER LORD: Er lebe lang und glücklich! Wolln wir gehn?

ERSTER LORD: Ja, ich begleite Euch.

Sie gehn ab.

ZWEITE SZENE

Prunksaal in Timons Hause.

Oboen, laute Musik. Ein großes Bankett wird angerichtet. FLAVIUS *und andre* DIENER. *Dann treten auf:* TIMON, ALCIBIADES, VENTIDIUS *und andre* SENATOREN *und* GEFOLGE. *Zuletzt kommt* APEMANTUS, *mürrisch, wie es seine Art ist.*

VENTIDIUS: Erlauchter Timon, Götterratschluss sandte
Zur langen Ruh den greisen Vater hin.

Er schied beglückt und hinterließ mich reich:
Drum, wie mich Lieb und Dankbarkeit verpflichten,
Erstatt ich deiner Großmut die Talente,
Zugleich dir dienstergeben, der durch sie
Mir Freiheit schuf.

TIMON: O nimmermehr, Ventidius.
Rechtschaffner Mann, da kränkt Ihr meine Liebe;
Ich gab sie weg auf immer. Wer zurücknimmt,
Kann nicht mit Recht behaupten, dass er gibt:
Wenn so der Große tut, nicht ziemt uns nachzuspielen,
Weil an den Reichen stets die Fehler selbst gefielen.

Sie stehn alle mit Ehrfurcht um Timon her.

VENTIDIUS: Welch edler Geist!

TIMON: Nein, Lords, die Zeremonie
Ward nur erfunden, einen Glanz zu leihn
Verstellter Freundlichkeit und hohlem Gruß,
Guttun vernichtend, um nicht zu gewähren;
Doch wahre Freundschaft kann sie ganz entbehren.
Setzt euch; ihr seid willkommner meinem Glück,
Als mir mein Reichtum ist.

Sie setzen sich.

ERSTER LORD: Mylord, das war stets unser Eingeständnis.

APEMANTUS: Ho! Eingeständnis? folgt nicht Hängen drauf?

TIMON: O Apemantus! – sei willkommen!

APEMANTUS: Nein,
Ich will nicht, dass du mich willkommen heißest;
Ich kam, damit du aus der Tür mich werfest.

TIMON: Pfui, du bist grob, und deine Laune ist
Dem Menschen ungeziemend, tadelnswürdig;
Sonst sagt man: *ira furor brevis est*,
Doch jener Mann ist immerfort ergrimmt.
Du da, bereit ihm seinen eignen Tisch,
Denn er sucht weder die Gesellschaft auf
Noch passt er für sie irgend.

APEMANTUS: Auf dein' Gefahr bleib ich denn, Timon, hier;
Ich kam, um aufzumerken; sei gewarnt.

TIMON: Das kümmert mich nicht; du bist ein Athener und mir deshalb willkommen; ich möchte hier nichts zu befehlen haben: Bitte, lass mein Mahl dich zum Schweigen bringen.

APEMANTUS:

Dein Mahl verschmäh ich; es erwürgt mich, denn
Nie würd ich schmeicheln. – Götter! welche Schar
Verzehrt den Timon, und er sieht sie nicht!
Mich quält es, dass so viel' ihr Brot eintauchen
In *eines* Mannes Blut; und, größte Tollheit,
Er muntert sie noch auf.
Mich wundert, wie doch Mensch dem Menschen traut:
Sie sollten nur sich laden ohne Messer;
Gut für das Mahl und für das Leben besser:
Das zeigt sich oft; der Bursche ihm zunächst,
Der mit ihm Brot bricht, ihm Gesundheit bringt,
Mit seinem Atem im geteilten Trunk,
Er ist der nächst', ihn zu ermorden. So
Geschah's schon oft; wär ich ein großer Herr,
Ich wagte bei der Mahlzeit nicht zu trinken,
Sonst könnte man erspähn der Kehle Schwächen;
Nur halsgepanzert sollten Große zechen.

TIMON: Von Herzen, Herr; und rundum geh es weiter.

ZWEITER LORD:

Lass es nach dieser Seite fließen, edler Lord.

APEMANTUS: Nach dieser Seite!
Ein herz'ger Mensch, der keine Flut verschmäht!
O Timon! du und dein Besitz
Wird krank von dem Gesundheitstrinken noch.
Hier hab ich, was zu schwach ist, um zu sünd'gen,
Ehrliches Wasser, was noch keinen hinwarf:
Dies mag mit meiner Kost sich gut vertragen;
Schmaus ist zu stolz, den Göttern Dank zu sagen.

Apemantus' Tischgebet

Ihr Götter, nicht um Geld bitt ich,
Für niemand bet ich als für mich;
Gebt, dass ich nie so töricht sei,

Zu traun der Menschen Schwur und Treu;
Noch der Dirne, wenn sie weint,
Noch dem Hund, der schlafend scheint,
Noch dem Schließer im Gefängnis
Noch dem Freunde in Bedrängnis,
Amen. So greife zu;
Der Reiche sündigt, Wurzeln speise du. *Er isst und trinkt.*
Und wohl bekomm es deinem guten Herzen, Apemantus.

TIMON: General Alcibiades, Euer Herz ist in diesem Augenblick im Felde.

ALCIBIADES: Mein Herz ist immer zu Euren Diensten, Mylord.

TIMON: Ihr wäret lieber bei einem Frühstück von Feinden als bei einem Mittagessen von Freunden.

ALCIBIADES: Wenn sie frischblutend sind, so kommt kein Schmaus ihnen gleich, und ich möchte meinem besten Freund ein solches Fest wünschen.

APEMANTUS: So wollt ich, alle diese Schmeichler wären deine Feinde, damit du sie alle töten könntest und mich dann darauf einladen.

ERSTER LORD: Würde uns nur das Glück zuteil, edler Lord, dass Ihr einst unsrer Liebe bedürftet, damit wir Euch einigermaßen unsern Eifer zeigen könnten, dann würden wir uns auf immer für beglückt halten.

TIMON: Oh, zweifelt nicht, meine teuern Freunde, die Götter selbst haben gewiss dafür gesorgt, dass ihr mir noch dereinst sehr nützlich werden könnt: Wie wäret ihr auch sonst meine Freunde? Weshalb führtet ihr vor tausend andern diesen liebevollen Namen, wenn ihr meinem Herzen nicht die Nächsten wärt? Ich habe mir selbst mehr von euch gesagt, als ihr mit Bescheidenheit zu eurem Besten sagen könnt, und insoweit bin ich mit euch einer Meinung. O ihr Götter, denk ich, was bedürfen wir irgend der Freunde, wenn wir ihrer niemals bedürften? Sie wären ja die unnützesten Geschöpfe auf der Welt, wenn wir sie nie gebrauchten, und glichen lieblichen Instrumenten, die in ihren Kästen an der Wand hängen und ihre Töne für sich selbst behalten. Wahrlich, ich habe oft gewünscht, ärmer zu sein, um euch näher zu stehn. Wir sind dazu geboren, wohltätig zu sein, und was können wir wohl mit besserm Anspruch unser eigen nennen als den Reichtum unsrer Freunde? O welch ein tröstlicher Gedanke ist es, dass so viele, Brüdern gleich, einer über des andern Vermögen gebieten kann! O Freude, die schon stirbt, ehe sie geboren wird! Meine Augen können die Tränen nicht zurückhalten: um ihren Fehl vergessen zu machen, trinke ich euch zu.

APEMANTUS: Du weinst, dass sie trinken mögen, Timon.

ZWEITER LORD: So ward die Freud auch uns im Aug empfangen
Und sprang sogleich als weinend Kind hervor.

APEMANTUS: Ich lache, dass es wohl ein Bastard war.

DRITTER LORD: Wahrlich, Mylord, Ihr habt mich ganz erschüttert.

APEMANTUS: Gans!

Trompeten hinter der Szene.

TIMON: Was bedeutet die Trompete? – he?

Ein DIENER *tritt auf.*

DIENER: Mit Eurer Genehmigung, Mylord, es sind einige Damen da, die sehnlich den Einlass wünschen.

TIMON: Damen? was begehren sie?

DIENER: Sie haben einen Vorläufer bei sich, Mylord, der den Auftrag hat, ihren Willen kundzutun.

TIMON: Wohl, so lass sie ein.

CUPIDO *tritt auf.*

CUPIDO: Dem würd'gen Timon Heil und all den andern,
Die seine Huld genießen! – Die fünf Sinne
Erkennen dich als ihren Herrn und nahn
Glückwünschend deinem edlen Haus: Geschmack,
Gefühl fand hier an deinem Tisch Erquicken;
Sie kommen nur, dein Auge zu entzücken.

TIMON: Sie sind alle willkommen; man empfange sie freundlich: Musik, heiße sie willkommen.

Cupido geht ab.

ERSTER LORD: Ihr seht, wie Ihr von allen seid geliebt.

Musik. CUPIDO *tritt wieder auf, Maskerade von* DAMEN, *als Amazonen verkleidet; sie haben Lauten und tanzen und spielen.*

APEMANTUS: Heisa, ein Schwarm von Eitelkeit bricht ein!
Sie tanzen, ha! wahnsinn'ge Weiber sind's.
Ganz solcher Wahnsinn ist die Pracht des Lebens
Wie dieser Pomp von etwas Öl und Wurzeln.
Selbst machen wir zu Narrn uns, uns zu freun;
Vergeuden Schmeicheln, aufzutrinken Menschen,
Auf deren Alter wir es wieder speien,
Mit Hass und Hohn vergiftet. Wer lebt, der nicht
Gekränkt ist oder kränkt? Wer stirbt und nimmt
Nicht eine Wund ins Grab von Freundeshand?
Die vor mir tanzen jetzt, ich würde fürchten,
Sie stampfen einst auf mich: Es kam schon vor;
Man schließt beim Sonnenuntergang das Tor.

Die Lords stehn vom Tisch auf, indem sie dem Timon die größte Ehrfurcht beweisen; und um ihm ihre Liebe zu zeigen, wählt jeder eine Amazone zum Tanz; nach einer heitern Musik schließt der Tanz.

TIMON: Ihr schönen Fraun lieht Anmut unsrer Lust
Und schmücktet unser Fest mit schönerm Glanz,
Das halb so reich und hold vorher nicht strahlte;
Ihr gabt ihm höhern Wert und freundlich Schimmern
Und unterhieltet mich, wie ich's ersann;
Noch bleib ich Dank euch schuldig.

ERSTE DAME: Ihr nehmt uns, Mylord, von der besten Seite.

APEMANTUS: Wahrlich, denn die schlimmste ist schmutzig und würde wohl kaum das Nehmen vertragen, denk ich.

TIMON: Ihr Fraun, dort findet ihr ein leicht Bankett:
So gütig seid, euch selber zu bedienen.

DIE DAMEN: Euch höchst ergebnen Dank, Mylord.

Cupido und die Damen gehn ab.

TIMON: Flavius!

FLAVIUS: Mylord.

TIMON: Bring mir das kleine Kästchen.

FLAVIUS: Sogleich, Mylord. *Beiseite:* Noch immer mehr Juwelen!
Man darf ihn nicht in seiner Laune kreuzen;
Sonst würd ich – gut – wenn alles ist geschwunden,

Wünscht er, er hätte sich gewarnt gefunden.
O Jammer! möge Milde rückwärts sehn,
Dass nicht an Großmut Edle untergehn.

Er geht ab und kommt mit dem Kästchen wieder.

ERSTER LORD: Sind unsre Leute da?
DIENER: Euch zu Befehl, Mylord.
ZWEITER LORD: Die Pferde vor!
TIMON: Ihr Freunde, noch ein Wort
Erlaubt mir: Seht, mein guter Lord, ich muss
Euch bitten, dass Ihr mir die Ehr erweist,
Hier dies Juwel zu adeln:
Empfangt und tragt es, güt'ger Herr.
ERSTER LORD: Doch bin ich schon so sehr in Eurer Schuld
ALLE: Das sind wir alle.

Ein DIENER *tritt auf.*

ZWEITER DIENER: Mylord, es steigen ein'ge Senatoren
Vom Pferde eben, um Euch zu besuchen.
TIMON: Höchlich willkommen.
FLAVIUS: Ich ersuch Eur Gnaden,
Erlaubt ein Wort mir: Es betrifft Euch nah.
TIMON: Mich selbst? so hör ich dich ein andermal:
Ich bitte, lass uns wohlbereitet sein,
Sie ziemend aufzunehmen.
FLAVIUS *beiseite*: Kaum noch weiß ich, wie.

Ein DIENER *tritt auf.*

DRITTER DIENER: Erlaubt mir, gnäd'ger Herr, Lord Lucius sendet
Aus freier Liebe als Geschenk Euch vier
Milchweiße Rosse, aufgeschirrt mit Silber.
TIMON: Ich nehme sie mit Dank; sorgt, dass die Gabe
Würdig erwidert wird. – Wie nun, was gibt's?

Ein DIENER *tritt auf.*

VIERTER DIENER: Mit Euer Gnaden Erlaubnis, der edle Lord Lucullus wünscht Eure Gesellschaft, um morgen mit ihm zu jagen, und sendet Euer Gnaden zwei Koppeln Windhunde.

TIMON: Ich sage zu. – Lass in Empfang sie nehmen,
Nicht ohne reichen Lohn.

FLAVIUS *beiseite*: Was soll draus werden?
Bewirten sollen wir und reich beschenken,
Und alles das aus einem leeren Kasten. –
Er rechnet nimmer nach und heißt mich immer schweigen,
Wenn ich sein Herz als Bettler ihm will zeigen,
Da seine Macht nicht seinem Wunsch genügt;
So überschwänglich ist er im Versprechen,
Dass, was er redet, Schuld ist: Ja verpflichtet
Für jedes Wort, ist er so mild, dass Zins
Er dafür zahlt. All seine Güter stehn
In ihren Büchern. –
Wär ich nur freundlich meines Dienstes ledig,
Bevor ich ihn gewaltsam lassen muss!
Viel besser freundlos, keinem Speise bieten
Als vielen, die mehr noch als Feinde wüten.
Es blutet mir das Herz um meinen Herrn. *Ab.*
TIMON: Ihr tut Euch selbst groß Unrecht,
Schätzt Ihr so wenig Euren eignen Wert:
Hier, nehmt die kleine Gabe meiner Liebe.
ZWEITER LORD: Ich nehm's mit nicht geringer Dankbarkeit.
DRITTER LORD: Ja, wohl ist er der Großmut wahre Seele!
TIMON: Und jetzt entsinn ich mich, Mylord, Ihr gabt
Jüngst schönes Lob dem Braunen, den ich ritt:
Er ist der Eure, da er Euch gefällt.
ZWEITER LORD: Ich bitt Euch, edler Herr, entschuldigt mich.
TIMON: Glaubt meinem Wort, mein Freund, ich weiß, man kann
Nur nach Verdienst das loben, was man liebt:
Der Freunde Neigung wäg ich nach der eignen;
Ich spreche aus der Seel. Ich such Euch auf.
ALLE LORDS: Wer wäre so willkommen!
TIMON: Besuch der Freund', und eurer insbesondre,
Ist mir so wert, ich kann genug nicht geben;
Den Freunden möcht ich Königreiche schenken
Und nie ermüden. – Alcibiades,
Du bist ein Krieger, darum selten reich,
Du brauchst es wohl: Dein Lebensunterhalt

Ist bei den Toten, deine Ländereien
Das Schlachtfeld.

ALCIBIADES: Unfruchtbares Land, Mylord.

ERSTER LORD: Wir sind unendlich Euch verpflichtet.

TIMON: Und
So bin ich euch.

ZWEITER LORD: Auf ewig ganz ergeben.

TIMON: Nicht minder ich. – He, Lichter, noch mehr Lichter!

ERSTER LORD: Das höchste Glück,
Reichtum und Ehre bleib Euch, edler Timon.

TIMON: Zum Dienst der Freunde.

Alcibiades und die Lords gehn ab.

APEMANTUS: Welch ein Lärm ist das!
Grinsend Gesicht, den Steiß herausgekehrt!
Ob wohl die Kratzfüß jene Summen wert,
Die sie gekostet? Freundschaft ist voll Kahmen:
Der Falschheit Knochen sollten immer lahmen.
Kniebeugen macht treuherz'gen Narrn bankrott.

TIMON: Nun, Apemantus, wärst du nicht so mürrisch,
Wollt ich dir Gutes tun.

APEMANTUS: Nein, ich will nichts:
Würd ich bestochen auch, so bliebe keiner,
Auf dich zu schmähn; dann sündigtst du noch schneller.
Du gibst so viel, Timon, dass, wie ich fürchte,
Du in Papier dich bald hinweggeschenkt.
Wozu die Schmäus und Aufzüg, eitles Großtun?

TIMON: Nein, wenn du selbst Geselligkeit willst schmähen,
So will ich wahrlich deiner gar nicht achten.
Fahr wohl und komm in bessrer Stimmung. *Ab.*

APEMANTUS: So!
Du willst nicht hören – sollst auch nicht; verschlossen
Sei dir dies Glück. O Mensch, wie so betört!
Taub ist das Ohr dem Rat, das Schmeichler hört. *Ab.*

Zweiter Aufzug

Erste Szene

Zimmer in dem Hause eines Senators.

Der SENATOR *tritt auf mit Papieren in der Hand.*

SENATOR: Fünftausend kürzlich erst dem Varro; Isidor
Ist er neuntausend schuldig; meins dazu,
Macht fünfundzwanzig. – Immer rascher taumelt
Verschwendung so! Es kann, es wird nicht dauern.
Fehlt's mir an Geld, stehl ich 'nes Bettlers Hund
Und geb ihn Timon; gut, der Hund münzt Geld.
Will ich statt meines Pferdes zwanzig kaufen,
Und bessre: Nun, mein Pferd schenk ich dem Timon,
Nicht fordernd geb ich's ihm, gleich fohlt mir's Rosse,
Und treffliche: Kein Pförtner steht am Tor,
Nein, einer nur, der lächelnd alles ladet,
Was dort vorbeigeht. Dauern kann es nicht;
Kein Sinn kann seinen Zustand sicher finden.
He, Caphis! Caphis, sag ich.

CAPHIS *tritt auf.*

CAPHIS: Was befehlt Ihr?

SENATOR: Den Mantel um, und zu Lord Timon gleich;
Sei dringend um mein Geld und nicht begütigt
Durch leichte Ausflucht; schweig nicht, wenn es heißt:
»Empfiehl mich deinem Herrn«, man mit der Kappe
Spielt in der rechten Hand, so; nein, sag ihm,
Man drängt mich selbst, und ich muss sie beschwicht'gen
Aus meinen Mitteln. Seine Frist ist um,
Und mein Kredit, da er nicht Stundung hielt,
Ist schon versehrt: Ich lieb ihn und verehr ihn;
Doch wag ich nicht den Hals für seinen Finger;
Ich brauch es augenblicks, und was mich rettet,
Muss nicht unsichre, schwanke Rede sein,

Nur schleunigste Befried'gung. Mach dich auf;
Nimm auch höchst ungestümes Wesen an,
Ein Angesicht des Mahners; denn ich fürchte,
Steckt jede Feder in der rechten Schwinge,
Bleibt Timon als ein nackter Gauch zurück,
Der jetzt als Phönix leuchtet. Mach dich fort!
CAPHIS: Ich gehe, Herr.
SENATOR: Nimm die Verschreibung mit
Und merke die Verfallzeit.
CAPHIS: Gut.
SENATOR: So geh!
Gehn ab.

Zweite Szene

Vorhalle in Timons Hause.

FLAVIUS *tritt auf mit vielen Rechnungen in der Hand.*

FLAVIUS: Nachdenken, Einhalt nicht! Wirtschaft, ganz sinnlos,
Dass er sie weder so kann weiterführen
Noch die Verschwendung hemmt: Sich nicht drum kümmert,
Wo alles hingeht, noch ein Mittel sucht,
Woraus es fortzuführen; nie verband
Sich so viel Milde solchem Unverstand.
Was wird noch draus? Er hört nicht, bis er fühlt;
Ich schenk ihm reinen Wein, kommt er vom Jagen.
Pfui, pfui!
Es treten auf CAPHIS *und die* DIENER *des Isidor und Varro.*
CAPHIS: Ei, Varro, guten Abend:
Kommst du nach Geld?
VARROS DIENER: Ist's nicht auch dein Geschäft?
CAPHIS: So ist's; – und deins auch, Isidor?
ISIDORS DIENER: Jawohl.
CAPHIS: Wärn wir nur alle schon bezahlt!
VARROS DIENER: Hm, schwerlich.

CAPHIS: Hier kommt der gnäd'ge Herr.

Es treten auf TIMON, ALCIBIADES *und* LORDS.

TIMON: Gleich nach der Mahlzeit gehn wir wieder dran,
Mein Alcibiades. – Zu mir? Was gibt's?

CAPHIS: Hier, diese Schuldverschreibung, edler Herr –

TIMON: Schuld? Woher bist du?

CAPHIS: Gnäd'ger, aus Athen.

TIMON: Zu meinem Hausverwalter geh.

CAPHIS: Verzeiht mir, gnäd'ger Herr, seit einem Monat
Verweist er mich von einem Tag zum andern;
Mein Herr, jetzt selbst in Not und hart bedrängt,
Muss mahnen an die Schuld und fleht in Demut,
Dass Ihr, mit Euerm edlen Tun im Einklang,
Sein Recht ihm tut.

TIMON: Mein guter Freund, ich bitte,
Komm wieder zu mir morgen früh.

CAPHIS: Nein, edler Herr.

TIMON: Vergiss dich nicht, mein Guter.

VARROS DIENER: Des Varro Diener, Lord –

ISIDORS DIENER: Von Isidor;
In Demut bittet er um schnelle Zahlung.

CAPHIS: Wär Euch bekannt, wie sehr mein Herr es braucht –

VARROS DIENER: Schon vor sechs Wochen fällig, Herr, und drüber.

ISIDORS DIENER: Mylord, Eur Hausverwalter weist mich ab,
Ausdrücklich schickt man mich zu Euer Gnaden.

TIMON: Nur kleine Ruh! –
Ich bitt euch, edle Lords, geht mir voran;

Alcibiades und die Lords gehn ab.

Ich folg euch augenblicks. – *Zu Flavius:* Komm her, und sprich:
Wie, um die Welt, dass man mich so umdrängt
Mit Mahngeschrei um Schuld, verfallnen Scheinen
Und rückgehaltnen Summen, zahlbar längst,
Zum Nachteil meiner Ehre?

FLAVIUS: Hört, ihr Herrn,
Die Zeit ist für Geschäfte nicht geeignet;
Stillt euern Ungestüm bis nach der Mahlzeit,
Auf dass ich Seiner Gnaden sagen möge,
Weshalb ihr nicht bezahlt seid.

TIMON: Tut das, Freunde!
Und lass sie gut bewirten. *Ab.*

FLAVIUS: Bitte, kommt. *Ab.*

APEMANTUS *und ein* NARR *treten auf.*

CAPHIS: Wartet, hier kommt Apemantus mit dem Narren; wir wollen noch etwas Spaß mit ihnen treiben.

VARROS DIENER: An den Galgen mit ihm, er wird uns schlecht begegnen.

ISIDORS DIENER: Die Pest über den Hund!

VARROS DIENER: Was machst du, Narr?

APEMANTUS: Führst du Gespräch mit deinem Schatten?

VARROS DIENER: Ich spreche nicht mit dir.

APEMANTUS: Nein, mit dir selbst. – *Zum Narren:* Komm fort.

ISIDORS DIENER *Varros Diener*:
Da hängt dir der Narr schon am Halse.

APEMANTUS: Nein, du stehst allein und hängst nicht an ihm.

CAPHIS: Wo ist der Narr nun?

APEMANTUS: Der die letzte Frage tat. – Arme Schufte und Diener von Wucherern! Kuppler zwischen Gold und Mangel!

ALLE DIENER: Was sind wir, Apemantus?

APEMANTUS: Esel.

ALLE DIENER: Warum?

APEMANTUS: Weil ihr mich fragt, was ihr seid, und euch selbst nicht kennt. – Sprich mit ihnen, Narr.

NARR: Wie geht's euch, ihr Herren?

ALLE DIENER: Großen Dank, Narr! wie geht es deiner Gebieterin?

NARR: Sie setzt eben Wasser bei, um solche Küchlein, wie ihr seid, zu brühen. Ich wollte, wir sähen euch in Korinth.

APEMANTUS: Gut! ich danke dir.

Ein PAGE *tritt auf.*

NARR: Seht, hier kommt der Page meiner Gebieterin.

PAGE *zum Narren*: Nun, wie geht's, Kapitän? was machst du in dieser weisen Gesellschaft? – Wie geht's dir, Apemantus?

APEMANTUS: Ich wollte, ich hätte eine Rute in meinem Mund, um dir eine heilsame Antwort geben zu können.

PAGE: Ich bitte dich, Apemantus, lies mir die Aufschrift dieser Briefe, ich weiß nicht, an wen jeder ist.

APEMANTUS: Kannst du nicht lesen?

PAGE: Nein.

APEMANTUS: So wird also an dem Tag, wo du gehängt wirst, keine große Gelehrsamkeit sterben. Dieser ist an Lord Timon, dieser an Alcibiades. Geh! du wurdest als Bastard geboren und wirst als Kuppler sterben.

PAGE: Und du wurdest als Hund geworfen und wirst verhungern, den Tod des Hundes. Antworte nicht, denn ich bin schon fort. *Ab.*

APEMANTUS: Ebenso entfliehst du der Gnade. Narr, ich will mit dir zu Lord Timon gehen.

NARR: Und willst du mich dort lassen?

APEMANTUS: Wenn Timon zu Hause bleibt. – Ihr drei bedient drei Wucherer.

ALLE DIENER: Ja; bedienten sie lieber uns!

APEMANTUS: Das wollte ich auch – und so gut, wie jeder Henker den Dieb bedient.

NARR: Seid ihr die Diener von drei Wucherern?

ALLE DIENER: Ja, Narr.

NARR: Ich glaube, es gibt keinen Wucherer, der nicht einen Narren zum Diener hat. Meine Gebieterin ist es auch, und ich bin ihr Narr. Wenn die Leute von euren Herren borgen wollen, so kommen sie traurig und gehen fröhlich wieder weg; aber in das Haus meiner Gebieterin kommen sie fröhlich und gehn traurig wieder weg: die Ursach?

VARROS DIENER: Ich könnte sie nennen.

APEMANTUS: So tu es denn, damit wir dich als Verbuhlten und Schelm kennenlernen, wofür du nichtsdestoweniger gelten sollst.

VARROS DIENER: Was ist ein Verbuhlter, Narr?

NARR: Ein Narr in guten Kleidern und dir etwas ähnlich. Ein Geist ist es, denn zuweilen erscheint er als ein vornehmer Herr, zuweilen als ein Rechtsgelehrter, zuweilen als ein Philosoph [mit noch zwei anderen Steinen außer seinem Stein der Weisen]. Zuweilen gleicht er auch einem Ritter: Und kurz und gut, in allen Gestalten, worin die Menschen von achtzig bis zu dreizehn Jahren umherwandeln, geht dieser Geist um.

VARROS DIENER: Du bist nicht ganz ein Narr.

NARR: Und du nicht ganz ein Weiser; so viel Narrheit, wie ich besitze, so viel Witz mangelt dir.

APEMANTUS: Dieser Antwort hätte sich Apemantus nicht zu schämen brauchen.

ALLE DIENER: Platz, Platz! hier kommt Lord Timon.

TIMON *und* FLAVIUS *treten auf.*

APEMANTUS: Komm mit mir, Narr, komm.

NARR: Ich folge nicht immer dem Liebhaber, dem ältesten Bruder und der Frau; manchmal dem Philosophen.

Apemantus und der Narr gehn ab.

FLAVIUS: Ich bitt euch, geht; gleich will ich mit euch reden.

Die Diener gehn alle ab.

TIMON: Du machst mich staunen. Warum früher nicht
Hast du mir mein Vermögen klar berechnet?
Dass ich vermocht, den Haushalt einzurichten,
Wie's mir vergönnt.

FLAVIUS: Ihr wolltet nimmer hören,
Sooft ich's vorschlug Eurer Muße.

TIMON: Was!
Einmal ergriffst du wohl den Augenblick,
Wenn üble Laune dich zurückgewiesen:
Und die Verstimmung soll nun jetzt dir helfen,
Dich zu entschuld'gen.

FLAVIUS: O mein teurer Herr,
Oft hab ich meine Rechnung Euch gebracht,
Sie hingelegt; Ihr aber schobt sie weg

Und spracht: Sie lieg in meiner Redlichkeit.
Befahlt Ihr, für ein klein Geschenk so viel
Zu geben, schüttelt ich den Kopf und weinte;
Ich bat Euch, gegen das Gebot der Sitte,
Mehr Eure Hand zu schließen; ich ertrug
Nicht seltnen und nicht milden Vorwurf, wagt ich,
An Eures Reichtums Ebbe Euch zu mahnen
Und Eurer Schulden Flut, geliebter Herr,
Jetzt hört Ihr mich – zu spät! –, doch muss ich's sagen
Dass Euer ganz Vermögen halb zu wenig,
Die gegenwärt'gen Schulden nur zu tilgen.

TIMON: Lass all mein Land verkaufen.

FLAVIUS: Alles ist
Verpfändet; viel verfallen und dahin;
Und was noch bleibt, kann kaum den Riss verstopfen
Des jetz'gen Drangs: Termin folgt auf Termin:
Was nun vertritt die Zwischenzeit? und endlich,
Wie steht's um unsre Rechnung?

TIMON: Bis Lakedämon reichten meine Güter.

FLAVIUS: O teurer Herr, die Welt ist nur ein Wort:
Und wär sie Eur, wie schnell wär sie dahin,
Wenn sie *ein* Laut verschenkte!

TIMON: Du hast recht.

FLAVIUS: Misstraut Ihr meinem Haushalt, meiner Ehre,
So lasst mich vor den strengsten Richtern stehn
Zur Rechenschaft. Die Götter sind mir Zeugen:
Wenn Vorsaal, Küch und Keller voll gedrängt
Schwelgender Diener, die Gewölbe weinten
Vom Weinguss Trunkner und wenn jeder Saal
Von Kerzen flammt' und von Musik erbrauste,
Saß ich beim steten Fluss des Spundlochs einsam
Und ließ mein Auge strömen.

TIMON: Bitte, nichts mehr.

FLAVIUS: Ihr Götter, rief ich, dieser Herr so mild!
Wie manchen reichen Bissen Sklaven heut

Verschluckten! Wer ist Timon nicht ergeben?
Welch Haupt, Herz, Schwert, Gold, Gut gehört nicht ihm,
Dem großen, edeln, königlichen Timon?
Ach! schwand der Reichtum, der dies Lob gekauft,
So schwand der Atem, der dies Lob gebildet:
Was Schmaus gewann, verlor das Fasten wieder;
Ein Wintertag, und tot sind diese Fliegen.

TIMON: Still, pred'ge mir nicht mehr:
Doch kennt mein Herz kein lasterhaft Verschwenden;
Unweis und nicht unedel gab ich weg.
Was weinst du doch? Denkst du, ganz gottlos, denn,
Ich werde freundlos sein? Beruh'ge dich;
Wollt ich anzapfen allen Wein der Liebe,
Durch Borg der Herzen Inhalt mir erprüfen,
Könnt ich ihr aller Gut so frei gebrauchen,
Wie ich dich reden heiße.

FLAVIUS: Es mög Erfüllung Euren Glauben segnen.

TIMON: Und in gewisser Art freut mich mein Mangel,
Dass ich ihn Segen achte, denn durch ihn
Prüf ich die Freund': Dann siehst du deinen Irrtum,
Wie überreich ich in den Freunden bin.
He, drinnen da! – Flaminius! Servilius!

FLAMINIUS, SERVILIUS *und andre* DIENER *treten auf.*

DIE DIENER: Mylord, Mylord –

TIMON: Verschicken will ich euch – dich zu Lord Lucius –
Zu Lord Lucullus dich; noch heut jagt ich
Mit ihm –; dich zu Sempronius;
Empfehlt mich ihrer Lieb, und ich sei stolz,
Dass die Gelegenheit sich fand, um Darlehn
An Geld sie anzusprechen; mein Ersuchen:
Fünfzig Talent.

FLAMINIUS: Wie Ihr befehlt, Mylord.

FLAVIUS *beiseite*: Lord Lucius und Lucullus? Hm!

TIMON *zu einem andern Diener*: Und du, geh zu den Senatoren flugs,

Die schon, weil ich dem Staate Dienst getan,
Gewähren mögen, dass sie gleich mir tausend
Talente senden.

FLAVIUS: Ich war schon so kühn
(Denn dies geschieht ja oft so, wie ich weiß),
Dein Petschaft dort und Namen zu gebrauchen;
Doch schütteln sie den Kopf, und ich kam wieder,
Nicht reicher als ich ging.

TIMON: Ha! wirklich? kann es sein?

FLAVIUS: Einstimmig sprechen alle – keiner anders –,
Dass ihre Kassen leer, kein Geld im Schatz,
Nicht könnten, wie sie wollten – täte leid –
Höchst würdig Ihr – doch wünschten sie – nicht wüssten –
Es konnte manches besser – edler Sinn
Kann wanken – wär nur alles gut – doch schade!
Und so, zu andern wicht'gen Dingen schreitend,
Mit scheelem Blick und diesen Redebrocken,
Halb abgezogner Mütz, kalt trocknem Nicken,
Vereisten sie das Wort mir auf der Zunge.

TIMON: Gebt's ihnen heim, ihr Götter! –
Ich bitte, Mann, blick froh; den Altgesellen
Ist nun der Undank einmal einverleibt;
Ihr Blut ist Gallert, kalt, und fließt nur dünn,
Es ist nicht frisch und warm, sie fühlen nichts;
Und die Natur, der Erd entgegenwachsend,
Ist, wie das Reiseziel, schon dumpf und schwer. –
Zu einem Diener: Geh zu Ventidius.
Zu Flavius: Bitte sei nicht traurig,
Treu bist du, redlich; frei und offen sag ich's,
Kein Tadel trifft dich. – *Zum Diener*: Kürzlich erst begrub
Ventidius seinen Vater; er ward Erbe
Von großen Schätzen: Als er arm noch war,
Gefangen und kein Freund ihn anerkannte,
Löst ich ihn aus mit fünf Talenten. Grüß ihn:
Vermuten mög er, dringliches Bedürfnis

Berühre seinen Freund, Erinnerung weckend
An jene fünf Talent. – *Zu Flavius*: Den Burschen gib sie,
Die jetzt drauf drängen. Fort mit dem Gedanken,
Bei Freunden könne Timons Glück erkranken!
FLAVIUS: Wohl will mein Zweifel mit der Großmut rechten:
Die Milde hält für milde auch die Schlechten.
Gehn ab.

Dritter Aufzug

Erste Szene

Zimmer in Lucullus' Hause.

FLAMINIUS *wartend; ein* DIENER *kommt zu ihm.*

DIENER: Ich habe dich bei meinem Herrn gemeldet, er wird gleich zu dir herunterkommen.

FLAMINIUS: Ich danke dir.

LUCULLUS *tritt auf.*

DIENER: Hier ist mein Herr.

LUCULLUS *beiseite*: Einer von Timons Dienern? gewiss ein Geschenk. Haha, das trifft ein; mir träumte heute Nacht von Silberbecken und -kanne. *Laut:* Flaminius, ehrlicher Flaminius; du bist ganz ausnehmend sehr willkommen. – *Zum Diener:* Geh, bring Wein. *Diener geht ab.* Und was macht der hochachtbare, unübertreffliche, großmütige Ehrenmann Athens, dein höchst gütiger Herr und Gebieter?

FLAMINIUS: Seine Gesundheit ist gut, Herr.

LUCULLUS: Das freut mich recht, dass seine Gesundheit gut ist. Und was hast du da unter deinem Mantel, mein artiger Flaminius?

FLAMINIUS: Wahrlich, Mylord, nichts als eine leere Büchse, die ich Euer Gnaden für meinen Herrn zu füllen ersuche; er ist in den Fall gekommen, dringend und augenblicklich fünfzig Talente zu brauchen, und schickt zu Euer Gnaden, ihm damit auszuhelfen; indem er durchaus nicht an Eurer schnellen Bereitwilligkeit zweifelt.

LUCULLUS: La, la, er zweifelt nicht, sagst du? ach, der gute Lord! er ist ein edler Mann, wollte er nur nicht ein so großes Haus machen. Viel und oftmals habe ich bei ihm zu Mittag gespeist und es ihm gesagt; und bin zum Abendessen wiedergekommen, bloß in der Absicht, ihn zur Sparsamkeit zu bewegen: Aber er wollte keinen Rat annehmen und sich durch mein wiederholtes Kommen nicht warnen lassen. Jeder

Mensch hat seinen Fehler, und Großmut ist der seinige; das habe ich ihm gesagt, aber ich konnte ihn nicht davon abbringen.

Der DIENER *kommt mit Wein.*

DIENER: Gnädiger Herr, hier ist der Wein.

LUCULLUS: Flaminius, ich habe dich immer für einen klugen Mann gehalten. Ich trinke dir zu.

FLAMINIUS: Euer Gnaden beliebt es so zu sagen.

LUCULLUS: Ich habe an dir immer einen raschen, auffassenden Geist bemerkt – nein, es ist wirklich so –, und du weißt wohl, was vernünftiges Betragen ist; du bist der Zeit willfährig, wenn die Zeit dir willfährig ist: alles gute Eigenschaften. – *Zum Diener:* Mach dich davon, Mensch! *Diener ab.* – Tritt näher, ehrlicher Flaminius. Dein Herr ist ein wohltätiger Mann; aber du bist klug und weißt recht wohl, obgleich du zu mir kommst, dass jetzt keine Zeit ist, um Geld auszuleihen; besonders auf bloße Freundschaft, ohne Sicherheit. Hier hast du drei Goldstücke für dich, guter Junge, drück ein Auge zu und sage, du habest mich nicht getroffen. Lebe wohl!

FLAMINIUS: Ist's möglich? hat die Welt sich so verwandelt,
Und wir dieselben lebend? – Niederträchtige
Gemeinheit, bleibe dem, der dich verehrt!

Indem er das Geld hinwirft.

LUCULLUS: Ha, ha! Nun sehe ich, du bist ein Narr und schickst dich gut für deinen Herrn. *Ab.*

FLAMINIUS: Nimm dies zu jenem Gold, das einst dich brennt!
Geschmolznes Gold sei dein Verdammungsspruch,
Du Krankheit eines Freunds, doch nicht ein Freund!
Hat Freundschaft solch ein schwaches Herz von Milch,
Das in zwei Nächten umschlägt? O ihr Götter!
Ich fühle meines Herren Zorn! der Sklav
Hat noch in sich zur Stunde Timons Mahl:
Wie soll es ihm gedeihn und Nahrung werden,
Wenn er sich selbst in Gift verwandelt hat?
Oh, möge Krankheit nur sich draus erzeugen!
Und liegt er auf den Tod, der Nahrungsstoff,

Für den mein Herr bezahlte, o entart er!
Vermehre Krankheit und die Todesmarter! *Ab.*

Zweite Szene

Straße.

LUCIUS *kommt mit* DREI FREMDEN.

LUCIUS: Wer, Lord Timon? er ist mein sehr guter Freund und ein ausgezeichneter Ehrenmann.

ERSTER FREMDER: Wir kennen ihn nicht anders, obwohl wir ihm fremd sind. Aber ich kann Euch etwas sagen, Mylord, was ich durch das allgemeine Gerücht gehört habe: Timons glückliche Tage sind vergangen und verschwunden, und sein Besitztum wird ihm ungetreu.

LUCIUS: Oh, nicht doch! Nein, glaubt das nicht; um Geld kann er nie in Verlegenheit sein.

ZWEITER FREMDER: Aber glaubt mir dies, gnädiger Herr, dass vor Kurzem einer seiner Diener bei Lord Lucullus war, um, ich weiß nicht wie viele Talente, zu borgen, ja, und noch mehr, sehr in ihn drang und die Notwendigkeit zeigte, die ihn zu diesem Schritt bewog, und doch abgewiesen wurde.

LUCIUS: Wie?

ZWEITER FREMDER: Ich sage Euch, abgewiesen.

LUCIUS: Wie seltsam ein solches Beginnen! Nun, bei den Göttern, ich muss mich dessen schämen. Den würdigen Mann abzuweisen! darin zeigte er wenig Gefühl für Ehre. Was mich betrifft, ich muss bekennen, ich habe einige kleine Liebeszeichen von ihm erhalten, Geld, Silbergeschirr, Edelsteine und dergleichen Kleinigkeiten, nichts im Vergleich mit jenem; doch hätte er ihn übergangen und zu mir gesendet, ich hätte seinem Bedürfnis diese Talente nicht geweigert.

SERVILIUS *tritt auf.*

SERVILIUS: Ei sieh, zum guten Glück, da ist ja der edle Lucius; ich habe schwitzen müssen, ihn zu finden. – Verehrter Herr!

LUCIUS: Servilius! gut getroffen. Lebe wohl! – Empfiehl mich deinem edlen, tugendhaften Herrn, meinem allerteuersten Freund.

SERVILIUS: Mit Euer Gnaden Erlaubnis, mein Herr sendet –

LUCIUS: Was sendet er? Ich bin deinem Herrn schon so sehr verpflichtet; er sendet immer. O sage mir, wie kann ich ihm wohl danken? Und was sendet er mir jetzt?

SERVILIUS: Nur sein augenblickliches Ersuchen sendet er Euch jetzt, mein gnädiger Herr, und bittet Euch, ihm sogleich mit so vielen Talenten auszuhelfen, wie hier geschrieben stehen.

LUCIUS: Ich weiß, der gnäd'ge Lord scherzt nur mit mir;
Nicht fünfzig, hundert fehlen ihm Talente.

SERVILIUS: Doch fehlt ihm jetzt die weit geringre Summe.
Bedürft er's nicht zum Äußersten, Mylord,
Würd ich nicht halb so eifrig in Euch dringen.

LUCIUS: Sprichst du im Ernst, Servilius?

SERVILIUS: Bei meiner Seele, Herr, es ist wahr.

LUCIUS: Welch ein gottvergessenes Tier war ich, mich eben vor einer so gelegenen Zeit vom Gelde zu entblößen, da ich mich hätte als ein Mann von Ehre zeigen können! Wie unglücklich trifft es sich, dass ich durch einen kleinen Einkauf am Tag zuvor nun einen großen Teil meiner Ehre einbüßen muss! – Servilius, ich rufe die Götter zu Zeugen, ich bin nicht imstande, es zu tun; umso mehr Vieh, sage ich noch einmal! – Ich wollte soeben selbst Timon ansprechen, das können diese Herren bezeugen; aber jetzt möchte ich um alle Schätze von Athen nicht, dass ich es getan hätte. Empfiehl mich angelegentlich deinem liebevollen Gebieter; ich hoffe, sein Edelmut wird das Beste von mir denken, da es nicht in meiner Macht steht, mich ihm freundlich zu bezeigen. – Und sage ihm von mir, ich halte es für einen der größten Unglücksfälle, die mich treffen konnten, dass ich solchem edlen Mann nicht dienen kann. Guter Servilius, willst du mir so viel Liebe erzeigen, meine eigenen Worte gegen ihn zu gebrauchen?

SERVILIUS: Ja, Herr, das werde ich.

LUCIUS: Ich werde daran denken, dir einen Gefallen zu tun, Servilius.

Servilius geht ab.

Grad, wie ihr sagt: Mit Timon will sich's neigen;
Wem man nicht traut, der kann nie wieder steigen. *Ab.*

ERSTER FREMDER: Bemerkt Ihr dies, Hostilius?

ZWEITER FREMDER: Nur zu gut.

ERSTER FREMDER: Dies ist
Der Geist der Welt; und grad aus solchem Tuch
Ist jedes Schmeichlers Witz. Ist der noch Freund,
Der mit uns in dieselbe Schüssel taucht?
Timon, ich weiß, war dieses Mannes Vater,
Es rettete sein Beutel ihn vorm Fall,
Hielt sein Vermögen; ja mit Timons Geld
Bezahlt' er seiner Diener Lohn; nie trinkt er,
Dass Timons Silber nicht die Lipp ihm rührt;
Und doch (o seht, wie scheußlich ist der Mensch,
Wenn er des Undanks Bildung an sich trägt!)
Versagt er nun, verglichen dem Empfangnen,
Was ein barmherz'ger Mann dem Bettler gibt.

DRITTER FREMDER: Die Frömmigkeit seufzt leidend.

ERSTER FREMDER: Was mich betrifft,
Ich habe nie von Timon was genossen
Noch teilte mir sich seine Güte mit,
Als Freund mich zu bezeichnen; doch beteur ich,
Um seines edlen Sinns erlauchter Tugend
Und seines adeligen Wesens halb,
Wenn er in seiner Not mich angegangen,
Mein ganz Besitztum hätt ich hingeopfert,
Dass ihm die größte Hälfte wiederkehrte,
So lieb ich sein Gemüt. Doch merk ich wohl,
Man muss ohn Mitleid auszukommen wissen;
Denn Klugheit thront noch höher als Gewissen.

Sie gehn ab.

Dritte Szene

Zimmer in Sempronius' Hause.

SEMPRONIUS *tritt auf mit einem* DIENER *Timons.*

SEMPRONIUS: Bestürmen muss er mich vor allen andern?
Den Lucius und Lucullus konnt er angehn;
Und auch Ventidius ist nun reich geworden,
Den er vom Kerker losgekauft! Sie alle
Verdanken ihren Wohlstand ihm.
DIENER: Mylord,
Geprüft sind sie und falsches Gold befunden;
Sie weigerten ihm alle.
SEMPRONIUS: Weigern ihm?
Ventidius und Lucullus weigern ihm?
Nun schickt er her zu mir? Und sie? Hm, hm!
Das zeigt in ihm nur wenig Lieb und Urteil.
Ich letzter Trost? Die Freund', wie Ärzte, geben
Ihn dreimal auf: Nun soll ich ihn heilen?
Sehr hat er mich gekränkt; ich bin ihm böse,
Dass er mich so verkennt: Kein Grund und Sinn,
Weshalb er mich zuerst nicht angesprochen,
Denn ich, auf mein Gewissen, war der Erste,
Der Gaben je von ihm empfangen hat:
Und stellt er mich nun in den Hintergrund,
Dass er zuletzt mir traute? Nein, dies würde
Nur Gegenstand des Spotts für all die andern,
Ein Tor nur ständ ich da vor all den Lords.
Dreimal die ganze Summe gab ich lieber,
Wär ich der Erst; nur um mein Zartgefühl;
So schwoll mein Herz, ihm Gutes zu erweisen!
Zum Nein der andern sei das Wort gesellt:
Wer meine Ehre kränkt, sieht nie mein Geld. *Ab.*

DIENER: Ganz unvergleichlich! Euer Gnaden ist ein recht frommer Schurke. Der Teufel wusste nicht, was er tat, als er den Menschen politisch machte; er stand sich selbst im Licht: Und

ich kann nichts anders glauben, als dass durch so nichtswürdige Klugheit der Sünder sich noch zum Heiligen disputiert. Wie tugendhaft strebte der Lord, um niederträchtig zu erscheinen! Frommen Vorwand nimmt er, um gottlos zu sein; denen gleich, die mit inbrünstigem Religionseifer ganze Königreiche in Brand stecken möchten.
Der Art ist seine überkluge Liebe.
Er Timons beste Hoffnung; all entweichen,
Nur die Götter nicht: Die Freunde all sind Leichen.
Die Tür, die niemals ihren Riegel kannte
Durch manch gastfreies Jahr, muss jetzt sich schließen,
Um sichern Wahrsam ihrem Herrn zu leihn.
So endt der Lauf von allzu freien Jahren;
Das Haus bewahrt, wer nicht sein Geld kann wahren. *Ab.*

Vierte Szene

Vorhalle in Timons Hause.

Es treten auf zwei DIENER *des Varro und ein* DIENER *des Lucius;* TITUS, HORTENSIUS *und andere* DIENER *von Timons Gläubigern.*

VARROS DIENER: Recht! Guten Morgen, Titus und Hortensius.
TITUS: Euch gleichfalls, guter Varro.
HORTENSIUS: Lucius!
Wie treffen wir uns hier?
LUCIUS' DIENER: Und wie ich glaube,
Führt ein Geschäft uns alle her; denn meins
Ist Geld.
TITUS: Und so ist ihrs und unsers.

PHILOTUS *tritt auf.*

LUCIUS' DIENER: Ei!
Philotus auch.
PHILOTUS: Guten Morgen.
LUCIUS' DIENER: Freund, willkommen!
Was ist's wohl an der Zeit?

PHILOTUS: Nicht weit von neun.
LUCIUS' DIENER: So spät?
PHILOTUS: War Mylord noch nicht sichtbar?
LUCIUS' DIENER: Nein.
PHILOTUS: Mich wundert's; schon um sieben strahlt' er sonst.
LUCIUS' DIENER: Ja, doch sein Tag ist kürzer jetzt geworden.
Seht, Freunde, des Verschwenders Lauf ist gleich
Der Sonne, doch erneut sich nicht wie sie.
Ich fürcht, in Timons Beutel ist es Winter;
Das heißt, steckt man die Hand auch tief hinein,
Man findet wenig.
PHILOTUS: Ja, das fürcht ich auch.
TITUS: Jetzt merkt mal auf ein höchst seltsames Ding.
Euer Herr schickt Euch nach Geld?
HORTENSIUS: Gewiss, das tut er.
TITUS: Und trägt Juwelen, die ihm Timon schenkte,
Für die ich Geld erwarte.
HORTENSIUS: 's ist gegen mein Gemüt.
LUCIUS' DIENER: Ja, wundersam,
Timon bezahlt, was niemals er bekam:
Als wenn dein Herr, weil er Juwelen trägt,
Sich dafür Geld von Timon geben ließe.
HORTENSIUS: Ich bin des Auftrags satt, die Götter wissen's:
Sehr viel erhielt mein Herr, als Timon reich;
Sein Undank macht dies jetzt dem Diebstahl gleich.
VARROS DIENER: Meins ist dreitausend Kronen; und das deine?
LUCIUS' DIENER: Fünftausend.
VARROS ERSTER DIENER:
Das ist sehr viel, und nach der Summe scheint's,
Dein Herr war ihm vertrauter als der meine;
Sonst wäre sicher auch die Fordrung gleich.

FLAMINIUS *tritt auf.*

TITUS: Einer von Timons Dienern.
LUCIUS' DIENER: Flaminius! auf ein Wort: Ich bitte dich, ist dein Herr bereit herauszukommen?
FLAMINIUS: Nein, gewiss nicht.

TITUS: Wir erwarten Seine Gnaden; und ich bitte dich, tu ihm das zu wissen.

FLAMINIUS: Ich habe nicht nötig, es ihm zu sagen; er weiß wohl, dass ihr nur zu beflissen seid. *Ab.*

FLAVIUS *tritt auf, in einen Mantel verhüllt.*

LUCIUS' DIENER: Ist der Verhüllte nicht sein Hausverwalter?
Er geht in einer Wolke fort. He! ruft ihn.

TITUS: Hört Ihr nicht, Freund?

VARROS ERSTER DIENER: Mit Eurer Erlaubnis, Herr –

FLAVIUS: Was wollt ihr von mir haben, meine Freunde?

TITUS: Wir warten auf gewisse Gelder.

FLAVIUS: Ja,
Wär Geld so sicher nur als euer Warten,
War's euch gewiss. Weshalb nicht brachtet ihr
Die Schuldbrief, als die falschen Herren schwelgten
An Timons Tisch? Sie kosten, mahnten nicht
Und lächelten und nahmen noch den Zins
In gier'gen Schlund. Es frommt euch selber nichts,
Dass ihr mich reizt; lasst mich von hinnen;
Mein Herr kann jetzt nebst mir den Haushalt enden:
Ich bin mit Rechnen fertig, er mit Spenden.

LUCIUS' DIENER: Ja, doch die Antwort dient nicht.

FLAVIUS: Dient sie nicht,
Ist besser sie als ihr; denn ihr dient Schelmen. *Ab.*

VARROS ERSTER DIENER:
Was murmelt da der abgedankte gnädige Herr?

VARROS ZWEITER DIENER: Das ist einerlei; er ist arm, und das ist Strafe genug für ihn. Wer kann freier sprechen als der, der kein Haus hat, den Kopf hineinzutun? solche Leute dürfen auf große Gebäude schelten.

SERVILIUS *tritt auf.*

TITUS: Hier ist Servilius; nun werden wir wohl irgendeine Antwort bekommen.

SERVILIUS: Wenn ich euch bitten darf, ihr guten Herren,
So kommt zu einer andern Stunde, sehr
Will ich's euch danken; denn, glaubt meinem Wort,

Mein Herr ist außerordentlich verstimmt.
Sein heitrer Sinn hat gänzlich ihn verlassen;
Denn er ist krank und muss sein Zimmer hüten.

LUCIUS' DIENER: Das Zimmer hütet mancher, der nicht krank ist:
Und ist er so sehr leidend, sollt er, mein ich,
Um so viel eher seine Schulden zahlen
Und sich den Weg frei machen zu den Göttern.

SERVILIUS: Ihr Götter!

TITUS: Dies können wir für keine Antwort nehmen.

FLAMINIUS *drinnen*:
Servilius! komm und hilf! Mylord, Mylord!

TIMON *tritt auf in einem Anfall von Wut,*
FLAMINIUS *folgt ihm.*

TIMON: Was, sperrt die eigne Tür den Durchgang mir?
War ich stets frei, und muss mein eigen Haus
Mein Feind sein, der mich fesselt, und mein Kerker?
Der Platz, der Lust geweiht, zeigt er nun auch,
Wie alle Menschen, mir ein eisern Herz?

LUCIUS' DIENER: Mach dich an ihn, Titus.

TITUS: Mylord, hier ist meine Verschreibung.

LUCIUS' DIENER: Und meine.

HORTENSIUS: Und meine.

DIE BEIDEN DIENER DES VARRO: Und unsre, Herr.

PHILOTUS: Alle unsre Verschreibungen.

TIMON: So haut mich nieder, spaltet mich zum Gürtel!

LUCIUS' DIENER: Ach! Herr –

TIMON: Zerteilt mein Herz.

TITUS: Fünfzig Talente hier.

TIMON: Zählt aus mein Blut.

LUCIUS' DIENER: Fünftausend Kronen, Herr.

TIMON: Fünftausend Tropfen zahlen die. Und Ihr? –
Und Ihr?

VARROS ERSTER DIENER: Herr!

VARROS ZWEITER DIENER: Herr!

TIMON: Reißt mich in Stück', und töten euch die Götter! *Ab.*

HORTENSIUS: Nun, ich sehe wohl, unsre Herren mögen ihre Mützen nach ihrem Gelde schmeißen; diese Schulden kann man wohl verzweifelte nennen, da ein Rasender sie bezahlen soll.

Sie gehn alle ab.

TIMON *kommt zurück mit* FLAVIUS.

TIMON: Es nahmen Luft und Atem mir die Sklaven.
Gläubiger – Teufel!

FLAVIUS: Mein teurer Herr!

TIMON: Und könnt's nicht so geschehn?

FLAVIUS: Mein gnädiger Herr.

TIMON: So soll es sein – Mein Hausverwalter!

FLAVIUS: Hier, Herr.

TIMON: So schnell? Geh, lade mir die Freunde wieder,
Lucius, Lucullus und Sempronius, alle;
Ich will die Schufte noch einmal bewirten.

FLAVIUS: O teurer Herr,
Das sprecht Ihr nur aus tief zerstörtem Sinn:
Es ist nicht so viel übrig, auszurichten
Ein mäß'ges Mahl.

TIMON: Still, lade all, befehl ich:
Dass noch einmal herein die Schelmzucht breche;
Mein Koch und ich besorgen schon die Zeche.

Sie gehn ab.

Fünfte Szene

Das Haus des Senats.

Der SENAT *ist versammelt.*

ERSTER SENATOR: Mylord, so stimm auch ich; die Schuld ist blutig:
Er muss notwendig mit dem Tode büßen;
Die Sünde wird durch Gnade frecher nur.

ZWEITER SENATOR: Sehr wahr; vernichten soll ihn das Gesetz.

ALCIBIADES *tritt auf mit* GEFOLGE.

ALCIBIADES: Heil sei und Ehr und Milde dem Senat!
ERSTER SENATOR: Was wollt Ihr, Feldherr?
ALCIBIADES: Vor eure Tugend tret ich als ein Flehnder;
Denn Mitleid ist die Tugend des Gesetzes,
Nur Tyrannei braucht es zur Grausamkeit.
Die Laune war's von Zeit und Schicksal, schwer
Zu drücken einen Freund, der, heißen Bluts,
Schritt ins Vergehn, wo pfadlos dessen Tiefe
Für jenen, der hineinstürzt unbedacht.
Er ist ein Mann, den Fehl beiseit gesetzt,
Von milden Tugenden;
Auch nicht befleckte Feigheit sein Beginnen
(Ein Ruhm, der wohl des Fehltritts Schuld bezahlt).
Nein, heldenmüt'gen Sinns und edlen Zorns,
Da er zum Tod die Ehre sah verletzt,
Begegnet' er dem Feind:
Und so gemäßigt mit verhaltnem Grimm,
Hielt er den Zorn bis an das End in Schranken,
Als stritt er mit Beweisen und Gedanken.
ERSTER SENATOR: Du unternimmst zu herben Widerspruch,
Willst du die schnöde Tat in Schönheit kleiden.
Fast schien dein künstlich Wort dahin zu streben,
Den Menschenmord zu adeln, Rauferlaune
Vor Tapferkeit zu ehren; die doch, wahrlich,
Nur misserzeugter Mut, zur Welt gekommen,
Als Sekten und Partein geboren wurden.
Nur der zeigt wahren Mut, der weislich duldet
Das Schlimmste, was der Gegner spricht; dem Kränkung
Gewand nur wird und Hülle, leicht zu tragen;
Der Unbill nie lässt bis zum Herzen dringen,
Dies zu vergiften.
Ist Unheil Schimpf und zwingt uns totzuschlagen,
Wird nur der Tor um Unheil Leben wagen.
ALCIBIADES: Mylord –

ERSTER SENATOR: Durch Euch wird glorreich nicht ein hart Verschulden;
Sich rächen ist nicht Tapferkeit, nein, dulden.
ALCIBIADES: Dann, mit Vergunst, ihr edlen Herrn, verzeiht,
Red ich hier als Soldat:
Was wagen in die Schlacht sich dumme Menschen
Und dulden nicht das Dräun? und schlafen still,
In Zuversicht dem Feind die Kehle bietend,
Ganz ohne Widerstand? ist im Ertragen
So großer Mut, was machen wir im Feld?
Nun also, tapferer sind dann die Frauen
Im Hausgeschäft, geht Dulden über alles;
Mehr, als der Leu ist dann Soldat der Esel;
Der Dieb in Ketten weiser als der Richter,
Liegt Weisheit nur im Leiden. Senatoren,
Groß seid ihr schon, nun seid auch mild und gut;
Raschheit verdammt man leicht mit kaltem Blut.
Der Mord, ich geb es zu, ist bös und schlecht;
Doch nennt Verteid'gung Gnade selbst gerecht.
Der Zorn gehört wohl zu den größten Sünden;
Doch ist kein Mensch, der nie gezürnt, zu finden:
Wägt daran seine Schuld.
ZWEITER SENATOR: Ihr sprecht umsonst.
ALCIBIADES: Umsonst? und alle Dienste, die er tat,
Zu Lacedämon und Byzantium,
Sie könnten ihm das Leben wohl erkaufen!
ERSTER SENATOR: Was meint Ihr?
ALCIBIADES: Ich sag euch, edlen Dienst hat er getan
Und manchen eurer Feind' im Feld getötet;
Wie tapfer er noch kämpft' im letzten Treffen,
Das künden all die Wunden, die er schlug.
ZWEITER SENATOR:
Ja, Ihr habt recht, zu viele Wunden schlug er,
Ein Schwelger ist er: Schon der eine Fehl
Ersäuft ihn und raubt seinem Mut Besinnung;
Hätt er nicht andre Feinde, der allein

Könnt ihn besiegen; oft ward er gesehn,
Dass er in vieh'scher Wut das Schnöde tat
Und mit Empörern hielt. So viel ist wahr,
Sein Rausch bringt Schande ihm und uns Gefahr.

ERSTER SENATOR: Er stirbt.

ALCIBIADES: O hart Geschick! dass er nicht fiel im Krieg!
Nun wohl, wenn nicht um seiner Taten willen
(Kann gleich sein rechter Arm die Zeit ihm kaufen
Und niemand schuldig bleiben), euch zu rühren,
Nehmt meine Taten auch, vereint sie beide;
Und da ich weiß, es lieb eur würd'ges Alter
Die Sicherheit, verpfänd ich meine Siege,
All meinen Ruhm, damit er zahl und zinse.
Verlangt Gesetz für diesen Fehl sein Leben,
Nun dann, im Krieg, in tapfern Schlachten sterb er;
Ist Satzung herb, so ist der Krieg noch herber.

ERSTER SENATOR: Wir stehn hier fürs Gesetz: Er stirbt; nichts weiter,
Bei unserm Zorn. Sei's Bruder, Sohn, Genoss,
Des Blut verfiel, der fremdes Blut vergoss.

ALCIBIADES: Muss es denn sein? es muss nicht. Senatoren,
Ich bitt euch sehr, erkennt mich wieder.

ZWEITER SENATOR: Wie?

ALCIBIADES: Ruft mich zurück in eur Gedächtnis.

DRITTER SENATOR: Was?

ALCIBIADES: Gewiss, euer Alter hat mich ganz vergessen;
Weshalb sonst ständ ich so verachtet hier
Und säh die kleine Gunst geweigert mir?
Das schmerzt die Wunden!

ERSTER SENATOR: Trotzt Ihr unserm Zorn?
Er ist an Worten schwach, doch stark im Tun:
Drum sei verbannt auf ewig.

ALCIBIADES: Ich verbannt?
Bannt eure Torheit, euren Wucher bannt,
Der den Senat abscheulich macht.

ERSTER SENATOR: Wenn nach zwei Tagen dich Athen noch fasst,

Fürcht unser schwer Gericht. Eh unser Geist
Noch mehr entbrennt, soll jener schleunigst sterben.
Die Senatoren gehn ab.

ALCIBIADES: So werdet alt und greis, bis ihr nur lebt
Noch als Gebein, verhasst jedwedem Auge.
Ha! mich fasst Raserei: Ich schlug den Feind,
Indes ihr Gold sie zählten, ihre Münzen
Ausliehn auf hohen Zins; und ich nur reich
An tapfern Narben. Und dafür nun so?
Ist Balsam dies, den der Senat, der Wuchrer,
In seines Feldherrn Wunden gießt? Verbannung!
Das ist nicht schlimm; willkommen ist Verbannung;
So hat mein Zorn und Grimm denn guten Grund,
Athen zu schlagen. Munter werb ich jetzt
Mein missvergnügtes Heer, nach Herzen wuchernd:
'ʼs ist ehrenvoll, der Güter sich entschlagen;
Gleich Göttern soll kein Krieger Schmach ertragen. *Ab.*

Sechste Szene

Timons Prunksaal.

Tafeln sind gesetzt, die DIENER *stehn umher.* TIMONS FREUNDE *kommen von verschiedenen Seiten herein.*

ERSTER LORD: Ich wünsche Euch einen guten Tag, Freund.

ZWEITER LORD: Ich Euch gleichfalls. Ich glaube, dieser würdige Mann wollte uns neulich nur auf die Probe stellen.

ERSTER LORD: Ebendarauf waren meine Gedanken auch gerichtet, als wir uns begegneten. Ich hoffe, es steht nicht so schlimm mit ihm, wie er bei Prüfung seiner Freunde vorgab.

ZWEITER LORD: Nach dem, was dies neue Gastmahl uns verheißt, kann es wohl nicht sein.

ERSTER LORD: Das glaube ich auch; er sandte mir eine dringende Einladung, welche abzulehnen mir ernste Geschäfte nahe genug legten; aber er beschwor mich, auch die wichtigste

Rücksicht fallen zu lassen, und so musste ich denn notwendig erscheinen.

ZWEITER LORD: Auf gleiche Weise ward ich von sehr bedeutenden Geschäften abgehalten, aber er wollte meine Entschuldigung nicht hören. Es tut mir leid, dass mein Vorrat ganz erschöpft war, als er zu mir schickte, Geld aufzunehmen.

ERSTER LORD: An derselben Kränkung leide ich, da ich nun sehe, wie die Sachen stehen.

ZWEITER LORD: Jedem, der hier ist, geht es so. Wie viel wollt er Euch abborgen?

ERSTER LORD: Tausend Goldstücke.

ZWEITER LORD: Tausend Goldstücke!

ERSTER LORD: Wie viel von Euch?

ZWEITER LORD: Er schickte zu mir – doch hier kommt er.

TIMON *tritt auf mit* GEFOLGE.

TIMON: Von Herzen gegrüßt, ihr beiden edlen Männer! – Wie geht es euch?

ERSTER LORD: Immer sehr gut, wenn ich Euer Gnaden Wohlergehen erfahre.

ZWEITER LORD: Die Schwalbe folgt dem Sommer nicht freudiger als wir Euer Gnaden.

TIMON: Und verlässt auch den Winter nicht freudiger; solche Sommervögel sind die Menschen. – Ihr Herren, unser Mahl wird dieses langen Wartens nicht wert sein, weidet eure Ohren indes an der Musik, wenn Trompetenklang ihnen keine zu harte Speise ist. Wir wollen uns gleich setzen.

ERSTER LORD: Ich hoffe, Ihr erinnert Euch dessen nicht unfreundlich, mein gnädiger Herr, dass ich Euch einen leeren Boten zurücksandte.

TIMON: Ei, lasst Euch das nicht beunruhigen.

ZWEITER LORD: Mein edler Lord –

TIMON: Ah, guter Freund, wie geht's?

ZWEITER LORD: Mein höchst verehrter Herr, ich bin krank vor Scham, dass ich, als Ihr neulich zu mir sandtet, ein so unglücklicher Bettler war.

TIMON: Denkt nicht weiter daran.

ZWEITER LORD: Hättet Ihr nur zwei Stunden früher geschickt –
TIMON: Stört damit nicht bessere Gedanken.

Das Bankett wird hergerichtet.

Kommt, bringt alles zugleich.
ZWEITER LORD: Lauter verdeckte Schüsseln!
ERSTER LORD: Ein königliches Mahl, das glaubt mir.
DRITTER LORD: Daran zweifelt nicht, wie nur Geld und die Jahreszeit es liefern kann.
ERSTER LORD: Wie geht es Euch? Was gibt es Neues?
DRITTER LORD: Alcibiades ist verbannt; habt Ihr davon schon gehört?
ERSTER *und* ZWEITER LORD: Alcibiades verbannt?
DRITTER LORD: So ist es, zweifelt nicht.
ERSTER LORD: Wie denn? wie denn?
ZWEITER LORD: Ich bitte Euch, aus welchem Grunde?
TIMON: Meine würdigen Freunde, wollt ihr nähertreten?
DRITTER LORD: Ich will Euch nachher mehr davon erzählen. Hier steht uns ein herrlicher Schmaus bevor.
ZWEITER LORD: Dieser Mann ist noch der alte.
DRITTER LORD: Wird's dauern? wird's dauern?
ZWEITER LORD: Es wird; doch kommt die Zeit, und dann –
DRITTER LORD: Ich verstehe Euch.
TIMON: Ein jeder an seinen Platz, mit der Gier, wie er zu den Lippen seiner Geliebten eilen würde: An allen Plätzen werdet ihr gleich bedient. Macht kein Zeremoniengastmahl daraus, dass die Gerichte kalt werden, ehe wir über den ersten Platz einig sind: Setzt euch! setzt euch! Die Götter fordern unsern Dank. O ihr großen Wohltäter! sprengt auf unsre Gesellschaft Dankbarkeit herab. Teilt uns von euren Gaben mit und erwerbt euch Preis; aber behaltet zurück für künftige Gabe, damit eure Gottheiten nicht verachtet werden. Verleiht einem jeden genug, damit keiner vom andern zu leihen braucht: Denn zwänge die Not eure Gottheit, von den Menschen zu borgen, so würden die Menschen die Götter verlassen. Macht das Gastmahl beliebter als den Mann, der es gibt. Lasst keine Gesellschaft von zwanzig ohne eine Stiege Bösewichter sein;

wenn zwölf Frauen an einem Tische sitzen, so lasst ein Dutzend von ihnen sein – wie sie sind. – Den Rest eurer Feinde, o ihr Götter! – die Senatoren von Athen, zusamt der gemeinen Hefe des Pöbels –, was in ihnen faul, ihr Götter, macht zum Verderben reif! Was diese meine gegenwärtigen Freunde betrifft – da sie mir nichts sind, so segnet sie in nichts, und so sind sie mir zu nichts willkommen.
Deckt auf. Nun leckt, ihr Hunde!

Die Schüsseln werden aufgedeckt, sie sind alle voll warmen Wassers.

MEHRERE ZUGLEICH: Was meint der edle Herr?
ANDERE: Ich weiß es nicht.
TIMON: Mögt ihr ein bessres Gastmahl nimmer sehn,
Ihr Maulfreundrotte! Dampf und lauwarm Wasser
Ist eure Tugend. Dies ist Timons Letztes;
Den ihr bis jetzt mit Schmeicheleien schminktet,
Wäscht so sie ab, euch eigne Bosheit rauchend
Ins Antlitz sprühnd. *Er gießt ihnen Wasser ins Gesicht.*
Lebt lang und gräuelvoll,
Stets lächelnde, abscheuliche Schmarotzer,
Höfliche Mörder, sanfte Wölfe, freundliche Bären,
Ihr Narrn des Glücks, Tischfreunde, Tagesfliegen,
Scharrfüß'ge Sklaven, Dünste, Wetterhähne!
Von Mensch und Vieh die unzählbare Krankheit,
Sie überschupp euch ganz! – Was, gehst du fort?
Nimm dein' Arznei erst mit – auch du, und du.
Er wirft ihnen die Schüsseln nach und treibt sie hinaus.
Bleibt, ich will Geld euch leihn, von euch nicht borgen. –
Wie, all im Lauf? Kein Mahl sei mehr genommen,
An dem ein Schurke nicht als Gast willkommen!
Verbrenne, Haus; versink, Athen! verhasst nun seid
Dem Timon, Mensch und alle Menschlichkeit! *Ab.*

Die GÄSTE *kommen zurück mit noch andern* LORDS *und* SENATOREN.

ERSTER LORD: Wie nun, ihr Herren?
ZWEITER LORD: Wisst ihr was Näheres um Timons Raserei?

DRITTER LORD: Still! habt ihr meine Kappe nicht gesehen?
VIERTER LORD: Ich habe meinen Rock verloren.
DRITTER LORD: Er ist nichts weiter als ein toller Lord, und nur Laune setzt ihn in Bewegung. Neulich schenkte er mir einen Edelstein, und nun hat er ihn mir vom Hut heruntergeschlagen. Habt ihr meinen Edelstein nicht gesehen?
VIERTER LORD: Habt ihr meine Kappe nicht gesehen?
ZWEITER LORD: Hier ist sie.
VIERTER LORD: Hier liegt mein Rock.
ERSTER LORD: Lasst uns nicht verweilen.
ZWEITER LORD: Lord Timon rast.
DRITTER LORD: Ich fühl's in den Gebeinen.
VIERTER LORD:
Juwelen schenkt' er gestern uns, heut wirft er uns mit Steinen.

Alle ab.

Vierter Aufzug

Erste Szene

Feld.

TIMON *tritt auf.*

TIMON: Lass mich noch einmal auf dich schaun. Du Mauer,
Die diese Wölf umschließt, tauch in die Erde,
Schütz nicht Athen! Fraun, werdet zügellos;
Trotzt euren Eltern, Kinder! Sklaven, Narren,
Reißt von dem Sitz die würd'gen Senatoren,
Und haltet Rat statt ihrer! Jungfraunreinheit
Verkehre plötzlich sich zu frecher Schande,
In Gegenwart der Eltern! Bankrottierer,
Halt fest, gib nichts zurück; heraus das Messer,
Für deines Gläub'gers Hals! Stehlt, ihr Leibeignen!
Langhänd'ge Räuber sind ja eure Herrn
Und plündern durch Gesetz. Magd, in deines Herren Bett!
Die Frau ist im Bordell. Sohn, sechzehn alt,
Die Krücke reiß dem lahmen Vater weg
Und schlag ihm aus das Hirn! Furcht, Frömmigkeit,
Scheu vor den Göttern, Friede, Recht und Wahrheit,
Zucht, Häuslichkeit, Nachtruh und Nachbartreue,
Belehrung, Sitte, Religion, Gewerbe,
Achtung und Brauch, Gesetz und Recht der Stände,
Stürzt euch vernichtend in eur Gegenteil,
Bis zur Vernichtung lebt! – Pest, Menschenwürger,
Häuf deine mächt'gen, gifterfüllten Fieber
All auf Athen, zum Falle reif! Du Hüftweh,
Die Senatoren krümm, dass ihre Glieder
Lahm gleich den Sitten werden! Lust und Frechheit
Schleich in das Mark und das Gemüt der Jugend,
Dass sie, dem Tugendstrom entgegenschwimmend,
In Wüstheit sich ertränkt! Mit Schwür und Beulen

Sei ganz Athen besät, und ew'ger Aussatz
Die Ernte; Atem stecke Atem an,
Dass ihre Näh gleich ihrer Freundschaft sei:
Gift durch und durch! Nichts nehm ich von dir mit
Als Nacktheit, du, des Abscheus würd'ge Stadt!
Nimm auch noch das, mit hundertfachen Flüchen.
Timon geht nun zum Wald; das wildste Tier
Zeigt Lieb ihm mehr als je die Menschen hier.
Auf ganz Athen, hört, Götter insgesamt,
Auf Stadt und Land zugleich die Blitze flammt!
Dass Timons Hass mit den Jahren wachs, ersuch ich,
Und alle Menschen, niedrig, hoch, verfluch ich!
Amen. *Ab.*

ZWEITE SZENE

In Timons Hause.

FLAVIUS *tritt auf und mehrere* DIENER *Timons.*

ERSTER DIENER: Sprecht, Hausverwalter, wo ist unser Herr?
Sind wir vernichtet? abgedankt? bleibt nichts?
FLAVIUS: Gefährten, ach, was soll ich euch doch sagen?
Es sei'n mir Zeugen die gerechten Götter,
Ich bin so arm wie ihr.
ERSTER DIENER: Solch Haus gefallen!
Solch edler Herr verarmt! verloren alles!
Kein Freund, der bei der Hand sein Schicksal fasst
Und mit ihm geht!
ZWEITER DIENER: Wie wir den Rücken wenden
Von dem Gefährten, den das Grab verschlang:
So schleichen vom begrabnen Glück sich alle
Die Freund', hinwerfend ihm die hohlen Schwüre
Gleich leeren Beuteln; und sein armes Selbst,
Ein Bettler nur, der Luft anheimgefallen,

Mit seiner Krankheit, allvermiedner Armut,
Geht nun, wie Schmach, allein. – Noch mehr Gefährten.

Es kommen noch andere DIENER.

FLAVIUS: Zerbrochenes Geschirr der Hauszerstörung!

DRITTER DIENER: Und doch trägt unser Herz noch Timons Kleid,
Das zeigt Eur Antlitz; wir sind noch Kamraden,
All in des Kummers Dienst: Leck ist das Fahrzeug;
Wir Schiffer stehn auf sinkendem Verdeck
Und sehn die Wellen dräun: Wir müssen scheiden
In diese See der Luft.

FLAVIUS: Ihr guten Freunde,
Hier teil ich unter euch mein letztes Gut.
Lasst uns, wo wir uns sehn, um Timons willen
Kamraden sein; die Häupter schütteln, sagen,
Als Grabgeläut dem Glücke unsers Herrn:
»Wir kannten bessre Tage.« Jeder etwas. *Er gibt ihnen Geld.*
Nein, alle reicht die Hand. Und nun kein Wort!
So gehn wir arm, doch reich an Kummer fort.

Die Diener gehn ab.

Oh, furchtbar Elend, das uns Pracht bereitet!
Oh, wer will wohl nach Glanz und Reichtum ringen,
Wenn sie uns hin zu Schmach und Armut zwingen?
Wer nähme so die Pracht als Hohn? wer lebte
Wohl gern in einem Traum der Freundschaft nur?
Ansehn und Pracht und Wohlstand zu besitzen,
Gemalt nur, so wie die geschminkten Freunde?
Du Redlicher, verarmt durch Herzensgüte,
Durch Mild erwürgt! Wie ist Natur verdreht,
Wenn Allzugut als schlimmste Sünde steht;
Wer hilft durch Tugenden noch andrer Nöten,
Wenn sie nur Götter schaffen, Menschen töten?
O teurer Herr – gesegnet, um verflucht,
Reich, elend nur zu sein –, dein groß Vermögen
Ist nun dein tiefstes Leid. Ach, güt'ger Herr!

Er brach in Wut aus dem hartherz'gen Wohnsitz
Der vieh'schen Freunde. Nichts hat er bei sich
Zur Fristung und Erleichtrung seines Lebens.
Ich will ihm nach und, wo er ist, erforschen;
So gut ich kann, will ich für ihn noch schalten,
Was mir an Geld verblieb, für ihn verwalten. *Ab.*

Dritte Szene

Wald.

TIMON *tritt auf.*

TIMON: O Lichtgott, Segen zeugend, zieh hinauf
Dunstfäulnis; deiner Schwester Luftbahn sei
Vergiftet! Zwillingsbrüder eines Schoßes,
Deren Erzeugung, Wohnung und Geburt,
Fast ungetrennt, trifft sie verschiednes Glück;
Der Größre höhnt den Niedern; ja, Natur,
Von Wunden rings bedrängt, sie kann groß Glück
Ertragen nur, wenn sie Natur verachtet.
Heb diesen Bettler und versag's dem Lord;
Folgt angeerbte Schmach dem Senatoren,
Dem Bettler eingeborne Ehre.
Die Weide schwellt des Ochsen Seiten auf,
Der Mangel macht ihn mager. Wer, wer darf
In reiner Mannheit aufrecht stehn und sagen:
»Ein Schmeichler ist der Mensch.« Wenn's einer ist,
So sind es all; denn jeder hohem Staffel
Des Glücks schmiegt sich die untre: Goldnem Dummkopf
Duckt der gelehrte Schädel: Schief ist alles,
Nichts grad in unsrer fluchbeladnen Menschheit
Als Bosheit ungekrümmt. Drum seid verabscheut,
Gelage all, Gesellschaft, Menschendrang!
Denn Timon hasst die Gleichgeschaffnen, ja sich selbst.

Zernichtung dem Geschlecht der Menschen! – Erde,
Gib Wurzeln mir! *Er gräbt.*
Wer Bessres in dir sucht, dem würz den Gaumen
Mit deinem schärfsten Gift! Was find ich hier?
Gold? kostbar, flimmernd, rotes Gold? Nein, Götter!
Nicht eitel fleht ich. Wurzeln, reiner Himmel!
So viel hiervon macht schwarz-weiß, hässlich schön,
Schlecht gut, alt jung, feig tapfer, niedrig edel.
Ihr Götter! warum dies? warum dies, Götter?
Ha! dies lockt euch den Priester vom Altar,
Reißt Halbgenesnen weg das Schlummerkissen.
Ja, dieser rote Sklave löst und bindet
Geweihte Bande; segnet den Verfluchten.
Er macht den Aussatz lieblich, ehrt den Dieb
Und gibt ihm Rang, gebeugtes Knie und Einfluss
Im Rat der Senatoren; dieser führt
Der überjähr'gen Witwe Freier zu;
Sie, von Spital und Wunden giftig eiternd,
Mit Ekel fortgeschickt, verjüngt balsamisch
Zu Maienjugend dies. Verdammt Metall,
Gemeine Hure du der Menschen, die
Die Völker tört. Komm, sei das, was du bist.

Man hört von weitem einen Marsch.

Ha! eine Trommel?
Lebendig bist du, doch begrab ich dich.
Ja, laufen wirst du noch, du starker Dieb,
Wenn dein gichtkranker Wärter nicht kann stehn –
Doch so viel bleib als Handgeld. *Er behält einiges Gold zurück.*

ALCIBIADES *tritt auf mit Trommeln und Pfeifen, auf kriegerische Weise.* PHRYNIA *und* TIMANDRA.

ALCIBIADES: Wer bist du dorten? sprich!
TIMON: Ein Vieh, wie du. Mög doch dein Herz verfaulen,
Weil du mir wieder Menschenantlitz zeigst!
ALCIBIADES: Wie nennst du dich? Ist Mensch dir so verhasst,
Und bist doch selbst ein Mensch?

TIMON: Misanthropos bin ich und hass die Menschheit.
Wärst du doch, besser dran zu sein, ein Hund,
So liebt ich etwas dich.
ALCIBIADES: Ich kenne dich;
Doch unbekannt und fremd ist mir dein Schicksal.
TIMON: Dich kenn ich auch; mehr wünsch ich nicht zu wissen,
Als dass du mir bekannt. Folg deiner Trommel,
Bemal mit Menschenblut den Grund, rot, rot;
Göttlich Gebot, menschlich Gesetz ist grausam:
Was soll der Krieg denn sein? Hier deine Dirne
Trägt mehr Zerstörung in sich als dein Schwert,
Trotz ihrem Engelsblick.
PHRYNIA: Dass dir die Lippen faulen!
TIMON: Nicht küssen will ich dich: So bleibt Verwesung
Dir an den Lippen hangen.
ALCIBIADES: Wie ward der edle Timon so verwandelt?
TIMON: So wie der Mond, wenn Licht ihm fehlt zu geben;
Doch konnt ich nicht mich wie der Mond erneuern;
Mir borgte keine Sonne.
ALCIBIADES: Edler Timon,
Kann ich dir Freundschaft zeigen?
TIMON: Eine nur,
Bestärke meinen Glauben.
ALCIBIADES: Welchen, Timon?
TIMON: Versprich mir Freundschaft, aber halte nichts.
Versprichst du nicht, so strafen dich die Götter,
Denn du bist Mensch! und hältst du, so vernichten
Die Götter dich, denn du bist Mensch!
ALCIBIADES: Von deinem Elend hörte ich schon reden.
TIMON: Du sahst es damals, als das Glück mir lachte.
ALCIBIADES: Ich seh es jetzt; damals war Freudenzeit.
TIMON: Wie deine jetzt: zwei Huren stützen sie.
TIMANDRA: Ist dies die Zier Athens, von dem die Welt
So schön und rühmlich sprach?
TIMON: Bist du Timandra?

TIMANDRA: Ja.
TIMON: Bleib Hure stets! dich liebt nicht, wer dich braucht,
Gib Krankheit dem, der seine Lust dir lässt.
Nutz deine Brunstzeit; mach die Wichte reif
Für Bad und Schwitzfass, rosenwangige Jugend
Für strenge Fastenkur!
TIMANDRA: An den Galgen, Scheusal!
ALCIBIADES: Verzeih ihm, hold Geschöpf, denn sein Verstand
Ertrank und ging in seinem Elend unter. –
Nur wenig Gold besitz ich, wackrer Timon,
Und dieser Mangel bringt zum Aufstand täglich
Mein darbend Heer. Mit Leid vernahm ich, wie
Athen verrucht hat deinen Wert vergessen
Und deinen tapfern Streit, als Nachbarstaaten,
Wenn nicht dein glücklich Schwert wär, es bewältigt.
TIMON: Ich bitte, schlag die Trommel, mach dich fort.
ALCIBIADES: Ich bin dein Freund, beklag dich, teurer Timon.
TIMON: Wie kannst du den beklagen, den du plagst?
Ich wäre gern allein.
ALCIBIADES: Nun, so leb wohl!
Nimm dieses Gold.
TIMON: Behalt, ich kann's nicht essen.
ALCIBIADES: Wenn ich Athen, das stolze, umgestürzt –
TIMON: Bekriegst Athen?
ALCIBIADES: Ja, Timon, und mit Recht.
TIMON: Die Götter mögen all durch dich hinwürgen
Und dich nachher, wenn du sie all erwürgt!
ALCIBIADES: Weshalb mich, Timon?
TIMON: Weil, die Schurken tötend,
Du warst erwählt, mein Vaterland zu tilgen.
Nimm hin dein Gold; geh, hier ist Gold – geh fort!
Sei wie Planetenpest, wenn Jupiter
In kranker Luft auf hochverruchte Städte
Sein Gift ausstreut; dein Schwert verschone keinen:
Nicht um sein Silberhaar den würd'gen Greis,
Ein Wuchrer ist's; hau die Matrone nieder,

Sie heuchelt, ihre Kleider nur sind sittsam,
Sie kuppelt frech; lass nicht der Jungfrau Wange
Stumpfen dein schneidend Schwert, denn diese Milchbrust,
Die durch die Fenster kirrt der Männer Augen,
Steh auf des Mitleids Liste nicht geschrieben,
Nein, zeichne sie als scheußliche Verrätrin:
Auch nicht den Säugling schone,
Des Wangengrübchen Narrn zum Weinen lächelt;
Denk, ’s ist ein Bastard, den Orakelspruch
Mit dunklem Wort als deinen Mörder nennt;
Zerstück ihn mitleidslos: Schwör Tod dem Leben;
Leg erzne Rüstung dir auf Ohr und Auge,
So hart, dass Schrei von Mutter, Säugling, Jungfrau,
Des Priesters selbst, in heil’gen Kleidern blutend,
Dir nichts sei. Hier ist Gold für deine Krieger:
Sä aus Vernichtung; ist dein Grimm erschöpft,
So sei vernichtet selbst. Sprich nichts und geh!

ALCIBIADES: Hast du noch Gold? so nehm ich dein Geschenk,
Nicht deinen Rat.

TIMON: Tu’s oder tu es nicht, vom Himmel sei verflucht!

PHRYNIA *und* TIMANDRA:
Gold, guter Timon, gib uns; hast du mehr?

TIMON: Genug, dass Huren ihren Stand verschwören,
Die Kupplerin nicht Huren feilscht. Weit auf
Die Schürzen, Nickel: Ihr seid nicht eidesfähig,
Obwohl ich weiß, ihr würdet furchtbar schwören,
Dass, hörend euren Schwur, die ew’gen Götter
In Fieberschauern bebten – spart die Eide,
Ich trau eurer Natur: Bleibt Huren stets,
Und ihm, des frommes Wort euch will bekehren,
Ihm zeigt euch stark, verführt ihn, brennt ihn nieder,
Besiegt mit eurem Feuer seinen Rauch.
Abtrünnig nie; seid dann sechs Mond’ in Mühn,
Dem ganz entgegen: Schindelt armes Dach
Euch mit der Leichen Raub – auch von Gehängten,
Was tut’s? Tragt sie, betrügt mit ihnen, buhlt;

Schminkt, bis ein Pferd euch im Gesicht bleibt stecken:
Schad was um Runzeln!

PHRYNIA *und* TIMANDRA: Gut, mehr Gold – was weiter?
Glaub nur, wir tun für Gold, was du verlangst.

TIMON: Auszehrung sät
In hohl Gebein des Manns; lähmt Schenkelknochen,
Des Reiters Kraft zerbrecht; des Anwalts Stimme,
Dass er nie mehr den falschen Spruch vertrete
Und Unrecht kreische laut. Umschuppt mit Aussatz
Den Priester, der, auf Sinnenschwachheit lästernd,
Sich selbst nicht glaubt: Fort mit der Nase, fort,
Glatt weg damit! vernichtet ganz die Brücke
Ihm, der, sich eigne Jagd erschnüffelnd, nicht
Für alle spürt: Krausköpf'ge Raufer, macht sie kahl;
Dem unbenarbten Kriegesprahler gebt
Gehör'ge Qual von euch: Verpestet alles,
Und eure Tätigkeit erstick und dörre
Die Quelle aller Zeugung. – Nehmt mehr Gold!
Verderbt die andern, und verderb euch dies,
Und Schlamm begrab euch alle!

PHRYNIA *und* TIMANDRA:
Mehr Rat mit noch mehr Geld, freigeb'ger Timon.

TIMON: Mehr Hur, mehr Unheil erst; dies ist nur Handgeld.

ALCIBIADES: Nun, Trommeln, nach Athen hin. Leb wohl! Timon.
Geht's, wie ich hoffe, seh ich bald dich wieder.

TIMON: Geht's, wie ich wünsche, seh ich nie dich mehr.

ALCIBIADES: Nichts Böses tat ich dir.

TIMON: Ja, du sprachst gut von mir.

ALCIBIADES: Nennst du das böse?

TIMON: Erfahrung lehrt es täglich.
Geh, mach dich fort, und deine Meute auch.

ALCIBIADES: Wir sind ihm nur zur Last. – Schlagt, Trommeln: fort!

Trommeln. Alcibiades, Phrynia und Timandra gehn ab.

TIMON: Musst du, Natur, krank in der Menschheit Abfall,
Noch hungern! *Er gräbt.* Allgemeine Mutter du,

Dein Schoß unmessbar, deine Brust unendlich,
Gebiert, nährt all; derselbe Stoff, aus dem
Dein stolzes Kind, der freche Mensch, aufquillt,
Erzeugt die schwarze Kröt und blaue Natter,
Die goldne Eidechs und die gift'ge Schlange
Und jeglich Scheusal unterm Himmelsbogen,
Auf das Hyperions Lebensfeuer strahlt;
Gib ihm, der deine Menschenkinder hasst,
Aus deinem güt'gen Schoß nur eine Wurzel!
Vertrockne deine fruchtbar ew'ge Kraft,
Dass ihr kein undankbarer Mensch entspringe!
Gebier nur Tiger, Drachen, Wölf und Bären;
Wirf neue Unhold', die dein obres Rund
Der hohen Marmorwölbung nie gezeigt! –
Oh, eine Wurzel – inn'gen Dank dafür!
Vertrockne, Mark des Weinbergs, Fett der Äcker,
Woraus der undankbare Mensch mit süßem Trank
Und Leckerbiss den reinen Sinn verschlemmt,
Dass ab ihm gleitet jegliche Besinnung.

APEMANTUS *tritt auf.*

Ein Mensch schon wieder? Ha, verflucht!

APEMANTUS: Hierher ward ich gewiesen; man berichtet,
Dass du mein Leben nachahmst und mein Tun.

TIMON: So ist es nur, weil keinen Hund du hältst,
Den ich nachahmen möchte: dir die Pest!

APEMANTUS: Dies ist in dir nur angenommne Weise,
Unmännlich, arme Schwermut, die dem Wechsel
Des Glücks entsprang. Was soll der Platz, der Spaten?
Dies Sklavenkleid und dieser Traueranblick?
Noch liegt dein Schmeichler weich, trinkt Wein, trägt Seide,
Umarmt den kranken Wohlgeruch, vergessend,
Dass je ein Timon war. Schmäh nicht den Wald,
Dass du den bitter Höhnenden hier spielst.
Sei du ein Schmeichler jetzt, such zu gedeihn
Durch das, was dich gestürzt hat; beug dein Knie,
Der Atem schon des, dem dein Auge dient,

Blas dir die Mütze ab; sein Laster preise
Und nenn es Tugend: So erging's auch dir.
Du nicktest wie ein Bierzapf jedem Grüßet,
Schelmen, und wer es war: Nun ist's gerecht,
Dass du ein Schuft wirst; hättst du Geld genug,
So gäbst du's Schuften. Nimm nicht an mein Wesen.

TIMON: Wär ich dir gleich, so wollt ich fort mich schleudern.

APEMANTUS: Du warfst dich weg, da du dir selber glichest;
So lang ein Toller, nun ein Narr! Wie, denkst du,
Die raue Luft, dein stürm'scher Kammerdiener,
Wärmt dir dein Hemd? Folgt altbemooster Baum,
Der Adler überlebt, hier deinen Fersen
Und springt fort jedem Wink? Reicht kalter Bach
Mit Eisesrand den würz'gen Morgentrunk,
Der Nacht Erschöpfung stärkend? Ruf die Wesen,
Die nackt und bloß den kalten Sturm ausdauern
Der rauen Luft; die unbehauste Schöpfung,
Dem Kampf der Elemente hingegeben,
Treu der Natur – befiehl, dass sie dir schmeicheln,
So findst du –

TIMON: Dass ein Narr du bist: hinweg!

APEMANTUS: Du bist mir lieber jetzt als ehemals.

TIMON: Verhasster du.

APEMANTUS: Weshalb?

TIMON: Dem Elend schmeichelst du.

APEMANTUS: Ich schmeichle nicht, ich sag, du bist ein Lump.

TIMON: Doch weshalb suchst du mich?

APEMANTUS: Um dich zu quälen.

TIMON: Stets eines Narren oder Schuftes Amt.
Gefällst du dir drin?

APEMANTUS: Ja.

TIMON: Wie! Schurk auch noch?

APEMANTUS: Legtst du dies bittre, kalte Wesen an,
Um deinen Stolz zu zücht'gen, wär es gut:
Doch nur gezwungen tust du's: würdest Höfling,

Wenn du kein Bettler wärst. Freiwillig Elend
Krönt sich selbst, überlebt unsichre Pracht:
Die füllt sich selber an und wird nie voll;
Doch jenes gnügt sich selbst: der höchste Stand
Ist unzufrieden, kläglich und voll Jammer,
Noch schlimmer als der schlimmste, der zufrieden.
Du sollst zu sterben wünschen, da du elend.
TIMON: Nicht, weil du's sagst, der weit elender ist.
Du bist ein Sklav, den nie der Liebesarm
Des Glücks umfing; ein Hund wardst du geboren.
Hättst du, gleich uns, vom Säugling her, erstiegen
Die süße Folg, die schnell die Welt dem bietet,
Der dem geduld'gen Haufen frei befiehlt,
Du hättest dich gestürzt in Schwelgerei
Ganz ohne Maß, die Jugend schmelzen lassen
In manchem Bett der Lust und nie gehört
Der Mahnung eisig Wort; du jagtest nach
Dem süßen Wild vor dir. Dagegen ich,
Der ich als Lustgelag die Welt besaß;
Mund, Zungen, Augen, Herzen aller Menschen
Im Dienst, mehr als ich Arbeit für sie wusste,
Die zahllos an mir hingen, so wie Blätter
Am Eichbaum, sind durch *einen* Winterfrost
Vom Zweig gelöset; offen steh ich, bar
Für jeden Sturm, der bläst – ich, dies zu tragen,
Der nur das Bessre kannte, ist fast schwer:
Dein Leben fing mit Leiden an, gehärtet
Hat dich die Zeit. Was sollst du Menschen hassen?
Sie schmeichelten dir nie: Was gabst du ihnen?
Willst fluchen du – so fluche deinem Vater,
Dem armen Lump, der, in Verzweiflung, Stoff
Gab irgendeiner Bettlerin, dich formte,
Armseligkeit von Ahnen her. Hinweg!
Wärst du der Menschheit Wegwurf nicht geboren,
Du würdst ein Schurke und ein Schmeichler sein.

APEMANTUS: Bist du noch stolz?
TIMON: Ja, dass ich du nicht bin.
APEMANTUS: Ich, weil ich kein Verschwender war.
TIMON: Und ich,
Weil ich es jetzt noch bin.
Wär all mein Reichtum in dir eingeschlossen,
So gäb ich dir Erlaubnis, dich zu hängen.
Fort! –
Wär alles Leben von Athen in diesem,
So äß ich's. *Er isst eine Wurzel.*
APEMANTUS: Hier, ich will dein Mahl verbessern.
Er bietet ihm etwas an.
TIMON: Erst bessre meinen Umgang, schaff dich fort!
APEMANTUS: So bessr ich meinen eignen, wenn du fehlst.
TIMON: Gebessert wär er nicht, nein, nur geflickt,
Wo nicht, wollt ich's.
APEMANTUS: Was wünschest du Athen?
TIMON: Dich, durch den Wirbelwind, dahin. Und willst du,
So sage dort, ich habe Gold: sieh hier.
APEMANTUS: Hier kann kein Gold was nutzen.
TIMON: Ja, am meisten
Hier schläft's und lässt zum Unheil sich nicht dingen.
APEMANTUS: Wo liegst die Nacht du, Timon?
TIMON: Unter dem,
Was mich bedeckt. Wo futterst du am Tage?
APEMANTUS: Wo mein Hunger Nahrung findet, oder vielmehr, wo ich sie verzehre.
TIMON: Ich wollte, Gift gehorchte mir und wüsste meine Meinung.
APEMANTUS: Wohin wolltest du es senden?
TIMON: Dein Mahl zu würzen.
APEMANTUS: Den Mittelweg der Menschheit kanntest du nie, sondern nur die beiden äußersten Enden. Als du in Gold und Wohlgeruch lebtest, wurdest du wegen zu gesuchter Feinheit verspottet; in deinen Lumpen kennst du sie gar nicht mehr

und wirst, um ihres Gegenteils willen, verabscheut. Hier hast du eine Mispel, iss sie.

TIMON: Ich esse nicht, was ich hasse.

APEMANTUS: Hassest du Mispeln?

TIMON: Ja, denn sie sehen dir gleich.

APEMANTUS: Hättest du die diesen Mispeln ähnlichen, faulen Zwischenträger früher gehasst, so würdest du dich jetzt mehr lieben. Kanntest du je einen Verschwender, der noch geliebt ward, wenn seine Mittel dahin waren?

TIMON: Wen, ohne diese Mittel, von denen du sprichst, sahest du je geliebt?

APEMANTUS: Mich selbst.

TIMON: Ich verstehe dich; du hattest einmal so viel, dass du dir einen Hund halten konntest.

APEMANTUS: Was auf der ganzen Welt kannst du am besten mit deinen Schmeichlern vergleichen?

TIMON: Die Frauen; aber die Männer, die Männer sind das Ding selbst. Was würdest du mit der Welt machen, Apemantus, wenn sie dir gehörte?

APEMANTUS: Ich würde sie dem Vieh geben, um die Menschen loszuwerden.

TIMON: Wolltest du denn mit den übrigen Menschen zugrunde gehen und ein Vieh unter dem Vieh bleiben?

APEMANTUS: Ja, Timon.

TIMON: Ein viehischer Wunsch, den ich die Götter bitte zu gewähren! Wärest du der Löwe, so würde der Fuchs dich betrügen; wärest du das Lamm, so würde der Fuchs dich fressen; wärest du der Fuchs, so würdest du dem Löwen verdächtig werden, wenn dich der Esel vielleicht verklagte; wärest du der Esel, so würde deine Dummheit dich plagen, und du lebtest doch nur als ein Frühstück für den Wolf; wärest du der Wolf, so würde deine Gefräßigkeit dich quälen, und du müsstest dein Leben oft wegen deines Mittagessens wagen; wärest du das Einhorn, so würden Stolz und Wut dich zugrunde richten, und du würdest die Beute deines eigenen

Grimmes; wärest du der Bär, so tötete dich das Pferd; wärest du das Pferd, so ergriffe dich der Leopard; wärest du der Leopard, so wärest du des Löwen Bruder, und deine eigenen Flecken würden sich gegen dein Leben verschwören; deine ganze Sicherheit wäre, versteckt zu sein, und deine Verteidigung Abwesenheit. Welch Vieh könntest du sein, das nicht einem andern Vieh unterworfen wäre? Und welch ein Vieh bist du schon, dass du nicht einsiehst, wie viel du in der Verwandlung verlörest?

APEMANTUS: Könntest du mir durch Reden gefallen, so hättest du es hiermit getroffen; der Staat von Athen ist ein Wald von Vieh geworden.

TIMON: Wie ist der Esel durch die Mauern gebrochen, dass du außer der Stadt bist?

APEMANTUS: Dort kommt ein Dichter und ein Maler: Die Pest der Gesellschaft treffe dich! Aus Furcht, angesteckt zu werden, gehe ich fort. Wenn ich einmal nicht weiß, was ich sonst tun soll, will ich dich wieder besuchen.

TIMON: Wenn es außer dir nichts Lebendiges mehr gibt, sollst du willkommen sein. Ich möchte lieber eines Bettlers Hund als Apemantus sein.

APEMANTUS: Du bist das Haupt der Narrn der ganzen Welt.
TIMON: Wärst du doch rein genug, dich anzuspein.
APEMANTUS: Verwünscht bist du, zu schlecht, um dir zu fluchen.
TIMON: Mit dir gepaart, ist jeder Schuft ein Edler.
APEMANTUS: Nicht andern Aussatz gibt's, als was du sprichst.
TIMON: Ja, nenn ich dich. – Ich schlüg dich, doch das würde
Die Hände mir vergiften.
APEMANTUS: Oh, könnte doch mein Mund sie faulen machen!
TIMON: Hinweg! du Sprössling eines räud'gen Hundes!
Die Wut erstickt mich, dass du Leben hast;
Mir schwindelt, seh ich dich!
APEMANTUS: O mögst du bersten!
TIMON: Fort, läst'ger Schuft! mich dauert's, einen Stein
An dich zu wenden! *Er wirft einen Stein nach ihm.*

APEMANTUS: Tier!
TIMON: Sklav!
APEMANTUS: Kröte!
TIMON: Schelm!

Apemantus zieht sich zurück, als ob er gehen wollte.

Mir ekelt ob der falschen Welt, und lieben
Will ich von ihr die kahle Notdurft nur.
Drum, Timon, grabe dir alsbald dein Grab,
Lieg, wo der Seeschaum täglich schlagen mag
Den Stein; dein Epitaph schreib in der Grotte,
Dass Tod in mir des Lebens andrer spotte.

Er betrachtet das Gold.

Du süßer Königsmörder, edle Scheidung
Des Sohns und Vaters! glänzender Besudler
Von Hymens reinstem Lager! tapfrer Mars!
Du ewig blühnder, zartgeliebter Freier,
Des roter Schein den heil'gen Schnee zerschmelzt
Auf Dianas reinem Schoß! sichtbare Gottheit,
Die du Unmöglichkeiten eng verbrüderst,
Zum Kuss sie zwingst! du sprichst in jeder Sprache,
Zu jedem Zweck! o du, der Herzen Prüfstein!
Denk, es empört dein Sklave sich, der Mensch;
Vernichte deine Kraft sie all verwirrend,
Dass Tieren wird die Herrschaft dieser Welt!

APEMANTUS: O wär es so! –
Doch wenn ich tot bin. – Dass du Gold hast, sag ich:
Bald drängt sich alles zu dir.
TIMON: Zu mir?
APEMANTUS: Ja.
TIMON: Den Rücken zeig!
APEMANTUS: Dein Elend lieb, und lebe!
TIMON: So lebe lang, und stirb so! – Ich bin frei.

Apemantus geht ab.

Mehr Menschengleiches? – Iss, und hasse sie.

Es kommen mehrere BANDITEN.

ERSTER BANDIT: Woher sollte er Gold haben? So ein armer Rest, ein kleines Korn vom Geretteten; nur der Mangel an Gold und der Abfall seiner Freunde brachten ihn in diese Schwermut.

ZWEITER BANDIT: Das Gerücht geht, er habe einen großen Schatz.

DRITTER BANDIT: Wir wollen es bei ihm probieren; wenn er nichts danach fragt, so gibt er es uns gleich; wenn er es aber geizig hütet, wie sollen wir es kriegen?

ZWEITER BANDIT: Ja, denn er trägt es nicht bei sich, es ist vergraben.

ERSTER BANDIT: Ist er das nicht?

DIE ANDEREN BANDITEN: Wo?

ZWEITER BANDIT: Nach der Beschreibung ist er's.

DRITTER BANDIT: Ja, ich kenne ihn.

DIE BANDITEN: Guten Tag, Timon!

TIMON: Was, Diebe?

DIE BANDITEN: Krieger, nicht Diebe.

TIMON: Beides, und von Weibern geboren.

DIE BANDITEN: Wir sind nicht Diebe, Menschen nur im Mangel.

TIMON: Eur größter Mangel ist, euch mangelt Speise.
Weshalb der Mangel? Wurzeln hat die Erde;
In Meilenumfang springen hundert Quellen,
Der Baum trägt Eicheln, Sträuche rote Beeren;
Natur, die güt'ge Hausfrau, breitet aus
Auf jedem Busch ein volles Mahl. Was Mangel?

ERSTER BANDIT: Wir können nicht von Kräutern, Beeren, Wasser
Wie wildes Tier, wie Fisch und Vogel leben.

TIMON: Noch von den Tieren, Fischen, Vögeln selbst;
Auch Menschen müsst ihr zehren. Denken muss ich,
Dass ihr seid offne Dieb' und waltet nicht
In heil'germ Schein; unendlich ist der Raub,
Den jeder Stand mit Ehren treibt. Hier, Schufte,
Nehmt Gold: Geht, saugt das zarte Blut der Traube,
Bis siedend heiß das Blut vom Fieber schäumt
Und euch das Hängen spart. Traut keinem Arzt;

Sein Gegengift ist Gift, und er erschlägt,
Schlimmer als ihr: Raubt Gold zusamt dem Leben;
Übt Büberei, ihr übt sie im Beruf
Als zünftig. Alles, hört, treibt Dieberei:
Die Sonn ist Dieb, beraubt durch ziehnde Kraft
Die weite See; ein Erzdieb ist der Mond,
Da er wegschnappt sein blasses Licht der Sonne;
Das Meer ist Dieb, des nasse Woge auflöst
Den Mond in salz'ge Tränen; Erd ist Dieb,
Sie zehrt und zeugt aus Schlamm nur, weggestohlen
Von allgemeinem Auswurf: Dieb ist alles.
Gesetz, euch Peitsch und Zaum, stiehlt trotzig selbst
Und ungestraft. Fort, liebt einander nicht,
Beraubt einander selbst. Hier, noch mehr Gold;
Die Kehlen schneidet; was ihr seht, sind Diebe.
Fort nach Athen und brecht die Läden auf,
Ihr stehlt nichts, was ihr nicht dem Dieb entreißt;
Stehlt minder nicht, weil ich euch dies geschenkt,
Und Gold verderb euch jedenfalls! Amen.

Timon zieht sich in seine Höhle zurück.

DRITTER BANDIT: Er hat mich fast von meinem Gewerbe weg beschworen, indem er mich dazu antrieb.

ERSTER BANDIT: Es ist nur aus Bosheit gegen das menschliche Geschlecht, dass er uns diesen Rat gibt, nicht, damit wir in unserm Beruf glücklich sein sollen.

ZWEITER BANDIT: Ich will ihm als einem Feind glauben und mein Handwerk aufgeben.

ERSTER BANDIT: Lasst uns erst Athen wieder in Frieden sehen; keine Zeit ist so schlimm, wo man nicht ehrlich sein könnte.

Die Banditen gehn ab. FLAVIUS *tritt auf.*

FLAVIUS: O Götter ihr! ist jener
Schmachvolle und verfallne Mann mein Herr?
So abgezehrt, in Lumpen? O du Denkmal
Und Wunderwerk von Guttat, schlecht vergolten!
Welch Gegenbild von Ehr und Pracht hat hier

Verzweiflungsvoller Mangel aufgestellt!
Gibt's Niedrers auf der Welt als Freunde schändlich,
Die edlen Sinn in Schmach so stürzen endlich?
Oh, wohl ziemt das Gebot für unsre Zeit,
Das auch den Feind zu lieben uns gebeut!
Ihm, der mich hasst, sei Liebe ehr geschenkt
Als dem, der Liebe heuchelt, Böses denkt!
Er fasste mich ins Aug – ich will ihm zeigen
Den tiefen Gram und ihm als meinem Herrn,
Solang ich lebe, dienen. – Teurer Herr!

TIMON *kommt aus seiner Höhle.*

TIMON: Wer bist du? Fort!
FLAVIUS: Herr, habt Ihr mich vergessen?
TIMON: Was fragst du? Ich vergaß die ganze Menschheit;
Und bist du Mensch, so hab ich dich vergessen.
FLAVIUS: Ich bin Eur redlicher und armer Diener.
TIMON: So kenn ich dich nicht, denn ein Redlicher
War nie bei mir; all meine Diener Schurken,
Die Schufte nur bei Tisch bedienten.
FLAVIUS: Götter,
Bezeugt es, wie nie treuem Gram empfand
Ein Hausverwalter um des Herren Sturz
Als ich um Euch.
TIMON: Wie, weinst du? – Komm heran; – so lieb ich dich,
Weil du ein Weib bist und dich los hier sagst
Vom Mannsgeschlecht, des Auge nimmer tropft
Als nur in Lachenslust. Mitleid rührt keinen:
Im Lachen weinen, seltsam! nicht im Weinen!
FLAVIUS: Ich fleh, mein guter Lord, verkennt mich nicht,
Weist meinen Gram nicht ab, nehmt als Verwalter
Mich an, solang die kleine Summe währt.
TIMON: Hatt ich 'nen Diener, so gerecht, so treu
Und nun so trostreich? Das stimmte fast zur Milde
Mein wild Gemüt. Lass mich dein Antlitz sehn.
Gewiss, vom Weib ist dieser Mann geboren. –

Verzeiht den raschen, allgemeinen Fluch,
Ihr ewig mäß'gen Götter! Ich bekenn es,
Ein Mensch ist redlich – hört mich recht –, nur *einer*;
Nicht mehr, versteht – und der ist Hausverwalter. –
Wie gern möcht ich die ganze Menschheit hassen,
Du kaufst dich los; doch außer dir trifft alle
Mein wiederholter Fluch.
Doch dünkt mich, bist du redlich mehr als klug,
Denn wenn du mich verrietst und hintergingst,
So hättest du leicht neuen Dienst gefunden;
Denn mancher findet so den zweiten Herrn,
Der auf den ersten tritt. Doch sprich mir wahr
– Ich zweifle noch, bin ich gleich überzeugt –,
Ist deine Freundlichkeit nicht Habsucht, List,
Des Wuchrers Liebe? Wie ein Reicher schenkt
Und hofft, dass zwanzig er für eins empfange.

FLAVIUS: Nein, teurer, liebster Herr, in dessen Brust
Argwohn und Zweifel, ach, zu spät nun wohnen:
Hättst du im Glück die falsche Zeit erkannt!
Entspringt nur Argwohn, wo das Glück verschwand?
Beim Himmel! was ich zeig, ist lautre Liebe,
Dass meine Treu, Euer edles Herz erkennend,
Für Eure Nahrung sorgen will; und glaubt,
Mein höchst verehrter Herr,
Dass ich das allerhöchste Glück nicht tausche,
Das jetzt mir oder künftig winken könnte,
Für diesen Wunsch: Es ständ in Eurer Macht,
Durch Euer eignes Glück mich zu belohnen.

TIMON: Nun sieh, so ist's! – Du einz'ger Redlicher,
Hier, nimm: – Aus meinem Elend senden dir
Die Götter diesen Schatz. Sei reich und glücklich!
Doch nur mit dem Beding: Zieh fern von Menschen;
Fluch allen, keinen lass Erbarmen finden,
Das Fleisch vor Hunger am Gebein verschwinden,
Eh du dem Bettler hilfst. Gib Hunden, was

Du Menschen weigerst; Kerker schling sie ein,
Lass Schulden sie zu nichts verschrumpfen,
Verdorren sie, wie Frost die Wälder trifft,
Und zehr ihr falsches Blut des Fiebers Gift!
Und so: Fahr wohl, sei glücklich!

FLAVIUS: Lasst mich bleiben,
Zum Trost Euch, liebster Herr!

TIMON: Liebst du nicht Flüche,
So mach dich fort; gesegnet, jetzt zu gehn:
Die Menschen flieh, lass dich mich nimmer sehn.

Sie gehn nach verschiednen Seiten ab.

Fünfter Aufzug

Erste Szene

Vor Timons Höhle.

Es treten auf der DICHTER *und der* MALER, TIMON *im Hintergrund.*

MALER: So wie ich mir den Ort habe beschreiben lassen, kann sein Aufenthalt nicht weit mehr sein.

DICHTER: Was soll man von ihm denken? Bestätigt sich das Gerücht, dass er so viel Gold hat?

MALER: Gewiss! Alcibiades sagt es; Phrynia und Timandra bekamen Gold von ihm; er bereicherte auch arme, umherstreifende Soldaten mit einer großen Spende, und man sagt, dass er seinem Haushofmeister eine beträchtliche Summe gab.

DICHTER: Also war sein Bankrott nur eine Prüfung seiner Freunde.

MALER: Weiter nichts; Ihr werdet ihn wieder als einen Palmbaum in Athen erblicken, blühend um die Wette mit den Höchsten. Darum ist es nicht übel getan, wenn wir ihm jetzt, in seinem vermeinten Unglück, unsre Liebe bezeigen: Es erscheint in uns als Rechtlichkeit; und wahrscheinlich erhalten wir für unsere Mühen, was wir erstreben, wenn das Gerücht, das seinen Reichtum verkündet, wahr ist.

DICHTER: Was habt Ihr ihm denn jetzt zu bringen?

MALER: Für den Augenblick nichts als meinen Besuch; ich will ihm aber ein herrliches Stück versprechen.

DICHTER: Ich muss ihn auf dieselbe Art bedienen, ihm von einem Entwurf erzählen, der sich auf ihn bezieht.

MALER: Vortrefflich! Versprechen ist die Sitte der Zeit, es öffnet die Augen der Erwartung: Vollziehen erscheint umso dümmer, wenn es eintritt; und die einfältigen, geringen Leute ausgenommen, ist die Betätigung des Wortes völlig aus der

Mode. Versprechen ist sehr hofmännisch und guter Ton. Vollziehen ist eine Art von Testament, das von gefährlicher Krankheit des Verstandes bei dem zeugt, der es macht.

TIMON *kommt aus seiner Höhle.*

TIMON *beiseite*: Trefflicher Künstler! du kannst einen Menschen nicht so schlecht malen, wie du selbst bist.

DICHTER: Ich denke darüber nach, was ich vorgeben will, das ich für ihn angefangen habe; es muss eine Darstellung von ihm selbst sein: Eine Satire gegen die Weichlichkeit des Wohlstandes; eine Enthüllung der unbegrenzten Schmeichelei, die der Jugend und dem Überfluss folgt.

TIMON *beiseite*: Musst du denn durchaus als Bösewicht in deinem eignen Werk dastehn? Willst du deine Laster in andern Menschen geißeln? Tu's, ich habe Gold für dich.

DICHTER: Kommt, suchen wir ihn auf,
Dass unser Zögern sich nicht schwer vergeht,
Winkt uns Gewinn und kämen wir zu spät.

MALER: Sehr wahr;
Am heitern Tag erspähe, was dir fehlt,
Eh es die Nacht im dunkeln Schoß verhehlt.
So kommt.

TIMON *beiseite*: Entgegen tret ich euch. Oh, welch ein Gott
Ist Gold, dass man ihm dient im schlechtem Tempel,
Als wo das Schwein haust! Du bist's, der das Schiff
Auftakelt und den Schaum des Meers durchpflügt;
Machst, dass dem Knecht mit Ehrfurcht wird gehuldigt.
Anbetung dir! den Heiligen zum Lohne,
Die dir allein gedient, die Pest als Krone!
Schnell tret ich auf sie zu. *Er kommt vor.*

DICHTER: Heil, würd'ger Timon!

MALER: Einst unser edler Herr!

TIMON: Erleb ich's doch noch,
Zwei Redliche zu sehn?

DICHTER: Wir hörten, die wir oft dein Wohltun fühlten,
Du seist vereinsamt, abgewandt die Freunde,

Die, undankbaren Sinns – o Scheusal' ihr!
Nicht scharf genug sind alle Himmelsgeißeln –
Wie! dich, des sternengleiche Großmut Leben
Und Nahrung ihrem ganzen Wesen gab!
Es macht mich toll, und nicht kann ich bekleiden
Die riesengroße Masse dieses Undanks
Mit noch so großen Worten.

TIMON: So geh er nackt, man sieht ihn klarer dann.
Ihr Redlichen zeigt so durch euer Wesen
Die andern umso schlechter.

MALER: Er und ich,
Wir wandelten im Regen deiner Gaben,
Der uns erquickend traf.

TIMON: Ja, ihr seid ehrlich.

MALER: Wir kommen her, dir unsern Dienst zu bieten.

TIMON: Ihr Redlichen! ei, wie vergelt ich's euch?
Nun, könnt ihr Wurzeln essen, Wasser trinken?

BEIDE: Was wir nur können, tun wir, dir zu dienen.

TIMON: Ihr Redlichen vernahmt, ich hätte Gold;
Gewiss, ihr habt: Sprecht wahr, denn ihr seid redlich.

MALER: Man sagt es, edler Lord; doch deshalb nicht
Kam ich zu Euch, so wenig wie mein Freund.

TIMON: Ehrliche Männer ihr! Du malst Gemälde,
Der Best in ganz Athen bist du, fürwahr!
Malst nach dem Leben.

MALER: Lieber Herr, so so.

TIMON:
Ganz, wie ich sagte, ist's. *Zum Dichter:* Und deine Dichtung!
Ha, fließt dein Vers nicht hin so glatt und zart,
Dass deine Kunst natürlich wieder wird! –
Bei alledem, ihr wohlgesinnten Freunde,
Ich sag es frei, habt ihr 'nen kleinen Fehler:
Freilich, nicht groß ist er an euch noch wünsch ich,
Dass ihn zu bessern ihr euch müht.

BEIDE: Geruht
Ihn uns zu nennen.

TIMON: Doch ihr nehmt es übel.
BEIDE: Wir nehmen's dankbar an.
TIMON: Wollt ihr das wirklich?
BEIDE: Nicht zweifelt, edler Lord.
TIMON: Ein jeder von euch beiden traut 'nem Schurken,
Der tüchtig euch betrügt.
BEIDE: Herr, tun wir das?
TIMON: Ja, und ihr hört ihn lügen, seht ihn heucheln,
Ihr kennt sein grobes Flickwerk, liebt ihn, nährt ihn,
Tragt ihn im Herzen; aber seid gewiss,
Er ist ein ausgemachter Schuft.
MALER: Ich kenne keinen solchen, Herr.
DICHTER: Noch ich.
TIMON: Seht ihr, ich lieb euch, ich will Gold euch geben,
Verbannt die Schufte nur aus eurer Nähe;
Hängt, stecht sie nieder, werft sie ins Kloak,
Vernichtet sie, wie's geht, und kommt zu mir,
Ich geb euch Gold genug.
BEIDE: Nennt sie, verehrter Herr, macht sie uns kenntlich.
TIMON: Du hier, du dorthin, doch sind zwei beisammen:
Steht jeder auch für sich, einsam, allein,
Ist doch ein Erzschuft stets mit ihm verbunden.
Wenn, wo du stehst, zwei Schufte nicht sein sollen,
Komm ihm nicht nah. – Wenn du nicht hausen willst,
Als, wo ein Schuft nur ist, so meide ihn. –
Fort! hier ist Gold; ihr kamt nach Gold, ihr Sklaven;
Für eure Arbeit nehmt Bezahlung: fort!
Du bist ein Alchimist, mach daraus Gold.
Fort, Lumpenhunde!
Er schlägt sie und geht ab, indem er sie vor sich hertreibt.

Zweite Szene

Vor Timons Höhle.

Es treten auf FLAVIUS *und zwei* SENATOREN.

FLAVIUS: Vergeblich, dass ihr Timon sprechen wollt;
Denn in sich selbst ist er so ganz versunken,
Dass außer ihm nichts, was dem Menschen gleicht,
Freund mit ihm ist.
ERSTER SENATOR: Führ uns zu seiner Höhle.
Wir sind gesandt, versprachen den Athenern,
Mit ihm zu reden.
ZWEITER SENATOR: Nicht in allen Zeiten
Ist stets der Mensch sich gleich. Zeit und sein Gram
Schuf so ihn um; wenn Zeit mit mildrer Hand
Der vor'gen Tage Glück ihm wieder beut,
Macht sie zum vor'gen Mann ihn. Führt uns zu ihm,
Dann geh es, wie es kann.
FLAVIUS: Hier ist die Höhle.
Sei Fried und Wohlsein hier! Timon! Gebieter!
Schaut her und sprecht mit Freunden: Die Athener
Begrüßen Euch durch würd'ge Senatoren.
O edler Timon, sprecht mit ihnen.

TIMON *tritt auf.*

TIMON: Du Sonne, heilsame, verbrenne! – Sprecht,
Und seid gehängt. Für jedes wahre Wort
Euch Blasen auf der Zung, und jedes falsche
Fress als ein Krebs sie mit der Wurzel weg,
Im Sprechen sie vernichtend!
ERSTER SENATOR: Würd'ger Timon –
TIMON: Nur solcher wert wie ihr, wie ihr des Timon.
ZWEITER SENATOR: Timon, es grüßt dich der Senat Athens.
TIMON: Ich dank ihm; schickt ihm gern die Pest zurück,
Könnt ich für ihn sie greifen.
ZWEITER SENATOR: O vergiss,
Was für uns selbst wir deinethalb betrauern.

Die Senatoren mit einstimm'ger Liebe
Ersuchen dich, heim nach Athen zu kehren;
Dir hohe Würden bietend, welche offen
Daliegen, dass du dich mit ihnen schmückst.
ERSTER SENATOR: Und sie gestehn,
Zu gröblich war's, wie alle dich vergaßen.
Jetzt hat nun der gesamte Staat – der selten
Nur widerruft – gefühlt, wie sehr die Hilfe
Ihm Timons fehlt, zu deutlich nur empfindend,
Dass selbst er stürzt, dem Timon Hilfe weigernd;
Er sendet uns, als Ausdruck seines Kummers,
Zugleich mit der Belohnung, die ergieb'ger
Als die Verletzung, noch so scharf gewogen;
So aufgehäufte Summen, Lieb und Gold,
Dass sie auslöschen ganz des Staates Schuld
Und dir einschreiben ihrer Liebe Zahlen,
Dass du sie stets als deine kannst berechnen.
TIMON: Wie ihr mich bezaubert,
Mich überrascht, dass fast die Träne rinnt;
Leiht mir des Toren Herz, des Weibes Auge,
Bei eurem Trost zu weinen, Senatoren.
ZWEITER SENATOR: Lass dir's gefallen, kehre heim mit uns;
Nimm über unser, dein Athen, die Herrschaft
Als Oberhaupt, und Dank soll dich belohnen,
Vollkommne Macht dich krönen und dein Name
Im Ruhm erblühn – wenn wir zurückgetrieben
Das freche Nahn des Alcibiades,
Der, wildem Eber gleich, aufwühlt den Frieden
Des Vaterlands.
ERSTER SENATOR: Und der die Türm Athens
Mit seinem Schwert bedräut.
ZWEITER SENATOR: Timon, darum –
TIMON: Gut, Herr, ich will; drum will ich, Freund; und so –
Fällt meine Landsleut' Alcibiades,
Lasst Alcibiades von Timon wissen,
Dass Timon

Nichts danach fragt. Schleift er die edle Stadt
Und zupft die frommen Greis' an ihren Bärten,
Gibt unsre heil'gen Jungfraun preis der Schmach
Des tierisch wilden, frech vermessnen Kriegers –
Dann lasst ihn wissen, sagt ihm, Timon sprach's:
Aus Mitleid für den Greis und Jüngling muss ich
Ihm melden, ja – ich frage nichts danach,
Und zürn er drob; nichts fragt sein feindlich Messer,
Solang ihr Kehlen habt: Von mir sag ich,
Dass ich den schlechtsten Kneif im rohen Lager
Im Herzen höher stell als aus Athen
Die hochschätzbarste Gurgel. So verbleibt
Dem Schutz der segensreichen Götter, wie
Der Dieb dem Schließer.

FLAVIUS: Geht, es ist umsonst.

TIMON: Soeben schrieb ich hier mein Epitaph,
Man sieht es morgen. Nun beginnt zu heilen
Mein langes Lebens- und Gesundheitsleid,
Und Nichts bringt alles mir. Geht, lebt nur weiter;
Sei Alcibiades euch Qual, ihr ihm,
Und lange währ's!

ERSTER SENATOR: Wir sprechen nur vergeblich.

TIMON: Doch lieb ich noch mein Vaterland, und nicht
Erfreut der allgemeine Schiffbruch mich,
Wie das Gerücht es sagt.

ERSTER SENATOR: So sprichst du gut.

TIMON: Empfehlt mich meinen teuren Landsgenossen –

ERSTER SENATOR:
Dies Wort ziert deinen Mund, indem er's spricht.

ZWEITER SENATOR: Zieht in das Ohr, dem Triumphator gleich,
Im Jubelschall des Tors.

TIMON: Empfehlt mich ihnen
Und sagt, um ihren Kummer zu erleichtern,
Die Furcht vor Feindesschlag, Verlust und Schmerz,
Der Liebe Qual und mannigfaches Weh,
Die der Natur zerbrechlich Fahrzeug trägt

Auf schwankem Lebensweg, will ich sie trösten,
Der Wut des Alcibiades entraffen.
ERSTER SENATOR: Dies dünkt mich gut, er kehrt gewiss zurück.
TIMON: Mir wächst ein Baum, hier nah bei meiner Höhle,
Mein eigner Nutzen treibt mich, ihn zu fällen,
Ich haue bald ihn um; sagt meinen Freunden,
Sagt ganz Athen, dem Adel wie dem Volk,
Vom Höchsten zum Geringsten, wem's gefalle,
Zu enden seine Not, der möge eilen
Hierher, eh noch mein Baum die Axt gefühlt,
Und sich dran hängen: Bitte, grüßt sie alle!
FLAVIUS: Stört ihn nicht mehr, so findet ihr ihn stets.
TIMON: Kommt nicht mehr zu mir, sondern sagt Athen,
Timon hat hier sein ew'ges Haus gebaut,
Auf dem bespülten Strand der salz'gen Flut,
Das einmal tags mit ihrem schwellnden Schaum
Die Wogen überfluten; dahin kommt,
Lasst meinen Grabstein euch Orakel sein. –
Lasst, Lippen, bittre Wort', und ende, Laut;
Des Schlimmen Bessrung sei der Pest vertraut!
Kein Menschenwerk als Gräber; Tod ihr Lohn!
Birg, Sonne, dich! vollbracht hat Timon schon. *Ab.*
ERSTER SENATOR: Sein zorn'ger Sinn ist fest und unzertrennlich
Von seinem Wesen.
ZWEITER SENATOR: In ihm starb unsre Hoffnung. Kehrt zurück
Und denkt, welch andre Rettung uns noch bleibt
In dieser großen Not.
ERSTER SENATOR: Wir müssen eilen.
Sie gehn ab.

Dritte Szene

Vor den Toren von Athen.

Es treten auf zwei SENATOREN *und ein* BOTE.

ERSTER SENATOR: Mit Sorgfalt forschtest du; sind seine Scharen
So zahlreich, wie du sagst?
BOTE: Das Mindste nannt ich;
Dabei erweist sein Eilen, dass er gleich
Sich zeigen wird.
ZWEITER SENATOR:
Kommt Timon nicht, so sind wir sehr gefährdet.
BOTE: Ich traf als Boten einen alten Freund –
Mit dem, obwohl jetzt durch Partein getrennt,
Die alte Lieb ihr vor'ges Recht bewahrte
Und uns als Freunde sprechen ließ –, er ging
Vom Alcibiades zu Timons Höhle
Und bracht ihm Briefe, die ihn dringend baten,
Mit ihm den Krieg auf eure Stadt zu führen,
Da seinethalb, zum Teil, er ihn begann.
Die SENATOREN, *welche von Timon zurückkommen.*
ERSTER SENATOR: Seht, unsre Brüder kommen.
DRITTER SENATOR:
Sprecht nicht von Timon, nichts von ihm erwartet. –
Des Feindes Trommel tönt, der große Zug
Erfüllt die Luft mit Staub. Zu den Waffen alle!
Es legt der Feind für unsern Fuß die Falle.
Sie gehn alle ab.

Vierte Szene

Vor Timons Höhle; man sieht einen Grabstein.

Ein SOLDAT *tritt auf und sucht Timon.*

SOLDAT: Nach der Beschreibung wäre dies der Platz.
Wer da? He, keine Antwort! – Was ist das?
Timon ist tot, er zahlte der Natur;
Dies les ein Tier! von Menschen keine Spur.
Ja, tot gewiss: Und dies hier ist sein Grab. –
Was auf dem Grabmal steht, kann ich nicht lesen;
So drück ich in dies Wachs die Zeichen ab.
Der Feldherr ist ein Kenner jeder Schrift,
Ein alter Forscher, obwohl jung an Jahren.
Athen, die stolze Stadt, bedroht er eben,
Ihr Fall ist seiner Ehrsucht höchstes Streben. *Ab.*

Fünfte Szene

Vor den Toren von Athen.

Trompeten. ALCIBIADES *tritt auf mit seinem* HEER.

ALCIBIADES: Blast dieser feigen, schwelgerischen Stadt
Ins Ohr mein schrecklich Nahn.
Trompeten. Die SENATOREN *erscheinen auf den Mauern.*
Bis jetzt gelang es euch, die Zeit zu widmen
Mit Maß der Willkür; Satzung war allein,
Was gut euch dünkte; ich und andre schliefen
Im Schatten eurer Macht und wanderten,
Kreuzweis die Arm, und seufzten unser Leid
Vergeblich nur. Nun ist die Zeit erwachsen,
Das Lasttier darf im Dienst sich kräftig fühlen
Und schreit von selbst: »Nicht mehr!« In Polsterstühlen
Wird jetzt bequem geschmähte Kränkung ruhn,

Und der goldschwere Übermut wird keuchen
In Furcht und grauser Flucht.

ERSTER SENATOR: O edler Jüngling,
Als deine erste Kränkung noch Gedanke,
Eh du Gewalt hattst und wir Grund zu fürchten,
Kam Botschaft dir, mit Balsam deine Wut,
Mit Liebe unsern Undank auszutilgen,
Mehr zahlend als die Schuld.

ZWEITER SENATOR: Auch luden wir
Zu unsrer Stadt den umgeschaffnen Timon,
Demütig flehend, liebevoll versprechend.
Nicht alle fehlten, drum verdienen alle
Des Krieges Geißel nicht.

ERSTER SENATOR: Hier diese Mauern,
Sie wurden nicht durch deren Hand gebaut,
Die dich gekränkt; noch ist so groß die Kränkung,
Dass diese Türm und Tempel fallen sollten
Um Schuld der einzelnen.

ZWEITER SENATOR: Auch sind sie tot,
Die Ursach waren, dass du dich schiedst von hier;
Scham über ihren Fehl im Übermaß
Zerbrach ihr Herz. So zieh denn, edler Feldherr
Mit fliegendem Panier in unsre Stadt,
Lass, durch das Los bestimmt, den Zehnten sterben;
Hungert dein Rachgefühl nach dieser Speise,
Vor der Natur ergraut, nimm du den Zehnten;
Wie durch Geschick des Würfels Flecken fallen,
So falle der Befleckte.

ERSTER SENATOR: Alle fehlten nicht;
Nicht billig ist's, für die Verstorbnen Rache
An Lebenden zu nehmen: Sünde erbt
Sich nicht wie Land und Gut. Drum, teurer Landsmann,
Führ ein dein Heer, doch lass die Wut da draußen;
Schon deine Wieg Athen, verwandtes Blut,
Das deines Zornes Sturm vergießen würde

Mit dem der Schuldigen: Gleich einem Schäfer
Nah deiner Hürd, und sondre das Erkrankte,
Doch nicht erwürge alles.

ZWEITER SENATOR: Was du forderst,
Wirst du mit deinem Lächeln ehr erzwingen
Als mit dem Schwert erhaun.

ERSTER SENATOR: Setz nur den Fuß
An dies bollwerkte Tor, so springt es auf,
Hast du dein mildes Herz vorausgesandt
Als Freundesboten.

ZWEITER SENATOR: Wirf den Handschuh her;
Gib jedes andre Unterpfand der Ehre,
Dass du zur Herstellung den Krieg nur nutzest,
Und nicht zu unserm Sturz, so nimmt dein Heer
Wohnung in unsrer Stadt, bis wir bewilligt
Dein vollestes Begehr.

ALCIBIADES: Hier ist mein Handschuh:
Tut auf das unbewehrte Tor, steigt nieder!
Die, welche Timons Feind' und meine sind
Und die ihr selbst zur Strafe ziehen sollt,
Die einzig fallen: Eure Furcht soll tilgen
Mein Ehrenwort; dass nicht *ein* Mann verlässt
Sein Standquartier, den Strom auch keiner trübe
Des hergebrachten Rechts in eurer Stadt:
Geschieht's, so zieh ihn eure eigne Satzung
Zur strengsten Rechenschaft.

BEIDE: Ein edles Wort.

ALCIBIADES: So steigt herab und haltet das Versprechen.

Die Senatoren steigen herab und öffnen die Tore.
Ein SOLDAT *tritt auf.*

SOLDAT: Mein edler Feldherr, Timon ist gestorben
Und an des Meeres ödem Strand begraben.
Auf seinem Grabstein fand ich diese Schrift;
Ich prägte sie in Wachs, des sanfte Form
Dir deute, was ich selbst nicht lesen kann.

ALCIBIADES *liest*:
»Hier liegt der traur'ge Leib, dem der traur'ge Geist entschwebt;
Forscht meinen Namen nicht: Fluch allem, was da lebt!
Hier lieg ich, Timon; da ich lebt, hasst ich, was Leben hegt:
Geh, fluch von Herzen, aber mach, dass fort dein Fuß dich trägt.«
Wohl drückt dies aus, was du zuletzt gefühlt;
Hast unser menschlich Leid du auch verachtet,
Die Tränenflut, die Tropfen, welche karg
Die Rührung fallen lässt; doch lehrte dich
Dein reicher Witz Neptunus selbst zu zwingen,
Dass er nun ewig weint gesühnte Fehler
Auf deinem niedern Grab. Gestorben ist
Der edle Timon; künftig mehr von ihm. –
Führt mich in eure Stadt, und mit dem Schwert
Bring ich den Ölzweig: Krieg erzeuge Frieden,
Und Frieden hemme Krieg; jeder erteile
Dem andern Rat, dass eins das andre heile. –
Rührt eure Trommeln!

Alle gehn ab.

Macbeth

Personen

DUNCAN, *König von Schottland*

MALCOLM, DONALBAIN – *Seine Söhne*

MACBETH, BANQUO – *Anführer des königlichen Heeres*

FLEANCE, *Banquos Sohn*

SEYTON, *Ein Offizier in Macbeths Gefolge*

LADY MACBETH

LADY MACDUFF

MACDUFF, LENOX, ROSSE, MENTETH, ANGUS, CATHNESS – *Schottische Edle*

Eine KAMMERFRAU *der Lady Macbeth*

SIWARD, *Graf von Northumberland, Führer der englischen Truppen.*

DER JUNGE SIWARD, *sein Sohn*

Macduffs kleiner SOHN, ein ENGLISCHER ARZT und ein SCHOTTISCHER ARZT, ein SOLDAT, ein PFÖRTNER, ein ALTER MANN, HEKATE und drei HEXEN, LORDS, EDELLEUTE, ANFÜHRER, KRIEGER, MÖRDER, BOTEN, BANQUOS GEIST und andere ERSCHEINUNGEN.

Szene: Schottland. Zu Ende des vierten Aufzugs: England.

Erster Aufzug

Erste Szene

Eine Heide; Donner und Blitz.

Drei HEXEN *treten auf.*

ERSTE HEXE: Wann kommen wir drei uns wieder entgegen,
Im Blitz und Donner oder im Regen?
ZWEITE HEXE: Wenn der Wirrwarr stille schweigt,
Wer der Sieger ist, sich zeigt.
DRITTE HEXE: Das ist, eh der Tag sich neigt.
ERSTE HEXE: Wo der Ort?
ZWEITE HEXE: Die Heide dort.
DRITTE HEXE: Da wird Macbeth sein. Fort, fort!
ERSTE HEXE: Grau Lieschen, ja! ich komme!
ALLE DREI: Unke ruft: Geschwind –
Schön ist hässlich, hässlich schön:
Schwebt durch Dunst und Nebelhöhn!
Die Hexen verschwinden.

Zweite Szene

Freies Feld bei Fores.

Kriegsgeschrei. Es treten auf König DUNCAN, MALCOLM, DONALBAIN, LENOX, GEFOLGE; *ein blutender* Krieger *kommt ihnen entgegen.*

DUNCAN: Welch blut'ger Mann ist dies? Er kann berichten,
Nach seinem Ansehn scheint's, den neusten Stand
Des Aufruhrs.
MALCOLM: Dies ist der Kämpfer,
Der mich, als kecker, mutiger Soldat,
Aus meinen Feinden hieb: Heil, tapfrer Freund!
Dem König gib Bericht vom Handgemenge,
Wie du's verließest.

KRIEGER: Es stand zweifelhaft;
So wie zwei Schwimmer ringend sich umklammern,
Erdrückend ihre Kunst. Der grause Macdonwald
(Wert, ein Rebell zu sein; ihn so zu stempeln,
Umschwärmen, stets sich mehrend, der Natur
Bosheiten ihn) ward von den Westeilanden,
Von Kernen unterstützt und Galloglassen;
Und das Glück, dem scheußlichen Gemetzel lächelnd,
Schien des Rebellen Hure: doch umsonst,
Denn Held Macbeth – wohl ziemt ihm dieser Name –,
Das Glück verachtend mit geschwungnem Stahl,
Der heiß vom blutigen Gemetzel dampfte,
Er, wie des Krieges Liebling, haut sich Bahn,
Bis er dem Schurken gegenübersteht;
Und nicht ehr schied noch sagt' er Lebewohl,
Bis er vom Nabel auf zum Kinn ihn schlitzte
Und seinen Kopf gepflanzt auf unsre Zinnen.
DUNCAN: O tapfrer Vetter! würd'ger Edelmann!
KRIEGER: Wie wenn mit erstem Sonnenlicht zugleich
Schiffbrechende Stürm und grause Donnerschläge –
So schwillt aus jenem Quell, der Trost verhieß,
Trostlosigkeit. Merk, Schottlands König, merk:
Kaum schlug Gerechtigkeit, mit Mut gestählt,
In schmähl'che Flucht die leicht gefüßten Kernen,
Als Norwegs Fürst, den Vorteil auserspähend,
Mit noch unblut'ger Wehr und frischen Truppen
Von Neuem uns bestürmt.
DUNCAN: Entmutigte
Das unsre Feldherrn nicht, Macbeth und Banquo?
KRIEGER: Jawohl! wie Spatzen Adler, Hasen Löwen.
Gradaus gesagt, muss ich von ihnen melden,
Sie waren wie Kanonen, überladen
Mit doppeltem Gekrach; so stürzten sie,
Die Doppelstreiche doppelnd, auf den Feind:
Ob sie in heißem Blute baden wollten,
Ob auferbaun ein zweites Golgatha,

Ich weiß es nicht –
Doch ich bin matt, die Wunden schrein nach Hilfe.
DUNCAN: Wie deine Worte zieren dich die Wunden;
Und Ehre strömt aus beiden. Schafft ihm Ärzte.

Der Krieger wird fortgeführt.

ROSSE *tritt auf.*

Wer nahet hier?
MALCOLM: Der würd'ge Than von Rosse.
LENOX: Welch Eilen deutet uns sein Blick! So müsste
Der blicken, der von Wundern melden will.
ROSSE: Gott schütz den König!
DUNCAN: Von wannen, edler Than?
ROSSE: Von Fife, mein König,
Wo Norwegs Banner schlägt die Luft und fächelt
Kalt unser Volk.
Norwegen selbst, mit fürchterlichen Scharen,
Verstärkt durch den abtrünnigen Verräter,
Den Than von Cawdor, begann den grausen Kampf;
Bis ihm Bellonas Bräut'gam, kampfgefeit,
Entgegenstürmt mit gleicher Überkraft,
Schwert gegen Schwert, Arm gegen dräunden Arm,
Und beugt den wilden Trotz: mit einem Wort,
Der Sieg blieb unser –
DUNCAN: Großes Glück!
ROSSE: Sodass
Nun Sweno, Norwegs König, Frieden fleht;
Doch wir gestatteten ihm nicht Begräbnis
Der Seinen, bis er auf Sankt Kolumban
Zehntausend Taler in den Schatz gezahlt.
DUNCAN: Nicht frevle länger dieser Than von Cawdor
An unsrer Krone Heil. – Fort, künde Tod ihm an;
Mit seiner Würde grüße Macbeth dann.
ROSSE: Ich eile, Herr, von hinnen.
DUNCAN: Held Macbeth soll, was der verliert, gewinnen.

Alle ab.

Dritte Szene

Die Heide; Gewitter.

Die DREI HEXEN *treten auf.*

ERSTE HEXE: Wo warst du, Schwester?
ZWEITE HEXE: Schweine gewürgt.
DRITTE HEXE: Schwester, wo du?
ERSTE HEXE: Kastanien hatt ein Schifferweib im Schoß
Und schmatzt' und schmatzt' und schmatzt'. »Gib mir«, sprach ich.
»Pack dich, du Hexe!«, schrie die garst'ge Vettel.
Ihr Mann ist nach Aleppo, führt den Tiger;
Doch schwimm ich nach im Sieb, ich kann's,
Wie eine Ratte ohne Schwanz;
Ich tu's, ich tu's, ich tu's.
ZWEITE HEXE: Geb dir 'nen Wind.
ERSTE HEXE: Bist gut gesinnt.
DRITTE HEXE: Ich den zweiten obendrein.
ERSTE HEXE: All die andern sind schon mein.
Wo sie wehn, die Küsten kenn ich.
Jeden Punkt und Zirkel nenn ich
Auf des Seemanns Karte.
Dürr wie Heu soll er verdorrn,
Und kein Schlaf durch meinen Zorn
Tag und Nacht sein Aug erquickt,
Leb er, wie vom Fluch gedrückt.
Sieben Nächte, neunmal neun,
Siech und elend schrumpf er ein:
Kann ich nicht sein Schiff zerschmettern,
Sei es doch umstürmt von Wettern.
Schau, was ich hab.
ZWEITE HEXE: Weis her, weis her.
ERSTE HEXE: Daum 'nes Lotsen; sinken sah
Ich sein Schiff, dem Land schon nah.
Trommeln hinter der Szene.

DRITTE HEXE: Trommeln – ha!
Macbeth ist da.
ALLE DREI: Unheilsschwestern, Hand in Hand
Ziehn wir über Meer und Land.
Rundum dreht euch so, rundum:
Dreimal dein und dreimal mein
Und dreimal noch, so macht es neun –
Halt! – Der Zauber ist gezogen.

MACBETH *und* BANQUO *treten auf.*

MACBETH: So schön und hässlich sah ich nie 'nen Tag.
BANQUO: Wie weit ist's noch nach Fores? – Wer sind diese?
So eingeschrumpft, so wild in ihrer Tracht?
Die nicht Bewohnern unsrer Erde gleichen
Und doch drauf stehn? Lebt ihr? Wie? seid ihr was,
Das man darf fragen? Ihr scheint mich zu verstehn,
Denn jede legt zugleich den falt'gen Finger
Auf ihren dürren Mund – ihr solltet Weiber sein,
Und doch verbieten eure Bärte mir,
Euch so zu deuten.
MACBETH: Sprecht, wenn ihr könnt: Wer seid ihr?
ERSTE HEXE: Heil dir, Macbeth, Heil dir, Than von Glamis!
ZWEITE HEXE:
Heil dir, Macbeth, Heil, Heil dir, Than von Cawdor!
DRITTE HEXE: Heil dir, Macbeth, dir, künft'gem König, Heil!
BANQUO: Was schreckst du, Mann? erregt dir Furcht, was doch
So lieblich lautet? – In der Wahrheit Namen,
Seid ihr Wahnbilder oder wirklich das,
Was körperlich ihr scheint? Den edeln Kampffreund
Grüßt ihr mit neuem Erb und Prophezeiung
Von hoher Würd und königlicher Hoffnung,
Dass er verzückt da steht; mir sagt ihr nichts:
Wenn ihr durchschauen könnt die Saat der Zeit
Und sagen: dies Korn sprosst und jenes nicht,
So sprecht zu mir, der nicht erfleht noch fürchtet
Gunst oder Hass von euch.
ERSTE HEXE: Heil!

ZWEITE HEXE: Heil!
DRITTE HEXE: Heil!
ERSTE HEXE: Kleiner als Macbeth, und größer.
ZWEITE HEXE: Nicht so beglückt, und doch weit glücklicher.
DRITTE HEXE: Kön'ge erzeugst du, bist du selbst auch keiner.
So, Heil, Macbeth und Banquo!
ERSTE HEXE: Banquo und Macbeth Heil!
MACBETH: Bleibt, ihr einsilb'gen Sprecher, sagt mir mehr:
Mich macht, so hör ich, Sinels Tod zum Glamis,
Doch wie zum Cawdor? Der Than von Cawdor lebt
Als ein beglückter Mann; und König sein,
Das steht so wenig im Bereich des Glaubens,
Wie Than von Cawdor. Sagt, von wannen euch
Die wunderbare Kunde ward? weshalb
Auf dürrer Heid ihr unsre Schritte hemmt
Mit so prophet'schem Gruß? – Sprecht, ich beschwör euch!
Die Hexen verschwinden.
BANQUO: Die Erd hat Blasen, wie das Wasser hat,
So waren diese – wohin schwanden sie?
MACBETH: In Luft, und was uns Körper schien, zerschmolz
Wie Hauch im Wind. Oh, wären sie noch da!
BANQUO: War so was wirklich hier, wovon wir sprechen?
Oder aßen wir von jener gift'gen Wurzel,
Die die Vernunft bewältigt?
MACBETH: Eure Kinder,
Sie werden Kön'ge.
BANQUO: Ihr sollt König werden.
MACBETH: Und Than von Cawdor auch; hieß es nicht so?
BANQUO: Ganz so in Weis und Worten. Wer kommt da?
ROSSE *und* ANGUS *treten auf.*
ROSSE: Der König hörte hoch erfreut, Macbeth,
Die Kunde deines Siegs; und wenn er liest,
Wie im Rebellenkampf du selbst dich preisgabst,
So stritten in ihm Staunen und Bewundrung,
Was dir, was ihm gehört. Doch überschauend,
Was noch am selb'gen Tag geschehn, verstummt er;

In Norwegs kühnen Schlachtreihn sieht er dich,
Vor dem nicht bebend, was du selber schufest,
Abbilder grausen Todes. Wie Wort auf Wort
In schneller Rede, so kam Bot auf Bote,
Und jeder trug dein Lob, im großen Kampf
Für seinen Thron und schüttet's vor ihm aus.

ANGUS: Wir sind gesandt vom königlichen Herrn,
Dir Dank zu bringen, vor sein Angesicht
Dich zu geleiten nur, nicht, dir zu lohnen.

ROSSE: Und als das Handgeld einer größern Ehre,
Hieß er, als Than von Cawdor dich zu grüßen:
Heil dir in diesem Titel, würd'ger Than!
Denn er ist dein.

BANQUO: Wie, spricht der Teufel wahr?

MACBETH: Der Than von Cawdor lebt: was kleidet ihr
Mich in erborgten Schmuck?

ANGUS: Der Than war, lebt noch;
Doch unter schwerem Urteil schwebt das Leben,
Das er verwirkt. Ob er im Bund mit Norweg,
Ob Rückhalt der Rebellen, er geheim
Sie unterstützte, ob vielleicht mit beiden
Er half zu seines Lands Verderb – ich weiß nicht;
Doch Hochverrat, gestanden und erwiesen,
Hat ihn gestürzt.

MACBETH: Glamis und Than von Cawdor:
Das Höchste steht noch aus. –
Zu Rosse und Angus: Dank eurer Müh!
Zu Banquo: Hofft Ihr nicht, Euren Stamm gekrönt zu sehen,
Da jene, die mich Than von Cawdor nannten,
Nichts Mindres prophezeit?

BANQUO: Darauf gefußt,
Möcht es wohl auch zur Krone Euch entflammen,
Jenseits des Thans von Cawdor. Aber seltsam!
Oft, uns in eignes Elend zu verlocken,
Erzählen Wahrheit uns des Dunkels Schergen,
Gewinnen uns durch Ehrlichkeit im Kleinen,

Um uns im Größten zu verraten. – Vettern,
Vergönnt ein Wort.

MACBETH *beiseite*: Zweimal gesprochene Wahrheit,
Als Glücksprologe zum erhabnen Schauspiel
Von kaiserlichem Inhalt. – Freund', ich dank euch! –
Die Anmahnung von jenseits der Natur
Kann schlimm nicht sein – kann gut nicht sein: wenn schlimm –
Was gibt sie mir ein Handgeld des Erfolgs,
Wahrhaft beginnend? Ich bin Than von Cawdor:
Wenn gut – warum befängt mich die Versuchung,
Deren entsetzlich Bild aufsträubt mein Haar,
Sodass mein festes Herz ganz unnatürlich
An meine Rippen schlägt? – Erlebte Gräuel
Sind schwächer als das Graun der Einbildung.
Mein Traum, des Mord nur noch ein Hirngespinst,
Erschüttert meine schwache Menschheit so,
Dass jede Lebenskraft in Ahnung schwindet
Und nichts ist, als was nicht ist.

BANQUO: Seht den Freund,
Wie er verzückt ist.

MACBETH: Will das Schicksal mich
Als König, nun, mag mich das Schicksal krönen,
Tu ich auch nichts.

BANQUO: Die neue Würde engt ihn,
Wie fremd Gewand sich auch nur durch Gewohnheit
Dem Körper fügt.

MACBETH: Komme, was kommen mag;
Die Stund und Zeit durchläuft den rausten Tag.

BANQUO: Edler Macbeth, wir harren Eurer Muße.

MACBETH: Habt Nachsicht – in vergessnen Dingen wühlte
Mein dumpfes Hirn. Ihr güt'gen Herrn, eur Mühn
Ist eingeschrieben, wo das Blatt ich täglich
Umschlag und les. – Entgegen jetzt dem König.
Zu Banquo: Denkt dessen, was geschah, und bei mehr Muße,

Wenn ein'ge Zeit es reifte, lasst uns frei
Aus offner Seele reden.
BANQUO: Herzlich gern.
MACBETH *zu Banquo*: Bis dahin still. – Kommt, Freunde.
Alle ab.

VIERTE SZENE

Fores. Ein Zimmer im Palast.

Trompeten. Es treten auf DUNCAN, MALCOLM, DONALBAIN, LENOX, GEFOLGE.

DUNCAN: Ist Cawdor hingerichtet? oder jene,
Die wir beauftragt, noch nicht wieder da?
MALCOLM: Sie sind noch nicht zurück, mein Oberherr;
Doch sprach ich einen, der ihn sterben sah,
Der sagte mir, er habe den Verrat
Freimütig eingestanden, um Eur Hoheit
Verzeihn gefleht und tiefe Reu gezeigt;
Nichts stand in seinem Leben ihm so gut,
Als wie er es verlassen hat; er starb
Wie einer, der sich auf den Tod geübt,
Und warf das Liebste, was er hatte, von sich,
Als wär's unnützer Tand.
DUNCAN: Kein Wissen gibt's,
Der Seele Bildung im Gesicht zu lesen;
Es war ein Mann, auf den ich gründete
Ein unbedingt Vertraun. – Würdigster Vetter!
Es treten auf MACBETH, BANQUO, ROSSE *und* ANGUS.
Die Sünde meines Undanks drückte schwer
Mich eben jetzt. Du bist so weit voraus,
Dass der Belohnung schnellste Schwing erlahmt,
Dich einzuholen. Hättst du wen'ger doch verdient,
Dass ich ausgleichen könnte das Verhältnis

Von Dank und Lohn! Nimm das Geständnis an:
Mehr schuld ich, als mein alles zahlen kann.

MACBETH: Dienst, so wie Lehnspflicht, lohnt sich selbst im Tun.
Genug, wenn Eure Hoheit unsre Pflichten
Annehmen will: und unsre Pflichten sind
Die Söhn und Diener Eures Throns und Staates
Und tun nur, was sie müssen, tun sie alles,
Was Lieb und Ehrfurcht heischt.

DUNCAN: Willkommen hier!
Ich habe dich gepflanzt und will dich pflegen,
Um dein Gedeihn zu fördern. – Edler Banquo,
Nicht minder ist dein Wert und wird von uns
Nicht minder anerkannt. Lass dich umschließen
Und an mein Herz dich drücken.

BANQUO: Wachs ich da,
So ist die Ernte Euer.

DUNCAN: Meine Wonne,
Üppig im Übermaß, will sich verbergen
In Schmerzenstropfen. – Söhne, Vettern, Thans
Und ihr, die Nächsten unserm Thron, vernehmt,
An Malcolm, unsern Ältsten, übertragen
Wir unser Thronrecht: Prinz von Cumberland
Heißt er demnach, und solche Ehre soll
Nicht unbegleitet ihm verliehen sein;
Denn Adelszeichen sollen, Sternen gleich,
Auf jeden Würd'gen strahlen. – Fort von hier
Nach Inverness, und sei uns näher stets.

MACBETH: Arbeit ist jede Ruh, die Euch nicht dient.
Ich selbst bin Euer Bote und beglücke
Durch Eures Nahens Kunde meine Hausfrau:
So scheid ich demutsvoll.

DUNCAN: Mein würd'ger Cawdor!

MACBETH *für sich*: Ha! Prinz von Cumberland! – Das ist ein Stein,
Der muss, sonst fall ich, übersprungen sein,
Weil er mich hemmt. Verbirg dich, Sternenlicht!
Schau meine schwarzen, tiefen Wünsche nicht!

Sieh, Auge, nicht die Hand; doch lass geschehen,
Was, wenn's geschah, das Auge scheut zu sehen. *Ab.*

DUNCAN: Ja, teurer Banquo, er ist ganz so edel,
Und ihn zu preisen ist mir eine Labung;
Es ist ein Fest für mich. Lasst uns ihm nach,
Des Lieb uns vorgeeilt, uns zu begrüßen.
Wer gleicht dem teuren Vetter?

Trompeten. Alle gehn ab.

Fünfte Szene

Inverness. Zimmer in Macbeths Schloss.

LADY MACBETH *tritt auf mit einem Brief.*

LADY MACBETH *liest*: »Sie begegneten mir am Tage des Sieges; und ich erfuhr aus den sichersten Proben, dass sie mehr als menschliches Wissen besitzen. Als ich vor Verlangen brannte, sie weiter zu befragen, verschwanden sie und zerflossen in Luft. Indem ich noch, von Erstaunen betäubt, dastand, kamen die Abgesandten des Königs, die mich als Than von Cawdor begrüßten, mit welchem Titel mich kurz vorher diese Zauberschwestern angeredet und mich durch den Gruß: ›Heil dir, dem künft'gen König‹, auf die Zukunft verwiesen hatten. Ich habe es für gut gehalten, Dir dies zu vertrauen, meine geliebteste Teilnehmerin der Hoheit, auf dass Dein Mitgenuss an der Freude Dir nicht entzogen werde, wenn Du nicht erfahren hättest, welche Hoheit Dir verheißen ist. Leg es an Dein Herz und lebe wohl.«

Glamis bist du, und Cawdor; und sollst werden,
Was dir verheißen ward. Doch fürcht ich dein Gemüt;
Es ist zu voll von Milch der Menschenliebe,
Das Nächste zu erfassen. Groß möchtst du sein,
Bist ohne Ehrgeiz nicht; doch fehlt die Bosheit,
Die ihn begleiten muss. Was recht du möchtest,
Das möchtst du rechtlich; möchtest falsch nicht spielen

Und unrecht doch gewinnen; möchtest gern
Das haben, großer Glamis, was dir zuruft:
»Dies musst du tun, wenn du es haben willst!« –
Und was du mehr dich scheust zu tun, als dass
Du ungetan es wünschest. Eil hierher,
Auf dass ich meinen Mut ins Ohr dir gieße
Und alles weg mit tapfrer Zunge geißle,
Was von dem goldnen Zirkel dich zurückdrängt,
Womit das Schicksal dich und Zaubermacht
Im Voraus schon gekrönt zu haben scheinen.

Ein DIENER *tritt auf.*

Was gibt es Neues?

DIENER: Noch vor Abend kommt
Hierher der König.

LADY MACBETH: Tolle Rede sprichst du;
Ist nicht dein Herr bei ihm? der, war es so,
Der Anstalt wegen es gemeldet hätte.

DIENER: Verzeiht; es ist doch wahr. Der Than kommt gleich,
Denn ein Kamrad von mir ritt ihm voraus;
Fast tot von großer Eil, hatt er kaum Atem,
Die Botschaft zu bestellen.

LADY MACBETH: Sorgt für ihn,
Er bringt uns große Botschaft.

Der Diener geht ab.

Selbst der Rab ist heiser,
Der Duncans schicksalsvollen Eingang krächzt
Unter mein Dach. – Kommt, Geister, die ihr lauscht
Auf Mordgedanken, und entweibt mich hier;
Füllt mich vom Wirbel bis zur Zeh randvoll
Mit wilder Grausamkeit! verdickt mein Blut;
Sperrt jeden Weg und Eingang dem Erbarmen,
Dass kein anklopfend Mahnen der Natur
Den grimmen Vorsatz lähmt noch friedlich hemmt
Vom Mord die Hand! Kommt an die Weibesbrust,
Trinkt Galle statt der Milch, ihr Morddämonen,
Wo ihr auch harrt in unsichtbarer Form

Auf Unheil der Natur! Komm, schwarze Nacht,
Umwölk dich mit dem dicksten Dampf der Hölle,
Dass nicht mein scharfes Messer sieht die Wunde,
Die es geschlagen; noch der Himmel,
Durchschauend aus des Dunkels Vorhang, rufe:
Halt! halt!

MACBETH *tritt auf.*

O großer Glamis! edler Cawdor!
Größer als beides durch den künft'gen Gruß!
Dein Brief hat über das armsel'ge Heut
Mich weit verzückt, und ich empfinde nun
Das Künftige im Jetzt.

MACBETH: Mein teures Leben,
Duncan kommt heut noch.

LADY MACBETH: Und wann geht er wieder?

MACBETH: Morgen, so denkt er –

LADY MACBETH: Oh, nie soll die Sonne
Den Morgen sehn! Dein Angesicht, mein Than,
Ist wie ein Buch, wo wunderbare Dinge
Geschrieben stehn. – Die Zeit zu täuschen scheine
So wie die Zeit; den Willkomm trag im Auge,
In Zung und Hand; blick harmlos wie die Blume,
Doch sei die Schlange drunter. Wohlversorgt
Muss der sein, der uns naht; und meiner Hand
Vertrau das große Werk der Nacht zu enden,
Dass alle künft'gen Tag und Nächt uns lohne
Allein'ge Königsmacht und Herrscherkrone.

MACBETH: Wir sprechen noch davon.

LADY MACBETH: Blick hell und licht;
Misstraun erregt verändert Angesicht:
Lass alles andre mir.

Sie gehen ab.

Sechste Szene

Ebendaselbst, vor dem Schloss.

Es treten auf DUNCAN, MALCOLM, DONALBAIN, BANQUO, MACDUFF, ROSSE, ANGUS, GEFOLGE.

DUNCAN: Dies Schloss hat eine angenehme Lage;
Gastlich umfängt die lichte, milde Luft
Die heitern Sinne.
BANQUO: Dieser Sommergast,
Die Schwalbe, die an Tempeln nistet, zeigt
Durch ihren fleiß'gen Bau, dass Himmelsatem
Hier lieblich haucht; kein Vorsprung, Fries noch Pfeiler,
Kein Winkel, wo der Vogel nicht gebaut
Sein hängend Bett und Wiege für die Brut:
Wo er am liebsten heckt und wohnt, da fand ich
Am reinsten stets die Luft.

LADY MACBETH *tritt auf.*

DUNCAN: Seht! unsre edle Wirtin!
Die Liebe, die uns folgt, wird oft uns lästig;
Doch dankt man ihr als Liebe. Lernt daraus
Noch Gottes Lohn für Eure Müh uns geben
Und Dank für Eure Last.
LADY MACBETH: All unsre Dienste,
Zwiefach in jedem Punkt und dann verdoppelt,
Wär nur ein arm und schwaches Tun, verglichen
Der hohen Gunst, womit Eur Majestät
Verherrlicht unser Haus. Für frühre Würden
Wie für die letzte, die die andern krönt,
Bleiben wir im Gebet Euch Knecht und Diener.
DUNCAN: Wo ist der Than von Cawdor?
Wir folgten auf dem Fuß ihm, denn wir meinten
Ihn anzumelden; doch er reitet schnell;
Und seine Liebe, schärfer als sein Sporn,

Bracht ihn vor uns hierher. Höchst edle Wirtin,
Wir sind zur Nacht Eur Gast.

LADY MACBETH: Für allezeit
Besitzen Eure Diener nur das Ihre,
Sich selbst und was sie haben, als Verwalter
Und legen Rechnung ab nach Eurer Hoheit
Befehl; und geben Euch zurück, was Euer.

DUNCAN: Reicht mir die Hand; führt mich zu meinem Wirt.
Wir lieben herzlich ihn, und unsre Huld
Wird seiner stets gedenken. Teure Wirtin,
Erlaubt –

Er nimmt ihre Hand und führt sie in das Schloss, die Übrigen folgen.

Siebente Szene

Ebendaselbst. Ein Zimmer im Schloss.

Oboen und Fackeln. Ein VORSCHNEIDER *und mehrere* DIENER *mit Schüsseln gehn über die Bühne; dann kommt* MACBETH.

MACBETH:
Wär's abgetan, so wie's getan ist, dann wär's gut,
Man tät es eilig. Wenn der Meuchelmord
Aussperren könnt aus seinem Netz die Folgen
Und nur Gelingen aus der Tiefe zöge:
Dass mit dem Stoß, einmal für immer, alles
Sich abgeschlossen hätte – hier, nur hier –
Auf dieser lockern Sandbank unsrer Zeit –
So setzt ich weg mich übers künft'ge Leben. –
Doch immer wird bei solcher Tat uns schon
Vergeltung hier: dass, wie wir ihn gegeben,
Den blut'gen Unterricht, er, kaum gelernt,
Zurückschlägt, zu bestrafen den Erfinder.

Dies Recht, mit unabweislich fester Hand,
Setzt unsern selbst gemischten gift'gen Kelch
An unsre eignen Lippen. –
Er kommt hierher, zwiefach geschirmt: zuerst,
Weil ich sein Vetter bin und Untertan,
Beides hemmt stark die Tat; dann, ich – sein Wirt,
Der gegen seinen Mörder schließen müsste
Das Tor, nicht selbst das Messer führen. –
Dann hat auch dieser Duncan seine Würde
So mild getragen, blieb im großen Amt
So rein, dass seine Tugenden, wie Engel
Posaunenzüngig, werden Rache schrein
Dem tiefen Höllengräuel seines Mords;
Und Mitleid, wie ein nacktes, neugebornes Kind,
Auf Sturmwind reitend, oder Himmelscherubim,
Zu Ross auf unsichtbaren, luft'gen Rennern,
Blasen die Schreckenstat in jedes Auge,
Bis Tränenflut den Wind ertränkt. –
Ich habe keinen Stachel,
Die Seiten meines Wollens anzuspornen,
Als einzig Ehrgeiz, der, zum Aufschwung eilend,
Sich überspringt und jenseits niederfällt. –

LADY MACBETH *tritt auf.*

Wie nun, was gibt's?

LADY MACBETH: Er hat fast abgespeist.
Warum hast du den Saal verlassen?

MACBETH: Hat er
Nach mir gefragt?

LADY MACBETH: Weißt du nicht, dass er's tat?

MACBETH: Wir wolln nicht weitergehn in dieser Sache;
Er hat mich jüngst belohnt, und goldne Achtung
Hab ich von Leuten aller Art gekauft,
Die will getragen sein im neusten Glanz
Und nicht so plötzlich weggeworfen.

LADY MACBETH: War
Die Hoffnung trunken, worin du dich hülltest?

Schlief sie seitdem, und ist sie nun erwacht,
So bleich und krank das anzuschaun, was sie
So fröhlich tat? – Von jetzt an denk ich
Von deiner Liebe so. Bist du zu feige,
Derselbe Mann zu sein in Tat und Mut,
Der du in Wünschen bist? Möchtst du erlangen,
Was du den Schmuck des Lebens schätzen musst,
Und Memme sein in deiner eignen Schätzung?
Muss dir »Ich fürchte« folgen dem »Ich möchte«,
Der armen Katz im Sprichwort gleich?

MACBETH: Sei ruhig!
Ich wage alles, was dem Menschen ziemt;
Wer mehr wagt, der ist keiner.

LADY MACBETH: Welch ein Tier
Hieß dich von deinem Vorsatz mit mir reden?
Als du es wagtest, da warst du ein Mann;
Und mehr sein, als du warst, das machte dich
Nur um so mehr zum Mann. Nicht Zeit, nicht Ort
Traf damals zu, du wolltest beide machen:
Sie machen selbst sich, und ihr hurt'ger Dienst
Macht dich zu nichts. Ich hab gesäugt und weiß,
Wie süß, das Kind zu lieben, das ich tränke;
Ich hätt, indem es mir entgegenlächelte,
Die Brust gerissen aus den weichen Kiefern
Und ihm den Kopf geschmettert an die Wand,
Hätt ich's geschworen, wie du dieses schwurst.

MACBETH: Wenn's uns misslänge –

LADY MACBETH: Uns misslingen! –
Schraub deinen Mut nur bis zum Punkt des Halts,
Und es misslingt uns nicht. Wenn Duncan schläft,
Wozu so mehr des Tages starke Reise
Ihn einlädt – seine beiden Kämmerlinge
Will ich mit würz'gem Weine so betäuben,
Dass des Gehirnes Wächter, das Gedächtnis,
Ein Dunst sein wird und der Vernunft Behältnis
Ein Dampfhelm nur –, wenn nun im vieh'schen Schlaf

Ertränkt ihr Dasein liegt, so wie im Tode,
Was können du und ich dann nicht vollbringen
Am unbewachten Duncan? was nicht schieben
Auf die berauschten Diener, die die Schuld
Des großen Mordes trifft?

MACBETH: Gebär mir Söhne nur!
Aus deinem unbezwungnen Stoffe können
Nur Männer sprossen. Wird man es nicht glauben,
Wenn wir mit Blut die zwei Schlaftrunknen färben,
Die Kämmerling', und ihre Dolche brauchen,
Dass sie's getan?

LADY MACBETH: Wer darf was anders glauben,
Wenn unsers Grames lauter Schrei ertönt
Bei seinem Tode?

MACBETH: Ich bin fest; gespannt
Zu dieser Schreckenstat ist jeder Nerv.
Komm, täuschen wir mit heiterm Blick die Stunde:
Birg, falscher Schein, des falschen Herzens Kunde!

Sie gehen ab.

ZWEITER AUFZUG

ERSTE SZENE

Ebendaselbst. Schlosshof.

Es treten auf BANQUO, FLEANCE, MACBETH.

BANQUO: Wie spät, mein Sohn?
FLEANCE: Der Mond ging unter, schlagen hört ich's nicht.
BANQUO: Um zwölf Uhr geht er unter.
FLEANCE: 's ist wohl später.
BANQUO: Da, nimm mein Schwert – 's ist Sparsamkeit im Himmel,
Die Kerzen sind schon aus. – Nimm das auch.
Ein schwerer Schlaftrieb liegt wie Blei auf mir,
Und doch möcht ich nicht schlafen. Gnäd'ge Mächte!
Hemmt in mir böses Denken, dem Natur
Im Schlummer Raum gibt. – Gib mein Schwert.

MACBETH *und ein* DIENER *mit einer Fackel treten auf.*

Wer da?
MACBETH: Ein Freund.
BANQUO: Wie, Herr, noch auf? Der König ist zu Bett.
Er war ausnehmend froh und sandte noch
All Euren Hausbedienten reiche Gaben;
Doch Eure Frau soll dieser Demant grüßen
Als seine güt'ge Wirtin. Höchst zufrieden
Begab er sich zur Ruh.
MACBETH: Unvorbereitet,
Ward nur des Mangels Diener unser Wille,
Der sonst sich frei enthüllt.
BANQUO: Alles war gut.
Mir träumte jüngst von den drei Zauberschwestern:
Euch haben sie was Wahres doch gesagt.
MACBETH: Ich denke nicht an sie;
Doch ließe sich gelegne Stunde finden,
So sprächen wir wohl ein'ges in der Sache,

Gewährtet Ihr die Zeit.
BANQUO: Wie's Euch beliebt.
MACBETH: Schließt Ihr Euch meinem Sinn an? – Wenn es ist –
Wird's Ehr Euch bringen.
BANQUO: Büß ich sie nicht ein,
Indem ich sie zu mehren streb, und bleibt
Mein Busen frei und meine Lehnspflicht rein,
Gern nehm ich Rat an.
MACBETH: Gute Nacht indes.
BANQUO: Dank, Herr, Euch ebenfalls.

Banquo, Fleance und Diener ab.

MACBETH: Sag deiner Herrin, wenn mein Trank bereit,
Soll sie die Glocke ziehn. Geh du zu Bett.

Der Diener geht ab.

Ist das ein Dolch, was ich vor mir erblicke,
Der Griff mir zugekehrt? Komm, lass dich packen –
Ich fass dich nicht, und doch seh ich dich immer.
Bist du, Unglücksgebild, so fühlbar nicht
Der Hand gleich wie dem Aug? oder bist du nur
Ein Dolch der Einbildung, ein nichtig Blendwerk,
Das aus dem heiß gequälten Hirn erwächst?
Ich seh dich noch, so greifbar von Gestalt
Wie der, den jetzt ich zücke.
Du gehst mir vor den Weg, den ich will schreiten,
Und ebensolche Waffe wollt ich brauchen.
Mein Auge ward der Narr der andern Sinne
Oder mehr als alle wert. – Ich seh dich stets
Und dir an Griff und Klinge Tropfen Bluts,
Was erst nicht war. – Es ist nicht wirklich da:
Es ist die blut'ge Arbeit, die mein Auge
So in die Lehre nimmt. – Jetzt auf der halben Erde
Scheint tot Natur, und den verhangnen Schlaf
Quälen Versucherträume; Hexenkunst
Begeht den Dienst der bleichen Hekate;
Und dürrer Mord,

Durch seine Schildwacht aufgeschreckt, den Wolf,
Der ihm das Wachtwort heult – so dieb'schen Schrittes,
Wie wild entbrannt Tarquin dem Ziel entgegen,
Schreitet gespenstisch. –
Du fest gefügte Erde, leicht verwundbar,
Hör meine Schritte nicht, wo sie auch wandeln,
Dass nicht ausschwatzen selber deine Steine
Mein Wohinaus und von der Stunde nehmen
Den jetz'gen stummen Graus, der so ihr ziemt. –
Hier droh ich, er lebt dort;
Für heiße Tat zu kalt das müß'ge Wort!

Eine Glocke wird angeschlagen.

Ich geh, und 's ist getan; die Glocke mahnt.
Hör sie nicht, Duncan, 's ist ein Grabgeläut,
Das dich zu Himmel oder Höll entbeut.

Steigt hinauf.

Zweite Szene

Ebendaselbst.

LADY MACBETH *tritt auf.*

LADY MACBETH: Was sie betäubte, hat mich stark gemacht,
Und was sie dämpft', hat mich entflammt. – Still, horch! –
Die Eule war's, die schrie, der traur'ge Wächter,
Der grässlich gute Nacht wünscht. – Er ist dran:
Die Türen sind geöffnet, schnarchend spotten
Die überladnen Diener ihres Amts;
Ich würzte ihren Schlaftrunk, dass Natur
Und Tod sich streiten, wem sie angehören.

MACBETH *hinter der Szene*: Ha! wie? wer ist da?

LADY MACBETH: O weh! ich fürchte, sie sind aufgewacht,
Und es ist nicht geschehn – der Anschlag, nicht die Tat
Verdirbt uns. – Horch! ich legt ihm ihre Dolche

Bereit, die musst er finden. – Hätt er nicht
Geglichen meinem Vater, wie er schlief,
So hätt ich's selbst getan. – Nun, mein Gemahl!

MACBETH *tritt auf.*

MACBETH: Ich hab die Tat getan – hörtst du nicht was?
LADY MACBETH: Die Eule hört ich schrein und Heimchen zirpen.
Sprachst du nichts?
MACBETH: Wann?
LADY MACBETH: Jetzt.
MACBETH: Wie ich runterkam?
LADY MACBETH: Ja.
MACBETH: Horch! wer schläft im zweiten Zimmer?
LADY MACBETH: Donalbain.
Macbeth blickt auf die blutigen Dolche in seinen Händen:
Das ist ein kläglich Bild.
LADY MACBETH: Wie töricht, das ein kläglich Bild zu nennen!
MACBETH: Der eine lacht' im Schlaf – und »Mord!«, schrie einer,
Dass sie einander weckten; ich stand und hört es,
Sie aber sprachen ihr Gebet und legten
Zum Schlaf sich wieder.
LADY MACBETH: Dort wohnen zwei beisammen.
MACBETH: Der schrie: »Gott sei uns gnädig!« jener: »Amen!«
Als sähn sie mich mit diesen Henkershänden.
Behorchend ihre Angst, konnt ich nicht sagen:
»Amen«, als jener sprach: »Gott sei uns gnädig!«
LADY MACBETH: Denkt nicht so tief darüber.
MACBETH: Doch warum
Konnt ich nicht »Amen« sprechen? War mir doch
Die Gnad am meisten not, und »Amen« stockte
Mir in der Kehle.
LADY MACBETH: Dieser Taten muss
Man so nicht denken; so macht es uns toll.
MACBETH: Mir war, als rief es: »Schlaft nicht mehr, Macbeth
Mordet den Schlaf!« Ihn, den unschuld'gen Schlaf;
Schlaf, der des Grams verworrn Gespinst entwirrt,

Den Tod von jedem Lebenstag, das Bad
Der wunden Müh, den Balsam kranker Seelen,
Den zweiten Gang im Gastmahl der Natur,
Das nährendste Gericht beim Fest des Lebens.

LADY MACBETH: Was meinst du?

MACBETH: Stets rief es: »Schlaft nicht mehr!« durchs ganze Haus;
»Glamis mordet den Schlaf!« und drum wird Cawdor
Nicht schlafen mehr, Macbeth nicht schlafen mehr.

LADY MACBETH: Wer war es, der so rief? Mein würd'ger Than,
Du lässt den edeln Mut erschlaffen, denkst du
So hirnkrank drüber nach. Nimm etwas Wasser
Und wasch von deiner Hand das garst'ge Zeugnis. –
Was brachtest du die Dolche mit herunter?
Dort liegen müssen sie; geh, bring sie hin
Und färb mit Blut die Kämmrer, wie sie schlafen.

MACBETH: Ich gehe nicht mehr hin, ich bin entsetzt,
Denk ich, was ich getan: es wieder schaun –
Ich wag es nicht!

LADY MACBETH: O schwache Willenskraft!
Gib mir die Dolche. Schlafende und Tote
Sind Bilder nur; der Kindheit Aug allein
Scheut den gemalten Teufel. Wenn er blutet,
Färb ich damit der Diener Kleider rot;
So tragen sie des Mords Livree.

Sie geht ab. Man hört klopfen.

MACBETH: Woher das Klopfen?
Wie ist's mit mir, dass jeder Ton mich schreckt?
Was sind das hier für Hände? Ha, sie reißen
Mir meine Augen aus! –
Kann wohl des großen Meergotts Ozean
Dies Blut von meiner Hand rein waschen? Nein;
Weit ehr kann diese meine Hand mit Purpur
Die unermesslichen Gewässer färben
Und Grün in Rot verwandeln.

LADY MACBETH *kommt zurück.*

LADY MACBETH: Meine Hände
Sind blutig wie die deinen; doch ich schäme
Mich, dass mein Herz so weiß ist. *Es wird geklopft.*
Klopfen hör ich
Am Südtor: Eilen wir in unsre Kammer;
Ein wenig Wasser reint uns von der Tat,
Wie leicht dann ist sie! Deine Festigkeit
Verließ dich ganz und gar. *Es wird geklopft.*
Horch, wieder Klopfen.
Tu an dein Nachtkleid; müssen wir uns zeigen,
Dass man nicht sieht, wir wachten! – Verlier dich nicht
So schwächlich in Gedanken.

MACBETH: Meine Tat
Zu wissen! – besser von mir selbst nichts wissen.
Klopf Duncan aus dem Schlaf! O könntest du's!
Sie gehn ab.

Dritte Szene

Ebendaselbst.

Der PFÖRTNER *kommt; es wird geklopft.*

PFÖRTNER: Das ist ein Klopfen! Wahrhaftig, wenn einer Höllenpförtner wäre, da hätte er was zu schließen. *Klopfen.* Poch, poch, poch: Wer da, in Beelzebubs Namen? Ein Pächter, der sich in Erwartung einer reichen Ernte aufhing. Zur rechten Zeit gekommen; habt Ihr auch Schnupftücher genug bei Euch? denn hier werdet Ihr dafür schwitzen müssen! – *Klopfen.* Poch, poch: Wer da, in des andern Teufels Namen? Mein Treu, ein Zweideutler, der in beide Schalen gegen jede Schale schwören konnte, der um Gottes willen Verrätereien genug beging und sich doch nicht zum Himmel hinein zweideuteln konnte. Herein, Zweideutler. – *Klopfen.* Poch, poch, poch: Wer da? Mein Treu, ein englischer Schneider, hier angekommen, weil er etwas aus einer französischen Hose gestohlen: Herein, Schneider; hier kannst du deine Bügelgans braten. *Klopfen.* Poch, poch. Keine Ruhe! Wer seid ihr? Aber hier ist es zu kalt für die Hölle; ich mag nicht länger Teufelspförtner sein. Ich dachte, ich wollte von jedem Gewerbe einige hereinlassen, die den breiten Rosenpfad zum ewigen Freudenfeuer wandeln. – *Klopfen.* Gleich, gleich! Ich bitt euch, bedenkt doch, dass der Pförtner auch ein Mensch ist.

Er öffnet das Tor; MACDUFF *und* LENOX *kommen herein.*

MACDUFF: Kamst du so spät zu Bett, Freund, dass du nun so spät aufstehst?

PFÖRTNER: Mein Seel, Herr, wir zechten, bis der Zweite Hahn krähte; und der Trunk ist ein großer Beförderer von drei Dingen.

MACDUFF: Was sind denn das für drei Dinge, die der Trunk vorzüglich befördert?

PFÖRTNER: Ei, Herr, rote Nasen, Schlaf und Urin. Buhlerei befördert und dämpft er zugleich: Er befördert das Verlangen und dämpft das Tun. Darum kann man sagen, dass vieles Trinken ein Zweideutler gegen die Buhlerei ist: Es schafft sie und vernichtet sie; treibt sie an und hält sie zurück; macht ihr Mut und schreckt sie ab; heißt sie, sich brav halten und nicht brav halten; zweideutelt sie zuletzt in Schlaf, straft sie Lügen und geht davon.

MACDUFF: Ich glaube, der Trunk strafte dich die Nacht Lügen.

PFÖRTNER: Ja, Herr, das tat er, in meinen Hals hinein; aber ich vergalt ihm seine Lügen, und ich denke, ich war ihm doch zu stark: Denn obgleich er mir die Beine ein paarmal unten wegzog, so fand ich doch einen Kniff, ihn hinauszuschmeißen.

MACDUFF: Ist dein Herr schon aufgestanden?
Geweckt hat unser Klopfen ihn; hier kommt er.

MACBETH *tritt auf.*

LENOX: Guten Morgen, edler Herr.

MACBETH: Guten Morgen, beide!

MACDUFF: Wacht schon der König, würd'ger Than?
MACBETH: Noch nicht.
MACDUFF: Mir gab er den Befehl, ihn früh zu wecken;
Die Zeit versäumt ich fast.
MACBETH: Ich führ Euch hin.
MACDUFF: Ich weiß, es ist 'ne Müh, die Euch erfreut;
Doch es ist eine Müh.
MACBETH: Die Arbeit, die uns freut, wird zum Ergötzen.
Hier ist die Tür.
MACDUFF: Ich wage einzutreten,
Da es mein Dienst mir vorschreibt. *Ab.*
LENOX: Reist der König
Heut ab?
MACBETH: So ist's; er hat es so bestimmt.
LENOX: Die Nacht war stürmisch; wo wir schliefen, riss es
Den Schlot herab; und wie man sagt, erscholl
Ein Wimmern in der Luft, ein Todesstöhnen,
Ein Prophezein in fürchterlichem Laut,
Von wildem Brand und grässlichen Geschichten,
Neu ausgebrütet einer Zeit des Leidens.
Der dunkle Vogel schrie die ganze Nacht durch:
Man sagt, die Erde bebte fieberkrank.
MACBETH: Es war 'ne raue Nacht.
LENOX: Mein jugendlich Gedächtnis sucht umsonst
Nach ihresgleichen.

MACDUFF *kommt von oben herunter.*

MACDUFF: O Grausen! Grausen! Grausen! Zung und Herz
Fasst es nicht, nennt es nicht!
MACBETH und LENOX: Was ist geschehn?
MACDUFF: Jetzt hat die Höll ihr Meisterstück gemacht!
Der kirchenräuberische Mord brach auf
Des Herrn geweihten Tempel und stahl weg
Das Leben aus dem Heiligtum.
MACBETH: Was sagt Ihr?
Das Leben?

LENOX: Meint Ihr Seine Majestät?
MACDUFF: Geht ein zur Kammer und zerstört die Sehkraft
Durch eine neue Gorgo! Verlangt nicht, dass ich spreche;
Seht! und dann redet selbst! Erwacht! erwacht!

Macbeth und Lenox gehn ab.

Die Sturmglock angeschlagen! Mord! Verrat!
Banquo und Donalbain! Malcolm, erwacht!
Werft ab den flaum'gen Schlaf, des Todes Abbild,
Und seht ihn selbst, den Tod! – Auf, auf, und schaut
Des Weltgerichtes Vorspiel! – Malcolm! Banquo!
Steigt wie aus eurem Grab! wie Geister schreitet,
Als Graungefolge diesen Mord zu schaun!
Die Glocken stürmt!

Die Sturmglocke läutet.

LADY MACBETH *tritt auf.*

LADY MACBETH: Was ist denn vorgefallen,
Dass solche schreckliche Trompete ruft
Zum Rat die Schläfer dieses Hauses? Sprecht!
MACDUFF: O zarte Frau,
Ihr dürft nicht hören, was ich sagen könnte.
Vor eines Weibes Ohr es nennen wäre
Ein Mord, wie Ihr's vernähmt.

BANQUO *tritt auf.*

O Banquo! Banquo!
Der König, unser Herr, ermordet!
LADY MACBETH: Wehe!
In unserm Haus?
BANQUO: Zu grausam, wo auch immer. –
O lieber Macduff, widersprich dir selber,
Und sag, es sei nicht so.

MACBETH *und* LENOX *kommen zurück.*

MACBETH: Wär ich gestorben, eine Stunde nur,
Eh dies geschah, gesegnet war mein Dasein!
Von jetzt gibt es nichts Ernstes mehr im Leben:
Alles ist Tand, gestorben Ruhm und Gnade!

Der Lebenswein ist ausgeschenkt, nur Hefe
Blieb noch zu prahlen dem Gewölbe.

MALCOLM *und* DONALBAIN *treten auf.*

DONALBAIN: Wem
Geschah ein Leid?

MACBETH: Euch selbst, und wisst es nicht:
Der Born, der Ursprung Eures Blutes ist
Versiegt, die Lebensquelle selbst versiegt.

MACDUFF: Eur königlicher Vater ist ermordet.

MALCOLM: Ha! von wem?

LENOX: Die Kämmerlinge, scheint es, sind die Täter;
Denn Händ und Antlitz trugen blut'ge Zeichen,
Auch ihre Dolche, die unabgewischt
Auf ihren Polstern lagen. Wie im Wahnsinn,
So starrt' ihr Auge, und es war gefährlich,
Nur ihnen nah zu kommen.

MACBETH: Oh! jetzt bereu ich meine Wut, dass ich
Sie niederstieß.

MACDUFF: Warum habt Ihr's getan?

MACBETH: Wer ist weis und entsetzt, gefasst und wütig,
Pflichttreu und kalt in einem Augenblick?
Kein Mensch. Die Raschheit meiner heft'gen Liebe
Lief schneller als die zögernde Vernunft. –
Duncan lag hier, die Silberhaut verbrämt
Mit seinem goldnen Blut – die offnen Wunden,
Sie waren wie ein Riss in der Natur,
Wo Untergang vernichtend einzieht; dort die Mörder,
Getaucht in ihres Handwerks Farb, die Dolche
Abscheulich, von geronn'nem Blute schwarz.
Wer konnte sich da zügeln, der ein Herz
Voll Liebe hatt und in dem Herzen Mut,
Die Liebe zu beweisen?

LADY MACBETH: Helft mir fort!

MACDUFF: Seht nach der Lady.

MALCOLM: Weshalb schweigen wir,
Da unser Anspruch an dies Weh der nächste?

DONALBAIN: Was solln wir sprechen, hier, wo unser Schicksal
Herstürzen kann aus irgendeinem Winkel,
Uns zu ergreifen? Fort, denn unsre Tränen
Sind noch nicht reif.
MALCOLM: Noch unser heft'ger Gram
Bereit zum Handeln.
BANQUO: Seht nach der Lady!
Lady Macbeth wird fortgeführt.
Und wenn wir unsern nackten Leib bekleidet,
Dem Nachtluft schadet, kommen wir zusammen
Und forschen dieser blut'gen Untat nach,
Den Grund zu sehn. Uns schütteln Furcht und Zweifel;
Ich steh in Gottes großer Hand, und so
Kämpf ich der ungesprochnen Anmutung
Bösen Verrats entgegen.
MACDUFF: So auch ich.
ALLE: Wir alle.
MACBETH: Ziehn wir uns an, wie's Männern ziemt,
Und treffen in der Halle uns.
ALLE: So sei's.
MALCOLM *und* DONALBAIN *bleiben;*
die Übrigen gehn ab.
MALCOLM: Was tust du? Lass uns nicht zu ihnen halten.
Erlognen Schmerz zu zeigen ist 'ne Kunst,
Die leicht dem Falschen wird. Ich geh nach England.
DONALBAIN: Nach Irland ich; unser getrenntes Glück
Verwahrt uns besser. Wo wir sind, drohn Dolche
In jedes Lächeln: um so blutsverwandter,
So mehr verwandt dem Tode.
MALCOLM: Der mörderische Pfeil ist abgeschossen
Und fliegt noch; Sicherheit ist nur für uns,
Vermeiden wir das Ziel. Drum schnell zu Pferde,
Und zaudern wir nicht, jene noch zu grüßen:
Nein, heimlich fort! nicht strafbar ist der Dieb,
Der selbst sich stiehlt, wo keine Gnad ihm blieb.
Sie gehn ab.

Vierte Szene

Vor dem Schloss.

ROSSE *tritt auf mit einem* ALTEN MANN.

ALTER MANN: Auf siebzig Jahr kann ich mich gut erinnern;
In diesem Zeitraum sah ich Schreckenstage
Und wunderbare Ding', doch diese böse Nacht
Macht alles Vor'ge klein.
ROSSE: O guter Vater,
Der Himmel, sieh, als zürn er Menschentaten,
Dräut dieser blut'gen Bühn. Die Uhr zeigt Tag,
Doch dunkle Nacht erstickt die Wanderlampe:
Ist's Sieg der Nacht, ist es die Scham des Tages,
Dass Finsternis der Erd Antlitz begräbt,
Wenn lebend Licht es küssen sollte?
ALTER MANN: Unnatürlich
Wie die geschehne Tat. Am letzten Dienstag
Sah ich, wie stolzen Flugs ein Falke schwebte
Und eine Eul ihm nachjagt' und ihn würgte.
ROSSE: Und Duncans Rosse, seltsam ist's, doch sicher,
So rasch und schön, die Kleinod' ihres Bluts,
Brachen verwildert ganz aus ihren Ställen
Und stürzten fort, sich sträubend dem Gehorsam,
Als wollten Krieg sie mit den Menschen führen.
ALTER MANN: Man sagt, dass sie einander fraßen.
ROSSE: Ja;
Entsetzlich war's, ich hab es selbst gesehn.
Da kommt der edle Macduff.

MACDUFF *tritt auf.*

Nun, Herr, wie geht die Welt?
MACDUFF: Ei, seht Ihr's nicht?
ROSSE: Weiß man, wer tat die mehr als blut'ge Tat?
MACDUFF: Jene, die Macbeth tötete.
ROSSE: O Jammer!
Was hofften sie davon?

MACDUFF: Sie waren angestiftet.
Malcolm und Donalbain, des Königs Söhne,
Sind heimlich fort, entflohn: dies wälzt auf sie
Der Tat Verdacht.
ROSSE: Stets gegen die Natur:
Verschwenderischer Ehrgeiz, so verschlingst du
Des eignen Lebens Unterhalt! – So wird
Die Königswürde wohl an Macbeth fallen?
MACDUFF: Er ist ernannt schon und zu seiner Krönung
Nach Scone gegangen.
ROSSE: Wo ist Duncans Leichnam?
MACDUFF: Nach Colmes Kill führt man ihn zur heil'gen Gruft,
Wo die Gebeine seiner Ahnen alle
Versammelt ruhn.
ROSSE: Geht Ihr nach Scone?
MACDUFF: Nein, Vetter!
Ich geh nach Fife.
ROSSE: So will ich hin.
Mag alles so geschehn, dass wir nicht sagen:
Bequemer war der alte Rock zu tragen! *Ab.*
ROSSE: Vater, lebt wohl!
ALTER MANN: Gott segne Euch und den, der redlich denkt,
Unheil zum Heil, Zwietracht zum Frieden lenkt!
Sie gehen ab.

Dritter Aufzug

Erste Szene

Fores. Saal im Schlosse.

BANQUO *tritt auf.*

BANQUO: Du hast's nun, König, Cawdor, Glamis, alles,
Wie dir's die Zauberfraun versprachen; und ich fürchte,
Du spieltest schändlich drum. Doch ward gesagt,
Es solle nicht bei deinem Stamme bleiben;
Ich aber sollte Wurzel sein und Vater
Von vielen Kön'gen. Kommt von ihnen Wahrheit
– Wie, Macbeth, ihre Wort' an dich bestät'gen –,
Warum, bei der Erfüllung, die dir ward,
Solln sie nicht mein Orakel gleichfalls sein
Und meine Hoffnung kräft'gen? Still, nichts weiter.

Trompeten. Es treten auf MACBETH *als König und* LADY MACBETH *als Königin*; LENOX, ROSSE, LORDS, LADYS *und* GEFOLGE.

MACBETH: Hier unser höchster Gast.
LADY MACBETH: Wär er vergessen,
Wär's wie ein Riss in unserm großen Fest
Und alles ungeziemend.
MACBETH: Herr, wir halten
Ein feierliches Mahl heut Abend, und
Ich bitt um Eure Gegenwart.
BANQUO: Eur Hoheit
Hat zu befehlen; unauflöslich bleibt
Für immer meine Pflicht an Euch gebunden.
MACBETH: Verreist Ihr noch den Nachmittag?
BANQUO: Ja, Herr.
MACBETH: Sonst hätten wir wohl Euren Rat gewünscht,
Der stets voll Einsicht und ersprießlich war,
Im Staatsrat heut; doch gönnt ihn morgen uns.
Geht Eure Reise weit?

BANQUO: So weit, mein König,
Dass sie die Zeit von jetzt bis Abend ausfüllt;
Hält nicht mein Pferd sich gut, so muss ich wohl
Noch von der Nacht 'ne dunkle Stunde borgen.
MACBETH: Fehlt nicht bei unserm Fest.
BANQUO: Mein Fürst, ich komme.
MACBETH: Wir hören, unsre blut'gen Vettern weilen
In England und in Irland; nicht bekennend
Den grausen Vatermord, mit seltnen Märchen
Die Hörer täuschend. Doch das sei für morgen,
Da außerdem das Staatsgeschäft uns alle
Zusammenruft. Säumt länger nicht: lebt wohl!
Bis wir zur Nacht uns sehn. Geht Fleance mit Euch?
BANQUO: Ja, teurer Herr; die Zeit mahnt uns zur Eil.
MACBETH: Den Rossen wünsch ich schnellen, sichern Lauf;
Besteigt sie alsobald und reiset glücklich.

Banquo geht ab.

Ein jeder sei nun Herr von seinen Stunden
Bis sieben Uhr; uns die Geselligkeit
Zu würzen, sind wir bis zum Abendessen
Mit uns allein. Bis dahin Gott befohlen!

Alle gehen ab, bis auf MACBETH *und einen* DIENER.

Du da! ein Wort: sind jene Männer hier?
DIENER: Sie harren vor dem Schlosstor, mein Gebieter.
MACBETH: Führ sie uns vor. –

Diener geht ab.

Das so zu sein, ist nichts:
Doch sicher so zu sein. – In Banquo wurzelt
Tief unsre Furcht; in seinem Königssinn
Herrscht was, das will gefürchtet sein. Viel wagt er;
Und außer diesem unerschrocknen Geist
Hat Weisheit er, die Führerin des Muts
Zum sichern Wirken. Außer ihm ist keiner,
Vor dem ich zittern muss; und unter ihm
Beugt sich mein Genius scheu, wie, nach der Sage,
Vor Cäsar Mark Antonius' Geist. Er schalt die Schwestern

Gleich, als sie mir den Namen König gaben,
Und hieß sie zu ihm sprechen; dann prophetisch
Begrüßten sie ihn Vater vieler Kön'ge.
Mein Haupt empfing die unfruchtbare Krone;
Das dürre Zepter reichten sie der Faust,
Dass eine fremde Hand es mir entwinde,
Kein Sohn von mir es erbe. Ist es so? –
Hab ich für Banquos Stamm mein Herz befleckt,
Für sie erwürgt den gnadenreichen Duncan,
In meinen Friedensbecher Gift gegossen,
Einzig für sie; und mein unsterblich Kleinod
Dem Erbfeind aller Menschen preisgegeben,
Zu krönen sie! zu krönen Banquos Brut! –
Eh das geschieht, komm, Schicksal, in die Schranken,
Und fordre mich auf Tod und Leben! – Holla!

Der DIENER *kommt mit* ZWEI MÖRDERN.

Geh vor die Tür und warte, bis wir rufen.

Der Diener geht ab.

War's gestern nicht, da wir einander sprachen?

ERSTER MÖRDER: So war es, Majestät.

MACBETH: Gut denn, habt ihr
Nun meinen Reden nachgedacht? So wisst,
Dass er es ehmals war, der euch so schwer
Gedrückt; was, wie ihr wähntet, ich getan,
Der völlig schuldlos. Dies bewies ich euch
In unsrer letzten Unterredung, macht euch klar,
Wie man euch hinterging und kreuzte, nannt euch
Die Werkzeug' auch, und wer mit ihnen wirkte;
Und alles sonst, was selbst 'ner halben Seele
Und blödstem Sinne zurief: Das tat Banquo!

ERSTER MÖRDER: So habt Ihr's uns erklärt.

MACBETH: Ich tat es und ging weiter; deshalb nun
Hab ich euch wieder herbeschieden. Fühlt ihr
Geduld vorherrschend so in eurem Wesen,
Dass ihr dies hingehn lasst? Seid ihr so fromm,
Zu beten für den guten Mann und sein

Geschlecht, des schwere Hand zum Grab euch beugte
Und euch zu Bettlern macht' und eure Kinder?

ERSTER MÖRDER: Mein König, wir sind Männer.

MACBETH: Ja, im Verzeichnis lauft ihr mit als Männer;
Wie Jagd- und Windhund, Blendling, Wachtelhund,
Spitz, Pudel, Schäferhund und Halbwolf, alle
Der Name Hund benennt: das Rangregister
Bezeichnet erst den schnellen, trägen, klugen,
Den Hausbewacher und den Jäger, jeden
Nach seiner Eigenschaft, die ihm Natur
Liebreich geschenkt; wodurch ihm wird besondre
Bezeichnung aus der Schar, die alle gleich
Benamt: und so ist's mit dem Menschen auch.
Habt ihr nun einen Platz im Rangregister,
Und nicht den schlechtsten in der Mannheit, sprecht;
Und solches Werk vertrau ich eurem Busen,
Dessen Vollstreckung euren Feind entrafft,
Herzinnig fest an unsre Lieb euch schmiedet;
Da unser Wohlsein kränkelt, weil er lebt,
Das nur in seinem Tod gesundet.

ZWEITER MÖRDER: Herr,
Mit hartem Stoß und Schlag hat mich die Welt
So aufgereizt, dass mich's nicht kümmert, was
Der Welt zum Trotz ich tu.

ERSTER MÖRDER: Und ich bin einer,
So matt von Elend, so zerzaust vom Unglück,
Dass ich mein Leben setz auf jeden Wurf,
Es zu verbessern oder loszuwerden.

MACBETH: Ihr wisst es beide, Banquo war eur Feind.

ZWEITER MÖRDER: Gewiss, mein Fürst.

MACBETH: So ist er meiner auch.
Und in so blut'ger Näh, dass jeder Pulsschlag
Von ihm nach meinem Herzensleben zielt.
Und obgleich meine Macht mit offnem Antlitz
Ihn löschen könnt aus meinem Blick und frei
Mein Wort die Tat gestehn: doch darf ich's nicht

Um manchen, der mir Freund ist so wie ihm,
Des Lieb ich nicht kann missen; seinen Fall
Muss ich beklagen, den ich selbst erschlug:
Und darum sprech ich euch um Beistand an,
Dem Pöbelauge das Geschäft verlarvend
Aus manchen wicht'gen Gründen.

ZWEITER MÖRDER: Wir vollziehn,
Was Ihr befehlt.

ERSTER MÖRDER: Wenn unser Leben auch –

MACBETH: Aus euren Augen leuchtet euer Mut.
In dieser Stunde spätstens meld ich euch,
Wo ihr euch stellt; bericht euch aufs Genauste
Den Augenblick; denn heut Nacht muss es sein:
Und etwas ab vom Schloss; stets dran gedacht,
Dass ich muss rein erscheinen. Und mit ihm,
Um nichts nur halb und obenhin zu tun,
Muss Fleance, sein Sohn, der ihm Gesellschaft leistet,
Des Wegtun mir nicht minder wichtig ist
Als seines Vaters, das Geschick mit ihm
Der dunkeln Stunde teilen.
Entschließt euch nun für euch; gleich komm ich wieder.

ZWEITER MÖRDER: Wir sind entschlossen, Herr.

MACBETH: So ruf ich euch
Alsbald; verweilt da drin.

Die Mörder ab.

Es ist entschieden.
Denkst, Banquo, du den Himmel zu gewinnen,
Muss deine Seel heut Nacht den Flug beginnen. *Ab.*

ZWEITE SZENE

Ebendaselbst. Ein anderes Zimmer.

LADY MACBETH *tritt auf mit einem* DIENER.

LADY MACBETH: Ist Banquo fort vom Hof?

DIENER: Ja, Kön'gin, doch er kommt zurück heut Abend.
LADY MACBETH: Dem König meld, ich lasse ihn ersuchen
Um wen'ge Augenblicke.
DIENER: Ich gehorche. *Ab.*
LADY MACBETH: Nichts ist gewonnen, alles ist dahin,
Stehn wir am Ziel mit unzufriednem Sinn:
Viel sichrer, das zu sein, was wir zerstört,
Als dass uns Mord ein schwankend Glück gewährt.

MACBETH *tritt auf.*

Nun, teurer Freund, was bist du so allein
Und wählst nur trübe Bilder zu Gefährten?
Gedanken hegend, die doch tot sein sollten,
Wie jen', an die sie denken. Was unheilbar:
Vergessen sei's. Geschehn ist, was geschehn.
MACBETH: Verwundet ward die Schlange, nicht getötet,
Sie heilt und bleibt dieselb, indes ihr Zahn
Wie sonst gefährdet unsre arme Bosheit.
Doch eher soll der Dinge Bau zertrümmern,
Die beiden Welten schaudern, eh wir länger
In Angst verzehren unser Mahl und schlafen
In der Bedrängnis solcher grausen Träume,
Die uns allnächtlich schütteln. Lieber bei
Dem Toten sein, den, Frieden uns zu schaffen,
Zum Frieden wir gesandt, als auf der Folter
Der Seel in ruheloser Qual zu zucken.
Duncan ging in sein Grab,
Sanft schläft er nach des Lebens Fieberschauern;
Verrat, du tatst dein Ärgstes: Gift, noch Dolch,
Einheim'sche Bosheit, fremder Anfall, nichts
Kann ferner ihn berühren.
LADY MACBETH: Oh, lass gut sein!
Mein liebster Mann, die Runzeln glätte weg;
Sei froh und munter heut mit deinen Gästen.
MACBETH: Das will ich, Lieb; und, bitte, sei es auch:
Vor allen wend auf Banquo deine Sorgfalt
Und schenk ihm Auszeichnung mit Wort und Blick.

Unsicher noch, sind wir genötigt, so
Zu baden unsre Würd in Schmeichelströmen,
Dass unser Antlitz Larve wird des Herzens,
Verbergend, was es ist.

LADY MACBETH: Du musst das lassen.

MACBETH: Oh! von Skorpionen voll ist mein Gemüt:
Du weißt, Geliebte, Banquo lebt und Fleance.

LADY MACBETH: Natur belehnt' sie nicht mit ew'gem Leben.

MACBETH: Ja, das ist Trost; man kann noch an sie kommen:
Drum sei du fröhlich. Eh die Fledermaus
Geendet ihren klösterlichen Flug,
Eh, auf den Ruf der dunkeln Hekate,
Der hornbeschwingte Käfer, schläfrig summend,
Die nächt'ge Schlummerglocke hat geläutet,
Ist eine Tat geschehn furchtbarer Art.

LADY MACBETH: Was hast du vor?

MACBETH: Unschuldig bleibe, Kind, und wisse nichts,
Bis du der Tat kannst Beifall rufen. Komm
Mit deiner dunklen Binde, Nacht; verschließe
Des mitleidvollen Tages zartes Auge;
Durchstreich mit unsichtbarer, blut'ger Hand
Und reiß in Stücke jenen großen Lehnsbrief,
Der meine Wangen bleicht! – Das Licht wird trübe;
Zum dampfenden Wald erhebt die Kräh den Flug;
Die Tagsgeschöpfe schläfrig niederkauern,
Und schwarze Nachtunhold' auf Beute lauern.
Du staunst mich an? Still! – Sündentsprossne Werke
Erlangen nur durch Sünden Kraft und Stärke.
So, bitte, geh mit mir.

Sie gehn ab.

Dritte Szene

Ebendaselbst. Ein Park beim Schloss.

DREI MÖRDER *treten auf.*

ERSTER MÖRDER: Wer aber hieß dich zu uns stoßen?
DRITTER MÖRDER: Macbeth.
ZWEITER MÖRDER: Man braucht ihm nicht zu misstraun; denn er kennt
Unser Geschäft, das man uns aufgetragen,
Und weiß genau Bescheid.
ERSTER MÖRDER: So bleib bei uns.
Der West glimmt noch von schwachen Tagesstreifen:
Der Reiter spornt nun eil'ger durch die Dämmrung,
Zur Schenke noch zu kommen; und schon naht
Der, den wir hier erwarten.
DRITTER MÖRDER: Pferde! – Horcht!
BANQUO *hinter der Szene*:
Heda! bringt Licht.
ZWEITER MÖRDER: Er muss es sein; die andern,
Die noch erwartet wurden, sind schon alle
Im Schloss.
ERSTER MÖRDER: Die Pferde machen einen Umweg.
DRITTER MÖRDER: Fast eine Meile; und er geht gewöhnlich,
Wie jeder tut, von hier bis an das Schlosstor
Zu Fuß.

BANQUO *und* FLEANCE *treten auf mit einer Fackel.*

ZWEITER MÖRDER: Ein Licht!
DRITTER MÖRDER: Er ist es.
ERSTER MÖRDER: Macht euch dran!
BANQUO: 's kommt Regen noch zur Nacht.
ERSTER MÖRDER: So mag er fallen!

Ersticht Banquo.

BANQUO: Weh mir! Verrat! Flieh, guter Fleance, flieh, flieh!
Du kannst mein Rächer sein. – O Sklave!

Banquo stirbt. Fleance flieht.

DRITTER MÖRDER: Wer schlug das Licht aus?
ERSTER MÖRDER: War's nicht wohlgetan?
DRITTER MÖRDER: Nur einer liegt; der Sohn entfloh.
ZWEITER MÖRDER: So ist
Die beste Hälfte unsrer Müh verloren.
ERSTER MÖRDER: Gut, gehn wir denn und melden, was getan.
Sie gehn ab.

Vierte Szene

Prunksaal im Schloss, gedeckte Tafel.

Es treten auf MACBETH, LADY MACBETH, ROSSE, LENOX, LORDS, GEFOLGE.

MACBETH: Ihr kennt selbst euren Rang: nehmt Platz!
Willkommen
Seid ein für allemal!
LORDS: Dank Euer Hoheit.
MACBETH: Wir wollen uns in die Gesellschaft mischen
Als aufmerksamer Wirt. Die Wirtin nahm
Schon ihren Sitz; doch mit Vergünstigung
Ersuchen wir um ihren Gruß und Willkomm.
LADY MACBETH: Sprich ihn für mich zu allen unsern Freunden;
Denn herzlich heiß ich alle sie willkommen.
Der ERSTE MÖRDER *tritt zur Seitentür ein.*
MACBETH: Sieh, ihres Herzens Dank kommt dir entgegen.
Gleich voll sind beide Seiten. Hier will ich
Mich in die Mitte setzen. Ungehemmt
Sei nun die Lust; gleich soll der Becher kreisen. –
Geht zur Tür. Auf deiner Stirn ist Blut –
MÖRDER: So ist es Banquos.
MACBETH: Mir ist es an dir lieber als in ihm.
So ist er abgetan?
MÖRDER: Herr, seine Kehle
Ist durchgeschnitten; das tat ich für ihn.

MACBETH: Du bist der beste Kehlabschneider; doch
Auch der ist gut, der das für Fleance getan;
Warst du's, so hast du deinesgleichen nicht.
MÖRDER: Mein königlicher Herr, Fleance ist entwischt.
MACBETH: So bin ich wieder krank; sonst wär ich stark,
Gesund wie Marmor, fest wie Fels gegründet,
Weit, allgemein, wie Luft und Windeshauch;
Doch jetzt bin ich umschränkt, gepfercht, umpfählt,
Geklemmt von niederträcht'ger Furcht und Zweifeln.
Doch Banquo ist uns sicher?
MÖRDER: Ja, teurer Herr! im Graben liegt er sicher:
In seinem Kopfe zwanzig tiefe Wunden,
Die kleinst ein Lebenstod.
MACBETH: Nun, dafür Dank! Da liegt
Die ausgewachsne Schlange; das entflohne
Gewürm ist giftig einst, nach seiner Art;
Doch zahnlos jetzt. – Nun mach dich fort; auf morgen
Vernehm ich mehr.

Mörder geht ab.

LADY MACBETH: Mein königlicher Herr,
Ihr seid kein heitrer Wirt. Das Fest ist feil,
Wird nicht das Mahl durch Freundlichkeit gewürzt,
Durch Willkomm erst geschenkt. Man speist am besten
Daheim; doch auswärts macht die Höflichkeit
Den Wohlgeschmack der Speisen, nüchtern wäre
Gesellschaft sonst.
MACBETH: Du holde Mahnerin!
Nun, auf die Esslust folg ein gut Verdauen,
Gesundheit beiden!
LENOX: Gefällt es Eurer Hoheit, sich zu setzen?

BANQUOS GEIST *kommt und setzt sich auf Macbeths Platz.*

MACBETH: Beisammen wär uns hier des Landes Adel,
Wenn unser Freund nicht, unser Banquo, fehlte;
Doch möcht ich lieber ihn unfreundlich schelten
Als eines Unfalls wegen ihn bedauern.

LENOX: Da er nicht kommt, verletzt er sein Versprechen.
Gefällt's Eur Majestät, uns zu beglücken,
Indem Ihr Platz in unsrer Mitte nehmt?
MACBETH: Die Tafel ist voll.
LENOX: Hier ist ein Platz noch.
MACBETH: Wo?
LENOX: Hier, teurer König. Was erschreckt Eur Hoheit?
MACBETH: Wer von euch tat das?
LORDS: Was, mein guter Herr?
MACBETH: Du kannst nicht sagen, dass ich's tat. Oh, schüttle
Nicht deine blut'gen Locken gegen mich.
ROSSE: Steht auf, ihr Herrn, dem König ist nicht wohl.
LADY MACBETH: Bleibt sitzen, Herrn, der König ist oft so
Und war's von Jugend an – oh, steht nicht auf!
Schnell geht der Anfall über; augenblicks
Ist er dann wohl. Beachtet ihr ihn viel,
So reizt ihr ihn, und länger währt das Übel.
Esst, seht ihn gar nicht an. – Bist du ein Mann?
MACBETH: Ja, und ein kühner, der das wagt zu schauen,
Wovor der Teufel blass wird.
LADY MACBETH: Schönes Zeug!
Das sind die wahren Bilder deiner Furcht;
Das ist der luft'ge Dolch, der, wie du sagtest,
Zu Duncan dich geführt! – Ha! dieses Zucken,
Dies Starrn, Nachäffung wahren Schrecks, sie passten
Zu einem Weibermärchen am Kamin,
Bestätigt von Großmütterchen. – O schäme dich!
Was machst du für Gesichter! denn am Ende
Schaust du nur auf 'nen Stuhl.
MACBETH: Ich bitt dich, sieh! blick auf! schau an! Was sagst du? –
Ha! meinethalb! wenn du kannst nicken, sprich auch.
Wenn Grab und Beingewölb uns wiederschickt,
Die wir begruben, sei der Schlund der Geier
Uns Totengruft! *Der Geist verschwindet.*
LADY MACBETH: Was! ganz entmannt von Torheit?

MACBETH: So wahr ich leb, ich sah ihn!
LADY MACBETH: O der Schmach!
MACBETH: Blut ward auch sonst vergossen, schon vor alters,
Eh menschlich Recht den frommen Staat verklärte;
Ja, auch seitdem geschah so mancher Mord,
Zu schrecklich für das Ohr: da war's Gebrauch,
Dass, war das Hirn heraus, der Mann auch starb,
Und damit gut.
Doch heutzutage stehn sie wieder auf,
Mit zwanzig Todeswunden an den Köpfen,
Und stoßen uns von unsern Stühlen: Das
Ist wohl seltsamer noch als solch ein Mord.
LADY MACBETH: Mein König, Ihr entzieht Euch Euren Freunden.
MACBETH: Ha! ich vergaß –
Staunt über mich nicht, meine würd'gen Freunde;
Ich hab ein seltsam Übel, das nichts ist
Für jene, die mich kennen.
Wohlan! Lieb und Gesundheit trink ich allen,
Dann setz ich mich. Ha! Wein her! voll den Becher!

Der GEIST *kommt zurück.*

So trink ich auf das Wohl der ganzen Tafel
Und Banquos, unsers Freunds, den wir vermissen.
Wär er doch hier! sein Wohlergehn wie aller
Trink ich: Ihm, euch!
LORDS: Wir danken pflichtergeben.
MACBETH: Hinweg! – Aus meinen Augen! – Lass
Die Erde dich verbergen!
Marklos ist dein Gebein, dein Blut ist kalt;
Du hast kein Anschaun mehr in diesen Augen,
Mit denen du so stierst.
LADY MACBETH: Nehmt dies, ihr Herrn,
Als was Alltägliches, nichts weiter ist's;
Nur dass es uns des Abends Lust verdirbt.
MACBETH: Was einer wagt, wag ich:
Komm du mir nah als zott'ger russ'scher Bär,

Geharn'scht Rhinozeros, hyrkan'scher Tiger –
Nimm jegliche Gestalt, nur diese nicht –,
Nie werden meine festen Nerven beben.
Oder sei lebend wieder; fordre mich
In eine Wüst aufs Schwert; verkriech ich mich
Dann zitternd, ruf mich aus als Kinderpuppe.
Hinweg! grässlicher Schatten!
Unkörperliches Blendwerk, fort! – Ha! so.

Geist entweicht.

Du nicht mehr da, nun bin ich wieder Mann. –
Ich bitte, steht nicht auf.

LADY MACBETH: Ihr habt die Lust
Verscheucht und die Geselligkeit gestört,
Durch höchst fremdart'ge Grillen.

MACBETH: Kann solch Wesen
An uns vorüberziehn wie Sommerwolken
Ohn unser mächtig Staunen? Ihr entfremdet
Mich meinem eignen Selbst, bedenk ich jetzt,
Dass ihr anschaut Gesichte solcher Art
Und doch die Röte eurer Wangen bleibt,
Wenn Schreck die meinen bleicht.

ROSSE: Was für Gesichte?

LADY MACBETH:
Ich bitt euch, sprecht nicht; er wird schlimm und schlimmer;
Fragen bringt ihn in Wut. Gut Nacht mit eins!
Beim Weggehn haltet nicht auf euern Rang,
Geht all zugleich.

LENOX: Wir wünschen Eurer Hoheit
Gut Nacht und bessres Wohl.

LADY MACBETH: Gut Nacht euch allen!

Alle Lords nebst Gefolge gehn ab.

MACBETH: Es fordert Blut, sagt man: Blut fordert Blut.
Man sah, dass Fels sich regt' und Bäume sprachen;
Auguren haben durch Geheimnisdeutung
Von Elstern, Krähn und Dohlen ausgefunden
Den tief verborgnen Mörder. – Wie weit ist die Nacht?

LADY MACBETH: Im Kampf fast mit dem Tag: ob Nacht, ob Tag.
MACBETH: Was sagst du, dass Macduff zu kommen weigert
Auf unsre Ladung?
LADY MACBETH: Sandtest du nach ihm?
MACBETH: Ich hört's von ungefähr; doch will ich senden:
Kein einz'ger, in des Haus mir nicht bezahlt
Ein Diener lebte. Morgen will ich hin
Und in der Frühe zu den Zauberschwestern:
Sie sollen mehr mir sagen; denn gespannt
Bin ich, das Schlimmst auf schlimmstem Weg zu wissen.
Zu meinem Vorteil muss sich alles fügen;
Ich bin einmal so tief in Blut gestiegen,
Dass, wollt ich nun im Waten stille stehn,
Rückkehr so schwierig wär wie durchzugehn.
Seltsames glüht im Kopf, es will zur Hand
Und muss getan sein, eh noch recht erkannt.
LADY MACBETH: Dir fehlt die Würze aller Wesen: Schlaf.
MACBETH: Zu Bett! – Dass selbst geschaffnes Graun mich quält,
Ist Furcht des Neulings, dem die Übung fehlt –
Wahrlich, wir sind zu jung nur.
Sie gehen ab.

FÜNFTE SZENE

Die Heide. Donner.

HEKATE *kommt, die* DREI HEXEN *ihr entgegen.*

ERSTE HEXE: Was gibt es, Hekate, warum so zornig?
HEKATE: Ihr garst'gen Vetteln, hab ich denn nicht recht?
Da ihr euch, dreist und unverschämt, erfrecht
Und treibt mit Macbeth euren Spuk
In Rätselkram, in Mord und Trug?
Und ich, die Meistrin eurer Kraft,
Die jedes Unheil wirkt und schafft,
Mich bat man nicht um meine Gunst,

Zu Ehr und Vorteil unsrer Kunst?
Und schlimmer noch, uns wird kein Lohn.
Ihr dienet dem verkehrten Sohn,
Der, trotzig und voll Übermut,
Sein Werk nur, nicht das eure, tut.
Auf! bessert's noch, macht euch davon,
Trefft mich am Pfuhl des Acheron;
Dahin wird er am Morgen gehn,
Von uns sein Schicksal zu erspähn.
Mit Hexenspuk und Sprüchen seid
Und jedem Zauberkram bereit.
Ich muss zur Luft hinauf; die Nacht
Wird auf ein Unheilswerk verbracht:
Vor Mittag viel geschehn noch soll.
Ein Tropfen, gift'ger Dünste voll,
An einem Horn des Mondes blinkt,
Den fang ich, eh er niedersinkt,
Der, destilliert mit Zauberflüchen,
Ruft Geister, die mit list'gen Sprüchen
Ihn mächtig täuschen, dass Beschwörung
Ihn treibt in Wahnwitz, in Zerstörung.
Dem Tod und Schicksal sprech er Hohn,
Nicht Gnad und Furcht soll ihn bedrohn;
Denn, wie ihr wisst, war Sicherheit
Des Menschen Erbfeind jederzeit.

Musik hinter der Szene.

Hinweg! dort sitzt mein kleiner Geist, o schaut!
In einer dunklen Wolk und ruft mich laut.

Gesang hinter der Szene:

Komm heran, komm heran!
Hekate, o komm heran!

HEKATE: Ich komm, ich komm, ich komme!
So schnell ich immer kann!
So schnell ich immer kann! *Ab.*

ERSTE HEXE: Fort, lasst uns eilen; bald kommt sie zurück.

Sie gehn ab.

Sechste Szene

Fores, im Schloss.

LENOX *und ein* LORD *treten auf.*

LENOX: Mein Wort berührt nur leicht, was Ihr gedacht;
Sinnt ferner drüber nach. Ich sage nur,
Seltsam geht manches zu: der gnadenreiche Duncan
Ward von Macbeth beklagt – nun, er war tot!
Der wackre Banquo ging zu spät noch aus –
Wollt Ihr, so könnt Ihr sagen: Fleance erschlug ihn,
Denn Fleance entfloh. – Man muss so spät nicht ausgehn.
Wer kann wohl anders als es schändlich finden,
Dass Donalbain und Malcolm töteten
Den gnadenreichen Vater? Höllische Untat!
Wie grämte Macbeth sich! erschlug er nicht
In frommer Wut die beiden Täter gleich,
Die weinbetäubt und schlafversunken waren?
War's edel nicht getan? Ja, klüglich auch;
Denn jedes Menschen Seel hätt es empört,
Ihr Leugnen anzuhören. Also sag ich,
Alles verfügt' er wohl: so denk ich auch,
Dass, hätt er Duncans Söhne unterm Schloss
(Was, mit des Himmels Hilfe, nie geschehn soll),
Sie würden fühlen, was es sagen will,
Den Vater zu ermorden; so auch Fleance.
Doch still, für dreiste Wort', und weil er ausblieb
Beim Feste des Tyrannen, fiel Macduff
In Ungunst. – Wisst Ihr, mein Herr, wo Malcolm jetzt
Sich aufhält?

LORD: Duncans Sohn, durch den Tyrannen
Beraubt des Erbrechts, lebt an Englands Hof,
Wo ihn der fromme Eduard aufgenommen,
So huldreich, dass des Glückes Bosheit nichts
Ihm raubt an Achtung. Dorthin will auch Macduff,
Des heil'gen Königs Hilfe zu erbitten,

Dass er Northumberland und Siward sende:
Damit durch ihren Beistand, nächst dem Schutz
Des Himmels, wir von Neuem schaffen mögen
Den Tafeln Speis und unsern Nächten Schlaf,
Fest und Bankett befrein von blut'gen Messern,
Mit Treuen huld'gen, freie Ehr empfangen,
Was alles uns jetzt fehlt; und diese Nachricht
Hat so den König aufgeregt, dass er
Zum Kriege rüstet.

LENOX: Sandt er zu Macduff?

LORD: Ja; doch mit einem kurzen »Herr, nicht ich«
Schickt er den finstern Boten heim; der murmelt,
Als wollt er sagen; Ihr bereut die Stunde,
Die mich beschwert mit dieser Antwort.

LENOX: Dien ihm
Als Warnung das, so fern zu bleiben, wie
Ihm seine Weisheit rät. Ein heil'ger Engel
Flieg hin zum Hof nach England und verkünde
Die Botschaft, eh er kommt, dass Segen schnell
Dies Land erfreue, von verfluchter Hand
So hart gedrückt!

LORD: Auch mein Gebet mit ihm.

Sie gehn ab.

Vierter Aufzug

Erste Szene

Eine finstre Höhle, in der Mitte ein Kessel.

Donner; die DREI HEXEN *kommen.*

ERSTE HEXE: Die gelbe Katz hat dreimal miaut.
ZWEITE HEXE: Ja, und einmal der Igel quiekt.
DRITTE HEXE: Die Harpyie schreit: »'s ist Zeit, 's ist Zeit.«
ERSTE HEXE: Um den Kessel dreht euch rund,
Werft das Gift in seinen Schlund.
Kröte, die im kalten Stein
Tag' und Nächte, dreimal neun,
Zähen Schleim im Schlaf gegoren,
Sollst zuerst im Kessel schmoren!
ALLE: Spart am Werk nicht Fleiß noch Mühe,
Feuer sprühe, Kessel glühe!
ZWEITE HEXE: Sumpf'ger Schlange Schweif und Kopf
Brat und koch im Zaubertopf:
Molchesaug und Unkenzehe,
Hundemaul und Hirn der Krähe;
Zäher Saft des Bilsenkrauts,
Eidechsbein und Flaum vom Kauz:
Mächt'ger Zauber würzt die Brühe,
Höllenbrei im Kessel glühe!
ALLE: Spart am Werk nicht Fleiß noch Mühe,
Feuer sprühe, Kessel glühe!
DRITTE HEXE: Wolfeszahn und Kamm des Drachen,
Hexenmumie, Gaum und Rachen
Aus des Haifischs scharfem Schlund;
Schierlingswurz aus finsterm Grund;
Auch des Lästerjuden Lunge,
Türkennas und Tatarzunge;
Eibenreis, vom Stamm gerissen
In des Mondes Finsternissen;

Hand des neugebornen Knaben,
Den die Metz erwürgt im Graben,
Dich soll nun der Kessel haben.
Tigereingeweid hinein,
Und der Brei wird fertig sein.
ALLE: Spart am Werk nicht Fleiß noch Mühe,
Feuer sprühe, Kessel glühe!
ZWEITE HEXE: Abgekühlt mit Paviansblut,
Wird der Zauber stark und gut.

HEKATE *kommt zu den drei Hexen.*

HEKATE: So recht! ich lobe euer Walten;
Jede soll auch Lohn erhalten.
Um den Kessel tanzt und springt,
Elfen gleich den Reihen schlingt,
Und den Zaubersegen singt.

Gesang

Geister weiß und grau,
Geister rot und blau:
Rührt, rührt, rührt,
Rührt aus aller Kraft!

Hekate ab.

ZWEITE HEXE: Ha! mir juckt der Daumen schon,
Sicher naht ein Sündensohn. *Es klopft.*
Lasst ihn ein,
Wer's mag sein.

MACBETH *tritt auf.*

MACBETH: Nun, ihr geheimen, schwarzen Nachtunholde!
Was macht ihr da?
ALLE: Ein namenloses Werk.
MACBETH: Bei dem, was ihr da treibt, beschwör ich euch
– Wie ihr zur Kund auch kommt –, antwortet mir:
Entfesselt ihr den Sturm gleich, dass er kämpft
Gegen die Kirchen und die schäum'gen Wogen
Vernichten und verschlingen alle Schifffahrt,
Dass reifes Korn sich legt und Wälder brechen,
Dass Burgen auf den Schlosswart niederprasseln,

Dass Pyramiden und Paläste beugen
Bis zu dem Grund die Häupter. Müsste auch
Der ganze Schatz der zeugenden Natur
Zusammenbrechen, bis Zerstörung selbst
Es satt ist: Antwort gebt auf meine Fragen!

ERSTE HEXE: Sprich!

ZWEITE HEXE: Frag!

DRITTE HEXE: Wir geben Antwort.

ERSTE HEXE: Hörst du's aus unserm Munde lieber oder
Von unsern Meistern?

MACBETH: Ruft sie, ich will sie sehn.

ERSTE HEXE: Gießt der Sau Blut, die neun Junge
Fraß, noch zu; werft Fett, gedrungen
Aus des Mörders Rabenstein,
In die Glut.

ALLE: Kommt, groß und klein!
Seid dienstbehänd und stellt euch ein!

Donner. ERSTE ERSCHEINUNG: *ein bewaffnetes Haupt steigt aus dem Kessel.*

MACBETH: Sprich, unbekannte Macht –

ERSTE HEXE: Er weiß dein Fragen:
Hören musst du, selbst nichts sagen.

ERSTE ERSCHEINUNG:
Macbeth! Macbeth! Macbeth! scheu den Macduff,
Scheue den Than von Fife. – Lasst mich – genug. *Versinkt.*

MACBETH: Wer du auch seist, für deine Warnung Dank;
Du trafst den wunden Fleck – Doch noch ein Wort –

ERSTE HEXE: Er lässt sich nicht befehlen. Hier ein andrer,
Mächt'ger als jener.

Donner. ZWEITE ERSCHEINUNG: *ein blutiges Kind.*

ZWEITE ERSCHEINUNG: Macbeth! Macbeth! Macbeth!

MACBETH: Hätt ich drei Ohren, hört ich dich.

ZWEITE ERSCHEINUNG: Sei blutig, kühn und fest; lach aller Toren,
Dir schadet keiner, den ein Weib geboren:
Kein solcher kränkt Macbeth. *Versinkt.*

MACBETH: Dann leb, Macduff; was brauch ich dich zu fürchten?
Doch mach ich doppelt sicher Sicherheit
Und nehm ein Pfand vom Schicksal – du sollst sterben:
Dann sag ich zu der bleichen Furcht: du lügst!
Und schlafe trotz dem Donner.

Donner. DRITTE ERSCHEINUNG: *ein gekröntes Kind mit einem Baum in der Hand.*

Was ist das,
Das aufsteigt wie der Sprössling eines Königs
Und um die Kindesstirn geflochten hat
Den Kranz der Majestät?

ALLE: Horch, sprich's nicht an.

DRITTE ERSCHEINUNG:
Sei löwenkühn und stolz; nichts darfst du scheuen,
Wer tobt, wer knirscht und ob Verräter dräuen:
Macbeth wird nie besiegt, bis einst hinan
Der große Birnams-Wald zum Dunsinan
Feindlich emporsteigt. *Versinkt.*

MACBETH: Das kann nimmer werden –
Wer wirbt den Wald? heißt Bäume von der Erden
Die Wurzel lösen? Wie der Spruch entzückt!
Aufruhr ist tot, bis Birnams Waldung rückt
Bergan, und Macbeth lebet hochgemut
Bis an das Ziel der Tage, zahlt Tribut
Nur der Natur und Zeit. –
Doch klopft mein Herz, nur eins noch zu erfahren;
Sprecht, kann mir eure Kunst dies offenbaren:
Wird Banquos Same je dies Reich regieren?

ALLE: Frag weiter nichts.

MACBETH: Ich will befriedigt sein: versagt mir das,
Und seid verflucht auf ewig! Lasst mich wissen –
Warum versinkt der Kessel? Welch Getön?

Oboen.

ERSTE HEXE: Erscheint!

ZWEITE HEXE: Erscheint!

DRITTE HEXE: Erscheint!

ALLE: Erscheint dem Aug und quält den Sinn:
Wie Schatten kommt und fahrt dahin.

ACHT KÖNIGE *erscheinen und gehn über die Bühne, der letzte trägt einen Spiegel;* BANQUO *folgt.*

MACBETH: Du bist zu ähnlich Banquos Geist! Hinab!
Dein Diadem brennt mir die Augen – Und du
Mit goldumwundner Stirne gleichst dem ersten:
Ein dritter wie der zweite – Garst'ge Hexen!
Warum zeigt ihr mir das? Ein vierter! Blick, erstarre!
Wie, dehnt die Reih sich bis zum Jüngsten Tag?
Und noch! Ein siebenter! Ich will nichts mehr sehn.
Da kommt der achte noch und hält 'nen Spiegel,
Der mir viel andre zeigt, und manche seh ich,
Die zwei Reichsäpfel und drei Zepter tragen –
Furchtbarer Anblick:! Ja, ich seh, 's ist wahr;
Denn lächelnd winkt der blutdurchsiebte Banquo
Und deutet auf sie hin als auf die Seinen. –

Die Erscheinungen verschwinden.

Was, ist es so?

ERSTE HEXE: Ja, alles ist so. – Doch warum
Steht Macbeth da so starr und stumm?
Auf! zu ermuntern seinen Geist,
Ihm unsre schönsten Künste weist.
Durch Zauber tönen luft'ge Weisen;
Auf! tanzt in viel verschlungnen Kreisen.
Der König soll uns Lob gewähren,
Sein Kommen wussten wir zu ehren.

Musik; die Hexen tanzen und verschwinden.

MACBETH: Wo sind sie? Fort? – Mag diese Unglücksstunde
Verflucht auf ewig im Kalender stehn!
Herein, du draußen!

LENOX *tritt auf.*

LENOX: Was befiehlt Eur Hoheit?

MACBETH: Sahst du die Zauberschwestern?

LENOX: Nein, mein König.

MACBETH: Sie kamen nicht vorbei?

LENOX: Gewiss nicht, Herr.
MACBETH: Verpestet sei die Luft, auf der sie fahren,
Und alle die verdammt, so ihnen trauen!
Ich hörte Pferdgalopp – wer kam vorbei?
LENOX: Zwei oder drei, Herr, die Euch Nachricht brachten,
Dass Macduff floh nach England.
MACBETH: Floh nach England?
LENOX: Ja, gnäd'ger Herr.
MACBETH: O Zeit! vor eilst du meinem grausen Tun!
Nie wird der flücht'ge Vorsatz eingeholt,
Geht nicht die Tat gleich mit. Von Stund an nun
Sei immer meines Herzens Erstling auch
Erstling der Hand. Und den Gedanken gleich
Zu krönen, sei's getan, so wie gedacht.
Die Burg Macduffs will ich jetzt überfallen;
Fife wird erobert und dem Schwert geopfert
Sein Weib und Kind und alle armen Seelen
Aus seinem Stamm. Das ist nicht Torenwut;
Es ist getan, eh sich erkühlt mein Blut. –
Nur keine Geister mehr! – Wo sind die Herrn?
Komm, führ mich hin zu ihnen.
Sie gehn ab.

Zweite Szene

Fife, Zimmer in Macduffs Schloss.

Es treten auf LADY MACDUFF, *ihr kleiner* SOHN *und* ROSSE.

LADY MACDUFF: Was tat er denn, landflüchtig so zu werden?
ROSSE: Geduldig müsst Ihr sein.
LADY MACDUFF: Er war es nicht.
Die Flucht ist Wahnsinn. Wenn nicht unsre Taten,
Macht Furcht uns zu Verrätern.
ROSSE: Wenig wisst Ihr,
Ob er der Weisheit oder Furcht gehorchte.

LADY MACDUFF: Weisheit! Sein Weib, die kleinen Kinder lassen,
Haushalt wie seine Würden, an dem Ort,
Von dem er selbst entflieht? Er liebt uns nicht,
Ihm fehlt Naturgefühl. Bekämpft der schwache
Zaunkönig, dieses kleinste Vögelchen,
Die Eule doch für seine Brut im Nest.
Bei ihm ist alles Furcht und Liebe nichts;
Nicht größer ist die Weisheit, wo die Flucht
So gegen die Vernunft rennt.
ROSSE: Teure Muhme,
Ich bitte, mäßigt Euch; denn Euer Gatte
Ist edel, klug, vorsichtig, kennt am besten
Der Tage Sturm. – Nicht viel mehr darf ich sagen –
Doch harte Zeit, wenn wir Verräter sind,
Uns unbewusst, wenn uns Gerüchte ängst'gen,
Aus Furcht nur, doch nicht wissend, was wir fürchten,
Getrieben auf empörtem, wildem Meer,
Nach allen Seiten hin. – So lebt denn wohl!
Nicht lang, und wieder sprech ich vor bei Euch.
Was so tief sank, geht unter oder klimmt
Zur alten Höh empor. Mein Vetterchen,
Gott segne dich!
LADY MACDUFF: Er hat 'nen Vater und ist vaterlos.
ROSSE: Ich bin so kindisch, dass ein längres Bleiben
Mich nur beschämen würd und Euch entmut'gen:
Lebt wohl mit eins! *Ab.*
LADY MACDUFF: Nun, Freund, tot ist dein Vater;
Und was fängst du nun an? wie willst du leben?
SOHN: Wie Vögel, Mutter.
LADY MACDUFF: Was, von Würmern? Fliegen?
SOHN: Nein, was ich kriegen kann; so machen sie's.
LADY MACDUFF: Du armer Vogel, würdest nicht das Netz,
Leimrute, Schling und Falle fürchten.
SOHN: Wie doch?
Für arme Vögel stellt man die nicht auf. –
Mein Vater ist nicht tot, was du auch sagst.

LADY MACDUFF: Ja, doch; wo kriegst du nun 'nen Vater her?

SOHN: Nun, wo kriegst du 'nen Mann her?

LADY MACDUFF: Ei, zwanzig kauf ich mir auf jedem Markt.

SOHN: So kaufst du sie, sie wieder zu verkaufen.

LADY MACDUFF: Du sprichst, so klug du kannst, und für dein Alter
Doch wahrlich klug genug.

SOHN: War mein Vater ein Verräter, Mutter?

LADY MACDUFF: Ja, das war er.

SOHN: Was ist ein Verräter?

LADY MACDUFF: Nun, einer, der schwört und es nicht hält.

SOHN: Und sind alle Verräter, die das tun?

LADY MACDUFF: Jeder, der das tut, ist ein Verräter und muss aufgehängt werden.

SOHN: Müssen denn alle aufgehängt werden, die schwören und es nicht halten?

LADY MACDUFF: Jawohl.

SOHN: Wer muss sie denn aufhängen?

LADY MACDUFF: Nun, die ehrlichen Leute.

SOHN: Dann sind die, welche schwören und es nicht halten, rechte Narren; denn ihrer sind so viele, dass sie die ehrlichen Leute schlagen könnten und aufhängen dazu.

LADY MACDUFF: Nun, Gott stehe dir bei, armes Äffchen! Aber was willst du nun anfangen, um einen Vater zu bekommen?

SOHN: Wenn er tot wäre, so würdest du um ihn weinen, und tätest du das nicht, so wäre es ein gutes Zeichen, dass ich bald einen neuen Vater bekomme.

LADY MACDUFF: Armes Närrchen, wie du plauderst!

Ein BOTE *tritt auf.*

BOTE: Gott mit Euch, schöne Frau! Ihr kennt mich nicht,
Doch weiß ich Euren Stand und edlen Namen.
Ich fürchte, dass Gefahr Euch nah bedroht;
Verschmäht Ihr nicht den Rat 'nes schlichten Mannes,
So bleibt nicht hier: schnell fort mit Euren Kleinen!
Euch so zu schrecken bin ich grausam zwar;
Doch wär's Unmenschlichkeit, es nicht zu tun,

Da die Gefahr so nah. Der Himmel schütz Euch!
Ich darf nicht weilen. *Ab.*
LADY MACDUFF: Wohin soll ich fliehn?
Ich tat nichts Böses: doch jetzt denk ich dran,
Dies ist die ird'sche Welt, wo Böses tun
Oft löblich ist und Gutes tun zuweilen
Schädliche Torheit heißt. Warum denn, ach,
Verlass ich mich auf diese Frauenwaffe
Und sag, ich tat nichts Böses?

Die MÖRDER *kommen.*

Was für Gesichter?
ERSTER MÖRDER: Wo ist Euer Mann?
LADY MACDUFF: Nicht, hoff ich, an so ungeweihtem Platz,
Wo deinesgleichen ihn kann finden.
ERSTER MÖRDER: Er
Ist ein Verräter.
SOHN: Du lügst, struppköpf'ger Schurke!
MÖRDER: Was! du Ei,
Verräterbrut! *Ersticht das Kind.*
SOHN: Er hat mich umgebracht!
Mutter, ich bitte dich, lauf fort. *Stirbt.*

Lady Macduff entflieht und schreit: Mord!
Die Mörder verfolgen sie.

DRITTE SZENE

England. Park beim königlichen Schloss.

MALCOLM *und* MACDUFF *treten auf.*

MALCOLM: Lass uns 'nen stillen Schatten suchen und
Durch Tränen unser Herz erleichtern.
MACDUFF: Lieber
Lass uns, das Todesschwert ergreifend, wacker
Aufstehn für unser hingestürztes Recht.
An jedem Morgen heulen neue Witwen,

Und neue Waisen wimmern; neuer Jammer
Schlägt an des Himmels Wölbung, dass er tönt,
Als fühlt' er Schottlands Schmerz und hallte gellend
Den Klagelaut zurück.

MALCOLM: Das, was ich glaube,
Will ich betrauern; glauben, was ich weiß,
Und helfen will ich, wo ich kann, wenn Zeit
Und Freund' ich finde. Was Ihr mir erzählt,
Kann wohl sich so verhalten. Der Tyrann,
Des Name schon die Zung uns schwären macht,
Galt einst für ehrlich: Ihr habt ihn geliebt,
Noch kränkt' er Euch nicht. Ich bin jung, doch näher
Könnt Ihr durch mich ihn prüfen; Weisheit ist's,
Ein arm, unschuldig, schwaches Lamm zu opfern,
Um einen zorn'gen Gott zu sühnen.

MACDUFF: Ich
Bin kein Verräter.

MALCOLM: Aber Macbeth ist's.
Auch strenge Tugend kann sich schrecken lassen
Durch königliches Machtwort – doch verzeiht!
Mein Denken kann das, was Ihr seid, nicht wandeln.
Stets sind die Engel hell, fiel auch der hellste;
Borgt' alles Schlechte auch den Schein der Gnade,
Doch müsste Gnade wie sie selbst erscheinen.

MACDUFF: So hab ich meine Hoffnung denn verloren!

MALCOLM: Vielleicht da, wo ich meinen Zweifel fand.
Wie! in der Hast verließt Ihr Weib und Kind,
So teure Pfänder, mächt'ge Liebesknoten,
Selbst ohne Abschiednehmen? – Ich ersuch Euch –
Mein Misstraun spricht nicht so, Euch zu entehren,
Nur, mich zu sichern. Ihr könnt rein und treu sein,
Was ich von Euch auch denke.

MACDUFF: Blute, blute,
Du armes Vaterland!
So lege festen Grund denn, Tyrannei,
Rechtmäßigkeit wagt nicht, dich anzugreifen!

Trage dein Leid, dein echter Herrscher zittert!
Prinz, lebe wohl! nicht möcht ich sein der Schurke,
Den du mich achtest, für den weiten Raum,
Den der Tyrann in seinen Klauen hält,
Zusamt dem reichen Ost.

MALCOLM: Sei nicht beleidigt!
Nicht unbedingter Argwohn sprach aus mir.
Ich glaub es, unser Land erliegt dem Joch;
Es weint und blutet; jeder neue Tag
Schlägt neue Wunden ihm; auch glaub ich wohl,
Dass Hände sich erhöben für mein Recht;
So bietet der huldreiche England mir
Manch wackres Tausend. Doch bei alledem,
Wenn ich nun tret auf des Tyrannen Haupt,
Es trag auf meinem Schwert, wird größre Laster
Mein armes Land noch tragen als zuvor,
Mehr dulden und auf schlimmre Art als je
Durch den, der folgen wird.

MACDUFF: Wer wäre dieser?

MALCOLM: Mich selber mein ich, in den, wie ich weiß,
Die Keime aller Laster so geimpft sind,
Dass, brechen sie nun auf, der schwarze Macbeth
Rein scheint wie Schnee und er dem armen Staat
Lammartig dünkt, vergleicht er ihn mit meiner
Maßlosen Sündlichkeit.

MACDUFF: Nicht in Legionen
Der grausen Höll ist ein verruchtrer Teufel,
Der Macbeth überragt.

MALCOLM: Wohl ist er blutig,
Wollüstig, geizig, falsch, betrügerisch,
Jähzornig, hämisch; schmeckt nach jeder Sünde,
Die Namen hat. Doch völlig bodenlos
Ist meine Wollust; eure Weiber, Töchter,
Jungfraun, Matronen könnten aus nicht füllen
Den Abgrund meiner Lust; und meine Gier
Würd überspringen jede feste Schranke,

Die meine Willkür hemmte. Besser Macbeth,
Als dass ein solcher herrscht.

MACDUFF: Unmäß'ge Wollust
Ist wohl auch Tyrannei und hat schon oft
Manchen beglückten Thron zu früh verwaist,
Viel Könige gestürzt. Allein deshalb
Zagt nicht zu nehmen, was Eur Eigen ist.
Ihr mögt der Lust ein weites Feld gewähren
Und kalt erscheinen, klug die Menschen täuschen:
Der will'gen Frauen gibt's genug; unmöglich
Kann solch ein Geier in Euch sein, der alle
Verschlänge, die der Hoheit gern sich opfern,
Zeigt sie ein solch Gelüst.

MALCOLM: Daneben wuchert
In meinem tief verderbten Sinn der Geiz,
So unersättlich, dass, wär ich der König,
Räumt ich die Edeln weg um ihre Güter;
Dem raubt ich die Juwelen, dem das Haus;
Mehr haben wäre mir die Würzung nur,
Den Hunger mehr zu reizen; Netze strickt ich,
Mit bösem Streit den Redlichen zu fangen,
Um Reichtum ihn vernichtend.

MACDUFF: Dieser Geiz
Steckt tiefer, schlingt verderblicher die Wurzeln
Als sommerliche Lust: er war das Schwert,
Das unsre Kön'ge schlug. Doch fürchtet nichts;
Schottland hat Reichtum gnug, Euch zu befried'gen,
Der Euch mit Recht gehört. Dies alles ist
Erträglich, ausgesöhnt durch Tugenden.

MALCOLM: Die hab ich nicht – die Königstugenden,
Wahrheit, Gerechtigkeit, Starkmut, Geduld,
Ausdauer, Milde, Andacht, Gnade, Kraft,
Mäßigkeit, Demut, Tapferkeit, von allen
Ist keine Spur in mir – nein, Überfluss
An jeglichem Verbrechen, ausgeübt
In jeder Art. Ja, hätt ich Macht, ich würde

Der Eintracht süße Milch zur Hölle gießen,
Verwandeln allen Frieden in Empörung,
Vernichten alle Einigkeit auf Erden.

MACDUFF: O Schottland! Schottland!

MALCOLM: Darf nun ein solcher wohl regieren? Sprich!
Ich bin, wie ich gesagt.

MACDUFF: Regieren? Nein,
Nicht leben darf er! O unsel'ges Volk!
Vom blut'gen Usurpator hingeschlachtet,
Wann doch erlebst du wieder frohe Tage?
Nie! denn der echtste Erbe deines Throns
Hat sich durch selbst gesprochnen Bann verflucht
Und brandmarkt seinen Stamm. Dein frommer Vater
War ein höchst heil'ger Fürst; die Kön'gin, die dich trug,
Weit öfter auf den Knien, als auf den Füßen,
Starb jeden Tag des Lebens. Fahre wohl!
Die Sünden, die du selbst dir zugesprochen,
Verbannten mich aus Schottland. – O mein Herz,
Dein Hoffen endet hier!

MALCOLM: Macduff, dein edler Zorn,
Das Kind der Redlichkeit, tilgt aus der Seele
Mir jeden schwarzen Argwohn und versöhnt
Mit deiner Treu und Ehre mein Gemüt.
Der teuflische Macbeth hat oft versucht,
Durch solche Künste mich ins Garn zu locken,
Drum schirmt vor allzu gläub'ger Hast mich Vorsicht –
Doch Gott mag richten zwischen dir und mir!
Denn jetzt geb ich mich ganz in deine Hände;
Die Selbstverleumdung widerruf ich, schwöre
Die Laster ab, durch die ich mich geschmäht,
Als meinem Wesen fremd. Noch weiß ich nichts
Vom Weibe, habe nimmer falsch geschworen,
Verlangte kaum nach dem, was mir gehört!
Stets hielt ich treu mein Wort, verriete selbst
Den Satan nicht den Teufeln; Wahrheit gilt
Mir mehr als Leben, meine erste Lüge

War diese gegen mich. Mein wahres Selbst
Ist dir und meinem armen Land geweiht;
Wohin auch schon, noch eh du hergekommen,
Der alte Siward mit zehntausend Kriegern
Bereitstand aufzubrechen, und wir gehn
Mitsammen nun. Sei uns das Glück gewogen,
Wie unser Streit gerecht ist! – Warum schweigst du?
MACDUFF: Schwer lässt sich so Willkommnes und zugleich
So Unwillkommnes ein'gen.
MALCOLM: Gut! mehr nachher.

Ein ARZT *tritt auf.*

Geht heut der König aus?
ARZT: Ja, Prinz; denn viele Arme sind versammelt,
Die seine Hilf erwarten; ihre Krankheit
Trotzt jeder Heilkunst; doch rührt er sie an,
Hat so der Himmel seine Hand gesegnet,
Dass sie sogleich genesen.
MALCOLM: Dank Euch, Doktor.

Der Arzt geht ab.

MACDUFF: Was für 'ne Krankheit ist's?
MALCOLM: Sie heißt das Übel;
Ein wundertätig Werk vom guten König,
Das ich ihn oft, seit ich in England bin,
Vollbringen sah. Wie er zum Himmel fleht,
Weiß er am besten; seltsam Heimgesuchte,
Voll Schwulst und Aussatz, kläglich anzuschauen,
An denen alle Kunst verzweifelt, heilt er,
'ne goldne Münz um ihren Nacken hängend,
Mit heiligem Gebet – und nach Verheißung
Wird er vererben auf die künft'gen Herrscher
Die Wundergabe. Zu der heil'gen Kraft
Hat er auch himmlischen Prophetengeist;
So steht um seinen Thron vielfacher Segen,
Ihn gottbegabt verkündend.

ROSSE *tritt auf.*

MACDUFF: Wer kommt da?
MALCOLM: Ein Landsmann, ob ich gleich ihn noch nicht kenne.
MACDUFF: Mein hochgeliebter Vetter, sei willkommen!
MALCOLM: Jetzt kenn ich ihn. – O Gott! entferne bald,
Was uns einander fremd macht.
ROSSE: Amen, Herr!
MACDUFF: Steht's noch um Schottland so?
ROSSE: Ach! armes Land,
Das fast vor sich erschrickt! Nicht unsre Mutter
Kann es mehr heißen, sondern unser Grab:
Wo nur, wer von nichts weiß, noch etwa lächelt;
Wo Seufzen, Stöhnen, Schrein die Luft zerreißen
Und keiner achtet drauf; wo wilder Schmerz
Als ganz alltäglich gilt und keiner fragt:
»Für wen?« beim Grabgeläut; der Wackern Leben
Welkt schneller als der Strauß auf ihrem Hut,
Sie sterben, eh sie krank sind.
MACDUFF: O Erzählung,
Zu herb und doch zu wahr! Was ist die neuste Kränkung?
ROSSE: Wer die erzählt, die eine Stunde alt,
Wird ausgezischt; jedweder Augenblick
Zeugt eine neue.
MACDUFF: Wie steht's um mein Weib?
ROSSE: Nun – wohl.
MACDUFF: Und meine Kinder alle?
ROSSE: Auch wohl.
MACDUFF: Nicht stürmte der Tyrann in ihren Frieden?
ROSSE: Sie waren all in Frieden, als ich schied.
MACDUFF: Sei nicht mit Worten geizig; sprich, wie steht's?
ROSSE: Als ich fortging, die Nachricht herzubringen,
An der ich schwer trug, lief dort ein Gerücht
Von vielen wackren Leuten, die sich sammeln,
Und diesen Glauben fand ich auch bestätigt,
Weil ich im Feld sah des Tyrannen Truppen.
Nun ist zu helfen Zeit; Eur Aug in Schottland

Erschüfe Krieger, trieb' in Kampf die Frauen,
Ihr Elend abzuschütteln.

MALCOLM: Sei's ihr Trost,
Dass wir schon nahn. Der güt'ge England leiht uns
Den wackern Siward und zehntausend Mann;
Ein alter Krieger, keinen bessern gibt's
In aller Christenheit.

ROSSE: Könnt ich den Trost
Mit Trost vergelten! Doch ich habe Worte –
O würden sie in leere Luft geheult,
Wo nie ein Ohr sie fasste!

MACDUFF: Wen betrifft's?
Ist's allgemeines Weh! ist's eigner Schmerz,
Der einem nur gehört?

ROSSE: Kein redlich Herz,
Das nicht mit leidet; doch der größre Teil
Ist nur für dich allein.

MACDUFF: Gehört es mir,
Enthalte mir's nicht vor; schnell lass mich's haben.

ROSSE: Dein Ohr wird meine Zunge ewig hassen,
Die's mit dem jammervollsten Ton betäubt,
Den jemals du gehört.

MACDUFF: Ha! ich errat es.

ROSSE: Dein Schloss ist überfallen; Weib und Kinder
Grausam gewürgt. Dir zu erzählen, wie,
Hieß' deinen Tod hinzutun noch der Beute
Des hingestreckten Wildes.

MALCOLM: Gnäd'ger Gott! –
Nein, Mann! drück nicht den Hut so in die Augen,
Gib Worte deinem Schmerz: Gram, der nicht spricht,
Presst das beladene Herz, bis dass es bricht.

MACDUFF: Auch meine Kinder?

ROSSE: Gattin, Kinder, Diener;
Was man nur fand.

MACDUFF: Und ich muss ferne sein!
Mein Weib gemordet auch?

ROSSE: Ich sagt es.

MALCOLM: Fasst Euch:
Lasst uns Arznei aus mächt'ger Rache mischen,
Um dieses Todesweh zu heilen.

MACDUFF: Er
Hat keine Kinder! All die süßen Kleinen?
Alle, sagst du? – O Höllengeier! – Alle!
Was! all die holden Küchlein, samt der Mutter,
Mit einem wilden Griff?

MALCOLM: Ertragt es wie ein Mann.

MACDUFF: Das will ich auch;
Doch ebenso muss wie ein Mann ich's fühlen:
Vergessen kann ich nicht, dass das gewesen,
Was mir das Liebste war. Konnte der Himmel
Es anschaun und nicht helfen? Sünd'ger Macduff!
Für dich sind sie erschlagen! Ich Verworfner!
Für ihre Sünden nicht, nein, für die meinen
Sind sie gewürgt. Schenk ihnen Frieden, Gott!

MALCOLM: Dies wetze scharf dein Schwert, verwandle Gram
In Zorn; erschlaffe nicht dein Herz, entflamm es.

MACDUFF: Ich will das Weib nicht mit den Augen spielen
Und prahlen mit der Zung! – Doch, güt'ger Himmel,
Verkürze allen Aufschub; Stirn an Stirn
Führ diesen Teufel Schottlands mir entgegen.
Stell ihn in meines Schwerts Bereich; entrinnt er,
Himmel, vergib ihm auch!

MALCOLM: So klingt es männlich.
Jetzt kommt zum König; fertig steht das Heer.
Es mangelt nur noch, dass wir Abschied nehmen.
Macbeth ist reif zur Ernte, und dort oben
Bereiten ew'ge Mächte schon das Messer.
Fasst frischen Mut; so lang ist keine Nacht,
Dass endlich nicht der helle Morgen lacht.

Sie gehen ab.

Fünfter Aufzug

Erste Szene

Dunsinan. Zimmer im Schloss.

Es treten auf ein ARZT *und eine* KAMMERFRAU.

ARZT: Zwei Nächte habe ich nun mit Euch gewacht, aber keine Bestätigung Eurer Aussage gesehen. Wann ist sie zuletzt umhergewandelt?

KAMMERFRAU: Seitdem Seine Majestät in den Krieg zogen, habe ich gesehen, wie sie aus ihrem Bett aufstand, ihr Nachtgewand umwarf, ihren Schrank aufschloss, Papier nahm, es zusammenlegte, schrieb, das Geschriebene las, es versiegelte und dann wieder zu Bett ging: Und die ganze Zeit im tiefen Schlafe.

ARZT: Eine große Zerrüttung der Natur! die Wohltat des Schlafes genießen und zugleich die Geschäfte des Wachens verrichten. – In dieser schlafenden Aufregung, außer dem Umherwandeln und anderm Tun, was, irgendeinmal, habt Ihr sie sprechen hören?

KAMMERFRAU: Dinge, die ich ihr nicht nachsprechen werde.

ARZT: Mir könnt Ihr's vertrauen; und es ist notwendig, dass Ihr es tut.

KAMMERFRAU: Weder Euch noch irgend jemand, da ich keine Zeugen habe, meine Aussage zu bekräftigen.

LADY MACBETH *kommt, eine Kerze in der Hand.*

Seht, da kommt sie! So ist ihre Art und Weise! und, bei meinem Leben, fest im Schlaf. Beobachtet sie; versteckt Euch!

ARZT: Wie kam sie zu dem Licht?

KAMMERFRAU: Das brennt neben ihrem Bett. Sie hat immer Licht: es ist ihr Befehl.

ARZT: Seht, ihre Augen sind offen.

KAMMERFRAU: Ja, aber ihre Sinne geschlossen.

ARZT: Was macht sie nun? Schaut, wie sie sich die Hände reibt.

KAMMERFRAU: Das ist ihre gewöhnliche Gebärde, dass sie tut, als wüsche sie sich die Hände; ich habe wohl gesehen, dass sie es eine Viertelstunde hintereinander tat.

LADY MACBETH: Da ist noch ein Fleck.

ARZT: Horch, sie spricht! Ich will aufschreiben, was sie sagt, um hernach meine Erinnerung daraus zu ergänzen.

LADY MACBETH: Fort, verdammter Fleck! fort, sag ich! – Eins, zwei! Nun, dann ist es Zeit, es zu tun. – Die Hölle ist finster! – Pfui, mein Gemahl, pfui! ein Soldat und furchtsam! Was haben wir zu fürchten, wer es weiß, da niemand unsre Gewalt zur Rechenschaft ziehen darf? – Aber wer hätte gedacht, dass der alte Mann noch so viel Blut in sich hätte?

ARZT: Hört Ihr wohl!

LADY MACBETH: Der Than von Fife hatte ein Weib: Wo ist sie nun? – Wie, wollen diese Hände denn nie rein werden? – Nichts mehr davon, mein Gemahl, nichts mehr davon; du verdirbst alles mit diesem Auffahren.

ARZT: Ei, ei! Ihr habt erfahren, was Ihr nicht solltet!

KAMMERFRAU: Gesprochen hat sie, was sie nicht sollte, das ist gewiss. Gott weiß, was sie erfahren hat.

LADY MACBETH: Noch immer riecht es hier nach Blut; alle Wohlgerüche Arabiens würden diese kleine Hand nicht wohlriechend machen. Oh! oh! oh!

ARZT: Was das für ein Seufzer war! Ihr Herz ist schmerzlich beladen.

KAMMERFRAU: Ich möchte nicht ein solches Herz im Busen tragen, nicht für den Königsschmuck des ganzen Leibes.

ARZT: Gut, gut!

KAMMERFRAU: Gebe Gott, dass es gut sei!

ARZT: Diese Krankheit liegt außer dem Gebiet meiner Kunst; aber ich habe Menschen gekannt, die im Schlaf umherwandelten und doch fromm in ihrem Bett starben.

LADY MACBETH: Wasch deine Hände, leg dein Nachtkleid an; sieh doch nicht so blass aus! – Ich sage es dir noch einmal, Banquo ist begraben, er kann aus seiner Gruft nicht herauskommen.

ARZT: Wirklich?

LADY MACBETH: Zu Bett, zu Bett! Es wird ans Tor geklopft. Komm, komm, komm, komm, gib mir die Hand! – Was geschehn ist, kann man nicht ungeschehn machen. – Zu Bett, zu Bett, zu Bett! *Ab.*

ARZT: Geht sie nun zu Bett?

KAMMERFRAU: Unverzüglich.

ARZT: Von Gräueln flüstert man, und Taten unnatürlich
Erzeugen unnatürliche Zerrüttung:
Die kranke Seele will ins taube Kissen
Entladen ihr Geheimnis. Sie bedarf
Des Beicht'gers mehr noch als des Arztes. – Gott,
Vergib uns allen! Seht nach ihr; entfernt,
Womit sie sich verletzen könnt, und habt
Ein Auge stets auf sie. – So, gute Nacht!
Der Anblick hat mir Schreck und Graun gemacht.
Ich denk und darf nichts sagen.

KAMMERFRAU: Nun, schlaft wohl!

Sie gehen ab.

Zweite Szene

Feld in der Nähe von Dunsinan.

Es treten auf mit Trommeln und Fahnen MENTETH, CATHNESS, ANGUS, LENOX *und* SOLDATEN.

MENTETH: Das Heer von England naht, geführt von Malcolm,
Seinem Ohm Siward und dem guten Macduff:
Von Rache glühn sie; denn ihr herbes Leid
Erregte wohl den abgestorbnen Greis
Zu blutig grimmem Kampf.

ANGUS: Bei Birnams Wald –
Von dorther nahn sie – treffen wir sie wohl.

CATHNESS: Ob Donalbain bei seinem Bruder ist?

LENOX: Gewiss nicht, Herr; denn eine Liste hab ich
Vom ganzen Adel. Dort ist Siwards Sohn
Und mancher glatte Jüngling, der zuerst
Die Mannheit prüft.
MENTETH: Und was tut der Tyrann?
CATHNESS: Das mächt'ge Dunsinan befestigt er.
Toll heißt ihn mancher; wer ihn minder hasst,
Nennt's tapfre Wut; doch ist's gewiss, er kann
Den wild empörten Zustand nicht mehr schnallen
In den Gurt der Ordnung.
ANGUS: Jetzt empfindet er
Geheimen Mord, an seinen Händen klebend;
Jetzt straft Empörung stündlich seinen Treubruch;
Die er befehligt, handeln auf Befehl,
Aus Liebe nicht. Jetzt fühlt er seine Würde
Zu weit und lose, wie des Riesen Rock
Hängt um den dieb'schen Zwerg.
MENTETH: Ist es ein Wunder,
Wenn sein gequälter Sinn auffährt und schaudert?
Muss all sein Fühlen sich doch selbst verdammen,
Weil's seiner Seele eignet.
CATHNESS: Ziehn wir weiter,
Da Dienst zu weihen, wo es Lehnspflicht fordert:
Suchen wir auf das Heil des kranken Staates,
Mit ihm vergießen wir, zum Wohl des Landes,
All unser Blut.
LENOX: So viel, dass es betaut
Die Herrscherblum, ertränkt das gift'ge Kraut.
So geh der Zug nach Birnam.

Sie marschieren vorüber.

Dritte Szene

Dunsinan. Im Schloss.

MACBETH *tritt auf; der* ARZT, GEFOLGE.

MACBETH: Bringt keine Nachricht mehr! lasst alle fliehn;
Bis Birnams Wald anrückt auf Dunsinan,
Ist Furcht mir nichts. Was ist der Knabe Malcolm?
Gebar ihn nicht ein Weib! Die Geister, welche
All irdisch Walten kennen, prophezeiten so:
Sei kühn, Macbeth, kein Mann, vom Weib geboren,
Soll je dir was anhaben. – Flieht denn immer,
Ihr falschen Thans, zu Englands Weichlingen –
Dies Herz und meinen Herrschergeist verwegen
Dämpft Zweifel nicht und soll die Furcht nie regen.

Ein DIENER *tritt auf.*

Der Teufel brenn dich schwarz, milchbleicher Lump!
Wie kommst du an den Gänseblick?

DIENER: Da sind zehntausend –

MACBETH: Gänse, Schuft?

DIENER: Soldaten, Herr.

MACBETH: Reib dein Gesicht, die Furcht zu überröten,
Weißleb'riger Hund. Was für Soldaten, Hansnarr?
Hol dich der Teufel! deine Kreidewangen
Verführen all zur Furcht. Was für Soldaten,
Molkengesicht?

DIENER: Erlaubt! das Heer von England.

MACBETH: Weg dein Gesicht!

Diener ab.

Seyton! – Mir wird ganz übel,
Seh ich so – Seyton! Heda! – Dieser Ruck
Kuriert auf immer oder liefert jetzt mich.
Ich lebte lang genug: mein Lebensweg
Geriet ins Dürre, ins verwelkte Laub:
Und was das hohe Alter soll begleiten,
Gehorsam, Liebe, Ehre, Freundestrost,

Danach darf ich nicht aussehn; doch stattdessen
Flüche, nicht laut, doch tief, Munddienst und Hauch,
Was gern das arme Herz mir weigern möchte
Und wagt's nicht. Seyton!

SEYTON *kommt.*

SEYTON: Was befiehlt mein Herrscher?
MACBETH: Was gibt es Neues?
SEYTON: Alles wird bestätigt,
Was das Gerücht verkündet.
MACBETH: Ich will fechten,
Bis mir das Fleisch gehackt ist von den Knochen.
Gebt meine Rüstung mir!
SEYTON: Noch tut's nicht not.
MACBETH: Ich leg sie an.
Mehr Reiter sendet aus, durchstreift das Land;
Wer Furcht nennt, wird gehängt. – Bringt mir die Rüstung! –
Was macht die Kranke, Arzt?
ARZT: Nicht krank so sehr
Wie durch gedrängte Fantasiegebilde
Gestört, der Ruh beraubt.
MACBETH: Heil sie davon.
Kannst nichts ersinnen für ein krank Gemüt?
Die Qualen löschen, die ins Hirn geschrieben,
Und mit Vergessens süßem Gegengift
Die Brust entled'gen jener gift'gen Last,
Die schwer das Herz bedrückt?
ARZT: Hier muss der Kranke selbst das Mittel finden.
MACBETH: Wirf deine Kunst den Hunden vor, ich mag sie nicht. –
Legt mir die Rüstung an; den Stab her! – Seyton,
Schick aus. – Doktor, die Thans verlassen mich: –
Nun, mach geschwind! – Arzt, könntst du meinem Land
Beschaun das Wasser, seine Krankheit finden
Und es zum kräft'gen frühern Wohlsein rein'gen.
Wollt ich mit deinem Lob das Echo wecken,
Dass es dein Lob weit hallte. – Weg den Riemen! –

Welche Purganz, Rhabarber, Senna führte
Wohl ab die Englischen? – Hörst du von ihnen?
ARZT: Ja, hoher König; Eure Kriegesrüstung
Macht, dass wir davon hören.
MACBETH: Bringt's mir nach. –
Nicht Tod und nicht Verderben ficht mich an,
Kommt Birnams-Wald nicht her zum Dunsinan! *Ab.*
ARZT: Wär ich von Dunsinan mit Heil und Glück,
So brächte mich kein Vorteil je zurück.
Alle ab.

Vierte Szene

Feld in der Nähe von Dunsinan, ein Wald in der Ferne.

Es treten auf mit Trommeln und Fahnen MALCOLM, *der* ALTE SIWARD, *sein* SOHN, MACDUFF, MENTETH, CATHNESS, ANGUS, LENOX, ROSSE *und* SOLDATEN.

MALCOLM: Vettern, die Tage, hoff ich, sind uns nah,
Wo Kammern sicher sind.
MENTETH: Wir zweifeln nicht.
SIWARD: Wie heißt der Wald da vor uns?
MENTETH: Birnams-Wald.
MALCOLM: Ein jeder Krieger hau sich ab 'nen Zweig
Und trag ihn vor sich; so verbergen wir
Die Truppenzahl, und irrig wird der Feind
In seiner Schätzung.
EIN SOLDAT: Es soll gleich geschehn.
Die Soldaten gehn ab.
SIWARD: Wir hören nichts, als dass mit Zuversicht
Sich der Tyrann auf Dunsinan befestigt
Und die Belagrung ausstehn will.
MALCOLM: Darauf
Vertraut er einzig. Wo's nur möglich ist,

Empört sich hoch und niedrig gegen ihn,
Und niemand folgt ihm als gezwungnes Volk,
Das nicht von Herzen dient.

MACDUFF: Lasst bis zum Siege
Gerechten Tadel schweigen, dass wir weise
Den Kriegszug lenken.

SIWARD: Ja, es naht die Zeit,
Wo richt'ges Unterscheiden lässt erkennen
Das, was wir schulden, was wir unser nennen:
Von schwacher Hoffnung müß'ges Grübeln spricht;
Die Schlacht sitzt ob dem Ausgang zu Gericht:
Und ihr entgegen führt den Kriegeszug.

Alle ab.

Fünfte Szene

Dunsinan. Im Schloss.

Mit Trommeln und Fahnen treten auf MACBETH, SEYTON *und* SOLDATEN.

MACBETH: Pflanzt unsre Banner auf die äußre Mauer;
Stets heißt's: »Sie kommen.« Unser festes Schloss
Lacht der Belagrung; mögen sie hier liegen,
Bis Hunger sie und Krankheit aufgezehrt.
Verstärkten die sie nicht, die uns gehören,
Wir hätten, Bart an Bart, sie kühn getroffen
Und sie nach Haus gegeißelt. Welch Geschrei?

Weibergeschrei hinter der Szene.

SEYTON: Wehklage ist's von Weibern, gnäd'ger Herr. *Ab.*

MACBETH: Verloren hab ich fast den Sinn der Furcht.
Es gab 'ne Zeit, wo kalter Schaur mich fasste,
Wenn der Nachtvogel schrie, das ganze Haupthaar
Bei einer schrecklichen Geschicht empor
Sich richtete, als wäre Leben drin.

Ich habe mich an Grauen übersättigt;
Entsetzen, meines Mordsinns Hausgenoss,
Schreckt nun mich nimmermehr.

SEYTON *kommt zurück.*

Weshalb das Wehschrein?

SEYTON: Die Kön'gin, Herr, ist tot.
MACBETH: Sie hätte später sterben können; es hätte
Die Zeit sich für ein solches Wort gefunden. –
Morgen und morgen und dann wieder morgen,
Kriecht so mit kleinem Schritt von Tag zu Tag,
Zur letzten Silb auf unserm Lebensblatt;
Und alle unsre Gestern führten Narrn
Den Pfad des staub'gen Tods. – Aus! kleines Licht!
Leben ist nur ein wandelnd Schattenbild;
Ein armer Komödiant, der spreizt und knirscht
Sein Stündchen auf der Bühn und dann nicht mehr
Vernommen wird; ein Märchen ist's, erzählt
Von einem Tollen, voller Klang und Wut,
Das nichts bedeutet.

Ein BOTE *kommt.*

Du hast was auf der Zunge: schnell heraus!
BOTE: Mein königlicher Herr –
Ich sollte melden das, was, wie ich glaube,
Ich sah – doch wie ich's tun soll, weiß ich nicht.
MACBETH: Nun, sag's nur, Mensch.
BOTE: Als ich den Wachtdienst auf dem Hügel tat –
Ich schau nach Birnam zu, und sieh, mir deucht,
Der Wald fängt an zu gehn.
MACBETH: Lügner und Sklav!
BOTE: Lasst Euren Zorn mich fühlen, ist's nicht so:
Drei Meilen weit könnt Ihr ihn kommen sehn;
Ein gehnder Wald – wahrhaftig!
MACBETH: Sprichst du falsch,
Sollst du am nächsten Baum lebendig hangen,
Bis Hunger dich verschrumpft hat; sprichst du wahr,
Magst du mir meinethalb dasselbe tun. –

Einzieh ich die Entschlossenheit, beginne
Den Doppelsinn des bösen Feinds zu merken,
Der Lüge spricht wie Wahrheit: Fürchte nichts,
Bis Birnams-Wald anrückt auf Dunsinan; –
Und nunmehr kommt ein Wald nach Dunsinan.
Waffen nun, Waffen! und hinaus! –
Ist Wahrheit das, was seine Meldung spricht,
So ist kein Fliehn von hier, kein Bleiben nicht.
Das Sonnenlicht will schon verhasst mir werden;
Oh! fiel' in Trümmer jetzt der Bau der Erden!
Auf! läutet Sturm! Wind, blas! heran, Verderben!
Den Harnisch auf dem Rücken, will ich sterben.

Alle ab.

Sechste Szene

Ebendaselbst. Ein Feld vor dem Schloss.

Es treten auf mit Trommeln und Fahnen MALCOLM, SIWARD, *die übrigen* ANFÜHRER, *das* HEER *mit Zweigen.*

MALCOLM: Jetzt nah genug! Werft ab die laub'gen Schirme
Und zeigt euch, wie ihr seid. Ihr, würd'ger Oheim,
Führt mit dem Vetter, Eurem edlen Sohn,
Die erste Schar; ich und der würd'ge Macduff
Besorgen, was noch übrig ist zu tun,
Wie wir es angeordnet.

SIWARD: Lebt denn wohl! –
Zieht uns nur heut entgegen der Tyrann,
Mag er den schlagen, der nicht fechten kann!

MACDUFF: Trompeten blast, befeuert kühnen Mut,
Herolde, ruft ihr uns in Tod und Blut.

Alle ab. Schlachtgetümmel hinter der Szene.

Siebente Szene

Ein anderer Teil des Schlachtfeldes.

MACBETH *tritt auf.*

MACBETH: Sie banden mich an den Pfahl; fliehn kann ich nicht,
Muss wie der Bär der Hatz entgegenkämpfen:
Wo ist er, der nicht ward vom Weib geboren?
Den fürcht ich, keinen sonst.

DER JUNGE SIWARD *kommt.*

DER JUNGE SIWARD: Wie ist dein Name?
MACBETH: Du wirst erschrecken, ihn zu hören.
DER JUNGE SIWARD: Nein!
Nennst du dich auch mit einem grimmren Namen
Als einer in der Höll.
MACBETH: Mein Nam ist Macbeth.
DER JUNGE SIWARD: Der Teufel selber könnte nichts verkünden,
Verhasster meinem Ohr.
MACBETH: Und nichts so furchtbar.
DER JUNGE SIWARD: Abscheulicher Tyrann, du lügst! das soll
Mein Schwert dir zeigen.

Gefecht, der junge Siward fällt.

MACBETH: Wardst vom Weib geboren. –
Der Schwerter lach ich, spotte der Gefahr,
Womit ein Mann dräut, den ein Weib gebar. *Ab.*

Getümmel. MACDUFF *kommt.*

MACDUFF: Dort ist der Lärm. – Zeig dein Gesicht, Tyrann!
Fällst du, und nicht von meinem Schwert, so werden
Mich meines Weibs, der Kinder Geister quälen;
Ich kann auf armes Kernenvolk nicht schlagen,
Die in gedungner Hand die Lanze führen.
Nur du, Macbeth, wo nicht, kehrt schartenlos
Und ohne Tat mein Schwert zurück zur Scheide.
Dort musst du sein; dies mächt'ge Tosen kündet,
Dass dort vom ersten Range einer kämpft.
O Glück! eins bitt ich nur, lass mich ihn finden. *Ab.*

Getümmel. MALCOLM *und* SIWARD *kommen.*

SIWARD: Hierher, mein Prinz! – Das Schloss ergab sich willig.
Auf beiden Seiten kämpft des Wütrichs Volk;
Die edlen Thans tun wackre Kriegesdienste;
Der Tag hat sich fast schon für Euch entschieden,
Nur wenig ist zu tun.
MALCOLM: Wir trafen Feinde,
Die uns vorbei haun.
SIWARD: Kommt, Prinz, in die Festung.
Sie gehn ab.

Achte Szene

Ein andrer Teil des Schlachtfelds.
Getümmel. MACBETH *kommt.*

MACBETH: Weshalb sollt ich den röm'schen Narren spielen,
Sterbend durchs eigene Schwert? Solange Leben
Noch vor mir sind, stehn denen Wunden besser.
MACDUFF *kommt zurück.*
MACDUFF: Zu mir! du Höllenhund, zu mir!
MACBETH: Von allen Menschen mied ich dich allein;
Du, zieh dich nur zurück, mit Blut der Deinen
Ist meine Seele schon zu sehr beladen.
MACDUFF: Ich habe keine Worte, meine Stimme
Ist nur in meinem Schwert. Du Schurke, blut'ger,
Als Sprache Worte hat!
Sie fechten.
MACBETH: Verlorne Müh!
So leicht magst du die unteilbare Luft
Mit scharfem Schwert durchhaun wie mich verletzen:
Auf Schädel, die verwundbar, schwing den Stahl;
Mein Leben ist gefeit, kann nicht erliegen
Einem vom Weib Gebornen.
MACDUFF: So verzweifle
An deiner Kunst; und sage dir der Engel,

Dem du von je gedient, dass vor der Zeit
Macduff geschnitten ward aus Mutterleib.
MACBETH: Verflucht die Zunge, die mir dies verkündet,
Denn meine beste Mannheit schlägt sie nieder!
Und keiner trau dem Gaukelspiel der Hölle,
Die uns mit doppelsinn'ger Rede äfft,
Die Wort nur hält dem Ohr mit Glückverheißung
Und es der Wahrheit bricht. – Mit dir nicht kämpf ich.
MACDUFF: Nun, so ergib dich, Memme!
Und leb als Wunderschauspiel für die Welt.
Wir wollen dich als seltnes Ungeheuer
Im Bild auf Stangen führen, mit der Schrift:
»Hier zeigt man den Tyrannen.«
MACBETH: Ich will mich nicht ergeben, um zu küssen
Den Boden vor des Knaben Malcolm Fuß,
Gehetzt zu werden von des Pöbels Flüchen.
Ob Birnams-Wald auch kam nach Dunsinan,
Ob meinen Gegner auch kein Weib gebar,
Doch wag ich noch das Letzte: Vor die Brust
Werf ich den mächt'gen Schild: Nun magst dich wahren,
Wer »Halt!« zuerst ruft, soll zur Hölle fahren!

Sie gehen kämpfend ab.

Rückzug. Trompeten. Es treten auf mit Trommeln und Fahnen MALCOLM, SIWARD, ROSSE, LENOX, ANGUS, CATHNESS, MENTETH.

MALCOLM: Oh, wären lebend die vermissten Freunde!
SIWARD: Mancher muss draufgehn; doch, soviel ich sehe,
Ist dieser große Tag wohlfeil erkauft.
MALCOLM: Vermisst wird Macduff und Eur edler Sohn.
ROSSE: Eur Sohn, Mylord, hat Kriegerschuld gezahlt:
Er lebte nur, bis er ein Mann geworden;
In seiner Kühnheit war dies kaum bewährt,
Durch unverzagten Kampf in blut'ger Schlacht,
Als er starb wie ein Mann.
SIWARD: So ist er tot?

ROSSE: Ja, und getragen aus dem Feld. Eur Schmerz
Darf nicht nach seinem Wert gemessen werden,
Sonst wär er endlos.

SIWARD: Hat er vorn die Wunden?

ROSSE: Ja, auf der Stirn.

SIWARD: Wohl: sei er Gottes Kriegsmann!
Hätt ich so viele Söhn, wie Haar' ich habe,
Ich wünschte keinem einen schönern Tod:
Das ist sein Grabgeläut.

MALCOLM: Mehr Traur gebührt ihm,
Und die will ich ihm weihn.

SIWARD: Mehr tun ist Schwäche.
Er schied geehrt und zahlte seine Zeche;
So, Gott sei mit ihm! – Seht den neusten Trost.

MACDUFF *kommt mit Macbeths Kopf.*

MACDUFF: Heil, König! denn das bist du. Schau, hier ist
Des Usurpators Haupt: die Welt ist frei.
Ich seh umringt dich von des Reiches Perlen,
Die meinen Gruß im Herzen mit mir sprechen
Und deren lautes Wort ich jetzt erheische –
Dem König Schottlands Heil!

ALLE: Heil, Schottlands König!

Trompetenstoß.

MALCOLM: Wir wollen nicht vergeblich Zeit verschwenden,
Mit eurer Liebe einzeln abzurechnen
Und quitt mit euch zu werden. Thans und Vettern,
Hinfort seid Grafen, die zuerst in Schottland
Mit dieser Ehre prangen. Was zu tun noch,
Was nun gepflanzt muss werden mit der Zeit: –
Wie Rückberufung der verbannten Freunde,
Die des Tyrannen list'ger Schling entflohn;
Einziehn der blut'gen Schergen dieses toten
Bluthunds und seiner höll'schen Königin,
Die, wie man glaubt, gewaltsam selbst ihr Leben
Geendet – alles, was uns sonst noch obliegt,

Das, mit der ew'gen Gnade Gnadenhort,
Vollenden wir nach Maß und Zeit und Ort.
Euch allen werd und jedem Dank und Lohn,
Und jetzt zur Krönung lad ich euch nach Scone.

Trompeten. Alle ab.

Maß für Maß

Personen

VINCENTIO, *Herzog von Wien*
ANGELO, *Statthalter während des Herzogs Abwesenheit*
ESCALUS, *ein alter Herr vom Staatsrat und Gehilfe des Angelo*
CLAUDIO, *ein junger Edelmann*
LUCIO, *ein Wüstling*
Zwei junge EDELLEUTE, *Freunde des Lucio*
VARRIUS, *ein Edelmann, in des Herzogs Diensten*
Ein KERKERMEISTER
THOMAS } *Mönche*
PETER }
ELBOGEN, *ein einfältiger Gerichtsdiener*
SCHAUM, *ein alberner junger Mensch*
POMPEJUS, *Bierzapfer bei der Frau Überley*
GRAUSLICH, *ein Scharfrichter*
BERNARDINO, *ein Mörder*
ISABELLA, *Schwester des Claudio*
MARIANE, *Angelos Verlobte*
JULIA, *Claudios Geliebte*
FRANCISCA, *eine Nonne*
FRAU ÜBERLEY, *eine Kupplerin*
HERREN, WACHEN, GERICHTSDIENER und andres GEFOLGE

Die Szene ist in Wien.

Erster Aufzug

Erste Szene

Ein Zimmer in des Herzogs Palast.

Es treten auf der HERZOG, ESCALUS, HERREN VOM HOFE *und* GEFOLGE.

HERZOG: Escalus –
ESCALUS: Mein Fürst?
HERZOG: Das Wesen der Regierung zu entfalten,
Erschien' in mir als Lust an eitler Rede,
Weil mir bewusst, dass Eure eigne Kenntnis
Die Summe allen Rates überschreitet,
Den meine Macht Euch böte. Nehmt sie denn,
Wie Euer Edelsinn und Wert verdient,
Und lasst sie wirken. Unsers Volkes Art,
Der Stadt Gesetze wie des ganzen Staats
Gemeines Recht habt Ihr so wohl erforscht,
Wie Kunst und Übung irgendwen bereichert,
Den wir gekannt. So nehmt die Vollmacht hin,
Die Euch die Bahn bezeichne. Ruft hierher
Den Angelo, dass er vor uns erscheine.
Ein Diener geht.
Wie, meint Ihr, wird er unsern Platz vertreten?
Denn wisst, dass mit besonderm Vorbedacht
Wir ihn erwählt, an unsrer Statt zu herrschen,
Ihm unsre Schrecken liehn und unsre Gnade
Und ihm als Stellvertreter alle Waffen
Der eignen Macht vertraut. Wie dünkt Euch dies?
ESCALUS: Wenn irgendeiner je in Wien verdient,
So reiche Huld und Ehre zu erfahren,
So ist's Lord Angelo.
ANGELO *tritt auf.*
HERZOG: Da kommt er selbst.

ANGELO: Stets Euer Hoheit Willen untertänig,
Bitt ich um Euern Auftrag.
HERZOG: Angelo,
Es ist 'ne Schrift in deiner Lebensweise,
Die dem Bemerker klar entfaltet, was
Du je erlebt. Du selbst und dein Talent
Sind nicht dein eigen, dass du dich verzehrst
Für deinen eignen Wert, den Wert für dich.
Der Himmel braucht uns, so wie wir die Fackeln,
Sie leuchten nicht für sich; wenn unsre Kraft
Nicht strahlt nach außen hin, wär's ganz so gut,
Als hätten wir sie nicht. Geister sind schön geprägt
Zu schönem Zweck; noch leiht jemals Natur
Den kleinsten Skrupel ihrer Trefflichkeit,
Dass sie sich nicht, als wirtschaftliche Göttin,
Den Vorteil eines Gläub'gers ausbedingt,
So Dank wie Zinsen. Doch ergeht mein Wort
An einen Mann, der mich belehren könnte:
Nimm hin denn, Angelo!
Solang wir fern, sei unser zweites Selbst;
Tod und Begnad'gung wohn allein in Wien
In deiner Brust und Zunge. Escalus,
Obschon zuerst berufen, steh dir nach:
Empfange deine Vollmacht.
ANGELO: O mein Fürst,
Lasst schärfre Prüfung mein Metall bestehn,
Bevor ein so erhabnes edles Bild
Darauf geprägt wird.
HERZOG: Keine Ausflucht mehr.
Mit wohlgereifter, lang bedachter Wahl
Wardst du ersehn; deshalb nimm deine Würden.
So schnelle Eil erfordert unsre Reise,
Dass sie mich drängt und unentschieden lässt
Geschäfte wicht'ger Art. Wir schreiben Euch,
Wie uns Begebenheit und Zeit ermahnt,
Was uns betrifft; und wünschen zu erfahren,

Was hier begegnen mag. So lebt denn wohl,
Ein glückliches Gelingen sei mit Euch,
Nach unsern Wünschen.

ANGELO: Doch erlaubt, mein Fürst.
Dass wir ein Stück des Weges Euch geleiten.

HERZOG: Die Eil erlaubt es nicht;
Ihr sollt, bei meinem Wort, mit keinem Zweifel
Euch plagen. Eure Macht ist gleich der meinen:
So schärft nun oder mildert die Gesetze,
Wie's Eure Einsicht heischt. Gebt mir die Hand;
Ich reis im Stillen. Lieb ich gleich das Volk,
Doch wünscht ich nicht, zur Schau mich ihm zu stellen;
Ob wohlgemeint, doch mundet mir nicht wohl
Sein lauter Ruf, sein ungestümes Jauchzen;
Noch scheint mir der ein Mann von reifem Urteil,
Der sich daran erfreut. Nochmals, lebt wohl!

ANGELO: Der Himmel sei mit Euch und Euerm Tun!

ESCALUS: Er leit und bring Euch glücklich wieder heim.

HERZOG: Ich dank euch. Lebet wohl! *Ab.*

ESCALUS: Ich werd Euch um ein ungestört Gespräch
Ersuchen, Herr; es liegt mir viel daran,
Ganz durchzuschaun mein Amt bis auf den Grund.
Vollmacht hab ich, doch welcher Kraft und Art,
Ward mir noch nicht erklärt.

ANGELO: So ist's mit mir. Lasst uns zusammen gehn,
Dann wird sich Auskunft wohl genügend finden,
Was diesen Punkt betrifft.

ESCALUS: Ich folg Eur Gnaden.

Gehn ab.

Zweite Szene

Eine Straße.

Es treten auf LUCIO *und zwei* EDELLEUTE.

LUCIO: Wenn sich der Herzog und die andern Herzoge nicht mit dem König von Ungarn vergleichen, nun, so fallen alle Herzoge über den König her.

ERSTER EDELMANN: Der Himmel gebe uns seinen Frieden, aber nicht des Königs von Ungarn Frieden!

ZWEITER EDELMANN: Amen!

LUCIO: Du sprichst dein Schlussgebet wie der gottselige Seeräuber, der mit den zehn Geboten zu Schiff ging, das eine aber aus der Tafel auskratzte.

ZWEITER EDELMANN: Du sollst nicht stehlen?

LUCIO: Ja, das schabte er aus.

ERSTER EDELMANN: Nun, das war ja auch ein Gebot, das dem Kapitän und seinem ganzen Haufen gebot, ihren Beruf aufzugeben: Sie hatten sich eingeschifft, um zu stehlen. Da ist keiner von uns Soldaten, dem beim Tischgebet vor der Mahlzeit die Bitte um Frieden recht gefiele.

ZWEITER EDELMANN: Ich habe noch keinen gehört, dem sie missfallen hätte.

LUCIO: Das will ich dir glauben! Denn ich denke, du bist nie dabei gewesen, wo ein Gratias gesprochen ward.

ZWEITER EDELMANN: Nicht? Ein dutzendmal wenigstens!

ERSTER EDELMANN: Wie hast du's denn gehört? In Versen?

ZWEITER EDELMANN: In allen Silbenmaßen und Sprachen!

ERSTER EDELMANN: Und wohl auch in allen Konfessionen?

LUCIO: Warum nicht? Gratias ist Gratias, aller Kontrovers zum Trotz, so wie du, *exempli gratia*, ein durchtriebener Schelm bist und mehr von den Grazien weißt als vom Gratias.

ERSTER EDELMANN: Schon gut; wir sind wohl beide über einen Kamm geschoren.

LUCIO: Recht, wie Samt und Egge; du bist die Egge.

ERSTER EDELMANN: Und du der Samt; du bist ein schönes Stück Samt, von der dreimal geschornen Sorte. Ich will viel lieber die Egge von einem Stück englischen Haarfries sein als ein Samt, über den eine französische Schere gekommen ist. Habe ich dich nun einmal recht herzhaft geschoren?

LUCIO: Nein, ich denke, du hast diese Schere schon recht schmerzhaft verschworen, und ich will nach deinem eignen Geständnis deine Gesundheit ausbringen lernen, aber, solange ich lebe, vergessen, nach dir zu trinken.

ERSTER EDELMANN: Ich habe mir wohl eben selbst Unrecht getan; habe ich nicht?

ZWEITER EDELMANN: Das hast du auch, du magst dich verbrannt haben oder nicht.

LUCIO: Seht nur, kommt da nicht unsre Frau Minnetrost? Ich habe mir Krankheiten unter ihrem Dach geholt, die kosten mich –

ZWEITER EDELMANN: Wie viel?

ERSTER EDELMANN: Ratet nur!

ZWEITER EDELMANN: Er wird Euch nicht gestehn, wie viel Mark sie ihn jährlich kosten.

ERSTER EDELMANN: Recht, und überdem noch –

LUCIO: Ein paar französische Kronen!

ERSTER EDELMANN: Immer willst du mir Krankheiten andichten; aber du steckst im Irrtum, ich habe mir nichts geholt.

LUCIO: Und doch bist du hohl durch und durch; deine Knochen sind hohl, die Ruchlosigkeit hat in dir geschwelgt.

Eine KUPPLERIN *kommt.*

ERSTER EDELMANN: Nun, wie geht's? An welcher von deinen Hüften hast du jetzt die gründlichste Ischias?

KUPPLERIN: Schon gut! Eben wird einer verhaftet und ins Gefängnis gesteckt, der war mehr wert als fünftausend solche wie Ihr.

ERSTER EDELMANN: Wer denn? sagt doch!

KUPPLERIN: Zum Henker, Herr, Claudio ist's, Signor Claudio!

ERSTER EDELMANN: Claudio im Gefängnis? Nicht möglich!

KUPPLERIN: Ich sage Euch, es ist gewiss; ich sah ihn verhaftet, ich sah ihn weggeführt; und was noch mehr ist, binnen drei Tagen soll ihm der Kopf abgehauen werden.

LUCIO: Nun, trotz allen Torheiten von eben, das sollte mir leid sein. Weißt du's denn gewiss?

KUPPLERIN: Nur zu gewiss; es geschieht, weil Fräulein Julia schwanger von ihm ward.

LUCIO: Glaubt mir, es ist nicht unmöglich. Er versprach mir, mich vor zwei Stunden zu treffen, und er war immer pünktlich im Worthalten.

ZWEITER EDELMANN: Dazu kommt, dass es ganz mit dem übereinstimmt, wovon wir zusammen sprachen.

ERSTER EDELMANN: Und am meisten mit dem letzten öffentlichen Ausruf.

LUCIO: Kommt, hören wir, was an der Sache ist.

Lucio und die Edelleute gehn ab.

KUPPLERIN: So bringen mich denn teils der Krieg und teils das Schwitzen und teils der Galgen und teils die Armut um alle meine Kunden. Nun? Was bringst du mir Neues?

POMPEJUS *kommt.*

POMPEJUS: Den haben sie jetzt eben eingesteckt!

KUPPLERIN: Und was hat er vorgehabt?

POMPEJUS: Ein Mädchen.

KUPPLERIN: Ich meine, was hat er begangen?

POMPEJUS: In einem fremden Bach Forellen gefischt.

KUPPLERIN: Wie? Hat ein Mädchen ein Kind von ihm?

POMPEJUS: Nein, aber es hat eine Weibsperson ein Mädchen von ihm. Habt Ihr nicht von dem Ausruf gehört? He?

KUPPLERIN: Was für ein Ausruf, Mann?

POMPEJUS: Alle Häuser in den Vorstädten von Wien sollen eingerissen werden.

KUPPLERIN: Und was soll aus denen in der Stadt werden?

POMPEJUS: Die sollen zur Saat stehen bleiben; sie wären auch draufgegangen, aber ein wohlweiser Bürger hat sich für sie verwendet.

KUPPLERIN: Sollen denn alle unsre Freudenhäuser in der Vorstadt eingerissen werden?

POMPEJUS: Bis auf den Grund, Frau.

KUPPLERIN: Nun, das heiß ich eine Veränderung im Staat! Was soll nun aus mir werden?

POMPEJUS: Ei, fürchtet Ihr nichts; guten Advokaten fehlt es nicht an Klienten. Wenn Ihr schon Euer Quartier ändert, braucht Ihr darum nicht Euer Gewerbe zu ändern; ich bleibe noch immer Euer Zapfer. Mut gefasst! Mit Euch wird man's so genau nicht nehmen; Ihr habt Eure Augen in Euerm Beruf fast aufgebraucht; über Euch werden sie schon ein Auge zudrücken.

KUPPLERIN: Was soll nun werden, Zapfer Thomas? Lass uns auf die Seite gehn.

POMPEJUS: Hier kommt Signor Claudio, den der Schließer ins Gefängnis führt, und da ist auch Fräulein Julia.

Gehn ab.

DRITTE SZENE

Daselbst.

Es treten auf der SCHLIESSER, CLAUDIO *und* GERICHTSDIENER; LUCIO *und die zwei* EDELLEUTE; JULIA *wird vorübergeführt.*

CLAUDIO: Mensch, warum muss die ganze Welt mich sehn? –
Bring mich zum Kerker, wie dir aufgetragen.

SCHLIESSER: Ich tu dies nicht aus eignem bösen Willen,
Nur weil's Lord Angelo bestimmt verlangt.

CLAUDIO: Ja, so kann dieser Halbgott Majestät
Uns nach Gewicht die Sünde zahlen lassen.
Des Himmels Wort: wen ich erwähl, erwähl ich,
Wen nicht, verstoß ich … und doch stets gerecht!

LUCIO: Nun sag doch, Claudio, woher solcher Zwang?

CLAUDIO: Von zu viel Freiheit, Lucio, zu viel Freiheit!
Wie Überfüllung strenge Fasten zeugt,
So wird die Freiheit, ohne Maß gebraucht,
In Zwang verkehrt; des Menschen Hang verfolgt –
Wie Ratten gierig selbst ihr Gift sich rauben –
Die durst'ge Sünd, und tödlich wird der Trunk!

LUCIO: Wenn ich im Arrest so weislich zu reden wüsste, so würde ich einige von meinen Gläubigern rufen lassen. Und doch, die Wahrheit zu sagen, mir ist die Narretei der Freiheit lieber als die Moral der Gefangenschaft. Was ist dein Vergehn, Claudio?

CLAUDIO: Was nur zu nennen neuen Anstoß gäbe!
LUCIO: Was: ist's ein Mord?
CLAUDIO: Nein!
LUCIO: Unzucht?
CLAUDIO: Nenn es so.
SCHLIESSER: Fort, Herr, Ihr müsst jetzt weiter.
CLAUDIO: Ein Wort, mein Freund; Lucio, ein Wort mit Euch.

Nimmt ihn auf die Seite.

LUCIO: Ein Dutzend, wenn's dir irgend helfen kann.
Wird Unzucht so bestraft?
CLAUDIO: So steht's mit mir: nach redlichem Verlöbnis
Nahm ich Besitz von meiner Julia Bett.
Ihr kennt das Fräulein; sie ist ganz mein Weib,
Nur dass wir noch bisher nicht kundgetan
Die äußre Förmlichkeit; dies unterblieb
Um einer nicht bezahlten Mitgift willen,
Die noch in ihrer Vettern Truhen liegt;
Sodass wir unsern Bund verschweigen wollten,
Bis Zeit sie uns befreundet. Doch der Raub
Höchst wechselseit'gen Kosens zeigt sich leider
Mit allzu großer Schrift auf ihr geprägt.
LUCIO: Schwanger vielleicht?
CLAUDIO: Zum Unglück ist es so!
Denn unsers Herzogs neuer Stellvertreter,
Sei es die Schuld und falscher Glanz der Neuheit,

Sei's, dass ihm das gemeine Wohl erscheint
Gleich einem Ross, auf dem der Landvogt reitet,
Der, kaum im Sattel, dass es gleich empfinde
Des Reiters Kunst, den Sporn es fühlen lässt;
Sei's, dass die Tyrannei im Herrscheramt,
Sei's, dass sie wohn im Herzen Seiner Hoheit –
Ich weiß es nicht: genug, der neue Richter
Weckt mir die längst verjährten Strafgesetze,
Die gleich bestäubter Wehr im Winkel hingen,
So lang, dass neunzehn Jahreskreise schwanden,
Und keins gebraucht ward; und aus Sucht nach Ruhm
Muss ihm das schläfrige, vergessne Recht
Frisch wider mich erstehn: ja, nur aus Ruhmsucht!

LUCIO: Ja, wahrhaftig, so ist es, und dein Kopf steht so kitzlig auf deinen Schultern, dass ein verliebtes Milchmädchen ihn herunterseufzen könnte. Sende dem Herzog Botschaft und appelliere an ihn.

CLAUDIO: Das tat ich schon, doch ist er nicht zu finden;
Ich bitt dich, Lucio, tu mir diese Freundschaft:
Heut tritt ins Kloster meine Schwester ein,
Und ihre Probezeit beginnt sie dort:
Erzähl ihr die Gefahr, die mich bedroht,
In meinem Namen fleh, dass sie zum Freunde
Den strengen Richter macht, ihn selbst beschwört.
Ich hoffe viel von ihr, denn ihre Jugend
Ist kräft'ge Rednergabe ohne Wort,
Die Männer rührt; zudem ist sie begabt,
Wenn sie es will, mit holdem Spruch und Witz,
Und leicht gewinnt sie jeden.

LUCIO: Der Himmel gebe, dass sie es könne, sowohl zum Trost aller derer, die sich im gleichen Fall befinden und sonst unter schwerer Zucht stehn würden, als auch, damit du dich deines Lebens erfreust; denn es wäre mir leid, wenn du's so närrischerweise um ein Spiel Tricktrack verlieren solltest. Ich gehe zu ihr.

CLAUDIO: Ich danke dir, mein bester Freund.

LUCIO: In zwei Stunden –
CLAUDIO: Kommt, Schließer; wir gehn.
Alle ab.

Vierte Szene

Ein Kloster.

Es treten auf der HERZOG *und* PATER THOMAS.

HERZOG: Nein, heil'ger Vater! Fort mit dem Gedanken!
Glaubt nicht, der Liebe leichter Pfeil durchbohre
Des echten Mannes Brust. Dass ich dich bat
Um ein geheim Asyl, hat ernsten Zweck,
Gereifteren, als Ziel und Wünsche sind
Der glühnden Jugend.
MÖNCH: Könnt Ihr mir vertraun?
HERZOG: Mein frommer Freund, Ihr selber wisst am besten,
Wie sehr ich stets die Einsamkeit geliebt,
Geringe Freude fand am eitlen Schwarm,
Wo Jugend herrscht und Gold und sinnlos Prunken.
Dem Grafen Angelo hab ich vertraut
Als einem Mann von strenger Zucht und Keuschheit,
Mein unumschränktes Ansehn hier in Wien;
Und dieser wähnt, ich sei verreist nach Polen,
Denn also hab ich's ausgesprengt im Volk,
Und also glaubt man's. Nun, mein heil'ger Freund,
Fragt Ihr mich wohl, weshalb ich dies getan?
MÖNCH: So fragt ich gern.
HERZOG: Hier gilt ein scharf Gesetz, ein starres Recht,
Als Kappzaum und Gebiss halsstarr'gen Pferden,
Das wir seit vierzehn Jahren ließen schlafen,
Gleich einem alten Löwen in der Höhle,
Der nicht mehr raubt. Nun, wie ein schwacher Vater,
Der wohl die Birkenreiser drohend bindet
Und hängt sie auf zur Schau vor seinen Kindern,

Zum Schreck, nicht zum Gebrauch: bald wird die Rute
Verhöhnt mehr als gescheut: so unsre Satzung,
Tot für die Straf, ist für sich selbst auch tot,
Und Frechheit zieht den Richter an der Nase;
Der Säugling schlägt die Amm, und ganz verloren
Geht aller Anstand.

MÖNCH: Euch, mein Fürst, lag ob,
Die Fesseln des gebundnen Rechts zu lösen;
Und dies erschien' von Euch noch schrecklicher
Als von Lord Angelo.

HERZOG: Zu schrecklich, fürcht ich.
Da meine Säumnis Freiheit ließ dem Volk,
Wär's Tyrannei, wollt ich mit Härte strafen,
Was ich erlaubt. Denn der erteilt Erlaubnis,
Der freien Lauf der bösen Lust gewährt,
Anstatt der Strafe. Drum, verehrter Vater,
Hab ich auf Angelo dies Amt gelegt:
Der, hinter meines Namens Schutz, mag treffen,
Derweil ich selbst vom Kampfe fern mich halte
Und frei vom Tadel bleibe. Sein Verfahren
Zu prüfen, will ich als ein Ordensbruder
Besuchen Fürst und Volk; drum bitt ich Euch,
Schafft mir ein klösterlich Gewand, belehrt mich,
Wie ich in aller äußern Form erscheine
Als wahrer Mönch. Mehr Gründe für dies Tun
Will ich bei bessrer Muße Euch enthüllen.
Nur dies: Lord Angelo ist scharf und streng,
Vor Lästrung auf der Hut, gesteht sich kaum,
Blut fließ in seinen Adern, und sein Hunger
Sei mehr nach Brot als Stein. Bald wird sich's zeigen,
Ob Macht ihn lockt, ob echte Treu ihm eigen.

Gehn ab.

Fünfte Szene

Ein Nonnenkloster.

Es treten auf ISABELLA *und* FRANCISCA.

ISABELLA: Und habt ihr Nonnen keine Freiheit sonst?
FRANCISCA: Scheint diese dir zu klein?
ISABELLA: O nein! Ich sprach's nicht, als begehrt ich mehr,
Im Gegenteil, ich wünschte strengre Zucht
Sankt Klaras Schwesternschaft und ihrem Orden.
LUCIO *draußen*: He! Friede diesem Ort!
ISABELLA: Wer ruft denn da?
FRANCISCA: Es ist ein Mann. O liebe Isabella,
Schließt Ihr ihm auf und fragt, was sein Begehr.
Ihr könnt es tun, ich nicht: Ihr schwurt noch nicht;
Doch eingekleidet sprecht Ihr nie mit Männern
Als nur in der Äbtissin Gegenwart,
Und wenn Ihr sprecht, bleibt Eur Gesicht verhüllt;
Entschleiert Ihr das Antlitz, müsst Ihr schweigen.
Er ruft noch einmal: bitt Euch, gebt ihm Antwort. *Ab.*
ISABELLA: Frieden und Heil mit Euch! Wer ist's, der ruft?

LUCIO *tritt auf.*

LUCIO: Heil, Jungfrau! Dass Ihr's seid, verkündet mir
Die Wangenblüte. Könnt Ihr so mich fördern,
Zum Fräulein Isabella mich zu führen,
Die hier Novize ist; der schönen Schwester
Des unglücksel'gen jungen Claudio?
ISABELLA: Warum unsel'gen Claudio, frag ich Euch,
Und umso mehr, weil ich Euch melden muss,
Ich selbst bin Isabella, seine Schwester.
LUCIO: Holdsel'ge Schöne, Euer Bruder grüßt Euch,
Doch dass ich's kurz Euch meld: er ist im Kerker.
ISABELLA: Weh mir! für was?
LUCIO: Um das, wofür, wenn ich sein Richter war,
Er seine Straf empfangen sollt in Dank:
Er half zu einem Kinde seiner Freundin.

ISABELLA: Herr, macht mich nicht zu Euerm Scherz.
LUCIO: 's ist wahr
Ich möchte nicht, ist's gleich mein alter Fehl,
Mit Mädchen Kiebitz spielen, weit vom Herzen
Die Zunge – so mit allen Jungfraun tändeln.
Ihr seid mir ein verklärter Himmelsgast
Und durch Enthaltsamkeit unkörperlich,
Drum muss das Wort mit Euch wahrhaftig sein,
Als nahte man sich einer Heiligen.
ISABELLA: Ihr lästert das Erhabne, mich verhöhnend.
LUCIO: Das glaubt nicht! Kurz und wahr, so steht die Sache:
Eur Bruder und sein Liebchen herzten sich;
Und wie die Speise füllt, der blühnde Mai
Den dürren Furchen nach der Saat verhilft
Zu schwellnder Fülle: also zeigt ihr Schoß
Sein fleißiges Bemühn und emsig Tun.
ISABELLA: Ist jemand von ihm schwanger? Muhme Julia?
LUCIO: So, ist sie Eure Muhme?
ISABELLA: Durch Wahl: wie Schülerinnen Namen tauschen
In kindlich treuer Freundschaft.
LUCIO: Diese ist's.
ISABELLA: Oh, nehm er sie zur Frau!
LUCIO: Das ist der Punkt:
Der Herzog hat höchst seltsam sich entfernt;
Und manchen Edeln – mich nebst andern – foppt' er
Mit Hoffnung auf ein Amt; doch hören wir
Von solchen, die den Nerv des Staates kennen,
Was er uns vorgab, sei unendlich weit
Von seiner wahren Absicht. Jetzt regiert
Statt seiner, mit der unbeschränktsten Vollmacht,
Lord Angelo, ein Mann, dem statt des Bluts
Schneewasser in den Adern fließt; der nie
Der Sinne muntre Trieb' und Regung kannte;
Der ihren Stachel hemmt und abgestumpft
Mit geist'ger Arbeit, Fasten und Studieren.
Dieser, in Furcht zu setzen Lust und Freiheit,

Die lang das drohende Gesetz umschwärmt
(Wie Mäus um Löwen), klaubt den Spruch hervor,
Durch dessen schweren Inhalt Claudios Leben
Verwirkt ist; setzt sogleich ihn in Verhaft,
Und folgt genau der Satzung totem Wort
Zu strenger Warnung. Alles ist verloren,
Wenn Euch nicht Gnade wird durch holdes Flehn,
Ihn zu erweichen. Dies nun ist der Kern
Des Auftrags, den mir Euer Bruder gab.

ISABELLA: So will er seinen Tod?

LUCIO: Hat die Sentenz
Schon unterschrieben, und der Schließer, hör ich,
Erhielt Befehl, das Urteil zu vollziehn.

ISABELLA: Ach, welche arme Fähigkeit besitz ich,
Ihm noch zu helfen?

LUCIO: Eure Macht versucht!

ISABELLA: Weh mir! Ich zweifle –

LUCIO: Zweifel sind Verräter,
Die oft ein Gut entziehn, das wir erreichten –
Weil den Versuch wir scheuten. Geht zu Angelo
Und lehrt ihn, dass, wenn Jungfraun flehn, die Männer
Wie Götter geben; weinen sie und knien,
Dann wird ihr Wunsch so frei ihr Eigentum,
Als ob sie selber die Gewährung sprächen.

ISABELLA: Ich will versuchen, was ich kann.

LUCIO: Nur schnell!

ISABELLA: Ich geh sogleich,
Nicht länger säum ich; der Äbtissin nur
Meld ich's vorher. Ich dank Euch, Herr, in Demut;
Empfehlt mich meinem Bruder, noch vor Nacht
Send ich ihm sichre Nachricht des Erfolgs.

LUCIO: Dann nehm ich Abschied.

ISABELLA: Gott befohlen, Herr!

Beide gehn.

Zweiter Aufzug

Erste Szene

Eine Halle in Angelos Hause.

Es treten auf ANGELO, ESCALUS, *ein* RICHTER, SCHLIESSER, GERICHTSDIENER *und* GEFOLGE.

ANGELO: Das Recht darf nicht zur Vogelscheuche werden,
Als ständ es da, um Habichte zu schrecken,
Und bliebe regungslos, bis sie zuletzt
Gewöhnt, drauf ausruhn, statt zu fliehn.
ESCALUS: Gut, lasst uns
Dann lieber scharf sein und ein wenig schneiden
Als tödlich niederschlagen. Ach, der Jüngling,
Für den ich bat, hat einen edlen Vater!
Bedenkt, mein werter Herr – von dem ich weiß,
Ihr seid sehr streng in Tugend –,
Ob in der Regung Eurer Leidenschaft,
Wenn Zeit mit Ort gestimmt und Ort mit Wunsch,
Ob, wenn das heft'ge Treiben Eures Bluts
Das Ziel erreichen mochte, das Euch lockte –
Ob, sag ich, Ihr nicht selbst wohl konntet irren
In diesem Punkt, den Ihr an ihm verdammt,
Und dem Gesetz verfallen?
ANGELO: Ein andres ist, versucht sein, Escalus,
Ein andres, fallen. Leugnen will ich nicht,
In dem Gerichte, das auf Tod erkennt,
Sei unter zwölf Geschwornen oft ein Dieb,
Wohl zwei noch schuld'ger als der Angeklagte.
Wer offenbar dem Rechte ward,
Den straft das Recht. Was kümmert's das Gesetz,
Ob Dieb den Dieb verurteilt? 's ist natürlich,
Dass wir den Demant auf vom Boden heben,
Weil wir ihn sehn, doch was wir nicht gesehn,
Wir treten drauf und denken nicht daran.

Ihr dürft nicht deshalb mildern sein Vergehn,
Weil ich auch fehlen konnte; sagt vielmehr,
Wenn ich, sein Richter, solch Verbrechen übe,
Als Richtschnur diene dann mein Todesspruch,
Und nichts entschuld'ge mich. Freund, er muss sterben.

ESCALUS: Wie's Eurer Weisheit dünkt.

ANGELO: Wo ist der Schließer?

SCHLIESSER: Hier, gnäd'ger Herr.

ANGELO: Ihr steht dafür, dass Claudio
Enthauptet werde morgen früh um neun.
Bringt ihm den Beicht'ger, lasst ihn sich bereiten,
Denn das ist seiner Wallfahrt letzte Stunde.

Schließer ab.

ESCALUS: Nun, Gott verzeih ihm und verzeih uns allen!
Der steigt durch Schuld, der muss durch Tugend fallen;
Vom Eis, das bricht, kommt der gesund herab,
Den stürzt ein einz'ger Fehltritt in das Grab.

Es treten auf ELBOGEN, SCHAUM, POMPEJUS, GERICHTSDIENER.

ELBOGEN: Kommt, bringt sie herbei. Wenn das rechtschaffne Leute im Gemeinwesen sind, die nichts taten, als ihre Untaten in gemeinen Häusern auszurichten, so weiß ich nicht, was Jura ist. Bringt sie herbei.

ANGELO: Was gibt's, Freund, wovon ist die Rede? wie heißt Ihr?

ELBOGEN: Mit Eurer Gnaden Vergunst, ich bin des armen Herzogs Konstabel, und mein Name ist Elbogen: Ich bin ein Stück Justiz, Herr, und führe Eurer gestrengen Gnaden hier ein Paar notorische Benefikanten vor.

ANGELO: Benefikanten? Was denn für Benefikanten? Ihr meint wohl Malefikanten?

ELBOGEN: Nichts für ungut, gnädiger Herr; ich weiß nicht recht, was sie sind; aber zwei absolut gesinnte Spitzbuben sind sie, und ohne ein Körnchen von der Kontribution, die ein guter Christ haben muss.

ESCALUS: Vortrefflich vorgetragen! Da haben wir einen verständigen Konstabler!

ANGELO: Zur Sache: Was für Leute sind es? Elbogen heißt du, warum sprichst du nicht, Elbogen?

POMPEJUS: Er kann nicht, Herr, er ist am Ellbogen zerrissen.

ANGELO: Wer seid Ihr, Freund?

ELBOGEN: Der, gnädiger Herr? Ein Bierzapfer, Herr; ein Stück von einem Kuppler; dient einem schlechten Weibsbilde, deren Haus, wie es heißt, in den Vorstädten eingerissen ist: Und nun macht sie Prozession von einem Badehause, und das ist auch ein recht schlechtes Haus.

ESCALUS: Wie wisst Ihr das?

ELBOGEN: Mein Weib, gnädiger Herr, wie ich's vor Euer Gnaden detestiere – –

ESCALUS: Wie! dein Weib!

ELBOGEN: Ja, Herr, maßen es, Gott sei Dank, ein ehrliches Weib ist –

ESCALUS: Und darum detestierst du's?

ELBOGEN: Ich sage, Herr, ich für meine eigne Person detestiere hierin ebenso gut wie sie: Wenn dieses Haus nicht einer Kupplerin Haus ist, so wär's schade drum; denn es ist ein ganz nichtsnutziges Haus.

ESCALUS: Wie weißt du das, Konstabel?

ELBOGEN: Blitz, Herr, von meiner Frau: Denn wenn sie eine Frau wäre, die den kardinalischen Lüsten nachhinge, so hätte sie in diesem Hause zu Proskription und Ehebruch und aller Unsauberkeit verführt werden können.

ESCALUS: Durch dieses Weibes Anstiften?

ELBOGEN: Ja, Herr, durch das Anstiften der Frau Überley; wie sie ihm aber ins Gesicht spuckte, so wusste er, woran er war.

POMPEJUS: Herr, mit Euer Gnaden Erlaubnis, so war's nicht.

ELBOGEN: Das beweise mir einmal vor diesen Schlingeln, du ehrenwerter Mann, das beweise mir!

ESCALUS: Hört Ihr, wie er sich verspricht?

POMPEJUS: Herr, sie kam an, und war hochschwanger, und hatte – mit Eur Gnaden Respekt – ein Gelüst nach gekochten Pflaumen. Nun hatten wir nur zwei im Hause, gnädiger Herr, und die lagen eben in dem Monument gleichsam auf einem

Fruchtteller, ein Teller für drei oder vier Pfennige: Euer Gnaden müssen solche Teller schon gesehn haben; es sind keine Teller aus Porzellan, aber doch sehr gute Teller.

ESCALUS: Weiter, weiter; am Teller ist nichts gelegen.

POMPEJUS: Nein, wahrhaftig, Herr, nicht so viel, wie eine Stecknadel wert ist, das ist vollkommen richtig. Aber nun zur Hauptsache: Wie gesagt, die Frau Elbogen war, wie gesagt, guter Hoffnung und ansehnlich stark und hatte, wie gesagt, ein Gelüst nach Pflaumen; und weil, wie gesagt, nur zwei auf dem Teller lagen – denn Junker Schaum, der nämliche Herr hier, hatte, wie gesagt, die andern gegessen – und er bezahlte sie sehr gut, das muss ich sagen; denn wie Ihr wohl wisst, Junker Schaum, ich konnte Euch keinen Dreier herausgeben – –

SCHAUM: Ja, das ist wahr.

POMPEJUS: Seht Ihr wohl? Ihr wart eben dabei, wenn Ihr's Euch noch besinnt, und knacktet die Steine von den vorbesagten Pflaumen.

SCHAUM: Ja, das tat ich auch, mein Seel.

POMPEJUS: Nun, seht Ihr wohl? Ich sagte Euch just, wenn Ihr Euch noch besinnt, dass der und der und dieser und jener von der Krankheit, die Ihr wohl wisst, nicht durchkuriert worden wären, wenn sie nicht so sehr gute Diät gehalten hätten, sagte ich Euch.

SCHAUM: Alles richtig.

POMPEJUS: Seht Ihr's?

ESCALUS: Geht mir, Ihr seid ein langweiliger Narr: zur Sache. Was tat man denn der Frau des Elbogen, dass er Ursach zu klagen hat? Kommt jetzt auf das, was man ihr tat.

POMPEJUS: Herr, Eur Gnaden kann darauf noch nicht kommen.

ESCALUS: Das ist auch nicht meine Absicht.

POMPEJUS: Herr, Ihr sollt aber darauf kommen, mit Eur Gnaden Vergunst; und betrachtet Euch einmal den Junker Schaum hier, mein gnädiger Herr: Er bringt's auf achtzig Pfund im Jahr, und sein Vater starb am Allerheiligentage. War's nicht am Allerheiligentage, Junker Schaum?

SCHAUM: Allerheiligenabend.

POMPEJUS: Nun, seht Ihr wohl? Ich hoffe, hier gibt's Wahrheit! Er saß eben auf einem niedrigen Sessel, gnädiger Herr: Es war in der Goldnen Traube, wo Ihr so gern sitzt, nicht so?

SCHAUM: Ja, das tu ich; denn es ist ein offnes Zimmer und gut für den Winter.

POMPEJUS: Seht Ihr wohl? Ich hoffe, hier gibt's Wahrheit!

ANGELO: Dies währt wohl eine Winternacht in Russland,
Wenn Nächte dort am längsten sind. Ich geh
Und überlass Euch diese Untersuchung:
Ich hoff, Ihr findet Grund, sie all zu stäupen.

ESCALUS: Das denk ich auch, ich wünsch Euch guten Morgen.

Angelo ab.

Nun, Freunde, weiter! Was tat man Elbogens Frau, noch *einmal*?

POMPEJUS: Einmal, gnädiger Herr? Einmal hat man ihr nichts getan.

ELBOGEN: Ich ersuche Euch, Herr, fragt ihn, was dieser Mann hier meiner Frau getan hat.

POMPEJUS: Ich bitt Eur Gnaden, fragt mich.

ESCALUS: Nun denn, was hat dieser Herr ihr getan?

POMPEJUS: Ich bitt Eur Gnaden, seht diesem Herrn einmal ins Gesicht. Lieber Junker Schaum, seht doch Ihre Gnaden an; ich sag's aus guter Meinung; betrachten sich Eur Gnaden sein Gesicht.

ESCALUS: O ja, recht wohl.

POMPEJUS: Nein, ich bitte, betrachtet's Euch genau!

ESCALUS: Nun ja, das tu ich.

POMPEJUS: Sieht Euer Gnaden etwas Unrechts in seinem Gesicht?

ESCALUS: O nein.

POMPEJUS: Ich will's vor Gericht deklamieren, dass sein Gesicht das Schlimmste an ihm ist. Nun gut: Wenn sein Gesicht das Schlimmste an ihm ist, wie konnte Junker Schaum des Konstablers Frau etwas Unrechts tun? – Das möcht ich von Euer Gnaden hören.

ESCALUS: Da hat er recht. Konstabler, was sagt Ihr dazu?

ELBOGEN: Erstlich, mit Eur Gnaden Erlaubnis, ist es ein respektierliches Haus; ferner ist dieser hier ein respektierlicher Kerl, und seine Wirtin ist ein respektierliches Weibsbild.

POMPEJUS: Bei dieser Hand, Herr, Elbogens Frau ist eine so respektierliche Person wie jeder von uns allen.

ELBOGEN: Schlingel, du lügst, du lügst, gottloser Schlingel! Die Zeit soll noch kommen, wo sie je respektiert war mit Mann, Weib und Kind.

POMPEJUS: Herr, sie war schon mit ihm respektiert, eh er mit ihr verheiratet war.

ESCALUS: Wer ist nun hier gescheiter? Die Gerechtigkeit oder die Ruchlosigkeit? Ist das wahr?

ELBOGEN: O du Lumpenkerl! O du Schlingel! O du menschenfresserischer Hannibal! Ich mit ihr respektiert vor unserer Heirat? Wenn ich mit ihr oder sie mit mir respektiert gewesen ist, so soll Eur Gnaden mich nicht für des armen Herzogs Diener halten. Beweise das, du gottloser Hannibal, sonst belange ich dich wegen tätlicher Misshandlung!

ESCALUS: Wenn er Euch jetzt eine Maulschelle gäbe, so hättet Ihr noch obendrein eine Klage wegen anzüglicher Reden.

ELBOGEN: Sapperment, ich danke Eur Gnaden. Was wäre Eur Gnaden Inklination, dass ich mit diesem gottlosen Lump anfangen soll?

ESCALUS: Ich denke, Konstabler, weil er allerlei Bosheiten in sich trägt, die du gern herausbrächtest, wenn du könntest, so mag's mit ihm sein Bewenden haben, bis wir erfahren, worin sie bestehn.

ELBOGEN: Sapperment, ich danke Eur Gnaden. Da siehst du nun, du gottloser Schlingel, wohin es mit dir gekommen ist; das Bewenden sollst du kriegen, das Bewenden!

ESCALUS *zu Schaum*: Wo seid Ihr geboren, Freund?

SCHAUM: Hier in Wien, gnädiger Herr.

ESCALUS: Habt Ihr achtzig Pfund im Jahr?

SCHAUM: Ja, wenn's Euer Gnaden gefällig ist.

ESCALUS: So. – Was ist dein Gewerbe, Freund?

POMPEJUS: Ein Bierzapfer, Herr; einer armen Witwe Zapfer.

ESCALUS: Wie heißt Eure Wirtin?

POMPEJUS: Frau Überley.

ESCALUS: Hat sie mehr als einen Mann gehabt?

POMPEJUS: Neun, Herr; der letzte war Überley.

ESCALUS: Neun! Kommt einmal her, Junker Schaum. Junker Schaum, ich dächte, Ihr ließt Euch nicht mit Zapfern ein: Sie ziehn Euch nur aus, Junker Schaum, und Ihr bringt sie an den Galgen. Geht Eurer Wege und lasst mich nichts mehr von Euch hören.

SCHAUM: Ich danke Eurer Herrlichkeit. Ich für mein Teil bin auch nie in eine Schenkstube gekommen, dass ich's nicht recht anziehend gefunden hätte.

ESCALUS: Schon gut, Junker Schaum; geht mit Gott!

Schaum ab.

Jetzt kommt Ihr einmal heran, Meister Bierzapfer; wie heißt Ihr, Meister Zapfer?

POMPEJUS: Pompejus.

ESCALUS: Wie weiter?

POMPEJUS: Pumphose.

ESCALUS: So! An Eurer Pumphose habt Ihr freilich etwas Großes, und so wäret Ihr, wo von Hosen die Rede ist, Pompejus der Große. – Pompejus, Ihr seid ein Stück von einem Kuppler, Pompejus, obgleich Ihr Euch hinter Euer Bierzapferamt verstecken wollt. Seid Ihr's nicht? Kommt, sagt mir die Wahrheit, es soll Euer Schaden nicht sein.

POMPEJUS: In Wahrheit, Herr, ich bin ein armer Junge, der gern leben will.

ESCALUS: Wovon willst du leben, Pompejus? Vom Kuppeln? Was dünkt dich von diesem Gewerbe, Pompejus? Ist das ein erlaubtes Gewerbe?

POMPEJUS: Wenn das Gesetz nichts dagegen hat, Herr –

ESCALUS: Aber das Gesetz hat etwas dagegen, Pompejus, und wird in Wien immer etwas dagegen haben.

POMPEJUS: Will denn Eure Herrlichkeit aus allen jungen Leuten in der Stadt Wallachen und Kapaunen machen?

ESCALUS: Nein, Pompejus.

POMPEJUS: Sieht Eur Herrlichkeit, so werden sie nach meiner geringen Meinung nicht davon lassen. Wenn Eur Herrlichkeit nur die liederlichen Dirnen und losen Buben in Ordnung halten kann, so braucht sie die Kuppler gar nicht zu fürchten.

ESCALUS: Es fängt auch jetzt ein hübsches Regiment an, kann ich dir sagen; es handelt sich nur um Köpfen und Hängen.

POMPEJUS: Wenn Ihr nur zehn Jahre lang hintereinander alle die hängen und köpfen lasst, die sich in diesem Stücke vergehn, so könnt Ihr Euch beizeiten danach umsehn, woher Ihr mehr Köpfe verschreiben wollt. Wenn dies Gesetz zehn Jahre in Wien besteht, will ich im schönsten Hause das Stockwerk für sechs Dreier mieten; solltet Ihr's erleben, dass es so weit kommt, so sagt nur, Pompejus hab es Euch vorausgesagt.

ESCALUS: Dank, trefflicher Pompejus. Nun, um die Prophezeiung zu erwidern, so rat ich dir, verstehst du, lass dich auf keiner neuen Klage betreffen, und ebenso wenig in deiner jetzigen Wohnung; denn wenn das geschehn sollte, Pompejus, so werde ich dich in dein Zelt zurückschlagen und ein schlimmer Cäsar für dich werden: und, gradeheraus zu sagen, Pompejus, ich werde dich peitschen lassen. So, für diesmal, Pompejus, gehab dich wohl.

POMPEJUS: Ich dank Eur Herrlichkeit für Euern guten Rat; aber folgen werd ich ihm, wie Fleisch und Schicksal es fügen. Mich peitschen? Peitschen lasst den Kärrner seine Mähre, Wer peitscht aus dem Beruf je einen Mann von Ehre? *Ab.*

ESCALUS: Kommt einmal her, Meister Elbogen, kommt einmal her, Meister Konstabler. Wie lange ist es her, dass Ihr Eurem Amt als Konstabler vorsteht?

ELBOGEN: Sieben und ein halbes Jahr, gnädiger Herr.

ESCALUS: Ich dachte mir's nach Eurer Fertigkeit im Amt, Ihr müsstet es schon eine Weile verwaltet haben. Sieben ganze Jahre, sagt Ihr?

ELBOGEN: Und ein halbes.

ESCALUS: Ach! da hat es Euch viel Mühe gemacht. Es geschieht Euch Unrecht, dass man Euch so oft zum Dienst requiriert; sind denn nicht andre Leute in Euerm Kirchspiel, die imstande wären, ihn zu versehn?

ELBOGEN: Meiner Treu, gnädiger Herr, es sind wenige, die etwas Einsicht in solchen Dingen haben; wenn sie gewählt werden, sind sie immer froh, mich wieder statt ihrer zu wählen; ich tu's für ein Stück Geld und übernehme es so für sie alle.

ESCALUS: Hört, schafft mir die Namen von sechs oder sieben Leuten, die die brauchbarsten in Euerm Kirchspiele sind.

ELBOGEN: In Euer Herrlichkeit Haus, mein gnädiger Herr?

ESCALUS: In mein Haus. Lebt wohl! Was ist wohl die Uhr?

Elbogen ab.

RICHTER: Elf, gnädiger Herr.

ESCALUS: Wollt Ihr so gut sein und mit mir essen?

RICHTER: Ich danke Euch untertänig.

ESCALUS: Es ist mir herzlich leid um Claudios Tod,
Doch seh ich keinen Ausweg.

RICHTER: Lord Angelo ist streng!

ESCALUS: Das tut auch not;
Ihr seid nicht gnädig, zeigt sich immer Huld:
Verzeihung ist nur Mutter neuer Schuld.
Und doch, du armer Claudio! 's ist kein Ausweg! –
Kommt, Herr.

Gehn ab.

ZWEITE SZENE

Ein andres Zimmer daselbst.

Es treten auf der SCHLIESSER *und ein* DIENER.

DIENER: Er hält noch ein Verhör, er kommt sogleich. Ich meld Euch an.

SCHLIESSER: Das tut. *Diener ab.* Ich frag ihn nochmals,
Was er beschließt; vielleicht doch zeigt er Gnade.
Er hat ja nur als wie im Traum gesündigt.
Der Fehl färbt jeden Stand und jedes Alter,
Und er drum sterben!

ANGELO *tritt auf.*

ANGELO: Nun, was wollt Ihr, Schließer?
SCHLIESSER: Befehlt Ihr, Herr, dass Claudio morgen sterbe?
ANGELO: Sagt ich dir nicht schon ja? befahl ich's nicht?
Was fragst du denn?
SCHLIESSER: Aus Furcht, zu rasch zu sein;
Verzeiht, mein gnäd'ger Herr, ich weiß den Fall,
Dass nach vollzognem Urteil das Gericht
Bereute seinen Spruch.
ANGELO: Mein sei die Sorge! –
Tut Eure Pflicht, sonst sucht ein ander Amt,
Man wird Euch leicht entbehren.
SCHLIESSER: Herr, verzeiht!
Was soll mit Julien, die schon leidet, werden?
Denn ihre Stunde rückt heran.
ANGELO: Die schafft mir
In ein bequemres Haus, und das sogleich.

DIENER *kommt zurück.*

DIENER: Hier ist die Schwester des zum Tod Verdammten,
Die Euch zu sprechen wünscht.
ANGELO: Hat er 'ne Schwester?
SCHLIESSER: Ja, gnäd'ger Herr; ein tugendhaftes Fräulein,
Die bald nun eintritt in die Schwesterschaft,
Wenn's nicht bereits geschehn.
ANGELO: Führt sie herein;

Diener ab.

Und die Geschwächte schafft sogleich hinweg;
Reicht ihr notdürft'ge Kost, nicht Überfluss.
Ausfert'gen lass ich den Befehl.

LUCIO *und* ISABELLA *treten auf.*

SCHLIESSER: Gott schützt Euch!

Will abgehn.

ANGELO:

Bleibt noch. – *Zu Isabella:* Ihr seid willkommen; was begehrt Ihr?

ISABELLA: Von Gram erfüllt möcht ich Eur Gnaden flehn,
Wenn Ihr mich hören wollt – –

ANGELO: Wohlan! was wünscht Ihr?

ISABELLA: Es gibt ein Laster, mir verhasst vor allen,
Dem ich vor allen harte Strafe wünsche;
Fürbitten möcht ich nicht, allein ich muss –
Fürbitten darf ich nicht, allein mich drängt
Ein Kampf von Wollen und Nichtwollen.

ANGELO: Weiter!

ISABELLA: Mein Bruder ward verdammt, den Tod zu leiden;
Ich fleh Euch an, lasst seine Sünde tilgen,
Den Bruder nicht!

SCHLIESSER: Gott schenk dir Kraft, zu rühren!

ANGELO: Ich soll die Schuld verdammen, nicht den Täter?
Verdammt ist jede Schuld schon vor der Tat.
Mein Amt zerfiele ja in wahres Nichts,
Straft ich die Schuld, wie das Gesetz begehrt,
Und ließe frei den Täter?

ISABELLA: O gerecht, doch streng! –
So *hatt* ich einen Bruder. Gott beschirm Euch! *Will gehn.*

LUCIO *beiseite zu Isabella*:
Gebt's so nicht auf! Noch einmal dran und bittet;
Kniet vor ihm nieder, hängt an seinem Mantel.
Ihr seid zu kalt; verlangtet Ihr 'ne Nadel,
Ihr könntet nicht mit zahmrer Zunge bitten. –
Noch einmal zu ihm, frisch!

ISABELLA: So muss er sterben?

ANGELO: Jungfrau, 's ist keine Rettung.

ISABELLA: O ja! Ich denk, Ihr könntet ihm verzeihn,
Und weder Gott noch Menschen zürnten Euch.

ANGELO: Ich will's nicht tun.
ISABELLA: Doch könnt Ihr's, wenn Ihr wollt?
ANGELO: Was ich nicht will, das kann ich auch nicht tun.
ISABELLA: Doch könntet Ihr's ohn Unrecht an der Welt,
Wenn Euer Herz die gleiche Rührung fühlte
Wie meins?
ANGELO: Er ward verurteilt, 's ist zu spät.
LUCIO *zu Isabella*: Ihr seid zu kalt!
ISABELLA: Zu spät? O nein doch! mein gesprochnes Wort,
Ich kann es widerrufen! Seid gewiss,
Kein Attribut, das Mächtige verherrlicht,
Nicht Königskrone, Schwert des Reichsverwesers,
Des Marschalls Stab, des Richters Amtsgewand,
Keins schmückt sie alle halb mit solchem Glanz,
Wie Gnade tut. Wär er an Eurer Stelle,
An seiner Ihr, Ihr straucheltet gleich ihm;
Doch er im Amt wär nicht so strengen Sinns!
ANGELO: Ich bitt Euch, geht.
ISABELLA: O gütger Gott, hätt ich nur Eure Macht,
Und Ihr wärt Isabella! Ständ es so,
Dann zeigt ich, was es heißt, ein Richter sein,
Was ein Gefangner.
LUCIO *leise*: Das ist die rechte Weise!
ANGELO: Eur Bruder ist verfallen dem Gesetz,
Und Ihr verschwendet Eure Worte.
ISABELLA: Weh mir!
Ach! Alle Seelen waren einst verfallen,
Und er, dem Fug und Macht zur Strafe war,
Fand noch Vermittlung. Wie erging es Euch,
Wollt Er, das allerhöchste Recht, Euch richten
So, wie Ihr seid? O das erwäget, Herr,
Und Gnade wird entschweben Euren Lippen
Mit Kindesunschuld.
ANGELO: Fasst Euch, schönes Mädchen;
Denn das Gesetz, nicht ich, straft Euren Bruder.

Wär er mein Vetter, Bruder, ja mein Sohn,
Es ging' ihm so: sein Haupt wird morgen fallen.

ISABELLA: Schon morgen! das ist schnell! O schont ihn, schont ihn,
Er ist noch nicht bereit. Wir schlachten ja
Geflügel nur, wenn's Zeit ist; dienten wir
Gott selbst mit mindrer Achtung, als wir sorgen
Für unser grobes Ich? denkt, güt'ger, güt'ger Herr,
Wer büßte schon für dies Vergehn mit Tod?
So manche doch begingen's!

LUCIO *leise*: So ist's recht.

ANGELO: Nicht tot war das Gesetz, obwohl es schlief.
Die vielen hätten nicht gewagt den Frevel,
Wenn nur der Erste, der die Vorschrift brach,
Für seine Tat gebüßt. Nun ist's erwacht,
Forscht, was verübt ward, und Propheten gleich
Sieht es im Spiegel, was für künft'ge Sünden
(Ob jetzt schon, ob durch Nachsicht neu erzeugt
Und ferner ausgebrütet und geboren)
Hinfort sich stufenweis nicht mehr entwickeln,
Nein, sterben im Entstehn.

ISABELLA: Zeigt dennoch Mitleid!

ANGELO: Das tu ich nur, zeig ich Gerechtigkeit.
Denn dann erbarmen mich, die ich nicht kenne,
Die jetz'ge Nachsicht einst verwunden möchte;
Und ihm wird Recht, der, *ein* Verbrechen büßend,
Nicht lebt, ein zweites zu begehn. Dies gnüge; –
Claudio muss morgen sterben; seid zufrieden.

ISABELLA: So muss zuerst von Euch solch Urteil kommen
Und er zuerst es dulden? Ach, 's ist groß,
Des Riesen Kraft besitzen; doch tyrannisch,
Dem Riesen gleich sie brauchen.

LUCIO *leise*: Ha, vortrefflich!

ISABELLA: Könnten die Großen donnern
Wie Jupiter, sie machten taub den Gott:

Denn jeder winz'ge, kleinste Richter brauchte
Zum Donnern Jovis Äther; nichts als Donnern!
O gnadenreicher Himmel!
Du mit dem zack'gen Felsenkeile spaltest
Den unzerkeilbar knot'gen Eichenstamm,
Nicht zarte Myrten: doch der Mensch, der stolze Mensch,
In kleine, kurze Majestät gekleidet,
Vergessend, was am Mindsten zu bezweifeln,
Sein gläsern Element – wie zorn'ge Affen,
Spielt solchen Wahnsinn gaukelnd vor dem Himmel,
Dass Engel weinen, die, gelaunt wie wir,
Sich alle sterblich lachen würden.

LUCIO: Nur weiter, weiter, Kind; er gibt schon nach;
Es wirkt, ich seh es.

SCHLIESSER: Geb ihr Gott Gelingen!

ISABELLA: Miss nicht den Nächsten nach dem eignen Maß:
Ihr Starken scherzt mit Heil'gen. Witz an Euch
Ist, was am Kleinen nur Entweihung wär.

LUCIO: Das ist die rechte Weise; immer mehr!

ISABELLA: Was in des Feldherrn Mund ein zornig Wort,
Wird beim Soldaten Gotteslästerung.

LUCIO: Wo nimmst du das nur her? Fahr fort!

ANGELO: Was überhäufst du mich mit all den Sprüchen?

ISABELLA: Weil Hoheit, wenn sie auch wie andre irrt,
Doch eine Art von Heilkraft in sich trägt,
Die Fehl und Wunden schließt. Fragt Euer Herz,
Klopft an die eigne Brust, ob nichts drin wohnt,
Das meines Bruders Fehltritt gleicht: bekennt sie
Menschliche Schwachheit, wie die seine war,
So steig aus ihr kein Laut auf Eure Zunge
Zu Claudios Tod.

ANGELO: Sie spricht so tiefen Sinns,
Dass Sinn und Geist ihr folgen. – Lebt nun wohl!

ISABELLA: O teurer Herr, kehrt um!

ANGELO: Ich überleg es noch. Kommt morgen wieder!

ISABELLA: Hört, wie ich Euch bestechen will! Kehrt um,
Mein güt'ger Herr!

ANGELO: Wie! mich bestechen?
ISABELLA: Ja, mit solchen Gaben,
Wie sie der Himmel mit Euch teilt!
LUCIO: Gut, sonst verdarbst du alles!
ISABELLA: Nicht eitle Sekel von geprägtem Golde
Noch Steine, deren Wert bald reich, bald arm,
Nachdem die Laun es schätzt: nein, fromm Gebet,
Das auf zum Himmel steigt und zu ihm dringt
Vor Sonnenaufgang; Bitten reiner Seelen,
Fastender Jungfraun, deren Herz nicht hängt
An dieser Zeitlichkeit.
ANGELO: Gut, morgen kommt
Zu mir.
LUCIO: Jetzt geht nur; es gelingt Euch. – Kommt!
ISABELLA: Der Himmel schütz Eur Gnaden!
ANGELO *für sich*: Amen! denn
Ich bin schon auf dem Wege der Versuchung,
Der die Gebete kreuzt.
ISABELLA: Um welche Stunde morgen
Wart ich Eur Gnaden auf?
ANGELO: Zu jeder Zeit vor Mittag.
ISABELLA: Gott beschütz Euch!
Lucio, Isabella und Schließer gehn ab.
ANGELO: Vor dir! Vor deiner Tugend selbst!
Was ist dies! Was? Ist's ihre Schuld, ist's meine?
Wer sündigt mehr? Ist's die Versucherin,
Ist's der Versucher? Ha!
Nicht sie, nein, sie versucht auch nicht! Ich bin's,
Der bei dem Veilchen liegt im Sonnenschein
Und gleich dem Aase, nicht der Blume gleich,
Verwest in der balsam'schen Luft. Ist's möglich,
Dass Sittsamkeit mehr unsern Sinn empört
Als Leichtsinn? Da uns wüster Raum nicht fehlt,
Soll man die heil'gen Tempel niederreißen,
Den Frevel dort zu baun? O pfui, pfui, pfui! –
Was tust du! Ha, was bist du, Angelo!
Du wünschest sie verderbt, um eben das,

Was sie erhebt? O lass den Bruder leben!
Es hat der Dieb ein freies Recht zum Raub,
Wenn erst der Richter stiehlt. Was! lieb ich sie,
Dass mich's verlangt, sie wieder reden hören,
An ihrem Blick mich weiden … Wovon träum ich?
O list'ger Erbfeind! Heil'ge dir zu fangen,
Köderst du sie mit Heil'gen: höchst gefährlich
Ist die Versuchung, die durch Tugendliebe
Zur Sünde reizt. Nie konnte feile Wollust
Mit ihrer Doppelmacht, Natur und Kunst,
Mich je verlocken: doch dies fromme Mädchen
Besiegt mich ganz. Bis heut begriff ich nie
Die Liebestorheit, fragte lachend, wie? *Ab.*

Dritte Szene

Zimmer im Gefängnis.

Es treten auf der HERZOG *(als Mönch gekleidet) und der* SCHLIESSER.

HERZOG: Heil Euch, Freund Schließer! Denn das seid Ihr, denk ich.
SCHLIESSER: Der Schließer bin ich, was begehrt Ihr, Pater?
HERZOG: Nach Christenlieb und meiner heil'gen Regel
Komm ich mit Zuspruch zu den armen Seelen
In diesem Kerker. Lasst, so wie's der Brauch,
Sie dort mich sehn, und nennet mir den Grund
Von ihrer Haft, dass ich, wie sich's geziemt,
Mein Amt verwalten mag.
SCHLIESSER: Gern tät ich mehr, wenn Ihr noch mehr bedürft.

JULIA *kommt.*

Blickt auf, dort kommt ein Fräulein, hier verhaftet,
Die durch den Sturm der eignen Jugend fiel
Und ihren Ruf befleckt. Sie trägt ein Kind,
Des Vater sterben muss: ein junger Mann,

Geeigneter, den Fehl zu wiederholen,
Als drum zu sterben.

HERZOG: Wann soll er sterben?

SCHLIESSER: Morgen, wie ich glaube.
Zu Julia: Ich traf schon Anstalt, wartet noch ein wenig,
Dann führt man Euch von hier.

HERZOG: Bereust du, Kind, was du gesündigt hast?

JULIA: Ich tu's und trage meine Schmach geduldig.

HERZOG: Ich lehr Euch, wie Ihr Eur Gewissen prüft
Und Eure Reu erforscht, ob sie aufrichtig,
Ob hohl im Innern.

JULIA: Freudig will ich's lernen.

HERZOG: Liebt Ihr den Mann, der Euch ins Unglück stürzte?

JULIA: Ja, wie das Weib, das ihn ins Unglück stürzte.

HERZOG: So seh ich denn, dass beide ihr gesündigt
Im Einverständnis?

JULIA: Ja, im Einverständnis.

HERZOG: Dann ist Eur Unrecht schwerer noch als seins.

JULIA: Ja, das bekenn ich, Vater, und bereu es.

HERZOG: Recht, liebes Kind, nur darum nicht bereu es,
Weil dich die Sünd in diese Schmach geführt;
Solch Leid sieht auf sich selbst, nicht auf den Himmel,
Und zeigt, des Himmels denkt man nicht aus Liebe,
Nein, nur aus Furcht.

JULIA: Ich fühle Reu, weil es ein Unrecht war,
Und trage gern die Schmach.

HERZOG: Beharrt dabei.
Eur Schuldgenoss muss morgen, hör ich, sterben:
Ich geh zu ihm und spend ihm Trost und Rat. –
Gnade geleit Euch! *Benedicite!*

Geht ab.

JULIA: Muss morgen sterben! O grausame Milde,
Die mir ein Leben schont, das immerdar
Nur Graun des Todes beut statt Trost!

SCHLIESSER: 's ist schad um ihn!

Gehn ab.

Vierte Szene

Zimmer in Angelos Hause.

ANGELO *tritt auf.*

ANGELO: Bet ich und denk ich, geht Gedank und Beten
Verschiednen Weg. Gott hat mein hohles Wort,
Indes mein Dichten, nicht die Zunge hörend,
An Isabellen ankert. Gott im Munde –
Als prägten nur die Lippen seinen Namen;
Im Herzen wohnt die giftig schwellnde Sünde
Des bösen Trachtens. – Der Staat, mein Studium einst,
Ist wie ein gutes Buch, zu oft gelesen,
Schal und verhasst: ja selbst mein Tugendruhm,
Der sonst – o hör es niemand! – all mein Stolz,
Ich gäb ihn für ein Federchen mit Freuden,
Das müßig spielt im Wind. O Rang! O Würde!
Wie oft durch äußre Schal und Form erzwingst du
Ehrfurcht von Toren; lockst die Bessern selbst
Durch falschen Schein! – – Blut, du behältst dein Recht;
Schreibt »guter Engel!« auf des Teufels Hörner,
So sind sie nicht sein Zeichen mehr.

Ein DIENER *kommt.*

Was gibt's?

DIENER: Eine Nonn ist draußen, Isabella heißt sie,
Die Zutritt wünscht.

ANGELO: Führt sie zu mir herein.

Diener geht.

O Himmel!
Wie sich mein Blut im Sturm zum Herzen drängt,
Dort alle Kraft und Regsamkeit erstickend
Und allen meinen andern Gliedern raubend
Den nöt'gen Geist! –
So zum Ohnmächt'gen drängt die tör'ge Menge,
Bereit zu helfen, und entzieht die Luft,
Die ihn beleben sollte: ebenso

Der Volks drang, zeigt sich ein geliebter König,
Läuft vom Gewerb und schwärmt in läst'gem Eifer
Um seine Gegenwart, wo ungezogne Liebe
Beleid'gung scheinen muss.

ISABELLA *tritt auf.*

Nun, schöne Jungfrau?
ISABELLA: Ich kam zu hören, was Euch wohl gefällig.
ANGELO: Viel mehr gefiele mir, wenn du es wüsstest,
Als dass du mich drum fragst. – Dein Bruder kann nicht leben!
ISABELLA: Das war's? – Gott schütz Euch, Herr! *Will gehn.*
ANGELO: Zwar könnt er wohl noch leben, und vielleicht
So lang wie Ihr und ich; doch muss er sterben.
ISABELLA: Durch Euer Urteil?
ANGELO: Ja.
ISABELLA: Ich bitt Euch: Wann? – Damit in seiner Frist –
Lang oder kurz – er sich bereiten mag,
Dass er nicht Schaden nehm an seiner Seele!
ANGELO: Ha! Pfui dem schnöden Fehl! Mit gleichem Recht
Verzieh ich dem, der aus der Welt entwandt
Ein schon geformtes Wesen, als willfahrt ich
Unreiner Lust, des Himmels Bild zu prägen
Mit unerlaubtem Stempel. Ganz so leicht,
Ein echt geschaffnes Leben falsch vernichten,
Als Saat zu streuen wider das Gebot,
Ein falsches zu erzeugen.
ISABELLA: So steht's im Himmel fest, doch nicht auf Erden.
ANGELO: Ah, meinst du? dann bist du mir schnell gefangen! –
Was wählst du jetzt? Dass höchst gerechtem Spruch
Dein Bruder fällt; wo nicht, ihn zu erlösen,
Du selbst den Leib so süßer Schmach dahingäbst
Wie sie, die er entehrt?
ISABELLA: Herr, glaubt es mir,
Eh geb ich meinen Leib hin als die Seele.
ANGELO: Nicht sprech ich von der Seel. Erzwungne Sünden,
Sie werden nur gezählt, nicht angerechnet.

ISABELLA: Wie meint Ihr, Herr?
ANGELO: Nun, nicht verbürg ich das; denn ich darf sprechen
Auch gegen meine Worte. Doch erwäge:
Ich, jetzt der Mund des anerkannten Rechts,
Fälle das Todesurteil deinem Bruder:
Wär etwa nicht Erbarmung in der Sünde,
Die ihn befreite?
ISABELLA: So begeht sie denn,
Ich nehm auf meine Seele die Gefahr.
Durchaus nicht Sünde wär es, nur Erbarmung!
ANGELO: Begingt Ihr sie und nähmt auf Euch die Tat,
Gleich schwer dann wögen Sünde wie Erbarmung.
ISABELLA: Wenn ich sein Leben bitt, ist Sünde das,
Die lass mich tragen, Gott! gewährt Ihr es,
Ist Sünde das – dann sei's mein Frühgebet,
Dass sie zu meinem Unrecht sei gezählt,
Und Ihr sie nicht vertretet.
ANGELO: Nein doch, hört mich:
Dein Sinn erfasst mich nicht, sprichst du's in Einfalt?
Stellst du dich listig so? Das ist nicht gut!
ISABELLA: Sei ich einfältig dann und gut in nichts,
Als dass ich fromm erkenn, ich sei nicht besser.
ANGELO: So strebt die Weisheit nur nach hellstem Glanz,
Setzt sie sich selbst herab, wie schwarze Masken
Verdeckte Schönheit zehnmal mehr erheben
Als Reiz, zur Schau getragen. Doch merkt auf;
Dass Ihr mich ganz begreift, red ich bestimmter:
Eur Bruder kann nicht leben.
ISABELLA: Wohl!
ANGELO: Und sein Vergehn ist so, dass offenbar
Nach dem Gesetz ihn diese Strafe trifft.
ISABELLA: Wahr!
ANGELO: Nehmt an, kein Mittel gäb's, ihn zu erretten –
Zwar nicht verbürg ich dieses, noch ein andres,
Und setze nur den Fall –, Ihr, seine Schwester,
Würdet begehrt von einem Mächtigen,

Des hoher Rang und Einfluss auf den Richter
Den Bruder könnt erlösen aus den Fesseln
Allbindender Gesetze; und es gäbe
Den einz'gen Ausweg nur, ihn zu befrein,
Dass Ihr den Reichtum Eurer Schönheit schenktet
Dem Mächtigen – wo nicht –, stürb Euer Bruder:
Was tätet Ihr?

ISABELLA: So viel für meinen Bruder wie für mich;
Das heißt, wär über mich der Tod verhängt.
Der Geißel Striemen trüg ich als Rubinen
Und zog mich aus zum Tode wie zum Schlaf,
Den ich mir längst ersehnt, eh ich den Leib
Der Schmach hingäb.

ANGELO: Dann müsst Euer Bruder sterben.

ISABELLA: Und besser wär's gewiss.
Viel lieber mag ein Bruder einmal sterben,
Als dass die Schwester, um ihn freizukaufen,
Auf *ewig* sterben sollte.

ANGELO: Wärt Ihr dann nicht so grausam wie der Spruch,
Auf den Ihr so geschmäht?

ISABELLA: Die Schand im Loskauf und ein frei Verzeihn
Sind nicht Geschwister: des Gesetzes Gnade
War nie verwandt mit schmählichem Erkauf!

ANGELO: Noch eben schien das Recht Euch ein Tyrann,
Und Eures Bruders Fehltritt dünkt Euch mehr
Ein Scherz als ein Verbrechen.

ISABELLA: O gnäd'ger Herr, verzeiht! Oft ist der Fall,
Zu haben, was man wünscht, spricht man nicht, wie man's meint.
So mocht ich das Verhasste wohl entschuld'gen
Zum Vorteil dessen, der mir teuer ist.

ANGELO: Schwach sind wir alle.

ISABELLA: Sonst möcht er immer sterben,
Wenn kein Vasall als er allein der Schwachheit –
O wir sind alle der Versuchung Erben!

ANGELO: Nun, auch das Weib ist schwach!

ISABELLA: Ja, wie der Spiegel, drin sie sich beschaut,
So leicht zerbricht, wie er Gestalten prägt.
Das Weib! Hilf Gott! Der Mann entweiht ihr Edles,
Wenn er's missbraucht. Nennt mich denn zehnmal
schwach,
Denn wir sind sanft, wie unsre Bildung ist,
Nachgiebig falschem Eindruck.
ANGELO: Ja, so ist's:
Und auf Eur eignes Zeugnis Eurer Schwäche
Denn auch wir Männer, mein ich, sind nicht stärker,
Als dass uns Fehler schütteln – dreist nun sprech ich:
Ich halte dich beim Wort: sei, was du bist,
Ein Weib; willst mehr du sein, so bist du keins;
Und bist du eins – wie all dein äußrer Reiz
So holde Bürgschaft gibt –, so zeig es jetzt,
Und kleide dich in die bestimmte Farbe.
ISABELLA: Ich hab nur eine Zunge: teurer Herr,
Ich fleh Euch an, sprecht Eure vor'ge Sprache.
ANGELO: Ich sag es frei und klar, ich liebe dich.
ISABELLA: Mein Bruder liebte Julien, und Ihr sagt:
Er müsse dafür sterben.
ANGELO: Liebst du mich, Isabella, soll er nicht.
ISABELLA: Ich weiß es, Eurer Würde ward dies Vorrecht,
Sie scheint ein wenig schlimmer, als sie ist,
Und prüft uns andre.
ANGELO: Glaub auf meine Ehre,
Mein Wort spricht meinen Vorsatz.
ISABELLA: O kleine Ehre, so viel ihr zu glauben!
Und Gott verhasster Vorsatz! Schein, o Schein!
Ich werde dich verkünden, sieh dich vor:
Gleich unterzeichne mir des Bruders Gnade,
Sonst ruf ich's aller Welt mit lautem Schrei,
Was für ein Mann du bist.
ANGELO: Wer glaubt dir's, Isabella?
Mein unbefleckter Ruf, des Lebens Strenge,
Mein Zeugnis gegen dich, mein Rang im Staat

Wird also dein Beschuld'gen überbieten,
Dass du ersticken wirst am eignen Wort
Und nach Verleumdung schmecken. Ich begann;
Und nun, entzügelt, nehmt den Lauf, ihr Sinne:
Ergib dich meiner glühenden Begier,
Weg sprödes Weigern, zögerndes Erröten,
Das abweist, was es wünscht; kauf deinen Bruder,
Indem du meinem Willen dich ergibst,
Sonst muss er nicht allein des Todes sterben,
Ja, deine Härte soll den Tod ihm dehnen
Durch lange Martern. Antwort gib mir morgen;
Denn, bei der Leidenschaft, die mich beherrscht,
Ich werd ihm ein Tyrann! Und dir sei klar,
Sprich, was du kannst; mein *Falsch* besiegt dein *Wahr. Ab.*

ISABELLA: Wem sollt ich's klagen? Wem ich dies erzählte,
Wer glaubte mir's? O gleisnerischer Mund,
Der mit der einen und derselben Zunge
Verdammnis spricht und Billigung zugleich!
Der das Gesetz nach Willkür schweigen heißt
Und krümmt nach seinen Lüsten Recht und Unrecht,
Sich ihm zu schmiegen! Hin zum Bruder will ich,
Und fiel er auch durch allzu heißes Blut,
Doch lebt in ihm so großer Geist der Ehre,
Dass, hätt er zwanzig Häupter hinzustrecken
Auf zwanzig blut'ge Block, er böte sie,
Eh seine Schwester ihren Leib entheiligt
In so abscheulicher Entweihung.
Ja, Claudio, stirb, ich bleibe keusch und rein;
Mehr als ein Bruder muss mir Keuschheit sein:
Ich sag ihm noch, was Angelo beschieden,
Dann geh er durch den Tod zum ew'gen Frieden. *Ab.*

Dritter Aufzug

Erste Szene

Im Gefängnis.

Es treten auf der HERZOG, CLAUDIO *und der* SCHLIESSER.

HERZOG: So hofft Ihr Gnade von Lord Angelo?
CLAUDIO: Im Elend bleibt kein andres Heilungsmittel
Als Hoffnung nur:
Ich hoffe Leben, bin gefasst auf Tod.
HERZOG: Sei's unbedingt auf Tod! Tod so wie Leben
Wird dadurch süßer. Sprich zum Leben so:
Verlier ich dich, so geb ich hin, was nur
Ein Tor festhielte. Sprich: du bist ein Hauch,
Abhängig jedem Wechsel in der Luft,
Der diese Wohnung, die dir angewiesen,
Stündlich bedroht; du bist nur Narr des Todes,
Denn durch die Flucht strebst du ihm zu entgehn,
Und rennst ihm ewig zu. Du bist nicht edel;
Denn alles Angenehme, das dich freut,
Erwuchs aus Niederm. Tapfer bist du nicht;
Du fürchtest ja die zart gespaltne Zunge
Des armen Wurms: dein bestes Ruhn ist Schlaf,
Den rufst du oft und zitterst vor dem Tod,
Der doch nichts weiter. Du bist nicht du selbst;
Denn du bestehst durch Tausende von Körnern,
Aus Staub entsprossen. Glücklich bist du nicht:
Was du nicht hast, dem jagst du ewig nach,
Vergessend, was du hast. Du bist nicht stetig,
Denn dein Befinden wechselt seltsam launisch
Mit jedem Mond. Reich, bist du dennoch arm;
Dem Esel gleich, der unter Gold sich krümmt,
Trägst du den schweren Schatz nur einen Tag,
Und Tod entlastet dich. Freunde hast du keine;
Denn selbst dein Blut, das Vater dich begrüßt,

Die Wirkung deiner eignen innern Kraft,
Flucht deiner Gicht, dem Aussatz und der Lähmung,
Dass sie nicht schneller mit dir enden.
Du hast zu eigen Jugend nicht noch Alter,
Nein, gleichsam nur 'nen Schlaf am Nachmittag,
Der beides träumt; denn all dein Jugendglanz
Lebt wie bejahrt und fleht vom welken Alter
Die Zehrung sich: und bist du alt und reich,
Hast du nicht Glut noch Triebe, Mark noch Schönheit,
Der Güter froh zu sein. Was bleibt nun noch,
Das man ein Leben nennt? und dennoch birgt
Dies Leben tausend Tode; dennoch scheun wir
Den Tod, der all die Widersprüche löst.

CLAUDIO: Habt Dank, mein Vater!
Ich seh, nach Leben strebend, such ich Sterben,
Tod suchend, find ich Leben. Nun, er komme!

ISABELLA *kommt.*

ISABELLA: Macht auf! Heil sei mit Euch, und Gnad und Frieden!

SCHLIESSER: Wer da? Herein! der Wunsch verdient Willkommen!

HERZOG: Bald, lieber Sohn, werd ich Euch wiedersehn.

CLAUDIO: Ehrwürd'ger Herr, ich dank Euch.

ISABELLA: Ich wünsche nur ein kurzes Wort mit Claudio.

SCHLIESSER: Von Herzen gern; Herr, Eure Schwester ist's.

HERZOG *beiseite*: Schließer, ein Wort mit Euch.

SCHLIESSER: So viel Ihr wollt.

HERZOG: Verbergt mich, Freund, wo ich sie sprechen höre.

Der Herzog und der Schließer ab.

CLAUDIO: Nun, Schwester, was für Trost?

ISABELLA: Nun ja, wie aller Trost ist; gut, sehr gut! –
Lord Angelo hat ein Geschäft im Himmel
Und sucht dich aus als schnellen Abgesandten.
Wo du ihm bleibst als ew'ger Stellvertreter.
Drum schick dich an zur Wandrung ungesäumt;
Auf morgen reisest du.

CLAUDIO: Ist denn kein Mittel?

ISABELLA: Nein; nur ein Mittel, das, ein Haupt zu retten,
Zerspalten würd ein Herz.
CLAUDIO: So gibt es eins?
ISABELLA: Ja, Bruder, du kannst leben.
In diesem Richter wohnt ein teuflisch Mitleid:
Willst du dies anflehn, wird dein Leben frei,
Dich aber fesselt er bis in dein Grab.
CLAUDIO: Wie! Ew'ge Haft?
ISABELLA: Ja, nenn es ew'ge Haft; es wär ein Zwang,
Der, stünd auch offen dir der weite Weltraum,
Dich bänd an eine Qual.
CLAUDIO: Von welcher Art?
ISABELLA: Von solcher Art, dass, wenn du eingewilligt,
Du schältest ab die Ehre deinem Stamm
Und bliebest nackt.
CLAUDIO: Lass mich die Sache wissen!
ISABELLA: O Claudio, ich fürchte dich und zittre,
Du möchtst ein fiebernd Leben dehnen wollen,
Sechs oder sieben Winter teurer achten
Als ew'ge Ehre. Hast du Mut zum Tod? –
Des Todes Schmerz liegt in der Vorstellung;
Der arme Käfer, den dein Fuß zertritt,
Fühlt körperlich ein Leiden, ganz so groß,
Als wenn ein Riese stirbt.
CLAUDIO: Weshalb beschämst du mich?
Meinst du, ich suche mir entschlossnen Mut
Aus zartem Blumenschmelz? Nein, muss ich sterben,
Grüß ich die Finsternis als meine Braut
Und drücke sie ans Herz!
ISABELLA: Das sprach mein Bruder:
Das war wie eine Stimme
Aus meines Vaters Grab. Ja, du musst sterben! –
Du bist zu groß, ein Leben zu erkaufen
Durch niedre Schmach! – Der außenheil'ge Richter –
Des finstre Stirn und tief bedachtes Wort
Die Jugend ängstigt und die Torheit scheucht,

So wie der Falk die Taub – ist doch ein Teufel:
Sein innrer Schlamm hinweggeschöpft, erschien er
Ein Pfuhl, tief wie die Hölle.

CLAUDIO: Der fromme Angelo?

ISABELLA: Das ist die list'ge Ausstattung der Hölle,
Den frechsten Schalk verkleidend einzuhüllen
In fromme Tracht. Glaubst du wohl, Claudio,
Wenn ich ihm meine Unschuld opfern wollte,
Du würdest frei?

CLAUDIO: O Himmel! Ist es möglich?

ISABELLA: Ja, er vergönnte dir's, für solche Sünde
Noch mehr hinfort zu sünd'gen. Diese Nacht
Soll das geschehn, was ich mit Abscheu nenne,
Sonst stirbst du morgen.

CLAUDIO: Das sollst du nie.

ISABELLA: O wär es nur mein Leben,
Ich würf es leicht für deine Freiheit hin,
Wie eine Nadel!

CLAUDIO: Dank dir, teure Schwester!

ISABELLA: Bereite dich auf morgen denn zum Tod!

CLAUDIO: Ja. – – Fühlt auch er Begierden,
Für die er das Gesetz mit Füßen tritt,
Indem er's schärfen will? Dann ist's nicht Sünde,
Die kleinste mindstens von den Todessünden!

ISABELLA: Welch ist die kleinste?

CLAUDIO: Wär sie verdammlich: ein so weiser Mann,
Wie könnt er eines Augenblicks Genuss
Mit Ewigkeiten büßen? Isabella! …

ISABELLA: Was sagt mein Bruder?

CLAUDIO: Sterben ist entsetzlich!

ISABELLA: Und leben ohne Ehre hassenswert!

CLAUDIO: Ja! Aber sterben! Gehn, wer weiß, wohin,
Da liegen, kalt, eng eingesperrt, und faulen;
Dies lebenswarme, fühlende Bewegen
Verschrumpft zum Kloß; und der entzückte Geist
Getaucht in Feuerfluten oder schaudernd

Umstarrt von Wüsten ew'ger Eisesmassen;
Gekerkert sein in unsichtbare Stürme
Und mit rastloser Wut gejagt rings um
Die schwebende Erd; oder Schlimmres werden
Als selbst das Schlimmste,
Was Fantasie wild schwärmend, zügellos,
Heulend erfindet: das ist zu entsetzlich!
Das schwerste, jammervollste ird'sche Leben,
Das Alter, Meineid, Schmerz, Gefangenschaft
Dem Menschen auflegt – ist ein Paradies
Gegen das, was wir vom Tode fürchten!

ISABELLA: Ach!

CLAUDIO: O Liebste, lass mich leben! –
Was du auch tust, den Bruder dir zu retten,
Natur tilgt diese Sünde so hinweg,
Dass sie zur Tugend wird.

ISABELLA: O schändlich Tier!
O feige Memm! o treulos Ehrvergessner,
Soll meine Sünde dich zum Mann erschaffen? –
Ist's nicht blutschändrisch, Leben zu empfahn
Durch deiner Schwester Schmach? Was muss ich glauben?
Hilf Gott! War meine Mutter falsch dem Vater?
Denn solch entartet wildes Unkraut spross
Niemals aus seinem Blute. Dir entsag ich,
Stirb, fahre hin! Wenn auch mein Fußfall nur
Dein Schicksal wenden möcht, ich ließ es walten:
Ich bete tausendmal für deinen Tod,
Kein Wort zur Rettung.

CLAUDIO: Schwester, hör mich an.

ISABELLA: O pfui, pfui, pfui! –
Dein Sünd'gen war kein Fall, war schon Gewerbe,
Und Gnade würd an dir zur Kupplerin;
Am besten stirbst du gleich. *Will abgehn.*

CLAUDIO: O hör mich, Schwester! –

Der HERZOG *kommt zurück.*

HERZOG: Vergönnt ein Wort, junge Schwester, nur ein einziges Wort.

ISABELLA: Was ist Euer Wunsch?

HERZOG: Wenn Eure Zeit es zuließe, hätte ich gern eine kurze Unterredung mit Euch; diese Gewährung meiner Bitte würde zugleich zu Euerm Frommen sein.

ISABELLA: Ich habe keine überflüssige Zeit; mein Verweilen muss ich andern Geschäften stehlen; doch ich will noch etwas verweilen.

HERZOG *beiseite zu Claudio*: Mein Sohn, ich habe mit angehört, was zwischen Euch und Eurer Schwester vorging. Angelo hatte nie die Absicht, sie zu verführen; er hat nur einen Versuch auf ihre Tugend gemacht, um sein Urteil über das menschliche Gemüt zu schärfen. Sie, im wahren Gefühl echter Ehre, entgegnete ihm die fromme Weigerung, die er mit höchster Freude vernahm. Ich bin Angelos Beichtiger und weiß, dass dieses wahr ist. Bereitet Euch deshalb auf den Tod; schmeichelt Eurer Standhaftigkeit nicht durch trügerische Hoffnungen; morgen müsst Ihr sterben. Fallt auf Eure Knie und macht Euch fertig.

CLAUDIO: Lasst mich meine Schwester um Verzeihung bitten. Die Liebe zum Leben ist mir so vergangen, dass ich bitten werde, davon befreit zu sein.

HERZOG: Dabei bleibt's. Lebt wohl!

Claudio ab.

Der SCHLIESSER *kommt zurück.*

Schließer, ein Wort mit Euch.

SCHLIESSER: Was wünscht Ihr, Pater?

HERZOG: Dass Ihr, wie Ihr kamt, jetzt wieder geht. Lasst mich ein wenig allein mit diesem Fräulein; meine Gesinnung und mein Kleid sind Euch Bürge, dass sie von meiner Gesellschaft nichts zu fürchten hat.

SCHLIESSER: Es sei so. *Ab.*

HERZOG: Dieselbe Hand, die Euch schön erschuf, hat Euch auch gut erschaffen. Güte, von der Schönheit gering geachtet, lässt auch der Schönheit nicht lange ihre Güte; aber Sittsamkeit, die Seele Eurer Züge, wird Euch auch immer schön erhalten. Von dem Angriff, den Angelo auf Euch versucht, hat mich der Zufall in Kenntnis gesetzt, und böte nicht die menschliche Schwachheit Beispiele für sein Straucheln, ich würde mich über Angelo wundern. Wie wollt Ihr's nun machen, diesen Statthalter zufriedenzustellen und Euern Bruder zu retten?

ISABELLA: Ich gehe gleich, ihm meinen Entschluss zu sagen: Ich wolle lieber, dass mir ein Bruder nach dem Gesetz sterbe, als dass mir ein Sohn wider das Gesetz geboren werde. Aber, o wie irrt sich der gute Herzog in diesem Angelo! Wenn er je zurückkommt, und ich kann zu ihm gelangen, so will ich meine Lippen nie wieder öffnen oder diese Verwaltung enthüllen.

HERZOG: Das würde nicht unrecht getan sein. Indes wie die Sache nun steht, wird er Eurer Anklage entgegnen, er habe Euch nur prüfen wollen. Darum leihet Euer Ohr meinem Rat; denn meinem Wunsch, Gutes zu stiften, bietet sich ein Mittel dar. Ich bin überzeugt, Ihr könnt mit aller Rechtschaffenheit einem armen gekränkten Fräulein eine verdiente Wohltat erzeigen, Euern Bruder dem strengen Gesetz entreißen, Eure eigne fromme Seele rein erhalten und den abwesenden Herzog sehr erfreuen, wenn er vielleicht dereinst zurückkehren und von dieser Sache hören sollte.

ISABELLA: Fahrt fort, mein Vater. Ich habe Herz, alles zu tun, was meinem Herzen nicht verwerflich erscheint.

HERZOG: Tugend ist kühn und Güte ohne Furcht. Hörtet Ihr nie von Marianen, der Schwester Friedrichs, des tapfern Helden, der auf der See verunglückte?

ISABELLA: Ich hörte von dem Fräulein, und nichts als lauter Gutes.

HERZOG: Ebendie sollte dieser Angelo heiraten: Mit dieser war er feierlich verlobt und die Hochzeit festgesetzt. Zwischen der Zeit des Verlöbnisses aber und dem Trauungstage ging das Schiff ihres Bruders Friedrich unter und mit ihm das Heiratsgut der Schwester. Nun denkt Euch, wie hart das arme Fräulein hierdurch getroffen ward. Sie verlor einen edlen und berühmten Bruder, dessen Liebe für sie von jeher die zärtlichste und brüderlichste gewesen; mit ihm ihr Erbteil und den Nerv ihres Glücks, ihr Heiratsgut: Mit beiden zugleich den ihr bestimmten Bräutigam, diesen redlich scheinenden Angelo!

ISABELLA: Ist es möglich? Und Angelo verließ sie wirklich?

HERZOG: Verließ sie in ihren Tränen und trocknete nicht eine durch seinen Trost; widerrief sein Treuwort, indem er Entdeckungen über ihre verletzte Ehre vorgab; kurz, überließ sie ihrem Kummer, dem sie noch immer um seinetwillen ergeben ist; und er, ein Fels gegen ihre Tränen, wird von ihnen benetzt, aber nicht erweicht.

ISABELLA: Wie verdienstlich vom Tode, wenn er dieses arme Mädchen aus der Welt nähme! Welcher Frevel von diesem Leben, dass es diesen Mann leben lässt! Aber wie soll ihr hieraus Hilfe werden?

HERZOG: Es ist eine Wunde, die Ihr leicht heilen könnt; und diese Kur rettet nicht allein Euren Bruder, sondern schützt Euch vor Schande, wenn Ihr sie unternehmt.

ISABELLA: Zeigt mir an, wie, ehrwürdiger Vater.

HERZOG: Jenes Mädchen hegt noch immer ihre erste Neigung; seine ungerechte Lieblosigkeit, die nach Vernunftgründen ihre Zärtlichkeit ausgelöscht haben sollte, hat sie wie eine Hemmung im Strom nur heftiger und unaufhaltsamer gemacht. – Geht Ihr zu Angelo, erwidert auf sein Begehren mit scheinbarem Gehorsam; bewilligt ihm die Hauptsache, nur behaltet Euch diese Bedingungen vor: Erstlich, dass Ihr nicht lange bei ihm verweilen dürft; dann, dass für die Zeit alle Begünstigung der Dunkelheit und Stille sei und dass der Ort den Umständen entspreche. Gesteht er dies, dann gelingt alles. Wir bereden das gekränkte Mädchen, sich an Eurer Statt zur bestimmten Verabredung einzufinden. Wenn die Zusammenkunft hernach bekannt wird, so muss ihn das zu einem Ersatz zwingen, und dann wird auf diese Weise Euer Bruder gerettet, Eure Ehre bewahrt, die arme Mariane beglückt und der böse Statthalter entlarvt. Das Mädchen will ich unterrichten und zu dem Versuch überreden. Willigt Ihr ein, dies alles auszuführen, so schützt die doppelte Wohltat diesen Trug vor Tadel. Was dünkt Euch davon?

ISABELLA: Der Gedanke daran beruhigt mich schon, und ich hoffe, es wird zum glücklichsten Erfolg gedeihn.

HERZOG: Es kommt alles auf Euer Betragen an. Eilt ungesäumt zu Angelo. Wenn er Euch um diese Nacht bittet, so sagt ihm Gewährung zu. Ich gehe sogleich nach Sankt Lukas – dort in der einsamen Hütte wohnt diese verstoßne Mariane –, dort sucht mich auf; und mit Angelo macht es ab, damit die Sache sich schnell entscheide.

ISABELLA: Ich danke Euch für diesen Beistand – lebt wohl, ehrwürdiger Vater!

Sie gehn ab nach verschiednen Seiten.

Zweite Szene

Straße vor dem Gefängnis.

Es treten auf der HERZOG, ELBOGEN, POMPEJUS *und* GERICHTSDIENER.

ELBOGEN: Nun wahrhaftig, wenn da kein Einhalt geschieht, und ihr wollt mit aller Gewalt Manns- und Frauensleute wie das liebe Vieh verkaufen, so wird noch die ganze Welt braunen und weißen Bastard trinken.

HERZOG: O Himmel! Was haben wir hier für Zeug!

POMPEJUS: Mit der lustigen Welt ist's zu Ende, seit sie von zwei Wucherern dem lustigsten sein Handwerk gelegt hat und dem schlimmsten von Gerichts wegen einen Pelzrock zuerkannt, um sich warm zu halten; und noch dazu gefüttert mit Lämmerfell und verbrämt mit Fuchs, um anzudeuten, dass List besser fortkommt als Unschuld.

ELBOGEN: Geht Eurer Wege, Freund. Gott grüß Euch, guter Vater Bruder.

HERZOG: Und Euch, werter Bruder Vater. Was hat Euch dieser Mann zuleide getan, Herr?

ELBOGEN: Dem Gesetze hat er etwas zuleide getan, Herr; und obendrein, Herr, halten wir ihn für einen Dieb; denn wir haben einen ganz besondern Dietrich bei ihm gefunden, Herr, den wir an den Statthalter eingeschickt haben.

HERZOG: Pfui, Schuft, ein Kuppler, ein verruchter Kuppler!
Die Sünde, die dein Beistand fördern hilft,
Verschafft dir Unterhalt. Denk, was das heißt,
Den Wanst sich füllen, sich den Rücken kleiden
Mit so unsauberm Laster! Sprich zu dir:
Von ihrem schändlich viehischen Verkehr
Trink ich und esse, kleide mich und lebe:
Und glaubst du wohl, dein Leben sei ein Leben,
Wenn es so stinkt zum Himmel? Geh! Tu Buße!

POMPEJUS: Freilich, auf gewisse Weise stinkt es, Herr; aber doch, Herr, könnt ich beweisen …

HERZOG: Ja, gibt der Teufel dir Beweis für Sünde,
Bist du ihm überwiesen. – Führt ihn fort;
Zucht und Ermahnung müssen wirksam sein,
Eh solch ein störrisch Vieh sich bessert.

ELBOGEN: Er muss vor den Statthalter, Herr, der hat ihn gewarnt; der Statthalter kann solch Hurenvolk nicht ausstehn; wenn er dergleichen Hurenhändlerhandwerk treibt und kommt vor ihn, da wäre ihm besser eine Meile weiter.

HERZOG: So mancher scheint von allen Fehlern rein;
O wär er's auch! und jeder Fehl vom Schein!

LUCIO *kommt.*

ELBOGEN: Sein Hals wird's nun bald machen wie Euer Leib, Herr: ein Strick darum.

POMPEJUS: Da wittre ich Rettung – ich rufe mir einen Bürgen; hier kommt ein Edelmann, ein Freund von mir.

LUCIO: Was macht mein edler Pompejus? Was, an Cäsars Fersen? Wirst du im Triumph aufgeführt? Was? Wo sind nun deine Pygmalionsbilder, deine neu gebacknen Weiber, die einem eine Hand in die Tasche stecken und sie als Faust wieder herausziehn? Was hast du für eine Replik, he? Wie gefällt dir diese Melodie, Manier und Methode? Ist sie nicht im letzten Regen ersoffen? Nun, was sagst du, Pflastertreter? Ist die Welt noch, wie sie war, mein Guter? Wie heißt nun dein Lied? Geht's betrübt und einsilbig? Oder wie? Was ist der Humor davon?

HERZOG: Immer so und wieder so! Immer schlimmer!

LUCIO: Wie geht's meinem niedlichen Schätzchen, deiner Frau? Verschafft sie noch immer Kunden, he?

POMPEJUS: I nun, Herr, sie war mit ihrem Vorrat von gesalznem Fleisch zu Ende, nun hat sie sich selbst in die Beize begeben.

LUCIO: Ei, recht so; so gehört sich's; so muss es sein: Eure Fische immer frisch, Eure Hökerin in der Lauge: So ist's der Welt Lauf, so muss es sein. Begibst du dich ins Gefängnis, Pompejus?

POMPEJUS: Ja, mein Seel, Herr.

LUCIO: Ei, das lässt sich hören, Pompejus! Glück zu! – Geh, sag, ich hätte dich hingeschickt; schuldenhalber, Pompejus; oder vielleicht –

ELBOGEN: Weil er ein Kuppler ist, weil er ein Kuppler ist.

LUCIO: Schön! darum ins Gefängnis mit ihm; wenn sich das Gefängnis für einen Kuppler gehört, dann geschieht ihm ja sein Recht; ein Kuppler ist er unleugbar, und zwar von alters her: ein geborner Kuppler. Lebt wohl, teurer Pompejus, empfehlt mich dem Gefängnis; Ihr werdet wohl nun ein guter Haushalter werden, denn man wird Euch zu Hause halten.

POMPEJUS: Ich hoffe doch, Euer Hochgeboren wird für mich Bürge sein?

LUCIO: Nein, wahrhaftig, das werd ich nicht, Pompejus; das ist jetzt nicht Mode. Ich will mich für dich verwenden, dass man dich noch länger sitzen lässt; wenn du dann die Geduld verlierst, so zeigst du, dass du Haare auf den Zähnen hast. Leb wohl, beherzter Pompejus! – Guten Abend, Pater!

HERZOG: Gleichfalls.

LUCIO: Schminkt sich Brigittchen noch immer, Pompejus?

ELBOGEN: Fort mit Euch! Kommt jetzt!

POMPEJUS: Ihr wollt also dann nicht Bürge sein, Herr?

LUCIO: Weder dann noch jetzt. – Was gibt's auswärts Neues, Pater? Was gibt's Neues?

ELBOGEN: Fort mit Euch! Kommt jetzt!

LUCIO: Fort, ins Hundeloch, Pompejus! Fort!

Elbogen, Pompejus und Gerichtsdiener gehn ab.

Was gibt's Neues vom Herzog, Pater?

HERZOG: Ich weiß nichts; könnt Ihr mir etwas mitteilen?

LUCIO: Einige sagen, er sei beim Kaiser von Russland; andre, er sei nach Rom gereist. Wo meint Ihr, dass er sei?

HERZOG: Ich weiß es nicht, aber wo er sein mag, wünsch ich ihm Gutes.

LUCIO: Das war ein toller, fantastischer Einfall von ihm, sich aus dem Staat wegzustehlen und sich auf die Bettelei zu werfen, zu der er nun einmal nicht geboren ist. Lord Angelo herzogt indes recht tapfer in seiner Abwesenheit; er nimmt das galante Wesen rechtschaffen ins Gebet.

HERZOG: Daran tut er wohl.

LUCIO: Ein wenig mehr Milde für die Liederlichkeit könnte ihm nicht schaden, Pater; etwas zu sauertöpfisch in dem Punkt, Pater.

HERZOG: Es ist ein zu allgemeines Laster, und nur Strenge kann es heilen.

LUCIO: Freilich, das Laster ist von großer Familie und vornehmer Verwandtschaft; aber es ist unmöglich, es ganz auszurotten, Pater, man müsste denn Essen und Trinken abschaffen. Man sagt, der Angelo sei gar nicht auf dem ordentlichen Wege der Natur von Mann und Weib erzeugt. Sollte das wohl wahr sein? Was meint Ihr?

HERZOG: Wie wäre er denn erzeugt?

LUCIO: Einige erzählen, eine Meernixe habe ihn gelaicht; andre, er sei von zwei Stockfischen in die Welt gesetzt: Aber das ist gewiss, dass, wenn er sein Wasser abschlägt, der Urin gleich zu Eis gefriert; daran ist nicht der mindeste Zweifel. Er ist eine Marionette ohne Zeugungskraft, das kann nicht in Abrede gestellt werden.

HERZOG: Ihr scherzt, mein Herr, und führt lose Reden.

LUCIO: Zum Henker, ist denn das nicht eine unbarmherzige Manier, um eines rebellischen Hosenlatzes willen einem Mann das Leben zu nehmen? Hätte der Herzog, der jetzt abwesend ist, das wohl je getan? Ehe der einen hätte hängen lassen um hundert Bastarde, hätte er das Kostgeld für ein ganzes Tausend aus seiner Tasche bezahlt. Er war kein Kostverächter, er verstand den Dienst, und das machte ihn nachsichtig.

HERZOG: Ich habe nie gehört, dass man den abwesenden Herzog eben mit Weibern in Verdacht gehabt hätte; er hatte dazu keinen Hang.

LUCIO: O Herr, da seid Ihr im Irrtum!

HERZOG: Unmöglich!

LUCIO: Was? der Herzog nicht? Ja doch! fragt nur Euer altes fünfzigjähriges Bettelweib; er pflegte ihr immer einen Dukaten in ihre Klapperbüchse zu stecken. Der Herzog hatte seine Nücken; er war auch gern betrunken: das glaubt mir auf mein Wort.

HERZOG: Ganz gewiss, Ihr tut ihm Unrecht.

LUCIO: Herr, ich war sein vertrauter Freund; ein Duckmäuser war der Herzog, und ich glaube, ich weiß, warum er davongegangen ist.

HERZOG: Nun, sagt mir doch, warum denn?

LUCIO: Nein, um Vergebung, das ist ein Geheimnis, das man zwischen Zähnen und Lippen verschließen muss. Aber so viel kann ich Euch doch zu verstehn geben: Der größte Teil seiner Untertanen hielt den Herzog für einen verständigen Mann.

HERZOG: Verständig? Nun, das war er auch ohne Frage!

LUCIO: Ein sehr oberflächlicher, unwissender, unbrauchbarer Gesell!

HERZOG: Entweder ist dies Neid oder Narrheit von Euch oder Irrtum; der ganze Lauf seines Lebens, die Art, wie er das Staatsruder geführt, würden, wenn es der Bürgschaft bedürfte, ein besseres Zeugnis von ihm ablegen. Lasst ihn nur nach dem beurteilt werden, wie er sich gezeigt hat, und er wird dem Neide selbst als ein Gelehrter, ein Staatsmann und ein Soldat erscheinen. Deshalb redet Ihr ohne Einsicht; oder wenn Ihr mehr Verstand habt, wird er sehr von Eurer Bosheit verfinstert.

LUCIO: Herr, ich kenne ihn und liebe ihn.

HERZOG: Liebe spricht mit bessrer Einsicht und Einsicht mit mehr Liebe.

LUCIO: Ei was, Herr, ich weiß, was ich weiß.

HERZOG: Das kann ich kaum glauben, da Ihr nicht wisst, was Ihr sprecht. Aber wenn der Herzog je zurückkehrt, wie wir alle beten, dass es geschehn möge, so lasst mich Euch ersuchen, Euch vor ihm zu verantworten. Habt Ihr der Wahrheit gemäß gesprochen, so habt Ihr Mut, es zu vertreten. Meine Pflicht ist, Euch dazu aufzufordern; und deshalb bitt ich Euch, wie ist Euer Name?

LUCIO: Herr, mein Name ist Lucio; der Herzog kennt mich.

HERZOG: Er wird Euch noch besser kennenlernen, wenn ich so lange lebe, dass ich ihm Nachricht von Euch geben kann.

LUCIO: Ich fürchte Euch nicht.

HERZOG: O ihr hofft, der Herzog werde nicht zurückkehren, oder Ihr haltet mich für einen zu unbedeutenden Gegner. Und in der Tat, ich kann Euch wenig schaden: Ihr werdet dies alles wieder abschwören.

LUCIO: Eher will ich mich hängen lassen; du irrst dich in mir, Pater. Doch genug hiervon. Kannst du mir sagen, ob Claudio morgen sterben muss oder nicht?

HERZOG: Warum sollte er sterben, Herr?

LUCIO: Nun, weil er eine Flasche mit einem Trichter gefüllt. Ich wollte, der Herzog, von dem wir reden, wäre wieder da; dieser unvermögende Machthaber wird die Provinz durch Enthaltsamkeit entvölkern: Nicht einmal die Sperlinge dürfen an seiner Dachtraufe bauen, weil sie verbuhlt sind. Der Herzog hätte gewiss, was im Dunkeln geschah, auch im Dunkeln gelassen; er hätte es nimmermehr ans Licht gebracht; ich wollte, er wäre wieder da! Wahrhaftig, dieser Claudio wird verdammt, weil er eine Schleife aufgeknüpft! Leb wohl, guter

Pater! ich bitte dich, schließ mich in dein Gebet. Der Herzog, sage ich dir, verschmäht auch Fleisch am Freitag nicht. Er ist jetzt über die Zeit hinaus, und doch sag ich dir, er würde eine Bettlerin Schnäbeln, und röche sie nach Schwarzbrot und Knoblauch. Sag nur, ich hätte dir's gesagt! Leb wohl! *Ab.*

HERZOG: Nichts rettet Macht und Größe vor dem Gift
Der Schmähsucht; auch die reinste Unschuld trifft
Verleumdung hinterrücks; ja selbst den Thron
Erreicht der tück'schen Lästerzunge Hohn.
Doch wer kommt hier?

ESCALUS, *der* SCHLIESSER, *die* KUPPLERIN *und* GERICHTSDIENER *treten auf.*

ESCALUS: Fort, bringt sie ins Gefängnis!

KUPPLERIN: Liebster, gnädiger Herr, habt Mitleid mit mir; Euer Gnaden gilt für einen sanftmütigen Herrn – liebster gnädiger Herr!

ESCALUS: Doppelt und dreifach gewarnt, und immer das nämliche Verbrechen! – das könnte die Gnade selbst in Wut bringen und zum Tyrannen machen.

SCHLIESSER: Eine Kupplerin, die es seit elf Jahren treibt, mit Euer Gnaden Vergunst!

KUPPLERIN: Gnädiger Herr, das hat ein gewisser Lucio mir eingerührt. Jungfer Käthchen Streckling war schwanger von ihm zu des Herzogs Zeit, er versprach ihr die Ehe; sein Kind ist fünfviertel Jahr alt auf nächsten Philippi und Jakobi; ich habe es selbst aufgefüttert, und seht nun, wie er mit mir umspringen will.

ESCALUS: Dies ist ein Mensch von sehr schlechter Aufführung: ruft ihn vor uns. Fort mit ihr ins Gefängnis – kein Wort mehr weiter! *Kupplerin und Gerichtsdiener ab.* Schließer, mein Bruder Angelo lässt sich nicht überreden; Claudio muss morgen sterben. Besorgt ihm geistlichen Zuspruch und was er zu christlicher Erbauung bedarf. Wenn mein Bruder gleiches Mitleid wie ich empfände, so stände es nicht so um Claudio.

SCHLIESSER: Gnädiger Herr, dieser Pater ist bei ihm gewesen und hat ihm mit Rat beigestanden, dem Tode entgegenzugehn.

ESCALUS: Guten Abend, guter Pater.
HERZOG: Gnade und Segen über Euch!
ESCALUS: Von wannen seid Ihr?
HERZOG: Nicht diesem Land gehör ich, wo mich Zufall
Für eine Zeitlang hält. Ich bin ein Bruder
Aus frommem Orden, über See gekommen
Mit wicht'gem Auftrag Seiner Heiligkeit.
ESCALUS: Was gibt's Neues im Auslande?
HERZOG: Nichts; außer dass Rechtschaffenheit an einem so starken Fieber leidet, dass ihre Auflösung sie heilen muss. Nur dem Neuen wird nachgefragt, und es ist ebenso gefährlich geworden, in irgendeiner Lebensbahn alt zu werden, wie es schon eine Tugend ist, in irgendeinem Unternehmen standhaft zu bleiben. Kaum ist noch so viel Vertrauen wirksam, um der Gesellschaft Sicherheit zu verbürgen; aber Bürgschaft so reichlich, dass man allen Umgang verwünschen möchte. Um diese Rätsel dreht sich die ganze Weisheit der Welt; dies Neue ist alt genug und dennoch das Neue des Tages. Ich bitt Euch, Herr, von welcher Gesinnung war Euer Herzog?
ESCALUS: Von der, dass er vorzüglich dahin strebte, sich genau selbst kennenzulernen.
HERZOG: Welchen Vergnügungen war er ergeben?
ESCALUS: Mehr erfreut, andre froh zu sehn, als froh über irgendetwas, das ihn selbst vergnügt hätte; ein Herr, der in allen Dingen mäßig war. Doch überlassen wir ihn seinem Schicksal, mit einem Gebet für sein Wohlergehn, und vergönnt mir die Frage, wie Ihr Claudio vorbereitet fandet. Wie ich höre, habt Ihr ihm Euren Besuch gegönnt.
HERZOG: Er bekennt, sein Richter habe ihn nicht mit zu strengem Maß gemessen; vielmehr demütigt er sich mit großer Ergebung vor dem Ausspruch der Gerechtigkeit. Doch hatte er sich, der Eingebung seiner Schwachheit folgend, manche täuschende Lebenshoffnung gebildet, die ich allmählich herabgestimmt habe; und jetzt ist er gefasst zu sterben.
ESCALUS: Ihr habt dem Himmel Euer Gelübde und gegen den Gefangenen alle Pflichten Eures Berufs erfüllt. Ich habe mich

für den armen jungen Mann bis an die äußerste Grenze meiner Zurückhaltung verwendet; aber meines Mitbruders Gerechtigkeitssinn zeigte sich so strenge, dass er mich zwang, ihm zu sagen, er sei in der Tat die Gerechtigkeit selbst.

HERZOG: Wenn sein eigner Wandel dieser Schroffheit seines Verfahrens entspricht, so wird sie ihm wohl anstehn; sollte er aber fehlen, so hat er sich sein eignes Urteil gesprochen.

ESCALUS: Ich gehe, den Gefangenen zu besuchen. Lebt wohl!

HERZOG: Friede sei mit Euch!

Escalus und der Schließer gehn ab.

Wem Gott vertraut des Himmels Schwert,
Muss heilig sein und ernst bewährt;
Selbst ein Muster, uns zu leiten,
So festzustehn wie fortzuschreiten;
Gleiches Maß den fremden Fehlen
Wie dem eignen Frevel wählen.
Schande dem, der tödlich schlägt
Unrecht, das er selber hegt!
Schmach, Angelo, Schmach deinem Richten,
Der fremde Spreu nur weiß zu sichten!
Wie oft birgt innre, schwere Schuld,
Der außen Engel scheint an Huld;
Wie oft hat Schein, in Sünd erzogen,
Der Zeiten Auge schon betrogen,
Dass er mit dünnen Spinneweben
Das Schwerste, Gröbste mag erheben! –
List gegen Bosheit wend ich nun:
Lord Angelo soll heute ruhn
Bei der Verlobten, erst Verschmähten:
So soll der Trug den Trug vertreten,
Falschheit die Falschheit überwinden
Und neu der alte Bund sich gründen.

Ab.

Vierter Aufzug

Erste Szene

Vor Marianes Haus.

MARIANE *sitzend; ein* KNABE *singt.*

Lied

Bleibt, o bleibt, ihr Lippen, ferne,
Die so lieblich falsch geschworen;
Und ihr Augen, Morgensterne,
Die mir keinen Tag geboren!
Doch den Kuss gib mir zurück,
Gib zurück,
Falsches Siegel falschem Glück,
Falschem Glück!

MARIANE: Brich ab dein Lied, und eile schnell hinweg;
Hier kommt ein Mann des Trostes, dessen Rat
Oft meinen wildempörten Gram gestillt.

Knabe ab.

Der HERZOG *tritt auf.*

O lieber Herr, verzeiht! Ich wünschte fast,
Ihr hättet nicht so sangreich mich gefunden.
Entschuldigt mich und glaubt, wie ich's Euch sage,
Es war nicht Lust, nur Mildrung meiner Plage.

HERZOG: Recht wohl; doch üben Töne Zauberkraft,
Die Schlimmes gut, aus Gutem Schlimmes schafft. –
Ich bitt Euch, sagt mir, hat hier jemand heut nach mir gefragt?
Eben um diese Stunde versprach ich ihn hier zu treffen.

MARIANE: Es hat niemand nach Euch gefragt; ich habe hier den ganzen Tag gesessen.

ISABELLA *kommt.*

HERZOG: Ich glaube Euch zuversichtlich; die Zeit ist da: eben jetzt. Ich muss Euch bitten, Euch auf einen Augenblick zu entfernen; ich denke, wir sprechen uns gleich wieder, um für Euch etwas Gutes einzuleiten.

MARIANE: Ich bin Euch stets verpflichtet. *Ab.*
HERZOG: Seid höchlich mir willkommen! –
Wie ist's mit diesem trefflichen Regenten?
ISABELLA: Sein Garten ist umringt von einer Mauer,
Die gegen West an einen Weinberg lehnt;
Und zu dem Weinberg führt ein Lattentor,
Das dieser größre Schlüssel öffnen wird;
Der andre schließt ein kleines Pförtchen auf,
Das aus dem Weinberg in den Garten führt:
Dort hab ich zugesagt mich einzustellen,
Grad in der Stunde ernster Mitternacht.
HERZOG: Doch seid Ihr auch gewiss, den Weg zu finden?
ISABELLA: Ich merkte alles sorglich und genau;
Mit flüsternd und höchst sündenvollem Eifer
Genau vorzeichnend alles, wies er mir
Zweimal den Weg.
HERZOG: Sind keine andern Zeichen
Von Euch bestimmt, die sie zu merken hat?
ISABELLA: Nein; nur dass wir im Dunkel uns begegnen
Und ich ihm eingeschärft, nur kurze Zeit
Könn ich verweilen; denn, so sagt ich ihm,
Begleiten werd ein Mädchen mich dahin,
Die auf mich wart und deren Meinung sei,
Ich komm des Bruders halber.
HERZOG: Wohl erdacht;
Ich habe von dem allen noch kein Wort
Marianen mitgeteilt. – He! Fräulein, kommt!

MARIANE *kommt wieder.*

Ich bitt Euch, macht Bekanntschaft mit der Jungfrau,
Sie kommt, Euch zu verpflichten.
ISABELLA: Ja, so wünsch ich's.
HERZOG: Vertraut Ihr mir, dass ich Euch lieb und achte?
MARIANE: Ich weiß, Ihr tut's, und hab es schon erfahren.
HERZOG: So nehmt denn diese Freundin an der Hand,
Und hört, was sie Euch jetzt erzählen wird.

Ich werd Euch hier erwarten. – Eilt indes,
Die feuchte Nacht ist nah.

MARIANE: Gefällt's Euch, mitzugehn?

Mariane und Isabella ab.

HERZOG: O Groß und Hoheit, tausend falsche Augen
Haften auf dir! In Bänden voll Geschwätz
Rennt falsches Spähn, mit sich in Widerspruch,
Dein Handeln an; des Witzes Fehlgeburt
Macht dich zum Vater ihrer müß'gen Träume
Und zwängt dich ihren Grillen ein. – Willkommen!
Seid ihr ganz einig?

MARIANE *und* ISABELLA *kommen zurück.*

ISABELLA: Sie will die Unternehmung wagen, Vater,
Wenn Ihr sie billigt.

HERZOG: Nicht ermahn ich nur,
Ich fordre, dass sie's tut.

ISABELLA: Zu sagen habt Ihr wenig;
Nur, wenn Ihr von ihm scheidet, leis und schwach:
»Gedenkt jetzt meines Bruders!«

MARIANE: Fürchtet nichts.

HERZOG: Auch Ihr, geliebte Tochter, fürchtet nichts.
Er ist mit Euch vermählt durch sein Verlöbnis;
Euch so zusammenfügen ist nicht Sünde,
Weil Eures Anspruchs unbestrittnes Recht
Den Trug zur Wohltat macht. Kommt, geht hinein;
Wer ernten will, muss erst den Samen streun.

Gehn ab.

Zweite Szene

Ein Zimmer im Gefängnis.

Der SCHLIESSER *und* POMPEJUS *treten auf.*

SCHLIESSER: Kommt einmal her, Bursch; könnt Ihr wohl einem Menschen den Kopf abschlagen?

POMPEJUS: Wenn der Mensch ein Junggesell ist, Herr, so kann ich's; ist's aber ein verheirateter Mann, so ist er seines Weibes Haupt; und ich kann unmöglich einen Weiberkopf abschlagen.

SCHLIESSER: Hört, Freund, lasst die Narrenspossen, und antwortet mir geradezu. Morgen früh sollen Claudio und Bernardino sterben; wir haben hier im Gefängnis unsern öffentlichen Scharfrichter, der einen Gehilfen im Dienst braucht; wenn Ihr's übernehmen wollt, ihm beizustehn, so sollt Ihr von Euern Fußschellen loskommen; wo nicht, so habt Ihr Eure volle Zeit im Gefängnis auszuhalten und beim Abschied noch ein unbarmherziges Auspeitschen; denn Ihr seid ein stadtkundiger Kuppler gewesen.

POMPEJUS: Herr, ich bin seit undenklicher Zeit ein unzünftiger Kuppler gewesen, aber jetzt will ich mir's gefallen lassen, ein zünftiger Henker zu werden. Es soll mir ein Vergnügen sein, einigen Unterricht von meinem Amtsbruder zu erhalten.

SCHLIESSER: Heda, Grauslich! wo steckst du, Grauslich?

GRAUSLICH *kommt.*

GRAUSLICH: Ruft Ihr, Herr?

SCHLIESSER: Seht einmal, hier ist ein Bursch, der Euch morgen bei der Hinrichtung helfen soll; wenn's Euch recht ist, so nehmt ihn an auf ein Jahr, und behaltet ihn hier bei Euch; wo nicht, so braucht ihn für diesmal und lasst ihn gehn. Ihr könnt Euch wegen der Ehre nicht untereinander zanken, denn er ist ein Kuppler gewesen.

GRAUSLICH: Ein Kuppler? Pfui, da verunehrt er unsre Kunst.

SCHLIESSER: Ach, geht nur! Ihr wiegt gleich viel; eine Feder wird auf der Waage den Ausschlag geben. *Ab.*

POMPEJUS: Wollt Ihr nicht eine Ausnahme mit mir machen? Denn bis auf Eure hängenden Augen nehmt Ihr Euch sehr gut aus. Ihr nennt also Eure Hantierung eine Kunst?

GRAUSLICH: Ja, Herr, eine Kunst.

POMPEJUS: Das Malen, Herr, habe ich sagen hören, sei eine Kunst; und da die Huren, Herr, unter deren Regiment ich gedient habe, sich aufs Malen verstehn, so folgt, dass meine Hantierung eine Kunst sei; aber was für eine Kunst im Hängen sein sollte – und wenn Ihr mich hängen wolltet –, das kann ich nicht einsehn.

GRAUSLICH: Herr, es ist eine Kunst.

POMPEJUS: Beweis?

GRAUSLICH: Jedes ehrlichen Mannes Anzug muss für einen Dieb passen.

POMPEJUS: Freilich; denn sind Anzug und Halsschmuck ihm auch zu eng, der ehrliche Mann hält sie doch für weit genug; und findet Euer Dieb sie zu vollständig und derb, der ehrliche Mann hält sie für eng genug. Auf die Weise muss jedes ehrlichen Mannes Anzug für den Dieb anpassend sein.

Der SCHLIESSER *kommt zurück.*

SCHLIESSER: Nun, seid ihr einig?

POMPEJUS: Herr, ich will ihm dienen; denn ich sehe, so ein Henker hat doch ein bußfertigeres Gewerbe als so ein Kuppler; er bittet öfter um Vergebung.

SCHLIESSER: Ihr da, haltet Euer Beil und Euern Block auf morgen um vier Uhr in Bereitschaft.

GRAUSLICH: Komm mit, Kuppler, ich will dich in meiner Hantierung unterrichten; folge mir.

POMPEJUS: Ich bin sehr wissbegierig, Herr, und ich hoffe, wenn Ihr einmal Gelegenheit habt, mich für Euch selbst zu brauchen, Ihr sollt mich rührig finden; und wahrhaftig, Herr, Ihr habt so viel Güte für mich, dass ich Euch wieder gefällig sein möchte.

SCHLIESSER: Ruft mir jetzt Bernardin und Claudio her.

Grauslich und Pompejus gehn ab.

Der tut mir leid, doch jener Mörder nicht,
Und wär's mein Sohn, verfiel er dem Gericht.

CLAUDIO *tritt auf.*

Hier ist dein Todesurteil, Claudio, lies.
Jetzt ist es Mitternacht; um acht Uhr früh
Gehst du zur Ewigkeit. – Wo ist Bernardin?

CLAUDIO: So fest im Schlafe wie schuldlose Arbeit,
Wenn sie des Wanderers Glieder schwer belastet;
Er wird nicht wach.

SCHLIESSER: Ihm kann auch keiner helfen.
Nun geht, bereitet Euch. – Horcht, welch Geräusch?

Man hört klopfen. Claudio geht ab.

Gott woll Euch Trost verleihn! Schon gut, ich komme! –
Ich hoff, es ist Begnad'gung oder Aufschub
Für unsern guten Claudio. – Willkommen, Vater!

Der HERZOG *tritt auf.*

HERZOG: Der Nacht heilsamste, beste Geisterschar
Umgeb Euch, guter Schließer! War hier niemand?

SCHLIESSER: Seitdem die Abendglock ertönte, niemand.

HERZOG: Nicht Isabella?

SCHLIESSER: Nein.

HERZOG: Bald kommen sie.

SCHLIESSER: Ist Trost für Claudio?

HERZOG: Ein'ge Hoffnung bleibt.

SCHLIESSER: Das ist ein harter Richter!

HERZOG: Das nicht! Sein Leben folgt genau
Der strengen Richtschnur seines ernsten Rechts.
In heiliger Enthaltsamkeit bezwingt er
An sich, was seine Herrschermacht mit Nachdruck
In andern strebt zu dämpfen. Schwärzt' ihn selbst,
Was er bestraft, dann wär er ein Tyrann;
Doch so ist er gerecht. – Jetzt sind sie da.

Es wird geklopft. Schließer ab.

Der Mann ist mild! Und selten, dass geneigt
Der harte Schließer sich dem Menschen zeigt!
Was gibt's? Wer pocht? Das ist ein hast'ger Geist,
Der so mit Klopfen schlägt ans stille Tor!

Der SCHLIESSER *kommt zurück und spricht*
zu einem draußen.

SCHLIESSER: Lasst ihn noch warten, bis der Pförtner kommt,
Ihn einzulassen; er ist unterwegs.

HERZOG: Ward der Befehl noch nicht zurückgenommen?
Muss Claudio morgen sterben?
SCHLIESSER: Keine Ändrung!
HERZOG: Wie nah die Dämmrung, Schließer, dennoch hoff ich,
Vor Tagesanbruch hört Ihr mehr.
SCHLIESSER: Vielleicht
Wisst Ihr etwas. Doch fürcht ich sehr, ihm wird
Begnad'gung nicht. Nie ward solch Beispiel kund;
Und überdies hat selbst vom Richterstuhl
Lord Angelo dem Ohr des ganzen Volks
Das Gegenteil erklärt.

Ein BOTE *kommt.*

HERZOG: Ein Diener des Regenten.

SCHLIESSER: Der bringt für Claudio die Begnadigung.

BOTE: Mein Herr sendet Euch diese Zeilen und durch mich den mündlichen Auftrag, dass Ihr nicht von dem kleinsten Punkt derselben abweichen sollt, weder in Zeit, Inhalt noch sonst einem Umstand. – Guten Morgen, denn ich denke, der Tag bricht schon an. *Ab.*

SCHLIESSER: Ich werde gehorchen.

HERZOG: Sein Gnadenbrief! Erkauft durch solche Sünden,
Die den Begnad'ger selbst als Frevler künden!
Da blüht den Lastern schnell und leicht Gedeihn,
Wo Macht und Hoheit ihnen Schutz verleihn.
Wirkt Sünde Huld, wird zu viel Huld geübt,
Weil sie des Frevels halb den Frevel liebt. –
Nun, Herr? Was schreibt er Euch?

SCHLIESSER: Wie gesagt, Lord Angelo, der mich vermutlich nachlässig im Dienst glaubt, ermuntert mich durch dies ungewöhnliche Treiben. Mir scheint dies seltsam, denn es war früher nie seine Gewohnheit.

HERZOG: Ich bitt Euch, lasst doch hören.

SCHLIESSER *liest*: »Was Ihr auch immer vom Gegenteil hören mögt, lasst Claudio um vier Uhr hinrichten und nachmittags den Bernardin. Zu besserer Versicherung schickt mir Claudios Kopf um fünf. Lasst dies genau vollzogen werden, und seid eingedenk, dass mehr hieran liegt, als wir Euch für jetzt mitteilen dürfen. Verfehlt daher nicht, Eure Pflicht zu tun, indem Ihr auf eigne Gefahr dafür stehen müsst.« – Was sagt Ihr dazu, Herr?

HERZOG: Wer ist der Bernardin, der diesen Nachmittag enthauptet werden soll?

SCHLIESSER: Ein Zigeuner von Geburt, doch hier im Lande erzogen und groß geworden; er sitzt schon seit neun Jahren gefangen.

HERZOG: Wie kommt es, dass ihn der abwesende Herzog nicht entweder in Freiheit setzte oder hinrichten ließ? Wie ich höre, pflegte er immer *so* zu verfahren.

SCHLIESSER: Seine Freunde wirkten beständig Aufschub für ihn aus, und in der Tat ward sein Verbrechen erst unter Lord Angelos Regierung unzweifelhaft erwiesen.

HERZOG: Ist es jetzt dargetan?

SCHLIESSER: Ganz offenbar, und von ihm selbst eingestanden.

HERZOG: Hat er Reue im Gefängnis an den Tag gelegt? Scheint er gerührt zu sein?

SCHLIESSER: Ein Mensch, dem der Tod nicht fürchterlicher vorkommt als ein Weinrausch; sorglos, unbekümmert, furchtlos vor Vergangenheit, Gegenwart und Zukunft; ohne Scheu vor dem Tod und ein ruchloser Mörder.

HERZOG: Ihm fehlt Belehrung.

SCHLIESSER: Die hört er nicht an; er hat jederzeit viel Freiheit im Gefängnis gehabt; man könnte ihm freistellen zu entfliehen, er würde es nicht tun. Er berauscht sich mehrmals am Tage; oft ist er mehrere Tage hintereinander betrunken. Mehr als einmal haben wir ihn geweckt, als wollten wir ihn zur Hinrichtung führen, und ihm einen vorgeblichen Befehl dafür gezeigt: Es hat nicht den mindesten Eindruck auf ihn gemacht.

HERZOG: Hernach mehr von ihm. Auf Eurer Stirn, Kerkermeister, stehn Redlichkeit und Entschlossenheit geschrieben; lese ich nicht recht, so täuscht mich meine alte Erfahrung. Indes, im

Vertrauen auf mein sichres Urteil will ich's drauf wagen. Claudio, für dessen Hinrichtung Ihr jetzt den Befehl habt, ist dem Gesetz nicht mehr verfallen als Angelo, der ihn verurteilt hat. Euch davon durch eine augenscheinliche Probe zu versichern, bedarf es nur eines Aufschubs von vier Tagen, während dessen Ihr mir eine augenblickliche und gewagte Gefälligkeit erzeigen sollt.

SCHLIESSER: Und womit, ehrwürdiger Herr?

HERZOG: Indem Ihr seinen Tod verschiebt!

SCHLIESSER: Ach, wie kann ich das? da mir die Stunde bestimmt und der ausdrückliche Befehl zugesandt ist, bei Todesstrafe seinen Kopf dem Angelo vor Augen zu bringen? Ich würde mir Claudios Schicksal zuziehn, wollte ich nur im Geringsten hiervon abweichen.

HERZOG: Bei meinem Ordensgelübde will ich Euch für alles einstehn, wenn Ihr meiner Leitung zu folgen wagt. Lasst diesen Bernardin heut Morgen hinrichten und schickt seinen Kopf dem Angelo.

SCHLIESSER: Angelo sah sie beide und würde das Gesicht erkennen.

HERZOG: Oh, der Tod ist Meister im Entstellen, und Ihr könnt ihm zu Hilfe kommen. Schert ihm das Haupt, kürzt ihm den Bart und sagt, der reuige Sünder habe dies vor seinem Tode so verlangt: Ihr wisst, dass der Fall häufig vorkommt. Wenn Euch irgendetwas hieraus erwächst als Dank und gutes Glück: Bei dem Heiligen, dem ich mich geweiht, so will ich's mit meinem Leben vertreten.

SCHLIESSER: Verzeiht mir, guter Pater, es ist gegen meinen Eid.

HERZOG: Schwurt Ihr dem Herzog oder seinem Statthalter?

SCHLIESSER: Dem Herzog und seinem Stellvertreter.

HERZOG: Ihr würdet nicht glauben, Euch vergangen zu haben, wenn der Herzog dies Verfahren billigte?

SCHLIESSER: Aber welche Wahrscheinlichkeit hätte ich dafür?

HERZOG: Nicht nur eine Möglichkeit, nein, eine Gewissheit. Doch weil ich Euch furchtsam sehe und weder meine Ordenstracht, meine lautre Gesinnung noch meine Überredung

Euch gewinnen können, so will ich weiter gehn, als ich mir's vorgesetzt, um alle Furcht in Euch zu vernichten. Seht her, Freund! hier ist des Herzogs Handschrift und Siegel. Ihr kennt die Schrift ohne Zweifel, und das Petschaft wird Euch nicht fremd sein.

SCHLIESSER: Ich kenne sie beide.

HERZOG: Dieser Brief meldet des Herzogs Rückkehr; Ihr sollt ihn sogleich nach Gefallen durchlesen und werdet sehn, dass er binnen zwei Tagen hier sein wird. Dies ist ein Umstand, den Angelo nicht weiß; denn eben heut erhält er Briefe von sonderbarem Inhalt: vielleicht dass der Herzog gestorben, vielleicht dass er in ein Kloster gegangen sei; aber wohl nichts von dem, was hier geschrieben steht. Seht, der Morgenstern macht den Schäfer schon munter. Staunt nicht zu sehr, wie alles dies zusammenhängt; alle Schwierigkeiten sind leichter, wenn man sie kennt. – Ruft Eure Scharfrichter, und herab mit Bernardinos Haupt; ich will sogleich seine Beichte hören und ihn für ein bessres Leben vorbereiten. Ich sehe, Ihr seid noch erstaunt; aber dies muss Euch durchaus zur Entschließung bringen. Kommt mit, es ist schon lichte Dämmerung.

Beide ab.

DRITTE SZENE

Andres Zimmer im Gefängnis.

POMPEJUS *tritt auf.*

POMPEJUS: Ich bin hier so bekannt, wie ich's in unserm eignen Hause war; man sollte meinen, es wäre das Haus der Frau Überley, denn hier kommen eine Menge von ihren alten Kunden zusammen. Fürs Erste ist hier der junge Herr Rasch; der sitzt hier für eine Provision von Packpapier und altem Ingwer, hundertsiebenundneunzig Pfund zusammen, woraus er fünf Mark bares Geld gemacht; freilich muss der Ingwer eben nicht sehr gesucht gewesen sein, und die alten Weiber waren wohl eben alle gestorben. Dann ist hier ein Herr Capriole, den Meister Dreihaar, der Seidenhändler, eingeklagt hat: Für ein, drei oder vier Stück schwarzen Atlas hat er ihn in unsre Gesellschaft eingeschwärzt. Dann haben wir hier den jungen Schwindlich und den jungen Herrn Fluchmaul und Herrn Kupfersporn und Herrn Hungerdarm, den Dolch- und Degenmann, und den jungen Fegesack, der den lustigen Pudding totschlug; und Junker Stichfest, den Klopffechter, und den schmucken Herrn Schuhriem, den weit gereisten, und den wilden Halbnösel, der dem Krug den Garaus machte, und ich glaube, ihrer vierzig mehr; lauter tapfre Leute in unsrer Hantierung, und werden jetzt heimgesucht um des Herrn willen.

GRAUSLICH *kommt.*

GRAUSLICH: Fort, Kerl! Hol uns Bernardin her!

POMPEJUS: Meister Bernardin! Ihr müsst wach werden und Euch hängen lassen! Meister Bernardin!

GRAUSLICH: He, holla! Bernardin!

BERNARDINO *hinter der Szene*: Dass Euch das Donnerwetter übern Hals käme! Wer macht den Lärm da? Wer seid Ihr?

POMPEJUS: Euer guter Freund, mein Herr, der Henker! Ihr müsst so gut sein, mein Herr, und aufstehn und Euch hinrichten lassen!

BERNARDINO *hinter der Szene*: Fort, du Schurke, fort, sag ich, ich will schlafen.

GRAUSLICH: Sag ihm, er muss wach werden, und das gleich.

POMPEJUS: Bitt Euch, Meister Bernardin, werdet nur wach, bis man Euch hingerichtet hat, nachher könnt Ihr weiterschlafen.

GRAUSLICH: Geh hinein und hol ihn heraus.

POMPEJUS: Er kommt schon, Herr, er kommt schon; ich höre sein Stroh rascheln.

BERNARDINO *tritt auf.*

GRAUSLICH: Ist das Beil auf dem Block, du?

POMPEJUS: Fix und fertig, Herr.

BERNARDINO: Nun, Grauslich? Was habt Ihr vor?

GRAUSLICH: Im Ernst, Freund, macht Euch dran und haspelt Euer Gebet herunter; denn, seht Ihr, der Befehl ist da.

BERNARDINO: Ihr Schurken, ich habe die ganze Nacht durchgesoffen; es ist mir ungelegen.

POMPEJUS: Ei desto besser; wenn er die ganze Nacht durchgesoffen hat und man hängt ihn des Morgens früh, da hat er den andern Tag, um auszuschlafen.

Der HERZOG *kommt.*

GRAUSLICH: Seht, Freund, da kommt Euer Beichtvater. Meint Ihr noch, es sei Spaß? he!

HERZOG: Mein Freund, ich hörte, wie bald Ihr die Welt verlassen müsst, und kam aus christlicher Nächstenliebe, Euch zu ermahnen, zu trösten und mit Euch zu beten.

BERNARDINO: Pater, daraus wird nichts. Ich habe die ganze Nacht scharf gesoffen und muss mehr Zeit haben, mich zu besinnen, sonst sollen sie mir das Hirn mit Keulen herausschlagen. Ich tu's nicht, dass ich mich heut hinrichten lasse; dabei bleibt's.

HERZOG: O Freund, Ihr müsst; und darum bitt ich Euch, schaut vorwärts auf den Weg, der Euch bevorsteht.

BERNARDINO: Ich schwöre aber, dass kein Mensch mich dazu bringen soll, heut zu sterben.

HERZOG: So hört nur!

BERNARDINO: Nicht ein Wort! Wenn Ihr mir was zu sagen habt, kommt in mein Gefängnis, denn ich will heut keinen Schritt heraustun. *Ab.*

Der SCHLIESSER *kommt zurück.*

HERZOG: Ganz unbereit
Zum Leben wie zum Tod. O steinern Herz!
Ihm nach, Gesellen, führt ihn hin zum Block!

Grauslich und Pompejus ab.

SCHLIESSER: Nun, Herr, wie fandet Ihr den Delinquenten?

HERZOG: Durchaus verstockt, unfertig für den Tod;
In der Verfassung ihn hinauszuführen
Wäre verdammlich.

SCHLIESSER: Hier im Kerker, Vater,
Starb diesen Morgen grad am hitz'gen Fieber

Ragozyn, ein berüchtigter Pirat,
Ein Mann von Claudios Alter: Bart und Haare
Genau von gleicher Farbe. Sagt, wie wär's,
Wenn wir dem Mörder Zeit zur Buße gönnten
Und täuschten den Regenten mit dem Kopf
Des Ragozyn, der mehr dem Claudio gleicht?

HERZOG: Das ist ein Glücksfall, den der Himmel sendet,
Verfügt es augenblicks; es naht die Zeit,
Die Angelo bestimmt. Mit Pünktlichkeit
Vollzieht den Auftrag, während ich durch Lehre
Den Rohen dort zu reu'gem Tod bekehre.

SCHLIESSER: Das soll geschehn, Ehrwürd'ger, unverzüglich;
Doch Bernardin muss diesen Abend sterben.
Und wie verfährt man weiter nun mit Claudio
Und wendet die Gefahr, die mich bedroht,
Wird es bekannt, dass er noch lebt?

HERZOG: Verfügt es so: bringt in geheime Haft
Bernardin so wie Claudio; eh die Sonne
Zweimal in ihrem Tageslauf gegrüßt
Die untern Erdbewohner, findet Ihr
Vollkommne Sicherstellung.

SCHLIESSER: Ich tu mit Freuden, wie Ihr sagt.

HERZOG: So eilt,
Besorgt's und schickt das Haupt dem Angelo.

Schließer ab.

Nun schreib ich Briefe gleich dem Angelo
(Der Schließer bringt sie ihm), nach deren Inhalt
Ihm die Meldung wird, ich sei der Heimat nah,
Und dass ein wicht'ger Anlass mich bestimmt
Zu öffentlichem Einzug. Ihn entbiet ich,
Mir zu begegnen am geweihten Quell,
Zwei Stunden vor der Stadt; von dort aus dann,
In kalter Reihenfolg und abgemessen,
Verfahren wir mit Angelo.

Der SCHLIESSER *kommt.*

SCHLIESSER: Hier ist der Kopf, ich trag ihn selber hin.

HERZOG: So ist's am sichersten. Kehrt bald zurück,
Denn manches muss ich Euch vertraun, das sonst
Kein Ohr vernehmen darf.
SCHLIESSER: Ich will mich eilen.
Schließer ab.
ISABELLA *draußen*: Friede mit Euch! Macht auf! Ist keiner da?
HERZOG: 's ist Isabellens Ruf: sie kommt, zu hören,
Ob ihrem Bruder Gnade sei gewährt;
Doch bleibt ihr seine Rettung noch verhehlt,
Dass aus Verzweiflung Himmelstrost ihr werde,
Wenn sie's am mindsten hofft.
ISABELLA *tritt auf.*
ISABELLA: Vergönnt, o Herr!
HERZOG: Seid mir gegrüßt, mein schönes, frommes Kind!
ISABELLA: Ein lieber Gruß von solchem heil'gen Mund!
Hat schon der Bruder Freiheit vom Regenten?
HERZOG: Er hat ihn, Tochter, von der Welt erlöst;
Das abgeschlagne Haupt ward ihm gesandt.
ISABELLA: Nein doch! es ist nicht so!
HERZOG: Es ist nicht anders!
Zeigt Eure Weisheit, Jungfrau, durch Ergebung.
ISABELLA: Ich will zu ihm, ausreißen ihm die Augen!
HERZOG: Er wird gewiss den Zutritt Euch verweigern.
ISABELLA: Weh, armer Claudio! Weh dir, Isabella!
Grausame Welt! verdammter Angelo!
HERZOG: So schadet Ihr ihm nicht, noch helft Ihr Euch;
Seid ruhig denn, stellt Gott die Sach anheim.
Merkt, was ich sage: jede Silbe sollt Ihr
Glaubwürdig, zuverlässig wahrhaft finden.
Der Fürst kehrt morgen heim – nein, weint nicht so!
Ein Bruder unsers Ordens und sein Beicht'ger
Gab mir die Nachricht; auch gelangte schon
An Escalus und Angelo die Kunde:
Sie sollen ihm am Tor entgegenziehn,
Ihr Amt zurück dort geben. Könnt Ihr's, wandelt
Mit Klugheit auf dem Pfad, den ich Euch zeige,

Und Ihr kühlt Euern Sinn an dem Verworfnen,
Euch wird des Fürsten Huld, dem Herzen Rache,
Und allgemeines Lob.

ISABELLA: Ich folg Euch gern.

HERZOG: So gebt dem Bruder Peter diesen Brief,
Er ist's, der mir des Herzogs Heimkehr schrieb.
Sagt, auf dies Zeichen lad ich ihn heut Nacht
In Marianes Wohnung. Ihre Sach und Eure
Leg ich in seine Hand; er bringt Euch vor
Den Fürsten; dann dem Angelo ins Antlitz
Klagt lauter ihn und lauter an. Ich Armer
Bin durch ein heiliges Gelübd gebunden,
Das fern mich hält. Nun geht mit diesem Brief,
Erleichtert Euer Herz und bannt vom Aug
Dies herbe Nass – traut meinem heil'gen Orden,
Ich rat Eur Bestes. – Wer da?

LUCIO *kommt.*

LUCIO: Guten Abend!
Mönch, sag, wo ist der Schließer?

HERZOG: Nicht zugegen.

LUCIO: O schöne Isabella, mein ganzes Herz erblasst, deine Augen so rot zu sehn! du musst dich in Geduld fassen. Ich muss mich auch darein finden, mittags und abends mit Wasser und Brot zufrieden zu sein; so lieb mein Kopf mir ist, darf ich meinen Bauch nicht füllen; eine einzige derbe Mahlzeit, und ich wäre geliefert. Aber wie es heißt, kommt der Herzog morgen wieder. Bei meiner Seele, Isabella, ich liebte deinen Bruder; hätte nur der alte fantastische Herzog, der Winkelkriecher, zu Hause gesessen, er lebte noch!

Isabella geht ab.

HERZOG: Herr, der Herzog ist Euern Reden über ihn außerordentlich wenig Dank schuldig; das Beste ist nur, dass Eure Schildrung ihm nicht gleicht.

LUCIO: Geh nur, Mönch, du kennst den Herzog nicht so wie ich; er ist ein bessrer Wildschütz, als du denkst.

HERZOG: Nun, Ihr werdet dies einmal zu verantworten haben. Lebt wohl!

LUCIO: Nein, wart noch, ich gehe mit dir; ich kann dir hübsche Geschichten von dem Herzog erzählen.

HERZOG: Ihr habt mir schon zu viele erzählt, wenn sie wahr sind; und sind sie's nicht, so wäre eine einzige zu viel.

LUCIO: Ich musste einmal vor ihm erscheinen, weil eine Dirne von mir schwanger geworden war.

HERZOG: Ist Euch so etwas begegnet?

LUCIO: Nun, freilich war sie's von mir; aber ich schwur die Geschichte ab; ich hätte sonst die faule Mispel heiraten müssen.

HERZOG: Herr, Eure Gesellschaft ist mehr unterhaltend als anständig; schlaft wohl!

LUCIO: Mein Seel, ich bringe dich noch bis an die Ecke. Wenn dir Zotengeschichten zuwider sind, so wollen wir dir nicht zu viel auftischen – ja, Mönch, ich bin eine Art von Klette, ich hänge mich an.

Gehn ab.

VIERTE SZENE

Ein Zimmer in Angelos Hause.

ANGELO *und* ESCALUS *treten auf.*

ESCALUS: Jeder Brief, den er schreibt, widerspricht dem vorhergehenden.

ANGELO: Auf die ungleichste und widersinnigste Weise. Seine Handlungen erscheinen fast wie Wahnsinn; der Himmel gebe, dass sein Verstand nicht gelitten habe! Und warum ihm vor dem Tore entgegenkommen und unsre Ämter dort niederlegen?

ESCALUS: Ich errate es nicht.

ANGELO: Und warum sollen wir eben in der Stunde seiner Ankunft ausrufen lassen, dass, wenn jemand über Unrecht zu klagen hat, er sein Gesuch auf offener Straße anbringen möge?

ESCALUS: Hierfür gibt er Gründe an: Er will alle Klagen auf einmal abtun und uns für die Zukunft vor Schikanen sicherstellen, die alsdann keine Kraft mehr gegen uns haben sollen.

ANGELO: Wohl; ich ersuch Euch, macht's der Stadt bekannt.
Am nächsten Morgen früh hol ich Euch ab;
Und teilt es allen mit, die Rang und Amt
Befugt, ihn einzuholen.

ESCALUS: Das will ich, Herr; so lebt denn wohl!

ANGELO: Gut Nacht!

Escalus geht ab.

Die Tat nimmt allen Halt mir, stumpft den Sinn
Und lähmt mein Handeln. – Ein entehrtes Mädchen! –
Und durch den höchsten Richter, der die Strafe
Verschärft! Wenn zarte Scheu ihr nicht verwehrte,
Den jungfräulichen Raub bekannt zu machen,
Wie könnte sie mich zeichnen! Doch Vernunft
Zwingt sie zum Schweigen. Denn des Zutrauns Wucht
Folgt so gewaltig meiner Würd und Hoheit,
Dass, wagt der Lästrer einzeln dran zu rühren,
Er sich vernichtet. – Mocht er leben bleiben!
Doch seiner wilden Jugend hitzig Blut
Könnt einst in Zukunft wohl auf Rache denken,
Wenn ihm ein so entehrtes Leben ward
Erkauft durch solche Schmach. – Lebt' er doch lieber! –
Ach, wenn uns erst erlosch der Gnade Licht,
Nichts geht dann recht, wir wollen, wollen nicht! *Ab.*

Fünfte Szene

Feld vor der Stadt.

Es treten auf der HERZOG *in eigner Tracht und* BRUDER PETER.

HERZOG: Die Briefe bringt mir zur gelegnen Zeit; *gibt ihm Briefe.*
Der Schließer weiß um unsern Zweck und Plan.
Die Sach ist nun im Gang; folgt Eurer Vorschrift
Und schreitet fest zum vorgesetzten Ziel,
Wenn Ihr auch manchmal ablenkt hier und dort,
Wie sich der Anlass beut. Sprecht vor beim Flavius,
Und sagt ihm, wo ich sei; das gleiche meldet
Dem Valentin, dem Roland und dem Crassus,
Und heißt zum Tor sie die Trompeten senden;
Doch Flavius schickt zuerst.
PETER: Ich werd es schnell besorgen. *Ab.*

VARRIUS *tritt auf.*

HERZOG: Dank, Varrius, dass du kamst in solcher Eil;
Komm, gehn wir, denn es gibt noch andre Freunde,
Die uns begrüßen wollen, lieber Varrius.

Alle gehn ab.

Sechste Szene

Straße beim Tor.

ISABELLA *und* MARIANE *treten auf.*

ISABELLA: Dies unbestimmte Reden fällt mir schwer;
Gern spräch ich wahr; doch so ihn anzuklagen
Ist Eure Rolle. – Dennoch muss ich's tun,
Um unsern Plan zu bergen, wie er sagt.
MARIANE: Folgt ihm nur ganz.
ISABELLA: Und ferner warnt er, dass, wenn allenfalls
Er spräche wider mich für meinen Feind,

Mich's nicht befremden soll: es sei Arznei,
Bitter, doch heilsam.

MARIANE: Wenn nur Bruder Peter …

ISABELLA: O still, da kommt er schon.

BRUDER PETER *tritt auf.*

PETER: Kommt, Fräulein, einen höchst gelegnen Platz
Fand ich, wo Euch der Herzog nicht entgeht.
Zweimal gab die Trompete schon das Zeichen;
Die Edeln nebst den Würdigsten der Stadt
Sind schon am Tor versammelt, und alsbald
Beginnt des Herzogs Einzug. Darum eilt!

Sie gehn ab.

Fünfter Aufzug

Erste Szene

Ein öffentlicher Platz am Tor.

Von der einen Seite treten auf MARIANE, *verschleiert,* ISABELLA *und* BRUDER PETER*; von der andern der* HERZOG, VARRIUS, HERREN VOM HOFE, ANGELO, ESCALUS, LUCIO, *der* SCHLIESSER *und* BÜRGER *aus der Stadt.*

HERZOG: Seid mir willkommen, mein sehr würd'ger Vetter;
Uns freut's, zu sehn Euch, alter, treuer Freund.
ANGELO *und* ESCALUS: Beglückt sei Eurer Hoheit Wiederkehr!
HERZOG: Euch beiden herzlichen, vielfachen Dank.
Wir haben uns erkundigt und vernehmen
So trefflich Lob von Eurer Staatsverwaltung,
Wie's öffentlichen Dank von uns erheischt,
Bis auf vollkommnern Lohn.
ANGELO: Euch umso mehr verpflichtet!
HERZOG: Oh! solch Verdienst spricht laut; ich tät ihm Unrecht,
Schlöss ich's in meiner Brust verschwiegne Haft,
Da es verdient, mit erzner Schrift bewahrt
Unwandelbar dem Zahn der Zeit zu trotzen
Und des Vergessens Sichel. Reicht die Hand,
Zeigt Euch dem Volk, damit es so erfahre,
Wie äußre Höflichkeit gern laut verkündet
Des Busens innre Liebe. Escalus,
Kommt her; steht hier zu meiner andern Hand –
Ja, ihr seid wackre Stützen!

BRUDER PETER *und* ISABELLA *treten auf.*

PETER: Nun ist es Zeit; sprecht laut und kniet vor ihm!
ISABELLA: Gerechtigkeit, mein Fürst! Lenkt Euern Blick
Auf die gekränkte – ach! gern sagt ich: Jungfrau!
O edler Fürst, entehrt nicht Euer Auge,
Auf irgendeinen andern Gegenstand es wendend,

Bis Ihr vernommen die gerechte Klage
Und Recht mir zugesprochen! Recht, Recht, Recht!
HERZOG: Gekränkt? Worin? Von wem? Erzählt es kurz:
Hier ist Lord Angelo, der schafft Euch Recht;
Entdeckt ihm Euern Fall.
ISABELLA: O edler Herzog,
Ihr heißt Erlösung mich beim Teufel flehn!
Hört selbst mich an; denn was ich reden muss,
Heischt Strafe gegen mich, glaubt Ihr es nicht;
Sonst schreit's um Rache. Hört! o hört mich hier!
ANGELO: Mein Fürst, ich sorg, es hat ihr Kopf gelitten.
Sie bat um Gnade mich für ihren Bruder,
Der starb im Lauf des Rechts.
ISABELLA: Im Lauf des Rechts?
ANGELO: Und bitter wird sie nun und seltsam reden.
ISABELLA: Höchst seltsam, doch höchst wahrhaft werd ich reden.
Dass Angelo meineidig ist; wie seltsam!
Dass Angelo ein Mörder ist; wie seltsam!
Dass Angelo ein dieb'scher Ehebrecher,
Ein Heuchler und ein Jungfraunschänder ist,
Ist das nicht seltsam? seltsam?
HERZOG: Zehnfach seltsam!
ISABELLA: Nicht wahrer ist's, dass Angelo er sei,
Als dass dies alles ganz so wahr wie seltsam,
Ja, zehnfach wahrer; Wahrheit bleibt ja Wahrheit,
Wie wir die Summe ziehn!
HERZOG: Fort mit ihr! Ärmste,
In ihrem Wahnsinn spricht sie so!
ISABELLA: Fürst, ich beschwöre dich (so wahr du glaubst,
Es sei noch andres Heil als hier auf Erden),
Verwirf mich nicht im Wahn, ich sei gestört
Durch Tollheit. Mach nicht zur Unmöglichkeit,
Was nur unglaublich scheint: 's ist nicht unmöglich!
Ja, der verruchtste Frevler auf der Welt
Kann streng erscheinen, fromm, verschämt, vollkommen,

Wie Angelo: so mag auch Angelo
Bei aller Haltung, Würde, Hoheit, Form
Doch ein Erzschurke sein: glaub, wär er wen'ger.
So wär er nichts, mein Fürst: doch er ist mehr;
Hätt ich mehr Namen nur für Schändlichkeit!

HERZOG: Bei meiner Ehre!
Ist sie verrückt – und andres glaub ich nicht –,
So hat ihr Unsinn seltne Form von Sinn;
So viel Zusammenhang von Wort zu Wort,
Wie ich bei Tollheit nie gehört.

ISABELLA: O Fürst,
Nicht dieses Wort! Verbanne nicht Vernunft
Als widersprechend; nein, lass deine dienen,
Wahrheit hervorzurufen, die verhüllt
Das Laster birgt, das tugendgleich erscheint.

HERZOG: Manchem Gesunden fehlt wohl mehr Verstand. –
Was wolltst du sagen?

ISABELLA: Ich bin die Schwester jenes Claudio, Herr,
Der wegen Unzucht ward verdammt, zu büßen
Mit seinem Haupt; verdammt von Angelo.
Zu mir – Novize einer Schwesternschaft,
Schickte mein Bruder: ein gewisser Lucio
Kam mit der Nachricht …

LUCIO: Das bin ich, mit Gunst.
Ich kam, gesandt von Claudio, und bewog sie,
Ihr rührend Fürwort bei Lord Angelo
Für ihren armen Bruder zu versuchen.

ISABELLA: Ja, dieser ist's.

HERZOG *zu Lucio*: Euch hieß man nicht zu reden.

LUCIO: Nein, gnäd'ger Herr,
Doch auch zu schweigen nicht.

HERZOG: So tu ich's jetzt;
Ich bitt Euch, merkt Euch das, und habt Ihr einst
Zu sprechen für Euch selbst, dann fleht zum Himmel,
Dass Ihr nicht stecken bleibt.

LUCIO: Herr, dafür steh ich.

HERZOG: Steht für Euch selber! Nehmt Euch wohl in acht!
ISABELLA: Der Herr erzählte den Beginn der Sache.
LUCIO: Recht!
HERZOG: Recht mag's sein; doch Ihr seid sehr im Unrecht,
Zu sprechen vor der Zeit. – Fahrt fort.
ISABELLA: Ich kam
Zu diesem gottlos schändlichen Regenten …
HERZOG: Das sieht fast aus wie Wahnsinn!
ISABELLA: Herr, verzeiht,
Das Wort passt für die Sache.
HERZOG: Kann sein! – Zur Sache denn: fahrt fort, ich bitt Euch.
ISABELLA: Kurz denn, um zu verschweigen, was nicht not:
Wie ich ihm zusprach, wie ich bat und kniete,
Wie er mich abwies, was er drauf erwidert' –
Denn so verging viel Zeit –, beginn ich gleich
Den schnöden Schluss mit Schmerz und Scham zu klagen.
Nur für das Opfer meiner Keuschheit selbst
An seine lüstern ungezähmte Gier
Sprach er den Bruder frei. Nach langem Kampf
Siegt schwesterliches Mitleid über Ehre,
Und ich ergab mich ihm; doch nächsten Morgen,
Im Übermaß der Bosheit, fordert er
Des armen Bruders Haupt.
HERZOG: Traun, höchstwahrscheinlich!
ISABELLA: O wär es so wahrscheinlich, wie es wahr ist!
HERZOG: Ha, töricht Ding, du weißt nicht, was du sprichst,
Oder bist zur Verleumdung angestiftet
Durch gift'gen Hass. Zuerst ist seine Tugend rein
Und fleckenlos; dann wär es widersinnig,
Mit solcher Tyrannei den Fehl zu strafen,
In den er selber fiel. Sündigt' er also,
Dann wägt' er deinen Bruder nach sich selbst,
Und nicht vertilgt' er ihn. Nein, du bist angestiftet;
Gesteh es frei, und sag, auf wessen Rat
Du diese Klage vorbringst.

ISABELLA: Ist dies alles?
Dann, o ihr gnadenreichen Engel droben,
Stärkt mit Geduld mich, und zu reifer Zeit
Entdeckt die Untat, die sich hier verhüllt
In höherm Schutz! Gott hüt Euch so vor Wehe,
Wie ich gekränkt, geschmäht von hinnen gehe.
HERZOG: Ich weiß, Ihr gingt wohl gern – ruft einen Häscher,
Bringt sie in Haft. Wie! sollt ich's ruhig ansehn,
Dass Gift und Lästrung treffe solchen Freund,
Der uns so nah? Gewiss! hier waltet Trug.
Wer weiß von Euerm Plan? und dass Ihr kamt?
ISABELLA: Einer, den ich herwünschte: Pater Ludwig.
HERZOG: Ihr Beicht'ger wohl. – Kennt jemand diesen Ludwig?
LUCIO: Ich kenn ihn, Herr: in alles mengt er sich,
Mir ist er widrig; schützt' ihn nicht die Kutte,
Um seine Reden wider Eure Hoheit,
Als Ihr entfernt, hätt ich ihn derb gebläut.
HERZOG: Was, Reden wider mich? welch saubrer Mönch!
Und hier dies arme Mädchen anzuhetzen
Auf unsern Stellvertreter! Schafft den Mönch.
LUCIO: Noch gestern Abend sah ich ihn, mein Fürst,
Mit ihr im Kerker; 's ist ein frecher Bursch,
Ein schäbiger Gesell.
PETER: Gott schütz Eur Hoheit!
Ich war zugegen, gnäd'ger Fürst, und hörte
Eur fürstlich Ohr gemissbraucht. Den Regenten
Beschuldigt dieses Mädchen höchst verleumdrisch;
Der ist so frei von Sünd und Schuld mit ihr,
Wie sie mit einem, der noch nicht geboren.
HERZOG: Nicht Mindres glaubten wir. –
Kennt Ihr den Pater Ludwig, den sie nannte?
PETER: Ich kenn ihn als 'nen frommen, heil'gen Mann,
Nicht frech, noch je in Weltliches sich mengend,
Wie dieser Herr von ihm vermeldete;
Und auf mein Wort, ein Mann, der nimmermehr,
Wie er behauptet, Eure Hoheit schmähte.

LUCIO: Mein gnäd'ger Fürst, höchst ehrlos, glaubt mir das.
PETER: Gut, mit der Zeit rechtfertigt er sich wohl;
Doch eben jetzo liegt er krank, mein Fürst,
An heft'gem Fieber. Nur auf sein Gesuch
– Weil er erfuhr, dass eine Klage hier
Lord Angelo bedrohe – kam ich her,
Zu zeugen, was er weiß, in seinem Namen,
Was wahr, was falsch; und was mit einem Eid
Und gültigem Beweis er dartun wird,
Ruft man ihn auf. Zuerst, dies Mädchen hier –
Den würd'gen Herrn Statthalter loszusprechen
So öffentlich und tödlich angeklagt –
Will ich der Lüge zeihn vor ihren Augen,
Dass sie es selbst gestehn soll.

Isabella wird weggeführt.

HERZOG: Wohl! lasst hören.
Belächelt Ihr dies nicht, Lord Angelo?
Über die Eitelkeit der armen Toren! –
Bringt Sessel her. Kommt, Vetter Angelo;
Ich will nur Hörer sein, sprecht Ihr als Richter
In Eurer eignen Sache. – Ist dies die Zeugin?

MARIANE *tritt vor.*

Sie zeig uns ihr Gesicht und rede dann.
MARIANE: Verzeiht, mein Fürst, nicht zeig ich mein Gesicht,
Bis mein Gemahl befiehlt.
HERZOG: Seid Ihr vermählt?
MARIANE: Nein, gnäd'ger Herr.
HERZOG: Seid Ihr ein Mädchen?
MARIANE: Nein.
HERZOG: So seid Ihr Witwe?
MARIANE: Auch nicht.
HERZOG: Nun, dann seid Ihr
Gar nichts; nicht Mädchen, Witwe nicht noch Frau.
LUCIO: Gnädiger Herr, es wird wohl ein Schätzchen sein, denn die sind gewöhnlich weder Mädchen, Witwen noch Frauen.

HERZOG: Schweigt doch den Menschen! Hätt er Ursach nur,
Zu schwatzen für sich selbst!
LUCIO: Gut, gnäd'ger Herr.
MARIANE: Ich muss gestehn, ich war niemals vermählt,
Und ich gesteh es auch, ich bin kein Mädchen.
Ich hab erkannt ihn, doch mein Mann erkennt nicht,
Dass er mich je erkannt.
LUCIO: So war er also betrunken, gnädiger Herr; es kann nicht anders sein.
HERZOG: Ich wollt, du wärst es auch, so schwiegst du endlich.
LUCIO: Gut, mein Fürst.
HERZOG: Dies ist kein Zeugnis für Lord Angelo.
MARIANE: Nun komm ich drauf, mein Fürst.
Sie, die ihn anklagt um verletzte Zucht,
Dadurch zugleich verklagt sie meinen Gatten,
Und zwar erwähnt sie solche Zeit, mein Fürst,
Wo ich bezeug, ich selbst umarmt ihn damals
In Lieb und Zärtlichkeit.
ANGELO: Meint sie wen sonst als mich?
MARIANE: Nicht dass ich wüsste!
HERZOG: Nicht?
Ihr sagtet, Euer Gatte?
MARIANE: Jawohl, mein Fürst: und das ist Angelo,
Der glaubt, dass er mich niemals hat berührt,
Und wähnt, dass Isabella ihn umarmt.
ANGELO: Das geht zu weit! Lass dein Gesicht uns sehn.
MARIANE: Mein Gatte fordert's, dann entschleir ich mich.
Sie nimmt den Schleier ab.
Sieh dies Gesicht, grausamer Angelo,
Dem einst du schwurst, es sei des Anblicks wert:
Sieh diese Hand, die durch geweihten Bund
Sich fest in deine fügte: sieh mich selbst,
Die dich von Isabellen losgekauft
Und in dem Gartenhause dir begegnet,
Als wär es jene.
HERZOG: Kennt Ihr dieses Mädchen?

LUCIO: Ja, fleischlich, sagt sie.
HERZOG: Still doch, Mensch!
LUCIO: Schon gut!
ANGELO: Mein Fürst, ich leugn es nicht, ich kenne sie;
Fünf Jahre sind's, da war von Heirat wohl
Die Rede zwischen uns; doch brach ich's ab,
Teils, weil das festgesetzte Heiratsgut
Nicht dem Vertrag entsprach; teils, und zumeist,
Weil ich erfuhr, sie schade ihrem Ruf
Durch Leichtsinn. Seit der Zeit, fünf Jahre sind's,
Sprach ich sie nicht noch sah und hört ich sie,
Bei meiner Treu und Ehre.
MARIANE: Hoher Herr,
Wie Licht vom Himmel kommt, vom Hauch das Wort,
Wie Sinn in Wahrheit ist, Wahrheit in Tugend:
Ich bin sein anverlobtes Weib, so fest
Ein Treugelübde bindet; ja, mein Fürst,
Erst Dienstagnacht in seinem Gartenhaus
Erkannt er mich als Weib. Wie dies die Wahrheit,
So mög ich ungekränkt vom Knien erstehn;
Wo nicht – auf ewig festgebannt hier haften,
Ein marmorn Monument!
ANGELO: Bisher hört ich's mit Lächeln;
Jetzt, gnäd'ger Fürst, lasst meinem Recht den Lauf;
Hier bricht mir die Geduld. Ich seh es wohl,
Die armen Klägerinnen sind durchaus
Werkzeuge nur in eines Mächt'gen Hand,
Der sie regiert. Gebt Freiheit mir, mein Fürst,
Die Ränke zu entlarven.
HERZOG: Ja, von Herzen;
Und straft sie nur, so wie's Euch wohlgefällt.
Einfält'ger Mönch, und du, boshaftes Weib,
Im Bund mit der, die ging: glaubst du, dein Schwur,
Und zwäng er alle Heil'gen her vom Himmel,
Sei Zeugnis gegen solch Verdienst und Ansehn,
Das unser Zutraun stempelt? Ihr, Lord Escalus,

Setzt Euch zu meinem Vetter; steht ihm bei,
Die Quelle dieses Unfugs zu erspähn.
Noch war's ein andrer Mönch, der sie gehetzt,
Den schafft herbei.

PETER: Ich wünscht, er wär schon hier; denn allerdings
War er's, der diese Weiber trieb zur Klage.
Eur Schließer weiß den Ort, wo er verweilt,
Und kann ihn holen.

HERZOG: Tut es ungesäumt.

Schließer ab.

Und Ihr, mein würd'ger, wohlerprobter Vetter,
Dem daran liegt, die Sache zu durchforschen,
Verfahrt mit dieser Schmähung, wie Ihr mögt,
Und wählt die Strafe. Ich verlass Euch jetzt
Auf kurze Zeit; Ihr bleibt, bis Ihr durchaus
Mit den Verleumdern alles abgetan.

ESCALUS: Mein Fürst, es soll an uns nicht fehlen.

Der Herzog geht ab.

Signor Lucio, sagtet Ihr nicht, Ihr kenntet jenen Pater Ludwig als einen Menschen von unehrbarem Wandel?

LUCIO: *Cucullus non facit monachum:* Ehrbar in nichts als in seinem Habit; und hat höchst niederträchtig von unserm Herzog gesprochen.

ESCALUS: Seid so gut und wartet hier, bis er kommt, um dies gegen ihn zu behaupten. Es wird sich ergeben, dass dieser Mönch ein schlimmer Gesell ist.

LUCIO: So sehr wie irgendeiner in Wien, auf mein Wort.

ESCALUS: Ruft besagte Isabella wieder her, ich will mit ihr reden. Erlaubt mir, gnädiger Herr, sie zu vernehmen. Ihr sollt sehen, wie ich ihr zusetzen werde.

LUCIO: Nicht besser als der, nach ihrer eigenen Aussage.

ESCALUS: Wie war das?

LUCIO: Ei, gnädiger Herr, ich meine nur, wenn Ihr insgeheim ihr zusetzt, so wird sie eher beichten; vielleicht schämt sie sich, es so vor der Welt zu tun.

GERICHTSDIENER *führen* ISABELLA *herein; es kommen der* HERZOG, *als Mönch verkleidet, und der* SCHLIESSER.

ESCALUS: Es liegt mir dran, recht bald alles Dunkle zu erklären.

LUCIO: Recht so, erklärt Ihr Euer Anliegen im Dunkeln.

ESCALUS: Tretet näher, junges Mädchen; hier dieses Frauenzimmer widerspricht allem, was Ihr gesagt habt.

LUCIO: Gnädiger Herr, hier kommt der Schurke, von dem ich sprach – hier, mit dem Schließer.

ESCALUS: Eben recht; redet Ihr jedoch nicht zu ihm, bis wir Euch aufrufen.

LUCIO: Mum.

ESCALUS: Näher, guter Freund! Habt Ihr diese Weiber angestiftet, Lord Angelo zu verleumden? Sie haben bekannt, dass Ihr es tatet.

HERZOG: Das ist falsch.

ESCALUS: Was? Wisst Ihr, wo Ihr seid?

HERZOG: Ehrfurcht vor Eurer Würde! Selbst den Teufel
Ehrt mancher wohl um seinen Flammenthron.
Wo ist der Fürst? Ihm will ich Rede stehn.

ESCALUS: Er ist in uns; Ihr sollt uns Rede stehn;
Gebt acht und redet ziemlich.

HERZOG: Kühnlich gewiss. Doch ach! ihr armen Kinder!
Kamt ihr, das Lamm beim Fuchse hier zu fordern?
Nun, gute Nacht, Ersatz! Der Herzog ging?
Dann geht auch ihr zugrunde! Euer Herzog
Ist ungerecht, dass er von sich zurückweist
Eur laut gewordnes Rechtgesuch an ihn
Und in des Schurken Mund eur Urteil legt,
Den ihr hier angeklagt!

LUCIO: Dies ist der Schuft! Der ist's, von dem ich sprach.

ESCALUS: Wie, du unheil'ger, unehrwürd'ger Mönch,
War's nicht genug, die Fraun hier anzustiften
Wider den würd'gen Herrn? Noch jetzt mit Lästrung –
Ja hier, vor seinem eignen Ohre – wagst du's
Und nennst ihn Schurke?

Und schielst von ihm sogar noch auf den Fürsten
Und schiltst ihn ungerecht? Führt ihn hinweg!
Fort, auf die Folter! Zerrt ihm Glied für Glied,
Bis er den Plan bekennt! Was, ungerecht!

HERZOG: Seid nicht so hitzig! Euer Herzog
Wagt nicht, mir nur den Finger anzurühren,
Nicht mehr, als er den eignen foltern wird.
Auch bin ich ihm nicht untertan
Noch hier vom Sprengel. Meiner Sendung Amt
Ließ manches mich erleben hier in Wien:
Ich sah, wie hier Verderbnis dampft und siedet
Und überschäumt: Gesetz für jede Sünde;
Doch Sünden so beschützt, dass eure Satzung
Wie Warnungstafeln in des Baders Stube
Dasteht und was verpönt nur wird verhöhnt.

ESCALUS: Den Staat geschmäht? Fort, bringt ihn in den Kerker!

ANGELO: Wes könnt Ihr ihn verklagen, Signor Lucio?
Ist dies der Mann, von dem Ihr uns gesagt?

LUCIO: Derselbige, gnädiger Herr. Kommt heran, Gevatter Kahlkopf, kennt Ihr mich?

HERZOG: Ich erinnere mich Euer, Herr, an dem Ton Eurer Stimme; ich traf Euch während des Herzogs Abwesenheit im Kerker.

LUCIO: So? traft Ihr mich? und erinnert Ihr Euch noch, was Ihr vom Herzog sagtet?

HERZOG: Vollkommen, Signor.

LUCIO: Wirklich, Herr? Und läuft der Herzog den Dirnen nach? und ist er ein Geck und eine Memme, wie Ihr von ihm sagtet?

HERZOG: Ihr müsst erst unsre Rollen tauschen, Herr, eh Ihr mich das sagen lasst; Ihr allerdings spracht so von ihm, und viel mehr, viel schlimmer.

LUCIO: Ei du lästerlicher Bursch, zog ich dich nicht bei der Nase, wie du so sprachst?

HERZOG: Ich versichre, dass ich den Herzog so sehr liebe wie mich selbst.

ANGELO: Hört doch, wie der Schurke jetzt abbrechen möchte, nachdem er verräterische Lästerungen ausgestoßen!

ESCALUS: Mit solchem Kerl darf man kein Wort verlieren: Fort mit ihm ins Gefängnis! Wo ist der Schließer? fort mit ihm ins Gefängnis! – Legt ihm Eisen genug an, lasst ihn nicht weiterreden; und nun auch fort mit den leichtfertigen Dirnen und ihren andern Spießgesellen.

Der Schließer legt Hand an den Herzog.

HERZOG: Halt da! haltet ein!

ANGELO: Was? er widersetzt sich? Helft ihm, Lucio.

LUCIO: Wartet nur, wartet nur, wartet nur; pfui doch! Was, Ihr kahlköpfiger, lügnerischer Schuft, Ihr müsst Euch den Kopf so vermummen? Müsst Ihr? Zeigt einmal Euer Schelmengesicht, und an den Galgen mit Euch. Zeigt Euer Strauchdiebsgesicht, und lasst Euch frisch hängen! Will die Kapuze nicht herunter?

Reißt ihm die Mönchskappe ab und erkennt den Herzog.

HERZOG: Du bist der erste Bube,
Der je 'nen Herzog machte!
Erst, Schließer, meine Bürgschaft diesen drei'n. –
Schleicht Euch nicht weg, Freund. Denn der Mönch und Ihr
Sind noch nicht fertig; haltet mir ihn fest.

LUCIO: Das kann noch schlimmer werden als hängen.

HERZOG *zu Escalus*: Was Ihr gesagt, will ich verzeihn. Setzt Euch!
Zu Angelo: Wir borgen *diesen* Platz – mit Eurer Gunst.
Hast du noch Wort und Witz, hast du noch Frechheit,
Die zu Gebot dir stehn? Wenn du sie hast,
So halt sie fest, bis ich zu End erzählt,
Und zittre dann!

ANGELO: O mein furchtbarer Fürst!
Ich wäre schuld'ger wohl als meine Schuld,
Dächt ich, ich könnt Euch irgend noch entschlüpfen,
Da ich erkannt, wie Ihr mein Tun durchschaut,
Dem ew'gen Richter gleich. Drum, gnäd'ger Fürst,

Nicht längre Sitzung prüfe meine Schande;
Statt des Verhörs nehmt mein Geständnis an;
Unmittelbarer Spruch und schneller Tod
Ist alles, was ich flehe.

HERZOG: Kommt, Mariane! –
Sprich, warst du je verlobt mit diesem Fräulein?

ANGELO: Das war ich, Herr.

HERZOG: So geh, vollzieh die Trauung ungesäumt:
Ihr, Mönch, vermählt sie; wenn Ihr das vollbracht,
Bringt ihn zurück hierher. – Geh, folg ihm, Schließer.

Angelo, Mariane, Peter und Schließer ab.

ESCALUS: O Herr! Mehr noch entsetzt mich seine Schande
Als dieses Handels Seltsamkeit!

HERZOG: Kommt näher, Isabella:
Eur Mönch ist nun Eur Fürst. Wie ich vorhin
Als Freund mit treuem Rat mich Euch geweiht,
Nicht wechselnd Sinn mit Kleidung, bin ich noch
Gewidmet Eurem Dienst.

ISABELLA: O Fürst, verzeiht,
Dass die Vasallin mit Geschäft und Mühn
Die ungekannte Majestät beschwert!

HERZOG: Euch ist verziehn.
Und nun, du Teure, sei auch mir so mild.
Des Bruders Tod, ich weiß, drückt dir das Herz,
Und staunen magst du, dass ich nur verhüllt
Gestrebt, ihn dir zu retten, nicht vielmehr
Mich rasch hervorhob aus verborgner Macht,
Statt ihn dahinzugeben. Liebreich Wesen!
Es war der schnelle Hergang seines Tods,
Der, wie ich wähnte, trägem Fußes käme,
Was meinen Plan zerstört. Doch ruh er sanft!
Glücksel'ger dort, der Todesfurcht entrafft,
Als hier in steter Furcht. Nimm das zum Trost:
Dies Glück ward deinem Bruder.

ANGELO, MARIANE, PETER *und* SCHLIESSER *kommen zurück.*

ISABELLA: Wohl, mein Fürst.

HERZOG: Hier diesem Neuvermählten, der uns naht,
Des üpp'ge Lüsternheit dich kränken wollte
An deiner wohlgeschirmten Ehr und Tugend,
Möchtst du verzeihn um Marianes willen –
Doch weil er deinem Bruder gab den Tod
(Er, schuldig selbst der doppelten Verletzung
Geweihter Keuschheit und gelobten Schwurs,
Mit dem er dir des Bruders Rettung bürgte),
Ruft des Gesetzes Gnade selber nun
Vernehmlich, ja selbst aus des Schuld'gen Munde:
»Ein Angelo für Claudio, Tod für Tod:
Liebe für Liebe, bittern Hass für Hass,
Gleiches mit Gleichem zahl ich, Maß für Maß.«
Drum Angelo, da dein Vergehn am Tage,
So klar, dass selbst kein Leugnen Hilfe böte,
Sei nun verurteilt zu demselben Block,
Wo Claudio fiel, und zwar mit gleicher Hast.
Hinweg mit ihm.

MARIANE: O gnadenreicher Fürst!
Ich hoff, Ihr gabt zum Spott mir nicht den Gatten.

HERZOG: Der Gatte selbst gab Euch zum Spott den Gatten.
Nur zur Beschützung Eurer Ehre hielt ich
Den Ehbund nötig, dass kein Vorwurf je,
Weil Ihr die Seine wart, Eur Leben treffe
Und hemme künft'ges Glück. All seine Güter,
Obwohl nach dem Gesetz an uns verfallen,
Sind Euch als Wittum und Besitz verliehn;
Kauft damit einen bessern Mann.

MARIANE: O Herr,
Ich wünsche keinen andern je noch bessern.

HERZOG: Vergeblich wünscht Ihr, wir sind fest entschlossen.

MARIANE *kniet*: Huldreichster Fürst – –

HERZOG: Umsonst ist Eure Müh.
Fort, führt ihn hin zum Tod! – *Zu Lucio:* Nun, Herr,
zu Euch!

MARIANE: O milder Fürst, hilf, süße Isabella,
Leih mir dein Knie, mein ganzes Leben will ich,
All meine Zukunft deinem Dienste leihn.
HERZOG: Ganz wider allen Sinn bedrängst du sie!
Wenn sie für diese Tat um Gnade kniete,
Zersprengte Claudios Geist sein steinern Bett
Und riss sie hin in Schrecknis.
MARIANE: Isabella,
O Herzensfreundin, dennoch kniet nur mit,
Die Händ erhebt, sprecht nichts, ich red allein.
Durch Fehler, sagt man, sind die besten Menschen
Gebildet, werden meist umso viel besser,
Weil sie vorher ein wenig schlimm; so geht's
Vielleicht auch meinem Gatten. Isabella,
Willst du nicht mit mir knien?
HERZOG: Er stirbt für Claudios Tod.
ISABELLA: Huldreichster Fürst,
Ich fleh Euch, schaut auf diesen Mann der Schuld,
Als lebte Claudio noch. Fast muss ich denken,
Aufricht'ge Pflicht hat all sein Tun regiert,
Bis er mich sah. Wenn es sich so verhält,
Lasst ihn nicht sterben! Claudio ward sein Recht,
Weil er den Fehl beging, für den er starb.
Doch Angelo –
Sein Tun kam nicht dem sünd'gen Vorsatz gleich
Und muss begraben ruhn als eitler Vorsatz,
Der starb entstehend. – Gedanken sind nicht Taten:
Vorsätze nur Gedanken.
MARIANE: Nur Gedanken!
HERZOG: Eur Flehn erweicht mich nicht; steht auf; ich will's.
Noch kommt ein neu Vergehn mir in den Sinn:
Schließer, wie kam's, dass Claudio ward enthauptet
Zu ungewohnter Stunde?
SCHLIESSER: Also ward mir's
Geboten.
HERZOG: Ward Euch schriftlicher Befehl?

SCHLIESSER: Nein, gnäd'ger Fürst, es war ein mündlich Wort.
HERZOG: Und dafür seid Ihr Eures Amts entsetzt:
Gebt Eure Schlüssel ab.
SCHLIESSER: Verzeihung, gnäd'ger Fürst:
Mir ahnt, es sei ein Fehl, doch wusst ich's nicht,
Und als ich überlegt, hab ich's bereut.
Des zum Beweis blieb einer im Verhaft,
Dem gleichfalls mündlich Wort den Tod erkannt
Und den ich leben ließ.
HERZOG: Wer?
SCHLIESSER: Bernardino.
HERZOG: O hättst du doch an Claudio das getan!
Geh, hol ihn her, ich will ihn sehn.

Schließer geht.

ESCALUS: Mich schmerzt,
Dass ein so weiser, so gelehrter Mann,
Wie Ihr, Lord Angelo, mir stets erschient,
So gröblich fehlte – erst durch heißes Blut,
Und Mangel richt'gen Urteils hinterher.
ANGELO: Mich schmerzt, dass ich Euch diesen Schmerz bereitet,
Und solche Reu durchdringt mein wundes Herz,
Dass mir der Tod willkommner scheint als Gnade.
Ich hab ihn wohl verdient und bitte drum!

Der SCHLIESSER, BERNARDINO, CLAUDIO, *vermummt, und* JULIA *kommen zurück.*

HERZOG: Welcher ist Bernardin?
SCHLIESSER: Der, gnäd'ger Herr.
HERZOG: Ein Mönch erzählte mir von diesem Mann.
Hör an! man sagt, du seist verstockten Herzens,
Du fürchtest nichts jenseits des Irdischen,
Und dem entspricht dein Tun. Du bist verurteilt;
Doch deine Schuld auf Erden sei verziehn:
So strebe nun, dass solche Huld dich leite
Auf bessre Zukunft. Pater, unterweist ihn,
Ich lass ihn Euch. – Wer ist der Eingehüllte?

SCHLIESSER: Noch ein Gefangner ist's, den ich gerettet,
Der sterben sollt, als Claudio ward enthauptet,
Und fast dem Claudio gleich als wie sich selbst.
Nimmt ihm die Vermummung ab.
HERZOG *zu Isabella*: Wenn er ihm ähnlich sieht – um seinethalb
Sei ihm verziehn; und Eurer Anmut halb
Gebt mir die Hand und sagt, Ihr seid die Meine:
Er ist mein Bruder dann. Doch dies für künftig.
Lord Angelo sieht also, dass er lebt;
Mir scheint, sein Aug erglänzt in neuer Hoffnung.
Nun! Eure Sünde zahlt Euch noch so ziemlich.
Liebt ja Eur Weib; ihr Wert gibt Wert dem Euern.
Ich fühle Neigung, allen zu verzeihn;
Doch jenem da, ihm kann ich nicht vergeben.
Ihr, frecher Mensch, der weiß, ich sei ein Narr
Und feig und liederlich, ein Tor, ein Toller:
Womit, sagt an, hab ich's um Euch verdient,
Dass Ihr mich so erhobt?

LUCIO: Meiner Treu, gnädigster Herr, ich sagte das nur so nach hergebrachter Mode; wollt Ihr mich dafür hängen lassen, so mag's geschehn; aber ich säh es lieber, wenn Ihr geruhen wolltet, mich durchpeitschen zu lassen.

HERZOG: Zuerst gepeitscht, Herr, dann gehängt.
Lasst es ausrufen, Schließer, durch ganz Wien:
Hat wo ein Mädchen Klag auf diesen Burschen,
Wie er mir selber schwor, dass eine sei,
Die ihm ein Kind gebar, so melde sie's,
Dann soll er sie heiraten: nach der Hochzeit
Stäupt ihn und hängt ihn auf.

LUCIO: Ich bitt Euer Hoheit um alles, verheiratet mich doch nicht an eine Metze! Euer Hoheit sagte noch eben, ich hätte Euch zum Herzoge gemacht: Liebster, gnädiger Herr, lohnt mir nun nicht damit, dass Ihr mich zum Hahnrei macht.

HERZOG: Bei meinem Wort, heiraten sollst du sie.
Dein Schmähn vergeb ich, und was weitres du

Verwirkt hast, gleichfalls. Führt ihn ins Gefängnis
Und sorgt, dass mein Befehl vollzogen wird.

LUCIO: Solch einen liederlichen Fisch heiraten, gnädiger Herr, ist erdrückt, erstickt, gepeitscht und gehängt werden.

HERZOG: Den Fürsten schmähn, verdient's.
Claudio, die Ihr gekränkt, bringt sie zu Ehren;
Glück Euch, Mariane! Liebt sie, Angelo,
Ich war ihr Beicht'ger, ihre Tugend kenn ich.
Dir, Escalus, sei Dank für alles Gute;
Ich bin auf bessern Glückwunsch noch bedacht.
Dank, Schließer, weil du treu und sorglich schwiegst;
Wir stellen dich auf einen würd'gern Platz.
Vergebt ihm, Angelo, dass er den Kopf
Des Ragozyn statt Claudios Euch gebracht;
Der Fehl ist keiner. – Teure Isabella,
Noch hab ich eine Bitt, auch Euch zum Besten:
Und wollt Ihr freundliches Gehör mir leihn,
So wird das Meine Eur, das Eure mein.
Zum Palast dann; und hört aus meinem Munde
Von dem, was noch zu sagen bleibt, die Kunde.

Alle gehn ab.

Quellenverzeichnis

Sämtliche Texte folgen den Ausgaben William Shakespeare: *Sämtliche Dramen in drei Bänden*. Band 3: *Tragödien*. Nach der 3. Schlegel-Tieck-Gesamtausgabe von 1843/44. München: Winkler 1988 und William Shakespeare: *Sämtliche Dramen in vier Bänden*. Band 1: *Komödien*. Nach der 3. Schlegel-Tieck-Gesamtausgabe von 1843/44. Düsseldorf und Zürich: Artemis & Winkler 1996 (*Maß für Maß*). Orthografie und Interpunktion wurden den Regeln der neuen deutschen Rechtschreibung angepasst, viele Eigenheiten der Vorlage jedoch blieben im Sinne einer Typografie für konsultierendes Lesen erhalten. – Datierungen nach Ina Schabert (Hrsg.): *Shakespeare-Handbuch*. Stuttgart: Kröner 1978.

Originaltitel, Datierung und Übersetzer

Aus den frühen Tragödien:

Romeo und Julia (engl. *Romeo and Juliet*); Entstehung: um 1595/96; Text: erste Quarto-Ausgabe von 1597, erste Folio-Ausgabe von 1623; übersetzt von August Wilhelm von Schlegel.

Aus den Römerdramen:

Julius Cäsar (engl. *The Tragedy of Julius Caesar*); Entstehung und Erstaufführung: 1598/99; Text: erste Folio-Ausgabe von 1623; übersetzt von August Wilhelm von Schlegel.

Spätere Tragödien:

Hamlet (engl. *The Tragedy of Hamlet, Prince of Denmark*); Entstehungszeit: 1600/01; Text: zwei Quarto-Ausgaben von 1603 und 1604, erste Folio-Ausgabe von 1623; übersetzt von August Wilhelm von Schlegel.

Othello (engl. *The Tragedy of Othello, the Moor of Venice*); Entstehung: 1603; erste belegte Aufführung: 1. November

1604; Text: erste Quarto-Ausgabe von 1622 und erste Folio-Ausgabe von 1623; übersetzt von Wolf Graf Baudissin.

King Lear (engl. *The Tragedy of King Lear*); Entstehung: 1603; Erstaufführung: 26. Dezember 1606; Text: erste Quarto-Ausgabe von 1608, zweite Quarto-Ausgabe von 1619, erste Folio-Ausgabe von 1623; übersetzt von Wolf Graf Baudissin.

Timon von Athen (engl. *Timon of Athens*); Entstehungszeit: zwischen 1605 und 1607/08; Text: erste Folio-Ausgabe von 1623; übersetzt von Dorothea Tieck.

Macbeth (engl. *The Tragedy of Macbeth*); Entstehung: 1605/06; Uraufführung 1606, erste sicher bezeugte Aufführung 1611; Text: erste Folio-Ausgabe von 1623; übersetzt von Dorothea Tieck.

Aus den Problemstücken:

Maß für Maß (engl. *Measure for Measure*); Entstehung: 1603/04; Text: erste Folio-Ausgabe von 1623; übersetzt von Wolf Graf Baudissin.